냉전시기 불가리아 소재 한반도 관련 자료

이 논문 또는 저서는 2015년 대한민국 교육부와 한국학중앙연구원 한국학진흥사업단을 통해 해외한국학중핵대학육성사업의 지원을 받아 수행된 연구임(AKS-2015-OLU-2250004)

This work was supported by the Core University Program for Korean Studies through the Ministry of Education of the Republic of the Korea and Korean Studies Promotion Service of the Academy of Korean Studies(AKS-2015-OLU-2250004)

냉전시기 불가리아 소재 한반도 관련 자료

초판 1쇄 발행 2020년 8월 31일

편 자 | 김소영, 에브게니 칸딜라로프
역 자 | 김소영, 김세원, 원종숙, 야니짜 이바노바, 그레타 케레미드치에바

발행인 | 윤관백
발행처 | 도서출판 선인

등 록 | 제5-77호(1998.11.4)
주 소 | 서울시 마포구 마포대로 4다길 4 곶마루 B/D 1층
전 화 | 02)718-6252 / 6257 팩스 | 02)718-6253
E-mail | sunin72@chol.com
Homepage | www.suninbook.com

정가 85,000원

ISBN 979-11-6068-401-8 93900

· 잘못된 책은 바꿔 드립니다.

냉전시기 불가리아 소재 한반도 관련 자료

Documents from Bulgarian Archives on Korean Peninsula during the Cold War

김소영, 에브게니 칸딜라로프 편

김소영, 김세원, 원종숙, 야니짜 이바노바, 그레타 케레미드치에바 역

▌서문

냉전시기 한반도 관련 불가리아 문서 번역집은 소피아대학교 한국학과의 씨앗형사업과 중핵사업의 일환으로 불가리아에서 수집된 문서 중에 중요 자료를 선별하여 한국어와 영어로 번역한 것이다. 소피아대학교의 중핵사업은 대한민국 교육부와 한국학중앙연구원의 지원으로 이뤄졌고, 2018년 사업 첫 성과물로 김소영 교수와 요르단 바에프 교수가 공동으로 "남북한 관련 불가리아 문서 목록집[1945-1995]"을 출간하였다. 그리고 이번에는 불가리아 중요 서류를 한국어와 영어로 번역하는 작업을 하였다. 불가리아에 보관된 한반도 관련 자료는 해외 불가리아공관에서 본국으로 전해진 실로 다양한 주제의 정보들을 그 특징으로 하고 있는데, 정치, 경제는 물론 문학, 철학, 예술 등을 비롯하여 심지어 자연과학 분야의 전공자들까지도 관심을 기울일만한 내용들임을 확인할 수 있다. 이렇듯 다양한 정보를 담고 있는 문서 번역집은 향후 연구자들의 심도 있는 연구를 가능하게 하는데 중요한 역할을 할 것이다. 동유럽의 시각을 통해 남북한의 문제를 다양한 각도에서 확인함으로써 해방 전후 한반도 국가 수립 과정을 재인식하는 데 공헌할 것이며, 동유럽의 관점에서 많은 연구가 진행되지 않은 한국전쟁 또한 새로운 각도에서 살펴볼 수 있는 기회를 제공할 것이다.

이 번역집의 출간 목적은 불가리아 문서 보관소에 있는 냉전시기 한반도 관련 자료를 학자, 연구자, 석박사과정 학생뿐만 아니라 일반인에게 제공하여 동유럽 자료학 연구의 기틀을 정립하는 데 있다. 불가리아 아카이브의 풍부하고 다양한 자료를 활용하여 한반도의 분단, 남북 통일문제, 2차 세계대전 후 미소 대립, 냉전시기 미국과 중국의 갈등과 대립, 북한과 동유럽 사회주의 국가와의 관계 등을 다각도에서 연구할 수 있을 것이다.

이 자리를 빌려 불가리아 한반도 자료 수집에 기여한 고 알렉산더르 페도토프 교수, 스베틀라 커르테바 교수, 요르단 바에프 교수, 에브게니 칸딜라로프 교수께 진심으로 감사를 표한다. 또한 자료 정리와 번역 작업에 최선을 다해준 야니짜 이바노바 교수, 김세원 선생님, 원종숙 선생님께도 감사의 인사를 전한다. 또한 문서 번역에 참여한 소피아대학교 한국학과 학생들[1]에게도 고마움을 전한다. 이 자료들이 차세대 한국학자의 연구에 도움이 되고, 해외 한국학의 연구의 새로운 가능성을 제시했으면 하는 바람이다.

2020년 7월 20일
소피아 김소영

1) 조르니짜 스테파노바, 비올레타 카세바, 엘리사베타 미할코바, 쯔베텔리나 보리소바, 빅토리야 앙겔라코바, 랄리짜 소야노바.

BULGARIAN ARCHIVES AS A SOURCE FOR STUDYING THE HISTORY OF THE KOREAN PENINSULA IN THE YEARS OF THE COLD WAR

Assoc. Prof. Dr. Evgeniy Kandilarov, Assoc. Prof. Dr. Kim So Young

This collection of documents is part of a five-year research project of the Ministry of Education of the Republic of Korea done at Sofia University "St. Kliment Ohridski" with the assistance of the Academy of Korean Studies and the Ministry of Education in Korea on the subject of Establishing a Combined Education and Research System for Root-Taking and Spreading of Korean Studies in Eastern Europe. The project director is Assoc. Prof. Dr. Kim So Young and its participants are researchers from Sofia University "St. Kliment Ohridski" and the Bulgarian Academy of Sciences. A significant part of the project work was devoted to the detailed study of the Bulgarian archives in order to discover, systematize and analyze different documentary material related to the history of the Korean Peninsula (including photographic materials, documentaries and feature films, print media and other editions). This work has actually complemented, expanded and enriched the results of another Korean research project, launched in 2014 with the financial support of the National Research Foundation of Korea and with the participation of researchers from Songgunguan University and Sofia University "St. Kliment Ohridski". Prof. Kim So Young was again the project coordinator on the Bulgarian side, and the work on the study and systematization of the documents from the Bulgarian archives was led by Prof. Dr. Jordan Baev. The final result of this earlier project was the publication in 2018 of a comprehensive trilingual Catalog entitled "Korea (DPRK and Republic of Korea) in the Bulgarian State Archives. 1945-1995.[2]

Within the two research projects, six different Bulgarian state archives were thoroughly investigated, which revealed and systematized a significant number of documentary material related to the history of Korea, with a total volume of over 20,000 pages stored in 36 archival holdings, in about 150 inventories with a total of over 1800 archival units.[3)]

In the meantime, a series of international scientific conferences were held in the framework of the project Establishment of a Combined Education and Research System for Root-Taking and Spreading of Korean Studies in Eastern Europe, and four research volumes were published[4)], some of which were aimed at bringing into scientific circulation individual documents or archival collections related to the history of Korea, studied and described by the project participants. Until now, researchers from the Bulgarian side who are actively working and publishing on topics related to the Bulgarian archival heritage related to Korea are the project leader Assoc. Prof. Kim So Young[5)], Prof. Jordan Baev[6)], Prof. Alexander Fedotoff[7)], Prof. Svetla Kurteva-Dancheva[8)], Assoc.

---

2) Catalogue. Korea (PDRK and Republic of Korea) in Bulgarian archives. 1945-1995. Ed. *Soyoung Kim and Jordan Baev.* (in Bulgarian, English and Korean languages), 342 pages; Seoul: Sunin Books, 2018, ISBN: 979-11-6068-186-1.

3) The results of the research work of the Bulgarian archives were summarized and presented by Prof. Jordan Baev and Assoc. Prof. Kim So Young in: *Baev, J., Kim Soyoung.* Korea in the Bulgarian Archives, 1945-1995: An Introduction – Working Paper #5north Korea International Documentation Project. Working Paper #5 September 2017, https://www.wilsoncenter.org/sites/default/files/media/documents/publication/nkidp_working_paper_5_korea_bulgarian_archives_web.pdf

4) *Korean Historical and Cultural Trends.* Ed. Alexander Fedotoff and Kim So Young. St. Kliment Ohridski University Press. Sofia.2016; *Korea and Eastern Europe. Exploring the Past.* Ed. Alexander Fedotoff and Kim So Young St. Kliment Ohridski University Publishing House. Sofia, 2017; *Korean Society Today.* Ed. Alexander Fedotoff and Kim So Young. St. Kliment Ohridski University Press. Sofia.2018; *Korean Peninsula. Traditions, Kulture, Historical perspectives.* Ed. Svetla Karteva-Dancheva and Kim So Young. St. Kliment Ohridski University Press. Sofia.2019.

5) *Kim So Young.* The North Korean Children in Bulgaria during the Korean War - In: Korean Peninsula –Traditions, Culture, Historical perspectives. , Ed:Svetla Karteva-Dancheva, Kim So Young., St. Kliment Ohridski University Press, 2019, 60-73.

6) ***Баев, Й., Ким Со Йънг.*** **Корея в българските архиви** (1945-1990) (Korea in the Bulgarian Archives (1945-1990) – In: *Decolonization and Development of the Society* (Comparative Study between Bulgaria and Korea). Sofia, 2015, pp. 200-210; *Baev, J.* The decline of Bulgarian-North Korean Relations in the Context of the Progress of Bulgarian-South Korean Relations (1990-1997) - In: *Korean*

Prof. Evgeniy Kandilarov[9], Assoc. Prof. Andronika Martonova[10], and Dr. Raina Beneva.

Historical and Cultural Trends. Edited by Alexander Fedotoff and Kim So Young. Sofia, 2016, 9-23; *Baev, J. Kim So Young*. The Political Relations between Bulgaria and Korea (Analysis Based on Bulgarian Archives) – In: *Korean Society Today. Proceedings of the International Conference on Korean Studies*. Sofia, March 9, 2018, Ed. Alexander Fedotoff, Kim So Young, St. Kliment Ohridski University Press, 2018, pp. 9-24; *Baev, J.* Bulgaria and the Korean War. - *ACTA 2016*. Local Wars - Global Impacts. 42nd International Congress of Military History, 4 – 9 September 2016, Plovdiv, Bulgaria. Publishers Izdatelstvo Veles, 2018, 168-176; *Baev, J.* The Bilateral relations between China and North Korea (1956-1991) accordingto the Bulgarian State Archives – In: *Korean Peninsula – Traditions, Culture, Historical perspectives*. Ed. Svetla Karteva-Dancheva, Kim So Young, "St. Kliment Ohridski" University Press, 2019, 144-149.

7) *Fedotoff, A.* Bulgarian Archive Documents on the Political Relations between North Korea and Socialist Countries in the End of the 1980's - In: *Decolonization and Development of the Society* (Comparative Study between Bulgaria and Korea). Sofia, 2015, pp. 52-71; *Fedotoff*, A. On Korea's UN Membership (Overview of Some Archival Documents) - In: *Korean Historical and Cultural Trends*. Edited by Alexander Fedotoff and Kim So Young. Sofia, 2016, 88-103; *Fedotoff, A.* On Relations between North Korea and Socialist Countries in the 1980s through the Prism of Archival Documents – In: *Korea and Eastern Europe. Exploring the Past*. Editors: Alexander Fedotoff, Kim So Young. Sofia, 2017, 40-48; ***Федотов, А., Ким Со Йънг, Кънтева-Данчева, С.*** **Памет за България и Корейската война** (1950-1953). **Изд. „Изток-Запад"**. С., 2016.

8) *Karteva-Dancheva, S.* Some information about the Relationship between the Democratic People's Republic of Korea and the People's Republic of Bulgaria (Based on Archive Documents) - In: *Outlining the Korean Society*. Edited by: Prof. Dr. Habil Alexander Fedotoff and Prof. Dr. Svetla Karteva-Dancheva. Sofia 2015; *Karteva-Dancheva, S.* Some Aspects in the Policy of the Democratic People's Republic of Korea Regarding the People's Republic of Bulgaria's Role during the 1970s for the Unification of Korea /Based on Archive Documents/ – In: *Decolonization and Development of the Society* (Comparative Study between Bulgaria and Korea). Sofia, 2015, pp. 200-210; *Karteva-Dancheva, S.* The Bulgarian Reaction after the Outbreak of the Korean War through the Prism of the Archive Documents - In: *Korean Historical and Cultural Trends*. Edited by Alexander Fedotoff and Kim So Young. Sofia, 2016, 64-73; *Karteva-Dancheva, S.* Basic Guidelines of the PDRK's Politics in the 1970s and 1980s through the Eyes of Two Bulgarian Governmental Delegations - In: *Korea and Eastern Europe. Exploring the Past*. Editors: Alexander Fedotoff, Kim So Young. Sofia, 2017; *Karteva-Dancheva, S.* The Position of the People's Republic of Bulgaria and PDRK on the Issue of the 70th Session of the Inter-Parliamentary Union in Seoul in 1983 (Based on Archival Documents) - In: *Korean Society Today*. Proceedings of the International Conference on Korean Studies. Sofia, March 9, 2018, Ed. Alexander Fedotoff, Kim So Young, St. Kliment Ohridski University Press, 2018, pp. 41-46; *Karteva- Dancheva, S.* Some information about the Korean organization Chongryon in Japan, reflected in Bulgarian archival documents – In: *Korean Peninsula –Traditions, Culture, Historical perspectives*. Ed. Svetla Karteva-Dancheva, Kim So Young, "St. Kliment Ohridski" University Press, 2019, 144-149.

9) *Kandilarov, E.* Bulgaria and the Democratic People's Republic of Korea (DPRK) – political, Economic, Scientific and Technical Relations during 70s and 80s (Analysis based on Documents from the Archive of the Council for Mutual Economic Assistance (CMEA) and the Bulgarian Ministry of Foreign Affairs – In: *Decolonization and Development of the Society* (Comparative Study between Bulgaria and Korea).

In their research, the cited scholars attempt to select and seriously analyze the most significant documents found in the Bulgarian archives to be presented and interpreted in a specific historical context in front of a wider public.

The main Bulgarian state archives, which contain information related to the history of the Korean peninsula in the period after the Second World War are: Central State Archives (CSA) in Sofia and State Military History Archive in Veliko Turnovo. Both archives are structured within the State Archives Agency of the Council of Ministers of the Republic of Bulgaria. In addition, important documents for Korea are contained in the Diplomatic

---

Sofia, 2015, pp. 200-210; *Kandilarov, E.* Bulgaria and the Democratic People's Republic of Korea (DPRK) during the Cold War Period (a Look from Bulgarian Archives). – In: *Outlining the Korean Society.* Edited by: Prof. Dr. Habil Alexander Fedotoff and Prof. Dr. Svetla Karteva-Dancheva. Sofia 2015, pp.274-281; *Kandilarov, E.* Bulgaria and the Issue about Korean Unification during the Cold War Period (Through the Prism of the Bulgarian Archives) – In: *Korean Historical and Cultural Trends.* Edited by Alexander Fedotoff and Kim So Young. Sofia, 2016, 104-112; *Kandilarov, E.* Bulgarian Policy toward Korean Peninsula in the Context of the Gorbachev's "New Thinking" toward East Asia in the Second Half of 80s of the 20th century. – In: *Korea and Eastern Europe. Exploring the Past.* Editors: Alexander Fedotoff, Kim So Young. Sofia, 2017; *Kandilarov, E.* Sports and Politics on the Korean Peninsula - the Olympic Games and Inter-Korean Relations: 1988 and 2018 (Comparative Study) – In: *Korean Society Today.* Proceedings of the International Conference on Korean Studies. Sofia, March 9, 2018, Ed. Alexander Fedotoff, Kim So Young, St. Kliment Ohridski University Press, 2018, pp. 78-85; *Kandilarov, E.* From July 4th, 1972, Joint Communiqué to Pyongyang Joint Declarationof September 2018 – Inter-Korean Joint Statements and Agreements –A Step Forward or Repeat of the History? – In: *Korean Peninsula –Traditions, Culture, Historical perspectives.*, Ed: Svetla Karteva-Dancheva, Kim So Young., St. Kliment Ohridski University Press, 2019, 135-143.

10) *Martonova, A., Beneva, R.* Bulgaria - DPRK: Reception trough the Screen. *Korean Historical and Cultural Trends*, St. Kliment Ohridski University Press, 2016, pp. 194-211; *Martonova, A., Beneva, R.* Everything was very unnatural (Oleg Kovachev for the "*With the wings of Chollima*", 1985). International Conference on Korean Studies "Modern Korea –Challenges and Outcomes", Center for Korean Studies, Sofia University St. Kliment Ohridski and Academy of Korean Studies, Seoul, 2017, pp. 214-223; *Мартонова, А.* Версии на дружбата: българският документален филм „*Утро над Корея*" (1955) върху екрана на архивите. Сборник доклади от Международна научна конференция "Истини и лъжи за факти, новини и събития" - Русе, 2, Изд. Регионална библиотека „Любен Каравелов", 2018, с. 142-148; *Мартонова, А.* Да нарисуваш киното на Северна Корея. On Religious and Cultural Contents in Korea and Bulgaria, Камея & ЦИЕК, Софийски университет "Св.Климент Охридски", Korean Academy for Korean Culture and Language, 2018, c. 101-117; *Martonova, A.* Korea seen by father Norbert Weber (OSB) in the context of the theoretical frame of ethnographic cinema, visual anthropology, Bulgarian archives and education in "Korean Studies" – In: *Korean Peninsula –Traditions, Culture, Historical perspectives.* Ed. Svetla Karteva-Dancheva, Kim So Young, "St. Kliment Ohridski" University Press, 2019, 159-170.

Archives of the Ministry of Foreign Affairs (DA MFA), as well as in the Central Archive of the State Security Commission on Personal Files and Military Intelligence (COMDOS Archive). Within the project, the archives of the Bulgarian National Film Library, the Bulgarian National Television, the Bulgarian National Radio and the Bulgarian Telegraph Agency were also examined. They all provide an extremely rich, diverse and multifaceted perspective on the political, socio-economic and cultural development of the Korean Peninsula during the Cold War.

* * *

The purpose of this volume of documents is to present to the academic audience, researchers, students, doctoral students, as well as a wider range of those interested in the East Asian region during the Cold War, some of the most interesting and, at the same time, indicative documents, or parts of documents, related to the Korean peninsula, which are preserved in the Bulgarian archives. Usually, the understanding that a region so remote from not only geographical, but also political, socio-economic and civilizational and cultural point of view could be explored through primary documentary sources of information found in the Bulgarian archives, is met with considerable mistrust. The study, disclosure, systematization and decryption of documents in the Bulgarian archives related to the Korean Peninsula show that such skepticism is untenable. Even a cursory glance at the annotations of the documents included in the Catalog, published by Assoc. Prof. Kim So Young and Prof. Jordan Baev, and the selected excerpt of documents presented in this compendium, show that the Bulgarian archives contain extremely rich and diverse material enabling coverage of a number of key themes and issues related to the history of the Korean Peninsula after World War II.

One of the most important issues is **the partition of Korea** and the separation of the two post-war Korean states, their opposition and their becoming part of the global clash between the USSR and the US and their allies, known as Cold War.[11)]

The archive material reveals the emergence and development of the issue of the

unification of Korea as an international problem, as well as the various strategies and options for solving this problem. Part of this great theme is **the Korean War** - one of the bloodiest and devastating military conflicts in the Korean Peninsula, played out in the early 1950s, which is essentially a violent attempt to reunite Korea through military force.[12)]

The Bulgarian archives provide an opportunity to explore the topic of **the Korean issue** throughout the Cold War, which involves, on the one hand, raising the issue and its development within the international community and within the UN system, and on the other hand, **the dialogue and relations between the two Korean states** which, as early as the 1970s, began to seek the opportunity for peaceful unification. The documents provide an opportunity to analyze the views, approaches and plans of both the DPRK and the Republic of Korea. Unfortunately, none of these plans was successfully implemented, largely because of the strategic positions that the USSR and the US zealously defended on the Korean Peninsula, essentially turning the issue of unification of Korea into a hostage to the Cold War contradictions between the super powers.[13)]

---

11) *Федотов, А., Кътрева-Данчева, С., Ким Со Йънг, Чин Че Кьо, Иванова, Я.* Корея в периода след освобождението от японско владичество до края на Корейската война (1945-1953). Университетско издателство „Св. Климент Охридски". С., 2014. *Кандиларов, Е.* Източна Азия и България. Изд. Изток-Запад. С., 2016, 234-306.

12) *Федотов, А., Ким Со Йънг, Кътрева-Данчева, С.* Памет за България и Корейската война (1950-1953). Изд. „Изток-Запад". С., 2016; *Baev, J.* Bulgaria And The Korean War. - *ACTA 2016.* Local Wars - Global Impacts. 42nd International Congress of Military History, 4 – 9 September 2016, Plovdiv, Bulgaria. Publishers Izdatelstvo Veles, 2018, 168-176. *Kandilarov, E.*, Kim Soyoung, Bulgaria And The Korean War (1950-1953) Through The Bulgarian State And Military Archives - *Bulgarian Historical Review/ Revue Bulgare d'Histoire*, 2018, 3-4 (2019).

13) *Kandilarov, E.* Bulgaria and the Issue about Korean Unification during the Cold War Period (Through the Prism of the Bulgarian Archives) – In: *Korean Historical and Cultural Trends.* Edited by Alexander Fedotoff and Kim So Young. Sofia, 2016, 104-112; *Kandilarov, E.* Sports and Politics on the Korean Peninsula - the Olympic Games and Inter-Korean Relations: 1988 and 2018 (Comparative Study) – In: *Korean Society Today.* Proceedings of the International Conference on Korean Studies. Sofia, March 9, 2018, Ed. Alexander Fedotoff, Kim So Young, St. Kliment Ohridski University Press, 2018, pp. 78-85; *Kandilarov, E.* From July 4th, 1972, Joint Communiqué to Pyongyang Joint Declarationof September 2018 – Inter-Korean Joint Statements and Agreements –A Step Forward or Repeat of the History? – In: *Korean Peninsula –Traditions, Culture, Historical perspectives.*, Ed: Svetla Karteva-Dancheva, Kim So Young., St. Kliment Ohridski University Press, 2019, 135-143; *Kandilarov, E., Kim Soyoung, Gwon Jin Choi* – Inter-Korean Dialogue and the Korean Denuclearization and Unification Issue During the Cold

Another major topic that can be explored through the Bulgarian archives is that of the place and role of the Korean Peninsula during one of the most significant geopolitical shifts and turmoil that occurred in East Asia in the 1960s, beginning with the ideological and later **political clash between the USSR and the PRC**. The documents we have at our disposal enable us to trace the conduct of the DPRK during the clash in the international labor and communist movement and, accordingly, to analyze the extent to which the turnaround in US-China relations serves as a catalyst for the beginning of the dialogue between North and South Korea and for warming their political, economic and cultural relations with a view to creating favorable preconditions for discussing the prospects for unification of the two countries.[14]

Equally important from a research point of view is the last stage of the Cold War, which is related to the gradual **reversal of relations between the USSR** and the Eastern Bloc countries on the one hand, and **the Republic of Korea** on the other.[15]

In addition, the Bulgarian archives are an extremely rich data base for exploring the internal political and socio-economic processes taking place in the two Korean states. Numerous pieces of information, reports, expert situational analyzes and case studies enable us to explore in detail the political, economic and cultural developments of the DPRK

War (Through Bulgarian Archives) - Bulgarian Historical Review/ *Revue Bulgare d'Histoire*, 2018, 1-2 (2019), 179-206.

14) *Kandilarov, E., Kim So Young*. Bulgaria and Democratic People's Republic of Korea (DPRK) During 1960s and the Beginning of 70S of the XX century – Between Beijing and Moscow – *Bulgarian Historical Review / Revue Bulgare d'Histoire*, 2015, No. 1-2 (2016); *Kandilarov, E., Kim So Young, Gwon Jin Choi*. Bulgaria And The Rapprochement Between DPRK And The Soviet Bloc In The Face Of The Geopolitical Shift In East Asia During 70s On The Xx Century - Bulgarian Historical Review/ *Revue Bulgare d'Histoire*, 2016, 1-2 (2018), 88-108.

15) *Kandilarov, E.* Bulgarian Policy toward Korean Peninsula in the Context of the Gorbachev's "New Thinking" toward East Asia in the Second Half of 80s of the 20th century. – In: *Korea and Eastern Europe. Exploring the Past*. Editors: Alexander Fedotoff, Kim So Young. Sofia, 2017; *Kandilarov, E.* Sports and Politics on the Korean Peninsula - the Olympic Games and Inter-Korean Relations: 1988 and 2018 (Comparative Study) – In: *Korean Society Today*. Proceedings of the International Conference on Korean Studies. Sofia, March 9, 2018, Ed. Alexander Fedotoff, Kim So Young, St. Kliment Ohridski University Press, 2018, pp. 78-85.

and the Republic of Korea at different stages of their post-war history, to get acquainted with the biographies and activities of multiple personalities that played a key role in the events studied.

* * *

The first part of the collection of documents deals with the events and processes taking place in the Korean Peninsula **in the 1950s**, which are revealed through numerous sources related to the dynamically developing relations between Bulgaria and the DPRK during this period. These events were fully influenced by the resonance of **the Korean War** and its effects on the geopolitical tensions of the Korean Peninsula and the region as a whole. The Bulgarian position on the war was expressed at the end of August 1950 in a letter from the Bulgarian Prime Minister, Valko Chervenkov, to the Chairman of the UN Security Council, Yakov Malik. It strongly condemned the US bombings in Korea as gross violation of the UN Charter, the basic principles of international law, and the text of Art. 3 of the Geneva Convention for the Protection of Civilians. The Bulgarian government urged the UN to take immediate steps to end US military action. The letter further stated that Bulgaria fully supported the Soviet government's proposal to call on a representative of the PRC to hear a representative of the Korean people, to peacefully resolve the Korean issue, to cease hostilities on the peninsula and at the same time withdraw foreign troops.[16] Bulgaria had no opportunity to participate directly in the discussion and settlement of the conflict through diplomatic channels, as the country was not yet a member of the UN. However, the Bulgarian government and the public fully supported the DPRK's position in the conflict, by holding mass public actions and providing specific material and moral support[17] At the initiative of the National Committee for the Protection of Peace in Bulgaria, a "National Committee for Supporting the Freedom and Independence of the

---

16) Central State Archive (CSA) of the Republic of Bulgaria, Fund 214-Б, Inventory 1, archival unit 610.

17) CSA of the Republic of Bulgaria, F. 1Б, inventory 6, a.u. 949; CSA of RB, F. 1Б, inv. 6, a. u. 951; CSA of RB, F. 1Б, inv. 6, a. u. 1474.

Korean People" was established. The Bulgarian Red Cross also joined the initiative to raise money for the North Korean people. As a result, by October 1950, BGN 53.6 million was collected, as well as humanitarian aid including food supplies, medicines and clothing. The Bulgarian government sent protest notes on behalf of the Bulgarian public to the UN Security Council "against US aggression in Korea".[18] At the height of the war on December 23, 1950, the first Bulgarian ambassador to Pyongyang handed over his credentials.

At a meeting of the Politburo of the Central Committee of the Bulgarian Communist Party on February 22, 1951, the Bulgarian leadership once again discussed the issue of assistance to the DPRK. At the proposal of the Bulgarian Red Cross, the Ministry of Public Health and the Ministry of Internal Trade, a decision was made to provide **a mobile surgical hospital** for a total of 250 people, with all necessary equipment for its transfer and work, and supplied with more than 150 kinds of medicines manufactured in Bulgaria worth of BGN 50 million, bandages, etc. The hospital needed about 50 medical personnel - doctors, nurses, drivers and administrative housekeeping staff. During the discussion it became clear that many Bulgarian doctors had expressed their desire to be sent to Korea. It was decided to provide different food, cotton fabrics, face towels, cigarettes, soap, etc.[19] In early March 1952, a Bulgarian medical team was sent to Korea, comprising 26 doctors. The brigade was equipped with the necessary facilities and medicines for organizing a field hospital. It was led by former participant in the Spanish Civil War, Dr. Konstantin Michev, with assistants the doctors Balchev, Kosashki and Kopchev. In June 1952, the tenure of the medical brigade was extended and its members returned to Bulgaria only after the Korean conflict was settled. Later, a new medical team consisting of 55 doctors and 50 nurses was sent to Korea with the equipment and medicines needed to furnish a 400-bed hospital. They remained in North Pyongyang until 1956.[20]

After the end of the Korean War, on September 15, 1953, the Bulgarian government

18) CSA of RB, F. 1Б, inv. 6, a.u. 951.

19) CSA, F. 1 Б, inv. 6, a.u. 1257, p. 52.

20) CSA of RB, F. 1Б, inv.6, a. u. 1680.

adopted a new decision to provide material assistance to the DPRK. In November 1955, a grant agreement was signed in Sofia to compensate for the devastation of the war and restore the Korean economy. During the period 1954-1956, Bulgarian aid in goods and construction materials for North Korea amounted to 30 million rubles. With the help of Bulgarian financial and technical support, a textile and woodworking plant and a brick factory were built in the DPRK.

Meanwhile, in July 1955, a cultural exchange agreement was signed between Bulgaria and North Korea.[21]

In the same period, following the end of the Korean War, East European governments organized a campaign to adopt **Korean orphans from the war**, who were initially evacuated to China.[22] Bulgaria, for its part, also welcomed over 500 North Korean children, as well as a large number of Korean students who completed their higher education at Bulgarian universities.[23]

The collection also includes documents related to the first high level visit of DPRK representatives to Bulgaria and the agreements signed as a result. In June 1956, Bulgaria was first visited by a North Korean government delegation led by Prime Minister Kim Il Sung. Bulgaria and PDRK signed a Joint Declaration expressing their common positions on a number of international issues such as the Suez Crisis, the events in Hungary, the accession of West Germany to NATO, the Unification of Vietnam, and others. On the Korean issue, the two governments agreed on the need to withdraw all foreign troops from Korea and to convene an international conference of interested countries. The Bulgarian government supported DPRK's efforts for peaceful unification.[24]

---

21) CSA of RB, F. 363, inv. 3, a. u. 35.

22) CSA of RB, F. 1Б, inv. 32, a. u. 310; The largest group of Korean children was (ca. 3000); they were welcomed by Romania.

23) By the end of the 1950s the number of North Korean students in Bulgaria was more than 250, mainly studying to become chemists, agronomists, biologists and doctors.

24) CSA, F.1Б, inv. 6, a.u. 2818.

* * *

The second set of documents included in this compilation is related to one of the most dramatic episodes in the history of the East Asian region. It is the split in the international communist movement as a result of **the clash between the USSR and the PRC**, which took place in the late 1950s and **early 1960s** and the gap between the two countries' positions. Bulgaria, on the one hand, closely followed and zealously defended the USSR's position in the conflict against that of the PRC; North Korea on the other, rather tried to maneuver between the PRC and the USSR, relying on a clash between the two Communist giants to give the Korean leadership an opportunity for a more independent policy.

The lack of a clear and strong position in support of either side in the Sino-Soviet ideological and political clash made the Soviet Union perceive the DPRK's conduct as an expression of passive support for the PRC. Bulgaria took a similar stance, which resulted in a chilling relationship with North Korea.

The documents published in the volume provide information about the ideological differences and reactions between the DPRK and the USSR.[25] Indicative of this is the attitude of the Korean Labor Party to the decisions of the 22nd CPSU Congress. Information from the Bulgarian Embassy in Pyongyang from December 1961 sheds light to this.[26] Even clearer and categorical evidence of the changes in the DPRK ideology regarding the USSR and other Eastern European socialist countries, including Bulgaria, is included in information received in the Bulgarian Ministry of Foreign Affairs concerning the work conditions in the Bulgarian Embassy in Pyongyang during the first half of 1962. The document clearly states that DPRK officials tried to impede all opportunities for Korean citizens to make any contact with the Bulgarian diplomatic corps representatives in the country. In addition, the Embassy staff was subject to strict restrictions on movement in the country and visits to cities and businesses. The information also highlights the fact that after the

---

25) CSA, F. 1 Б, inv. 91, a. u. 374, p. 1.

26) Ibid, a. u. 378, p. 2.

22nd Congress of the CPSU, Radio Pyongyang broadcast daily (via Khabarovsk Radio) in Korean language. Until then, these broadcasts were twice a day: morning and evening. After the Congress, Radio Pyongyang gradually reduced the number of broadcasts - initially only once a day, later twice or thrice a week, and from the beginning of January 1962, suspended Moscow Radio broadcasting without prior approval or notification from the Soviet side.[27]

All this clearly shows that after the 22nd CPSU Congress, from early 1962, there was a sharp deterioration in relations between the DPRK and the USSR, which immediately reflected on North Korea's relations with other socialist countries that supported the Soviet position in the conflict with China.

Some of the most interesting documents published in this volume relate to the **diplomatic scandal between Bulgaria and the DPRK** in August 1962, which almost broke relations between the two countries. The specific cause of the scandal was an incident involving **four North Korean students in Bulgaria** who publicly opposed the North Korean regime and then sought political asylum from the Bulgarian state. According to their statements, the students became aware of the true situation in North Korea due to the more liberal socio-political atmosphere in Bulgaria and therefore did not want to return to the DPRK, as they were convinced that upon their return to the DPRK they would be "immediately arrested, as it happened to other students who returned from socialist countries."[28] After consultations with the Soviet Union, Todor Zhivkov agreed to give asylum to the students and the State Security service was ordered to guard them.[29]

The documents reveal in detail a story worthy of a movie scenario according to which despite all security measures being taken, on August 27, 1962, staff from the North

---

27) Ibid, p. 4.

28) Ibidem, F. 1Б, inv. 64, a.u. 298; F. 1Б, inv. 64, a.u. 298; a.u. 299; a. u. 380, p. 1.

29) A detailed analysis of these documents and the context in which this case developed was made by: *Kandilarov, E., Kim So Young.* Bulgaria and Democratic People's Republic of Korea (DPRK) During 1960s and the Beginning of 70S of the XX century - Between Beijing and Moscow - Bulgarian Historical Review / Revue Bulgare d'Histoire, 2015, № 1-2 (2016), pp. 251-271.

Korean embassy in Bulgaria managed to capture the students and take them to the embassy building. The students were divided into two groups and kept closed for nearly a month. A special delegation, sent by Kim Il Sung, arrived in Sofia, led by two members of the Politburo; their task was to put the students on board of a plane and deport them to Pyongyang at any cost. After long days of torture, the students were forced to sign a "promise to return to their homeland", as well as to admit that the Bulgarian side was in fact encouraging them to refuse their return to Korea. Meanwhile, using the weakened security guard, on September 27, 1962, two of the students managed to escape, and on October 4, wrote a special letter to Todor Zhivkov telling in detail how they had been tortured before escaping from the Korean Embassy.[30)]

Meanwhile, on August 29, 1962, two days after the students were abducted by the DPRK Embassy staff in Sofia, the Political Bureau of the Central Committee of BCP made a decision that the Minister of Foreign Affairs, Carlo Lukanov, would summon the DPRK ambassador and express the strong protest of the Bulgarian government "about the unprecedented abduction of four Korean students who have applied for political asylum in our country by Korean Embassy staff" and demand that the students be immediately released. According to the decision, our ambassador in Pyongyang was to request a meeting with Kim Il Sung, voice the strong protest from the Bulgarian government "against grossly violating the sovereignty of the PRB by abducting these students and request their immediate release."[31)] The Bulgarian side threatened the DPRK government that the DPRK ambassador to Sofia, the military attaché to the embassy, and the adviser involved in the abduction will be declared "persona non grata" and warned to leave the country within 24 hours.[32)]

As the North Korean Embassy disagreed with all of the demands of the Bulgarian side, on September 3, 1962, the Political Bureau of the CC of BCP made another decision

---

30) CSA of RB, F. 1Б, inv. 64, a.u. 380, pp. 9-15.

31) Ibid, inv. 64, a. u. 298, p. 1-3.

32) Ibid.

according to which the Bulgarian Foreign Ministry issued a protest note reiterating Bulgaria's strong protest against violating the sovereignty of the country by abducting four Korean students and calling for their immediate release. In addition, the Bulgarian state notified North Korea that it would close its embassy in Pyongyang unless the Korean government guaranteed the freedom of the refugee students. At the same time, the note claimed that if the Korean side did not release the other students detained, Bulgaria would ask the ambassador and other members of the embassy responsible for the student's detention to leave Bulgaria. In the absence of any response from the Korean side on September 5, 1962, the Bulgarian government declared the DPRK ambassador to Sofia a "persona non grata" and forced him to leave Bulgaria. On September 6, 1962, the DPRK government carried out the same act on the Bulgarian ambassador to Pyongyang.[33]

Despite the incident, officials from the North Korean Embassy in Bulgaria still tried to deport the two other detained students. During the passport check at the airport, the students intentionally confronted the police, which led to their arrest by the Bulgarian law enforcement authorities. Thus, the group of Kim Il Sung's opponents were rescued and left behind in Bulgaria. They were assigned to work in factories around the country according to their specialty. Three of them got married, but were not granted Bulgarian citizenship.[34]

As a result of the incident, diplomatic relations between Bulgaria and the DPRK were practically frozen. The situation improved after relations between China and North Korea deteriorated significantly in the period 1966-1969, which pushed Kim Il Sung towards a new rapprochement with the USSR.

* * *

---

33) Ibid, inv.91, a. u. 380, p.20.

34) In 1990, after diplomatic relations between Bulgaria and the Republic of Korea were established, two of them were granted citizenship from the Republic of Korea, while the rest preferred to have Bulgarian citizenship.

The next set of documents published in this compilation is related to the development of the **dialogue between the DPRK and the Republic of Korea** after the well-known "North-South Joint Statement" was signed on 4 July 1972. Efforts were made in the following years to gradually create the conditions for resolving the fundamental and most important issue, the one on Korea's future reunification. Different proposals were made on both sides, and both countries came up with a multitude of different initiatives aimed at resolving the Korean issue according to the specific political interests of each of the countries. At the same time, of great importance for both Koreas was the international support given to each of them and to the positions they defended. Of particular importance for both the DPRK and the Republic of Korea became the question of unification within the UN and the involvement of as many supporters as possible. For this reason, the DPRK took active action to provide stable support within the organization by Bulgaria and other socialist countries.

To this end, Deputy Minister of Foreign Affairs of the DPRK, Chen Myung-soo, in his capacity as the personal envoy of Kim Il Sung, tasked to convey personal messages from the North Korean leader to Todor Zhivkov, visited Bulgaria twice - from 27 to 30 June 1972 and in February 1973. The purpose of these visits was to ensure the support of Bulgaria, and thus, of many other friendly countries, in order to raise in a new way the issue of the reunification of Korea at the sessions of the UN General Assembly.[35] As a result of the talks, Bulgaria was committed to support the DPRK. During the 27th Session of the UN General Assembly, Bulgaria co-authored a proposal to include a new item on the agenda for Korea, and Foreign Minister Peter Mladenov highlighted in his speech his support to the DPRK's demands. Furthermore, the documents show that the Bulgarian delegation, as well as the Bulgarian representation in the international organization, carried out coordinated actions with other socialist countries on this issue. The DPRK proposal was for the United Nations to adopt a united Korea or, as a last resort, Kim Il Sung's

35) CSA of RB, F. 1477, inv. 28, a. u. 1698, p. 24.

proposal for a Confederation between the two Korean states.[36]

* * *

The following part of the papers in this volume is extremely rich in information and represents a very valuable historical source shedding light on many different international processes taking place in East Asia and in the Asia-Pacific region, on the relations between the DPRK and the USSR, and the countries of the East bloc; and last but not least, on the links and interactions between the countries of the Korean peninsula. These are **transcripts** of meetings between Bulgarian state and party leader **Todor Zhivkov** and North Korean leader **Kim Il Sung**. In the 1970s and 1980s, the two held four meetings, two in Bulgaria and two in the DPRK.

The first of these meetings took place in October 1973, when a Bulgarian party-government delegation led by Todor Zhivkov visited the DPRK. An analysis of the available archival documents related to this visit shows that Zhivkov's visit was not only a Bulgarian initiative, but rather a specific mission agreed with the USSR. In this case, Bulgaria and Todor Zhivkov played the role of a mediator in the relations between the USSR and the DPRK.[37] This is evidenced by Brezhnev's words to Zhivkov, right after the visit: *"Your visit is not a purely Bulgarian-Korean fact. You have fulfilled a common mission in the spirit of our coherent policy, a useful mission of our fraternal socialist community. You have fulfilled your international duty - to strengthen socialism."* Further on, Brezhnev's statement clarifies the basic strategic goal of Zhivkov's mission *"… to cut off the Koreans from the Chinese, to integrate Korea with us. All this is of great importance, especially when Ceausescu is trying to push Chinese politics behind us, including in Korea."*[38]

---

36) Ibid, p. 80.

37) A detailed analysis of this part of the documentation from the Bulgarian archives related to the reconciliation between the DPRK and the USSR is made by: *Kandilarov, E., Kim So Young, Gwon Jin Choi.* Bulgaria And The Rapprochement Between DPRK And The Soviet Bloc In The Face Of The Geopolitical Shift In East Asia During 70s On The Xx Century - Bulgarian Historical Review/ Revue Bulgare d'Histoire, 2016, 1-2 (2018), 88-108.

Apparently, Kim Il Sung was clearly aware of the role T. Zhivkov was playing at the moment and viewed the visit as an opportunity to improve relations between the DPRK on the one hand, and the USSR and the socialist community, on the other. Documents show that the Bulgarian delegation received exceptional attention and hospitality, which had not been paid to another delegation in recent years.[39] The organization and content of the entire course of the visit show that the North Korean leadership, given the close links between the BCP and Bulgaria and the CPSU and the Soviet Union, indirectly expressed the DPRK's attitude to the USSR.[40] Kim Il Sung did not leave Zhivkov for a moment, which allowed for the discussion of many topics, both with regard to bilateral relations between the two countries, and those related to international politics and the Korean issue.

To emphasize the DPRK's attitude toward the USSR, at the end of one of his conversations with Zhivkov, Kim Il Sung said: *"The Soviet Union has helped us and is helping us now. I am not going to become an opportunist, anti-Soviet and traitor."* This position was repeated again and again until the very end of the visit of the Bulgarian Head of State, who later shared: *"When we left Pyongyang - on the way from the residence to the airport he* [Kim Il Sung] *once again asked me to convey his personal greetings to Comrade Brezhnev and to declare on his behalf that he is not with the Chinese, that he is with the Soviet Union and will remain loyal to the Soviet Union."*[41]

The North Korean leader's words undoubtedly prove once again that he viewed the Bulgarian visit as an opportunity to bring closer and improve relations not only between Bulgaria and the DPRK, but also between the DPRK and the USSR.

Zhivkov tried to convince Kim Il Sung that the DPRK was to coordinate its actions

38) CSA, F. 1Б, inv. 35, a. u. 4459, p. 55.

39) Bulgarian Foreign Minister Petar Mladenov described the welcome of the Bulgarian delegation as "something exceptional in its organization, enthusiasm and beauty. It was a spectacle worthy of being described in fairy tales or in a science fiction novel." CSA, F. 1Б, inv. 35, a. u. 4459, p. 42.

40) CSA, F. 1Б, inv. 35, a. u. 4459, p. 43.

41) Ibid, p. 33.

with other socialist states, and especially with the Soviet Union. Several times during the talks, the North Korean leader asked Zhivkov to convey to Brezhnev that he was not a revisionist, that he had not seceded from the Soviet Union, and that he would never become an "opportunist and traitor."[42] At the same time, Kim Il Sung defended the view that, with regard to the dialogue between the two Koreas, the DPRK had to demonstrate independence, otherwise South Korea would have the opportunity to speculate on North Korea's military dependence on the USSR or the PRC.

The last major issue discussed during the Bulgarian visit was the one about the reunification of Korea. Asked by the Bulgarian side how North Korea viewed the realization of the idea of a confederation between the two Koreas, given the different socio-economic and capitalist systems, Kim Il Sung outlined his thesis quite frankly. From his perspective, it was not a matter of actually combining the two systems in one country, but rather of tactics that would prevent South Korea from becoming a *"colony of Japan and a permanent base of American imperialism. The goal is to get South Korea out of this danger."*[43] The political goals the DPRK pursued with the idea of a confederation were to eliminate US military bases in South Korea and to enhance North Korean influence among the population in the South. If the US military presence was eliminated, according to the North Korean leadership, the people of South Korea would remove the "reactionary regime" by themselves. Kim Il Sung's words were utterly eloquent: *"If they listen to us and a confederation is established, this will be the end of South Korea. […] Therefore, in reality, the South Koreans do not accept our proposals at all."*[44]

Undoubtedly, the Bulgarian state visit to North Korea in 1973 played the role of a catalyst for both Bulgarian-North Korean relations and the relations between the DPRK and the Eastern bloc as a whole.

The second meeting between the two state and party leaders took place during the

---

42) Ibid, p. 32.

43) Ibid, p. 38.

44) Ibid.

second official state visit paid by Kim Il Sung and a party-government delegation to Bulgaria. The visit took place from June 2-5, 1975. Quite naturally, the focus was again on Korean reunification, as well as the overall support that the DPRK hoped to receive from Bulgaria and other socialist countries.[45] The North Korean leader informed the Bulgarian leadership in detail that, at this stage, the peaceful dialogue with South Korea was virtually frozen, mainly due to the irreconcilable stance of the South on maintaining the status quo of two Korean states and their simultaneous accession to the UN, which, according to the DPRK, would perpetuate the partition of Korea. During the talks it became clear that at this point there was a turn to mutual distrust between the two Koreas and an atmosphere of tension and aggression between them. During the official talks, Kim Il Sung claimed that North Korea maintained full combat readiness because it had to be ready to defend itself in case of attack. At the same time, he assured the Bulgarian leadership that the DPRK would never start hostilities first and abandon the slogan for a peaceful unification of Korea, while continuing to insist on the three principles on which the unification should take place, namely: independently, without foreign intervention, peacefully, regardless of ideological differences.[46] It is interesting to note that during the official talks between the two countries, the issue of China and the attitude of the DPRK to the USSR was never raised. According to available documents, these issues were addressed in the personal, informal talks between Kim Il Sung and Todor Zhivkov, in which North Korea strongly confirmed its desire for closer cooperation with the USSR and the Eastern bloc and reiterated its reluctance to support China, which at that moment was synchronizing its actions and positions with those of the United States.[47]

The third transcript, published in the collection, is from Kim Il Sung's third and last visit to Bulgaria, from June 11 to 17, 1984. During the visit, several extremely important interstate documents were signed: "Treaty of Friendship and Cooperation between the

---

45) Ibid, a. u. 5322, p. 8.

46) Ibid, p. 10.

47) Ibid.

People's Republic of Bulgaria and the DPRK", "General Agreement for the Development of Economic and Scientific and Technical Cooperation up to 2000" and Trade Agreement until 1990.[48] On the issue of unification of Korea, both sides stated they would cooperate on *"countering aggression policies and war on imperialism"*, while reaffirming Bulgaria's position, which *"supports the DPRK's fair position on withdrawing foreign troops from South Korea and its quest for a peaceful unification based on democratic values."* The agreement also reaffirmed Bulgaria's commitment to support the DPRK, both politically and economically.[49]

In response to Kim Il Sung's visit to Bulgaria in 1984, a year later, from May 30 to June 2, 1985, Bulgarian Party and State Leader Todor Zhivkov also paid his last official visit to the DPRK. Zhivkov's visit was particularly important for bilateral relations, as evidenced by the conclusion and analysis made later after the delegation returned to Bulgaria. First of all, it is noteworthy that despite the officially declared by Bulgaria unwavering support to all *"DPRK initiatives aimed at creating a climate of confidence in the Korean Peninsula and conditions for the peaceful and democratic unification of Korea"*, in the analysis presented to the Bulgarian Politburo after the return of the delegation to Bulgaria, Zhivkov was determined that this was completely unrealistic for a number of reasons: first, *"because there are two Koreas - one has taken the capitalist way, the other - the socialist way"*, and second, the differences in economic development between South Korea and North Korea, were *"from heaven to earth."* The Bulgarian state and party leader mentioned very enthusiastically that *"South Korea is developing rapidly in recent times. It is the second in Asia after Japan in terms of economic development and economic potential. South Korea is already threatening, competing with Japan and many other countries in international trade. And most importantly, it has the right policies. They develop high-tech industries, especially in the field of electrical engineering. They are developing extremely fast."*[50]

---

48) CSA of RB, F. 1Б, inv. 60, a. u. 337.

49) Ibid.

50) Ibid, p. 41, 63.

In addition, Zhivkov also took into account the changed geopolitical situation in the region with a new stage of a closer military-political alliance between the US, Japan and South Korea. Furthermore, there was closer rapprochement of the PRC with the US and Japan. All this created serious obstacles to the possibility of implementing the North Korean idea for a peaceful unification of the country; more realistic seemed the formula of the Western countries and the United States which supported the recognition of the two Korean states and their simultaneous admission to the UN.[51] The shorthand minutes of the talks between Kim Il Sung and Todor Zhivkov clearly show the changes in the DPRK's position towards China. North Korea's leadership was deeply concerned by the reforms carried out by Dun Xiaoping in the PRC, which, according to Kim Il Sung, were transforming the socialist system into capitalist.[52] Hence the well-stated position of North Korea for closer cooperation with the USSR and other socialist countries. The documents from the visit state that at no point did Kim Il Sung even mention the North Korean ideological concept of "juche". Moreover, the post-visit analysis noted in particular that "the meetings and talks give the impression that, given the exhausted opportunities for extensive development of the DPRK economy and the significant lag behind South Korea, the Korean party and state leadership shares the understanding that existing economic difficulties and problems cannot be solved solely with the support of own forces."[53]

The description that Todor Zhivkov made of the economic and scientific and technical development of South Korea was indicative of Bulgaria's increasing interest in the potential opportunities and benefits for the country from establishing trade and economic relations with it.

* * *

The last part of the documents in this compilation are mainly from the archives of the

---

51) Ibid, p. 41, 63.

52) Ibid, p. 64.

53) Ibid, p. 45.

Ministry of Foreign Trade and make it clear that in **the second half of the 1980s**, Bulgaria actively researched the economy and technology development in the Republic of Korea and began to explore the possibilities to establish **trade and economic relations with South Korea** without having a fatal impact on relations with the DPRK.[54] The formula that the Bulgarian leadership was trying to apply was a well-known practice used mainly by Japan during the Cold War in its relations with countries with different political and socio-economic systems. This formula could generally be called the separation of politics from the economy.

After 1985, the Cold War entered its final phase, characterized by dynamic changes both in relations within the Eastern Bloc, and in East-West politics. These changes significantly affected Bulgaria's attitude towards the two Korean countries. An eloquent sign of the change in the USSR and other socialist countries to the situation on the Korean peninsula was Mikhail Gorbachev's speech delivered in August 1988 in Krasnoyarsk, announcing a set of initiatives for Asia, the Asia-Pacific region, and specifically the Korean Peninsula. This speech very clearly stated that "in the context of the overall recovery of the situation on the Korean Peninsula, opportunities can be found to establish economic ties with South Korea."[55] This effectively enabled socialist countries, including Bulgaria, to establish trade and economic relations with South Korea, resulting in a sharp reaction from the DPRK.[56] In 1988, the Bulgarian side also started negotiations for establishing economic cooperation with the Republic of Korea, ending with the establishment of official relations between Bulgaria and KOTRA (Korea Trade Development Corporation, in 1995 renamed into Korea Agency for Trade and Investments Promotion) and opened its first representative office in Sofia in April 1989.[57] The official Bulgarian position was these were merely trade and economic relations that the Bulgarian side separated from purely political matters, while

---

54) CSA of RB, F. 259, inv. 45, a. u. 688; a. u. 689.

55) Ibid CSA, F. 1Б, inv.102, a. u. 1906, p. 1.

56) Ibid, a. u. 1905, p. 2.

57) CSA of RB, F. 259, inv. 45, a. u. 688.

continuing to support the politicies of the DPRK. In addition, Bulgaria viewed this change in its foreign policy towards both Koreas as imperative and adequate to the "new realities and new political thinking" proclaimed by the USSR, which required new approaches in foreign policy and in the international communist and labor movement.

The end of the Cold War radically changed the situation. In 1990, the Bulgarian government decided **to establish diplomatic relations with the Republic of Korea.** The compendium also publishes very interesting documents related to the negotiations between representatives of the foreign ministries of the two countries, held in Tokyo, concerning all the details of the agreement establishing diplomatic relations.[58] During South Korean Foreign Minister Cha Ho Chun's visit to Bulgaria on March 23, 1990, he signed a *Joint Declaration for the Establishment of Diplomatic Relations and a Memorandum on the Basic Directions of Future Bilateral Cooperation* in the relations between the two countries. Shortly after, South Korea opened an embassy in Sofia. The establishment of diplomatic relations between the Republic of Bulgaria and the Republic of Korea was met by North Korea's disapproval, but overall Pyongyang's response was relatively calm. However, in the years of transition, political contacts between the two countries remained scarce.

* * *

In conclusion, we can say that this compilation is an attempt to present the most valuable documents from the Bulgarian archives giving extremely valuable, rich and multifaceted information about some of the most important events and processes related to the history of the Korean Peninsula during the years of Cold War. We hope it will be useful for researchers, educators and students dealing with the history of the DPRK and the Republic of Korea, as well as for all knowledgeable readers, including public figures, journalists, as well as politicians who are interested in Korea and its dramatic and extraordinary fate after World War II. We believe that the documents will help

---

[58] CSA of RB, F. 259, inv. 45, a. u. 689.

readers to shape their own perspective, as well as to analyze and assess a number of events, personalities and questions that continue to provoke lively discussions and conflicting interpretations and evaluations.

Finally, we would like to extend our gratitude to Dr. Kim Se-won, Dr. Won Jong Suk and to the students of Korean Studies,[59] as well as of the Master's Program in Society and Culture of Korea at "St. Kliment Ohridski" University for their hard and professional work on the translation and technical processing of the documents published in the collection.

30 July 2020

Sofia

---

[59] Zornitsa Stefanova, Violeta Kaseva, Elisaveta Mihalkova, Tsvetelina Borisova, Viktoriya Angelakova, Ralitsa Soyanova.

차례

제1부 문서 번역본
불가리아공화국 국립중앙공문서관

제2부 문서번역본

CSA of RB

제3부 문서 탈초본

ЦДА на РБ

제4부 부록
사진자료

제1부 문서 번역본

불가리아공화국 국립중앙공문서관

01. 불가리아공화국 국립중앙공문서관
원문서 소장위치 1B, 문서철 6, 문서번호 949

결의안 No. 236－민족 통일을 위해 고군분투하는 북한 인민의 투쟁을 지지하는 캠페인 조직에 대한 결의안

결의안 No. 236
1950년 7월 1일, 불가리아 공산당 중앙위원회 정치국

1. 북한인민의 통일을 위한 투쟁을 지지하는 캠페인을 전국적으로 조직한다.
   모임, 학회, 회의 등 다양한 조직을 통해 미제국의 공격성을 반대하고 자유, 독립과 통일을 위해서 고군분투하는 북한인민을 지지를 표명하는 결의안을 표결에 부친다.
2. 토도르 지프코프 동지는 7월 1일 저녁 보고서에서 불가리아 공산당과 불가리아 노동자의 이름으로 미국정부의 저질적인 공격에 대항해서 투쟁하는 북한인민을 전폭적으로 지지함을 선언한다. 이와 같은 내용으로 전보를 작성하고 토도르 지프코프의 보고 후에 표결에 부친다.
3. 언론에 이와 같은 내용으로 지시를 내린다.

02. 불가리아공화국 국립중앙공문서관
원문서 소장위치 1B, 문서철 6, 문서번호 951

프로토콜 No. 238
1950년 7월 6일, 정치국

참석자: V. 체르벤코프, G. 찬코프, An. 유코프, G. 다먀노프, T. 체르노콜레프, R. 다먀노프, M. 네이체프, D. 게네프, D. 디모프 동지들.

T. 지프코프, R. 레비 동지들, K. 루카노프, P. 펠로프스키, 스투포프, 마도노프 제1위 및 제2위 동지들, 엔초 스타이코프, Ap. 콜체프, N. 게오르기에프 제3위 및 제4위 동지들.

결의안

XI. 북한에 대한 미국의 공격성에 대해 정치국은 다음과 같이 결의한다:

1. 불가리아의 큰 도시에 반미 집회를 조직하여 북한을 향해 행한 미국의 노골적인 공격성을 폭로한다. 또한 민족통일과 자유를 위해 투쟁하는 북한 인민의 투쟁을 지지한다.
2. 공장과 기관 등에서 반미 시위를 소규모로 조직한다.
3. 북한 인민의 투쟁을 지지하는 취지에서 미국의 공격성을 비판하는 대규모의 집회를 조직한다.
4. 불가리아 공산당 중앙위원회는 북한을 향한 미국의 저질적인 무력 침공에 대해 항거한다는 선언문을 발표한다.
5. 불가리아 공산당 중앙위원회는 북한 노동당과 북한 정부에 격려를 표한 전보를 보낸다.

6. 소피아 공산당 핵심 당원들에게 북한에 대해 알린다.
7. 공산당 핵심 당원과 지역 공산당 서기에게 국내 상황과 국제문제에 대한 정보를 제공한다.

V. 체르벤코프

03. 불가리아공화국 국립중앙공문서관
원문서 소장위치 1B, 문서철 6, 문서번호 951

평화수호인민위원회

1950년 7월 5일, 소피아
불가리아 공산당 중앙위원회 앞

동지들,

평화수호인민위원회 사무국은 북한의 사태와 관련하여 평화수호인민위원회가 대규모 집회를 지방 도시들 – 스빌렌그라트, 톨부힌, 가브로보, 파자르지크 및 국경 도시인 스빌렌그라트, 커르잘리, 스몰랸, 페트리츠, 큐스텐딜, 고데츠, 베르코비차, 쿨라, 비딘에 조직할 것을 제안하는 바이다.

소피아 집회는 당월 20일에 평화 수호를 위해 지역의회 의장과 전국의회와 함께 개최한다. 본 집회 시 페르디난드 코조프스키 동지가 연설을 할 것이며 소피아 집회 전에 공장들과 주저지에서 모임을 갖도록 한다.

상기 장소에서 집회를 조직할 수 있도록 불가리아 공산당 중앙위원회의 허가를 요청하는 바이다.

동지애를 표하며,

의장: 쫄라 드라고이체바
사무장: 페테르 디미트로프 교수

04. 불가리아공화국 국립중앙공문서관
원문서 소장위치 1B, 문서철 6, 문서번호 951

북한 노동당 중앙위원회

평양

불가리아 공산당 중앙위원회는 영웅적인 북한 노동당과 이승만의 촉발과 미국 침략자들에 대해 정당하게 민족 해방 및 통일 쟁취를 이끌고자 투쟁 중인 북한인민들에게 뜨거운 안부를 전한다.

충직한 불가리아 인민들은 미국의 북한을 향한 악랄한 침략에 분노를 금치 못하며 북한 노동당과 북한인민이 단결하여 이승만 파벌을 물리치고 조속히 미국 침략자들을 척결해냄으로 한민족의 통일과 평화 승리를 쟁취하고 한반도에 인민민주주의가 공고히 자리 잡기를 진심으로 기원한다.

북한인민의 영웅적이며 정당한 투쟁이 지속되기를!

한반도에서 미국 제국주의자들이 항복하기를!

전 세계의 강력한 지주인 위대한 소비에트 연방과 전 인류의 진보적 수령, 스탈린 동지가 전진하기를!

1950년 7월 10일

불가리아 공산당 중앙위원회

05. 불가리아공화국 국립중앙공문서관
원문서 소장위치 1B, 문서철 6, 문서번호 951

성명서
불가리아 공산당 중앙위원회의
미합중의 북한에 대한 오만무도한 무력 도발에 항거하는

미합중국의 북한에 대한 잔인무도한 무력 침략은 구체적인 공격 행태로 모습을 드러났음을 시사한다.

평화를 거스르는 이러한 불순한 범죄행위는 미국 정부가 사전에 구상하고 설계한 것으로 한반도와 대만을 군사기지로 삼으려는 것이다. 이는 아시아 국가들의 민주주의 발전을 저해하는 위대한 소련에 대한 대항이며, 중화 인민공화국의 대만을 점령하기 위한 것이며, 필리핀과 베트남에 영향력을 행사하기 위한 것이다.

무고한 사람들에게 벌어지고 있는 이러한 불순한 범죄행위에 반대하여 전 세계에서 반대 집회가 일고 있다.

미국인들의 전쟁 도발을 무산시켜야 하며 제재를 가해야 한다. 미국인들의 치를 떨게 하는 침략은 평화를 강력히 수고하고자 하는 세력들에게 심한 반발을 사게 될 것이다. 평화 수호 세력들은 미국의 제국주의적 침략을 박살내고 계획을 무산시킬 수 있다.

불가리아 공산당 중앙위원회는 미국 정부의 북한과 중국에 대한 공격적인 도발에 대해 불가리아 당원들의 내면의 끓어오르는 분노를 표명하며 이러한 범죄 행위를 즉각 중단할 것을 강력히 촉구하는 바이다.

불가리아 공산당 중앙위원회는 인민들과 불가리아 당원의 이름으로 단결하여 인민의 연대와 인민의 자유를 위해 투쟁할 것이며 뜨겁게 환대하며 조속한 시일 내에 정당한 투쟁이 성공적으로 실현될 것을 전심으로 바라마지 않는다.

북한에서 물러서도록!

북한의 자유와 독립을 위하여! 북한 인민을 위한 북한이 되도록!
대만 섬에서 퇴각하도록!
미국 정부의 제국주의적 침략이 맥을 끊도록!
위대한 소련이 선도하는 평화, 민주주의 및 사회주의 연합이 지속되도록!

06. 불가리아공화국 국립중앙공문서관
원문서 소장위치 1B, 문서철 6, 문서번호 1474

프로토콜 "A" No. 283
불가리아 공산당 중앙위원회 정치국, 1951년 10월 18일

참석자: V. 체르벤코프, M. 네이체프, An. 유고프, G. 짠코프, D. 가네프, IV. 라이코프 동지들. 토도르 프라호프와 디마 팔라마로바 동지들.

결의안

조항 II.

1. 고군분투 중인 북한 인민을 지원하기 위해 봉제실 80,000타래와 북한 인민을 위해 100톤의 면실을 무상 기부한다.
2. 실은 내수 무역부에서 '의류 및 신발'에 대한 대가로 시장 자본금 결제로 제공하며 털실은 경공업부에서 면직물 제조 프로그램 결제로 제공한다.
3. 재무부는 상기 원조 물품 비용을 예비비에서 지불하는 방식으로 하되, 총액 70,891,000 레바를 제조기업에 지불하도록 한다.
4. 불가리아 적십자가 기업으로부터 원조 물품을 받고 용처에 따라 배송하는 일을 일임한다.

부록

주모스크바 북한 대사는 스텔라 블라고에바 동지를 통해 주문 목록에 따라 봉제실 8만 타래와 면실 100톤을 신용 대출 또는 무상으로 제공해 줄 것을 요청했다.

요청해 온 품목지원이 가능함이 확인되었다.

본 사안과 관련하여 정치국이 결의한 초안을 심의해 줄 것을 제안한다.

내각행정부 의장 벌코 체르벤코프 동지 앞

표제: 북한 인민을 위한 직물 공급 건－기밀시행령 No. 289(1951년 3월 28일)

1951년 3월 28일 기밀 시행령 No. 289에 따르면 내수 무역부는 북한 인민을 위한 하기 물품을 불가리아적십자사 앞으로 전달했다.

면직물	500.000m
모직물	100.000m
수건	100.000장
봉제실	100.000타래
양말	1.000.000켤레
담배	객차 1대 물량

상기 시행령에 따라 올해 5월, 내수 무역부는 불가리아 적십자사에 하기 물량을 전달했다.

면직물	500.294m
모직물	100.000m
수건	100.000장
봉제실	100.000타래
양말	795.167켤레

담배 객체 1대 물량

재정적 충원으로 294m 이상의 면직물을 추가 전달하였다.

창고에 양말 재고 물량이 부족하여 204,833켤레를 전달하지 못했다.

1951년 8월 24일, 소피아

내각행정부 부의장: R. 다먀노프

07. 불가리아공화국 국립중앙공문서관
원문서 소장위치 1B, 문서철 6, 문서번호 1257

프로토콜 A, No. 61
정치국, 1951년 2월 22일

참석자: V. 체르벤코프, G. 찬코프, Vl. 포프토모프, R. 다먀노프, T. 체르노콜레프, M. 네이체프, T. 지프코프, G. 짠코프, Iv. 라이코프

위원회는 고군분투 중인 북한 인민을 위해 의료 물품을 지원할 계획 초안을 승인한다. 앞으로 진행될 일련의 사안들 실행은 '불가리아 적십자사'의 운영위원회가 한다. 정치국(민초 네이체프 동지)에서 원조 구체화하며 그 기준을 제시한다.

불가리아 공산당 중앙위원회 정치국 앞

표제: 고군분투 중인 북한인민들을 돕기 위한 위생 용품, 의복, 식료품 지원 건

중앙위원회 정치국의 요청에 따라 투쟁 중인 북한 인민들을 위한 공급 계획 및 준비 계획에 차질을 빚지 않는 범위 내에서 어떤 지원 가능성이 있는지를 불가리아 적십자사, 인민보건부 및 내수무역부 지도부의 승인하에 주요 사항들을 검토하였으며 그 결과는 하기와 같다.

1. 불가리아 적십자사는 총 250명을 수용할 수 있는 이동식 외과 병원을 지원할 수 있는 실정이다. 적십자사는 운송 및 운영에 필요한 트럭 8대와 구급차 5대를 제외한 병원에 필요한 모든 것을 갖추고 있다. 불가리아 적십자사는 불가리아가 상기 운송수단을 구매할 것인지 해외에서 지원하는 것으로 할 것인지를 결정해야 한다.

병원을 설비를 갖추고 운송할 준비를 4주 이내에 한다. 병원에는 약 50명의 병원관계자(의사, 간호사, 운전사, 행정 및 관리 직원)이 필요하며 허드렛일을 할 직원은 현지에서 채용하는 것으로 한다.

지원과 관련하여 총 책임자로 콘스탄틴 미체프를 추천한다.

2. 불가리아 적십자사는 다음과 같은 물량의 원단 지원이 가능하며 수일 전에 내수내무부에 고지한 바 있다.

플란넬:	15,000미터
천:	3,000미터
면직물:	10,000미터
옥양목:	5,000미터
모직물:	14,600미터
옥스퍼드(가죽):	10,000미터
가죽 신발:	1,000켤레
고무 신발:	2,000켤레
속옷:	1,500벌

불가리아 적십자사는 병원뿐만 아니라 옷감들도 모두 무상으로 지원한다.

3. 인민보건부는 5천만 레바로 추산되는 약 150가지 종류의 불가리아산 의약품 및 의료 용품(붕대) 제공이 가능하다.

또한 인민보건부는 병원 관계자 50명을 비롯한 의사 15명, 적십자 소속 간호사 12명을 국내에서 선발하여 병원에 필요한 인력 협조를 한다.

다수의 의사들이 북한 파견을 신청했다.

4. 내수 무역부는 다음과 같은 식료품을 지불을 하는 조건으로 보낼 수 있다.

육류캔 및 동물용 캔:	50톤
야채캔:	50톤
면직물:	6.100미터
수건:	
니트:	2,900세트

5. 담배 5톤과 일정량의 비누를 구입하여 보낼 필요가 있다고 판단한다.

6. 식료품, 의료 물품, 트럭 등에 대한 비용은 인민으로부터 징수된 "평화 기금"에서 1억 레바를 떼어 북한 지원을 위해 기금으로 책정하여 지불한다. 1억 레바로 부족할 경우 '평화 기금'에서 2천만 레바를 빌려 충당하는 것으로 한다.
7. 불가리아 적십자사의 북한 원조 물품 선적과 의료인 모집은 정치국의 직접적인 협조와 통제하에 수행되어야 한다.
   불가리아 적십자는 첫 선적 외에도 불가리아 인민이 북한 인민과 북한 어린이를 돕기 위한 양말, 스웨터, 장갑 및 기타 품목을 모으도록 하는 캠페인을 조직해야 한다.
   고군분투 중인 북한 인민을 위해 의료 물품 지원을 하는 것에 대한 위원회의 초안 결의를 수용한다. 앞으로 진행될 일련의 사안들 실행은 '불가리아 적십자사'의 운영위원회가 한다. 정치국(민초 네이체프 동지)에서 원조 실현의 정확성 및 예표를 제시한다.
8. 불가리아는 북한 고아들을 수용할 수 있으며 그 경험도 있으나 현재로서는 적절치 않다고 판단한다.

1951년 11월 19일, 소피아

08. 불가리아공화국 국립중앙공문서관
원문서 소장위치 1B, 문서철 6, 문서번호 1680

프로토콜 No.163
불가리아 공산당 중앙위원회 정치국, 1952년 10월 25일

참석자: V. 체르벤코프, A. 유고프, G. 다먀노프, G. 찬코프, G. 짠코프, M. 네이체프, R. 다먀노프, T. 지프코프 동지들

II. 북한에 파견된 불가리아 의료봉사단에 대한 보고 －보고자: 라이코 다먀노프 동지

1. 불가리아 의료봉사단의 북한에서의 임기를 1년으로 한다. 1년 임기를 마친 후 의료봉사단을 교체한다.
2. 내년 3월 제1차 봉사단이 불가리아로 귀환할 수 있도록 20명으로 구성된 새로운 봉사단을 조직하여 1953년 2월 1일에 북한으로 보낸다. P. 콜라로프 동지와 D. 할로프 동지는 1952년 12월 15일까지 새로운 의료봉사단을 조직하고 불가리아 공산당 중앙위원회에 보고한다.
3. 근무 실적이 부진한 단원들은 귀환 조치한다.
4. P. 콜라로프 동지는 의료봉사단 단원의 직위에 따라 월급 인상(예를 들어, 한 달에 100달러)하는 것과 불가리아 의료봉사단이 일할 수 있는 새로운 병원을 설립하는 데 필요한 의료기구 등 수송에 대한 제안서를 작성하여 불가리아 공산당 중앙위원회에 제출한다.

불가리아적십자사 중앙위원회
1952년 9월 5일, 소피아
불가리아 공산당 중앙위원회 사무국 앞

동지들,

주베이징 불가리아 인민공화국 대사 야코 페트코프 동지의 서한에 고군분투하는 북한 인민을 위해 파견된 의료봉사단 상황에 대해 소상히 기술되어 있다. 그 서한은 고군분투하는 북한인민을 돕기 위해 보내준 것이다. 페트코프 동지가 의료봉사단 동지들의 현장을 방문하였다. 페트코프 동지는 북한 인민군을 위한 의료 책임자인 소련 대표와 북한 대표를 만났으며 함께 의료와 관련된 사항을 검토하였으며 논의하였다.

페트코프 동지의 서한에 입각하여 불가리아 의료봉사단이 북한에서 성공적으로 과업을 계속해서 수행하도록 하려면 하기 사안에 대한 결정을 내려야 한다고 사료된다.

1. 의료봉사단의 북한 체류 임기는 최소한 1년이어야 한다. 1년 임기를 마치면 의료봉사단원을 교체해야 한다. 파견된 봉사단원 중 1년 임기를 연장하기를 원하는 자는 북한에 남아 있도록 한다.
2. 1953년 1월 1일 기준으로 봉사단원 한 사람당 매월 60USD를 보내거나 봉사단 전원을 위해 2,820USD, 산출금액을 보내야 한다. 상기 금액은 일상생활을 위한 식료품비와 같은 생활비와 봉사단 운영비이다. 상기 금액은 루마니아 봉사단원이 평균 150USD를 생활비로 지급한다는 정보에 입각하여 산출한 것이다.
   봉사단 지원금은 금년 말까지 지급이 된 상태이다. 이미 5,000USD를 송금하였으며 식비를 위해 추가로 91,800레바를 송금하였다. 상기 금액을 금년 7월 1일부터 사용하기 시작하였다.
3. 의료봉사단 활동에 기여를 하지 못하거나 의료봉사단에 부담을 주는 단원은 즉각 귀국 조치를 취해야 한다.
4. 현 봉사단과 교체할 차기 의료봉사단원 구성을 지금부터 착수해야 한다. 20명을 감원하되 20명 중 절반은 의사를 감원하는 것으로 한다(체코슬로바키아, 루마니아 헝가리 봉사단 인원은 평균 12~20명).
   차기 봉사단은 늦어도 1953년 2월 1일경에는 북한으로 출발해야 하며, 현 의료봉사단 동지들은 3월에 귀국할 수 있도록 해야 한다.

상기 사안에 대한 결의를 청원한다.

불가리아적십자사 중앙위원회 의장: 장관 P. 콜라 로프 박사
부의장: D. 할로프

기밀!
베이징, 1952년 7월 24일

인민보건부 장관 콜라로프 박사 동지 앞
소피아
사본: 외무부 장관 민초 네이체프 박사 앞

장관 동지,

금년 7월 말에 디미트로프 동지를 추모하기 위해 북한을 방문했습니다. 이 기간 동안 우리 의료봉사단의 업무에 대해서 더 자세한 정보를 얻고 그들의 근무상황을 직접 볼 수 있었습니다. 미체프 동지를 만나면서부터 우리 봉사단이 다른 인민 민주주의 국가의 봉사단에 비해서 열악한 환경에서 일하고 있다는 사실을 알게 되었습니다. 의료기구, 의약품, 운송수단, 다른 물품의 공급이 전혀 없었습니다. 그래서 나와 미체프 동지는 간추린 보고서를 동지 앞으로 보내게 되었습니다. 불가리아 의료봉사단이 너무 늦게 평양에 도착한 관계로 1951년에 불가리아에서 보낸 의료기구, 의약품, 트럭 등을 이미 북한정부가 사용한 상태였습니다. 그래서 불가리아 봉사단원은 북한정부가 제공할 수 있는 조건과 물품으로 일을 시작해야 했습니다. 아시다시피 북한정부의 협조에는 한계가 있어서 초기 단계부터 지금까지 불가리아 봉사단이 효과적이며 지속적으로 일을 할 수 있는 환경을 만들어 주지 못했습니다. 봉사단은 분산되었습니다. 치료소에서 쓰는 기구나 약품 등이 부족하며 X-ray도 없는 시골집 등 분산된 곳에서 일을 하고 있습니다. 이런 이유로 봉사단은 제대로 의료를 실행할 수 없었습니다. 그렇기 때문에 앞서 보고한 것처럼 불가리아 봉사단 단원이 우선 제대로 일을 할 수 있도록 불가리아적십자사에서 보내준 돈으로 급하게 필요한 기구와 약품을 중국에서 사야

만 했습니다. 이러한 문제 외에도 마지막 서한에서 보고한 것처럼 북한정부가 간헐적으로 식품을 제공하며 그 양이 부족해서 앞으로도 중국에서 추가로 식품을 살 수 있도록 도와주어야 합니다.

다른 형제국가들처럼 불가리아 의료봉사단이 불가리아에서 보낸 의료품과 같이 작년에 북한에 당도했다면 봉사단이나 북한 정부가 이렇게 큰 어려움을 겪지는 않았을 것입니다. 설사 봉사단이 늦게 도착했다손 치더라도 봉사단이 늦게 도착할 것을 사전에 알았다면 이러한 어려움은 피할 수 있었을 것입니다. 안타깝게도 불가리아 의사들이 모스크바에 도착했을 때조차 봉사단 파견 소식을 미리 전해 듣지 못했습니다. 그리고 소피아에서는 불가리아가 보낸 모든 기구, 약품, 트럭 등이 이미 사용되었다는 것을 알고 있었다는 사실을 접하게 되었습니다. 작년 8월에 봉사단 파견에 대해 문의를 했으며 외무부로부터 1951년 9월 5일, 1951년 11월 2일 두 차례에 걸쳐 전보를 받았습니다. 그 전보에는 불가리아 봉사단이 파견되지 않을 것이라고 전해 달라고 쓰여 있었습니다. 북한정부에 전보 내용을 알렸기 때문에 북한에서는 불가리아에서 보낸 물품을 임의로 사용했던 것입니다. 이것은 당연한 일입니다. 북한정부는 작년 11월에 모든 기구와 약품 등을 전방과 후방에 있는 다른 북한 병원에 배분을 하였습니다. 그런 상황에서 소피아에서 불가리아 의사들이 병원을 사용할 수 있다는 정보를 어디에서 전해 받았는지 모르겠으며 불가리아 의사들이 의료기구와 약품이 없이 어떻게 보내진 것인지 납득이 가지 않았습니다.

2. 평양을 방문하는 동안 불가리아 봉사단과 관련된 북한 동지들을 만나서 봉사단의 업무와 특히 필요한 기구, 약품, 음식 등의 공급과 의사들이 한 곳에서 일할 수 있도록 하는 것 등에 대해서 의논했습니다. 북한인민군의 의무담당자인 '이' 장군과 함께 북한인민군의 소련인 자문관 데르자빈과 만났을 때 이러한 문제를 의논했습니다. 나는 나와 '이' 장군과 데르자빈과 미체프가 함께 봉사단을 방문할 것을 강력히 주장해서 불가리아 봉사단원들이 일하는 모든 곳에 가 보았습니다. 우리는 방문한 모든 곳에서 문제에 대한 정보를 얻었으며 의사들을 대면하여 직접 그들의 요구사항과 필요한 것이 무엇인지 들었습니다. '이' 장군과 소련인 자문관은 그들의 말을 기록하였으며 최선을 다해 그들의 요구를 들어줄 것을 약속했습니다.

상기 방문으로 인해 봉사단의 근무조건은 향상될 것이고 불가리아 의료원조 역량과 질이 향상될 것으로 기대합니다.

여기에서 간과해서는 안 될 것이 하나 있습니다. '이' 장군은 북한 정부에서 우리 봉사단이 필요로 하는 식품을 정기적으로 제공하는 것이 어렵다고 답변했습니다. 이는 불가리아도 여타 형제 국가 봉사단처럼 식품 공급을 스스로 감당해야 함을 의미합니다.

김일성과 박헌영을 만났을 때 그들은 북한 정부가 비록 좋은 근무여건을 마련해 주지 못했음에도 불구하고 불가리아 봉사단이 일을 잘 하고 있음에 대해 만족감을 표시했습니다.

소련 대사 라조바에프 동지도 만났는데 소련 대사도 불가리아 봉사단을 칭찬했습니다. 소련 동지들은 불가리아 봉사단에 대해 큰 관심과 연대감을 가지고 있었으며 주로 데르자빈 교수를 통해서 큰 도움을 주고 있었습니다. 소련 대사는 불가리아가 더 효과적으로 도움을 주고 북한 전쟁에 기여할 수 있도록 의료봉사단을 적어도 1년 동안 북한에 있도록 하는 것이 좋겠다고 했습니다. 본 사안에 대해서는 아래에 다시 언급하겠습니다.

<u>3. 봉사단 내 환경</u>: 불가리아 봉사단 근무지 방문 시 봉사단의 상황을 직접적으로 듣기 위해서 봉사단원들과 개별적으로 모임을 가졌습니다. 그들과의 모임과 개인적인 면담, 관찰한 내용을 총괄하여 정리하면 많은 불가리아 의사들이 어려운 상황으로 인해 불가리아로 돌아갈 날을 기다리고 있었습니다. 수풍 시의 병원처럼 아주 열악한 상황에서 일하고 있는 봉사단원들은 특히 불가리아로의 귀환을 애타게 기다리고 있었습니다.

압록강에 있는 전기발전소가 폭격을 맞은 후에 인근에 있던 불가리아 병원도 폭격으로 인해 피해를 입었습니다. 이러한 이유로 불가리아 의료봉사단 단원들은 수풍 시 근처에 있는 산골마을로 갔는데 그 곳의 상황은 더 열악했습니다. 불가리아 의사들을 위한 마땅한 숙소가 없었으며 음식도 부족했습니다. 또한 부족한 음식을 몇 킬로미터씩 떨어져 있는 여러 곳으로 운반해야 하는 작업도 의사들이 직접하고 있었으며, 몇몇 의사는 아메바성 이질을 앓고 있었으며 다른 의사들이 그들을 돌보고 있었습니다.

또한 통신도 아주 더뎌서 불가리아에 있는 친지들과의 연락도 제대로 취할 수 없는 실정이었습니다. 단원들 중 대부분이 신경이 예민해져서 사소한 일에도 금방 화를 내곤 합니다. 그리고 불가리아 동지들의 말에 따르면 어떤 봉사단 그룹은 불가리아 의사들과 북한 병원 관계자들 사이에서 해야 할 업무를 명확히 분담하지 않아 환자를 치료할 때 누구의 명령을 따라야 할 지 혼란스러운 경우가 발생한다고 했습니다.

의사들에게 1년 더 북한에 남아서 일해야 한다는 주소련 불가리아 대사의 의견을 전했을 때 대부분이 반대 의사를 표명했습니다. 불가리아 의사들은 이런 상황에서 6~8개월 이상 북한에 남아 있는 것이 의미가 없음을 피력했습니다. 위와 같은 상황에서는 환자 치료도 어려울 뿐만 아니라 북한인민에게도 득이 되지 않으니 단원 개인에게도 무의미하며 국가적 차원에서도 무의미한 처사라고 했습니다. 의사들은 이것은 시간 낭비이며 자기들도 중병에 걸릴 위험이 처해 있다고 했습니다. 의사들 중 레지던트들은 이곳에서는 수술을 할 수 없어 불가리아에서 외과임상경험을 쌓고 있는 다른 동료들에 비해 의료적 소양이 낮아져 의료인으로서 발전하기가 어렵다는 점을 염려하고 있었습니다. 의사들 모두는 한 해 더 북한에 남아 있을 지에 대해서는 근무 여건에 따라 가부가 결정된다는 입장이었습니다. 근무 여건이 개선되지 않는다면 의료봉사단이 북한에 더 남아있는다는 것은 무의미한 일이라고 했습니다.

사실 나는 의료봉사단이 아주 열악한 상황에서 일을 하고 있다는 점은 인정하지만, 봉사단이 한 해 더 북한에 남는 것이 무의미하다는 주장에는 동의하지 않습니다. 봉사단원들이 열악한 상황과 위험 요소를 근거로 더 이상 북한에 머물고 싶지 않음을 표명하고 있다고 봅니다.

근무 환경이 좋아진다면 이처럼 일시적이고 심리적인 문제도 개선될 것이라고 생각합니다. 이러한 문제에 대해 북한인민군 의료위원회가 이미 대책을 세운 바 있습니다. 수풍 시 주변에 있는 모든 의료봉사단을 한 곳으로 집결할 예정입니다. 어제 미체프 동지가 전화로 이미 한 곳으로 집결되었음을 확인한 바 있습니다. 일상생활과 근무 환경이 개선된다면 불가리아 의사들이 업무에 전력을 다 할 것이라고 생각합니다. 불가리아 봉사단 중 일부는 수풍 시에서 100km 쯤 떨어진 병원에서 처음 업무를 착수하였으며 지금은 환경이 다소 개선되어 그곳의 봉사단원들은 분담한 업무를 성실히 수행하고 있다고 합니다. 그곳에서 일하고 있는 봉사단 전원은 자신들의 업무가 중요하다는 인식을 가지고 있으며 한 해이든 그 이상이든 불가리아 공산당과 정부에서 필요하다고 생각하는 기간만큼 근무할 의사가 있다고 합니다. 그리고 다른 곳에서 근무하는 의사들도 당과 정부의 명령에 따를 것이라는 입장을 표명했습니다.

4. 장관 동지, 불가리아 의료봉사단의 업무 현황을 간략하게 보고하며 앞으로 불가리아 봉사단의 임무가 제대로 수행되려면 하기와 같은 문제를 해결할 필요가 있음을 밝힙니다.

1) 첫째, 의료봉사단의 음식을 추가로 공급하고 일상생활에 필요한 비누, 치약, 면도날, 가스, 등불, 속옷(북한에서 겨울을 지내야 할 경우) 등을 구입할 수 있도록 한 달에 한 번 일정 금액을 지급하는 것이 시급합니다. 면밀한 검토 결과 1인당 하루에 2USD가 필요합니다. 불가리아 의료봉사단은 중국보다 가격이 두세 배 더 비싼 북한 시장에서 신선한 고기와 야채를 공급 받을 예정입니다. 다른 물건은 중국 시장에서 구입할 것입니다. 금년 5월 26일에 이 문제들과 관련하여 서신을 보냈으나 아직도 회신을 받지 못한 상태입니다. 그러나 올해 6월 20일, 외무부에서 받은 전보에 서신으로 문의한 사항에 대한 회신을 곧 받게 될 것이라고 적혀 있었습니다.

2) 소피아에서 불가리아 봉사단원 앞으로 보낸 모든 편지는 주베이징 불가리아 대사관에 보내집니다. 주베이징 불가리아 대사관은 북한 의료봉사단과 정기적으로 연락을 취하고 있기 때문에 빠른 시일 안에 편지가 전달되게 할 수 있습니다. 지금까지는 모스크바를 통해서 아주 더디고 불확실한 상태에서 편지가 전달되어 수개월이 걸려 편지를 받게 된 터에 의사들이 아주 신경이 예민했었으나 이런 문제는 베이징을 통한 우편을 배달하는 방식을 취함으로 해결점을 찾을 수 있을 것으로 보입니다.

3) 불가리아 봉사단의 북한 체류 기간과 관련해서 정치 · 경제적(여행경비 절약) 문제를 고려한다면 주모스크바 불가리아 대사가 제안한 것처럼 불가리아 봉사단이 한 해 더 북한에 체류하는 것이 바람직하다고 생각합니다. 본 사안에 대한 결의를 한 후 나에게 결과를 알려주기를 바랍니다. 명확히 정리되지 않을 때 문제가 발생할 수 있기 때문입니다.

또 다른 것은 현재 북한에서 근무를 하고 있는 불가리아 봉사단의 체류 기간이 끝나기 전에 지금부터 새로운 의료봉사단을 조직해야 한다고 생각합니다. 차기 의료봉사단은 현 봉사단이 불가리아로 떠나기 전에 북한에 도착하여 인수인계를 하고 물품도 그대로 전달 받을 수 있어야 합니다. 그리고 차기 봉사단의 인원은 그 수를 줄여야 합니다. 고령자는 열악한 환경에 적응하기 어렵기 때문에 파견 대상에서 제외시켜야 합니다. 루마니아와 헝가리의 현 의료봉사단은 두 번째 파견된 봉사단이며 현재 세 번째로 북한에 파견할 봉사단을 꾸리고 있는 중입니다.

4) 이런 저런 이유로 현지에서 도움이 되지 않는 불필요한 단원들은 귀국 조치를 취할 수 있도록 정부에서 용인해줄 것을 요청합니다.

5) 의료봉사단 전원은 불가리아 언론에서 의료봉사단 활동에 대한 기사를 보도해 줄 것에 대한 요청을 했습니다. 북한에서의 불가리아 의료봉사단 영접 등에 대한 보고 내용이 지금까지 신문에 보도된 적이 없습니다.

불가리아에서 불가리아 의료봉사단에 대한 보도가 없다는 것은 적절하지 않습니다. 얼마 전에 북한 언론에는 의료봉사단이 북한에 당도한 장면과 봉사단을 환영하는 장면을 보도하였습니다. 또한 북한은 불가리아 봉사단에게 보낸 감사편지를 여러 번 기사화하였고 북한인민에게 보내준 의료원조에 대한 기사를 많이 실었습니다. 북한 '프라브다'신문 기자 트카첸코 동지는 조만간 불가리아 의료봉사단에 대한 기사를 보도할 예정입니다. 이와 같은 상황에서 불가리아에서 의료봉사단 문제를 비밀에 붙이는 것은 바람직하지 않습니다.

다른 사회주의 국가의 의료봉사단에 대해서 좀 더 상세한 정보를 제공합니다.

헝가리 봉사단은 모두 24명으로 구성되어 있는데 그중 절반은 의사입니다. 병상 100개 규모의 병원에서 일하고 있으며 자체 의료기구실을 가지고 있고 환자를 위한 모든 의약품을 공급 받고 있었으며 모든 의료진의 음식, 개인 용품 등을 위해 매달 총 3,000USD를 지급받고 있습니다.

루마니아 봉사단은 의료진 20명, 병상 700석이고 자체 의료기구실을 갖추고 있으며 300명 환자에게 필요한 의약품을 정기적으로 제공받고 있습니다. 또한 단원들은 1인당 5USD를 받습니다.

체코 봉사단은 의료진 20명, 병상 500석 병원에서 일하고 있으며 자체적으로 진료

실을 갖추고 있는데다 의약품도 공급을 받고 있습니다. 매달 개인용품 구입비를 지급 받고 있는데 정확한 액수는 알려지지 않았습니다.

상기 기술한 문의 및 제안에 대한 회신을 조속한 시일 내에 보내주기 바랍니다.

그럼, 장관 동지,

진심어린 존경을 표하며: 대사 얀코 페트코프

09. 불가리아공화국 국립중앙공문서관
원문서 소장위치 1B, 문서철 32, 문서번호 310

평화수호인민위원회

불가리아 공산당 중앙위원회 사무국 앞

동지들,

평화수호인민위원회에 따르면 북한 아동 200명이 불가리아를 향해 출발했으며 6월 28일, 루세에 도착할 것이라고 한다.

평화수호인민위원회는 민초 네이체프 장관 동지와 다음과 같이 협의한 바 있다. 북한 아동이 불가리아와 루마니아 국경에 도착할 때 루세 소년소녀단원이 역으로 마중을 나가 꽃, 깃발, 팡파레, 환영사로 영접할 것이며 평화수호인민위원회 루세 대표단도 마중 나가되, 일반 시민들은 제외할 것을 제안한다.

북한 아동들이 소피아에 도착할 때도 같은 방식으로 영접할 것을 제안하는 바이다. 환영행사 후 특별 열차는 바로 코스테네쯔역으로 출발하도록 하며 코스테네쯔역에는 돌나바냐로 아이들을 이송할 버스를 배치해 둔다.

위 제안사항은 소련과 루마니아 국경에서 북한아동 주치의의 소견에 따라 건강한 아동에 한해 실행한다.

본 사안에 대한 의견을 개진해 주기 바란다.

의장: 학자 G. 나자코프

수석 서기관: 트라야나 네노바

첨부 문서

평화수호인민위원회는 조선아동 200명이 불가리아를 향해 출발했으며, 6월 28일에 루세에 도착할 것이라고 알렸다.

평화수호인민위원회는 조선 아동들 루세에 도착할 때 시민들을 제외한, 평화수호 시위원회 대표단과 소년단원만 마중할 것을 제의했다.

아동들이 소피아에 도착할 때도 같은 방식으로 마중하고, 환영행사 후 특별 열차는 바로 코스테네쯔역으로 출발하여 코스테네쯔역에서 아동들을 버스에 태워서 돌나바냐로 보낸다.

아동들이 불가리아 북부를 통과하면 루세, 플레벤, 소피아에서 환영행사를 하고, 불가리아 남부를 통과하면 스타라 자고라와 플로브디프에서 환영행사를 조직할 것을 제안한다.

불가리아인 의사와 간호사가 북한아동들과 동행하고 있으며 콜라로프 장관에 따르면 환영행사에서 병을 옮길만한 위험의 소지가 없다고 한다.

1952년 2월 27일

불가리아 공산당 중앙위원회 국제관계부

10. 불가리아공화국 국립중앙공문서관
원문서 소장위치 363, 문서철 3, 문서번호 35

외무부

대외우호·문화연락위원회 협력단 앞

주평양 불가리아 공사에서는 앞으로 대외우호·문화연락위원회 협력단이 북한 문화부 대외문화관계부처에 자료를 바로 보낼 수 있다고 고지하였다.

대외우호·문화연락위원회 협력단이 북한으로 보내야 될 불가리아에 대한 자료에 대해서 불가리아 대표단은 불가리아의 건축, 농업조합, 연극단, 오페라단, 발레단, '세프템브리이체'라는 집단, 디미터르청년인민연맹, 노동자, 휴양소와 영화예술, 상기 모든 기관의 활동에 대한 자료를 보낼 것을 제안한다.

불가리아 대표단과 대외문화관계부처는 1955년 문화교류와 관련하여 대사관에서 하기 사항을 제안하기로 하였다.

Ⅰ. 문학

1. 불가리아 문학과 북한 문학 작품 교류를 한다.
2. 문학 작품을 번역한다.
3. 러시아어로 번역된 불가리아 작품과 러시아어로 번역된 북한 작품 교류를 한다.
4. 문학 잡지를 공유한다(예를 들면 '세프템브리이체'라는 불가리아 잡지).

Ⅱ. 음악과 무용

1. 불가리아와 북한의 음악 작품 교류를 한다.
2. 불가리아와 무용에 관한 자료를 공유한다(자료를 러시아어로 작성하기로 함).

Ⅲ. 미술

1. 양국 미술에 대한 기사를 교환한다.

2. 미술 특별전 작품 교류를 한다(예를 들어 초상화 등).

3. 미술에 대한 정보를 공유한다.

Ⅳ. 연극

1. 러시아어나 영어로 번역된 연극을 교류한다.

Ⅴ. 라디오 방송

1. 양국 라디오 방송국과 협의한다.

Ⅵ. 전시회

1. 소규모 사진 교류 전시회를 개최한다(대규모 사진 전시회 개최를 위한 여건이 안 됨). 예를 들면 1955년 2월 28일 행사를 위해 북한이 불가리아 앞으로 북한인민군의 사진을 보내는 것이다.

2. 소규모 교류 전시회도 가능하다(예를 들어 양국의 삶과 예술을 담은).

Ⅶ. 영화

1. 새로 제작한 예술 영화를 교류한다.

2. 다큐멘터리, 단편영화, 영화 평론을 공유한다.

Ⅷ. 문화 대표단, 예술가, 과학자 등을 교류한다.

양국은 각국의 인적자원 교류에 대해서 합의한다.

만약 1955년 바르샤바에서 청년축제 행사를 개최할 경우 불가리아 대표단은 북한 대표단을 불가리아로 초대한다. 인민민주주의 국가들 중에서 몇몇 국가는 바르샤바 행사에 참석하게 될 북한 대표단이 자국에 방문할 수 있도록 초대를 해 놓았다. 불가리아 대표단 전언에 따르면 북한 대표단의 불가리아 방문에 대해서는 1955년 북한과의 문화교류 프로토콜에 본 사안이 명시되어 있지는 않으나 북한 대표단이 불가리아를 방문할 수 있는 개연성이 있다고 한다.

부의장

11. 불가리아공화국 국립중앙공문서관
원문서 소장위치 363, 문서철 3, 문서번호 35

내각행정부 의장 동지 앞

보고서

보고자 라다 토도로바: 대외우호 · 문화연락위원회 의장

표제: 1955년의 불가리아 인민공화국과 북한 사이에 체결할 문화 협력 협정 및 협정 실행을 위한 계획

의장 동지,

북한과 불가리아의 관계가 요즘은 활발해졌습니다.

지난 2년 동안 양국 간에 선전 자료(사진, 편지, 축음기 음반, 잡지, 기사, 앨범, 책) 등을 교환했을 뿐만 아니라 인적자원 교류와 무용단 교류도 있었습니다.

1955년에는 양국 문화 교류가 더 활발해질 것이라 내다봅니다.

그런데 보다 체계적이고 활발한 문화 교류가 이루어지려면 대외우호 · 문화연락위원회 협력단이 두 국가 사이에 다른 인민민주주의 국가와 마찬가지로 문화협력협정을 맺고 이 협정에 대한 이행 계획서를 준비할 것을 제안하는 바입니다.

외무부는 조선민주주의인민공화국의 내각집행부가 두 나라의 사이에 이런 협정을 체결할 것에 동의하고 불가리아가 1955년에 대한 연간 문화 계획서를 준비해야 한다고 전했습니다.

본 협정 실행에 필요한 비용은 1955년의 대외우호 · 문화연락위원회 협력단의 기금에 포함되어 있습니다.

소피아에서 문화협력협정에 서명하고 협정 비준과 1955년 계획서 서명은 평양에서 실행할 것을 바입니다. 불가리아 편에서 문화부 장관인 루벤 아브라모프가 협정에 서

명하고 1955년의 이행 계획서에 주북한 불가리아의 특명전권대사인 라덴코 그리고로프 동지가 서명할 것을 제안합니다.

내각행정부가 하기 사항을 결의할 것을 제안합니다.

시행령

1. 대외우호 · 문화연락위원회 협력단은 불가리아와 북한 사이에 체결할 문화협력협정 초안을 작성할 것과 본 협정(1955년)의 이행 계획서를 수립할 것에 동의한다. 본 제안을 바탕으로 1955년에 양국 사이에 문화협력협정과 이행 계획서에 서명하기 위해 조율을 시작할 것이다.
2. 협정 조인은 소피아에서 진행하며 협정 선언은 평양에서 진행하기로 한다.
3. 불가리아를 대표해서 문화부 장관인 루벤 아브라모프가 협정에 서명하고 1955년의 이행 계획서에 주북한 불가리이아 특명전권대사 라덴코 그리고로프가 서명하도록 한다.

본 시행령을 이행하는 것은 대외우호 · 문화연락위원회 협력단에 위임한다.

첨부 문서

내각행정부 부의장

대외우호 · 문화연락위원회 보고서 No. 1840, 1955년 3월 23일

의장 동지,

대외우호 · 문화연락위원회 협력단은 내각행정부에 1955년, 불가리아와 북한 사이에 문화협력협정의 초안과 협정의 이행 계획서를 승인할 제안하는 바입니다.

외무부는 대외우호 · 문화연락위원회가 북한의 정부와 이 협정을 맺는 것에 동의하

고 본 협정이 체결될 수 있도록 불가리아 편에서 구비해야 할 사항들을 준비해 달라고 고지하였습니다.

북한과의 문화협정 계획서는 다른 인민민주주의 국가와 맺은 협정의 양식에 따라 작성되었습니다. 본 계획서 안에는 양국 사이에 하기와 같은 주요 사항이 포함되어 있습니다. 자료, 전시회, 영화, 과학자와 예술가 등을 교환할 예정입니다.

1955년에 문화협력협정의 이행 초안 계획서에는 두 나라의 과학아카데미에서 나온 인쇄 자료, 교육에 관한 자료, 박물관과 도서관에 대한 자료, 문학과 예술, 언론, 라디오, 영화예술, 등을 교환할 것이 포함되어 있습니다. 또한 20일 동안 불가리아를 방문할 연주자 10명과 다른 예술가와 기자 1명이 한 달 동안 불가리아를 방문할 것도 포함되어 있습니다.

협정 조인을 소피아에서 하고 협정의 선언은 평양에서 하도록 합니다. 불가리아 대표로 문화부 장관인 루벤 아브라모프가 협정에 서명하고 1955년의 이행 계획서에 주북한 불가리아 특명전권대사인 라덴코 그리고로프가 서명하도록 합니다.

1955년에 초안 계획서를 실행할 수 있도록 약 230,000레바가 필요합니다. 상기 금액은 대외우호·문화연락위원회의 기금에서 집행하도록 합니다.

내각행정부에서 상기 시행령을 승인해 줄 것을 제안하는 바입니다.

1955년 4월, 소피아

12. 불가리아공화국 국립중앙공문서관
원문서 소장위치 363, 문서철 3, 문서번호 35

협정 초안

불가리아 인민공화국과 북한 문화협력

불가리아 인민공화국과 북한, 양국 정부는 양국 친선관계가 향후 더 발전하도록 문화 협력을 추진하는 것이 최고의 방법이라고 믿는다. 양국은 대등하게 제국주의의 공격성에 맞서며 최종적 평화를 이룰 수 있도록 과학, 교육, 예술, 언론, 영화 예술, 라디오 분야 대한 협력협정을 맺을 것을 결의한다.

본 협정을 맺을 수 있도록 양국 정부는 하기 인물에게 위임한다.

불가리아 인민공화국 정부는 문화부 장관인 루벤 아브라모프를 임명했다.

북한 정부는 주북한 특명전권대사인 라덴코 그리고로프를 임명했다.

상기 대리인들은 임명서를 받은 후 하기 사항에 합의했다.

제1조

양국은 과학아카데미, 연구소, 문화 교육 기관 사이에 협력을 지원한다.

제2조

양국은 과학과 교육 분야에서의 협력 활성화를 위해 하기 사항을 이행할 의무가 있다.

a) 연구 보고서, 자료와 기사를 교환한다.
b) 과학자를 파견을 지원한다.
c) 대학생을 교환한다.
d) 학교 교육 분야에 대한 경험을 공유한다(교육 프로그램, 교육 방법 분야… 또는 교육에 관한 잡지와 자료를 교환한다).

e) 양국 국립도서관은 책, 잡지, 신문 등 다양한 자료를 교환한다.

f) 인민 교육과 공장, 시골의 인민 문화 분야에 관한 자료를 교환한다.

제3조

양국은 문학과 예술 분야에서의 협력 활성화를 위해 하기 사항을 이행할 의무가 있다.

a) 양국의 작가와 예술가 교류를 지원한다.

b) 양국은 문학 작품과 예술 작품을 추천하며 이를 번역하고 출판하도록 지원한다.

c) 영화를 상영하고 음악 예술, 연극을 상연한다.

d) 축음기 음반, 음악 자료, 그림, 포스터, 자료목록 등을 교환한다.

제4조

양국은 언론, 라디오 방송, 영화 예술 분야에서의 협력 활성화를 위해 하기 사항을 이행할 의무가 있다.

a) 양국 통신 회사와 기자들에게 특별 권한을 부여한다.

b) 양국 라디오 방송국 사이에 문화와 예술 프로그램을 교류할 수 있도록 지원한다. 특정 라디오 프로그램의 음반을 교환한다.

c) 언론 보도를 위해 신문, 사진 등을 교환한다.

d) 양국 영화 제작사 간에 영화교류 계약 체결 및 영화 교류를 도모한다.

제5조

양국은 양국 인민이 상호 교류를 할 수 있도록 하기 사항을 이행할 의무가 있다.

a) 각국은 상대국의 문화와 과학에 대해 보고를 한다.

b) 각국은 상대국의 문화, 농업, 정치, 생활에 대한 전시회 조직을 지원한다. 과학, 문화, 예술 분야와 관련하여 주요 기념일을 축하하기 위한 회의를 조직한다.

제6조

본 협정을 이행할 수 있도록 양국 대표가 매년 계획서를 작성한다. 양국 해당 기관은 계획서 내용을 준행한다.

제7조

본 협정은 5년 동안 발효된다. 양국 중 협정을 중단하고자 할 경우 만료일이 되기 전 6개월 전에 상대국에 고지한다. 협정 폐지에 대한 고지가 없을 경우 본 협정은 자동으로 5년 더 연장된다.

제8조

본 협정은 비준을 요하며 비준 시행일부터 본 협정은 법적 효력을 발휘한다. 비준은 평양에서 진행한다.

양국 대리인은 상기 사항을 확인하였으며 협정에 서명을 하였으며 직인을 날인하였다.

1955년 …… 소피아에서 작성하였다. 불가리아어, 북한어, 러시아어로 각각 2부씩 작성하였다. 3개의 언어로 된 모든 문서는 원본 효력을 발휘한다. 문구 해석에 대한 문제가 있을 경우 러시아어 문서가 권위를 갖는다.

1955년 4월, 소피아

13. 불가리아공화국 국립중앙공문서관
원문서 소장위치 363, 문서철 3, 문서번호 35

시행령 No........

1955년 4월 14일

표제: 불가리아 인민공화국과 북한 간의 문화협력 협정 프로젝트의 승인 건과 1955년 협정을 이행할 계획서 초안

No. 1840/1955년 3월 23일

대외우호·문화연락위원회 앞

문화부

외무부

내각행정부가 하기 사항을 제정한다.

1. 첨부한 불가리아 인민공화국과 북한의 문화협력 프로젝트－협정과 1955년의 협정을 이행할 계획서 초안을 승인한다. 계획서 초안은 양국 협정을 기반으로 한다.
2. 협정은 소피아에서 서명하되, 문화부 장관 루벤 아브라모프 동지가 불가리아 대표로 서명한다. 비준 서류 교환은 외교 절차를 통해 평양에서 진행한다. 협정을 이행할 계획서 초안은 평양에서 불가리이아 특명전권대사 라덴코 그리고로브프가 서명한다.

협정을 이행과 관련하여 대외우호 · 문화연락위원회, 외교부, 문화부에 맡긴다.

1955년 4월 12일, 소피아

내각행정부 의장: (P) A. 유고프

내각행정부 서기관: (P) At. 보이포프

프로토콜 및 결의안 부서 부서장: St. 쪼네프

14. 불가리아공화국 국립중앙공문서관
원문서 소장위치 363, 문서철 3, 문서번호 35

내각행정부 의장 동지 앞

보고서

대외우호 · 문화연락위원회 회장: 라다 토도로바

표제: 불가리아 인민공화국과 북한 간의 문화협력 협정 비준

의장 동지,

1955년 7월 25일에 소피아에서 불가리아 인민공화국과 조선민주주의인민공화국의 문화협력 협정을 서명했습니다. 협정은 대외우호 · 문화연락위원회 협력단이 제안한 금년 4월 14일, 내각행정부의 법령으로 승인된 계획서 초안에 따라 맺게 되었습니다.

협정의 제8항에 따라 협정을 비준해야 하며 평양에서 비준 서류를 교환하는 날부터 협정은 발효됩니다.

내각행정부는 협정을 비준하기 위해 승인을 해야 하며 국회상임위에 비준 절차를 밟도록 상정해야 합니다.

내각행정부가 하기 사항을 승인할 것을 제안합니다.

시행령

1955년 7월 25일 소피아에서 맺은 불가리아 인민공화국과 조선민주주의인민공화국의 문화협력 협정이 승인된다.

협정 비준을 제안하며 국회 상임위원회에 보낸다.

계획서 초안
1956년 불가리아 인민공화국과 북한의 문화협력 협정 이행 건

I. 과학 및 교육

과학

1. 불가리아국립학술원과 북한국립학술원이 학술적인 연구 분야에서의 경험을 교환하고 하기와 같은 자료를 교환한다 – 모든 과학 출판물 및 정기 간행물 목록, 1955년 출판 계획, 학술원 및 기관의 조직 구조에 관한 자료와 책임자의 이름, 자국의 과학적 성과에 대한 정보
2. 양국은 자국의 과학적 성과로 수상한 상장명 및 수상자의 이력, 논문들, 사진을 상대국 앞으로 보낸다.
3. 양국 학술원 도서관에서 가장 대표적인 과학 논문과 논문집 한 부를 서로 교환한다.
4. 양국은 상대국의 활동에 필요한 경우, 자국의 과학 출간물들의 마이크로필름 및 사본을 받을 수 있도록 협조한다.
5. 양국 과학 학술원은 향후 있을 과학 회기와 대회에 대해 상대국 대표들의 사전 동의를 통해 보낼 수 있는 정보를 상대에게 고지한다. 만일 대표를 보내지 못할 경우, 상대국 앞으로 회기 또는 대회에 제출한 논문 요약본을 보내야 한다. 만일 특정 요약본에 대해 상세한 정보를 원할 경우, 상대국에 논문 전문을 보내줄 것을 요청할 수 있다.

교육: 고등 및 중등 교육

6. 양국은 고등 교육 분야와 관련하여 하기 자료들을 서로 교환한다 – 법, 규정 및 시행령, 새로 출판된 교과서 및 과학 저작물 중 가장 중요한 것에 대한 목록. 상대국에서 요청할 경우, 교과서 및 과학적 저작물 자체, 학생들의 생활상을 담은 사진

을 제공한다.

7. 양국은 자국의 고등 교육 기관에 있는 과학 기관 간의 연계와 협력을 구축하는 데 협조한다.

8. 양국은 상호 합의하에 중등 교육과 관련하여 법, 규정 및 시행령, 중요한 보고서, 학생들의 생활 사진, 비정규 및 야간 교육의 개발 및 조직에 대한 정보를 상호 교환한다.

<u>박물관 및 도서관</u>

9. 양국은 출판물, 앨범, 박물관 전시회 사진 및 개별 박물관 전시회를 교환한다.

10. 불가리아 인민공화국의 국립도서관 “바실 콜라로프”와 조선민주주의인민공화국 평양 도서관은 양국의 사회, 정치, 경제 및 문화 생활과 관련된 서적을 교환한다. 도서관의 제반 활동에 대한 자료 요청이 있을 경우 이 또한 교환한다.

양국에서 요청할 경우 자료 목록 및 자료를 준비하여 교환한다.

II. 문학 및 예술

11. 양국은 해외 출판을 목표로 하는 문학 작품 목록을 교환한다. 해외 출판 예정 작품 목록과 함께 해외 출판예정작 중 한 편과 작품평을 동봉한다.

12. 양국은 상대국어로 출판할 작품 한두 편을 추천한다. 추천된 작품을 러시아아어로 번역하여 1부를 동봉해야 한다.

13. 양국은 상대국 저자에게 번역본을 제공해야 하며 신간 문학작품, 문학 작품과 관련된 논문, 작가협회 지도부의 지침 및 주요 결의안을 교환한다.

14. 불가리아 인민공화국 작가협회와 북한 작가협회는 상대국의 제안에 따라 작가의 기념일 축하 행사를 조직한다. 이를 위해, 축하일 최소 2개월 전에 고지해야 한다. 필요한 자료는 축하일 한 달 전까지 상대국에 제출해야 한다.

15. 양국은 전기, 잡지, 수상작가의 수상작, 상장 및 문학 활동가의 직함을 교환한다.

<u>음악</u>

16. 북한에서 20일 이내에 10명의 음악인들과 다른 연주자들을 불가리아에 보낸다.

17. 양국은 악보, 음반, 오페라 대본, 음악 장르에 관한 정보를 교환한다.
18. 양국은 수상한 음악가의 전기, 사진 및 수상작가의 수상작, 상장 및 음악 활동가의 직함을 교환한다.

연극

19. 양국은 해외에서 상연할 만한 연극을 서로 추천하고 러시아말로 된 짧은 요약본과 사진을 첨부한다.
    상대국이 자국이 추천한 연극 중에 한 연극을 상연하고자 할 경우 상대 국가 앞으로 러시아어로 된 연극 대본과 필요한 자료, 무대 장치 컨셉, 무대 의상 정보를 제공해야 한다.
20. 양국은 연극 생활, 연극 드라마 대본, 상대국 작가의 대본(작품평, 사진, 기사 등), 오페라 공연 사진, 연극 사진을 교환한다.

미술

21. 양국은 인민 예술과 관련한 미술 작품, 앨범, 벽보 사본을 교환한다.
22. 양국은 미술 작품 관련 정보 및 화가 협회의 지침과 가장 주목할 만한 발전을 교류한다.
23. 양국은 미술 작품 목록, 수상작 사본, 상장 및 화가 및 조각가의 직함을 교환한다.
24. 불가리아에서 북한에 사진전시회 한 회 분량을 보낸다. 북한에서 불가리아에 전시회 한 회 분량을 보낸다.

아마추어 문화 예술활동

25. 양국은 아마추어 예술활동 자료, 사진, 예술활동에 대한 기사와 정보를 교환한다.

III. 언론, 라디오, 영화

언론

26. 북한은 불가리아 국경일을 맞아 기자 한 명을 한 달 동안 파견한다.
27. 양국은 언론 보도를 위한 자료 및 사진을 교환한다.

라디오

28. 양국 국경일에 양국 라디오 제작국은 '불가리아 라디오 주간' 및 '북한 라디오 주간'을 각국에 조직한다.

영화

29. 불가리아에서 북한에 장편영화 2편과 다큐멘터리 영화 2편을 보낸다. 북한에서 불가리아에 장편영화 ...과 다큐멘터리 영화 ...을 보낸다.
30. 불가리아와 북한 양국은 영화예술의 성과를 대중화할 목적으로 정보, 사진, 영화평을 교환한다.

IV. 일반 조항

31. 본 계획서 서명 한 달 후 각국은 상대국 앞으로 계획서 내용과 관련된 인물을 언제 파견할 것인지를 알림으로 상대국이 승인을 할 수 있도록 한다. 통보를 받은 국가는 동의 또는 비동의를 상대국에 한 달 이내에 고지해야 한다.
32. 파견 당국은 파견대상 출국 한 달 전 사전 고지를 해야 한다. 사전 고시 시 상세 정보, 이력, 수행 계획, 일정, 소통 가능한 언어 및 파견 대상자 개인 정보를 제공한다.
33. 별도의 조율이 없는 한, 교환 시 모든 자료는 1부로 한한다.
34. 인쇄물, 서적, 논문 등을 제외한 모든 서면 자료는 러시아어로 번역하여 제공한다.
35. 양국은 언론과 라디오를 통해 상대국 문화예술인 방문 홍보에 주력한다.
36. 문화예술인 영접국은 상대국 문화예술인의 방문과 관련한 모든 언론 기사, 사진 및 정보를 상대국에 보낸다.

V. 재무 규정

본 계획서에 따라 해당 인물을 파견할 경우, 파견국은 파견 대상자가 목적지까지 도착하는 데 필요한 제반 경비를 부담한다. 영접국은 파견 대상자의 귀국 경비를 부담하는데 귀국 경비에는 소련 영토를 통과하는 데 필요한 경비를 포함한다. 영접국이 영접국 내 이동 경비 및 체재비를 부담한다. 파견대상자를 제3국으로 파견해야 할 경우, 영접국이 제3국 이동경비를 부담한다. 제3국 경비는 소피아에서 평양 이동 경비 금액을 초과하지 않는 한도 내에서 비용을 부담한다.

영접국은 본 계획서에 따라 파견된 대상자에게 음식, 무료 숙박, 무료 의료 서비스 및 불가리아 체재 기간 동안 일비로 최대 25레바를 지급한다.

문화예술인의 급여는 영접국에서 지급한다.

파견국은 본 계획서에 따라 추진될 전시회 작품을 목적지까지 송부하는 데 드는 비용을 부담할 의무가 있다. 영접국은 영접국 내 전시회 조직 관련 비용 및 전시물 반환에 소요되는 비용을 부담한다. 주최 측은 국내 전시회 개최와 관련된 비용 및 반환 비용을 부담한다. 제3국으로 전시물을 운송해야 할 경우, 영접국이 제3국까지 운송 경비를 부담한다. 제3국 운송 경비는 소피아에서 평양 운송 경비 금액을 초과하지 않는 한도 내에서 비용을 부담한다.

파견국은 전시물이 영접국까지 운송되는 기간, 영접국에서 보관하는 기간, 파견국으로 반환하는 기간, 제3국으로 운송하는 기간 동안 전시물을 보증해야 한다.

VI. 기타

본 계획을 수행하는 데 있어서 난관에 봉착할 경우, 각국은 상대국 앞으로 난관에 대해 고지를 함으로써 상호 협정을 폐기할 수 있도록 한다.

1955년 3월, 소피아

1955년 불가리아공화국과 북한 간의 문화 협력 계획서 초안 검토는 1955년 4월 14일, 내각행정부 시행령으로 승인되었다.

내각행정부 서기관: (P) At. 보이네프

프로토콜 및 결의안 부서 부서장: St. 쪼네프

15. 불가리아공화국 국립중앙공문서관
원문서 소장위치 1B, 문서철 6, 문서번호 2818

프로토콜 'A' No. 59
1965년 4월 10일 불가리아 공산당 중앙위원회 정치국 회의

벌코 체르벤코프를 제외한 정치국 전의원과 의원 후보들 및 중앙위원회 서기관 전원이 출석함.

II. 북한 서기장 김일성 동지의 불가리아 방문에 대한 제안
보고자: 게오르기 다먀노프 동지

북한 서기장 김일성 동지의 사회주의 국가들 방문을 앞두고 김일성을 불가리아에 초대하는 것도 바람직하다.

16. 불가리아공화국 국립중앙공문서관
원문서 소장위치 1B, 문서철 6, 문서번호 2818

성명서
북한 사절단의 불가리아 인민공화국 방문

불가리아 인민공화국 정부의 초청으로 1956년 6월 25~29일, 김일성 서기장을 단장으로 한 북한 사절단이 불가리아를 방문했다.

북한 사절단은 소피아 도시의 여러 산업 기업, 건설 현장 및 문화 기관을 방문했다……. 사절단은 방문하는 곳마다 노동자들의 열렬한 환영을 받았다. 일하는 사람들이 대표단을 환영했다. 영웅적인 북한 인민들을 향해 진심어린 안타까움과 동지애를 표했다.

불가리아공화국을 방문하는 동안 사절단은 불가리아 정부와 회담을 가졌다. 회담 내내 진실하고 친근한 분위기에서 진행되었다. 불가리아 측……동지 그리고 북한 측……동지가 참석했다.

불가리아공화국과 북한 양국 대표는 양국의 우호 관계 발전과 관련된 문제를 논의하고 국제적 성격에 관한 의견을 교환했다.

불가리아 인민공화국과 북한은 양국의 우정과 협력 관계가 불가리아 인민과 북한 인민의 이익을 위해 있다는 사실을 인식하고, 양국 정부는 이러한 관계를 더욱 발전시키기 위해 필요한 모든 것을 하기로 결정했다. 양국 간의 경제 및 문화 협력을 더욱 확대한다. 그들은 가까운 장래에 과학 및 기술 협력을 위한 협정을 체결하고 1957년에 장기적인 무역 협정을 준비하기 위해 협상을 개시하기로 합의했다. 또한 양국 간의 문화 교류 및 협력을 확대하기 위한 행사도 주최하기로 하였다. 불가리아 정부는 북한에 제품 지원 및 재료 지원에 대한 의사를 표명하였으며 종류 및 수량에 대해서는 추후 확정하기로 하였다.

양국 정부는 국제 상황에 대한 관점을 공유하였으며 논란의 여지가 있는 국제 문제를 해결하고 국제적 긴잔 문제를 줄이는 방법에 대해 만장일치로 동의하였다.

불가리아공화국과 북한 정부는 최근 소련, 중화 인민공화국, 인도 및 기타 평화를 사랑하는 국가들의 노력으로 국제 긴장이 다소 완화되었다는 사실에 기뻐하고 있다. 논란의 여지가 있는 문제를 평화롭게 해결하기 위해보다 유리한 환경을 조성했다.

양국 정부는 분쟁이 발생한 국제 문제의 해결이 관련 당사자들 사이에서 협의 되어야 한다고 본다. 군축 해제, 핵무기 금지, 유럽과 아시아의 집단 안보와 같은 중요한 활동을 할 때가 도래했다고 본다.

회담에서 양국 정부 대표는 국제 질서를 향상시키기 위한 중요한 조건 중 하나로 사회 질서와 상관없이 국가 간 경제 및 문화 협력 확대를 찬성했다.

불가리아 정부는 조국 통일과 북한의 평화 회복을위한 북한 인민의 열망에 대한지지를 표명했다. 북한의 의지에 따라 북한 문제를 민주적으로 해결하려는 북한 정부의 제안을 지지한다.

양국 정부는 북한의 통일이 국제적 긴장을 완화하고 극동의 평화를 강화하는 데 크게 기여할 것이라고 깊이 확신했다.

불가리아 정부와 북한 정부는 상호 관심의 많은 문제에 관한 대화와 교류의 결과가 세계 평화를 강화하기 위해 불가리 인민과 북한 인민들 사이의 우정과 협력을 더욱 발전시킬 것이며 도움이 될 것이라고 확신한다.

17. 불가리아공화국 국립중앙공문서관

원문서 소장위치 1B, 문서철 6, 문서번호 2899

불가리아 공산당 중앙위원회
정치국

결의안 No.140, 1956년 6월 27일. 불가리아 내각행정부 의장이 중앙위원회 정치국 앞으로 북한을 위해 일반 생필품을 무상으로 지원해 줄 것에 대한 승인을 제안함

양국 공화국 협정서

1956년 6월 21~27일

불가리아 공산당 중앙위원회 정치국 앞

동지들,

불가리아가 무상으로 3천만 루블(1루블=1.70레바), 국제 시가에 따라 해당하는 소모품을 북한에 원조하는 것에 대해 정책국이 승인해 줄 것을 제안한다. 1956, 1957, 1958년 3년 동안 원조를 하기로 한다.

1956년에 보낼 수 있는 물품 목록을 첨부한다.

물품 목록은 내무부, 경공업부, 외무부, 보건부에서 제공하도록 한다.

물품 대금은 불가리아 국립은행이 지불하고, 공장들의 단기 부채는 국가예산 이월금에서 제해 주기로 한다.

정부 예산 예비비에서 교통비 등을 지불하도록 한다.

정책국에서 하기 의결 사항을 승인해 줄 것을 제안하는 바이다.

결의안

불가리아가 무상으로 3천만 루블(국제 시가에 따라)에 해당하는 생필품을 1956, 1957, 1958년 3년에 걸쳐 북한에 원조하는 것에 이의를 제기하지 않는다.

1956년 6월 27일

목록

1956년 불가리아가 북한에 무상으로 원조할 물품

1. 밀가루 음식 800톤, 80만 루블
2. 쿠키 300톤, 48만 루블
3. 비누 500톤, 45만 루블
4. 면직물 3,000,000미터, 345만 루블
5. 모직 300,000미터, 300만 루블
6. 니트웨어 3만 개, 24만 루블
7. 모직, 면직 옷 5만벌, 100만 루블
8. 신발 20만 켤레, 300만 루블
9. 기계와 전기생산물품 200만 루블
10. 에나멜(법랑) 그릇 100톤, 22만 루블
11. 약품: 페니실린 등 50만 루블

총 15, 140,000루블

불가리아 공산당 중앙위원회
디미터르 가네프 동지 앞

가네프 동지,

하기 사항을 보냅니다.

1. 북한과 불가리아 인민공화국의 협정 이행에 관한 조약이 체결되었다.
2. 1956년, 불가리아 인민공화국 정부와 북한 정부 간에 북한 경제원조에 대한 협정 초안.
3. 북한 공산당 정치국 앞으로 송부한 서한 내 조선민주주의인민공화국 지원을 위해 내각행정부가 제공하기로 한 물품 목록 초안.

참고해 주십사 보냅니다.

18. 불가리아공화국 국립중앙공문서관
원문서 소장위치 1B, 문서철 6, 문서번호 2899

협정서

1956년부터 1958년까지 불가리아 인민공화국 정부와 북한 정부의 북한 경제원조를 위한 양국 간의 협정

북한의 전후 복구와 인민 생활을 개선하기 위한 무상경제 원조를 제공해 달라는 요구를 받아들임에 따라 양국 정부는 하기 사항에 합의하였다.

제1조

불가리아공화국 정부는 1956년부터 1958년까지 3천만 루블 상당의 상품을 1956년부터 1950년 루블 환율로 지원할 예정이며, 1956년에는 1천 5백만 루블 상당의 물품을 보내기로 한다. 양국 정부는 추후 1957년과 1958년에 원조할 물품(첨부 1)을 협의하기로 한다.

제2조

상호 동의하에 지원할 품목 변경이 가능하다.

제3조

중국과 북한 국경까지 또는 북한 항구까지 물품을 운반하는 데 소요되는 비용을 불가리아 인민공화국이 부담한다.

본 협정 이행과 관련하여 물품의 수량, 운송 방법 및 수량, 기타 조건에 대해서는 양국 대외무역부가 상호 조율하도록 한다.

제4조

세계 민주 시장 현 시가에 입각하여 물품가격을 정한다.

제5조

물품 선적일 또는 하역일로부터 6개월 이내에 물품의 품질 또는 수량과 관련하여 수취정보를 제시해야 한다.

제6조

물품 대금 지불은 불가리아중앙은행이 북한중앙은행에 무료 계좌로 개설한 계좌로 제1조에 명시된 금액을 집행한다.

양국 은행은 본 협약과 관련하여 세부사항에 대해 협의한다.

제7조

이 협정은 서명일로부터 발효되며 3000만 루블에 상당하는 모든 물품이 불가리아 인민공화국에서 북한으로 전달 될 때까지 유효하다.

본 협정서에 1956년 6월, 소피아시 ‘　　’에서 서명을 한다. 불가리아어, 북한어, 러시아어로 각각 2부씩 작성하며 불가리아어 및 북한어 문구는 동일한 효력을 발효하되, 문구 해석상의 문제가 있을 경우 러시아어 문구에 권위를 싣는다.

19. 불가리아공화국 국립중앙공문서관
원문서 소장위치 1B, 문서철 6, 문서번호 2899

부록

참조: 본 협정의 이행은 조선민주주의인민공화국과 불가리아 인민공화국 간에 체결되었다.

Ⅰ. 내각행정부 시행령 1365 – 1952년 4월 28일부터

	계획	실행	국제 시가 루블
1. 면사(톤)	500	500	4,768
2. 견사(톤)	-	34	816

II. 내각행정부 시행령 107 – 1953년 3월 3일

1. 면사(톤)	800	(801)	7,405
2. 돼지비계(톤)	100	98	225

III. 협정에 따라 1953년 11월 3일 북한과 불가리아 인민공화국 사이에 체결되었다.

1. 면직물(미터)	2,850	2,350	8,418
2. 면사(톤)	810	(812)	7180
3. 창문 유리(평방 미터)	800	698	2,206

4. 목재 가공 공장
   a) 200리터 나무통 50,000개
   b) 목재 바닥재 130,000m
   물품 가격은 국제 시가로 약 3만 루블가량 된다. 물품을 조만간 보내질 예정이다.
5. 건축 자재 공장

연간 용량 :

a) 벽돌 10,000,000장

b) 기와 5,000,000

물품 가격은 약 2300만 루블가량 된다. 공장은 시가동에 돌입했다.

IV. 내각행정부 시행령 317 – 1955년 3월 8일

	계획	실행	루블
1. 면사 (톤)	500	500	4,550
2. 면직물(k.m)	2,000	1,806	5,612
3. 모직물(k.m)	-	14	503

1956년부터 현재까지 북한 앞으로 선적한 물품과 공장의 가치는 약 46,962천 루블에 달한다.

1956년 6월 21일

부서장: Y. 쯔베타노프

20. 불가리아공화국 국립중앙공문서관
원문서 소장위치 1B, 문서철 91, 문서번호 374

1960년 11월 25일, 평양

불가리아 인민공화국 대사관

내무부 장관 카를로 루카노프 동지께

이번 20일 무역 고문인 시메온 흐리스토프 동지가 성이 남씨인 동지와 남 동지와 동행한 여자 동지를 만났습니다. 남 동지는 불가리아에서 학위를 얻었으며 평양 정치 대학원 학과장이며 북한 노동당 회원입니다. 대화를 하는 동안 남 동지가 며칠 전에 대학원에서 알린 소련 과학 기술 문헌의 이용을 금지하는 북한 노동당에서 내려온 명령에 대해서 이의를 제기했다고 합니다. 북한 과학자가 자력으로 북한 과학 기술을 발전시키지 않고 다른 나라의 문헌을 바탕으로 독단적으로 행동했기 때문에 이와 같은 조치가 내려졌으며 이는 북한 과학 기술의 발전과 제조업의 향상을 저해하기 때문이라고 했습니다.

이번 달 21일 불가리아에서 중등 교육을 받은 북한 대학생인 황영원이 불가리아 대학생인 게오르기 미토프(두 사람은 친구 관계임)를 만나서 "북한 상황이 너무 심각합니다……. 대학생들이 원서든 번역서든 외국 문헌을 읽는 것이 금지되었습니다"라고 했습니다. 왜냐하면 소련 문학을 포함된 모든 외국 문학을 독단적이라고 판단했기 때문이라고 합니다. 북한 사람들이 북한의 특수한 상황을 참작하지 않은 채 외국 서적을 통해 얻은 지식을 분별없이 실생활에 적용하는 것을 문제 삼았기 때문이라고 했습니다.

미토프가 그러면 소련 공산당의 역사를 배울 것이냐고 물어봤을 때 황 동무가 마르크스 레닌주의와 북한 노동당의 역사를 배울 예정이라서 소련 공산당 역사는 배우지 않을 것이라고 대답했다고 합니다.

황 동지는 이와 같은 조치는 고등교육부에서 내려온 것이며 황 동지가 다니는 대외

관계 대학원 정문에 부착된 안내문에 쓰여 있으며 안내문은 며칠 동안 벽에 부착되어 있었다고 했습니다. 대학원 도서관에서 대학생들에게 외국 문학을 열람하는 것을 금지했으며 일단 교사들만 열람이 가능하도록 하였습니다. 대사관에서 상기 정보가 사실인지 확인하지 못했습니다.

외국 문학에 대한 북한 교육 기관의 태도가 달라진 것은 분명하나 위와 같은 정보가 충분하지 않아 사실 여부를 확인할 수 없어 단정할 수 없는 상황입니다. 상기 조치가 정치적인 이유로 하달된 것인지 방법론적인 이유로 하달된 것인지 상기와 같은 정보만으로는 확인할 수 없습니다. 또한, 지침인 것인지, 노동당에서 내린 것인지, 국가기관 중 한 부처에서 내린 것인지, 하급 기관에서 내린 것일 경우 이해를 잘못 했거나 잘못 전달했을 수도 있습니다. 이 모든 것들을 확인해야만 더 정확한 결론을 내릴 수 있습니다.

대사: G. 보그다노프

21. 불가리아공화국 국립중앙공문서관
원문서 소장위치 1B, 문서철 91, 문서번호 378

정보
제22회 소련 공산당 회의 결정에 대한 북한 노동당의 태도에 관하여

1961년 11월 27일부터 12월 1일까지 평양에서 북한 노동당 중앙위원회의 제2회 총회가 열렸으며, 제22 소련 공산당 총회에 북한 노동당 중앙위원회 위원장인 김일성 동지를 대표로 한 북한 노동당 사절단의 활동에 대한 보고서를 발표했다.

일정 기간의 소련의 경제, 과학 기술 업적을 발표한 뒤에 김일성 동지가 소련 공산당의 계획에 대해서 발의하였다.

"…… 소련 공산당이 국제 공산주의 운동의 전방에 서 있음을 인정합니다. 소련이 공산주의 운동에서 중추적 위치에 있다는 것은 명백한 역사적 사실입니다……."

"……사회주의 국가인 소련의 영향력이 꾸준히 늘어나고 있으며 소련은 전 세계에서 어려움을 겪고 있는 인민과 소외 계층에 큰 혁명적인 영향을 끼치고 있습니다. 위대한 소련이 파시스트 독일과 제국주의적인 일본을 쳐부수고 유럽과 아시아에서 많은 인민들을 파시스트와 식민 지배에서 해방시켰습니다. 소련과 소련 인민이 오랫동안 혁명과 사회주의를 일으키기 위한 싸움으로 국제적인 혁명 운동과 인류의 발전에 긍정적은 영향을 끼쳤으며, 사회주의 혁명과 건설에 유의미한 경험을 축적해 놓았습니다"라고 말했다. 전 세계의 공산주의자들이 소련 공산당과 소련 인민을 존중하고 믿고 소련과의 친선을 소중하게 생각하고 그 친선을 견고히 하도록 노력하는 것은 당연하다고 김일성은 지적했다.

소련 공산당 내부 사정과 소련 공산당 회의에서 논의된 형제 공산당과 간의 문제에 대해서 말하자면 김일성 동지가 이번 회의에서 소련 공산당 내부에서 생긴 스탈린에 대한 개인 숭배와 반정부 파벌이 주목을 받았다고 했다. "스탈린은 오랫동안 소련 공산당 의장이었으며 스탈린의 활동이 국제적인 공산주의 운동에 큰 영향을 끼쳤습니다. 스탈린이 전 세계에서 정평이 나 있는 인물이지만 누구보다도 소련 공산당 당원들이 스탈린에 대해서 알아야 하며 스탈린의 활동과 소련에서의 역할을 어떻게 평가하는지 소련 공산당이 해결해야 할 사안입니다. 또한, 반정부 파벌에 대한 문제를 소련 공산당 내부에서 처리해야 합니다."

공산당 간의 관계에 대해서 김일성 동지가 아무 정당이나 다른 형제 정당의 내부 사정에 관여하면 안 된다고 선언했다.

"따라서 스탈린과 소련 공산당 내부에 있는 반정부 파벌에 대한 문제들이 우리 당과 상관없는 일입니다."

"지난 몇 년 동안 소련 공산당과 알바니아 노동당 간에 여러 문제에 대해서 의견 차이가 생김으로 인해 양국 관계가 악화되었습니다. 소련 공산당 회의에서 이 문제에 대해 많이 논의되었음에도 불구하고 그 후 알바니아 노동당과의 관계가 호전되지 않아 문제를 해결할 수 없었습니다. 지금 소련 공산당과 알바니아 노동당 간의 관계가 더 많이 악화되고 있습니다. 이러한 상황이 계속해서 진행된다면 사회주의 국가들의 친선, 국제적인 공산주의 운동의 통합과 발전에는 부정적인 영향을 끼치게 되고 사회주의의 적들에게는 유리하게 될 것입니다. 북한 노동당 입장에서 볼 때 이는 몹시 걱정스러운 상황이라고 생각합니다. 사회주의 당들이 기존 문제와 의견 차이를 극복하고 모든 사회주의 국가의 이익을 지키며 상호 이해에 도달하도록 노력함으로 알바니아 문제를 잘 처리하기를 바랍니다"라고 발언하였다.

독일 문제, 평화적 공존, 평화를 위한 투쟁 등에 대해 소련의 입장에 동의한 후 김일성 동지는 "모스크바 회의의 결정에 입각하여 통합을 이루어 내야 합니다……. 정당이 동등하고 독립적이라서 자국의 특징과 마르크스주의 원칙에 입각하여 시행 정책을 스스로 정해야 합니다……. 정당 간에 서로의 경험을 교류해야 하지만 각 정당이 어떤 것을 적용할지는 스스로 결정해야 합니다……. 그런 상황에만 진정한 자발적인 통합을 이룰 수 있습니다……. 이것은 신성한 국제적인 의무와 궁극적인 원리입니다"라고 했다.

중국과 북한에서 알바니아의 국경일을 널리 기념했다. 알바니아공화국 대사관이 평양에서 개최한 알바니아 해방 17주년을 기념하는 행사에서 내각행정부 의장이자 북한 국방부장관인 김광협이 "북한과 알바니아 인민의 친선이 사회주의 국가의 위대한 가족 안에서 마르크스 레닌주의와 프롤레타리아 국제주의의 원리에 근거하여 강해지고 있습니다. 우리 두 민족 간의 친선과 통합을 소중하게 생각하고 앞으로도 평화와 사회주의와 공산주의의 목표를 지키기 위해 싸우며, 이 친선과 통합이 돈독해지고 향상될 것이라고 확신합니다……. 알바니아공화국이 앞으로 번창하고 엔베르 호자 동지와 알바니아 노동당의 다른 대표가 건강하기 위해 건배를 제의합니다…"라고 언급했다.

불가리아 공산당 중앙위원회 대외정치 및 대외관계부처 처장
D. 딤체프

22. 불가리아공화국 국립중앙공문서관
원문서 소장위치 1B, 문서철 91, 문서번호 379

정보
주평양 불가리아대사관 근무 조건에 관하여

북한 정부는 북한 인민이 주평양 불가리아대사관에 접근하려는 것을 차단하려 한다는 정보를 불가리아 대사관으로부터 받았다.

또한, 불가리아 대사관 직원들이 제약을 받는 경우도 있음을 지적했다. 예를 들어 올해 1월 26일 불가리아에서 6~7년 동안 살다가 1960년에 귀국한 북한 젊은이들이 불가리아 신문과 잡지를 받아 보고 기뻐서 불가리아에 대해 대화를 나누려고 불가리아 대사관을 방문하고자 하였으나 경찰관이 귀가 조치를 한 일이 있었다. 마침 대사관 직원이 목격하여 젊은이들을 대사관 안으로 데리고 왔다. 그런데 젊은이들이 나간 후에 사복형사 두 명이 붙어 젊은이 두 명을 붙잡아 신원을 밝히게 되었다. 같은 날, 루마니아 대사관을 방문했던 젊은이들이 똑같은 일을 겪었다.

1월 29일에 불가리아 대사관 담당관인 콜라로프 동지가 불가리아에서 살았던 북한 젊은이 2명을 만났는데 그중 한 명은 26일에 불가리아 대사관을 방문한 사람이었다. 그들이 콜라로프 동지와 함께 극장에 들어서려고 했을 때 극장에 입장하기 전에 그들을 추적하는 사복형사 두 명을 목격했다.

이로 보건대 북한 정부가 북한인민이 형제국인 사회주의 국가의 대사관을 방문하는 것을 달가워하지 않는다는 것을 알 수 있다.

그 외에 이번 1월 26일에 불가리아 대사관에서 2월 1~2일에 사리원, 개성 등의 도시를 방문해서 거기에 있는 몇몇 공장, 인민의회, 신문사를 방문할 수 있게 해 달라고 북한 외무부에 요청했다. 외무부 의전부로부터 방문하고자 하는 모든 공장에서 수리작업이 진행되고 있어서 방문이 어렵다는 답변을 받았다. 인삼 공장에는 많은 사람들이 방문하면 안 된다고 했으며 인민의회 회원들이 계획을 단행할 준비를 하느라 공장에 있는 터라 사리원과 개성에 있는 인민 의회도 방문이 어렵다고 했다.

불가리아 동지가 사리원과 개성에 있는 공장 수리와 개조 작업을 언제 마무리할 예정인지 그리고 언제 방문해도 되는지 물어보자 모르겠다고 답변했다. 해당 도시에 있는 신문사라도 방문해도 되는지 물어보자 지금은 안 된다고 답했다. 다른 사회주의 국가의 주북한 대사관의 상황도 동일했다.

제22회 총회 전까지는 평양 라디오 방송국에서 매일 모스크바 방송국의 하베로브스크 라디오 방송을 북한말로 들을 수 있게 해 주었던 점을 눈여겨 볼만하다. 모스크바 방송은 아침과 저녁, 하루에 두 번 송출했다. 총회 후 평양 방송국은 방송을 우선 하루에 한 번, 그 다음에 일주일에 두세 번으로 서서히 제한하는 했으며 마침내 올해 1월 초부터 중단했다.

소련과 미리 상의를 한 것도 아니고 예고하지도 않은 채 중단한 것이었다.

1962년 3월 22일

불가리아 공산당 중앙위원회 대외정치 및 대외관계부처 처장

D. 딤체프

23. 불가리아공화국 국립중앙공문서관
원문서 소장위치 1B, 문서철 91, 문서번호 380

불가리아 공산당 중앙위원회 사무국 앞

보고서

1962년 6월 7일에 불가리아 공산당 중앙위원회 대외정치 및 국제관계부처에 최동성과 이상종 대학생 2명이 왔다. 그들이 소련 공산당의 제20회 총회와 제22회 총회 때 내린 북한 노동당의 입장에 동의하지 않는다고 말했다. 대학생들은 김일성 서기장이 북한을 소련과 다른 사회주의 국가에서 고립시키는 국가 정책을 시행한다고 생각한다 했다.

이러한 입장을 증명하기 위해 북한 공산당 중앙위원회의 3월 총회 때 김일성 보고서를 발췌하여 보여주었다. 북한에서 온 특정 인물이 총회에 대한 정보를 대학생들에게 전해 주었다고 한다.

대학생 2명은 산업화학를 전공한다. 몇 달 후 학위를 따는 일만 남았다. 하지만 북한 대사관에서 모든 학생들은 북한으로 돌아가야 한다고 발표됐다. 첫 번째 그룹이 금년 6월 28일에 돌아갈 것이다. 송환 대상 대학생들은 다른 사회주의의 국가에서 귀국한 대학생들처럼 북한에 돌아가자마자 바로 감금될 것이라고 생각했다. 그래서 대학생들은 불가리아에서 정치적 망명을 하고자 한다고 했다. 요즘 소련에서도 정치적 망명이 있었다고 한다.

대외정치 및 국제관계부처는 북한 대학생들이 불가리아에 남는 것은 북한과 불가리아의 관계에 나쁜 영향을 미칠 것이라고 전망했다.

북한 대학생 최동성과 이상종에게 북한 정부가 그들을 소환했을 시 더 이상 불가리아에 있으면 안 된다고 고지할 것을 제안한다.

대학생들의 진술을 첨부한다.

1962년 6월 9일, 소피아

불가리아 공산당 중앙위원회 대외정치 및 국제관계부처 처장

D. 딤체프

불가리아 공산당 중앙위원회 앞에 보고한다

여기에 내가 기억하는 것을 쓴다. 왜냐하면 대사관의 당비서가 북한 노동당의 지침에 대해 우리에게 알려줄 때마다 메모하기를 금했다. 당비서의 말대로 지침은 당과 국가의 기밀이며 (당분간) 북한 노동당 중앙위원회 회원들만 이 기밀을 알고 있다고 했다.

금년 당의 3월 총회 때 무엇을 의논했으며 김일성이 무슨 말을 했는지?

1. 1962년 국가의 농업프로젝트 계획
2. 자주적 발상: 유럽의 생활양식을 반대하기(이것은 기밀이다)

I. 소련 공산당과 북한 노동당과의 관계

"적은 우리가 공산주의자이기 때문에 우리를 미워한다." 김일성이 말했다. "현 수정주의자는 우리가 독립주의자이고 독단적이라고 하며 우리를 질책한다." 그래서 지금은 국제적인 노동과 공산당 운동의 현 수정주의가 제국주의자인 적보다 더 위험하다.

소련 공산당과 알바니아 노동당의 관계는 소련 공산당 때문이다. 소련 공산당은 알바니아 노동당 내부에 무례하게 간섭했다. 김일성의 말대로 북한 노동당은 알바니아처럼 운명적인 순간을 경험했다. 1956년 8월에 소련 공산당 중앙위원회가 북한에서 아나스타스 미코얀 박사를 초대하지 않았는데도 북한에 보냈다. 미코얀 박사가 부적절하게 북한 노동당의 내부 문제에 간섭했다. 김일성은 "북한이 견디었음으로 소련 공산당과 북한 노동당과의 관계가 악화되지 않았다"고 밝혔다.

자주적 발상은 국가들의 정치적이고 경제적인 자주를 뜻하는 말이다. 사회주의 국가 간의 관계라고 하지만 경제적으로 더 부강한 나라가 더 약한 나라를 제압하려 든

다. 소련에게 경제적으로 기댔던 불가리아를 예로 들 수 있다.

유럽의 생활양식에 반대하다

북한 노동당은 일정 기간 동안 부르조아 생활과 투쟁하였다. 3월 총회 후인 지금 소련을 지지하는 유럽 사회주의 국가의 생활과 투쟁하고 있다.

스탈린의 생존 시 소련이 북한을 도와주었지만 지금은 아니다. 소련은 다른 사회주의 국가에 대해 이기적인 정치를 시행하고 독단적으로 공산주의를 일궈내고 있다. 세계적으로 통치권을 쥐기 위해 소련은 제국주의자를 격려하고 고무시킨다. 이러한 점이 국제적인 노동 운동에 큰 해악을 가져왔다.

스탈린이 사망한 후 소련 공산당은 레닌의 길이 아니라 수정주의 길을 선택했다. 지금 주된 현 수정주의자는 티토이고 가장 현대적인 수정주의자는 흐루슈초프다.

제20회 총회 후 소련 공산당은 문화와 예술 분야에 수정주의 정치를 시행한다. 3월 총회 후에 북한에서 소련 공산당 제20회 총회 후에 제작된 소련 영화 상영이 금지되었다. 불가리아에서 '프라브다'신문을 읽는 것과 소련 영화를 보는 것이 금지되어 있다. 알바니아 대학생과 어울리고 알바니아 신문을 읽는 것을 추천한다.

흐루슈초프는 티토와 같이 알바니아에 불리한 일을 한다. 알바니아가 올바른 방향으로 나아가고 소련은 수정주의 정치를 하면서 소련 기술자와 소련 해군이 알바니아에서 소환했다. 알바니아에 대한 원조를 그치고 알바니아의 민족을 제국주의자 손에 넘겨주었다. 소련 공산당은 지금도 이러한 방법으로 국제 노동 운동의 손에 공산주의를 넘겨주는 정치를 시행한다.

1961년 10월부터 북한에서는 '프라브다'신문 판매가 금지되었으며 중앙위원회 의원에게만 주어졌다.

흐루슈초프는 수정주의 입장에서 자신의 지휘권으로 세계를 일주하면서 제국주의자들과 악수를 했다. 이러한 행보가 국제적인 노동 운동에서 분쟁을 야기시켰다.

소련 지도자들의 정치는 북한 판문점에서 시행한 북한가 중국의 평화 회의를 무색하게 만들었다.

소련은 북한에 석유를 제공할 것을 약속했지만 현재 이유 없이 북한에 석유 공급이 중단되어서 북한의 자동차와 트럭이 움직이지 못하는 실정이다.

1945년 소련이 북한에서 '수풍' 발전기를 갈취했으나 '수풍' 발전기를 소련에서 사용할 수 없다는 것을 알게 되니 마치 도와주는 것인 양 다시 북한에 발전기를 보냈다.

'이즈베스티야' 신문사 기자가 북한을 방문한 후 본 신문에 평양 신축 아파트는 위생적이지 않으며 트럭이나 기타 운송 수단 생산이 상당히 원시적이라고 보도했다.

한 달 전부터 현재까지 북한에서 유럽의 생활 방식을 반대하는 척하는 소련 공산당의 정치에 항거하는 캠페인을 펼치고 있다.

'평양' 라디오는 이미 '모스크바가 말한다'라는 프로그램 송출을 중단했다.

북한에서 사회주의국가에서 온 유럽 인민들을(대다수가 소련 인민이다) 다양한 이유로 추방시키고 있다.

평양에서는 1956년 제20회 총회 이후, 한 달 훨씬 전부터 지금까지 유럽의 사회주의국가에서 대학을 졸업한 모든 기사, 기술자, 전문가를 수용소에 수용시켰다. 사람들의 사상을 검사하고 소련 공산당과 다른 형제 당의 수정주의 노선 여부를 진단한다. 이와 같은 방법으로 소련과 다른 유럽 사회주의 국가를 반대하는 운동을 펼친다.

II. 김일성의 현 국제 정치 상황 분석과 북한 노동 운동

전 세계의 공산주의자의 주과업은 제국주의와의 계급투쟁이다. 다른 사회체제를 갖추고 있는 국가와 평화롭게 공존하는 것이 아니다. 이것이 바로 수정주의의 구호이다.

<u>알제리에 대해서</u>

소련의 지도자들이 수정주의 정치를 시행하지 않았다면(흐루슈초프의 프랑스 방문) 알제리는 이미 해방되었을 것이며 알제리 인민이 피를 흘리는 일은 없었을 것이다.

<u>콩고에 대해서</u>

소련이 방해를 하지만 않았더라면 콩고는 사회주의 국가가 되었을 것이고 파트리스 루뭄바는 살아 있었을 것이다. 이번에 소련은 안토앙 기젠가를 연방 정부로 영입했다. 안토앙 기젠가의 고통에는 소련의 책임이 있다.

라오스에 대해서

소련이, 더 정확히 말하면 라오스의 소련 대사가 방해하지 않았더라면 국가정당(마르크스 정당)이 앞장서서 라오스가 해방되었을 것이다. 베트남과 중국이 물류와 군대로 라오스를 지원하고 투쟁의 끝을 보려는 동안에 소련과 유럽 사회주의 국가의 대사가 미국과 프랑스와 함께 라오스에서 휴전을 맺고 수바나 푸마의 기회주의 정치에 힘을 실어주었다.

최근 한 소련인이 케네디 대통령을 만났으며 케네디 대통령은 향후 20년 동안 미국이 소련을 건드리지 않을 것이라고 했다. 그때 소련인은 수긍의 뜻으로 고개를 끄덕였다.

이것은 '다른 사회주의 국가(북한, 중국, 베트남)를 삼켜버려도 되지만 소련만은 건드리지 말라'는 의미이다. 이것은 공산주의 입장이 아니라 배신자의 입장이다.

Ⅲ. 불가리아에 대한 소련 공산당의 정치

주목할 만한 것은 북한 지도자가 북한의 자주경제와 자주정책에 대해 말할 때 소련에 의존했던 불가리아를 예로 들면서 현재 불가리아 지도자들이 수정주의 정치 노선에 있음을 시사한다. 수정주의 정치 입장에서 불가리아 지도자들은 자민족, 특히 젊은 이들에게 (영화, 그림, 춤 등으로) 개인중심주의와 부르조아의 도덕을 가르친다. 하지만 불가리아 인민은 공산주의 편이다. 불가리아 공산당 중앙위원회가 불가리아 인민과 공산주의자에서 고립된 것이다. 공장, 협동 농장 등을 방문할 때 당 지도자도, 인민들도 아시아의 정치가 지혜롭다고 말하는 것은 불가리아 중앙위원회의 정치를 비난하는 것이다. 신임 당서기와 대사관 직원이 우리에게 불가리아 공산주의자, 노동자, 마을 주민, 대학생들 중에서 중앙위원회와 당 지도자와 정부를 비난하는 것에 대해 정보 수집을 요구한다. 대사관에서 프로젝트, 설계도, 발명, 신기술을 불가리아 공장, 기업, 학술 기관에서 빼내오도록 시킨다. 나는 수집한 정보 및 자료들을 북한 노동당 중앙위원회에 보내는 것으로 알고 있다. 불가리아 인민은 새로운 수정주의 노선 및 불가리아 공산당 중앙위원회에 반대하고 아시아의 민족들과 지도자(특히 김일성)의 정치를 좋아한다. 특히 불가리아 대학생들이 수정주의 노선에 동의하지 않는다. 소련 정부대표단이 불가리아를 방문했을 때 흐루슈초프와 지프코프가 한 연설, 특히 유고슬라비아에 대한 부분이 수정주의다.

학교에서 교사들이 흐루슈초프를 향해 꽃을 던지지 말라고 학생들에게 경고했다. 왜냐하면 누가 독이 든 꽃이나 폭탄이 든 꽃을 던질 수도 있기 때문이다. 이것은 정부가 인민들을 믿지 않는 뜻이다.

흐루슈초프가 스타라 자고라에 도착했을 때 누가 집시에게 모욕적인 말을 하라고 시켰다.

소련 앙상블이 불가리아에서 공연할 때 외교관들도 초대되었다. 북한 당비서도 거기에 있었다. 공연을 다녀온 북한 당비서는 소련 앙상블 공연이 탐탁지 않았으며 헝가리 대사도 "수정주의 예술이다"라고 말했다고 전했다. 이 정보는 대사관 직원들과 소피아에서 공부하는 북한 대학생들이 수집한 것이다.

앞서 언급했듯이 이것은 3월 회의에 김일성 연설의 작은 부분일 뿐이라는 것을 알 수 있다.

우리는 김일성의 범죄적인 정치에 동의하지 않는다. 이것이 우리의 결정이다. 우리는 형제 당인 중앙위원회에 김일성의 범죄 정치에 대해 알리는 것이 우리가 해야 할 의무라고 생각한다. 김일성의 독재 정권을 무너뜨리기 전에 우리는 북한에 돌아가지 않겠다. 지금 북한으로 돌아간다는 것은 자살하겠다는 것과 다름없다. 북한 대사관은 현재 우리가 6월 25일이나 28일에 출발할 것을 기다리고 있다.

향후 우리의 활동을 위해 금년 6월 15일이 지나기 전까지 불가리아에 기거할 곳을 마련해주길 요청한다.

24. 불가리아공화국 국립중앙공문서관
원문서 소장위치 1B, 문서철 91, 문서번호 380

사적 기밀!

불가리아 공산당 중앙위원회 의장 토도르 지프코프 앞

성명서

이장직－목재공예학부 대학생
이상종－화학공학 및 금속공학부 대학생

지프코프 동지께,

북한 대학생 4명의 이름으로 서신을 씁니다. 북한 대사관에 감금된 4명 중 저희 2명은 탈출하였습니다.

저희는 6년 동안 불가리아 공산당이 저희를 어머니처럼 돌보는 가운데 불가리아 대학에서 수학을 하였습니다.

6년 동안 저희는 소련 공산당 제20회 총회와 제22회 총회, 불가리아 공산당 제7회 총회, 불가리아 공산당 중앙위원회의 4월 총회 시 내린 결정을 완전히 숙지하고 있습니다. 저희는 불가리아가 선택한 길이 인류에게 행복한 미래를 약속하고, 공산주의 인민을 우뚝 선 정상에 도달하게 할 올바른 레닌주의의 길이라는 것을 믿어 확신합니다.

김일성 서기장과 북한 노동당의 지도자 몇몇은 소련 공산당 제20회 총회와 제22회 총회에서 교훈을 얻지 못했을 뿐더러 소련 공산당의 신노선을 지지하는 공산주의자들에게 탄압을 가했습니다.

실제로 상당수의 공산주의자가 당생활에 레닌주의의 표준을 원했기 때문에 당에서 차출되었습니다. 북한 인민은 소련 공산당 제20회 총회와 제22회 총회의 회의 결정사항을 보도하지 않고 회의 프로그램 중 일부는 제목을 삭제한 상태로 보도함에 따라 아무것도 모르는 상태입니다.

북한에서 이미 오래 전에 '모스크바' 라디오 프로그램을 중단했습니다. 소련의 신문이나 잡지를 구독이 금지되었습니다. 다른 사회주의 국가에서 수학하고 있는 대학생들은 소련 공산당의 제20회 총회와 제22회 총회에 대해서 말하면 안 됩니다. 상기 규정을 위반할 경우 '당 정책에 반대하는 자' 또는 '현 수정주의자'라고 낙인이 찍혀 사찰대상이 됩니다.

북한 노동당 3월 회의 후에 알바니아를 제외한 유럽 사회주의 국가들에 반대하는 운동이 거세졌습니다.

신임 당서기관과 대사관의 3등 서기관이 소련과 불가리아를 반대하는 운동을 시작했으며 알바니아 지도자를 지지하고 있습니다. 우리에게 소련을 반대하는 엔베르 호자의 수치스러운 연설문을 읽도록 시켰습니다. 우리 지도자는 정직한 공산주의를 반대하는 엔베르 호자의 탄압을 지지했으며 임신한 여자의 살인도 지지했습니다. 림춘추 대사는 대놓고 엔베르 호자를 비판하는 지프코프 동지의 말은 '국제 파벌주의'라고 선언했습니다. 그래서 북한 노동당은 엔베르 호자를 따르는 사람들을 비판하지 않습니다.

소련의 대외 정치에 대해서는, 소련은 다양한 나라들의 사회질서 공존이라는 명목하에 북한의 통일과 대만의 독립을 저해하고 있으며, 아시아와 아프리카의 독립 운동에 도움을 주지 않고 있다고 비난을 합니다. 소련은 그럴싸한 말만 할 뿐이지만 중국은 소련과는 달리 물질적 원조를 아끼지 않는다고 봅니다.

김일성은 "소련에서 기계 한 대를 받으려면 흐루슈초프에게 10번 머리를 숙여야 한다"고 말했습니다. 그래서 북한은 자주경제 발달을 도모해야 한다고 주장합니다.

1956년 미코얀 박사의 북한 방문은 북한 노동당에서 파당을 짓는 계기가 되었습니다. 림춘추 대사는 소련이 북한의 내부 문제에 간섭한다고 전합니다. 북한이 경제상호협력자문회에 가입을 기피하는 것은 북한이 다른 나라들처럼 의존적인 국가가 되지 않기 위해서입니다.

북부 불가리아를 순회했던 심상일 당서기관은 방문지역의 당 중진과의 대화 중에서 통역사인 고정훈 대학생을 통해 "유고슬라비아의 수정주의가 불가리아로 들어오고 있다"고 통역하라고 했지만 통역사는 다르게 통역을 한 일이 있었습니다.

금년 7월 20일부터 대학생들에게 불가리아 공산당 중앙위원회의 4월 총회 후에 지도부가 된 17명에 대한 이력을 조사하라는 명령이 떨어졌습니다.

상기 언급한 모든 사실들은 김일성의 개인 정권과 관련되어 있습니다. 저희는 김일성 정권과 김일성 지지자들에 동의하지 않습니다.

불가리아에서 수학하고 있는 소수를 뺀 나머지 모든 북한 대학생들은 불가리아 공산당의 새 노선을 지지하고 있습니다. 특히 최동성, 이장직, 이상종, 저희 3명은 흐루슈초프 동지와 소련 공산당의 정치 그리고 지프코프 동지와 불가리아 공산당의 정치를 공공연하게 지지하였습니다.

소련 공산당의 제20회 총회 후, 최동성 동지만이 국제 정세에 대한 판단을 할 수 있었으며 우리에게 모든 공산주의 당이 따라가야 할 새로운 노선에 대해 이해할 수 있도록 도와주었습니다.

이장직 동지가 적극적으로 국제 정세에 대해 전달을 해 주었으며 청년 서기관 및 정치 정보원으로 활동했던 이상종은 소련 공산당의 제20회 총회와 제22회 총회에 대한 정확한 정보를 전달했습니다.

대사관이 이러한 사실을 알게 되었을 때 저희를 '당 반대자' 혹은 '수정주의자'로 낙인찍고 추적하기 시작했습니다.

지프코프 동지, 최동성 동지는 태어나기 전에 일본에서 아버지를 잃었습니다. 이장직 동지도 아버지를 일본 감옥에서 잃었으며 형은 조국 전쟁 때 잃었습니다. 이상종 동지의 아버지는 조국 전쟁에 참전했습니다. 우리 부모님과 형제는 우리가 훌륭한 전문가가 된 후에 조국으로 돌아올 것에 대한 희망을 가지고 기다리고 있다는 사실을 잘 알고 있습니다. 우리는 우리가 태어난 조국을 잊지 못할 것입니다.

저희는 무엇보다 저희의 정당한 행위에 대해 생각하고 불가리아처럼 북한에서도 제20회 총회와 제22회 총회의 이념이 이길 것이라고 믿습니다.

지프코프 동지, 금년 7월 25일에 북한 정부가 대학생들이 대학을 졸업을 하기 위해 다시 수학하던 곳으로 되돌려 보내겠다는 약속하에 형제 사회주의 국가에서 수학하고 있는 모든 대학생들을 소환했습니다. 하지만 저희는 소환이 무엇을 의미하는지 북한에서 저희에게 무슨 일이 일어날지 잘 알고 있었습니다.

앞서 언급했던 정치적인 이유 때문에 저희는 북한에 돌아가는 것을 거절했습니다. 그때 저희는 13명이었습니다. 대부분은 불가리아에서 정치적 망명을 요구하는 것을 결정하지 못해 졸업 논문 심사 날짜를 연기했습니다. 하지만 결정적인 순간에 거짓말과 배신과 대사관의 추적과 협박으로 대학생들이 북한으로 소환되었습니다. 그래도 저희 4명, 최동성, 리상종, 리장직, 최동준은 북한에 절대 돌아가지 않을 것입니다. 금년 7월 28일 오후에 저희는 소피아를 떠나 숨기 위해 비토샤산으로 갔습니다.

저희가 북한에 돌아갈 수 없음을 지프코프 동지, 국회 상임위원회 의장인 가네프 동지, 불가리아 내각행정부 의장인 안톤 유고프 동지, 외무부장관인 카를로 루카노프 동지, 내무부장관인 디코 디코프 동지, 교육문화부장관인 나초 파파조프 동지, 불가리아 디미터르청년노동연맹 중앙위원회 1등 서기관인 이반 아바지에프 동지에게 표명했습니다.

동시에 북한 대사관 당위원회 앞으로 서신을 보냈습니다. 서신에 저희가 북한에 돌아가지 않는 이유를 대사관에 고지하였습니다. 북한 대사관에서 끊임없이 저희를 추적하여 강제로 북한으로 소환하려고 하였으나 저희 친구들과 동료 덕분에 한 달 동안 불가리아에 숨을 수 있었습니다.

금년 8월 27일 오후 4시에 'D. 블라고에프' 영화관 앞에서 대사관 직원 7명이 림춘추 대사의 지령에 따라 저희 4명을 야만적이고 악랄한 방법으로 법을 위반하고 주권과 국제통용법을 위반하면서 체포하였습니다. 불가리아 경찰과 저희 상황을 모르는 시민들 앞에서 저희를 깡패와 술고래로 만들었습니다. 그들의 외교적 특권을 이용하고 불가리아가 제공한 신의를 악용했습니다.

저희를 강압적으로 대사관 차량에 태웠습니다. 대사관에서 저희를 철사로 묶었으며, 다리와 손목과 허리를 밧줄로 묶었습니다. 대사관 3층에 있는 두 개의 방에 가두었으며 방마다 두 명씩 있었습니다. 대사관 직원 모두가 시간대별로 보초를 섰습니다. 저희가 체포된 지 사흘 후에 루마니아에서 두 사람이 저희를 심문하기 위해 도착했습니다. 림춘추 대사가 앞서서 김 수사관과 리 수사관 이름을 알 수 없도록 조치를 취했습니다. 3등 서기관 심상일, 무역 전문관 박닌학, 무역부 직원 김은일 등은 안면몰수하고 고문과 잠 안 재우기 등 모든 방법을 동원하여 끊임없이 심문을 하였습니다.

대사가 직접 북한에 돌아가지 않겠다고 한 리장직 동지에게 육체적 고문을 했습니다. 리장딕 동지가 올바른 레닌주의 노선을 위해 투쟁하겠다고 대답했을 때 대사가 리장직을 화장실로 옮기고 밥을 주지 말라고 명령했습니다. 대사는 저희가 제국주의 간첩보다 더 위험하고 단죄하면서 저희를 계속 협박했습니다. 불가리아는 북한을 반대할 목적으로 저희를 받아들일 것이며 그런 후에 저희를 개처럼 길에 버릴 것이라고 했습니다. 불가리아에서 불가리아 사람처럼 살 기회는 주어지지 않을 것이라고 했습니다. 기나긴 고문 후에 '조국으로 돌아갈 것을 약속함'이라는 문서에 강제로 서명을 하게 했습니다. 서약서에 서명을 한 후 저희는 기차역이나 공항에 데려다주자마자 그들의 손에서 벗어나 달아날 생각이었습니다.

마지막 주간에 저희에게 지프코프 동지와 소련의 대사를 직접 방문했음을 시인하고 지프코프 동지가 저희에게 북한에 돌아가지 말라고 지시를 했다고 쓰라고 강요하였습니다. 이렇게 함으로 지프코프 동지를 통해서 불가리아 공산당을 비난하려고 했습니다. 하지만 저희는 사실이 아닌 것을 인정하지 않았습니다. 저희가 체포되어 있는 동안 불가리아와 소련의 신문과 잡지를 달라고 요청했지만 제공하지 않았습니다. 김일성의 연설문만 주었습니다.

여기에서 저희 자신의 눈으로 어디에 정당함이 있는지를 보았습니다. 그래서 저희는 애초부터 저희의 정당한 행동을 계속할 수 있는 새로운 힘을 얻기 위해 어떻게 하면 그들의 손에서 벗어날 수 있을지를 찾았습니다.

저희 두 사람이 체포된 방은 3층에 있었습니다. 방에는 수사관이 계속 있었습니다. 초소의 기능을 했던 옆방에는 대사관 직원 6명이 있었습니다. 그 다음 방에는 보초 2명이 계속 있었습니다. 모든 문과 창문은 잠겨 있었으며 문의 손잡이는 빼 놓은 상태였습니다. 밖을 내다 볼 수 없도록 커튼을 2중으로 걸어 놓았습니다. 저희는 체포되어 있던 기간 내내 어떻게 하면 탈출할 수 있을 지와 북한 대사관에서 무슨 일을 자행했는지를 지프코프 동지께 알릴 것에 대해서 생각했습니다.

금년 9월 27일 밤 11시, 모두 옆방에서 회의를 하고 있었을 때 저희는 동전 2개를 드라이버로 사용했으며 면노날을 침대 시트와 커텐을 자르는 데 사용하였습니다. 침대 시트와 커텐을 밧줄로 창문에 내리워 무사히 탈출할 수 있었습니다.

지프코프 동지, 저희의 탈출 목적은 다음과 같습니다.

- 북한 대사관 앞에서 불가리아 공산당 지도자들이 저희를 사로잡은 것이 아니라 저희가 저희의 은신처로 불가리아를 택했음을 증명하고자 합니다.
- 저희에게 북한에 있는 수많은 무고한 사람들에게 자행한 악한 방법을 드러내기

위함입니다.

- 제20회 총회와 제22회 총회의 위대한 이상이 북한에 실현되기 전에 저희의 젊은 삶을 잃지 않기 위함입니다.

지금 저희는 풀려나 저희의 친구들과 동료들의 돌봄을 받고 있습니다. 저희의 시선과 생각은 이 순간에도 북한 대사관 건물을 향해 있습니다. 거기에는 불법으로 체포된 저희의 동지가 있습니다. 저희 동지들의 의사와는 상관없이 북한에 보내지게 될 위험에 처해 있습니다. 북한에서는 북한 인민이 소련 인민과 불가리아 인민처럼 행복하게 살기를 원한다는 것만으로도 재판 없이 사라질 것입니다.

지프코프 동지, 최동성이라는 동지는 체포되기 전에도 건강 상태가 좋지 않았습니다. 체포된 후에는 대사관에서의 괴롭힘과 고문으로 인해 건강 더 악화되었습니다. 이런 상태이지만 대사관에서는 건강이 회복될 수 있도록 어떤 의료 조치도 취하지 않은 채 운명에 맡겨 놓은 상태입니다. 그래서 지프코프 동지와 불가리아의 정부에 가능한 방법으로 저희 친구를 도와줄 것을 청원하는 바입니다. 이런 상태로 두면 머지않아 한 달 후면 우리 모두에게 값진 젊은 생명을 잃게 될 수도 있습니다.

마지막으로 저희가 디미터르청년인민연맹의 회원이 되어 저희가 정치적으로 망명할 수 있고 불가리아 시민권을 취득할 수 있도록 선처해주기를 청원합니다. 불가리아 인민공화국의 사회주의 건설을 위해 기술자로서의 소질을 사용하길 원합니다.

저희는 불가리아에서 사는 동안 공산주의식으로 살고 공부하고 일할 것을 겸허히 서약합니다. 불가리아 공산당이 어디를 보내든 저희는 어디든지 갈 준비가 되어 있습니다.

저희는 지프코프 동지를 선두로 한 불가리아 공산당 중앙위원회가 저희를 제대로 이해해서 아버지와 같은 도움을 줄 것이라고 깊이 믿어 마지않습니다.

-공산주의를 위하여,

리장직

리상종

1962년 10월 4일

소피아

1962년 10월 11일

25. 불가리아공화국 국립중앙공문서관
원문서 소장위치 1B, 문서철 91, 문서번호 380

기밀

1962년 9월 15일, 평양

원본과 맞음: 네셰바

외무부 장관 카를로 루카노프 동지 앞

보고서

주평양 불가리아 대사관 특명전권대사 류벤 스토이츠코프

장관 동지,

금년 9월 6일에 북한 외무부 차관 류장식 동지가 대사들과 주평양 불가리아대사관 특명전권대사에게 북한 대학생들 4명의 사건과 북한에서 4명을 원하지 않는다는 북한 정부 결정(보그다노프의 말)을 전달하였습니다.

류장식 동지의 정보를 접한 다른 대사관의 동지들이 다음과 같은 대화를 하였습니다.

"최근에 북한과 불가리아 인민공화국의 관계가 심각하게 금이 갔다. ……. 그래서 불가리아 정부가 북한을 반대하는 도발적인 행동을 하는 것이다." 외무부에서 불가리아 외교관에게 이와 같은 정보를 제공하였다. …….

이 사건은 모든 사회주의 국가에게 좋지 않은 예표이다. …….

금년 9월 5일에 불가리아 정부는 아무런 이유 없이 주소피아 북한 대사를 추방시켰다. …….

이러한 조치는 북한과 불가리아 인민공화국과 사회주의 국가들 사이의 우호관계를 심하게 훼손시킨다. …….

북한과 불가리아 인민공화국의 관계는 최근까지만 해도 형제국이었다. ……. 불가리아 인민공화국 정부가 의도적으로 두 국가의 관계를 악화시키는 조치를 취한 것이다.

북한 고등교육부의 결정을 따라 북한 대학생들은 자국에 돌아왔어야만 했다. ……. 대사관에서 알게된 바로는 4명의 대학생들은 귀국하기를 원하지 않았다. ……. 북한 정부는 대학생들의 정신교육 차원에서 대학생들이 귀국하기를 원했다. ……. 그래서 북한 대사는 형제국인 불가리아 인민공화국. 형제 정부 앞으로 같은 공산주의라고 생각해서 협조해 줄 것을 요청했다. 하지만 불가리아 인민공화국 정부는 요청을 거절했다. 8월 25~26일에 불가리아 인민공화국 외무부장관은 북한 대사와 북한 대학생들이 불가리아에서 계속 공부하고 일할 수 있는 가능성을 제공해 줄 것에 대해 이야기했다.

이것이 불가리아 당과 불가리아 정부를 향한 도발이 되었다. 어떻게 형제국이 상대국 당과 정부에 대해 반대한다는 표명을 한 대학생들을 두둔할 수 있다는 말인가. …….

주소피아 북한 대사관은 대학생들이 어디에 있는지 알게 되었으며 대사관으로 데려다 놓았다. 이와 같은 조치는 온당하다. 대사관이 대학생들을 훈육하기 위한 조치를 취한 것이다. …….

불행하게도 불가리아 인민공화국 정부는 북한 대사관의 올바른 조치에 대해 서 대사관이 불가리아의 법을 위반했을 뿐만 아니라 자신의 권한을 넘어섰다고 지적했다. …….

불가리아 인민공화국 정부가 북한 대사관의 내부 문제에 간섭하여 대사를 협박하기까지 이르러 결국에는 불가리아에서 추방시켰다. …….

이것은 형제국 관계에서 일어나서는 안 될 도발적인 행위이다. 우리가 대학생을 불가리아로 보낸 것은 불가리아 인민공화국 정부를 완전히 믿었기 때문이다. ……. 우리는 불가리아 당국이 왜 대학생의 훈육을 돕기는커녕 대학생들을 방어해주고 왜 대사를 협박해서 양국의 우호 관계를 희생시키는지 도무지 이해할 수가 없다.

불가리아 인민공화국 정부는 대학생들이 불가리아에 은신처를 마련해 달라고 요구했다고 밝혔다. …….

불가리아와 북한은 동일한 목적으로 공산주의를 향해 나아간다. ……. 다른 이념과 다른 계층의 나라에서 이러한 일이 벌어졌다면 이는 또 다른 이야기이다. …….

그 대학생들은 불가리아 당과 불가리아 정부를 비방하고 공격했다. …….

오늘 불가리아 인민공화국 몇몇 계층이 북한 대학생들이 북한 당과 북한 정부를 반대하는 것을 지지했다는 것을 알게 되었다. …….

어떤 불가리아 공인이 대학생들에게 은신할 곳을 제공해주고 짐을 옮길 수 있도록 하였다. 도움을 준 이들 중 몇몇은 당과 정부를 공격하는 편지를 쓴 사람도 있다. 불가리아 인민들이 편지들을 대사관으로 가져왔다. …….

불가리아 관계자는 드러나지 않게 북한 대사관에 강제로 체포한 대학생들을 풀어줄 것을 주장했다고 한다.……“자루 속 송곳은 빠져 나오기 마련이듯”……. 북한 대사관은 군대도 없었고 경찰도 없었다. 우리 동역자들은 불가리아 법을 위반하지 않았으며 자신의 권한도 넘지 않았다. 경찰 4명과 국가 안보요원이 소피아 시위원회에서 대학생들을 체포했다. 그리고 그들을 대사관으로 넘겼다. …….

북한 대사관은 한 치의 악행도 저지르지 않았다. …….

9월 1일에 북한 정부가 주소피아 대사를 통해 불가리아 관계자에게 대학생들을 훈육을 할 수 있도록 도와달라고 요청했다. 하지만 불가리아 인민공화국 정부는 북한과 불가리아 인민공화국이 우호 관계를 쌓기 위해 온갖 노력을 기울였던 것에 대해 북한 대사를 추방하는 방식으로 대응했다. 그래서 주소피아 북한 대사관은 정상적으로 기능할 수 없게 되었다.

불가리아 인민공화국 정부가 양국 관계를 악화시키는 길을 택했다. …….

주소피아 북한 대사관 직원이 불가리아 관계자로부터 대학생을 넘겨받기만 했다. …….

도대체 왜 북한 문제에 관여해야 한다는 말인가? 불가리아 대학생도 아니고 북한 당과 북한 정부를 반대한다고 표명한 북한 대학생들인데 말이다. …….

분명히 두 나라의 좋은 관계를 위해 불가리아 경찰이 대사관으로 대학생들을 데려다 주어야 했다. …….

우리에게는 오직 제국주의와 자본주의를 반대하는 공동 투쟁이 필요할 뿐이다. …….

불가리아 정부가 모욕을 했으며 사회주의 국가의 연대에 해악을 끼쳤다. …….

불가리아 인민공화국 정부가 이 모든 사건에 대한 책임이 있다. 북한 정부의 유사한 극단적 조치는 우리가 예상하는 것뿐만 아니라가 근본 원칙인 마르크스－레닌주의에 대한 도발 행위가 될 것으로 사료된다. 그런 극단적인 조치가 관계만 아니라 마르크스－레닌주의의 요강도 나빠지게 하고 도발이라고 생각한다. 우리는 결연코 이러한 방법을 거부한다. …….

양국은 대사를 상호 교환한다. ……. 우호관계도 쌍방 간의 문제이다. 일방적인 우호관계는 성립하지 않는다. 이러한 이유로 북한 정부는 주평양 불가리아 대사가 북한에 있을 필요가 없으며 불가리아 대사는 북한을 떠나야 한다고 생각한다.

북한 정부는 이러한 사안에 대해 유감을 표한다. 불가리아 인민공화국 정부의 행태가 누구를 위한 것인지 이해가 되지 않는다. ……. 우리는 불가리아 정부가 조선민주주의인민공화국 정부의 결정을 잘 이해할 수 있을 것이라고 생각한다.

류장식의 생각의 끈을 끊을 놓치지 않고자 안간힘을 쓰며 기록을 하였다. 동지들 중 몇몇은 북한 대사관 앞으로 불가리아 당국 관계자가 서신을 쓴 것이 아니라 4명의 대학생이 불가리아 인민으로서 대사관에 서신을 전달한 것이라고 한다.(이미 언급한 것들) 류장식의 정보에 모순이 발견된다. 처음에는 대사관에서 대학생들을 잡았다고 했으나, 나중에는 경찰 4명이 대학생들을 체포해서 대사관으로 넘겼다고 했다. 이 부분이 모순된다는 점을 다른 동지도 지적했다.

이 정보를 받기 3시간 전에 나는 보그다노프 동지 대신에 외무부 초청으로 류장식 동지를 방문했다. 보그다노프 동지는 몸 상태가 좋지 않아 만남을 다음 날로 연기해줄 것을 요청했었다.

내 앞에 류장식은 신경이 곤두선 상태로 서서 나에게 앉으라는 말도 하지 않은 채 북한말로 된 외무부 문서를 읽었고 통역사가 러시아말로 통역을 하였다. 대화에 앞서 나는 만남을 다음 날로 옮길 것에 대해 반복하자 류장식은 단칼에 말을 자르면서 "지금은 나만 이야기한다"라고 응했다.

내 앞에서 읽은 서류들의 내용은 대사들에게 전달된 것과 거의 대부분 동일소이했다. 대사들 앞에 발표된 정보 외에 추가된 정보도 있었다. 같은 날에 발생한 것으로 불가리아 당국 관계자가 북한 당과 북한 정부를 반대하는 대학생들을 지지하여 도와주었으며 경찰 당국이 대학생들을 체포한 후 대사관으로 넘겼다고 한다.

내 앞에서 읽은 서류들은 강한 어조로 시작되었다. 정확히 '9월 5일에 불가리아 인민공화국 정부가 북한 대사관에 무례한 조치를 취했는데 주소피아 북한 대사를 향한

것이었다. …….' '이 사건은 의도적으로 허위 정보를 조작한 것이었다. …….'

몇몇 동지들도 같은 표현들을 그들 앞에서 했던 것을 기억했다.

본 건과 관련된 전보를 주고받았을 때 북한 기관에서 전보를 적시에 전달하지 못하도록 시간을 끄는 데 노력을 기울였다. 예를 들어 김창만 대사의 9월 1일 전보에 대해서 불가리아에서는 9월 3일 오전 8시(북한 시간)에 전보를 보낼 준비가 되어 있었으나 여러 가지 이유로 인해 중앙 전보국에서 전보를 11시까지 지연시켰다.

불가리아 측 통역사의 도움으로 중앙전보국 책임자와의 대화를 통해 11월 4일까지 전보 송신을 늦춰야 해서, 송신자의 동의를 구했다는 것을 알게 되었다.

책임자는 11월 4일에 어떤 방해 요소로 인해 전보가 전달되지 않을 수도 있다고 예상했다. 11월 4일자 전보에는 불가리아 행정부는 11월 5일에 북한 대사가 대학생들을 풀어 줄 것을 경고하였으며, 풀어주지 않을 경우 북한 대사는 불가리아에서 '페르소나 논 그라타(환영받지 못한 인물)'가 될 것이라고 쓰여 있었다. 그러나 4일 전보는 6일 아침 9시에 다른 전보와 같이 전달되었다. 결론적으로 북한 측 결정을 알리기 위해 대사를 부른 날에 4일 전보를 받게 된 것이었다.

1962년 9월 13일, 평양

특명전권대사

26. 불가리아공화국 국립중앙공문서관
원문서 소장위치 1B, 문서철 64, 문서번호 298

프로토콜 B
불가리아 공산당 중앙위원회 정치국 1962년 8월 29일

참석자: 디미터르 가네프, 엔초 스타이코프, 스탄코 토도로프, 안톤 유고프, 게오르기 짠코프, 토도르 프라호프, 믈라덴 스토야노프, 보리스 벨체프, 타노 쫄로프와 카를로 루카노프

표제: 소피아 내 북한 대사관에서의 한국 학생들의 감금 관련, 국내 정치적 망명 요구에 대하여

결의안

1. 주북한 대사 카를로 루카노프를 본국으로 소환하는 조치에 대한 타당성과 유례없이 현재 4명의 북한 대학생들을 감금하고 있는 것에 대하여 불가리아 정부는 강력한 항의를 표명하고 불가리아 내에서 이들을 위한 정치적 은신처를 제공할 것과 즉각적인 석방을 요구할 것이다.
2. 평양에 있는 불가리아 대사는 (북한이) 4명의 북한 대학생들을 납치하여 감금함으로 불가리아의 주권을 심각하게 훼손하는 행위를 하였음을 알리고 이에 그 4명의 학생들의 즉각적인 석방을 요구하기 위해 김일성과 만나고자 한다.
3. 만약 북한에서 감금되어 있는 이들을 석방하지 않는다면 이 학생들을 위해 군사수행원을 파견하고 소피아 주재 북한 대사를 '페르소나 논 그라타(환영받지 못하는 인물)'로 선언할 것이다.

27. 불가리아공화국 국립중앙공문서관
원문서 소장위치 1B, 문서철 64, 문서번호 299

1962년 9월 3일, 불가리아 공산당 중앙위원회 정치국 프로토콜 No. 7

참석자: 디미터르 가네프, 미트코 그리고로프, 토도르 지프코프, 이반 미하일로프, 엔초 스타이코프, 스탄코 토도로프, 안톤 유고프, 디미터르 디모프, 토도르 프라호프, 보리스 벨체프, 카를로 루카노프, 디모 디체프 동지

표제: 북한 학생들에 관하여

결의안: 외무부는 북한 정부에 북한 학생들의 사고 건에 관하여 항의서를 보내도록 결의하였다.

28. 불가리아공화국 국립중앙공문서관
원문서 소장위치 1477, 문서철 28, 문서번호 1698

정보
북한 외무부 사절단의 불가리아 인민공화국 방문
1972년 6월 27~30일

6월 27일부터 30일까지 정명수 외무부 장관을 대표로 한 북한 외무부 사절단이 불가리아를 방문했다. 사절단의 방문 목적은 UN 제27회 총회 시 한반도 문제에 대해서 논의할 때 북한의 동지들의 새로운 전략을 불가리아에 설명을 해주고 조율함으로 새로운 전략에 대한 성과를 도출하기 위해 불가리아에 도움을 요청하기 위한 것이었다.

새롭게 제시한 전략은 하기와 같다.

북한 동지들의 의견은 현재 한반도의 평화통일 문제를 해결하는 것에 대해 UN이 노력하고 있기 때문에 보다 더 탄력성 있는 전략을 사용하면 통일을 가속화하는 데 훨씬 유리한 조건을 만들 수 있다고 생각한다.

1. 회의 시 한반도 문제를 포함시키기 위한 유리한 조건을 만들기 위해 회의 의제에 'UN의 인도하에 남한에 주둔하고 있는 미군과 다른 모든 외국군의 철수'에 관한 안건을 제시할 것을 제안하고 'UN 위원회에서 한반도의 통일과 복구 안건'을 제하는 것이다. 새로운 안건도 포함시키기를 원하는데 '한반도의 자주적 통일에 유리한 조건을 가속화 할 수 있는 환경 조성'이 그것이다. 이러할 경우, 더 많은 국가들의 지지를 받아 한반도 문제에 대한 검토를 지연시키려 하는 시도들에 대해 대응할 수 있을 것이다.

이 전략의 핵심은 현재 남한과 북한 간의 대화가 이루어지고 있는 새로운 상황에서 'UN은 새로운 관점에서 한반도 문제를 접근해야 하며 한민족은 스스로가 평화통일을 할 수 있도록 더욱 고무시키며 가속화해야 된다'는 것에 중점을 두어야 할 것이다.

북한 동지들은 이번 회기에 알제리나 몽골도 함께 거론되어야 함이 타당하다고 본다. 시리아, 기니, 말리, 콩고 인민공화국, 모리타니아, 이라크, 수단, 예멘공화국, 소말리아, 잠비아, 탄자니아, 예멘 독립공화국, 부룬디, 파키스탄, 네팔도 함께 해야 한다고 하였다. 더 많은 아프리카 및 아시아의 사회주의 국가들도 가입하는 것이 좋다.

올해 UN에 한반도, 중국과 소련 문제 의논에 대한 북한 입장을 알고 있는 국가들이 북한을 지지하며 그 입장에 대해 반대하지 않을 것이다. 그 국가들이 한반도 문제의 의논 대표자로 나올 가능성이 높다.

북한 동지들은 새로운 전략을 성공으로 이끌고UN에서 이 문제에 대한 해결을 지연시키고자 하는 것을 막기 위해서 우리들에게 도움을 요청했다. 그리고 다음과 같은 문제에 대해 지원에 주기를 요청하였다.

– 가능하면 적절한 구성을 갖춘 총회위원회의 선발을 위한 예비 작업을 하여 회원들에게 영향력 행사한다.
– 사무총장을 포함해서 UN 의원들한테 영향을 미치기 위해 노력한다.
– 우리나라와 관련이 있는 모든 국가들에 알려서 UN이 한반도 문제에 대한 안건을 지연시키려 하는 등의 불합당한 시도를 폭로한다.
– UN 내 각국 대표들에게 영향을 미칠 수 있도록 우리 측 대표가 그들에게 적극적으로 연락을 취한다.
– 이번 회기 UN총회 시 새로운 안건을 추가하는 것에 대한 안건에 우리나라도 참여한다.

2. 한반도 문제에 대한 결의안 초안에 새로운 부분이 새로운 전략과 동일하다.

북한 동지들이 결의안 초안을 작성 시 남한에서 모든 외국 군대들은 철수하고 UN 내에 한국에 대한 위원회를 해산 시킬 것이며 원칙에 따라 기동성과 유연성을 갖춘 조건을 만들고자 한다.

– 한반도에서 외국 군대 철수와 유엔 한국 통일 부흥 위원회 해산에 관한 두 가지 사안을 공식적으로 통합한다.
– 미국 제국주의를 직접 공격하거나 비난하는 모든 표현 및 UN 내의 한반도의 통일과 재건을 위한 위원회나 UN 자체를 비난하는 것을 금하도록 한다.
– UN 위원회 즉각적인 해산을 요구하는 것은 아니지만 지금까지의 활동 중단을

제안하다. 이 제안은 활동에 참여하지 않는 제3세계 국가들뿐만 아니라 파키스탄이나 터키 같은 나라들에서도 수용될 것이라고 여긴다.

- 만약 이전의 결의안 초안대로 한반도 내의 미국군대와 다른 나라들의 군대의 즉시철수 요구가 이행되면 새로운 결의안 초안에서 'UN의 한국에 주둔하고 있는 군대의 영향력을 무력화하고 UN의 깃발 사용권의 폐지'가 첨가되어야 한다.
- 앞전 결의안 초안에서 남한에서 모든 외국군대가 6개월 안에 철수해야 된다는 기간을 명시했는데 새로운 초안에서는 남한과 북한이 직접 협상하고 평화 협정을 체결한 다음에 군대를 철수할 것을 권장하고 있다.

  그렇게 할 때 외국군대 철수에 대해서 다른 국가들로부터의 확실한 지지를 받을 수 있을 것이기 때문이다.

  이번엔 새로운 정보통신에 따르면 태국이 올해 8월 23일까지 자국의 군대를 철수하기로 했다. 그렇다면 UN의 영향력 아래 한반도에서 주둔하는 군대는 미국 군대뿐일 것이다. 그런 상황에서는 미국이 자신의 군대가 UN의 군대라고 주장하기가 곤란할 것이다.
- 결의안 초안의 3조의 표현은 남한의 괴뢰 정부를 '유일한 합법적 정부'로 주장하는 1948년 12월 12일 195/III 조약의 효력을 무효화하기 위한 것이다. 그 새로운 법에 따라 두 개의 한국을 받아들인다고 오해를 받지 않기 위해 '남한과 북한의 독립적인 평화통일 가속화'라는 문구가 추가되었다.
- 초안의 제4조의 목적은 어떠한 형태로든 북한 내부 문제에 간섭하지 못하게 하는 것이다.

3. 한반도 문제 논의에 있어 북한 측 대표자 참여 관련

새로운 전략에 따라 새로운 초안도 만들었는데 한반도 문제를 UN회의 일정에 포함해야 문제를 다룰 수가 있다.

새로운 결의안 초안의 핵심은 '북한과 남한의 대표자가 함께 참여하도록 함'이다. 그 이유는 '요즘 한반도에 북한과 남한간의 대화가 이루어지고 있기 때문이다.' 이번 초안과 전의 초안의 차이는 중간 정도이다. 그런 상황에서 UN위원회는 남한과 북한의 견해를 듣게 될 것이다.

북한 동지들은 UN 제25차 총회 때 부족했던 13표를 얻기 위한 가능성에 대해 다음과 같은 정보를 주고 주장을 하였다.

- 중국이 대만의 자리를 차지하게 되었다.
- 몰타와 르안다가 수교를 했다. 북한이 그 두 나라들을 우리 편으로 만들 수 있을 것 같다.
- 대표단이 차드와 나이지리아를 방문했는데 그 나라들이 북한 입장을 좋게 받아들였다. 그 두 나라들이 투표할 때 기권하게끔 영향을 끼칠 것이다.
- 카메룬과 시에라리온과 칠레와 수교했는데 그 나라들도 찬성할 것을 기대한다.
- 몰디브와 수교를 했고 마오리하고는 영사 관계를 맺었다. 세네갈과도 곧 수교를 할 예정이다. 그런데 그 나라들이 어떤 선택의 투표를 할지 아직 불확실하다.
- 전에 보다 북한을 더 좋게 평가하고 있는 나라들은 키프로스, 가나, 인도네시아, 쿠웨이트, 레바논, 가이아나, 핀란드, 오트볼타와 페루가 있다. UN에 새로 가입한 바레인, 카타르와 아랍 에미리트와 관계가 좋아지고 있다. 그런데 그 나라들의 입장은 아직 모르는 상태이다.

반면에

- 1970년 9월 사건에 대한 요르단의 반응을 북한이 부정적으로 평가한 다음 북한과 요르단 관계가 끊어졌다.
- 쿠데타 이후 우간다와의 관계가 끊어졌다.
- 케냐는 항상 찬성 투표를 했지만 현재 그 나라와 관계가 소원하여 어떤 선택의 투표를 할지는 알 수가 없다.

우리 북한 동지들은 시리아와 잠비아가 남북대표의 동시 초청을 위한 결의안 초안을 공동으로 지원해 줄 것을 요청하는 것이 적절하다고 생각하며 알제리, 이집트 및 사회주의 국가들과 함께 할 수 있도록 초청해야 한다.

그 문제 관련하여 (북한은) 우리나라에 다음과 같은 요청을 했다.

- 이전에 반대 측이거나 기권한 나라들이 이번에는 찬성하게끔 설득해 달라는 것이다.
- 북한과 관계가 없던 나라들, 특히 라틴 아메리카와 북유럽 자본주의 국가들에게도 영향력을 행사해 달라는 것이다.

4. UN 총회의 제27회 총회 시 한반도 문제를 의논하지 않을 경우에 북한이 취해야 할 조치

북한 동지들은 안전 보장 이사회에서 'UN군대'를 남한에 파견하고 한국에 'UN 사령부'를 두기로 결정하였기에 남한에 있는 UN 감시단을 쫓아내기 위해 한국에 주둔한 미군의 권리를 UN군으로 제시할 것을 요구할 것이다.

우리 측으로부터 원하는 것은 그들에게 대한 전폭적인 지원을 제공하는 것이다.

결론적으로 북한 동지들이 요청한 것은 한국 문제 관련하여 우리나라 외무부와 북한 외무부가 더 많은 정보와 의견을 교환하자는 것이다. 우리는 UN 내 여러 국가들의 입장과 동향에 대해 우리에게 알려 달라고 부탁했고 UN회의 때 한국 문제를 의논해 달라고 요청했다.

불가리아 사절단 대표자인 루멘 그리고로프 동지는 불가리아 인민공화국이 북한의 입장을 지지하며 최대한 도움을 줄 것이라고 확언했다.

1972년 6월 29일, 소피아

29. 불가리아공화국 국립중앙공문서관
원문서 소장위치 1477, 문서철 28, 문서번호 1698

북한과 불가리아 인민공화국 외무부 대표단 간의 회담 1972년 6월 27~30일

제28회 UN 총회에서 한반도 분쟁을 제기하고 논의하기 위해 북한 동지들이 제안하는 새로운 전략 및 우리에게 받고 싶어하는 지원

1. 총회 안건에 한반도 문제를 포함시킨다

새로운 전략

- UN의 관리 아래 한국을 점령하고 있는 미군과 기타 모든 외국 군대의 철수 및 UN 한반도 통일 부흥 위원회의 해산과 관련한 36 및 37항목을 총회 안건에서 삭제.
- '한반도의 평화통일을 가속하기 위한 유리한 환경 조성'이라는 새로운 조항을 회의 안건에 포함시키는 것.

우리에게서 기대하는 지원

- 회의 의제에서 36 및 37항목을 삭제하기 위한 결의안 초안 작성에 참여할 것.
- 새로운 항목을 당의 의제에 포함 시키려 하지 않는 시도를 막기 위해서 다른 영역에서 우리 측이 적극적으로 기여 할 것.
- 적절한 구성의 총 위원회를 선출하여 회원들에게 영향을 줄 것.
- 사무총장을 포함한 UN 관계자들을 돕기 위해 노력 할 것.
- 한반도 분쟁에 대한 검토를 지연시키려는 시도를 폭로할 수 있도록 우리가 관계를 맺고 있는 국가들에 영향을 끼치는 것.
- 우리의 UN 대표들이 다른 유엔 회원국 대표들에게 영향을 미칠 수 있도록 적극

적인 관계를 맺을 것.

2. UN 27차 총회에서 한반도 분쟁을 논의하기 위해 남한과 북한 대표단 동시 초청

새로운 전략

목적은 이 문제에 대해 제안된 새로운 결의안 초안에 있으며, 이전 결의안들과 달리 이번은 훨씬 더 온건한 어조가 있고 “남북 간의 최근 접촉과 대화가 이루어지고 있다”는 사실을 강조한다. 이러한 상황에서 총회는 남한과 북한, 양국의 견해를 듣고 싶어 할 것이다.

불가리아가 가능한 지원

- 결의안 초안 작성에 참여.
- 이전에 ‘반대’ 투표한 국가들로부터 ‘찬성’ 투표를 확보하기 위해 도울 것. 우리의 노력은 북한이 관계를 맺지 못하는 나라들의 방향으로 이루어져야 한다.

그렇다면 관건은 우리가 어느 국가들에게 영향을 미칠 수 있을 것이냐이다.

3. 한반도 분쟁 해결이 다시 연기될 경우 취해야 할 조치

- 남한에 있는 미군의 권리를 철회하여 UN군으로 제시할 것을 안전 보장 이사회에 요청.
- 남한 내에 감찰단 그룹을 UN에서 추방하기 위해서 투쟁할 것.

불가리아의 지원

- 그들의 투쟁을 전폭적으로 도울 것.

결론적으로, 북한 측은 다음과 같은 요청을 했다.

- 취급하는 모든 문제에 대해 두 부처 간 정보 및 의견 교환을 계속하는 것.
- UN 총회 내에서 다른 국가들의 입장과 한반도 분쟁에 관한 논의 사항들에 대해 적시에 고지할 것.

북한 외무부 대표단과 불가리아 인민공화국 외무부 대표단 간의 협상
1972년 6월 27~30일

불가리아 인민공화국 대표단 수석대표: 외무부 차관인 그리고로프 동지
북한 대표단 수석대표: 외무부 차관인 정명수 동지
주제: UN 27회 총회에서 다루어질 한반도 문제 및 그에 대한 논의

북한 측은 지금 UN에서 유리한 상황이기에 한반도의 평화 통일을 위해서 더 유리한 조건을 만들기 위한 새로운 전략들을 세워야 하는 입장이다.

북한 측이 제안하는 새로운 전략의 요점

1. 총회의 안건에 한반도 문제를 추가시킬 것

올해도 서방 국가들은 한반도 문제의 논의를 미루려 할 것이다.

총회의 안건에 한반도 문제를 추가시키기 위한, 유리한 조건을 만들기 위해서 북한 측은 아래의 사항들을 제안한다.

1) UN의 영향권 아래 남한을 점령하고 있는 미국 군과 다른 국가의 군사들의 철수와 유엔 한국 통일 부흥 위원회의 해산과 관련된 36번과 37번 조항을 총회 안건에서 삭제할 것.
2) 한반도의 자주적인 평화 통일을 위한 조건을 만들기 위한 새로운 조항을 36번과 37번 조항으로 대체할 것.

그렇다면 더 많은 국가들의 지원을 받을 것이며 안건에서 한국 문제를 제외시키지 않을 것이다.

서방 국가들을 지금까지의 그들의 견해를 들어 한국 문제에 대한 논의를 미루려 할 것이다. 그것은 아래와 같다.

– 상황이 변하지 않기 때문에 매년 같은 문제를 논의할 필요가 없다.
– 남한과 북한과의 협상의 결과가 나올 때까지 기다려야 한다.

우리 반론은 이랬으면 좋겠다.
– 남북 간 협상이 진행되고 있다는 조건하에 UN은 한민족이 한반도를 통일할 수 있도록 응원하며 힘을 주어야 한다.

이와 관련된 결정 사항들은 아래와 같다.
– 총회 60일 전에 안건에 한국 문제를 추가시킬 것.
– 이 안건 조항과 관련하여 결의안 채택에 투표할 국가 중에는 알제리(찬성)이며 시리아, 기니, 말리, 콩고공화국, 모리타니아, 이라크, 수단, 예멘, 소말리아, 잠비아, 탄자니아, 예멘 아랍공화국, 부룬디, 파키스탄과 네팔이 있다.

작년과 같이 몽골도 36번과 37번 항목을 철회하기 위한 결의안을 통과할 수 있다. 그렇게 되면 결의안을 통과시킬 수 있는 국가들은 30개국이 될 것이다.

상황을 보며 날짜를 결정하려고 한다.

사회주의 국가들은 새로운 안건을 상정하기 위한 결의안에 긍정적인 투표를 했으면 좋겠다. 소련과 중화 인민공화국은 이 문제에 대해서 서로 반대하지 않고 결의안을 통과시킬 것이라고 확답을 주었다.

새로운 안건 상정과 관련하여 총회 시 위원회에서 큰 논쟁이 있을 것이라고 예상한다. 새로운 안건 상정을 지연시키려고 하는 시도를 차단할 수 있도록 다음의 작업이 필요하다.
– 총회의 구성원들인 회원들에게 영향을 미치도록 노력할 것.
– 미리 UN 직원들과 총서기를 설득해야 할 것.
– 그리고 불가리아와 관계가 있는 모든 국가들에게 영향력을 행사할 것이며 한반도 문제에 대한 논의를 미루려 하고 있다는 것을 알려야 할 것.
– 인맥을 동원하여 불가리아 대표들도 유엔 국가 대표들에게 영향을 끼치도록 노력할 것.

2. 새로운 안건이 포함된 결의안의 내용과 관련하여 결의안 초안을 작성할 때 북한 동지들의 입장의 원칙을 고수하려고 노력했으며 또한 기동성과 유연성을 갖추고자 하였다

<u>구 결의안과 현 결의안의 차이</u>

1) 새로운 결의안에서 유엔의 영향력 아래 남한을 점령하고 있는 미국 군과 다른 국가의 군의 철수에 대한 문제와 유엔 한국 통일 부흥 위원회의 해산에 대한 문제는 통합되었다. 지난 결의안에서는 두 개의 다른 건이었다.
2) 지난 결의안들과 달리 이번의 결의안 전문에서 큰 변화들이 있다. 지난 결의안들에 따르면 남한에 주둔하고 있는 외국군은 통일을 방해하고 장애물이 될 것이며 또한 아시아의 평화를 위협하고 침략을 일으킬 위험으로 보았다.
3) 이전 결의안에서 UN 한반도 통일 부흥 위원회는 한국의 통일을 무력화 시키는 것뿐만 아니라 그것을 방해하는 것과 같았다.

예전에는 위원회의 즉각 해체를 요청했는데 지금 위원회의 행동을 중지시키는 것을 요청하고 있다. 이것은 제3세계 국가들뿐만 아니라 파키스탄과 터키도 이 제안을 수락할 수 있다.

(파키스탄은 위원회의 회원이긴 하지만 위원회의 일에 참여하지 않는다.)

4) 이전의 결의안 초안에는 한반도에서의 미군과 다른 나라의 군대의 즉각 철수였다면 새로운 결의안 초안에는 남한에서 있는 UN 군사령부의 내용을 삭제하고 유엔 깃발 사용의 권리를 폐지하는 것이다.
5) 이전의 결의안 초안에는 외국 군은 6개월 안에 한반도에서 철수해야 했는데 새로운 결의안 초안에는 남-북 대등한 입장에서 진행한 협상을 통해 평화 협정을 맺은 후에 철수할 것을 제안한다.

   이 개정안은 외국 군대 철수 건에 대하여 더 큰 지원을 제공하는 것을 목표로 하고 있다. 반대할 국가는 거의 없을 것으로 예상된다.

   남한에서 외국군대의 철수와 관련하여 새로운 소식은 태국이 올해 8월 23일 태국군을 철수하기로 결정했다는 것이다. (뉴스 매체에 따르면) 지금까지 태국은 남한에 있는 UN 군사에 몇 명이 장교가 있는 2개 중대를 상징적으로 파병했다.

이렇게 되면 한국에는 UN 영향력 아래 있는 군대는 미국군대만 남게 된다. 그러면 미국은 자기 군대를 유엔의 군대로 소개할 수 없을 것이다.

6) 제안된 결의안 초안의 제3항은 UN 총회 결의안의 무효화를 목표로 한다(1948년 12월 12일의 UN 총회/195(III)). 대한민국 정부를 유일한 합법적인 정부로 정의한 것.

이 항목에 2개의 국가가 아닌, 한 나라인 것을 강조하기 위해서 '국가의 자주적 평화 통일을 추진하기 위해서'라고 쓰여 있다.

7) 결의안의 4번 조항은 위원회의 해체 및 미군을 유엔 군사로 소개할 수 없게 하는 것을 목표로 하고 있다. 이때, 북한 동지들은 현장 상황에 따라 이것에 대해서 투표할 것을 제안한다.

3. UN 제27회 총회에서 한국 문제를 논의하기 위해 남북한 대표들을 동시에 초청하는 것과 관련된 문제

이 건에 대해서 제25회 총회에서 투표한 결과 찬성 41표와 반대 54표의 결과가 나왔다. 13표 차로 북한의 대표자를 초대할 제안을 완강히 거부했다.

만약 투표에서 긍정적인 결과였다면 북한 대표가 한반도 문제 논의 시 참여함으로 인해 한반도의 평화통일에 반대하는 국가들에 타격을 주었을 것이다.

이 문제에 대한 이전의 결의안들과는 달리 새로 작성된 결의안 초안에는 훨씬 부드러운 어감으로 쓰여 졌으며 '무조건 초대'라는 표현도 삭제하였다. 북한 동지들이 제안하는 새로운 결의안에는 '최근 한반도에서 남북 접촉과 협상이 이루어지고 있다.'는 새로운 입장이 포함되어 있다. 그렇다면 이번 유엔 총회에서는 남한과 북한의 입장을 듣고자 할 것으로 예상된다.

이 문제는 실질적인 과정과 실행이 있기 전에 검토가 되어 있어야 할 것을 제안한다. 결의안을 통과시키기 위해 잠비아와 시리아를 초대하고, 사회주의국가들도 통과시키면 총 31개국일 것이다. 그들은 또한 우리나라(불가리아)에도 결의안을 통과시키기 위한 공동 성명을 바라며 예전에 반대표를 던진 국가들을 이번에는 찬성할 수 있게 설득해 줄 것을 부탁하였다.

북한 동지들은 예전보다 이번 제27회 UN 총회의 조건이 유리하고 한반도 문제에 대한 긍정적인 결정을 기대할 수 있으리라 생각한다.

북한은 새로운 국가들과 외교 관계를 맺었다. UN 제25회 총회 후에 한반도 문제에 대한 많은 국가들의 접근 방식도 바뀌었다. 아직 정도의 차이가 있긴 하지만 지난번에 반대 의사를 낸 54개국 국가들 중에서도 이번에는 어느 정도의 찬성표를 확보할 수 있다. 대만을 포함하고 있는 중화 인민공화국으로부터는 2표를 받을 수 있다. 북한과 외교 관계를 맺게 된 르완다와 몰타까지 설득하면 총 4개의 표를 더 받을 수 있다.

차드와 나이지리아를 방문한 북한 대표단은 이 국가들이 한반도 문제에 대해서 긍정적인 입장이라고 했다. 그들이 투표하지 않으면 반대표는 2표로 더 줄 것이다. 지난번에 투표하지 않았던 국가(24개국)과 참가하지 않은 국가(8개국) 중에 카메룬, 시에라리온과 칠레와 외교 관계를 맺었고 그들로부터 찬성표를 기대할 수 있다.

이 국가들이 찬성 투표를 하면 단 한 번의 투표만으로 결의안을 채택하게 될 것이다. 북한은 몰디브와 외교 관계를 맺고 모리타니아와 영사 관계를 맺었다. 세네갈과 외교 관계를 맺게 될 것이다. 그런데 이 국가들은 어떤 결정을 할 지 불분명하다.

현재 외교 관계에선 키프로스, 가나, 인도네시아, 쿠웨이트, 리반, 기니, 핀란드, 오트볼타와 페루와 같은 나라들은 한반도 문제에 대한 긍정적인 입장이다. 북한 대표단은 유엔에 얼마 전에 들어간 국가들인 바레인, 카타르와 아랍 에미리트를 방문했고 그 국가들과 서로에게 축하 전보를 주고받았기는 한데 그 국가들은 어떤 입장을 취할 것인지는 모른다.

UN 총회에서 한반도 문제를 논의하기 위해 북한 대표들을 초대하는 것에 대한 결의안에 찬성표를 준 국가들의 현재 입장은 어떤가?

요르단 – 작년 요르단에서 일어난 갈등에 북한에서 팔레스타인 게릴라들의 지지를 표명한 이후 북한과의 축하 전보 교환을 여러 차례 중단한 바 있다.

우간다 – 북한은 우간다에서의 쿠데타 후에 모든 관계를 끊었다.

케냐 – 케냐는 항상 지지표를 던졌지만 지금까지 아무런 입장을 취하고 있지 않다.

결과적으로 이 국가들이 어떤 입장을 취할 지 예상하는 것은 어렵다.

현재 상황의 분석에 따르면 북한 대의를 위해 찬성표를 끌어들일 수 있도록 더 많은 노력을 해야 한다고 본다.

북한 동지들은 북한과 관계가 없는 국가들이 적지 않다고 강조했다. 라틴 아메리카 국가들 중에 쿠바만 작년의 결의안 초안에 공동 서명을 했다. 칠레와의 외교관계는 올해 6월 1일부터이긴 하지만 칠레의 상황이 어려운 것을 이해한다. 그로 인해 북한 동지들은 아래와 같은 부탁을 했다.

– 불가리아 인민공화국은 북한의 대의를 이루는 것을 돕기 위해 북한과 관계가 없는 국가들에게 영향을 줄 것인데 그 나라는 어느 나라들인지 알고자 한다.

4. 우리의 간절한 열망에도 불구하고 UN 제27회 총회 시 한반도 문제에 대한 새로운 결의안이 채택되지 않을 경우에 대한 대책

1) UN 안전 보장 이사회에 남한에 있는 미군을 유엔 군사로 소개할 수 있는 권리를 박탈하여 UN군으로 제시할 것을 요청하기로 했다.
이것은 유엔 안전 보장 이사회가 미군을 남한에 배치하여 지휘권을 통일하려 하기 때문이다.

2) UN으로 인해 남한에 있는 참관인들을 쫓아내기 위한 투쟁을 시작하려고 한다. 그들은 한국 인민을 대표할 권한이 없다. 그들이 UN에 남으면 2개 한국 국가의 존재함을 인정하고 통일에 방해가 될 것이다. 또한 UN은 신용을 잃게 된다. 이 문제에 대해서 북한 동지들은 불가리아와 다른 사회주의 국가들이 UN에서 있는 남한 참관인들을 쫓아낼 수 있도록 적극적으로 투쟁해 주기를 희망한다.

마지막으로 북한 측의 요청은 하기와 같다.

– 양국 정부 사이의 이 사안들에 대한 정보와 의견을 지속적으로 교환할 것.
– UN 총회에서 한국 문제에 대한 다른 국가의 입장과 이에 대한 토론의 발전에 대해서 알려 줄 것을 요청.

30. 불가리아공화국 국립중앙공문서관
원문서 소장위치 1477, 문서철 28, 문서번호 1698

편람

새로운 전략에 따라 북한이 제안한 제27회 UN 총회 시 한반도 문제를 제기하게 되는 것에 대한 가능성과 절차에 관한

1. 새 안건에 한반도 문제를 상정시키겠다는 제안

'한반도의 자주적이면서도 평화통일을 조속히 이루기 위한 유리한 조건 만들기'라는 명목으로 새로운 안건에 한반도 문제를 포함하자는 제안과 UN 깃발 아래 한국을 점령하고 있는 미군 및 기타 모든 외국군의 철수 및 UN 한국 통일 부흥 위원회의 해산에 관한 제27회 총회 의제 제외는 1971년과 같은 나라들과 공동 작성으로 몽골에 의해 만들어지는 것이 적절하다. 새로운 나라들도 합류한다면 좋을 것이다.

UN 총회에 안건 상정을 위해 제13, 14와 20조항에 따라서 적어도 총회가 열리기 30일 전에 유엔 사무총장에게 제출되어야 하며, 설명문과 가능하다면 안건에 대한 주요 문서 및 결의안 초안이 첨부되어야 한다.

고려 사항

1) 제26회 총회에서 내려진 잘 알려진 결정에 따라 한반도 문제에 대한 우리의 입장을 반영하는 두 가지 사항은 27회 총회의 임시 안건에 포함될 것이다.
2) 지난 회기 의제에 한반도 문제를 포함시키자고 제안한 국가들은 이전 두 가지 사항을 새로운 것으로 교체해 줄 것을 요청하는 것이 논리적이다.

2. 제안을 처음 논의할 위원회는 총회의 안건에 항목을 포함시키는 것을 최종적으로 결정할 권한이 없다. 위원회는 단지 총회에 안건사항을 준비하고 제안하며 그에 대한 결정은 다수결에 의해 결정된다.

총회만이 안건을 항목을 포함하거나 삭제 및 수정할 수 있으며, 최종 결정은 총회의 권고에 의해 영향을 받게 된다. 총회는 그러한 문제에 대해 다수결로 결정을 내린다.

따라서 위원회 회원들에게 영향을 미침으로써 위원회의 추천이 안건 초안에 긍정적인 결과가 되도록 해야 할 것이다.

이 문제에 대해서는 서방 국가들이 총회 의제에 한반도 문제를 포함시키는 것에 대해 공개적으로 반대한 적이 없다는 점을 명심해야 할 것이다. 서방 국가들은 총회 기간 동안 제안된 문제들 중 어떤 것도 논의하는데 반대하지 않는다는 원칙을 대체로 인지하고 있으며, 심지어 그들에게 가장 불편한 문제들에 대해서도 그렇다. 서방 국가들은 이 문제에 대해 26회와 27회 총회 시에 연기할 수 있었던 것은 북한 적십자사와 대한적십자사간의 협상을 성공으로 이끈 것에 대한 그들의 논쟁의 결과였다.

그러므로 한반도 문제에 대한 새로운 전술에 대하여 이 문제를 다시 해결하려는 모든 시도들을 성공적으로 이끌 수 있도록 세션에서 우리의 입장에 대해서 자세하고 신중하게 설명할 필요가 있다. 아마도 서방국가들은 이 협상에서 아직 이렇다 할 결과가 없다는 것을 이유로 들며 그러하기에 한반도 문제를 유엔에서 논의하는 것은 불충분하다고 주장할 것이다.

3. 안건 상정에 있어 쟁점이 될 것 중 하나는 남북 대표의 동시 초청이 결의안 초안에 제시되어야 한다는 것이다. 시리아와 잠비아를 이 결의안의 공동 작성하기 위해 초청하자는 북한 동지들의 제안은 적절하다.

이 문제에 대해서 서방 국가들이 다시 대응하려고 시도할 가능성이 가장 높은 방법은 북한이 한반도 문제에 대한 유엔의 권한과 권리를 명확히 인정하는 것이 지속적인 전제조건이 될 것이라는 것을 명심해야 한다.

새로운 전략에 있어서 이 문제에 대한 북한의 입장은 확고하기 때문에, 우리 역시 설득력을 가지고 이 문제를 유지하도록 해야 할 것이다. 제25회 총회에서 이 안건에 대한 투표 결과와 이 총회를 앞둔 시점에서 훨씬 더 유리한 상황을 조성해야 이 결의안 초안은 채택될 가능성이 높다.

4. 제1차 위원회에서 한국 문제를 논의할 때 북한 동지들에 의해 제안 된 바와 같이

알제리는 "한반도의 자주적 평화통일을 위해 좋은 상황을 조성"이란 결의안 초안을 공동 작성하는 것이 좋을 것이다. 또한 가능한 한 많은 국가들도 공동 작성을 하도록 해야 할 것이다.

이 결의안에는 지난 총회에서 채택한 결의안을 철회하거나 수정하는 것에 대한 요청이 포함되지 않아야 한다는 것을 분명히 해야 한다. 결의안이 채택되는 것이 우리의 입장을 완전히 충족시키는 것은 아니지만 우리가 지키고자 하는 대의를 일부 포함하는 것은 큰 성공이 될 것이며 한반도 문제의 최종적인 해결의 길을 위한 열쇠가 될 수 있을 것이다.

요약

1. 제27회 총회에서 한반도 문제에 관한 새롭게 포함될 항목의 안건에 대한 제안과 보고서의 내용은 사무총장에게 제출해야 한다.
   마감 기한 – 1972년 8월 19일, 공동성명 – 몽골
2. 총회 위원회 및 총회에 의한 제안 방어
3. 제1차 위원회 첫 회의 중 한 번은 '남북 대표의 동시 초청'에 관한 결의안 초안이 상정된다. 결의안 공동성명 – 시리아와 잠비아.
4. 제1차 위원회에서 '한반도의 자주 · 평화적 통일을 가속화 할 수 있는 환경 조성'에 대한 논의를 시작할 때 결의안 초안이 상정된다. 공동서명 – 알제리

1972년 6월 29일

31. 불가리아공화국 국립중앙공문서관
원문서 소장위치 1477, 문서철 28, 문서번호 1698

속기록
불가리아 인민공화국 외무부 차관인 류벤 페트로프 동지와 북한 정부 사절단을 이끌고 온 외무성 차관인 정명수 동지와의 회담 관련

1973년 2월 17일, 소피아
'오보리슈테' 관저

지금부터는 불가리아 정부로부터 도움이 필요한 몇 가지 문제에 대해서 말씀드리도록 하겠습니다.

1. 우리는 다가오는 제28회 UN 총회에 북한 대표를 참석시키고자 노력할 것이며 한반도 문제를 총회 안건에 상정하고자 합니다. 올해에도 미국 제국주의자들과 남한의 꼭두각시 정부는 한반도 문제를 UN 총회에 포함시키지 않으려고 여러 가지 구실을 만들 것입니다. 지난 UN 총회의 투표 결과가 상황을 어렵게 만들어서 지금은 적어도 35개국의 지지가 필요합니다.
   예를 들어서 적어도 35개국을 우리 편으로 끌어들이기 위해서는 제27회 UN 총회에서 우리의 적이 제출한 한국 문제의 논의를 미루려는 결의안 초안에 투표했던 70개국 중 적어도 20~25개국의 지지를 얻어야 합니다. 게다가 그 국가들이 적의 결의안 초안에 반대투표를 하거나 기권을 해야 합니다. 아니면 작년에 기권했던 26개국과 힘을 합쳐서 우리 결의안 초안에 투표해야 합니다. 또한, 한반도 문제를 총회 안건에 꼭 포함하기 위해서 우리 요청의 일부를 빼고 더 유연한 기획을 발표하고자 합니다. 작년의 초안은 과거 초안보다 좀 더 온화한 어조로 쓰여 졌지만 요점은 거의 같았습니다.

다시 말해서 한반도 문제를 이번 제28차 UN 총회 안건에 포함시켜야 하며 북한 대표가 참석해야 합니다. 그렇기 때문에 더 치밀한 계획을 세우는 것이 좋겠다고 생각하는데 이에 대한 불가리아 정부의 의견도 알고 싶습니다. 여러분의 국가를 포함하여 형제국가들의 견해를 모두 들은 후에 더욱 개선된 구체적인 전술계획을 세워야 한다고 생각합니다.

작년의 경험에 의하면 UN 총회 안건에 관한 총회 구성에 대한 사전 지식이 매우 중요하다는 것을 보여주었습니다. 우리는 작년에 그 25개국(작년에 25개국 정도였음)이 어느 국가들인지 알아야 하며 한반도 문제를 총회 안건에 포함시킬 수 있도록 그들에게 영향을 끼쳐야 합니다. 따라서 위원회를 유리하게 구성하기 위해 적극적으로 노력하고 동시에 그 구성을 우리에게 사전에 알려 주십시오. 이렇게 미리 당신의 국가를 통해서 정보를 얻고 총회에 참여할 국가들과 협력하려고 합니다.

2. 미 제국주의의 'UN 평화유지군 보호장치'를 벗기고 한국통일부흥위원단 해체를 위해서 노력해야 합니다. 'UN 평화유지군 보호 장치'를 벗길 수 있다면 미국의 공격적인 군대는 UN 결의안에 따라서 영토를 강제적으로 점령하고자 하는 힘을 잃게 될 것입니다.

다시 말해서 미군이 UN 결의안을 구실로 사용해서 남한을 차지하는 겁니다. 남한에서 '미군의 보호 장치'가 아니라 'UN 평화유지군의 보호장치'를 이용하고 있습니다. 그렇기 때문에 'UN 평화유지군의 보호 장치'를 벗긴다면 그 이면에 가려진 '미군의 보호 장치'가 보일 겁니다. 이렇게 해서 남한에 주둔해야 하는 구실을 없앨 수 있습니다. 그래서 올해에 '보호 장치를 제거하기'가 매우 중요합니다. 그 문제를 해결할 수 있는 방법을 지금 찾고 있습니다. 그리고 올해에 점점 힘을 잃고 있는 한국통일부흥위원단 해체를 위해 더욱 힘을 쏟아야 합니다.

파키스탄이 이미 탈퇴했고 호주에서 사회당이 선거에 이겨서 지난 정부의 정책을 개혁하고 있습니다. 이러한 상황에서 우리가 최선을 다한다면 한국통일부흥위원단을 해체할 수 있다고 생각합니다. 따라서 호주, 네덜란드 및 터키와 같은 위원회의 회원국들과 집중적으로 협력 방안에 대하여 강구해야 할 것입니다. 그렇기에 불가리아 정부도 회원국들과 적극적으로 관계를 유지하며 협력할 것을 요청 드리는 바입니다.

3. 우리는 또한 남북 공동성명에 순응하지 않고 전술을 사용하여 두 나라의 평화통일을 위해 힘쓰고 있다며 선전활동을 펼치려 하는 그들의 꼭두각시 정부에 대해 국제적 압박을 가할 것을 요청합니다. 이렇게 함으로써 그들은 국제적으로 더 고립 될 것입니다.

특히, '반 사회주의 국가들'과 접촉하려는 남한 꼭두각시 정부의 교활한 책략에 주의를 기울여야 합니다. 조국과 국민을 배반하며 미국과 일본의 충직한 종으로써의 파시스트 테러리스트 꼭두각시 정부의 모습을 드러내야 합니다. 또한 그들과 어떠한 형태로든 관계를 맺거나 교류를 해서는 안되며 그렇게 관계를 차단함으로써 국제적으로 정치, 경제 등 모든 분야로부터 고립시켜야 합니다.

국내외적으로 고립시키고 혼란하게 한다면 그들은 우리와 협력할 수밖에 없을 겁니다. 다른 방법은 없습니다. 이것이 우리가 불가리아 정부에 도움을 요청하는 이유입니다. 남북이 협력할 수 있다면 남한 국민에게 더 큰 혁명적인 영향을 끼칠 수 있을 겁니다.

남한의 꼭두각시 정부를 고립시키면서 조국의 분단을 영구화하려는 우리 적의 책략을 막아야 합니다. 한반도의 땅과 국민은 하나입니다. 혁명을 성공적으로 일으키고 사회주의 아래 한반도를 통일해야 합니다. 우리는 동지이니 솔직하게 말씀을 드리겠습니다. 한반도의 통일은 국제적인 혁명 이전에 북한 공산주의자들의 고결한 계급적인 의무입니다. 한반도의 분단을 영구화한다면 미국제국주의자들이 남한을 사회주의 국가를 반대하기 위한 공격 기지로 만들 것입니다.

미 제국주의자들이 남한과 북한을 유엔에 따로 가입시키려고 합니다. 두 국가로 가입된다면 조국의 분단은 영구화 될 수밖에 없습니다. 통일된 한 나라로 UN에 가입해야 합니다. 남북 대화를 통해서 남한과 북한이 아니라 통일된 한 나라로 가입해야 합니다.

불가리아 동지들은 한반도의 분단을 영구화하려는 책략에 주의함으로써 한반도를 사회주의 이념 아래 통일하기 위해 포괄적인 지원을 제공해야 한다고 생각합니다. 불가리아 동지들이 앞으로도 우리의 상황 및 조국을 통일하려는 노력에 대해 잘 이해하지 못하는 국가들에게 더 큰 영향력을 끼치고 우리 편으로 끌어들이기 위해서 힘을 쏟아 줄 것을 요청합니다. 따라서 정책을 지원하기 위해 영향을 미칠 수 있는 국가들에 대한 의견을 교환하고자 하는데 이것에 대해 어떻게 생각하십니까?

류벤 페트로프 동지: 우리는 지금까지 그렇게 해 왔으며 앞으로도 계속 그렇게 할 것입니다.

정명수 동지: 우리는 그것을 잘 알고 있습니다. 하지만 상황이 조금 변화되어서 정확히 어느 국가에게 영향을 끼쳐서 우리 편으로 끌어들일 수 있는지에 대해 알고 싶습니다. 예를 들면 터키, 키프로스, 네덜란드, 이탈리아 등... 이것이 우리가 원하는 바입니다. 불가리아 정부가 우리의 요청을 잘 받아들여 우리를 적극적으로 도와주실 것이라고 확신합니다.

마지막으로는 우리 북한과 불가리아 인민공화국, 두 나라 간의 관계에 대해서 간단한 말씀을 드리겠습니다. 비록 지리적으로는 멀리 떨어져 있지만 우리 두 나라의 인민들은 서로 친애하는 형제의 관계를 맺고 있으며 제국주의에 대항하여 사회주의의 승리를 이끌어 내려는, 같은 이념하에 서로를 지지하며 협력하고 있습니다.

우리 인민들은 불가리아 공산당의 지도하에 불가리아 인민들이 성공적으로 이룩한 사회주의 건설을 진심으로 기쁘게 생각하며 축하를 드리는 바입니다. 우리는 우리의 형제인 불가리아 인민들이 불가리아 공산당 제10회 총회에서 제정한, 6차 5개년 계획의 성취를 위한 투쟁에서 큰 성공을 거두기를 진심으로 기원하는 바입니다.

불가리아의 인민이 우리 조국의 자주적 평화통일과 사회주의 수립을 위한 우리 인민들의 싸움을 지지해 주시는 것에 대해 감사드립니다. 조국의 평화통일을 위한 불가리아 인민들의 지지는 다른 국가들과의 공동의 의사소통에 대한 지지를 표명한다고 할 수 있겠습니다. 제27회 UN 총회에서 불가리아 대표는 평화를 지향하는 여러 국가의 대표들과 힘을 합쳐서 '한국의 자주적 평화통일을 위한 유리한 상황 조성'에 초점을 맞추어 총회 안건에 상정 될 수 있도록 적극적으로 활동했습니다.

우리 당 사무총장은 지난 제27회 유엔 총회에서 페터르 믈라데노프 동지께서 하셨던 연설을 소중하게 생각합니다. 왜냐하면 그 연설은 우리 인민에 대한 불가리아 인민의 지지를 보여주었기 때문입니다. 불가리아는 유엔이나 다른 국제적인 총회에서 한반도 문제를 논의할 때 우리 입장을 적극적으로 지지하면서 영향을 끼치고 있습니다. 이러한 지지와 연합은 우리 인민들에게 큰 힘이 됩니다.

최근에는 양국 관계가 모든 분야에 걸쳐 발전하고 있습니다. 양국 간에서 여러 차례 대표단을 교환했습니다. 즉, 우리 당 대표단이 불가리아를 방문하고 불가리아 대표단이 방문하는 등의 교류가 있었습니다. 이와 같은 활동을 통해서 양국 간의 우정이 더욱 깊어지고 있음을 느낍니다. 게다가, 토도르 지프코프 동지가 이끌고 오는, 불가리아 정부 사절단의 북한 방문은 양국 간의 친선과 결속의 관계에 긍정적인 영향을 끼칠 것입니다.

우리 인민은 형제의 불가리아 인민과의 우정을 소중하게 생각하기에 토도르 지프코프 동지를 열렬히 환영할 것입니다. 앞으로도 양국 간의 친선과 연합의 관계가 더욱 강화되고 발전되어 갈 것이라고 확실합니다.

이것이 제가 준비한 전부입니다. 질문이 해주시면 기꺼이 답변해 드리겠습니다. 경청해 주셔서 감사합니다.

콘스탄틴 그리고로프 동지: '미국의 관리 아래에서 남한의 꼭두각시 정부가 UN에 따로 가입하려는 것'에 대한 정보가 있습니까? 외교 관계를 유지하고 있는 국가들은 몇입니까? 그들과 외교 관계를 맺고는 있지만 북한과 외교 관계를 맺고 싶어 하는 국가가 있습니까? 남한과 외교 관계를 맺고 있는 어느 자본주의 국가가 북한과 외교관계를 맺고 싶어 한다면 북한 정부는 어떻게 할 겁니까?

휴식

정명수 동지: 이제 각각의 질문들에 대해 답변하겠습니다.

1. 미 제국주의자들과 남한의 꼭두각시 정부가 조국의 분단을 영구화하려고 합니다. 조국을 남한과 북한으로 나누려고 합니다. 왜 그들은 이것에 대해 포기하지 못할까요? 아까도 말씀드렸듯이 남한의 분단을 유지함으로써 남한을 군사 기지로 사용하려고 할 것이기에 미 제국주의자들의 관리 아래 남한을 따로 가입시키

려고 합니다. 하지만 그것은 비현실적입니다. 불가능한 일입니다. 그래서 남북한이 함께 하나의 국가로 가입할 수 있도록 노력하고 있습니다. 아시다시피 남한에 이미 UN 참관인이 있습니다. 다시 한 번 말씀드리지만 그들은 단독으로 가입하려고 하나 그것은 불가능합니다. 그래서 그들은 남북이 모두 같이 가입하고 싶어 한다는 아이디어를 생각해 낸 것입니다.

2. 이 질문에 자세히 답변하고 싶습니다. 지금 남한은 약 80개의 나라와 외교 관계를 맺고 있습니다(외교 수립 국가). 그 국가들의 대부분이 서양 자본주의 국가, 남미 국가와 아프리카 국가입니다. 작은 국가와 큰 국가를 모두 더하면 약 80개국입니다. 그런데 최근에는 더 많은 국가가 우리와 외교 관계를 맺고 싶어 하는 경향이 있음을 말씀드리고 싶습니다.
이 예를 꼭 들고 싶은데, 작년에는 남한의 꼭두각시 정부와 외교 관계를 맺고 있는13개국이 우리와 외교 관계를 맺고 싶어 하여 그들과 수교를 맺었습니다. 올해는 한 달 만에 2개의 나라와 외교 수립을 하였습니다. 1월 31일에는 토고, 2월 6일에 다호메이와 외교 수립을 하였었습니다. 3국 협상의 프랑스어를 사용하는 서아프리카 회원국인 오트볼타와 니제르와는 이미 외교가 수립된 국가입니다.
다시 말해서 작년에는 아프리카 국가5개국, 올해에는 2개국과 관계를 맺었습니다. 나이지리아와 코트디부아르만 남았습니다. 나이지리아와 외교 관계를 맺을 가능성이 있습니다. 올해는 거의 모든 아프리카 국가들과 외교 관계를 맺을 수 있을 것 같습니다. 이 모든 것은 많은 국가들이 북한에 관심을 갖고 있음을 증명하는 것입니다. 심지어 그들 중 몇 나라는 우리와 외교 관계를 맺고 남한의 꼭두각시 정부와는 그 관계를 끊었습니다.
예를 들면 콩고, 자이르와 오트볼타가 그랬습니다. 얼마 전에 다호메이의 외무부장관이 우리나라를 방문했습니다. 남한의 꼭두각시 정부와 외교 관계를 끊고 우리와 외교 관계를 맺으려고 한다고 그가 말했습니다. 대부분의 아프리카 국가가 우리와 외교 관계를 맺음과 동시에 남한의 꼭두각시 정부와는 관계를 끊는 경향이 있습니다.
게다가(이미 언급했듯이) 작년에는 13개국과 관계를 맺었고 남한의 꼭두각시 정부는 한 나라와도 관계를 맺지 못했습니다. 물론 그들은 다른 국가들과 관계를 맺기 위해서 힘을 쏟고 있습니다. 지금 우리와 관계를 맺는 국가들이 발전을 보이고 있어서 자랑스럽습니다. 많은 국가가 남한의 꼭두각시 정부를 장제스의 정부와 비교해서 국제적인 적으로 삼기 때문에 남한과 관계를 끊고 우리와 관계를 맺으려 합니다.

우리는 남미와의 관계는 아직 그렇게 좋지는 않습니다.

서유럽은 여전히 미개발 중입니다.

그리고 지금은 우리 정부의 입장을 설명하겠습니다. 존경하고 친애하는 지도자인 김일성 원수는 우리가 평화적 공존의 원칙에 기초하여 자본주의 국가를 포함한 모든 국가와 외교, 정치적, 경제적, 문화적인 관계를 맺기 위해서 동일한 정책을 추구하며 노력해야 한다고 말씀 하십니다. 예를 들면 북유럽 국가인 핀란드, 노르웨이, 덴마크, 스웨덴과 관계가 향상되고 있으며 그곳에 정보를 담당하는 우리 대표를 파견하였습니다.

여러분은 우리의 형제 국민이기에 솔직하게 이야기하겠습니다. 얼마 전에 덴마크가 우리와 외교 관계를 맺고 싶어 한다고 전했습니다. 노르웨이와 핀란드도 이미 외무부 대표단을 교환했습니다. 스웨덴도 외무부 대표단을 우리나라에 보내고 싶어 한다고 했습니다. 그렇기 때문에 북유럽과 협력할 가능성이 있다고 생각합니다.

프랑스는 지금까지 우리를 반대했는데 지난 UN 총회에서는 기권했습니다. 이것은 우리가 주의 깊게 관찰해야 할 일입니다. 이탈리아도 우리나라에 대한 입장을 예전과는 다르게 조금씩 발전적으로 바꿔 가고 있습니다.

물론 외교관계의 동시 수립은 가능합니다. 왜냐하면 한편으로는 국제적으로 북한의 명망이 높아지며 다른 한편으로는 그 모든 국가들이 미국에 반대해서 싸우는 필요가 있다는 것을 알게 될 것이기 때문입니다. 이러한 유리한 상황을 이용해서 더 많은 국가와 외교 관계를 맺기 위해서 적극적으로 활동해야 합니다. 그렇게 함으로써 남한의 꼭두각시 정부를 국제적으로 고립시키는 것은 조국 통일에 매우 중요한 역할을 할 것입니다.

모든 질문에 답변한 것 같습니다.

류벤 페트로프 동지: 자세히 답변해 주셔서 감사합니다. 다음으로 넘어가겠습니다.

우선 북한 대표단의 첫 방문 후 우리가 한 일에 대해서 간단히 말씀을 드리겠습니다. 그때도 지금처럼 북한 동지들이 우리에게 도움을 요청했습니다. 북한 입장을 지지하기 위한 요청을 받아들이고 한 활동들에 대해서 이야기하겠습니다.

북한 대표단의 방문 시 외무부 차관인 라덴코 그리고로프 동지와의 회담 후 북한의 입장에 대한 자료들을 여러 불가리아 대사관들에 보냈고 각 국가의 외무부에서 북한 입장을 이해하고 지지하게 만들기 위해서 노력해 달라고 했습니다. 우리 외무부에 따라 외국에 보내는 모든 불가리아 대표단과 우리나라를 방문하는 모든 외국 대표단에게 북한의 입장에 대해서 알려 줬습니다.

정명수 동지가 말했듯이 모든 공동 회담들에서 한국 문제에 대한 우리 입장을 발표했습니다. 우리 UN 대표인 게로 그로제프 동지에게 북한의 요청에 대해서 알려주고 제27회 UN 총회 때 어떻게 해야 하는지에 대한 지침을 주었습니다. 페터르 믈라데노프 동지는 총회에서 연설을 했을 때 북한의 입장을 지지했습니다.

그동안 우리 사절단과 대표단은 UN에서 형제 사회주의 국가들과 협력하여 왔습니다. UN에서 사회주의 국가가 북한의 제안을 총회 안건에 포함하고 다른 기관에서 발표하는 좋은 방법을 찾기 위해서 두세 차례 회의를 한 것에 대해서 이미 알고 계실 겁니다. 특히 우리 대표인 그로제프 동지가 총회에서 그 사안에 대해서 언급하였습니다.

그는 북한의 요청과 우리 지시로 UN 사무총장인 쿠르트 발트하임과 만나서 대화를 나눴습니다. 다른 UN 회원국의 대표와도 대화를 나눴습니다. 총회 안건에 새로운 사안을 포함하자는 제안을 알제리와 공동성명으로 발표했다는 것도 알고 계십니다. 믈라데노프 동지가 총회에 참여했을 때 약 30개국의 대표와 만났습니다. 같은 입장을 취한 사회주의 국가를 빼고 거의 모든 대표와 외무부 장관과 대화를 나누었으며 그 문제에 대해서 언급하였습니다. 이것이 우리가 만난 후 한 일에 관한 간략한 설명입니다.

정명수 동지: 대단히 감사합니다.

류벤 페트로프 동지: 충분하다고는 할 수 없겠지만 그것 덕분에 다가오는 UN 총회에서 대화를 나눴던 국가뿐만 아니라 새로운 국가 앞에서 그 문제점을 발표할 가능성이 높아졌습니다.

총회의 결과에 대해 어떻게 생각하시는지는 모르겠지만 콘스탄틴 그리고로프 동지를 포함한, 우리 대표단은 많은 외국 대표들 앞에서 남한에 대한 미 제국주의의 계략을 알렸다는 것만으로도 결과가 긍정적이라고 생각하는 바입니다. 게다가 연설이나 투표를 통해 미군이 UN 소속하에 남한에 남아 있는 것에 반대하는 입장을 취해주었습니다. UN 내에 더 많은 찬성 표를 받고 있습니다. 또한 저는 프랑스가 한국 문제에 대해 투표를 하지 않았다고는 해도 반대의 투표를 하지 않았다는 것만으로도 여러분의 평가에 전적으로 동의하는 바입니다.

그 외에 우리가 제28회 총회에 대해 여러분이 제안한 바를 고려하여 더 해야 할 일은 무엇이라고 생각하십니까? 국제적 상황이 작년보다 더 좋아졌다는, 정명수 동지의 평가에 동의합니다. 베트남 전쟁은 미 제국주의의 도덕적, 정치적, 군사적 패배로 끝났습니다. 유럽에서 안보 협력에 관한 회의가 준비 중입니다. 미국 동맹국의 일부가 예전처럼 그들을 맹목적으로 지지하고 있지는 않습니다.

소련과 사회주의 국가들의 명망과 영향력은 더욱 커졌습니다. 이런 저런 요인들로 인하여 국제 상황이 좋아졌고 그로 인해 당신들의 투쟁에 긍정적인 영향을 끼치고 있습니다. 우리 대표단이 당신들이 발표한 문제점과 제안을 외무부에서 알리겠습니다. 우리는 그 제안을 신중하게 고려하겠습니다. 제안을 시행할 수 있는 적당한 방법도 찾아보겠습니다. 지금 제안의 일부를 받아들일 수 있는데 남아 있는 제안을 신중하게 고려해서 시행할 수 있는 적당한 방법을 찾아야 합니다. 괜찮으시다면 이젠 여러분이 우리에게 물었던 질문에 대해 답하려 합니다.

당연히 우리나라와 정부는 한국 문제를 다가오는 UN 총회 안건에 상정시키기 위해 모든 노력을 다하고 여러 가지 방법을 사용해 보려 합니다. 따라서 의심 할 여지가 없습니다. 한반도 문제를 성공적으로 발표할 수 있는 방법이 무엇이냐고 했습니다. 정명수 동지가 말했듯이 이것은 너무 복잡한 문제이어서 더 체계적인 전략이 필요합니다.

문제가 복잡한 만큼 신중하게 고려해야 합니다. 혼자가 아니라 사회주의 국가의 대표들과 그것에 대해 논의하려고 합니다. 이번 6월에 UN 내 사회주의 국가의 부서장들의 회의를 할 것입니다. 그리고로프 동지는 이 회의에서 사회를 맡았습니다. 이미 준비하고 있습니다. 그때까지는 우리는 계획을 세워 이 문제에 대한 우리 입장을 발표할 것입니다.

그 다음엔 어제 외무부 장관인 믈라데노프 동지가 언급했듯이 사회주의 국가의 외교 차관들이 모여 UN 총회의 준비를 위해 회의를 할 예정입니다. 그 회의에서 여러분의 제안에 대해 발표하려고 합니다. 제안은 반드시 발표 될 것입니다. 그저 우리는 이것을 알리기 위한, 가장 적당한 방법을 찾고 있습니다.

물론 여러분의 동의와 승인인 얻은 후 일을 진행 시킬 것입니다. 우리의 모든 활동과 그 활동의 결과에 대해서 주 북한 불가리아 대사관이나 주 불가리아 북한 대사관을 통하여 알려 드리고자 합니다. 우리는 여러분과 일치하지 않는 의견에 대해서는 어떤 것도 하지 않을 것입니다.

총회 안건에 대해서는 준비하는 위원총회 회원으로서의 역할에 대해 말씀드리고자 합니다. 우리는 이와 관련하여 유엔의 한 일원으로써 할 수 있는 한 최선을 다할 겁니다. 회원들이 누구인지 알게 되는 즉시 알려드리고 회원국들과 한반도 문제를 총회 안건에 포함하는 것에 대해서 논의할 겁니다.

저와 우리 대표단 동지들의 생각으로는 UN을 이용하여 또 다른 새로운 방법을 찾아내는 것에 대한, 그들의 "보호 장치"가 관건이라고 생각합니다. 이미 많은 국가들이 유엔 깃발 아래 미군이 남한에 주둔하고 있는 것에 대해 반대하고 있습니다. 한반도 문제를 총회 안건에 포함하게 된다면 미군이 UN 소속으로 남한에 있는 것에 대해서도 논의될 수 있을 것이라고 확실합니다.

우리 대표단 동지들과 논의를 했을 때 좋은 생각이 떠올랐습니다. 그 생각에 대한 북한 동지들의 의견을 알고 싶습니다. 많은 노력에도 불구하고 한국 문제를 총회 안건에 상정되지 못 한다면 미군이 UN 소속으로 남한에 주둔하고 있는 것을 막을 수 있는 적합한 방법을 찾아야 하지 않겠습니까? 예를 들면, 매년 거론되는 것이 있는데 그것은 바로 국제 안보입니다. UN 국제 안보 선언서의 조항 중 하나에 외국영토에 있는 외국 군대는 철수 시켜야 한다고 쓰여 있습니다.

남한이 UN의 깃발 아래 미군이 주둔하고 있는 유일한 나라이기 때문에 그들은 많은 국가에 의해 비난 받을 수 있습니다. 아니면, 5부 부서의 부장인 니콜로프 동지가 말했듯이 세계 평화 보장에 있어 UN의 역할이 무엇이었는지를 물었을 때(각국의 외무부 장관이 회의할 때) 미군이 남한에 있음으로 UN의 깃발을 훼손시키지 말라는 요청을 할 수 있습니다. 물론, 괜찮으시다면 정명수 동지의 의견을 알고 싶습니다. 그리고 남한의 꼭두각시 정부를 국제적으로 고립시키도록 우리나라는 앞으로도 힘을 쏟을 것입니다.

우리와의 관계가 좋은 국가들과 대화를 나눠서 남한과 경제적, 문화적 등 협력을 하면 그 관계를 끊도록 노력하겠습니다. 남북이 UN에 동시에 가입하는 것에 대한 문제로 넘어가겠습니다. 이미 아시다시피 한국은 한 나라이며 한 민족입니다. 남한의 꼭두각시 정부가 남한 단독으로나 남북이 개별적으로 동시에 유엔에 가입하려고 한다면 우리는 그것을 막기 위해 최선을 다할 것입니다.

북한을 지지하기 위해서 불가리아가 회원국으로써 다른 회원국에게 영향을 끼칠 수 있을지에 대한 문제로 넘어가겠습니다. 예를 들자면 키프로스, 터키, 네덜란드, 이탈리아와는 대화를 쉽게 할 수 있습니다. 솔직히 말하면 네덜란드에 대해서 큰 기대를 갖지 않습니다. 아시다시피 네덜란드가 나토에서 가장 활발한 회원국 중 하나입니다. 나토 사무총장은 네덜란드의 전 외무부 장관입니다. 지난 유엔 총회에서 네덜란드 대표단이 한반도 문제를 포함한 많은 문제에 대해서 반대의 입장을 취했습니다. 이러한 어려운 상황이라 하더라도 우리는 네덜란드의 외무부 대표에게 우리(공동) 입장에 대해 알리고자 하며 이후 그들의 의견을 알아보고자 합니다. 그런데 정명수 동지가 언급하지 않는 국가이지만 우리가 영향을 끼칠 수 있는 국가가 있습니다. 바로 그 국가에 대해서 이야기해 드리겠습니다. 각국이 유엔에서 잡는 자리를 살펴보고 서로 다른 접근 방식을 고려해 보고자 합니다.

그 나라는 프랑스입니다. 솔직하게 대화를 나눌 수 있습니다. 가능합니다. 유엔의 힘 아래 숨어 있던 미군 철수 및 다른 문제들에 대해서도 논의할 수 있다는 말입니다.

키프로스, 터키와 그리스와는 좋은 관계이기 때문에 대화를 나눌 수 있습니다. 인도네시아도 같습니다. 나이지리아 정부와의 관계도 좋습니다. 대통령인 고원 장군이 우리나라를 방문할 것이라고 했습니다.

아프리카뿐만이 아니라 제3세계 국가와 개발 도상국에도 더 큰 영향을 끼칠 수 있다고 생각합니다. 아프리카뿐만 아니라 국제적으로 UN 회원국에서 자기 입장을 발표하고 관계를 맺으려고 하는 것을 볼 수 있습니다. 북한을 지지하게 만들 수 있는 30개국을 나토 회원국보다 제3세계 국가 중에서 더 쉽게 찾을 수도 있을 것입니다. 우리의 접근 방식을 잘 고려해야 합니다.

우리는 북한 동지들이 직접 방문할 수 없는 국가에 가서 대화를 할 수 있습니다. 또한 우리도 그 국가들과 서로 관계가 좋아야 도와줄 수 있을 것입니다. 한 예로 북한 동지가 코트디부아르와 간의 어려움이 있다고 했습니다. 우리도 그렇습니다. 2~3년 전에 외교 관계를 맺었지만 불가리아 대사를 거기로 파견하기는 고사하고 (말리나 다른) 이웃 국가에 조차 불가리아 대사를 파견하지 말라고 했습니다. 우리의 외교 관계가 형식적입니다. 무역 대표도 보내지 말라고 했습니다. 그렇기 때문에 이런 경우에는 우리가 도와드릴 수 없습니다.

불가리아와 외교 관계가 있는 국가에서 한국 문제에 대한 북한의 입장을 알리고 가능하면 우리 대표는 본 국가의 대표뿐만 아니라 외국 대사와 대화를 하며 불가리아 외무부 대표가 불가리아에서 파견한 외국 대사나 대표와 대화를 하자는 제안을 우리 정부에 제출하려고 합니다.

니콜로프 동지가 말했듯이 UN 총회를 벌이기 전에 총회 안건을 선정할 때가 외국 대표와 대화할 수 있는 좋은 기회입니다. 즉, 안건을 선정하는 첫 단계에 이 문제를 안건에 포함하기 위한 대화를 할 수 있게 됩니다. 이러한 방법들이 한반도 문제를 다가오는 제28회 UN 총회 안건에 포함하기 위해서 도와달라는 여러분의 요청에 대한 저희의 제안입니다.

32. 불가리아공화국 국립중앙공문서관
원문서 소장위치 1B, 문서철 81, 문서번호 37

정보
북한 당정부 사절단의 불가리아 방문 관련
1972년 3월 6~10일

올해 2월과 3월에 북한은 평화 통일과 이 정책에 대한 더 큰 지원을 받고자 하는 취지에 따른 북한 노동당의 계획을 알리기 위해 광범위한 국제 캠페인을 수행했다. 이를 위해 북한 대표단은 유럽, 아시아 및 아프리카(칠레, 페루, 쿠바, 모리타니, 폴란드, 수단, 시리아, 이라크, 이집트, 불가리아, 헝가리, 체코슬로바키아, 동독, 소련, 알제리, 몽골, 버마, 인도네시아, 싱가포르, 예멘, 쿠웨이트 등)의 여러 국가를 방문했다.

올해 3월 6일부터 10일까지 위와 같은 목적으로 북한 노동당 정치위원회 후보이며 내각 부총리인 정준택이 이끄는 북한 정부 대표단이 우리나라를 방문하였다.

우리나라에 방문한 북한 대표단은 김일성의 메시지를 토도르 지프코프 동지에게 전달하였고 북한의 국내 및 국제 관계 상황에 대해 우리 정부와 당에 알려주었다.

대표단은 소피아뿐만 아니라 루세, 벨리코 터르노보, 공장, 농공 단지 및 문화 기관을 방문했다.

대표인 정준택 동지는 펜초 쿠바딘스키 동지와의 회담에서 북한 인민들이 해방을 위해 미국과의 전쟁이 있었을 때 불가리아로부터 받은 물질적, 심리적 도움과 파괴된 북한을 복원하는 것에 대해 지원해 준 것을 잊지 못할 것이라고 말했다. 그는 또한 북한 인민의 평화통일을 위한 투쟁과 UN의 한반도 문제에 대해 불가리아 인민공화국의 적극적인 지원에 대해 감사를 표했다.

이와 관련하여 정준택 동지가 이끄는 외교사절단은 우리 외교대표단이 이미 북한과 외교관계를 맺고 있는 국가들과 협력해 주기를 바란다는 뜻을 밝혔다(특히 키프로스, 리비아, 오트볼타, 아프가니스탄, 이란과 터키).

북한 측은 불가리아 인민들의 형제국들과의 협력 관계를 높이 평가하고 그들의 폭넓은 발전을 위해 노력할 것이라고 강조했다.

정준택은 북한의 상황에 대해 이야기하면서, 현재의 국제 상황은 한국의 자주적이고 평화통일을 위한 인민들의 투쟁에 유리하며 사회주의 건설의 성공에 결정적인 요소라고 언급했다.

그는 남한의 상황과 관련하여 현재는 심각한 정치적, 경제적 위기에 처해 있으며 이는 '비상사태'를 초래했다고 말했다. 이 조치는 반정부에 대한 불안과 평화 통일에 대한 남한 인민의 열망을 진압하고 남북 간의 접촉을 막았으며 남한은 미국 제국주의의 군사 기지 일뿐만 아니라 일본 군사주의의 군사 기지로 만들어 질 것이라고 하였다. 남한 경제는 의존 경제가 되었으며 다른 나라에 50억 달러 이상을 빚지고 있다고 했다. 정준택은 이러한 상황이 남한의 문제를 해결하고 평화통일을 위해 유리한 상황을 만들고 있다고 말했다.

대표단은 평화통일 문제에 대해 북한의 입장을 다음과 같이 밝혔다.

- 북한은 무력을 사용하지 않고 나라를 하나로 만들기 위한 합의를 남한에 제시하고 의도적으로 보여줄 것이다.
- 북한은 남북 대표들 간의 단독 현상이나 다자간 협상을 개최할 것이다.
- 북한은 주한 미군의 철수와 유엔이 승인한 남북 문제에 대한 모든 불법적인 결의의 철폐를 위해 국제적인 캠페인을 계속 전개할 것이다.

한국 측 지도자들은 어떻게든 남북한이 두 개의 나라로 유엔에 가입되는 것을 막으려고 최선을 다하고 있다. 다가오는 제27회 UN 총회에서 한반도 문제에 도움이 될 만한 국제적인 분위기로 변하고 있다고 확신했다.

북한은 두 나라의 분리를 합법화할 것이기 때문에 남북한이 모두 UN에 가입하지 못하도록 최선을 다하고 있다. 그는 다가오는 제27회 UN 회의에서 한국의 문제에 도움이 되는 국제 환경에 약간의 변화가 있다고 확신했다.

정준택은 매우 간결하면서도 통합적으로 국제 상황에 초점을 맞추면서 평화, 민주주의, 국가의 독립 및 사회주의에 대한 사람들의 투쟁에 유리하게 발전하고 있다고 강조했다.

그는 사회주의 국가들인 베트남, 라오스, 캄보디아에 입장 표명과 지원으로 한국 측의 연대를 표명했으나 일부 국가들이 영향을 받을 수 있기 때문에 이스라엘의 침략에 대해 겁을 주는 아랍 국가들이 그러한 연대를 보여주는 것에는 동의하지 않았다고 말했다.

또한 소련이 유럽 사회주의 국가들을 이끌며 유럽의 강화, 평화 및 안보를 위해 노력을 하고 있는 것에 대해 지지를 표명했다.

소련과 중국의 이견에 대한 북한 노동당의 입장은 북한이 소련과 중국은 그리고 모든 친미 국가들과 동맹하고 있으며, 이견을 심화시키는 것에 반대한다고 강조했다. 또 모든 친족 정당과의 단결과 결속을 주장하고 있으며 북한 측은 소련과 중국, 기타 사회주의 국가들과의 우호·협력 관계 발전을 위해 계속 노력할 것이라고 주장하였다.

북한의 지도자들이 다른 나라와 우호 관계를 맺으려 하고 그들의 지위와 정책에 대해 공식적인 대중의 지지를 받기를 원하는 것은 북한의 지정학적 입장과 중국의 열망과 일본 군국주의에 대한 두려움으로 설명할 수 있다.

회담에서 닉슨의 중국 방문에 대해서는 언급 되지 않았다.

북한의 국내외 입장을 감안할 때, 당과 정부의 현행 여정을 계속하여 모든 영역에서 양자 관계를 확대해야 한다. 우리는 국제 문제에 대한 올바른 입장을 취하기 위해 접촉점을 찾아서 북한 지도부에게 구체적인 지원을 제공하려는 노력을 계속해야 한다.

불가리아는 북한의 평화적 통일을 위해 유엔과의 관련된 문제에 대한 입장 및 계획을 적극적으로 지지하는 입장을 지속할 필요가 있다.

북한과의 경제, 과학, 기술 및 문화 협력을 더욱 확대하기 위한 노력이 계속되어야 한다.

다음 사항들은 빨리 수행해야 할 급선무이다.

1. 최고 당 정부 대표단의 교류를 논의
2. 북한 외무부 장관의 방문 지원
3. 우리나라에는 북한 내각 부총리 박성철과 북한 외무부 대표인 박세균 동지의 방문 초청
4. 1971~1975년 기간 동안 10만 루블을 초과하는 무역 확대를 위한 경제 및 과학 및 기술 문제에 관한 정부 간 자문위원회의 제안 이행

5. 1972년 추가된 북한 문화 교류 제안을 수락하는 것이 적절한지 심의
6. 우리나라는 남한에서 미군을 철수하고 평화통일을 할 수 있도록 북한 인민의 투쟁을 지속적으로 지원하기로 함

1972년 3월 15일, 소피아

33. 불가리아공화국 국립중앙공문서관
원문서 소장위치 1B, 문서철 81, 문서번호 37

불가리아 공산당 중앙위원회 정치국 앞
1973년 3월 2일

보고서
북한 정부 사절단의 불가리아공화국 방문 관련

동지들,

올해 2월 16일부터 20일까지 북한의 정명수 외무부 차관이 이끄는 정부 대표단의 불가리아 방문이 있었다.

대표 단장은 불가리아 공산당 중앙위원회 제1부 장관과 불가리아공화국 국회 의장이 담당하였다. 토도르 지프코프는 김일성으로부터 평화로운 통일을 위한 북한의 과정을 성공적으로 이행할 수 있도록 도와줄 것에 대한 요청을 구두 메시지로 전했다. 그는 나와 류벤 페트로프 외무부 장관과도 회담을 했다.

북한 대표단을 위해 열린 모든 회의와 점심 및 저녁 식사 동안, 한국의 자주평화 통일을 위해 북한 정부와의 과정이 논의되었다. 이와 관련하여, 우리는 국제무대에서 조선의 입지를 강화하기 위해 구체적으로 어떤 지원을 할 수 있는지에 대해 논의하고 싶었다.

정명수 동지는 양국 관계를 성공적으로 발전시킨 것을 언급하며 앞으로 있을 토도르 지프코프 동지가 이끌고 올 당 정부 대표단의 방문이 이러한 관계를 더욱 확장하고 깊이 할 것이라고 확신한다고 하였다. 동시에 그는 북한에 대한 우리의 지원에 감사를 표하였으며 불가리아의 유엔 대표인 게로 그로즈데프가 북한에 방문하기를 바란다고 전하였다.

그와의 회담이 진행되는 동안 그는 외무부 차관으로써 자국의 사회주의 및 다른 국가와의 관계에 대해서는 언급하지 않았으며 주요 국제 문제에 대해서도 언급하지 않았다. 그는 한국 문제에 대한 북한 노동당의 입장을 지지하는 모든 사회주의 국가들의 노력을 통일에만 초점을 두는 것처럼 보고 있는 것 같다는 인상이 들었다며 북한은 미국 제국주의와의 싸움에서 동부 전선의 사회주의 입장을 옹호하고 있다는 점을 강조했다.

정명수는 비공식 회담에서 북한이 유럽 안보 협력 회의 문제에 대해 입장을 밝히지 않았으며 소련과 중국 간의 분쟁에 대해서도 관여하고 싶지 않다고 하였다. 사적인 대화에서 그는 북한의 '자립' 과정의 명확성을 반복해서 언급했다.

한반도 통일에 있어 주요한 쟁점과 관련하여 북한 정부 대표는 1972년 7월 서명된 세 가지 주요 원칙의 본질을 다시 한 번 밝혔다. 통일은 사상, 이념, 제도의 차이에 관계없이 평화로운 방법으로 독립적으로 이루어져야 하는 '남북 공동 성명서'에 나와 있는 내용이 그것이다. 그는 성명서의 정신에서 실질적인 사건을 다루기보다는 한반도의 두 이념이 있다는 것에 초점을 두고 군사 훈련을 계속하고 미국 무기로 군대를 현대화하고 파시스트 정권을 강화하면서 남한에 주둔하고 있는 미국 군대는 더 이상 외국 군대가 아니라는 것을 강조하였다. 이로 인해 이 지역뿐만 아니라 세계의 평화를 위협하는 어려운 상황을 만들고 더불어 남북 대화를 어렵게 하는 상황을 만들고 있다고 하였다.

북한은 사회주의 국가들에게 이러한 남한의 만행들을 드러나기를 원한다.

북한의 견해로는, 미국은 한국의 분열을 지속 시키려고 노력했고, 남한의 군대를 UN 깃발로 지키기를 원했고, 남한과 북한을 UN의 회원국으로 동시에 가입시키기 위해 노력한다고 평가하였다. 정명수는 미군의 'UN 헬멧'을 제거하기 위해 미국의 기동력을 차단해 줄 것을 요청하였다.

북한은 UN에서 남한과 두 국가로 동시에 가입하는 것을 반대하며 두 나라의 연맹이 결성된 후 UN에 가입하는 것이 마땅하다고 했다. 이와 관련하여 대표단은 한반도와 독일의 상황의 차이에 대해 이야기했으며, 따라서 두 가지 문제를 해결하기 위한 다른 접근법이 필요하다고 했다.

그럼에도 불구하고 북한 동지들에 따르면, 통일 투쟁은 북한을 위해 유리하게 발전하고 있다고 했습니다. 이미 시작된 대화나 사람들과의 교류는 북한인민들에게 큰 혁명적 영향을 미쳤다고 하였다.

한반도의 독립적인 평화통일 과정은 한국의 지배권에 대한 계급 투쟁의 한 형태로 여겨졌다.

남한에 대한 평화적인 자세는 계속 될 것이고 북한은 계속해서 자체 혁명력과 국제 혁명력과의 연대를 강화할 것이다.

정명수의 연설에서는 정부 대표단은 북한이 사회주의의 모토 아래 하나의 국가로 연합 시키려고 노력함으로써 국제 혁명 운동에 대한 의무를 수행하고 있다고 반복적으로 강조하며 그렇지 않으면 남한은 사회주의 국가들에 대한 적극적인 반대 세력이 될 것이라고 하였다.

그는 북한 정부를 대표하여 다음과 같은 분야에 대한 지원을 요청했다.

1. 제28회 UN 총회 때 한국 문제가 다뤄지고 남북한 대표자가 회의에 참여할 수 있도록 초청을 도와준다.
2. UN의 깃발 아래 남한에 주둔 미군에서 'UN 헬멧'을 제거한다.
3. UN 내 '한국통일부흥위원단'을 해체한다.
4. 국제 사회에서 남한 정권을 더욱 고립시키고 함께 서명한 남북 공동 성명서의 내용들을 실행하도록 강한 압력을 가한다.
5. 불가리아의 언론, 라디오 및 TV 방송은 한국의 평화·통일의 과정에 대해 보도하고 남한의 위선적인 정권을 폭로한다.

북한 측은 우리가 전보다 더 유연한 전략을 개발하고 위의 목표를 달성하기 위한 계획을 세우고 몇 가지의 '큰 슬로건'은 포기할 준비를 해 줄 것을 당부했다.

차관은 칠레와 파키스탄이 이미 그랬던 것처럼 호주, 네덜란드, 터키와 같은 국가들도 '한반도통일부흥위원단'을 탈퇴할 수 있도록 우리나라가 영향을 미칠 것을 제안했다. 동시에, 키프로스와 이탈리아 정부 및 다른 국가의 정부가 북한 편이 되도록 도와달라는 요청을 했다.

불가리아 공산당 중앙위원회 제1부 장관이며 국무 위원장인 토도르 지프코프는 양국 간의 우호 관계와 협력 관계가 성공적으로 발전함에 따라 북한 정부 대표단에게 만족하고 있음을 알렸으며, 앞으로도 양국의 이익이 계속 될 것과 사회주의의 일원으로 서로의 관계가 더욱 확대되고 강화될 것이라는 확신을 밝혔다. 그는 지금도 미래에도 우리나라가 한반도의 평화통일을 위해 북한의 건설적인 정책을 지지 할 것이라고 강조했다.

우리 외무부 회담에서 북한의 통일 계획에 대한 지지도 표명하였다. 우리는 불가리아와 소련, 다른 사회주의 국가 및 이웃 발칸 국가와의 관계에 대해 북한 정부 대표단에게 알려 주었다. 우리는 또한 통일 문제에 대한 북한의 입장을 뒷받침하는 일에 대해 브리핑하고 북한 대표단의 원하는 바와 같이 미래의 업무 방향에 대한 몇 가지 고려사항을 제시했다. 또한 불가리아 외무부와 북한 간 정기 회담 및 상호 정보 제공 건을 제안했다. 북한의 외무부 차관은 이 제안을 받아들였고 이를 정부에 보고하겠다고 하였다.

한국의 평화 통일 투쟁을 적극적으로 지원하기 위한 북한 정부의 요청과 관련하여 불가리아 공산당 중앙위원회의 정치국은 다음의 결의된 사항을 제안한다.

결의안

1. 외무부는 친핵 사회주의 국가들과 협력하여 다가오는 제28회 UN 회의에서 한반도 문제가 다뤄질 수 있도록 보장하고 UN의 '한국통일부흥위원단'의 해체 작업을 촉진하기 위해 전술적 움직임과 계획을 알아낼 수 있도록 노력하기. UN군의 깃발 아래 한국에 주둔하고 있는 미군으로부터 한반도에 머물 수 있는 근거를 박탈한다.
2. 외무부는 불가리아가 영향력을 행사할 수 있는 일부 국가로부터 북한의 대의를 이루기 위한 적극적 참여를 권장한다.
3. 언론은 북한의 평화 통일에 대한 계획을 보도하고 북한의 정부와 당의 업적에 대해

정기적으로 보고하고 남한 정권을 대항할 정책을 공유한다.

4. 북한의 초청에 의한 불가리아의 UN 대표인 게로 그로제프가 북한을 방문한다.

장관:

1973년 3월 21일

34. 불가리아공화국 국립중앙공문서관
원문서 소장위치 1B, 문서철 35, 문서번호 4459

프로토콜 "A", No. 657
불가리아 공산당 중앙위원회 정치국 회의 관련
1973년 11월 9일

Ⅰ. 참석자: 토도르 지프코프, 지프코 지프코프, 이반 미하일로프, 이반 포포프, 펜초 쿠바딘스키, 스탄코 토도로프, 타노 쫄로프, 토도르 파블로프, 쫄라 드라고이체바, 베넬린 코쩨프, 이반 아바지에프, 코스타딘 갸우로프, 페트코 타코프, 이반 프러모프, 페뉴 키라쪼프, 그리샤 필리포프, 알렉산더르 릴로프, 사바 들보코프, 이반 일리에프

Ⅱ. 우리 당 정부 대표단의 북한, 몽골인민공화국, 소비에트 연방공화국 방문 관련
토도르 지프코프가 이끈 우리 당 정부 대표단의 북한, 몽골인민공화국, 소비에트 연방공화국 방문 후 취합한 정보들

회의 결과

1. 불가리아 공산당 중앙위원회 1등 장관과 불가리아 국무회 의장인 토도르 지프코프와 레오니트 일리츠 브레즈네프가 함께한, 모스크바에서의 회담에 대해 높은 점수를 주는 바이다.
2. 불가리아 공산당 중앙위원회 제1부 장관과 불가리아 토도르 지프코프 국무의장이 이끈 불가리아 당 정부 대표단의 업적과 북한 노동당 대표이자 북한의 수석인 김일성, 몽골 당 수석 대표 체덴발이 이끈 몽골 대표단과 함께 한 대화에서 얻은 결과를 높이 평가한다.

정보에 대한 자료 – 불가리아 공산당 중앙위원회 회원들로부터

1. 김일성 동지와 했던 면담의 몇 가지 측면에 대해서 – 토도르 지프코프 동지의 레오니트 브레즈네프 동지를 위한 보고서
2. 1973년 11월 9일 불가리아 공산당 중앙위원회 정치국 회의 때 페터르 믈라데노프 동지가 불가리아 정부사절단의 북한, 몽골인민공화국과 소비에트사회주의공화국연방 공식 방문에 대해서 발표한 보고서
3. 1973년 11월 9일 불가리아 공산당 중앙위원회 정치국 회의 때 페터르 믈라데노프 동지가 유고슬라비아 사회주의 연방공화국 국제업무 담당 부의장 밀로슈 밀니츠의 불가리아 공식 방문에 대해서 발표한 보고서

35. 불가리아공화국 국립중앙공문서관
원문서 소장위치 1B, 문서철 35, 문서번호 4459

김일성 동지와의 회담 중 주요 내용

우선 북한 공식 방문 때 불가리아 정부 사절단은 큰 관심과 환대를 받은 것을 강조하고 싶다. 북한 동지들에 의하면 외국 사절단을 이렇게 환대했던 것은 몇 년 만에 처음 있는 일이었다고 한다(평양 대사관에서 일하는 우리 동지도 이것을 확인했다). 이후 우리는 우리 사절단에게 보여준 큰 환대와 관심은 곧 소련에게 보여주기 위한 것이었음에 대해 언급하도록 하겠다.

두 사절단의 공식 회담 시, 즉, 평양에서 함흥까지 기차로 여행 갔을 때와 함흥에서 평양으로 돌아갔을 때 김일성 동지와 했던 면담의 몇 측면을 알리고자 한다.

이 면담을 기억을 더듬어 간단히 이야기하도록 하겠다. 두 면담 모두 길었다. 기차에서 한 면담은 3시간이 걸렸고 그 다음 면담은 약 2시간 반이 걸렸다.

김일성 동지와 토론한 것에 대해 알리고자 한다.

1. 국제 상황 개선을 위해서 냉전 단계에서 사회 제도/구조가 다른 나라의 평화로운 공존을 이끌어 내기 위한 것에 대해서

두 대표 간의 공식 회담, 그리고 김일성 동지와 함께 한 면담에서 그 문제를 다루었다. 우리의 목적은 형제 사회주의 국가들과의 평화로운 공존이란 정책하에 세계의 공산주의와 노동자 운동의 근본적인 이익과 일치하고 세계에 혁명 과정의 국제주의 선상에 있다는 것을 분명히 하였다. 이 정책이 주요 관심, 그리고 국제적 공산주의, 노동 운동의 싸움, 국제적 노동자 계급과 민족해방운동과 잘 맞는 것이다. 또한, 이 정책은 국제적 혁명 운동을 확대하기 위한 유리한 조건을 갖추게 될 것이며 결국 모든 대륙에서 긍정적 결과를 나타낼 것이다. 바로 이러한 상황이라면 베트남, 중동, 등의 전쟁 종식도 기대해 볼 수 있음을 강조했다. 이 투쟁의 실제적 결과로 인해 우리 사회주의 국가들, 진보적 인민들에게 수십 년간의 전쟁을 승리로 이끌어 내게 되는 것이라는 점을 강조하였다.

또한, 이 승리에서 소련의 역할, 즉 소련 공산당 제24회 총회에서 지지한 평화로운 프로그램의 중요함과 레오니트 일리이치 브레즈네프 동지 개인의 기여에 대해 강조했다.

우리의 연설은 김일성 동지에게 깊은 인상을 준 것 같았다. 그는 공식 대화가 끝나기 전에 이 정책을 지지하며 회담으로 인해 깨달은 것이 있다고 했다.

2. 중국과 중국 정치 지도자에 대한 태도

김일성 동지와 논의한 두 번째 문제는 중화 인민공화국, 중국정치 지도자와의 관계에 대해서였다.

대표 간 공식 회담 시 우리는 불가리아와 중국의 사이에 대해서 간단히 언급했다. 주로 불가리아 중국 대사관의 활동에 대해서 이야기했으며 대사관에서 친중국 단체를 조직했다는 것을 강조했다. 우리는 그 단체를 살펴보기 위해 국가안보에서 파견단을 보냈고 단체가 조직되었으나 얼마 안 되어 중국 대표들에게 더 이상 숨바꼭질을 하지 말자고 했으며 이 단체는 친중국 단체가 아니고 국가안보의 직원들인 파견한 것임이 알려졌고 이 게임은 중단되어야 한다고 덧붙였다는 것을 언급했다. 지금 불가리아 내 중국 대사관은 스파이 정보와 자료를 수집하고 있고 미국 외교 사절단 그리고 소피아에 있는 또 다른 외교 사절단과 이 정보를 교환함으로 인해 불가리아 외교 사절단과의 신임에 있어 큰 해가 가는 행동을 일삼고 있다고 하였다.

김일성 동지와의 면담 때 중국 문제에 대해서 자세히 이야기했고 특히 강조한 부분이 다음과 같다.

- 중국 공산당, 중화 인민공화국과의 의견 불일치에 대한 북한 동지들의 중립, 중국이 중국 공산당 운동에 반대하는 상황에서 우리의 중립적 입장은 근본적으로 중국의 이탈 정책과 반소비에트 방침에 동의한다는 것을 의미한다고 언급했다.

그렇기 때문에 중국은 작은 아시아 국가에 대해 예기치 않은 결과를 초래함으로써 위험한 상황에 처하게 될 수도 있다. 이러한 중립적 입장은 마르크스 레닌주의 정책과 프롤레타리아 국제주의를 포기하는 것을 의미한다.

– 소위 '초강대국'에 대한 중국의 이론에 의하면 세계는 사회주의 국가와 자본주의 국가가 아니고 국가의 규모와 색으로 인해 나뉘어진다고 하였다. 이 이론은 반 마르크스주의인 것이고 제국주의의 이념적 사상의 바탕에서 나왔다고 하였으며 중국이 소련과 투쟁하기 위한 수단으로 사용하는 것이라고 지적하였다. 소련과 미국은 한 판에 둘 수 없다.
– 소련의 사회 제국주의에 대한 중국의 명제, '북측의 위협'과 중국의 소련–중국 국경에서 도발적 행동: 중국은 제국주의가 아니고 세계 최초의 공산주의 국가, 레닌의 국가를 최대 적으로 드러냈다. 제10회 중국 공산당 총회에서도 '북측의 위협'이란 것은 존재하지 않는다고 공공연히 얘기하였다. 사실 중국은 소련의 무기를 사용하여 소련에 대한 지속적인 도발을 일삼았다. '북측의 위협'은 선동을 목적으로 한 것이고 실은 중국은 내부적 이용과 제국주의자과 화친하기 위하여 그들을 필요로 할 뿐이다. 왜 중국이 소련과의 관계의 안정화와 정상화할 수 있는 많은 제안들을 다 거절했는지 이해하기가 어렵다.
– 국제무대에서의 중국과 반동 세력들과의 사실상 연합에 대해
  이 주장을 뒷받침하기 위해서 저우언라이가 미국 군대를 극동에서 철수시키는 것을 막아달라는 호소, 베이징이 프랑코와 수립한 외교 관계, 아옌데의 대사를 베이징에서 추방시킨 것, 칠레 군사 정권의 실제적인 지지, 많은 국가에서 공산주의자를 반대하는 보수세력들에게 표명한 지지 등 많은 사실에 대해 지적했다.

결론적으로 이것은 중국과 소련 사이의 분쟁이 아니라 중국의 지도층과 사회주의 공동체와 국제 공산주의 운동 사이의 근본적인 이데올로기 및 정치적 차이에서 오는 문제이며 중국 지도층의 정책은 형제 정당이 함께 실시하는 반제국주의 적 통합 정책을 반대한다고 요약했다.

중국과의 관계에 대해서 김일성 동지의 답변은?

"우리는 중국의 정치적 정책에 동의하지 않습니다. 중국은 왜 소련에 사회제국주의

가 있다고 하는지 잘 모르겠습니다. 소련에는 사회제국주의라는 것이 전혀 없습니다. 우리는 두 초강대국에 대한 중국의 주장을 지지하지 않습니다. 우리는 과거에 논의되었던 것들, 개화기, 사회주의 공동체 안의 갈등, 지방 공동체, 문화 대혁명 등등에 관한 논의에 동의하지 않습니다.

문화 대혁명 동안 중국인들은 1,300킬로미터 떨어진 우리와의 국경에 확성기를 설치했으며 밤낮없이 반조선 선전에 대해 방송했습니다. 국경 부근에 사는 우리 인민은 잠을 이루지 못했습니다. 저의 아들이 국경 부근에 있는 어떤 마을에 있었습니다. 돌아온 뒤 저에게 아버지, 저는 하루도 제대로 잘 수가 없었습니다."라고 했습니다.

"중국인들이 소련 국경(아무르 강과우수리 강)에서 군사도발을 자행했을 때 우리나라에서도 군사적 도발을 자행했습니다"라고 그가 말했다(그가 강과 마을의 이름을 언급했는데 기억을 못함). 하지만 김일성 동지의 이야기는 다음과 같다. "우리 쪽 마을엔 군인이 있었고 50명가량의 무장 농민이 있었습니다(국경 부근에 사는 사람들은 항상 무장하고 있습니다). 무장한 중국 군인과 장교 100명이 우리 쪽으로 침입했습니다. 그때는 시골에 있었던 저(김일성)(보통 주말마다 시골로 내려가 책을 읽곤 한다고 했다)에게 중국의 군사 도발에 대해 알려주었습니다. 나는 중국 군대가 지나갈 수 있도록 하게 하는 동시에 발포를 즉각 중지하라고 명령했습니다. 그럼에도 불구하고 그들이 우리 쪽에 침입하여 교전을 벌이려고 하여 우리 군대는 그의 진로를 막고 최소 5명을 생포하라고 했습니다. 그러면 그제서야 중국 군인들은 우리 영토에서 물러났습니다. 그런 사건이 국경을 따라 여기 저기에서 일어났습니다."

또한 김일성 동지는 다음과 같이 이야기를 이어갔다. "제가 작년에 중국을 방문했습니다. 중국을 방문한 이유는 시아누크와의 회담이 있었기 때문입니다. 그 초대는 중국으로부터도 받은 것이었습니다. 그들은 회담 동안 계속해서 나로부터 소련에게 반감을 품도록 세뇌시키려 하였습니다. 그러나 나는 중국인민이 우리의 동지인 것처럼 그들도 우리와 형제국가라고 하였습니다. 중국은 큰 나라이어서 스스로를 지킬 수 있는 힘이 있고 싸울 수 있다고 생각합니다. 중국은 국제 공산주의 운동을 인지하고 있지 못합니다. 조선에 '산에는 봉우리도 있고 낮은 곳도 있듯이 인간도 그러하다.'라는 말이 있습니다(통역사가 북한인이라서 이 속담을 잘 통역했는지 잘 모르겠다).

우리는 칠레 사건에 대한 중국의 태도를 이해할 수 없습니다. 지금, 군사 정권의 쿠데타 후 칠레에는 중국, 루마니아와 알바니아 이렇게 3개의 사회주의 국가 대사관만 이 남았습니다. 베트남 대사관의 행보를 모르겠습니다. 우리 대사관은 쿠바 대사관 다음 두 번째로 도발을 당한 대사관이었고 더 이상 업무가 불가능하게 되었습니다. 프랑코가 스페인과 외교 관계를 수립한 것에 대해서도 이해할 수 없습니다.

우리는 중국에 대해서 중립 정책을 갖고 있지는 않지만 우리의 특수한 사정으로 인하여 입을 다물고 있을 뿐입니다. 우리는 우리의 남쪽과 대치 상황입니다. 만약 우리가 우리의 입장을 얘기한다면 제2의 전선을 만들게 되는 것입니다. 우리나라는 중국 영토와 맞닿아 있습니다. 소련과의 국경은 얼마 되지 않습니다. 우리 당과 인민들은 중국의 정책과 태도에 대해 언급하지 않습니다. 그들의 기사 중 몇 개만을 인쇄하고 있고 그나마 우리의 정책과 모순되는 내용은 언론에 게재하지 않습니다." 라고 했다.

우리가 회담을 갖는 동안 김일성 동지는 우리에게 북한은 중국에 대해서 중립적 태도를 취할 것이고 앞으로도 그럴 것이라고 몇 번이나 강조했고 중국의 정치적 이념에 대해 논하지 않겠다고 하였다. 또한 우리가 정당한 방식으로 중국과 대항하는 상황에 대해서는 옳다고 생각하지만 세계의 지역적 상황 가운데서의 자신들의 입장을 고려해 달라고 했다.

나는 김일성 동지에게 앞으로의 전망에 대해서 물으며 이렇게 덧붙였다. "중국의 국수주의적, 우월적, 무모한 정책이 예측할 수 없는 결과를 초래하진 않을까요? 소아시아 국가들과 인민들에게 영향을 미치며 자신들의 이기적인 목적을 이루기 위한 희생양이 되지 않을까요? 김일성 동지와 북한 인민에게 가장 소중한 많은 것들이 내일 없어지게 되거나 훼손될 위험은 없을까요?"

"내일 어떻게 될지는 누구도 알지 못합니다. 충분히 가능한 상상이며 그렇기에 우리는 이것을 간과할 수 없습니다. 이러한 이유로 우리는 우리 민족에게 다른 국가를 숭배하지 않도록 교육시키고 있습니다. 우리에게 이것은 소련을 반대하는 것이 아니라 중국을 반대하는 것입니다. 중국이 우리나라에게 영향을 미치고 있습니다. 조선말에는 중국 단어도 많습니다"라고 김일성 동지가 답했다.

중국 문제에 대해 논의했을 때 김일성 동지가 "이 논의에 대한 제 생각은 이렇고 그에 따르는 정책을 실행하고 있습니다. 그리고 저만 이렇게 생각하는 것이 아닙니다.

지프코프 동지께서는 우리 대표단이 젊은 사람들로 구성되어 있는 것을 보실 수 있을 겁니다. 그들도 모두 같은 방식으로 생각하고 있으며 이것에 이끌리고 있습니다"라고 강조했다.

3. 아시아의 집단 안보 관련

이 문제에 대해서 나는 일부러 발언권을 갖고 먼저 언급하였다. 왜냐하면 김일성 동지는 너무 한쪽으로 치우쳐져 있어 올바르지 않은 주장을 할 수도 있다고 생각했기 때문이다. 내가 언급한 바는 다음과 같다.

- 이 시점에서 아시아의 집단 안보에 관한 문제를 제기하는 것은 무엇을 의미하는 것인가? 현재까지 이와 관련된 문제 제기는 단지 소련이 했을 뿐이다. 이 말은 내일 당장 이 문제가 해결되어야 한다는 것은 아니라는 것이다. 나중의 일이다. 아시아 집단 안보 문제가 실제적인 힘을 발휘하려면 아시아인들에 의해서 공동 작업된 것이어야 하며 구체적인 프로그램이 있어야 한다.
- 소련의 동지들, 브레즈네프 동지, 그리고 김일성 동지도 아시아의 상황이 매우 복잡하다는 것을 알고 있다. 유럽보다도 더 복잡하기 때문에 아이디어들이 있다 하더라도 빠른 시일 내에 실행시킬 수 없을 것이다.
- 그렇다 하더라도 우리는 마르크스－레닌주의이기 때문에 지구상에서 가장 큰 대륙과의 전쟁 가능성을 야기시키지 않기 위해 이것에 대한 작업에 관심을 갖고 있다. 더욱이 제2차 세계대전이 끝난 후에 아시아에서 가장 많은 전쟁이 일어나고 있고 아시아는 긴장, 충돌, 군사적 충돌 지역이 될 위험이 있다.
- 아시아 집단 안보를 구축하는 과정이 없다면 북한과 남한의 통일은 이루어지기 힘들 것이다.
- 이러한 발전이 뒤따른다면 민주주의 세력과 사회주의 세력에 대해 권력의 균형을 이룰 수 있도록 유리한 조건으로 바뀌어 아시아 국가들이 더 좋은 조건에서 투쟁할 수 있는 기회를 제공하게 될 것이다.

질문들에 대하여 김일성 동지는 지금까지는 아시아의 집단 안보와 관련하여 반대의 입장도 찬성의 입장도 아니라고 하였다. 우리는 아직 그 문제에 대해서 언론에 공개하지 않았다. 우선 우리는 소련 동지들이 어떻게 하고자 하는지 지켜보고자 하고 브레즈네프 동지의 생각에 대하여 어떤 자세를 취할 지 명확하게 알고 싶다. 이 문제에 대해서 몇 년 전에 폴랸스키 동지와도 이야기한 적이 있고 북한 의 창건 25주년 기념행사에서 노비코프 동지와도 이야기했었다. 그들은 나에게 기본적인 정보만 주고 그 외에 것에 대해서는 말해 주지 않았다. 그래서 우리가 입장을 취하기 전에 문제를 더 잘 이해할 필요가 있다.

소련 동지들이 당이나 정부, 혹은 다른 루트를 통하여 우리가 이 발상에 대한 요지를 잘 이해할 수 있도록 우리에게 편지를 보내도록 하자.

이와 관련하여 김일성 동지에게 우리는 발칸 반도에 있기 때문에 발칸과 유럽국가들과의 문제를 더 자주 다루기는 하지만 분명 이 문제의 실현을 위한 프로그램의 개발에 관해서는 다음의 단계를 거치게 될 것이다:

첫째, 아시아 대륙에 있는 모든 나라(큰 나라든 작은 나라든)의 독립과 주권을 보장할 것이다.

둘째, 아시아 지역에서의 진보적이고 민주적인 정권 체제를 더욱 강화되고 발전시킬 것이다.

셋째, 모든 외국에 주둔하고 있는 제국주의의 군사 기지를 청산하며 외국 주둔 부대를 철수하도록 한다. 잘 아시다시피 이 주둔 부대는 미국의 부대이다.

넷째, 장기적으로는 아시아 집단 안보와 관련하여 아시아의 제국국가에서 혁명 과정을 가속화하기 위한 많은 기회들을 갖고자 한다.

다섯째, 내가 이미 발언한 바와 같이 한국 통일을 위한 더 좋은 상태를 만들어 낼 것이다. 한국 통일이 아시아 안보의 체제에 대한 지지도 없이 일어날 것이라는 환상은 버려야 한다.

중국인들은 이 체제에 대해 반대할 것이다. 만약 그냥 놔두면 그들의 의도대로 (북한)은 그들의 것이 될 것이기 때문이다. 그러나 이것은 사실이 아니다. 왜냐하면 중국은 아시아에서 가장 큰 나라들 중 하나로 아시아 집단 안보 체제에 있어 일부가 돼야 하기 때문이다.

마지막으로 김일성 동지는 이것은 쉽지 않은 문제이며 그러기에 깊이 생각해 보아야 할 문제라는 지프코프 동지의 말에 동감한다고 하였다.

4. 국제무대에서의 우리의 협력 행동 관련

김일성 동지와의 회담 동안 우리 두 국가의 국제무대에서의 협력해야 할 일 및 경제 협력 문제에 대해 많은 시간을 할애했다. 그와 관련하여 우리 측에서 가장 중요하게 강조한 바는 이와 같다.

- 북한은 우리로부터, 사회주의 국가들로부터, 소련으로부터 분리되면 안되고 국제무대에서의 주요 쟁점들에 대해 보장 받기 위해서는 투표를 하여 하나의 움직임을 보여야 할 것이다.
- 국가들 간의 양국의 협력은 충분하지 않다. 그것도 중요하긴 하지만 그렇다면 우린 국제무대에서 행사하고자 하는 것에 대해서는 보호받을 수 없을 것이다. 나는 북한의 상황에 대해서 이해하고 있다고 언급한 적이 있다. 단지 협력할 수 있는 몇 가지의 방안을 찾아내야 할 것이다. 무엇보다도 그들에게는 협력이 필요하다고 이야기하였다. 그들은 소비에트사회주의공화국연방, 북한 노동당과 소비에트 공산당, 김일성 동지와 브레즈네프 동지들과의 협력이 필요하다는 것 또한 강조하였다. 또한 김일성 동지와 브레즈네프 동지 사이의 강력한 개인적 관계 구축은 이를 뒷받침 하는 데 있어 사회주의, 공동의 대의, 특히 북한의 대의에 대해 큰 공헌을 하였다는 것을 알렸다. 그와 관련하여 공산주의자로서, 지도자로서, 동지로서의 브레즈네프에 대해서도 자세하게 이야기해 주었다.

김일성 동지는 반대의 입장은 아니었으나 그 후의 그의 발언에는 의중을 헷갈리게 하는 뉘앙스가 있었다.

이 이들의 본질에 대해 그에게 물었고 다음과 같이 답하였다. “우리는 이미 작년에 브레즈네프 동지와 만났어야 했는데 브레즈네프 동지가 너무 바빠서 만날 수 없었습니다. 금년에는 브레즈네프를 만나기 위해 모스크바에 가야 합니다. 하지만 남한 대표들과의 회의에 비행기로 가는 것을 정치국에서 금지했기(기억하기로는 이유는 우리의 유명 예술인들을 태운 비행기 사고로 인하여 모든 승객이 사망했던 사건으로 인하여) 때문에 브레즈네프 동지와 만날 수 없습니다."라고 하며 평양과 모스크바의 중간에 만날 것을 제안했습니다. 김일성 동지는 나의 발언에 대해 계속해서 동의한다고 말했다. 하지만 그들의 조건에서 많은 요인을 고려할 필요가 있었다. 우리는 자주성을 보여주어야 하기도 하지만 남쪽의 관점에서도 고려해 보아야 할 것이다. 그렇지 않으면 남한은 우리에 대해 예측을 하며 결국 우리를 공격할 기회를 주게 되는 것과 같다. 대회가 진행되는 가운데 김일성은 두 번이나 다음과 같은 발언을 하였다. "제발 저는 소련과의 관계를 단절한 것도 아니고 수정론자도 아니라는 것과 나 역시 기회주의자도 배신자도 아니라는 것을 브레즈네프 동지에게 알려 주십시오. 16세부터(45년 이상) 저는 혁명가로서의 역할을 하였습니다. 제 활동 임무는 이제5년 밖에 남지 않았습니다. 이 5년 안에 저는 제 자신을 웃음거리로 만들지 않고 제 혁명적인 일을 수치심으로 마감하지 않을 겁니다. 여러 차례 브레즈네프 동지는 자신의 혁명적인 삶에 있어서 죽음의 고비를 맞았었다고 했습니다. 소비에트사회주의공화국연방은 여러 번 우리를 도와주고 앞으로도 그럴 것입니다. 저는 소련을 대항하는 기회주의자 및 반역자가 되지 않을 것입니다." 우리가 평양을 떠날 때(우리들이 머물던 숙소에서 공항으로 가는 도중에) 김일성 동지는 다시 한 번 나에게 자신의 개인적인 축하를 브레즈네프에게 전해 달라고 하였으며 브레즈네프의 이름으로 자신(김일성)은 중국과 노선을 같이 하지 않을 것이며, 소비에트사회주의공화국연방과 관계를 유지하며 소비에트사회주의공화국연방에 충성할 것을 전해달라는 부탁을 받았다.

5. 경제상호원조회의와 북한과 경제 협력에 관해

북한을 둘러보고 몇 곳의 공장과 단지들을 방문한 후에 북한의 큰 성공을 기원했다. 나는 다시 한 번, 북한 동지들이 이룩한 큰 성공과 북한 인민의 근면함을 볼 수 있었다. 소련 및 다른 사회주의 국가들이 우리 두 나라를 매우 비슷하게 보고 있다는 점을 강조하여 이야기했다. 더불어 불가리아 또한 큰 경제 발전을 이룬 나라라는 것을 알려주었다. 그러나 우리가 살고 있는 시대, 과학적 기술적 혁명의 신속한 전개를 고려해보면 이런 조건하에 사회주의 국가들의(특히 불가리아와 북한과 같은 작은 나라) 모든 경제 분야를 발전시킬 수는 없다는 것을 강조하였다. 소비에트연합도 이에 대한 여유가 없다. 이러한 상황에서 우리는 경제를 통합하고 생산에 있어서의 신기술 도입하여 성공으로 이끌어 낼 수 있도록 노력하여야 한다. 우리 두 나라는 각자의 천연 자원과 노동 자원이 있는 분야를 전문적으로 다루어야 한다. 쿠바와의 경험을 예를 들어 우리나라(경제상호원조회의)의 도움 덕분에 니켈을 바탕으로 비철금속산업을 발전시킬 수 있었다는 것을 알려주었다(쿠바는 니켈 광석이 풍부하다).

사회주의 국가들, 특히 소련과의 경제 통합은 북한이 생산력을 더 많이 끌어낼 수 있도록 도와줄 것이다. 그리고 미래에 북한은 경제 발전에서 1위 또는 2위가(일본 뒤에) 될 수 있고 아시아 국가 중 삶의 질의 향상에서는 1위가 될 수 있다. 북한은 천연자원이 풍부하다고 말했다(철금속과 비철금속 및 광석, 석탄, 수력 등……). 경제 통합은 조선술뿐만 아니라 그 외에 다른 기계 공학 분야의 발전에 가장 유리한 기회를 제공할 것이다. 그것은 북한의 미래에 큰 경제력을 지니게 될 것이다.

김일성 동지는 이와 관련하여 본인도 그렇게 생각한다고 하였다. 여러 번 그는 북한이 소비에트연합과 다른 사회주의 국가들의 도움으로 무엇을 건설했는지에 대해서 설명했다. 김일성 동지는 일본이 북한 천연 자원을 지속적으로 이용하고자 하는 제안에 대해 거절의 의사를 밝혔다고 하였다. 그러나 김일성은 나의 제안(북한이 경제상호원조회의와 좀 더 긴밀하게 협력해야 한다는)에 대해서 명확한 대답을 하지 않았다. 경제상호원조회의에서 감시자가 있다고 말하며 바로 북한 대표단의 의원 최제우와(북한 공산당 중앙위원회의 후보 의원과 각료 이사회 부회장) 경제상호원조회의와 협력을 위한 추가의 조치에 대해 논의할 필요가 있다고 하며 그것에 대해 생각하고 있다고 말했다.

그와 관련하여 경제적 통합, 사회주의 국가 간의 전문화, 사회주의 국가들 사이의 전문화는 두 국가 모두의 도움으로 인해 각자 자기 나라의 기술을 전문화하고 협력할 수 있는 기회를 준 것이라고 강조하였다.

김일성 동지와 그런 문제들에 대해서 이야기하는 동안 나는 이 기회를 이용하여 그에게 사회주의적 경제 통합을 심화시키기 위한 주요 방안들과 크림 반도에서의 지난 회담 시 근거하여 진행된 우리의 경제상호원조회의의 업무 개선 사항 관련 주요 방향에 대해 알려 주었다.

6. 남북한의 연합 및 통일 관련

김일성 동지가 나에게 한국의 통일에 대하여 언급하였을 때 나는 김일성 동지에게 더 구체적인 설명을 해 줄 수 있는지에 대해 다음과 같이 물었다. "가까운 시일 내에 연합이 이루어진다면 어떻게 되는 것입니까? 북한은 사회주의 국가이고 남한은 비록 독점 기업이 많기는 하지만 자본주의 국가임이 분명합니다. 분명한 것은 한국 통일의 원형은 북한이 될 것입니다. 사회주의 국가와 자본주의 국가 간의 동맹은 어떤 모습이 될 것이라 생각하십니까?"

그에 대하여 김일성 동지는 다음과 같이 대답했다. 문제는 두 체제가(사회주의와 자본주의) 한 국가에 존재할 수 있냐는 것입니다. 한 편은 사회주의이고 반대 편은 자본주의를 유지한 채로 가능하다는 것은 모순입니다. 남한이 일본의 식민지가 되지 않도록, 그리고 미국 제국주의의 영구적 기지가 되지 않도록 하기 위해서 우리가 무엇을 할 수 있느냐가 우리가 고민하고 있는 것입니다. 우리의 목표는 남한을 그러한 위험으로부터 구하는 것입니다.

- 우리의 첫 번째 목표는 남한을 일본으로부터 구출하고 연합군이라는 이름으로 그곳에 있는 미국의 군사 기지를 없애는 것입니다.
- 우리는 사회주의를 포기하기는 것에 동의할 수 없습니다. 우리는 연합에 대해서 의논하면서 고의적으로 우리의 헌법의 이름을 바꾸고 있습니다. 이름은 사회주의 헌법으로 바꿨습니다. 왜냐하면 우리나라의 사회주의로 통합할 것이기 때문입니다.
- 우리가 주장하는 연방은 두 체제를 유지하는 것입니다-국내 정책은 자주적이 형태를 유지하고 외교 정책은 협력적 형태를 취하는 것입니다.

  예를 들자면 이런 것입니다. 사회주의 나라로 북한의 이름과 활동을 유지하고 남한의 이름은 대한민국으로 유지합니다. 두 국가를 유지하고 외교 정책 분야에서는 서류 공동의 기구를 두어 영향력을 행사하도록 합니다. 내부 정치와는 관계가 없도록 한다. 양측은 독립권을 갖고 행동할 것이다. 이것이 내가 생각하는 유일한 해결책인 것 같다.
- 우리의 말을 수용하여 남한이 연합국이 만드는 것에 동의하면 이 문제는 끝날

것입니다. 남한은 군대를 줄여야 할 것이고 우리도 군대를 줄여야 할 것입니다. 이것은 남한에 보수적인 정권에 대항하는 폭동이 일어날 수 있기 때문입니다. 왜냐하면 군대가 없어지면 사람들이 일어날 것이기 때문입니다. 이러한 이유로 인하여 남한은 우리의 제안을 받아들이지 못하고 있습니다.

- 이러한 계획은 민주주의 국가에서의 남한의 애국자들, 통일을 원하는 사람들이 남한을 통치하고 있는 지도자가 반역자이며 애국자들 대부분은 사회주의 사상을 가지고 있기 때문에 성취될 수 있을 것입니다.
- 우리는 속아 넘어가지 않을 것이며 지지 않을 것입니다. 우리의 협동 농업인들은 주인이 다시 권력을 갖는 상태로 돌아가는 것을 허락하지 않을 것입니다. 남한의 많은 농부들이 우리 협동자들이 어떻게 살고 있는 지를 보게 된다면 남한에서도 협동 농장을 갖고 싶어 할 것입니다.

우리가 연합 발상으로 추구하는 정치적 목표는 이와 같습니다. 남한에 일본 제국주의를 허용하지 않기, 남한에 주둔하고 있는 미국 군대를 철수시키기, 남한의 인민들에게 우리의 영향력을 강화하기입니다. 물론 우리의 세력이 약하다면 이런 구호를 내놓는 것은 역으로 우리를 위험에 처하게 할 것입니다. 그러나 현실에서 이러한 정치적 구호를 실현하는 것은 쉽지 않습니다. 왜냐하면 우리 미국의 적들이나 일본인들은 멍청하지 않기 때문입니다.

우리의 아이디어와 그에 따른 정치적 투쟁은 남한에서 누가 배신자이고 누가 애국자인지 증명하는 것을 목표로 하고 있습니다.

남한에서 민주주의 세력이 더 강화된다면 우리는 연합에 대한 제안들을 제기하지 않고 바로 혁명을 시작할 것입니다.

7. 북한 노동당에 파벌 집단과의 투쟁 관련

김일성 동지는 한국 전쟁 이후 의도치 않은 당면 과제인 북한 노동당 내의 파벌 싸움이 있다고 하였다.

김일성 동지는 일부 당 지도부의 파벌 싸움으로 인해 나뉘어져 다음의 과제를 해결해야 한다고 했다. 현재 5억 루블 이상 사회주의 국가들과 특히 소련으로부터 받고 있는 원조를 어떻게 사용할 것인가가 그것이다—굶주린 북한 인민들을 위한 생필품 수입으로 사용할 것인지, 아니면 생산 시설을 구축하는 데에 사용할 것인지에 대한 의견이 파벌 간의 대립으로 나뉘고 있다. 진영론자들의 의견은 생필품이 수입되어야 한다는 것이고 김일성과 그 외 의원들은 생산을 위한 기업을 세우는 데에 사용해야 한다고 주장하고 있다. 김일성 동지는 그 당시 진영론자들의 활동에 대해 자세히 설명했다. 김일성 동지는 중앙위원회와 당에서 그들이 추방된다면 그들은 남한으로 도망갈 것이라고 추측하였다. 그래서 그것을 막기 위한 조치를 취했지만 몇 명의 진영론자들은 이미 중국으로 탈출했고 그곳에 머물고 있다. 그로 인해 북한과 중국과의 관계가 악화되어서 중국 공산당 제8차 총회에 대표단을 보내지 않았다.

나중에 그는 흐루슈초프 동지와 브레즈네프 동지는 김일성 동지의 조선의 산업화에 대한 결정이 옳다고 하였다는 것을 전했다.

이러한 것들이 김일성 동지와의 논의에 대한 주요 측면이다. 김일성 동지는 나와 사적인 대화를 시작할 때는 누구와도 논의한 적이 없는 것들에 대해 솔직하게 대화하자고 합의하였다.

김일성 동지가 강권하는 바람에 우리 대표단은 하루 더 체류를 연장했다. 분명 그는 긴 대화를 하고 싶은 것 같았다. 첫날부터 떠날 때까지 그는 시골, 공장, 피오네르궁 등을 방문했을 때 늘 우리와 함께 했다.

북한과 불가리아 관계에 대해서는 지금 우리의 방문 이후에 발전을 위한 더 좋은 기회들이 열리게 될 것이다. 소피아 주재 북한 대사는 동지들 앞에서 김일성 동지가 우리가 출발하기 전에 그를 불러서 불가리아와 경제 및 기타 관계를 전면적으로 발전시켜야 함을 전했다고 말했다.

김일성 동지는 경제 협력 위원회 외에도 우리의 경험 바탕으로 여러 분야를 연구하여 그들에게 적용하기 위한 목적의 경험 교류 협력위원회의 설립도 필요할 것이라고 하였다.

우리 대표단의 공식 행사, 노동자들과의 면담, 공장 방문 등에 대해 북한은 신문과 라디오에 배포하였다. 함흥과 평양의 회담에서 내가 했던 연설들이나, 두 차례의 리셉션에서 축배 제의를 하고 있는 모습은 북한의 텔레비전과 라디오 등에 그대로 보도되었다.

출발 직전에 우리에게 전한 김일성 동지의 발언은 매우 흥미로웠다. 김일성 동지는 우리 당 정부 대표단의 방문에 높은 점수를 주었다. 그의 말을 빌리자면 불가리아의 당 정부 대표단의 북한 방문은 역사적인 일이라 했다. 그 방문으로 인해 마르크스-레닌주의와 프롤레타리아 국제주의의 원칙들에 근거를 둔 북한과 불가리아의 정당, 국가, 인민 사이의 우정과 협력의 관계는 새로운 단계로 접어들었다고 했다.

나는 우리 당 정부 대표단의 방문이 성공적이라 생각한다.

1973년 10월 30일
울란 바토르

T. 지프코프

36. 불가리아공화국 국립중앙공문서관
원문서 소장위치 1B, 문서철 35, 문서번호 4459

정보
불가리아 외무부 장관을 대표로 한 당·정부 사절단의 북한, 몽골, 소련 방문 관련하여 불가리아 공산당 중앙위원회 정치국에 보고한

1973년 11월 9일

Ⅰ. 북한 방문 관련

[…]

대표들의 회담 관련 속기록과 녹취록을 재검토 후 내릴 수 있었던 평가 및 결론

1. 방문 시기가 적절하였으며 유익하였다. 북한의 발전에 대해 알 수 있는 기회였으며 이를 통하여 성공적인 사회주의 건설을 위한 조건을 더 잘 이해할 수 있게 되었다.
2. 사절단의 방문과 토도르 지프코프와 김일성의 주요 회담을 통해 김일성과 다른 지도자들로 하여금 현실을 이해하고 깨닫고 이해하게 되었고 그로 인해 중국 공산당 지도부의 정책의 본질에 관한 공산주의와 노동운동 문제 및 국제 상황에 대한 문제에 있어 사회주의와 공산주의 구축 문제에 관한 소련과 다른 형제국의 입장을 이해하는 데 매우 중요한 역할을 하였다. 따라서 이러한 관점으로 본다면 이번 방문에 대한 결과를 평가할 때, '역사적 방문이었다'라고 말하는 것은 결코 과장이 아니라고 생각한다.

북한이 자동적으로 중국에 스스로 굴복하는 악의적 관행이 깨질 것이라고 생각하는 것이나, 자신의 필요에 따른 물품들을 생산하기 위해 역량 구축 개념을 즉시 수정

한다거나, 광범위 생산 협력을 위해 우리 측 국가들과 함께 한다던가, 경제상호원조회의에서의 자신들의 참여를 더욱 활발히 할 것이라고 생각하는 것은 순진한 생각일 것이다. 이것들은 비현실적인 생각이며 결론이다. 그러나 결코 간과할 수 없는 많은 정보를 알게 되었기에 함부로 할 수 없을 것이라는 것은 확실하다. 지프코프 동지의 말에 90% 이상 동의했다는 것이 이것을 증명해 준다.

3. 북한과 함께 작업해야 한다. 언뜻 보기에는 제한되어 있는 것처럼 보이나 행동의 여지가 있다. 소련과 사회주의 국가의 사회주의 이념과 실천에 우리의 영향력이 더해짐으로 인해 북한에서 큰 성과를 이루어 내는 것이 좌지우지가 될 것이라 해도 과언은 아닐 것이다.
4. 우리 사절단은 국가적 과제로 국한된 것이 아니라 북한이 우리 국가와 당과의 연대에 있어서는 국제적인 과제를 수행한 것이다. 도출해 낸 결과를 평가해 보자면 이번에도 우리 당은 존엄한 국제 공산주의의 의무를 이행했다고 할 수 있겠다.

우리 사절단의 탁월한 업무 능력도 있었지만 특별히 이번 지도자 사절단 방문의 성공적인 결과는 토도르 지프코프의 공로가 크다고 할 수 있겠다.

앞으로의 발전으로 인해 이번 방문이 쿠바에서 지프코프가 가졌던 결과와 비교됨으로써 어떤 상황이 발생하게 되더라도 흔들리지 말아야 한다. 물론 우리 당과 국가가 통제할 수 없는 많은 요인에 의해서 영향을 받게 되긴 한다고 해도 말이다.

II. 소련 단기 방문 관련

기존 협정에 따라 우리 사절단은 북한과 몽골, 그리고 소련을 끝으로 귀국하였다. 잘 아시다시피 소련은 이번 북한 방문을 주장하였고 이번 방문에 대한 결과에 큰 관심을 가졌다.

모스크바에서 토도르 지프코프 동지와 우리 사절단은 매우 따뜻하고 친절한 대접을 받았다. 공항에서 브레즈네프와 포드고르니 동지 및 여러 당과 국가의 지도자들이 우리를 영접해 주었다. 팜반동과의 회담으로 인해 알렉세이 코시긴이 참석하지 못한 것에 대해서는 거듭 우리에게 사과했다.

크렘린 회의에서 우리는 몇 가지 의견을 교환하였다. 토도르 지프코프 동지가 지난 10월 28일에 이미 김일성 동지와의 회담 녹취록을 보내긴 했으나 북한 방문 후의 인상적인 것이나 알게 된 것, 그리고 몇 가지의 결론에 대해 이야기하였다. 북한을 위한 우리의 방문이 시기 적절했다는 것에는 모두 같은 의견이었다. 특히 토도르 지프코프 동지가 몽골에 대한 정보, 확인된 바와 결론 및 요청들에 대해서는 이야기할 때에 소련 동지들은 더욱 관심을 기울이고 경청하였다.

브레즈네프 동지는 북한과 몽골 방문에 대한 충분한 정보를 제공한 것과 시기 적절했음에 큰 감사를 표하며 우리 사절단이 큰 업무를 수행하였다고 강조하였다. 그가 토도르 지프코프를 보며 이렇게 말하였다. "당신의 북한 방문은 단지 북한과 불가리아만을 위한 것이 아닙니다. 당신은 우리의 공동의 정책과 이념, 사회주의 공동체의 연대에 있어 유용한 목적을 두고 중요한 임무를 수행한 것입니다. 사회주의를 더욱 견고히 하기 위한 국제 의무를 수행한 것입니다. 특히, 북한 인민들을 중국으로부터 분리시키고 우리에게 의존할 수 있도록 한 것은 아주 중요한 것입니다. 차우셰스쿠가 북한을 포함한 우리의 등 뒤에서 중국의 정책을 시도하려던 이때에 이것은 아주 큰 의미를 지닌다고 할 수 있겠습니다. 우리는 당신과 당신 나라의 사절단의 이번 업무에 대해 치하합니다."

[…]

1973년 11월 9일, 소피아

37. 불가리아공화국 국립중앙공문서관
원문서 소장위치 1B, 문서철 35, 문서번호 4581

프로토콜 No.56
불가리아 공산당 중앙위원회 정치국 회의
1974년 11월 12일

참석자: 지프코 지프코프, 이반 미하일로프, 이반 포포프, 펜초 쿠바딘스키, 타노 쫄로프, 토도르 지프코프, 토도르 파블로프, 베넬린 코쩨프, 이반 아바지에프, 크러스튜 트리츠코프, 페코 타코프, 이반 프러모프, 페뉴 키라쪼프, 그리샤 필리포프, 콘스탄틴 텔라로프

안건

Ⅰ. 불가리아 인민공화국과 북한 간 관계 발전에 대해

결의안

Ⅰ. 불가리아 인민공화국과 북한 간 관계 발전에 대한 결정을 승인하다.

불가리아 인민공화국과 북한 간 관계 발전을 위한 1974년 2월 12일 불가리아 공산당 중앙위원회 정치국 결의안

불가리아 공산당 중앙위원회 정치국은 1968년 4월 28일 결정된 272번과 1969년 3월 15일 결정된 114번의 결의안에 따라 불가리아 인민공화국과 북한 간의 관계 발전의 정상화 및 다른 사회주의 우호 국가들과의 관계 발전도 향상시킬 수 있는 조치를 취했다.

작년 10월에 불가리아 공산당 중앙위원회의 서기장이자 국무회의 주석인, 토도르 지프코프 동지가 이끈 정부 사절단의 방문으로 인해 불가리아 인민공화국과 북한 간의 우호 협력에 새로운 장을 열게 되었다. 회담 기간 동안 북한 노동당의 국제 및 국내 문제들에 대해 명확히 이해하게 됐다. 우리 측은 북한의 공산주의 건설을 위한, 평화적이고 국제적인 정책과 국제공산주의 운동을 높이 평가했다. 북한은 당과 국가 간 그간의 경험을 교류하며 유대 및 강화를 위한 모든 준비가 되어 있음을 강조하였다.

우리 정당을 향한 축제와도 같은 따뜻한 환대와 결과를 이뤄낸 대화들은 정책 및 경제, 문화와 그 외의 것들에 대한 관계 및 협력을 긍정적이고 목표에 맞춰 확대하는 것에 새로운 기회를 여는 계기가 되었다.

이러한 기회는 북한은 소비에트 사회주의 공화국 연방과 다른 사회주의의 국가들의 사이가 더 가까워지게 되는 기회를 줄 것이다. 이와 관련하여 불가리아 공산당 중앙위원회 정치국은 다음의 조건들이 필요하다고 생각한다.

1. 정치적 협력 관련

1) 불가리아 공산당 중앙위원회는 북한 노동당 중앙위원회와 연락과 관계를 활발히 해야 한다. 협력 및 경험 교류를 위한 연간 계획서에 동의하고 서명할 것을 제안하며, 정기적인 회담을 통하여 또 협력하고 당과 국가의 건설 경험을 교환하고 실행시키기 위해 두 나라 간의 연합기관을 세워야 한다고 제안하는 바이다.
2) 국회는 북한 최고인민회의와 정기적인 국회의 대표단과의 교환 방문을 일정기간 유지해야 하며 서로의 경험을 교환하는 것에 더욱 노력해야 한다.
3) 두 국가 간의 공통 관심사에 대해서는 우리나라의 국회 및 기관들은 북한의 국회 및 기관들과 더욱 더 폭넓게 협력하고 접촉해야 한다.
4) 외무부
   - 북한은 유럽 및 그 외의 국가들과의 대외관계의 성립 관련하여 국제기관에의 허입을 돕고 북한의 평화통일을 위해서 우리는 방향과 계획에 있어 적절한 시기에 도와주도록 한다.
   - 외무부는 북한이 발칸 반도 국가들의 정책 및 우리의 노선 안에서 유럽의 보안,

군비 축소 및 그 외의 거론되고 있는 국제적인 문제들에 대해 확실히 지원하도록 한다.

- 매년 두 국가 간 부장관이나 부장이 이끄는 사절단들은 상호 정보, 협의안, 승인 및 경험의 교류를 위해 교환 방문을 하기로 한다.
- 영사 업무 관련의 협약과 법률구조에 대한 협약에 승인하도록 제안한다.
- 평양에 있는 불가리아 대사관의 노동력에 만전을 기하고 또한 한국어 소통 가능한 직원들을 훈련시키도록 한다.
- 소피아에 있는 북한 대사관과의 관계는 더욱 원활히 하도록 한다.

5) 현재 사회주의 이론을 바탕으로 한 기관들과 '이반 바쉐프'와 같은 외교 정책 기관들은 북한 노동당의 이념적인 개념을 발전시키는 것과 북한의 다양한 국제 문제들에 대한 의견들을 연구해야 한다. 또 북한 내에 있는 지방기관들과도 관계들을 갖도록 한다.

6) 북한은 조국전선인민위원회, 디미터르청년노동연맹 중앙 위원회, 불가리아 여성 위원회, 노동조합 중앙위원회, 아시아 · 아프리카 국가 연합 위원회와 같은 기관들과도 협력을 강화해야 한다.

7) 광역시 의회는 평양시 의회와 협력을 강화해야 된다. '부르가스-함흥과 미하일로브그라트-해산' 도시들과의 우호적인 관계와 경험 교환을 실행시키기 위한 계획을 구상해야 한다.

8) 북한의 성공적인 사회주의 건설과 중요한 외교정책 행사들을 알리기 위해 출판사와 방송국, 그리고 라디오 방송국에서는 주기적으로 자료와 기사들을 교환해야 한다. 평양에 있는 불가리아 대사관은 북한 출판사들에 불가리아에 대한 더 많은 기사들을 나오도록 요청해야 할 것이다.

2. 경제 및 과학-기술 분야의 협력과 국제 무역 부분

1) 각료이사회 산하 경제 및 과학-기술 협력 위원회

- 공통 관심 분야의 부처들은 불가리아 인민공화국과 북한 중에 1985년까지 경제적 · 과학적 협력에 관한 지침을 추가하도록 한다. 완공물을 통하여 협력, 기술 그리고 건물을 위한 몇 가지의 주요 생산물들을 내야 한다.

– 이것을 기초로 하여 경제와 과학적인 협력에 대한 불가리아 인민공화국과 북한의 정부 위원회에 경제 및 과학–기술 협력을 강화하기를 위해 공동 계획이나 협정을 채택하기 위한 회담을 갖도록 한다. 상관 관계의 부처들과 관청들은 두 나라들 중에 생산 산업에 협력하기를 위해 확실성이 있는 계획 안을 채택하도록 한다. 또한 부족한 원자재들에 대해서 관심을 갖고 관리하며 다른 아시아 국가들의 시장을 사용할 수 있는 기회를 찾아보도록 한다.

– 국가 간 자문위원회의 프로토콜에 근거한, 연간 채택 안 내에서 경제 및 과학–기술 분야에 있어서 두 국가 간의 경험을 교환하기 위해 더 많은 상호 연구 행사들을 포함하도록 한다.

2) 외교통상부

– 기계와 무기 및 완제품의 수출의 확대를 위하여 북한과 명칭 및 우리 측의 상품양의 확대를 더 강화할 수 있는 시스템을 구축하도록 제안한다.

– 1975년 상반기까지 불가리아 인민공화국과 북한 간의 1976년부터 1980년간의 거래 지급을 위한 장기 협정에 체결해야 한다.

– 경제 및 무역 부분에서 북한의 요청들을 만족시키기 위해 우리 쪽에서 생산되는 비누와 소다 등의 생산량에 대해 알아봐야 할 것이다.

– 기계개발부와 국가 경제 통합의 'Technoexport'는 평양에 있는 불가리아 대사관과 같이 북한에 온실과 통조림 공장을 건설하는 것을 검토해야 한다. 이와 관련한 개선 사항들에 대해서는 문제들을 해결하기를 위해 조치를 취해야 한다.

– 불가리아 인민공화국의 상공회의소와 불가리아 인민공화국의 국제 무역 산업은 함께 수출하는 상품들을 알리기 위해 더욱 발전시키고 확대할 수 있는지에 대해 연구할 수 있는 행사들을 통하여 이 목표들을 달성해야 한다. 평양에서 우리의 생산품들을 소개하는 박람회를 개최할 수 있는 기회들을 찾아봐야 할 것이다.

3) 교통부는 두 나라 간 무역흐름의 불편함을 해소시킬 수 있는, 불가리아 인민공화국의 항구와 북한의 항구가 직항으로 닿을 수 있는 항로를 개발해야 한다.

3. 문화분야 및 연구협력

1) 외무부, 문화예술위원회, 과학, 기술 진보 및 고등 교육위원회와 교육부는 문화영역

의 확대를 위해 서로 노력해야 하고 또 북한의 학교 교육과 방과 후 활동이나 박물관 견학 및 스포츠 행사 등에 대해 연구해야 할 것이다.

2) 예술인 조합은 북한의 예술인조합과 관계를 강화해야 한다.

3) 불가리아 인민공화국의 과학원과 농업과학원과 불가리아 인민공화국의 문화와 운동 조합과 불가리아 통신국과 영상사업위원회와 방송국위원회는 북한의 협력자들과 협업하고 경험들을 교환하는 것을 더 활발히 해야 한다.

38. 불가리아공화국 국립중앙공문서관
원문서 소장위치 1B, 문서철 35, 문서번호 5322

불가리아 공산당 중앙위원회 정치국

1975년 5월 31일 결의안 No. 200 – 소피아에서 북한 정부 사절단(김일성 대표)과의 회담을 위해 불가리아 정부 사절단(토도르 지프코프 대표) 회원 소집에 관한 외교 기록물, 회담에 대한 정보

북한 정부 사절단(북한 노동당 중앙위원회 서기장 및 북한 국가주석 김일성 동지) 회원:

김일성–북한 노동당 중앙위원회 서기장 및 북한 국가주석; 정부 사절단의 대표
김동규–정치 위원회 위원, 북한 노동당 중앙위원회 비서 및 북한 국가부주석
오동우–정치 위원회 위원, 북한 노동당 중앙위원회 위원 및 조선인민군 참모 총장
류장식–정치 위원회 위원 후보 및 북한 노동당 중앙위원회 위원
허 담–북한 노동당 중앙위원회 위원, 부수상 및 외무부 장관
천선남–북한 노동당 중앙위원회 위원 및 무역부 장관
이종환–주불가리아 북한 대사

1975년 6월 2~5일간 북한 사절단의 불가리아 방문 시 토도르 지프코프 동지와 김일성 동지의 회담에 대해서

불가리아 사절단과 북한 사절단의 회담 및 토도르 지프코프 동지와 김일성 동지의 회담 시 여러 가지 문제에 대해 논의했으며 그 안건들에 대한 두 나라의 의견을 제시했다.

I. 두 사절단의 회담 시 논의한 문제

1. 두 사절단의 회담 시 김일성 동지가 한 연설은 다음과 같다.

처음부터 자금까지 북한은 자국 통일을 목적으로 한 정책을 실행하고 있다. 북한과 남한은 통일되어야 한다. 이것은 너무 어렵고 복잡한 일이다. 그럼에도 불구하고 남북한 문제를 해결함으로써 공산주의를 일구어 내야 한다. 그에 맞춰 3가지의 정책을 실행하고 있다.

첫째, 북한 공산주의 건설에 대해서

가장 중요한 과제는 북한의 공산주의 건설을 점진적으로 발전시킬 것과 정치적, 경제적 그리고 문화적으로 나라를 더욱 강화시키는 것이다. 그들은 공산주의를 일구는데 어려움을 겪고 있지만 성공적으로 나아가고 있다. 나라의 경제 상태가 많이 좋아졌다.

- 자국 생산 원료를 사용해서 독립적인 생산 기지를 설립하고자 한다.
- 작년에는 세금 제도를 폐지했다.
- 남자들의 큰 역할인 군복무로 인하여 노동력 동원에 대한 문제가 생겼다. 주로 여자가 공업과 농업 분야에서 일하기 때문이다. 여성 노동 환경을 개선하도록 노력할 것이다. 대학생들과 학생들은 40일 동안 생산 활동을 돕도록 한다.
- 이념적, 기술적, 그리고 문화적 3가지 혁명을 일으키기 위해 특별 집단을 만들어 지방이나 산업 공장으로 파견한다.
- 김일성 동지가 지방 정부를 비난했다. 시골과 산업 공장의 대부분의 지도자들이 공산주의적, 혁명적, 그리고 산업적 경험은 있어서 좋은 일꾼이지만 어떤 일은 뒤처져 있다고 했다. 이것은 기술 연마의 부족뿐만 아니라 높은 임금을 바라며 자만감으로 일을 나누지 않기 때문이라고 했다. 3가지 혁명을 일으키기 위한 특별 집단이 지방과 산업 공장에서 도와준다고 했다.

둘째, 한반도의 통일에 대해서

두 번째 과제는 남한에서 혁명 운동을 강화시키고, 외국 군대를 철수시키고 두 나라가 평화통일을 함께 돕는 조건을 조성할 것이다.

a) 남한에서는 민주화와 조국 통일 운동이 크게 성장하며 적극적으로 임하고 있다. 그런데 단점은 노동자와 지역 주민이 많이 참가하지 않는 것이다. 지성인들이 지역 주민과 노동자 사이로 깊이 나아가지 못해서 그들에게 영향을 끼치지 못했다. 정부의 심각한 탄압은 또 다른 이유다. 남한에서 사회 민주화 운동은 강력하다. 작년에도 대학생들이 대규모의 시위를 벌였고 올해에도 그렇다. 교육 기관이 문을 닫았고 꽤 많은 수의 대학생을 군대에 가게 했고 어떤 이들은 감옥에 넣기도 했다. 남한은 이러한 실정이다.

b) 남한은 한반도에 두 나라를 건립하기 위해 평화 협상을 보류 했다. 이것은 남북 분단을 실제로 굳히고자 하는 것을 의미한다. 미국과 일본이 원하는 대로 하는 것이다. 두 나라가 건립의 조짐으로 인해 협상이 단절되고 있다. 김일성에 의하면 그들과 대화를 해도 아무 의미가 없다고 했다. 그리고 «남한 국민들은 독재자를 적극적으로 반대하고 있는데 그와의 대화가 무슨 의미가 있겠습니까?»라고 했다.

c) 한반도에 두 나라가 세워지는 것을 반대한다. 미국은 남한을 미국 기지로 만들고자 한다. 그렇기 때문에 남북 분단을 확정 짓고 싶어 하는 것이다. 일본도 목적이 같다. 일본은 남한을 자국 제품의 판로로 유지하고 싶어 하며, 휴전선은 공산주의를 반대하는 싸움의 선이라고 한다. 일본에 의하면 인도차이나의 변경된 상황 때문에 북한도 남한을 공격할 것이라고 했다. 그래서 북한에 경계 발언을 계속 하고 있다. 이에 긴장 상태가 예전보다 심해졌다. 남한에서 공산주의를 반대하는 캠페인을 펼치고 있다. 북한과의 전쟁에 대한 이야기를 자주 들을 수 있다.

d) 키신저와 미국 국방부 장관이 인도차이나에서 일어난 일이 남한에도 일어나지 않게 하기 위해 자기들의 의무를 계속 수행할 것이라고 지속적으로 언급한다. 남한에 미군이 계속 도착하고 있다. 물론 미국인들이 그것 이상을 할 수 없다. 미군이 여러 나라에 흩어져 있다. 그래서 성공적으로 싸울 수는 없을 것이라고 생각한다. 하지만 그들은 제국주의자이다.

e) 북한은 경계선을 계속 유지해야 하기 때문에 항상 싸울 태세를 하고 있다. 적이 공격할 경우에는 싸울 준비가 돼 있다. 하지만 결코 먼저 공격하지 않을 것이다. 남한 정부가 민주적으로 바뀐다면 모국의 평화통일을 위해서 협상을 시작할 것이다. 북한

이 모국의 평화통일을 계속 주장하고 있다. 그리고 이념적 차이에 관계없이, 타국가의 개입 없이, 평화롭고 독립적이라는 3가지 원칙으로 통일을 이뤄내야 한다.

f) 북한의 뜻과 함께 하여 한반도 국민의 모국을 통일하기 위한 투쟁을 굳건히 하며 더욱 더 많은 국가가 미군의 철수를 요청하면 좋겠다.

셋째, 북한과 사회주의 국가, 비동맹국과 세계적 혁명 세력의 관계에 대해서

북한 동지들의 세 번째 과제는 사회주의 국가, 제3세계 국가, 노동자 계급과 세계의 다른 혁명 세력과의 혁명적 유대 강화이다.

a) 사회주의 국가를 연합하고 민족해방운동을 지지하고 동맹국인 개발도상국 협력을 위해 사회주의 국가와의 관계를 개선하는 것을 강조하고 이것을 위해 노력한다.

b) 비동맹국가와의 관계를 개선하기 위해 노력하고 성공하고 있다. 올해는 그 국가들과 관계를 맺고 정치 지도자, 민주주의자들과 접촉했다. 이런 방법으로 북한의 동맹국을 늘리려 한다.

2년 전에 비동맹운동 회의 때 북한을 지지하는 선언서를 발표했다. 많은 비동맹국의 지도자들은 유엔에 북한을 지지하는 편지를 몇 차례나 보냈다. 이 문제에 대해 알제리 방문 때도 논의했다. 알제리는 비동맹운동의 대표국이다. 알제리는 그 일에 대한 태도가 변하지 않았고 앞으로도 변하지 않을 것이며 북한에게 지금까지 비동맹국과 관계를 맺기 위해 도와줄 거라고 했다.

c) 북한은 자본주의 국가와 관계를 맺고 싶지 않다. 왜냐하면 그런 국가는 정책을 위해 자기들에게 유리한 조건을 조성하고자 하기 때문이다. 자본주의 국가는 사회주의 국가가 남한을 하나의 국가로 인정하면 북한도 인정해 줄 것이라고 한다. 이런 식으로 실질적으로 남북 분단을 완성하려고 한다. 그래서 자본주의 국가와 관계를 별로 맺고 싶지 않다.

d) 불가리아와 북한의 양국 관계에 대해서: 불가리아 정부사절단의 북한 방문 후 양국관계는 새로운 국면에 이르렀고 계속 발전하고 있다. 이 급진적인 발전에 만족하고 불가리아는 북한에게 경제적, 국제적 도움과 지지를 주어서 감사하다고 했다.

2. 두 사절단의 회담 시 토도르 지프코프 동지가 아래와 같은 문제에 대해서 거론했다.

첫째, 양국관계에 대해서

토도르 지프코프 또한 만족하며 우호적으로 발전되고 있다고 했다. 토도르 지프코프는 양국 관계의 적극적 발전을 방해할 문제나 이유가 없다고 하였다. 양국관계의 기초는 공고하고 경제적, 문화적 그리고 포괄적인 협력으로 인한 미래 발전은 불가리아와 북한의 각각 주무 관청에 달려 있다. 필요하다면 앞으로 양국관계의 발전 외에, 또 다른 문제에 대해 논의할 수 있다.

둘째, 한반도의 통일의 대해서

불가리아는 항상 북한의 편이고 자국을 통일하기 위한 북한 동지들의 정의의 투쟁을 무조건 지지한다고 강조했다. 앞으로도 북한의 편이고 국제 사회에서도 정당과 국가로서 할 수 있는 정도로 한반도의 통일을 지지할 것이라고 안심을 주었다.

(페이지 결락)

넷째, 정당과 국가의 외교정책에 대해서

불가리아가 할 수 있는 한, 현 시점에서 국제적 문제를 해결하는 데에 일조하기를 권고했다.

a) 특히 발칸반도의 상황과 그 주변 지역에 대한 불가리아 정책에 대해서 이야기했다. 불가리아는 발칸반도에 위치해서 주로 그곳을 기본으로 정책을 실행하고 있다고 강조했다. 불가리아는 발칸반도의 중심이기에 불가리아 없이는 어떤 문제도 영구적으로 해결할 수 없다. 하지만 불가리아를 반대하는 활동을 하는 크고 다양한 국가가 있다. 미국 및 다른 제국주의 국가와 우리의 "중국 동지"들의 극좌부터 극우까지 모두 불가리아가 발칸반도에서 격리되도록 노력하고 있다. 그런데 아무도 이것을 성공시킬 수 없다. 불가리아 반대를 위한 싸움을 할수록 불가리아의 권위는 높아가고 있다. 왜냐하면 불가리아는 사회주의 국가이며 발칸반도의 중심에 있어서 불가리아를 격리시키는 유일한 방법은 불가리아를 멸망시키는 것인데, 그 일은 쉽지 않을 것이기 때문이다.

불가리아와 다른 발칸 국가의 관계에 대해서 이야기했고 대부분이 급진적인 발전을 이루고 있다고 언급했다.

– 루마니아와 어떤 분야에 의견 차이가 있더라도 양국 협력을 발전을 도모하고 있다. 마냐 마네스쿠[1]의 불가리아 방문과 불가리아 정부 사절단의 다가오는 루마니아 방문에 대해 언급했다.

– 유고슬라비아와의 사이에서는 이념적이나 다른 오해가 있는데도 불구하고 경제 협력과 무역을 적극적으로 발전시키고 있다.

– 그리스, 터키와의 관계도 급진적으로 발전하고 있다. 두 나라는 나토 가맹국인, 자본주의 국가이고, 불가리아는 바르샤바 협정 가맹국인 사회주의 국가이지만 관계가 우호적이다.

– 알바니아와의 관계는 주로 경제적이다. 불가리아에서 알바니아를 반대하는 캠페인은 없지만 알바니아에서 불가리아를 반대하는 캠페인이 심해짐과 동시에 불가리아 사람들을 "현재의 수정주의자"라고 부르는 것을 예로 들었다. 불가리아가 항의한 후 일단 반불가리아 캠페인을 멈추었다.

– 지금 발칸반도의 중요한 문제는 키프로스이다.

– 발칸반도의 상황이 복잡하지만 악화되지 않고 개선되는 것이다.

b) 소련 그리고 유럽의 다른 사회주의국가와의 관계가 아주 적극적이라고 하였다.

c) 불가리아 공산당은 국제적 공산주의 노동자 운동을 연합하여 강화시키고 공산당과 관계에서 우호적인 발전을 가질 수 있도록 노력하고 있다고 강조했다.

d) 특히 비동맹운동을 언급했다. 불가리아도 소위 "비동맹국" 개발도상국의 반제국주의 태도를 굳건히 하고 사회주의와 국제적 혁명운동의 동맹국이 되기 위해서 그 국가와 관계를 맺고 활동하고 있다고 했다. 계급적 관점으로 비동맹운동은 직접적이며 그중에 진보 정권도 있고 우익 정권도 있다고 강조했다.

e) 마지막으로 불가리아는 권위가 있고 불가리아를 인정하는 이유는 불가리아가 실행하는 정책이 변동하지 않기 때문이다. 불가리아가 실행하는 정책은 현재의 상황에 근거를 두지 않고 원칙적이고 꾸준하다. 이것이 바로 불가리아를 인정하는 이유다.

우호국과 제국주의 국가는 불가리아와 불가리아 공산당이 할 수 있는 한 국제적 문

---

[1] 마냐 마네스쿠는(1916~2009) 루마니아 정치인 및 수상이었다.

제를 해결하려 하고 세계 평화를 지키고 국제적 혁명 운동을 지지하도록 노력한다는 것을 알고 있다.

II. 토도르 지프코프 동지와 김일성 동지의 회담 시 논의된 문제

토도르 지프코프 동지와 김일성 동지가 바르나에서 약 3시간 동안 이야기했다. 여행하면서도 대화를 나누었다. 그때 논의한 이야기들은 다음과 같다.

첫째, 유럽의 상황과 유럽 안보 협의회에 대해서

처음에는 김일성 동지는 토도르 지프코프 동지에게 유럽의 상황에 대해 알려 달라고 했다. 혹자에 의하면 유럽의 긴장이 점점 완화하고 있다고 김일성 동지가 강조했다고 하였다.

토도르 지프코프 동지는 소련과 사회주의 우호국들이 유럽의 긴장을 완화하는 데 역할을 했고 유럽 안보 협의회를 성공적으로 마치도록 노력했다고 강조했다.

미국이 인도차이나에서 진 후 긴장을 완화하는 경향을 방해하려 했다고 말했다. 안보 협의회를 성공적으로 마치는 것을 방해하기 위해 유럽 주둔군을 보충시킨다고 했다.

미국이 중국의 적극적인 지지를 받고 있다고 지적했다. 왜냐하면 중국은 유럽의 긴장을 고조시키기 위해서 수단과 방법을 가리지 않기 때문이다.

여러 가지 어려움이 있더라도 유럽 안보협의회는 최종 목표에 도달할 것이다. 이것은 국제적 긴장의 영구적 완화를 향한 중요한 걸음이다. 긴장 완화를 통해 제국주의 국가가 아시아와 다른 대륙에서 실행하는 공격적 간섭주의 정책을 반대하는 민족들의 싸움에 도움이 되고 자본주의 국가에서 노동자의 계급적 싸움과 국제적 혁명 운동을 지지하고 있다.

둘째, 포르투갈의 상황에 대해서

김일성 동지가 포르투갈에서 일으킨 투쟁과 비슷한 혁명을 스페인이나 다른 나라에서도 일으킬 수 있냐고 물었다. 이 질문에 대답하기 위해 토도르 지프코프 동지가 포르투갈의 상황에 대해서 자세히 이야기했다.

포르투갈 공산당과 공산당의 총비서인 알바로 쿠냘이 나라의 민주화에 적극적 역할을 했다고 지적했다. 지금 포르투갈 공산당 사회당이 반대파와 맞서 싸우고 있다.

미국과 중국은 포르투갈 반대파들의 반혁명 활동을 적극적으로 지지하고 있다고 강조했다. 중국 사람들이 포르투갈 극좌 사이에 활동하고 마오쩌둥주의와 극좌와 극우 단체를 선동해서 도발을 하게 한다고 했다.

제국주의자들은 포르투갈의 성공이 스페인, 이탈리아나 다른 나라에서 긍정적 변화를 가져올 것이 두려워서 혁명운동을 방해하도록 노력한다.

(페이지 결락)

사회주의 국가는 원칙적이고 점진적으로 반제국주의 기초와 본질을 강화시키는 정책을 시행해야 한다. 그 정책이 사회주의, 국제적 공산주의와 노동자 운동, 민족 해방운동과 민족들의 주요 적인 제국주의(특히, 미국 제국주의)에 대해 반대해야 한다. 쿠바가 비동맹운동에서 이런 태도를 취했다. 사회주의 국가가 비동맹운동에 직접 합류하지 말고 이 운동과 협력하여 다양한 방법으로 영향을 끼쳐야 한다. 사회주의 국가들이 모두 비동맹운동(유고슬라비아를 포함하여)에 함께한다면 국제 사회주의 사회와 사회주의 대의는 정치적, 도덕적으로 심각한 피해를 입을 것이다.

유고슬라비아에 대해 언급해보자면, 요즘에는 소련 그리고 다른 사회주의 국가와 무역 관계를 점점 발전시키고 있다고 토도르 지프코프 동지가 언급했다. 물론 지금 유고슬라비아와 제국주의 국가가 국내 경제적 어려움을 겪고 있는 것은 또 다른 이유이다.

여행 중에도 토도르 지프코프 동지가 루마니아와의 관계에 대해서 이야기할 수 있었다. 불가리아－루마니아 양국 관계는 긍정적으로 발전하고 있다. 루마니아가 국제적 사회, 국제적 공산주의와 노동자 운동 관련하여 실행하는 어떤 정책에는 동의하지 못하겠다고 강조했다. 그 정책은 계급적 태도와 접근, 그리고 프롤레타리아 국제주의에서 일탈하여 국가주의 태도를 취하고 우리 사회주의 대의가 아니고 서양 반동주의 세력을 지지하는 것을 말한다.

전쟁이 시작되어도 루마니아 청소년과 군대는 적을 반대하는 성공적인 싸움에 대해 대비하지 않을 것이라고 지적했다. 예를 들면 루마니아 군대가 20년 전 제조된 무기를 사용하고 있다. 루마니아 군대는 현대화할 노력을 하지 않는다.

나토 가맹국이고 자본주의 국가인 그리스와 터키와의 관계가 좋다고 했다. 그리스 수상은 불가리아를 방문할 것이며 불가리아 외교부 장관은 터키를 방문할 것이라고 알려 주었다. 다시 한 번 미국은 중국과 협력해서 불가리아를 발칸반도에서 격리하도록 노력해야 한다고 강조했다. 하지만 실패할 수밖에 없다.

다음에 토도르 지프코프 동지는 김일성 동지가 중국의 상황 및 중국–북한 양국관계, 그리고 한반도의 통일 문제에 대해서 알려달라고 했다.

넷째, 중국 상황에 대해서

김일성 동지는 최근의 공식 방문 때 받은 인상과 시아누크의 50세 생일과 관련된 몇 년 전의 비공식 방문 때의 받은 인상을 비교해 보았을 때 상황이 조금은 좋아졌다고 강조했다.

인민을 위한 최소한의 식량과 의복을 마련했다고 했다. 인도와 달리 굶주리고 있는 사람이나 의복이 없는 사람은 없다고 했다. 그런데 농업이 주로 수동으로 이루어지고 있다고 했다. 중국에서 트랙터를 충분히 제조하지만 밭에 트랙터가 없다고 했다. 철강이 부족하다. 중국에서 석유를 많이 생산해서 지금 석유 생산량을 늘리고 석유를 정제하기 위한 시설을 건설하도록 노력한다. 문화대혁명으로 인해 복잡한 국내 경제 상황을 정상화하도록 노력하고 있다.

국내 정치 상황에 대해서 지도자 사이에 상당한 연령차가 있다고 했다. 한 쪽은 나이가 너무 많고 다른 쪽은 너무 젊다고 했다. 나이가 많은 분들 중, 덩샤오핑만 좀 더 적극적이라고 했다. 젊은 분들을 잘 몰라서 그들에 대해서 할 말이 없는데 나이가 많은 분들을 잘 알고 있다고 했다.

김일성 동지와 저우언라이의 회담 때 저우언라이가 제5차 북한 노동당 대회에서 선정된 새로운 북한 노동당 중앙위원회 위원 때문에 북한 동지들을 부러워한다고 했다. 북한 지도자가 잘 대비하고 정권 후계를 확립했기 때문이다.

39. 불가리아공화국 국립중앙공문서관
원문서 소장위치 1B, 문서철 60, 문서번호 178

공식 회담

불가리아 공산당 중앙위원회 제1 서기장이자 국가행정부 수장 토도르 지프코프를 대표로 한 불가리아 인민공화국 당정부 대표단과 북한 노동당 중앙위원회 서기장이자 국가 수장인 김일성을 대표로 한 당정부 사절단의

1975년 6월 2일, 19시, 보야나 관저

불가리아 회담 참석자: 스탄코 토도로프(불가리아 공산당 중앙위원회 정치국 의원 및 내각행정부 의장, 펜초 쿠바딘스키(불가리아 공산당 중앙위원회 정치국 의원 및 조국전선인민위원회 의장), 이반 포포프(불가리아 공산당 중앙위원회 정치국 의원 및 국가위원회 부의장), 콘스탄틴 텔라로프(불가리아 공산당 중앙위원회 서기관), 키릴 자레프(불가리아 공산당 중앙위원회 부의원 및 내각행정부 부의장 및 국가계획위원회 의장), 아타나스 세메르지에프 대령(불가리아 공산당 중앙위원회 의원, 국방부 제1차관 및 불가리아 인민군 작전참모), 안돈 트라이코프(불가리아 공산당 중앙위원회 준의원 및 외무부 제1차관), 판텔레이 자레프(불가리아 공산당 중앙위원회 의원 및 불가리아 작가 협회 회장), 흐리스토 켈체프(불가리아 공산당 중앙위원회 의원 및 주북한 불가리아 특명 전권대사).

북한 회담 참석자: 김동규(정치위원회 의원, 북한 공산당 중앙위원회 서기관 및 국가부수장), 아르메니안 장군 오진우(정치위원회 의원, 북한 공산당 중앙위원회 서기관 및 북한인민군 작전참모), 류장식(정치위원회 준의원 및 북한 공산당 중앙위원회 서기관), 허담(북한 공산당위원회 의원 및 북한 내각행정부 부의장 및 외무부 장관), 장정남(북한 공산당 중앙위원회 의원 및 대외경제관계부 장관), 리종환(주불가리아 조선민주주의인민공화국 특명전권대사).

토도르 지프코프

존경하는 김일성 동지,

존경하는 형제 국가 북한 당정부 사절단 여러분,

불가리아 공산당 중앙위원회, 국가 위원회 및 정부 그리고 불가리아 측 대표단을 대신하여 김일성 동지에게 불가리아의 초대에 응해주시고 북한 동지 모두를 맞이할 수 있도록 해주신 점에 대해 깊은 감사의 말씀을 전합니다. 우리는 북한의 방문이 불가리아와 북한 관계의 더 나은 발전을 위한 새로운 첫걸음이 될 것이라고 믿습니다.

중앙위원회 및 불가리아 정부는 양국의 관계가 경제, 무역, 문화 그리고 이념의 모든 영역에서 앞으로 보다 더 생산적으로 진보해 나가기를 바랍니다.

불가리아와 북한의 진전된 우정은 양국의 두 정당, 양국 모두에게 큰 성과입니다. 양국 관계의 유익한 발전에 이 자리에 함께 한 김일성 동지의 개인적인 공헌에 대해 강조하고자 합니다.

김일성 동지는 오늘 불가리의 소중한 손님입니다. 불가리아의 전통과 관습에 따라 가장 앞서 김일성 동지께 한 말씀 부탁드리겠습니다.

김일성

감사합니다.

북한 정부 정당을 대신하여 저 그리고 북한 측 사절단 사절들을 초대해 주신 것에 대해 불가리아 공산당 중앙위원회, 불가리아 정부 그리고 토도르 지프코프 동지께 크나큰 감사의 말씀을 전합니다. 우리는 소피아 인민들과 여러분들이 보여준 뜨거운 환영에 감격하였습니다. 또한 우리 두 정당 대표단이 다시 이 자리에서 만나게 되어 아주 기쁩니다.

가장 먼저 언급하고 싶은 것은 토도르 지프코프 동지의 북한 방문 후, 북한과 불가리아의 관계가 더 두터워졌다는 사실입니다. 북한 인민들은 동지께서 방문하시어 영감을 불어넣어 주신 것과 그때의 감동을 절대 잊지 못할 것입니다. 그 영향력은 지금도 여전합니다.

불가리아에서 계승되고 있는 게오르기 디미트로프 동지의 혁명 전통과 마르크스 레닌주의 혁명 전통을 강조하고 싶습니다.

이 외에도 침략들로 인한 전쟁 기간 동안에 불가리아 인민이 보여준 물질적인, 인도주의적인 원조, 그리고 통일 관련하여 북한이 입지를 더 공고히 해야 한다는 것, 국제무대에서 보여준 지지에 대해 진심 어린 감사를 표합니다. 이에 북한 노동당과 북한 그리고 북한 전체 인민들은 다시 한 번 불가리아 공산당과 불가리아 인민공화국 정부 그리고 불가리아 인민에게 감사합니다.

언제가 될지는 모르나, 동지의 방북 이후 우리 국가 발전을 저해하는 문제들이 멈춰지기를 바래왔습니다.

지금 우리의 정치적 목적은 민족 통일입니다. 우리는 통일 되어야 하는 한민족입니다. 물론 이것은 어렵고 복잡한 과업입니다만, 공산주의를 세워 나가면서 민족적 문제들을 해결해 나아가야 할 것입니다.

이를 실현하기 위해 세 가지의 주요 과업이 있습니다.

첫 번째, 사회주의 건설아래 북한의 정치, 경제, 문화 분야에 더 나아간 발전을 이루는 것입니다. 모든 분야에서 발전하기 위해서 우선은 기본적인 과업이 이행되어야 합니다.

두 번째, 남한의 혁명 운동을 강화하고, 남한 내 외국군들을 몰아내어 평화 통일을 이루는 것입니다. 이를 위해 우리는 남한의 민주사회단체의 활동을 지원하고 있습니다.

세 번째, 제3세계 국가들, 노동 계층 그리고 세계 혁명세력들과 함께 사회주의 국가들과의 혁명 관계를 강화시키는 것입니다.

우리는 이 세 가지 과업을 실현하기 위해 끊임없이 노력하고 있습니다.

사회주의 건설을 성공적으로 이룩하는 데에는 어려움도 수반됩니다. 우리는 지브코프 동지의 방북 이후 일찍이 경제발전을 위한 국가 경제 5개년 계획에 착수하였습니다.

공업 분야에서 우리의 자원을 이용하여 독립적인 공업 단지를 건설하기 위해, 동지의 공업단지 방문 이후 세금 체제를 완전히 척결하였습니다. 물론 국가 세금은 매년 축소되었고 작년 이 문제를 완전히 해결하였습니다.

5개년 경제 계획의 전망대로, 우리 인민들의 원 자재 수입이 약 30% 증가하였습니다. 이는 우리 측 경제 상황이 매우 좋다는 것을 반증합니다.

이미 회담 자리에서 토도르 지브코프 동지께 언급한 적이 있지만 가장 어려운 문제는 '인력'입니다. 아시다시피 우리 인력의 대부분은 군대에 쓰이고 있습니다. 남한 병력은 약 70만~100만 명으로 추산됩니다. 우리는 적어도 남한 병력의 반의 인력이 필요합니다. 북한의 대부분의 남자들이 군대에 징용 되는 것이 인력난을 겪는 가장 큰 이유입니다.

우리는 석탄, 철광석 등 풍부한 천연 자원은 있으나 이를 채굴할 인력이 부족합니다. 따라서 이 문제를 해결하기 위해 우리는 기술적인 혁신을 이루어야 합니다.

육류 생산업, 농업, 어업은 발전해가고 있습니다. 하지만 모든 분야의 발전을 위해 기술적 혁신이 우선되어야 합니다. 농업에서의 문제점은 우리가 많은 땅을 소유하고 있지 않다는 점입니다. 총 2,000,000헥타르입니다.

토도르 지프코프

불가리아 농경지 반 규모입니다. 우리는 불가리아 농경지가 작다고 생각합니다.

김일성

그중 약 300,000헥타르가 과수원이고, 이를 제외하고 경사진 지역이 약 250,000~300,000헥타르입니다. 실질적으로 약 1,140,000헥타르가 사용 가능합니다. 하지만 말씀드렸다시피 젊은이들의 대부분이 군대에 있기 때문에 시골에는 노인들, 여성들, 아이들만 있습니다. 따라서 농업을 위해서 반드시 기술적 혁신이 있어야 하고 트렉터(농업설비)와 화학비료가 제공되어야 합니다.

또한 여성의 근무 환경도 개선해야 합니다. 만약 공업이나 농업에 여성 인력이 투입될 수 없다면 아주 어려워질 것 입니다. 따라서 산업 현장과 가정에서의 여성 역할에 대해 고려하고 있습니다. 예를 들어 출산한 여성들을 인력으로 복구시키는 일 등이 그러합니다. 여성들에게 가정에서 요리를 하고 빨래를 하고 청소를 하게 한 후 산업 현장에서 노동을 하라고 하는 것은 매우 어려운 일입니다.

이 때문에 아이들을 위한 유치원이나 보육원 등을 늘리고 있습니다. 이번에도 다수의 유치원과 유아원을 도시와 시골에 세웠습니다. 아이들을 수용하는 시설은 약 3,500,000개 입니다. 소학교 중학교와 대학교에서는 약 4,700,000명이 공부하고 있습니다.

여기에서 알 수 있는 것은 우리 인민의 거의 반이 아이들 학생들 그리고 군대에 있는 젊은이들이라는 것입니다. 따라서 어쩔 수 없이 학생들을 생산 시설에 투입시키고 있습니다. 중등 생산 학교에서는 3학년부터 그리고 다른 학교는 8학년부터 매년 40일 정도 생산 활동에 참여시킵니다. 그래서 아이들의 방학이 아주 짧습니다.

우리는 이런 방법들을 통해서 인력 문제를 해결해나가고 있습니다.

기술적인 변혁에 집중하고 있지만, 결정만 했을 뿐 상황은 점점 악화되고 일궈된 것이 없습니다. 따라서 북한 노동당 중앙 위원회는 기구를 결성하여 이 세 가지 변혁을 구현하는데 주력하고 있습니다. 기구는 정당 회원들로 구성되어 있으며, 청소년 연맹, 노동조합 그리고 일반 근로자들을 포함하고 있습니다.

학교 졸업생들을 포함한 젊은 엘리트 대표들이 시골의 공기업으로 넘어가서 이념적, 기술적, 문화적 변혁을 이루기 위해 일합니다. 이 기구는 1973년에 조직되었습니다.

우리는 물론 기업과 각 마을을 대표하는 이들이 아주 훌륭한 동지들이라는 점을 알고 있습니다. 그들은 국가 창당과 농업 개혁에 참여하고, 사회주의 체계를 구현하기 위해 힘써왔습니다. 또한 미국 군대에 맞서 애국적인 전쟁에도 참여했습니다. 분명히 이들은 인민의 토대에 서 있습니다. 이들은 정당과 혁명을 위해 헌신하며 특정 과업을 수행하기 위해 남아 있습니다. 그리고 이는 미비한 준비에 비해 일정 수준의 결과를 도출합니다. 물론 우리들 중에는 자신의 경험과 힘으로 모든 것을 하려는 보수주의적 성향과 자력만을 의지하려는 자들이 있습니다. 그들은 시골에 있는 산업현장에 가서 조직된 기구를 통해 현장에서 도움을 받고 리더십을 경험합니다. 새로운 기술력 실행으로 광물과 석탄 채굴 분야에 도움을 주었습니다.

우리 기관들이 이루어낸 가장 큰 부분이 시골 지역에 대한 지원입니다. 그들은 국가의 성공적인 정당 정치 구현을 위해서 그리고 다른 한편으로는 생산지의 신기술 실현을 위해서 협동하고 있습니다. 결과는 아주 좋습니다.

지난 해 아주 성공적이었습니다.

시골에서의 일련의 문제들이 해결되었습니다. 작년 농민 수확량이 훨씬 증가했습니다. 과거에 시골사람들은 인공 비료와 천연비료를 어떻게 사용해야 하는지 몰랐습니다. 우리 기구의 지원으로 평균 업무량이 증가하였으며 농업에 대한 가능성도 증가했습니다. 이 결과는 올해 봄에 공산당 중앙위원회의 분석에 기인한 것으로 기구의 활동을 분석한 결과 대단히 성공적이었습니다.

이는 사회주의 건설의 기초와 전망 아래 이룩할 수 있었습니다. 물론 지금까지 우리가 이뤄낸 성과에 달려 있습니다.

문화 변혁을 위해서도 노력을 기했습니다. 모든 것을 극복해내면서 앞으로 전진하였습니다.

남한 문제에 대해서는 사적인 대화에서 더 포괄적으로 다루길 바랍니다.

남한 병합 운동은 더 확장되었으며 더 활발해졌습니다. 그러나 최근 근로자나 농민들은 운동에 적극적으로 참여하지 않고 있는 점이 아쉽습니다. 이는 지식인들이 시골과 노동 계층에 깊이 들어가기를 원하지 않음을 시사합니다. 물론 이것은 시골의 큰 제약을 설명해주기도 합니다. 지식인들이 노동계층과 농민과 긴밀히 연결되어 있지 않은 것은 그들에게 큰 영향력을 미치지 않기 때문입니다. 그러나 남한에서 민주 사회 투쟁은 높은 수준에 있다는 것을 말씀드려야 할 것 같습니다. 지난해 4월 그리고 올해까지 학생들은 많은 대중 운동을 일으켜왔지만, 결과는 교육시설을 폐쇄하고 학생들 중 대부분이 군대에 징병되거나 감옥에 가는 것이었습니다. 남한은 이러한 상황입니다.

결론적으로 우리는 남한과의 평화적 대화를 동결해야 할 처지에 놓이게 되었습니다. 그들은 한반도에 두 국가가 존속해야 한다고 주장하는데, 실제로 이는 한민족의 분단이 영속되어야 한다는 것을 의미합니다. 이는 미국과 일본의 지시로 그들은 한반도의 두 국가가 각기 독자 노선을 걷게 함으로 협상을 단절시키는 것을 목표로 삼고 있습니다. 우리는 그들과의 협상에서 그 어떤 결과도 얻지 못할 것이라고 여기고 있습니다. 게다가 이런 상황 속에서 남한이 대놓고 독재에 대한 반대를 표명하고 있는데 남한과의 협상에서 무슨 유익을 얻을 수 있겠습니까? 우리는 한반도에 두 국가가 세워지는 것에 반대합니다. 미국은 남한을 자신들의 군사적 기지로 삼으려고 합니다. 그래서 영속적인 분단을 주장하는 것입니다. 일본의 목적도 미국과 다를 바 없습니다. 일본인들은 남한 영토를 확보하여 일본 물품을 배치하려고 합니다. 또한 인도차이나의 상황을 보듯이 북한이 남한을 공격해 올 것인데 38선이 공산주의를 대항하여 민주주의를 지켜낼 수 있는 경계라고 명명합니다. 의 변동된 상황에서 우리가 남쪽을 공격할 것이라며, 38선을 공산주의에 대항할 수 있는 투쟁이라고 칭하고 있습니다. 앞으로 남북 분단과 관련하여 계속해서 잡음이 있을 것이며 북한에 반대를 표명할 것입니다.

이러한 이유로 긴장 상태가 더욱 고조되고 있습니다. 남한은 가장 새로운 형태로 공산주의에 반대하는 캠페인을 펼치고 있습니다. 빈번히 북한과의 전쟁에 대해서 이야기하곤 합니다. 게다가 미국은 키신저와 미국 국방부 장관이 반복해서 인도차이나와 같은 일이 남한에 반복되지 않도록 미국이 해야 할 의무를 계속해서 이행할 것이라고 거듭 강조하면서 미국 신병력을 남한에 파병하고 있습니다.

물론 미국은 그 어떤 것에도 도달할 수 없습니다. 미국의 군사력은 많은 나라에 분산되어 있기 때문입니다. 이것이 바로 미국이 전쟁에서 성공할 수 없을 것이라는 근거가 됩니다. 하지만 그들은 그래도 제국주의자들입니다. 그래서 북한은 경각심을 더욱 더 높여야 합니다. 우리는 전투태세를 갖추고 있습니다. 만약 그들이 공격한다면 대항할 수 있는 준비가 되어 있습니다. 하지만 결코 북한 먼저 공격하는 일은 없을 것입니다. 미국 내 지도부에 민주주의에 대한 변화가 생겼다는 것을 알아냈습니다. 따라서 협상을 통해서 평화 통일을 이끌 수 있다고 봅니다. 북한은 민족 평화 통일 기치를 들어 올린 적이 없습니다. 계속해서 내정 간섭이 없는 자주, 평화적 방법, 이념적 차이를 넘어서는 3가지 원칙하에 통일을 이룰 것을 주장합니다.

또한, 동시에 한민족의 투쟁이 강해짐에 따라 남한에서 미국 병력을 철수함으로써 통일을 해야 한다고 세계 여러 민족들이 목소리를 점점 드높여 외치고 있습니다.

앞서 말씀드렸던 것처럼 남한 내부 상황에 따른 사항에 대해서는 토도르 지브코프 동지와 이야기하도록 하겠습니다. 지금은 간략하게 남한 상황을 여러분께 알리고 싶었습니다.

세 번째 중요한 문제는 사회주의 국가들이 공산주의와 노동 운동 아래 그 힘을 더욱 더 결집하는 것입니다. 어떻게 하면 되겠습니까? 북한은 사회주의 국가들이 하나가 되어야 한다는 기치를 걸고 있습니다. 사회주의 국가들이 결집하도록 노력을 기울이고 있습니다. 특히 동맹국들 중 개발도상국이나 새로운 독립국가에 대한 민족 해방 운동을 원조하면서 사회주의 국가들 간의 관계가 더 발전하도록 힘쓰고 있습니다.

우리는 비동맹국과의 관계 강화를 위해서도 힘쓰고 있습니다. 최근 몇 년 동안 우리는 그 국가들의 국가 지도자들과 민주 운동가들과 수없이 연락하였으며 이를 통해 북한을 지지해줄 국가 수를 늘렸습니다.

아시다시피, 2년 전 비동맹국 회담에서 북한을 지지하는 선언에 대한 표결이 있었습니다. 많은 비동맹국의 국가 원수들이 북한을 지지한다는 공문을 유엔으로 보냈습니다. 북한 지지 문제는 알제리를 방문하여 회담했을 때 영향을 받았습니다. 알제리는 비동맹국 협회의 의장 국가입니다. 비동맹국들은 입장에 변동 없이 북한의 대의를 지지할 것임을 밝혔습니다. 알제리는 북한이 아직 관계를 맺지 못한 다른 국가들과 연결해주는 방식으로도 북한을 지원해 주겠다고 하였습니다.

본 기간에 많은 국가들과 관계를 맺게 되었습니다. 북한은 자본주의 국가와는 협력할 생각이 없습니다. 왜냐하면 호적한 조건에서 북한의 정치를 생성하기를 원하기 때문입니다. 자본주의 국가들은 사회주의 국가들이 남한을 인정한다면 북한도 인정하게 될 것이라고 말했습니다. 사실 자본주의국가들은 두 개의 분단 국가가 따로 존속하는 데에 힘쓰고 있습니다. 그래서 북한은 자본주의 국가들과의 외교 관계 구축을 고집하지는 않습니다. 북한은 중립국가와의 관계 확장을 위해 주력하고 있습니다. 외교관계 수립에 있어서 북한은 적지 않은 성과를 내고 있습니다.

이것이 동지께 북한과 관련하여 말씀드리고자 했던 세 가지 주요한 사안과 상황입니다. 북한은 현시점까지 잘 해왔다고 봅니다.

북한과 불가리아 양 당의 관계에 대해서 간략하게 언급하겠습니다.

앞서 언급했다시피 동지의 방문 이후에 양국의 양 당 간의 관계는 새로운 전기를 맞이하게 되었으며, 계속해서 발전하고 있습니다. 긍정적인 발전에 대해 개인적으로 깊이 만족하고 있음을 전하고자 합니다.

불가리아 방문과 향후 있을 협상이 양국 관계가 좀 더 돈독해지는 계기가 되기를 바랍니다.

다시 한 번 국제무대에서 지지를 보내주신 점과 동지들의 방북 이후의 경제 협력공동위원회를 통한 원조에 대해 감사합니다. 동지들, 북한은 앞으로도 국제무대에서 불가리아의 지지를 받게 되리라고 확신합니다.

끝까지 경청해주셔서 감사합니다.

<u>토도르 지프코프</u>

우리에게 전달해주신 흥미로운 정보에 대해 감사드립니다.

양국의 양 당과 국가 관계 발전에 대한 말씀에 동의합니다. 양국의 관계는 친구이자 형제로서 잘 발전해나가고 있습니다. 본인은 양국의 관계가 더 돈독해지는 데에 있어서 앞으로 어떤 어려움이 초래할 것으로 생각지 않습니다.

분명히 향후 관계는 각각 담당 기관에 달려 있습니다. 양국은 초반에 경제, 문화, 모든 영역에 있어서 양국의 양 당이 협력을 할 수 있도록 기반을 잘 구축해 놓았습니다. 만일 몇몇 사안에 대해 추가할 필요가 있을 경우에는 북한과 불가리아 동지들이 관계 발전 및 향후에 있을 추가 사안에 대해 논의하면 되리라 봅니다. 불가리아는 모든 영역에서 다각적으로 협력할 준비가 되어 있습니다.

북한의 민족 통일 투쟁에 대한 불가리아의 입장에 대해 말씀드리고자 합니다. 불가리아는 모든 상황에서 북한의 공평한 대의의 편에 서 있었습니다. 지금도 불가리아는 북한의 편에 서 있음을 확신시켜 드리고자 합니다. 앞으로도 완전한 승리를 취할 때까지 북한의 편에 서 있을 것입니다. 불가리아는 한 당으로서 한 국가로서 국제무대에서 북한의 민족 통일을 위한 투쟁의 정당성을 지지하는 입장에서 지지를 표할 것입니다.

현재 안고 있고 해결해야 하는 몇 가지 사안들과 문제에 대해서 간단히 설명하고자 하니 양해해주시기 바랍니다.

다양한 사안들에 대해 우리가 동지가 불가리아에 머무는 동안 대화를 할 수 있는 것은 분명합니다.

올해는 불가리아 제6차 5개년 계획의 마지막 해입니다. 가뭄과 국제 통화 불안정 등 특별히 지난해 야기되었던 어려움과 상관없이 불가리아는 수적으로나 질적으로나 성공적으로 5개년 계획을 완수할 것입니다. 이것은 …….

불가리아는 농업 생산에 엄청난 규모로 집중을 하고 있습니다. 현재 농업과 관련해서는 기계화, 화학화, 자동화 그리고 관개시설 문제가 있습니다.

불가리아 경제를 위해 고심하고 실행하면서 추구하는 이 모든 것들의 최종 목표는 무엇인가? 제6차 5개년 계획을 통해 매해 9억 5백만 레바의 국가적 수익을 창출하고 있습니다. 또한 제7차 5개년 계획에는 매년 약 108억 레바나 제6차 5개년 계획과 비교해 볼 때 두 배 이상의 수익을 창출할 것입니다. 이것은 국가기획위원회에서 산출한 것입니다. 국가기획위원회에서는 더 낮은 지표를 제시한다는 점을 감안하셔야 합니다. 변동 계수를 2~2.5로 산정하는 반면 국가기획위원회는 1.8로 산정합니다.

보시다시피, 불가리아는 경제 분야에서 결정적인 전환점을 맞이하고 있습니다. 전환점은 지도부에게나 중앙에나 각 지역에서 난 각계각층에서 어려움이 될 수도 있습니다. 인민을 위해서는 결코 무겁지 않습니다. 불가리아는 때로는 허리띠를 졸라매고 때로는 허리띠를 푸는 이러한 전환점으로 가고 있는 것이 아닙니다.

다음 단계에서 경제 성장을 위한 새로운 접근법은 확장 가능성을 제공합니다. 앞서 언급했듯이 국가 수익뿐만 아니라 인민의 물질적 정신적인 수요에 걸맞는 문화 변혁의 발전 기회를 가져올 것입니다. 또 더 나아가 방위비로 더 많은 비용을 책정할 수 가능성을 제공합니다. 불가리아에서는 군대가 자국 방위를 책임집니다. 불가리아는 모든 젊은이들이 국방의 의무를 다하고 있습니다. 국방에 있어서 가장 큰 문제는 현대 무기를 갖추는 것입니다. 우리는 저격용 충분히 생산하고 있으며 심지어는 수출하고 있습니다. 하지만 전투기, 탱크, 로켓 등은 수입하고 있는 실정입니다. 이전에는 무기들을 무상으로 받았으나 지금은 구입해야만 합니다.

불가리아는 이 문제를 경제적으로만 검토하는 것이 아니라 국방, 사회, 그리고 문화 등 다양한 측면에서 검토하고 있습니다.

불가리아 외교정치 활동에 대해서 말하자면 국제적인 문제를 해결하는 데 기여하는 데 주력하고 있습니다.

불가리아의 노력 중 대부분은 발칸을 향하고 있습니다. 불가리아는 발칸반도의 중심지로, 발칸에 대한 고려 없이는 그 어떤 것도 비밀리에 결정지을 수 없습니다. 또한 불가리아에 대항하는 큰 세력들이 있습니다. 미국 그리고 다른 제국주의 세력들이 불가리아를 발칸에서 고립시키려고 합니다. 불가리아와 북한의 동지인 중국조차 우리를 고립시키기 위해 발칸에서 적극적으로 활동하고 있습니다. 가장 먼 왼쪽 끝에서부터 가장 먼 오른쪽 끝의 많은 세력들이 불가리아를 고립시키려고 합니다. 하지만 그 누구도 불가리아를 고립시킬 수는 없습니다. 그들이 힘이 쏟는 만큼 불가리아의 주권도 신장되고 있기 때문입니다. 불가리아는 발칸반도 중심에 있는 사회주의 국가입니다. 불가리아를 멸망시키지 않는 한 어떤 방법을 동원해도 불가리아를 고립시킬 수 없습니다. 불가리아를 멸망시키는 일은 그리 쉬운 일이 아닙니다.

불가리아는 발칸에 있는 거의 모든 국가들과 관계를 잘 발전시켜 나가고 있습니다.

아시는 바처럼 루마니아와는 특정 사안에 대해 몇 가지 차이점이 있습니다. 하지만 루마니아와 관계도 잘 발전시켜 나가고 있습니다. 루마니아 제1 장관 마냐 마네스쿠 동지가 불가리아를 방문하여 스탄코 토도로프 동지와 회담을 진행했습니다. 본인을 필두로 한 불가리아 당 정부 사절단이 오는 7월 16일 루마니아를 방문할 예정입니다. 그 다음 단계로 불가리아와 루마니아와는 광범위한 경제 영역에서 협력을 이뤄낼 것입니다. 1980년까지 루마니아와의 무역은 약 10억 루블에 이를 것입니다. 협동 기업을 설립해서 도나우 강에 수력 발전소를 건설할 예정입니다. 또한 야금 분야 등에서도 협력을 구체화할 것입니다.

유고슬라비아와는 이념적인 면에서나 기타 다른 문제들에 있어서 다른 견해를 가지고 있음에도 불구하고 경제적 협력을 아주 잘 발전시켜 왔습니다. 연간 무역이 약 2억 달러를 넘어섰습니다. 올해는 2억 8백만 달러에 달할 것으로 전망합니다. 유고슬라비아와의 무역은 줄곧 증가하고 있습니다.

최근 그리스와 불가리아의 관계는 아주 많이 좋아졌습니다. 터키와도 마찬가지입니다. 그리스와 터키는 나토의 회원국으로서, 자본주의 국가입니다. 불가리아는 사회주의 국가로 바르샤바 협약의 회원입니다. 그러나 이웃국가로서 좋은 관계를 맺고 있습니다.

알바니아와는 특히 경제 분야에서 좋은 관계를 발전시키고 있습니다. 불가리아는 알바니아를 반대하는 캠페인을 벌이지 않습니다. 몇 달 전까지만 해도 알바니아는 불가리아를 반대하는 캠페인을 선도하지 않았습니다. 최근에 불가리아를 반대하는 캠페인을 시작했습니다. 알바니아에 불가리아도 알바니아가 하는 것처럼 캠페인을 조직할 수 있음과 알바니아가 왜 불가리아를 반대하는 캠페인을 벌이는지에 대해 궁금하다고 표명을 한 바 있습니다. 불가리아도 알바니아 반대 캠페인을 벌였습니다. 그러자 알바니아에서 불가리아를 반대하는 캠페인을 멈췄습니다. 알바니아 인민들은 불가리아 인민을 '현대 수정주의자들'이라고 부릅니다. 그러나 이것은 알바니아 인민들의 전문용어입니다. 엔베르 호자 집권기에 그와 개인적인 친구였습니다.

발칸 국가들의 상황은 복잡하다고 말할 수 있으나 전체적으로 보면 상황이 더 복잡해지는 쪽으로 흐르는 것이 아니라 상황이 더 좋아지는 쪽으로 흘러가고 있습니다.

현재 중요한 것은 사이프로스 문제입니다.

불가리아는 유럽의 사회주의 국가들, 특히 소련과 아주 좋은 관계를 맺고 있습니다. 또한 공산주의 국가들을 강화하고 결집하는 운동에 모든 노력을 기울이고 있으며, 형제 공산주의 당들과 넓은 관계망을 발전시켜 나가고 있습니다.

불가리아는 비동맹국들과 개발도상국들과도 관계를 발전시켜 나가고 있습니다. 아시다시피 상기 국가들은 진보 우익 정권이 집권하며 대기업과 각종 중소기업들의 총산으로 대표됩니다.

불가리아는 국제 활동을 적극적으로 유지하고 있습니다. 또한 100개 이상의 국가와 외교관계를 맺고 있으며 무역 관계는 그 이상입니다. 또 불가리아는 주권이 있습니다. 하지만 이 때문에 그들이 우리를 존중하는 것은 아닙니다. 다른 국가들이 불가리아를 존중하는 것은 불가리아 정치는 유연하며 맞춤형이기 때문입니다. 우리는 이를 진압하기 위해 노력합니다. 우리의 정책은 원칙적이며 불안하지 않습니다. 그래서 다른 국가들이 불가리아를 존중합니다. 불가리아는 솔직하게 표현하지 에두르지 않는다는 것을 모든 국가가 알고 있습니다. 우리는 기여할 수 있는 가능성 범위 안에서 최선을 다합니다.

불가리아 국가 내 도덕적 정치적 상황에 대해 말씀드리자면 아시다시피 우리 당은 유서가 깊은 당으로 노동자들에게 엄청난 영향력을 발휘합니다. 불가리아 국내 상황은 고요합니다. 사람들은 자신감에 차 있고 낙관적입니다. 물론 몇몇 단점과 관련하여 비판을 하는 경우도 있습니다. 하지만 전체적으로 불가리아는 창조적인 지식인들과 당을 중심으로 결집해왔습니다. 불가리아에는 다른 사회주의 국가와 같은 내부적인 문제는 거의 없습니다. 다른 사회주의 국가들처럼 당을 반대하는 세력은 없습니다. 불가리아에는 적대 세력이 없습니다. 심지어 미미한 별도의 기관조차도 없습니다. 이러한 기관들은 불가리아에서 존재할 수가 없습니다. 불가리아에는 사회를 좀 먹고 와해시킬 수 있는 조건이 없습니다. 당이 모든 곳에 있습니다. 불가리아 당은 거대하며 강합니다. 10명의 1명은 당의 회원입니다. 인민의 90%가 콤소몰(레닌주의 청년 공산주의자 동맹) 이나 노동조합, 조국전선의 회원으로 적극적으로 활동하고 있습니다.

이렇게 간략히 정보를 드렸습니다.

경청해주셔서 감사합니다.

김일성

흥미로운 정보에 감사드립니다.

토도르 지프코프

다시 대화할 기회가 있을 것으로 알고 있습니다.

40. 불가리아공화국 국립중앙공문서관
원문서 소장위치 1B, 문서철 60, 문서번호 178

최종 회담
불가리아 인민공화국 당정부 대표단과 북한 당정부 사절단의

1975년 6월 5일 – 당 본부 회의장
(오전 10 : 00)

토도르 지프코프

김일성 동지,

본 최종 회담에 양국 당 정부 대표단들과 다시 한 번 자리를 하게 된 것과 초대에 응하여 불가리아를 방문한 것에 대해 다시 한 번 깊이 감사드립니다.

우리는 모두 북한의 방문과 대화와 협상과 몇몇 사안에 대해 협약에 도달한 사실에 대해 매우 만족합니다. 의심의 여지 없이 본 방문과 방문 결과는 양국 당과 양국 관계 발전에 새로운 추진력이 될 것입니다.

우리 모두에게 한 가지 아쉬운 점은 불가리아에 짧은 기간 동안 머물게 된 것입니다. 우리는 북한 사절단이 더 많은 시간을 우리와 함께 할 수 없다는 것을 잘 압니다. 하지만 앞으로 다시 한 번 공식적으로든 반공식적으로든 방문해주시기 바랍니다. 그때 더 많은 대화의 기회가 있기를 바랍니다. 불가리아에 대해 긍정적인 측면과 부정적인 측면을 더 많이 알게 되길 바랍니다. 불가리아가 이뤄낸 성과와 해결되지 않은 문제들, 어려움, 불명예스러운 부분들에 대해 이야기할 수 있기를 바랍니다. 아울러 불가리아에 있는 부정적인 것들 중 불가리아 사람인 우리는 불가리아 안에 있어서 볼 수 없으나 여러분이 볼 수 있는 것이 있을 것입니다. 모든 것이 너무 빨리 지나가 버렸습니다.

동지의 건강을 위하여! 우리의 우정을 위하여! 우리의 동지애를 위하여! 건배!

김일성

감사합니다.

지프코프 동지, 저와 사절단의 사절들은 모두 이번 불가리아 방문에 대해 아주 만족합니다. 다시 한 번 따뜻하고 친근한 환대에 감사를 표합니다.

우리는 불가리아에 대해서 많이 알게 되었습니다. 다시 한 번 불가리아의 농업, 공업, 문화 분야의 성공에 대해 많은 것을 배웠음을 확신합니다.

미래에 대해 한 말씀드리고자 하는 것은 양국 정부 및 당은 양국의 우호 관계 발전에 긴밀하게 협력할 뿐만 아니라 양국의 사회주의 건설 기여에도 협력하기를 바랍니다.

우리는 좋은 협력, 좋은 교류, 특히 경제분야에서 좋은 교류를 실현하고 있습니다. 북한은 극동 아시아에 위치해 있고 불가리아는 발칸에 위치해 있다는 사실에 입각하여 긴장 상황 속에서 유익하고 필요한 의견 교류, 정치적 문제들에 대해 협력하고자 합니다. 제국주의 국가들은 말이 아닌 무기로 북한에 대항하고 있습니다. 이런 상황에 양국의 협력 증진과 정치 영역의 의견 교류는 양국에 매우 유익하리라고 생각합니다. 양국 대표단의 공식 회담 자리에서, 개인적인 대화에서, 이동을 하면서 나눈 대화에서 교류한 의견들은 매우 유익할 것입니다.

앞으로 양국의 양 당 관계는 계속해서 더 성공적으로 발전해 나갈 것이라고 확신합니다. 불가리아 방문이 성공적임에 따라 양국 당과 양국 정부의 관계가 더 높은 단계로 승격할 것을 확신합니다.

양국 당과 국가의 우정을 위하여!

토도르 지프코프

북한 당정부 대표단의 영예에 맞춰 소피아 노동자들이 마련해놓은 회의 석상으로 옮기시겠습니다.

41. 불가리아공화국 국립중앙공문서관
원문서 소장위치 1B, 문서철 60, 문서번호 178

공동성명서
북한 당정부 사절단의 불가리아 인민공화국 방문에 대하여

불가리아 공산당 중앙위원회, 국가위원회, 불가리아 인민공화국 내각행정부의 초대 따라 북한 노동당 중앙위원회 서기장이자 북한 수장 김일성을 대표로 한 북한 당 정부사절단이 1975년 6월 2일부터 5일까지 불가리아 인민공화국을 공식 우호 방문하였다.

북한 당정부사절단의 방문 기간 동안 산업 현장, 문화단지, 문화기관을 방문하였다. 소피아, 톨부힌스키(현 도브리츠), 바르나 지역의 노동자들과 우호 접견이 있었다. 어디에서나 북한 노동당 중앙위원회 서기장이자 북한 수장 김일성을 대표로 하는 북한 당 정부사절단을 따뜻하고 정성껏 영접했으며 손님으로 모셨다. 사절단과 불가리아 노동자들과의 만남은 불가리아 인민공화국과 북한의 형제애를 나타내는 빛나는 표징이 되었다.

회담에는 불가리아 공산당 중앙위원회 1등 서기관이자 국가위원회 의장인 토도르 지브코프 동지와 북한 노동당 중앙위원회 서기장이자 북한 수장인 김일성이 참석했다.

불가리아공화국:

스탄코 토도로프(불가리아 공산당 중앙위원회 정치국 의원 및 내각행정부 의장, 펜초 쿠바딘스키(불가리아 공산당 중앙위원회 정치국 의원 및 조국전선인민위원회 의장),이반 포포프(불가리아 공산당 중앙위원회 정치국 의원 및 국가위원회 부의장), 콘스탄틴 텔라로프(불가리아 공산당 중앙위원회 서기관), 키릴 자레프(불가리아 공산당 중앙위원회 부의원 및 내각행정부 부의장 및 국가계획위원회 의장), 아타나스 데메르

지에프 대령(불가리아 공산당 중앙위원회 의원, 국방부 제1차관 및 불가리아 인민군 작전참모), 안돈 트라이코프(불가리아 공산당 중앙위원회 준의원 및 외무부 제1차관), 판텔레이 자레프(불가리아 공산당 중앙위원회 의원 및 불가리아 작가 협회 회장), 흐리스토 켈체프(불가리아 공산당 중앙위원회 의원 및 주북한 불가리아 특명 전권대사).

북한:

김동규(정치위원회 의원, 북한 공산당 중앙위원회 서기관 및 국가 부수장), 아르메니안 장군 오진우(정치위원회 의원, 북한 공산당 중앙위원회 서기관 및 북한인민군 작전참모), 류장식(정치위원회 준의원 및 북한 공산당 중앙위원회 서기관), 허담(북한 공산당위원회 의원 및 북한 행정위원회 부의장 및 외무부 장관), 장정남(북한 공산당 중앙위원회 의원 및 대외경제관계부 장관), 리종환(주불가리아 조선민주주의인민공화국 특명전권대사).

회담은 형제애와 동지로서의 신뢰 속에서 진행되었다. 대표단들은 각각 자국 현황에 대한 정보를 제공하였으며, 북한 노동당과 불가리아 공산당, 불가리아공화국과 북한, 양국 인민들이 더 나은 우호 관계와 협력 위해 노력할 것과 국제 공산당과 노동운동에 대해 공동으로 관심을 가지면서 국제적 문제로 대두된 것에 대해 의견을 나누었다.

양국은 1973년 10월, 불가리아 공산당 중앙위원회 1등 서기관이자 국가위원회 의장인 토도르 지브코프 동지와 북한 노동당 중앙위원회 서기장이자 북한 수장인 김일성의 만남으로부터 마르크스주의, 레닌주의 그리고 프롤레타리아 국제주의의 기조 아래, 양국의 경제, 문화적 관계가 더욱 발전했다는 것에 대해 만족감을 표명했다.

또한 양 당의 관계에 대한 만족과 더불어 양국은 앞으로의 더 발전된 관계와 협력을 위한 준비가 되어 있음을 밝혔다.

대표단들은 줄곧 양국의 경제 협력 발전에 강조점을 두었다. 본 사안과 관련하여 국제 불-북 자문위원회를 두기로 하였다. 아울러 1985년까지 양국의 경제 협력 발전을 위한 협정의 중요성에 대해 강조했다.

불가리아는 북한 노동당의 지도하에 역동적인 사회 변혁을 꽃피우고 사회주의를 건설했으며 단기간에 침체되었던 나라를 현대 산업과 농업 발전을 통하여 사회주의 국가를 이룩한 점, 아시아에서 가장 발전한 나라 중 한 나라가 된 점에 대해 북한의 업적을 높이 평가했다. 불가리아는 북한에게 제5회 북한 노동당 전당대회에서 채택한 6개년 계획을 통해 사회주의 건설의 새로운 척도로 승격하는 더 큰 성과가 있기를 기원했다.

북한은 불가리아가 불가리아 공산당 지도하에 이룩한 사회, 경제, 문화 진보를 높이 평가했다. 제10회 불가리아 공산당 대회 시 채택한 사회주의 사회 건설에 더 큰 성과가 있기를 기원했다.

불가리아는 김일성 동지가 발의한 한반도 통일은 외세의 간섭 없이 민주주의 근간과 평화적인 방법으로 실현되어야 한다는 기초하에, 5가지 관점에서의 통일 계획에 대한 지지를 표했다. 불가리아 대표단은 결연히 한반도를 두 개의 나라로 쪼갠 제국주의자들의 간섭과 꼭두각시와 같은 박정희를 비판한다. UN의 깃발 아래 남한 영토에 주둔하고 있는 외국 병력들을 즉각 철수할 것을 촉구한다. 불가리아 대표단은 남한 정치 지도자들이 남한 인민들과 한반도 남단을 향해 가하는 파시스트적인 탄압을 즉각 중단할 것에 대해 응답을 촉구한다. 북한의 민주주의 전환과 평화 통일을 위한 정당한 투쟁에 대해 완전히 지지함을 천명한다.

북한은 유럽과 전 세계의 평화와 안보를 강화하기 위해 발칸에 있는 평화 공존 존속이라는 기본 원칙으로 다양한 사회 계층을 아우르는 이웃 국가들과 좋은 관계를 발전시켜나가려는 불가리아 인민공화국의 평화를 사랑하는 정치 노선을 지지한다.

국제문제 의견 교류에 대해서 양국은 1973년 10월 회담 이후 토도르 지프코프 동지와 김일성 동지는 공동성명서를 통해 국제 상황과 주요 흐름에 대한 평가의 정당성을 발표했다. 양국은 세계 정세가 사회주의, 민주주의, 세계 혁명 발전에는 이롭게 작용하나 제국주의와 반동세력에는 불리하게 작용함을 분석했다. 제국주의의 입지는 좁아지고 있으며 자본주의는 심각한 위기를 겪고 있다. 이런 상황을 인식함에도 불구하고 자본주의는 그들의 공격적인 성향을 바꾸지 않고 있다. 양국은 세계 평화와 인민 수호를 위해서 모든 반제국주의 세력이 강하게 결집할 필요성을 강조했다.

양국은 사회주의 국가들이 마르크스-레닌주의와 프롤레타리아 국제주의에 입각하여 시대의 주요 혁명 세력과 국제 공산주의 노동 운동을 하나로 집결시키기 위해 향후 노력할 필요가 있음을 지적했다.

또한 30년 전 소련 군대와 반파시스트 세력으로 인해 독일 파시스트와 일본 군국주의에 대해 승리한 역사적 의미에 대해 주목하였다.

그리고 사회주의 국가 이전에 유럽국가들의 지속적인 노력으로 이룩할 수 있었던 유럽의 평화와 안전에 대하여 덧붙였다.

양국은 파시스트 독재자들을 끌어내고 사회적 전환을 위해 투쟁하는 포르투갈과 그리스의 민주주의 세력에 지원해왔음을, 제국주의와 내부 세력에 대항하여 역사적인 승리를 이룩한 베트남과 캄보디아를 열렬히 환영함을, 인도차이나 국가들과는 그들의 독립을 위해 더 발전된 연대를 표명했다.

불가리아 인민공화국과 북한은 제국주의와 시온주의에 대항해 온 아랍국가들의 투쟁과 연대함을 밝히고, 이스라엘의 독립과 팔레스타인의 국가 권리 복원에 대해서도 덧붙였다.

양국은 앙골라, 모잠비크, 기니 비사우, 산토메 섬들 그리고 프린시와 카보베르데가 식민지에서 벗어나고자 벌였던 사심 없는 투쟁의 큰 승리를 환영한다고 밝혔다. 또한 양국은 제국주의와 식민주의, 신 식민주의에 대항하고 있는 아시아, 아프리카, 라틴아메리카의 모든 국가의 투쟁을 지지할 것을 표명했다.

대표단들은 계층적인 억압과 착취에 반대하고 민주와 사회주의를 향한 자본주의 국가의 노동자들과의 연대를 표명했다.

양국은 북한 노동당 중앙위원회 서기장이자 북한 수장인 김일성 동지를 대표로 하는 북한 당 정부 사절단의 방문에 만족해하며, 앞으로 양 당이 모든 분야에서 우호적 관계와 협력을 증진할 수 있는 새로운 중요한 순간임을 표명했다. 또한 양국 정부와 인민이 사회주의 국가들과 국제 공산주의 노동 운동을 결집하는 데 지대한 기여를 했음을 표명했다.

북한 측은 불가리아 공산당과 불가리아 인민공화국 정부와 인민의 북한 당 정부 사절단을 향한 열렬한 환영과 접대에 감사를 표했다.

42. 불가리아공화국 국립중앙공문서관
원문서 소장위치 1B, 문서철 81, 문서번호 37

불가리아 공산당 중앙위원회 외교 정책 및 대외 관계부 앞

첨부: 오만석 1부 부장이 이끄는 북한 외무부 대표단의 불가리아 방문에 관한 정보

차관:

1982년 4월 5일, 소피아

정보

1982년 3월 25일부터 29일까지 오만석 제1부 부장이 이끄는 북한 외무부 대표단이 불가리아에 방문했다. 방문은 북한 측에 의해 시작되었다. 대표단에는 북한 외무부의 '불가리아 및 루마니아' 지부장 장세복도 참여했고 "체코슬로바키아 및 헝가리" 지부장인 이장묵도 참여를 했다.

체류 기간 동안 마린 요토프 불가리아 외무부 차관이 대표단을 담당했다. 대표단이 불가리아 플레벤시를 방문하여 앙겔 보리소프 지구인민회의 부의장과 회의를 가졌으며 도시의 명소와 "바프짜로프" 기계 공장을 방문했다.

마린 요토프와 제5부 회원인 페터르 벌카노프 동지와의 회담 때 조만석 주불가리아 북한 대사도 참여 했다. 그때 오만석은 불가리아와 북한의 관계에 대해 높이 평가하며 '사회주의 국가들의 모델 관계'라고 부르기도 했다. 그는 1973년 평양에서 그리고 1975년 소피아에서 열린 회담에서 토도르 지프코프와 김일성 동지 간의 합의에 따라 양자 관계가 발전하고 있다고 언급했다.

오만석은 최근 양국 관계의 심화에 있어 매우 고무적인 일로 알렉산더르 릴리프와 김정일 동지 간의 새해 인사를 나눈 것과 김일성 탄생 40주년에 불가리아공화국 당과

국가 지도자가 김정일에게 보낸 축하 인사를 꼽았다. 김정일은 직접 불가리아와 북한의 관계를 지켜보며 두 국가의 발전에 대한 구체적인 지시를 하였다고 말하였다.

불가리아와 북한의 관계를 더욱 심화하고 확대하기 위한 북한 측의 준비를 강조하면서 오만석은 양국 간 방문 교류를 강화할 것을 제안하고 외무부에서 도브리 주로프와 스탄키 토도로프 동지가 북한을 방문 할 수 있도록 도와달라고 요청했다. 이와 관련하여 그는 지난해 불가리아를 방문한 북한 대표단의 숫자도 많아졌고 수준도 높아졌다고 하였다.

그는 양국 외무부 장관 간의 상호 초청과 관련하여 자국의 다른 국가 방문에 대한 의지를 밝혔다. 페테르 믈라데노프가 북한을 방문하는 것은 허담 동지의 방문 이전에 하기로 했다. 그는 제5부 부서장을 북한에 방문할 수 있도록 초청한다는 것을 다시 한 번 확인해 주었다.

오만석은 북한의 국내 정치 및 경제 상황을 언급하면서 사회주의 건설이 매우 성공적이라고 말했다. 북한 노동당의 제6차 회의의 결정을 실행하고 사회 혁명을 일으키고 인민들을 노동자로 변화시키기 위해 활발한 투쟁이 진행되고 있다고 오만석은 말했다. 김일성과 김정일의 이념적, 정치적 응집력을 더욱 강화됐다고 하였다.

오만석은 올해 북한인민들이 축하하는 “기념일”에 대해 자세히 알려 주었다.

– 김일성 동지 탄생 70주년

– 김정일 동지 탄생 40주년

– 북한인민혁명군 창립 50주년

그는 김일성 동지 탄생 70주년을 제일 큰 명절로 기념할 것이라고 했다. 그 명절은 해외에 있는 북한의 친구들과도 함께 할 것이라고 했다. 불가리아 국가 건립 1300주년, 불가리아 공산당 창립 90주년, 토도르 지프코프 탄생 70주년 등의 행사를 김정일이 직접 지도하여 북한에서 지켰듯이 불가리아에서도 성대한 축하행사를 조직하고 김일성의 70주년을 기념하여 우표 발행 및 기타 행사를 개최하도록 오만석에게 요청했다. 이 요청은 여러 번 반복되었다. 조산묵 불가리아 북한 대사가 불가리아 공산당 중앙위원회와의 대화를 언급하면서 김일성을 위한 축하 행사가 꼭 개최될 것이라고 확고하게 언급했다.

오만석은 한반도의 상황에 대해 간략히 설명하면서 미국과 남한의 괴뢰정부가 저지른 군사적 도발 정책의 결과로 지역의 상황을 극도로 긴장시키고 있다고 강조했다. 미국은 한반도 지역에 핵무기를 포함하여 많은 무기를 보유하는 데 집중하고 있다고 했다. 현재 남한에는 1,000개가 넘는 핵탄두가 있다고 하였다. 남한 정권의 독재와 전쟁 준비가 강화되고 있으며 이에 따라 북한은 예산의 40%는 군사용으로 소비되고 있다고 하였다. 미합중국(Team spirit) 군사 작전은 매년 개최된다고 했다.

오만석은 방문의 주요 목적이었던 조선민주연방공화국을 만들기 위한 제안에 대해 자세히 설명했다. 그는 이 제안의 주요 내용은 두 이데올로기 및 체제를 갖고 있는 남북에 의해서 이루어져야 한다는 상호 인식하에 양국 대표가 단일 국가 정부로 구성되는 동시에 각자의 동등한 권리 또한 갖게 되는, 단일의 통일국가를 건설하는 것이라고 말했다. 지난 시간들로 인해 이 제안의 합리성, 정확성 및 공정성은 국가의 실제 상황을 고려하고 두 부분의 특정 조건 및 관심과 일치했기 때문에 입증된 것이라고 하였다. 오만석은 "안타깝게도 일부 동지들은 사회주의 체제와 자본주의 체제의 결합에 대한 제안을 일시적인 것으로 본다."고 말했다. 이 단계에서 남북 연방공화국 창설 외에는 국가를 통일할 수 있는 다른 방법이 없으며, 제안된 "연맹의 중립 정책은 북한 인민들이 그토록 많은 피에 의해 얻은 사회주의 체제를 포기할 것이라는 의미는 아니다."고 하였다. 오히려 그것은 사회주의 체제를 강화시킬 것이라고 말했다.

그는 반복적인 설명에도 불구하고 불가리아공화국이 이 제안에 대한 공식적인 지지를 표명하지 않은 것을 안타깝게 본다고 했다.

많은 북한의 인민들이 두 나라 간의 이러한 모범적인 우호 관계가 있음에도 불구하고 불가리아가 고려민주연방공화국에 대한 안을 명확하고 구체적으로 지지하지 않은 이유를 궁금해 한다고 했다.

북한의 평화롭고 민주주의적인 통일을 위한 투쟁으로 불가리아 사람들의 친근한 지원과 연대에 감사하다 전하면서, 오만석은 불가리아가 고려민주연방공화국에 대한 안에 대한 입장을 명확하고 구체적으로, 특히 언론사에 보도할 것을 촉구했다. 주불가리아 북한 대사와 장세복은 북한에 관한 다른 자료들을 신문에 기고할 때 문자적으로라도 불가리아가 북한의 제안을 지지한다고 밝힐 것을 요청했다. 그리고 그 제안에 대한 지지를 표명할 때 꼭 '연맹'이라는 단어를 사용해 달라고 요청했다.

오만석은 최근 남한 정부의 계획이 진취적이라고 하였다. 서울의 목표는 국제적 고립에서 벗어나 국가 분열을 영속화하고 '남한과 북한'을 만드는 것이며 이와 관련하여 남한 정권은 남북한을 (별개로) 인정하기 위해 사회주의 국가에 침투하기 위해 가능한 모든 조치를 취하고 있다고 하였다. 이 제안에는 새로운 내용이 포함되지 않았다. 오만석은 "안타깝게도 몇 명의 형제국들이 우리가 통일을 원한다면 제안을 받아들이고 전두환 대통령과 대화를 시작해야 한다."고 말했다. 그는 전두환과 협상할 사람이 아니라고 강조했다. 그는 남한이 사과하고 사람들과 연합하려고 할 경우에만 대화를 할 수 있다고 하였다. 한국에서 민주주의 운동가들이 권력을 잡으면 북한은 그들과 대화를 나눌 것이다. 북한은 전두환 정권 대표가 없는, 남북 정치인 100명으로 구성된 통일 자문기구의 설립을 제안했다.

오만석은 불가리아가 서울의 정책을 비난하고 군체제의 의도를 차단하여 고립에서 벗어나려는 남한과의 접촉 시도를 차단해 달라고 요청했다.

서울에서 제24회 올림픽을 주최하는 국제 올림픽 대회의 결정에 따라 전두환 정권은 올림픽 게임을 사용하여 두 코리아 상태를 유지하고자 하는 불의한 목표를 달성하기를 원한다고 말했다. 오만석은 사회주의 국가들이 남한 올림픽을 막기 위해 최대한 노력을 해 달라고 요청했다.

국제 문제에 있어서는 오만석은 주로 미국의 공격적인 정책에 초점을 맞추었다. 그는 세계의 평화와 안보를 유지하기 위해 사회주의 국가들의 연합의 필요성을 강조했다. 불행하게도 사회주의 국가들의 분열과 국제 공산주의와 노동 운동의 분열로 인해 그들에게 할당된 각자의 역할을 수행 할 수 없다고 말했다. 그는 북한은 모든 군사 기지의 청산을 지지하며 모든 군부대의 철수에 찬성이라고 말했다. 북한은 평화롭고 핵이 없는 지역이 건립되어지길 원한다고 했고 그리고 다른 국가의 영토에 주둔하고 있는 군대를 철수해야 한다고 했다. 또한 북한은 발칸 반도를 핵이 없는 지역으로 바꾸는 불가리아공화국의 제안을 지지한다고 했다.

우리(불가리아)는 불가리아–북한 양국의 제1 당과 국가 지도자 간의 합의에 의한 양국 관계가 성공적으로 발전하고 있다는 것에 대해 높이 평가했다는 것을 알렸다. 북한 사회의 민주적이고 평화로운 통일을 위해 남한에서 미군을 철수시키려는 북한인민의 정당한 투쟁을 위한, 우리의 지속적인 지원과 연대 정책이 강조되었다. 북한 노동당과 북한 국민은 이러한 목표를 달성하기 위한 투쟁의 형태와 방법을 결정할 것이다.

손님들(북한 측)은 우리나라의 외교 정책에 대한 정보를 들었다. 북한 측은 발칸 반도와 유럽에서 불가리아공화국 정책에 대한 지지를 더 자주, 그리고 더 명확하게 표현하기를 희망했다.

다음과 같은 구체적인 질문을 했다.

1. 북한에서 게오르기 디미트로프 탄생 100주년을 축하하는 행사에 대해 요청했다. 오만석은 북한에서 널리 알려진 게오르기 디미트로프의 탄생일은 적절한 방식으로 축하될 것이라고 말했다. 그와 관련해서 주북한 불가리아 대사관의 대사의 제안서를 낸 상태라고 언급했다.
2. 북한 대표들은 '소피아-82'라는 작가들의 국제 회의 때 '평화의 깃발'이라는 이름의 어린이 앙상블의 참여와 기타 국제 행사에 북한의 참가에 대해 요청했다.

1982년 3월 31일, 소피아

43. 불가리아공화국 국립중앙공문서관
원문서 소장위치 1B, 문서철 60, 문서번호 337

공식 회담

토도르 지프코프(불가리아 인민공화국 서기장 및 국무 회의 주석)의 불가리아공화국 정부 정당 대표단과 김일성(북한 노동당 중앙위원회 사무총장 및 국가주석)의 북한 정부 정당 대표 간의

1984년 6월 15일 보야나 관저

불가리아 인민공화국의 회담 참석자 – 그리샤 필리포프(불가리아 공산당 위원회 정치국 회원 및 각료이사회 회장(내각 의장), 펜초 쿠바딘스키(불가리아 공산당 중앙위원회 정치국 회원 및 조국 전선 대표단 의장), 밀코 발레프(불가리아 공산당 중앙위원회 정치국 서기 및 국가위원회 위원), 페터르 믈라데노프(불가리아 공산당 중앙위원회 정치국 위원 및 외무부 장관), 디미터르 스타니쉐프(불가리아 공산당 중앙위원회 서기), 에밀 흐리스토프(불가리아 공산당 중앙위원회 서기 및 국가위원회 위원), 게오르기 카라마네프(각료이사회 부회장(내각 부의장) 및 무역 생산부 장관), 바실 후브체프(주 북한 불가리아공화국 대사, 북한과 불가리아 경제 과학 기술 분야 자문위원회 회장).

북한 측 회담 참석자 – 강성산(북한 중앙인민위원회 정치국 지도원 및 최고인민회대의원), 리천옥(북한 중앙인민위원회 정치국 회원 및 국가부수석), 김영남(조국평화통일위원회 부위원장 및 중앙위원회 국제부 과장), 연형묵(북한 중앙인민위원회 정치국 회원), 권진태(북한 중앙인민위원회 정치국 수습 회원 및 행정부 부장관), 하동윤(주 불가리아 조선민주주의인민공화국 특명 전권대사).

토도르 지프코프: 친애하는 김일성 동지! 친해하는 동지 여러분!
그리고 존경하는 형제 국가 북한의 정당 대표단 여러분!

불가리아 정부와 국가 위원회 그리고 공산당 중앙 위원회를 대신하여, 우리의 초대에 응해주시고 불가리아공화국의 손님으로 와주신 데에 대하여 깊은 감사의 말씀을 전합니다.

김일성: 감사합니다.

토도르 지프코프: 동지의 방문과 우리의 만남이 우리의 국가와 정당 그리고 민족의 더 나아간 관계를 위하여 새로운 활력이 되리라고 굳게 믿습니다. 이는 실제로 우리가 불가리아에서의 이 회담을 통해 우호 및 협력에 관한 협약과 경제 협력 발전 방안에 대한 협약에 서명함으로 인해서 더욱 확실시 될 것입니다. 동지들의 방문은 역사적으로 남을 것입니다. 역사적 평가는 물론 남용되어서는 안됩니다. 하지만 확실한 것은 이것이 우리의 협력을 한 발짝 더 앞으로 더 나가게 한다는 것입니다.
더불어 말씀드리고 싶은 것은, 우리는 동지들과의 우호적인 관계에 대해 아주 만족하고 있다는 것입니다. 저는 우리가 이런 관계에 있기 때문에 양국의 관계는 발전해 나갈 것이며, 우리 이후의 그 누구도 이를 반대하거나 바꿀 수 없을 것이라 확신합니다. 양국 간에 이미 중요한 토대가 세워졌기 때문입니다.
현재 대표단 사이의 이 회담을 어떻게 진행해 나갈 것인가에 대하여 서로 간단하게 의견을 나누고 향후의 과업에 대해 협의하고자 합니다.

김일성: 네 좋습니다.

토도르 지프코프: 괜찮으시다면, 동지들께서는 우리의 손님이시기에 우리 쪽에서 먼저 말씀드리겠습니다. 물론 먼저 말씀하시고 싶으시다면 그렇게 하셔도 좋습니다.

김일성: 제가 먼저 시작하겠습니다.

토도르 지프코프: 좋습니다. 동지들이여, 건배!

김일성: 존경하는 토도르 지프코프 동지!

존경하는 불가리아 공산당과 정부 기관의 지도자 동지 여러분!

가장 먼저 북한 중앙인민위원회와 정부를 대신하여 토도르 지프코프 동지께 초대에 대한 진심 어린 감사의 말씀을 드립니다.

(지난) 첫 만남에 이어 또 다시 불가리아에서 만나게 된 것에 대하여, 그리고 동지들께서 보여주신 그 열의에 대하여 진심으로 감사드립니다. 기차가 어젯밤 늦게 도착하였지만 우리는 매우 잘 도착하였습니다. 어제는 여러분의 나라에서 아주 즐거운 오후를 보냈습니다. 우리는 앞으로의 4일 동안 어제 기차로 지나쳤던 많은 역의 인민들을 시작으로 하여 소피아 인민들로부터의 환영인사를 받을 수 있는 기회를 얻게 된 것에 대해 진심으로 감사드립니다.

우리 대표단의 모든 회원들은 이번 방문에 감동 받았습니다. 우리는 이것이 북한 인민을 향한 불가리아 인민의 따뜻한 마음이라고 생각합니다. 이는 우리 양국 인민뿐만이 아닌 우리 두 국가 사이에서 실현되고 있는 우호 행보가 전 세계 모든 진보인들 앞에 확실한 예가 될 것이라 생각합니다.

우리를 기쁘게 하는 것은 우리 측 방문에 (보여주신) 토도르 지프코프 동지의 중앙위원회 주변의 불가리아 인민들의 강한 결속력입니다. 이는 우리뿐만 아니라 모든 진보인들을 기쁘게 할 것입니다. 이는 우리 인민들과 다른 진보 국가에 모범이 될 것입니다.

한 가지 죄송한 점은, 우리 국가에 다른 국가들이 방문하기로 하였다는 것입니다. 물론 모든 협약과 관계에 상관없이 제가 다시 불가리아에 방문하게 된 것은 나쁘지 않다고 생각합니다.

토도르 지프코프: 동지의 방문을 환영합니다.

김일성: 감사합니다.

방문의 목표는 첫 번째 우리 두 민족 간 우정을 더 돈독히 하는 것이며, 두 번째는 사회주의 건설 아래 동지들의 성공과 경험을 알고자 하는 것이며, 세 번째 양국의 경제가 더 높은 단계로 갈 수 있도록 돕고자 하는 것입니다.

이미 말씀하신 바와 같이, 우리의 정치 관계의 성공적인 발전으로 말미암아 우리는 우정과 협력을 위한 협약에 작성하게 될 것입니다. 우리는 불가리아가 이룩해 온 성공 사례들에 대해 알게 되었고 이제는 장기 협정 체결을 통하여 우리의 경제 관계를 더 높은 단계로 끌어올리기 위한 준비가 되었습니다.
괜찮으시다면 우리의 현 상태와 상황, 그리고 남한의 상태에 대해서 간단히 말씀드리고 싶습니다. 물론 시간이 된다면 우리 국가와 주변국들과의 향후 전망과 발전에 대해서도 덧붙이겠습니다.
우리 국가의 상황에 대해서 말씀드리고자 합니다. (이미 합의한 바와 같이 내일도 회담을 이어나갈 것이기에 계속하겠습니다.)
1973년도 지프코프 동지의 방북 이후, 우리는 일련의 변화를 거듭하였으며 발전하였습니다. 아시다시피 우리는 북한에 사회주의 사회를 구축하는 동시에 남한의 혁명을 지원하고 있습니다. 간단하게 말씀드리자면 우리 쪽의 사회주의 구축은 성공적으로 시행되고 있다고 할 수 있겠습니다.
1980년대 제6차 노동당 회의가 열렸습니다. 제6차 회의에서는 우리에게 새로운 전도유망한 과제가 주어졌습니다. 실제로 이 유망한 과제들은 우리나라의 발전과 1980년대 후반까지 최고의 높은 수준의 발전을 이루는데 기여할 것입니다.
1980년대 말까지 시행되는 이 전도유망 과제들의 규모가 엄청납니다.
1980년대 말까지 우리는 연안의 30만 헥타르의 새로운 땅을 경작하기 위하여, 1000억 kwh의 전기, 1억 2천만의 석탄, 1천5백만의 강철, 1백50만의 비철금속, 2천만 톤의 시멘트, 7백만 톤의 화학비료, 15억 톤의 직물, 5백만 톤의 수산물, 1천5백만 톤의 곡물을 생산해야 합니다.
실제로 이는 현재 생산량에 비해 1회 생산 증가와 비교하여 30~40%더 성장한 수준입니다. 이런 모순적인 상황이라 할지라도 우리는 빠른 속도로 경제를 성장시키는데 실패하지 않을 것입니다. 그리고 우리는 가능한 한 남한보다 더 높은 수준의 경제 기반을 완성하기 위해 최선을 다할 것입니다.
이 과제들을 수행하기 위하여 우리는 이데올로기 혁명, 기술 혁명 그리고 문화 혁명, 이 세 가지 주요 혁명을 수행해야 합니다.
이데올로기 혁명을 위한 조건은 매우 좋습니다. 우리가 적을 마주하고 있다는 것은 좋은 조건을 만들어냅니다. 우리는 이것이 이데올로기 교육에 기여한다고 말합니다. 자본주의 이데올로기를 넘어선, 사회주의 이데올로기의 승리를 만들어냈습니다. 만약 우리가 이데올로기적인 혁명을 성공적으로 수행한다면 우리의 적들이 반공산주의와 반사회주의 활동을 실제화할 수 있는 가능성을 열어주는 것이기도 합니다.

우리는 지금까지는 아주 성공적이라고 보고 있습니다. 모든 인민들이 사회주의 이념으로 무장하고 있습니다. 모든 인민들이 노동계층으로서 일하며 살아가고 있습니다. 또한 정당 정책으로 무장하고 있습니다. 이는 정당의 기강을 바로 세우고, 노동조합, 노동기관, 청년 단체, 선구단체 등을 강화하는 데 이바지하고 있습니다. 이런 것들은 우리 인민 전체의 삶에 있어서 조직 생활을 강화하는 데 도움이 됩니다. 우리가 우리의 정치적 환경에 대해 긍정적인 이유는 우리가 하나로 단결하고 있기 때문입니다. 또한 현재 우리에게는 정당에 대항한 그 어떤 반대나 투쟁도 없다는 사실을 말씀드리고 싶습니다. 모든 인민은 합동하여 투쟁할 준비가 되어 있습니다. 아시다시피 과거 우리 국가는 경제적 기술적 후진국이었습니다. 우리에게는 기술 발전을 위한 엄청난 과제들에 직면했었습니다. 그렇기 때문에 이 두 가지 영역에서 그것을 해결하기 위한 주요 목표 중 하나는 기술혁명을 일으키는 것입니다.

아시는 바와 같이, 우리는 전쟁 후 잿더미에서부터 복원 작업을 시작했습니다. 우리는 계속해서 사회주의 건설을 위해 싸워야 하며 또한 사회주의 국가들의 원조와 함께 더 나은 발전을 가져올 단단한 기반을 만들어 가고 있습니다. 이렇게 우리는 기존의 경제적 기반을 바탕으로 새로운 기술을 도입함으로써 새로운 정점을 이룩할 수 있을 것이라고 믿습니다.

제6차 정당 총회는 현황을 조사하면서 경제 및 기술 개발에서 이러한 정점에 오르기 위한 방안으로 가장 먼저 비철금속 생산 확대에 주목하고 있습니다. 현지 원자재에 자본 투자 및 비철 금속 생산을 늘리기 위한 임무 수행을 기반으로 한다면 그 정상을 정복할 수 있을 것입니다. 또한 외화 문제를 해결하는 데도 도움이 될 것입니다. 그밖에 납과 아연 생산량은 백만 톤, 구리 생산량은 2만 톤까지 확대해야 합니다.

[…]

우리는 방문 기간 동안, 전문가로부터 기술 혁명 과제를 위한 사안들이 명확해져야 한다고 생각하며, 이를 위해 동지들과 협력할 수 있기를 바랍니다.
다른 혁명은, 문화적 혁명입니다.
아시다시피 우리 국가는 기술자들이 부족한 후진국이었습니다. 하지만 지금까지의 수행 한 작업의 결과로 약 백만 명 이상의 전문기술자를 구비하였습니다. 우리는 기술력을 높이기 위하여 그들을 다른 사회주의 국가로 보내거나, 특별한 경우에는 특정 자본주의 국가로 보낼 수 있다고 봅니다. 우리 기술자들이 불가리아에 가서 전문성을 높일 수도 있을 것입니다. 기술자들의 전문성과 기술력을 높인다면 우리는 보다 빨리 주어진 과제들을 달성할 수 있습니다.
전시에 보여주신 기술자 및 기술적 원조에 대하여 감사의 말씀을 전하고 싶습니다. 또한 복구 시기인 지금 다시 한 번 기술력 향상을 위한 도움을 주시기를 바라고 있습니다. 전쟁 후에 불가리아에서는 많은 고아들과 학생들을 받아주셨습니다. 그들은 지금 우리나라의 다양한 기업에서 기술자로 일하고 있습니다. 만약 우리에게 또 한번의 원조를 해주신다면, 우리는 기술 혁명의 과업을 해결할 수 있을 것입니다.
제6차 총회에서 제시한 과제들 중 한 가지는 지식인들을 늘리고 새로운 기술자들의 교육을 확대하는 것이었습니다. 이에 관련하여 조선민주주의인민공화국의 상황은 좋습니다. 정치적인 부분과 마찬가지로 경제적인 부분에도 모든 인민이 단결하고 있습니다. 하지만 경제 발전의 새 단계에 도달하기 위해서는 상당한 노력이 필요할 것입니다.
이번을 통하여 장관 대표단들 그리고 그 밖의 전문가 동지들은 양국 경제적 협력에 대하여 논의해야 합니다. 동지 국가를 위해 가능한 일인지 파악해야 합니다. 보시다시피 저를 포함하여 우리 대표단에는 장관, 의장, 부통령 그리고 노동당 중앙위원회 비서(사무총장)이 함께하고 있습니다. 반대하지 않으신다면 논의를 위한 시간을 주시기를 부탁드립니다.
지난 번 동지의 질문이 아주 명확했기에 남한 상황에 대해서는 간단하게 말씀드리겠습니다.
아시는 바와 같이 우리는 긴장 상태에 있습니다. 카터는 집권기에 남한에 주둔하고 있는 그들의 무리를 철수시킬 준비를 하였습니다. (하지만) 레이건 집권 후 상황이 바뀌었습니다. 그는 (오히려) 새 병력을 투입하기 시작했습니다. 그들은 우리의 침략 위험에 대비하여 매년 큰 군사 훈련을 시행하고 있습니다. 우리는 우리 측으로부터의 선제공격은 없을 것이라고 (누누이) 말해왔습니다. 또한 통일 조건이 될 수 있는 연방공화국을 세우기 위하여 양쪽의 사회 시스템을 지키고 양국의 국가 위원회 대표들로 구성된 국가 연합의 기반을 제안해왔습니다. 그런데도 불구하고 그들은 이것이 모두 거짓이라고 답하며 우리의 제안을 묵살했습니다. 우리는 남한을 공격할만한 힘이 없습니다. 그들은 우리보다 더 현대적인 무기를 가지고 있고, 그들의 군대는 70만 명에서 100만 명으로 추정됩니다. 뿐만 이라니 예비군과 자원병력까지 거의 300백만 명을 웃돌고, 핵무기로 무장한 미국 군인이 4만~4만 4천 명 정도 주둔하고 있습니다. 남한의 인민은 우리보다 더 많습니다. 남한 인민은 약 3천만 명 입니다. 우리는 1천7백만 명 정도 입니다.

이럼에도 불구하고 (남한은) 여론을 속이려는 목적으로 우리가 남한을 공격할 준비가 되어있고, 계속해서 현대 핵무기를 수입하고 있다고 말하고 있습니다. 또한 남한은 1983년부터 1984년 동안 팀-스피릿이란 이름의 기동대를 만들어 약 10만 명을 미국 전쟁에 투입시켰습니다. 실제로 미국은 한반도의 긴장을 유지시키기 위해 총력을 다 하고 있습니다.

왜냐하면 올해 1월 13일 우리가 평화 조약을 위해 미국 측에 3국 협상을 제안했었습니다. 남한과 북한 사이의 대표단으로부터 불가침 조약 및 두 부대의 각 15만 명의 군인을 축소하는 안이 결정되길 바랐습니다.

카터 집권기에 북한과 함께 통일 관련하여 3자 회담을 제안했었습니다. 물론 제안서의 내용은 우리의 제안과는 달랐습니다. 하지만 현재까지 우리는 그 제안에 대한 미국의 공식적인 답변을 받지 못했습니다. 중국에서의 레이건과의 회담 때 그는 우리에게 중국을 포함한 4자 회담을 제안했으나, 중국 측은 남한엔 미군이 주둔하고 있으나 자신들은 군대 주둔국이 아니기에 거절하겠다고 하였습니다. 하지만 휴전에 대한 협정서를 체결하는 것은 북한과 미국에 의해서 되었습니다. 1953년 중국도 이 협정에 서명하였으나 고문의 입장이었습니다. 따라서 그들은 지금 한국에 지원을 하고 있지 않으며 공식적인 답을 줄 필요가 없게 되었습니다. 우린 아직 미국으로부터 공식적인 답변을 받지 못하였습니다.

이 이후에 현재 남한과 북한 간의 회담이 제안되고 있습니다. 물론 남한과 대화할 수 있습니다. 하지만 현재 남한은 그 어떤 권리도 없습니다. 평화 조약에 서명 할 권리가 없습니다. 심지어 불가침 조약도 체결할 수 없습니다. 남한의 군대 사령부가 미국의 지도하에 있기 때문입니다. 그들은 그 어떤 선언에도 서명할 수가 없으며, 우리와 평화 조약을 하고자 하는 마음이 없는 미국의 지시 만을 받을 것입니다. 따라서 우리는 불가침 조약에 서명할 수 없습니다.

바꿔 말하자면 미국은 남한에 계속해서 주둔하고 그들을 식민지로 이용하고 싶어 한다고 생각합니다. 우리는 이런 문제가 향후 계속될 것이라고 봅니다. 앞으로 남한에서 혁명적 투쟁이 심화되지 않고 세계 여론의 압박도 없는 한 이 문제는 계속 남아있게 될 것입니다.

이와 함께 남한 인민에게는 변화가 생겼습니다. 해방 이후 남한 인민들은 친미적인 성향을 갖고 있었습니다. 하지만 지금은 반미적으로 바뀌었습니다. 또한 인민의 투쟁이 늘어나고 있는 실정입니다. 남한의 현 모든 진보적 민주적 힘은 전두환 정권의 시작과 함께 격파 되었습니다. 민주적인 위치에 있는 리더들 중 한 명이 반미적 길을 가기 위해 애쓰고 있습니다. 다른 이들은 투옥되었습니다. 우리 측 미국 정보에 의하면 현재 전두환을 내리기 위한 시도가 있습니다. 이런 상황들 때문에 노력과는 관계없이 현재는 회담을 진행하기 힘든 실정입니다.

이런 상황 속에서 우리는 동지들께서 보여주신 원조에 (다시 한 번) 깊은 감사의 말씀을 드리고 싶습니다.

이것이 주변국과 현재 상태에 대한 질문과 관련하여 제가 간단하게 동지께 전하고 싶었던 내용 입니다. 다음에 계속할 수 있기를 바라며 여기에서 제 발언을 마치겠습니다.

우리 정보에 관하여 경청해주셔서 감사합니다.

<u>토도르 지프코프</u>: 김일성 동지, 흥미로운 정보 감사합니다. 동지의 영도하에 이루어진 동지들이 이룩한 큰 성공에 기쁩니다. 우리는 그것들에 대해 알고 있습니다. 동지께서는 빠른 시일 내에, 그리고 장기적인 미래에 달성하려고 하는 큰 과제들에 대해서 말씀해주셨습니다. 양국의 내각 대표들과 그 외에도 많은 동지들이 경제 협력

을 위한 일련의 문제를 논의할 준비가 되어있습니다. 또한 가능한 한 폭넓은 토론이 이루어질 수 있도록 준비하고 있습니다.

한반도 통일 문제에 관련하여 아시다시피 우리는 북한을 지지하고 있으며, 이는 앞으로도 마찬가지일 것입니다.

간단하게 우리 측 과제들에 대하여 말씀드리겠습니다.

우리나라와 인민, 노동계층, 농업 노동자 그리고 지식인들은 모두 제12차 총회에서 결정된 것을 실행시키기 위하여 노력을 다하고 있습니다.

금년은 총회의 결정이 이행된 지 4년 째 되는 해입니다. 현재 우리에게 특별한 어려움은 없습니다. 이데올로기적인 문제도 없습니다. 우리의 환경은 정당 아래에서 그리고 인민 사이에서 만들어졌기 때문입니다. 우리의 책임은 동지들 국가보다 조금 더 무겁습니다.

[…]

몇 년 동안은 우리 사회주의 집단에 적응의 시간이 필요했습니다. 그래서 우리는 인민 생활수준과 관련된 활동을 억제해왔습니다.

하지만 우리는 이미 이 단계를 거쳐 어느 정도 극복해왔기 때문에 금년에는 사회적 문제를 해결하기 위한 활동에 주력하였습니다.—임금 상승(특히 다자녀 가정 및 연금자에 대하여) 등. 이를 위한 전체 1년 예산은 10억 레바를 넘어섭니다.

최근 몇 년, 특히 작년에는 경제와 모든 분야에서의 발전 및 관리 개선을 위해 일련의 행사를 진행했습니다. 우리는 이것을 조건부로 새로운 경제 접근 방식 및 새 경제 메커니즘이라고 불렀습니다. 지금까지는 전반적으로 철저히 수행하였고 그러하기에 그 타당성을 확인시켜주었으며 매우 좋은 결과를 가져왔습니다.

이것은 광범위하고 포괄적인 개념입니다. 저는 이것을 지금 당장 실행시키진 않을 것이나 만약 동지들께서 관심이 있으시다면 기술자들이 이를 배워갈 수도 있을 것입니다. 우리 국가에서는 이 정도의 규모로는 처음으로 갖는 접근방식입니다.

문화 혁명 문제에 대하여는 우리는 그 과정을 완수하였다고 할 수 있겠습니다. 불가리아 곳곳에 – 노동계층, 농업 노동자, 지식인들에게 마르크스주의 레닌주의 이데올로기는 지배적입니다. 다른 이데올로기(이념)는 불가리아에 없습니다. 이 문제는 해결되었습니다.

기술자 구비에 관해서도 현 교육 시스템을 대대적으로 개편하고 있습니다. 아직 완성되지는 않았지만 단일 과학 기술(폴리 테크닉) 학교 설립을 위한 레닌과 마르크스 사상의 길에 착수하였습니다. 젊은 세대는 단계적으로 단일 교육 시스템의 길을 갈 것 입니다. (지금과는 다른 고등학교 단일 교육, 다른 전문 학교들, 그리고 세 번째로 대학을 통하여 전문성이 쌓고 직업을 얻게 되는 것입니다.)

우리는 고등교육에서도 이와 같은 개혁을 시행할 것입니다.

이것은 현재 불가리아에서 다루어지고 있는 주요 문제들입니다. 모든 것들이 완벽하게만 진행되고 있다고는 말할 수 없지만 지도자 계층을 향상시키기 위해 경제와 전체 발전에 점진적으로 새 방법과 새 형태 그리고 새 접근방식을 찾아 가고 있습니다. 우리는 국가의 규모와 역량을 고려하여 기술자들로부터 가치 있고 생산적이며 과학적인 잠재력을 창출했다고 덧붙이고 싶습니다.

우리가 기술적 진보의 여러 분야에서 다른 사회주의 국가들보다 선두에 있다는 것은 우리에게 중요한 사실입니다.

중점은 우리 측의 상황은 아주 평안하다는 것입니다. 인민들은 자신감을 갖고 있고 긍정적입니다. 정당 내부, 노동 계층, 젊은 노동자들 안에서 그 어떤 어려움도 없습니다. 물론 불가리아 안에 아직 적의 무리가 있기 때문에, 작은 어려움들이 있기는 합니다. 하지만 그 조차도 줄어들고 있으며 국가의 발전에 그 어떤 영향력도 미치지 못하고 있습니다.

발칸반도에서 우리나라는 행복과 불행의 중간 지점쯤에 있습니다. 아시다시피 우리는 바르샤바 조약의 다른 회원국과 연합하여 다른 국가들과의 외교정책을 추구하고 있습니다. 하지만 우리는 발칸 반도의 중심에 있으며, 우리의 노선이 다른 사회주의 국가들의 노선과 아주 일치하는 것은 아닙니다. 우리는 터키, 그리스, 루마니아와도 그 관계가 발전하고 있다는 것을 말씀드립니다.

차우셰스쿠 동지와 적어도 1년에 한번은 만나고 있으며, 유고슬라비아와도 마케도니아 문제와 상관없이 잘 발전해가고 있습니다. 우리와의 관계가 안 좋을 이유가 없습니다. 내달에 유고슬라비아의 장관 대표단의 방문이 있을 것입니다.

아시다시피 우리는 발칸 반도를 비핵화 하는 것에 대해 의기투합하였습니다. 이것에 점점 더 많은 지지자들이 생기고 있습니다. 하지만 정보에 따르면 터키가 미국의 압력아래 크루즈 미사일을 탑재하는 것에 동의했다고 합니다.

이렇게 우리의 접근 방식은 현실적입니다. 긍정적인 만큼 현실적인 평가가 있어야 하는 것입니다. 지금의 싸움은 계층적인 것입니다. 이것은 사회주의와 자본주의 사이의 싸움입니다. 자본주의는 발칸에도 움직이고 있습니다.

하지만 다른 사회주의 국가와 우리는 아주 좋은 관계를 이어가고 있습니다. 바르샤바 조약에 해당되는 국가뿐만 아니라 다른 국가들과도 마찬가지 입니다.—알바니아, 중국 등. 특별한 사안에 대해서는 향후 대화를 나눌 수 있을 것 입니다.

일단 간단하게 동지들께서 관심 있어 하실 불가리아에 대하여 말씀드렸습니다. 우리는 성공을 도출해오고 있으나, 긍정적이지 만은 않습니다. 아직 개선해야 할 부분이 있습니다.

김일성 동지 및 다른 동지들과 이 두 문서를 잘 이행해 나가기를 바랍니다. 그래서 향후 남은 문제들에 대해 또 다른 협약을 진행할 수 있도록 말입니다. 8시 30분에 동지들을 리셉션에 초대합니다.

김일성: 감사합니다.

토도르 지프코프: 시간이 많이 흘러 짧게 말씀드렸습니다.

김일성: 우리 장관 동지가 동지를 우리 국가에 초대할 것입니다. 하지만 우린 이미 이 문제에 대해서 이야기했었죠.

토도르 지프코프: 나를 초대하지 않으셔도 내년에 동지 국가를 방문할 예정입니다. 조약대로 북한 다음에 몽골을 방문할 것입니다. 나는 체덴발에게 지금은 북한에 안 갈 것이며, 방문을 연기할 것이라고 말했고 그는 수긍했습니다. 그와 금년에는 방문을 연기할 것이라고 약속하였으나, 향후에 그리 할 것입니다. 북한 다음에 몽골을 방문할 것입니다.

김일성: 방문을 기대합니다.

44. 불가리아공화국 국립중앙공문서관
원문서 소장위치 1B, 문서철 68, 문서번호 590

프로토콜 'A' No. 590
불가리아 공산당 중앙위원회 정치국 회의
1985년 6월 19일

참석자: 토도로 지프코프, 그리샤 필리포프, 도브리 주로프, 요르단 요토프, 밀코 발레프, 오그냔 도이노프, 스탄코 토도로프, 토도르 보지노프, 추도미르 알렉산드로프, 안드레이 루카노프, 게오르기 아타나소프, 게오르기 요르다노프, 그리고르 스토이츠코프, 디미터르 스토야노프, 페터르 듈게로프, 스타니슈 보네프, 스토얀 카라조프, 디미터르 스타니쉐프, 스토얀 미하일로프, 키릴 자레프와 에밀 흐리스토프.

기타 참석자: 페터르 탄체프, 게오르기 카라마네프, 앙겔 발렙스키, 루멘 세르베조프.

안건

I. 토도르 지프코프 동지의 소련과 일본 방문 및 그를 대표로 한 사절단의 북한과 몽골인민공화국의 방문 관련 사항.

결의안

토도르 지프코프 동지의 소련과 일본 방문 및 그가 이끄는 정부 당 대표단의 북한과 몽골인민공화국의 방문에 대해 높이 평가함.

45. 불가리아공화국 국립중앙공문서관
원문서 소장위치 1B, 문서철 68, 문서번호 590

요약문

토도르 지프코프 동지를 대표로 한 불가리아 정당·국가 사절단의 북한 공식·친선 방문에 관한 페테르 믈라데노프에 의한 정보 (1985년 5월 30일~6월 2일)

가는 곳마다 토도르 지프코프 동지와 사절단은 성대한 환영을 받았다. 토도르 지프코프 동지와 김일성 동지의 면담 및 사절단과의2차례 본회의가 평화스럽고 우호적인 분위기에서 상호 존중과 이해 가운데 진행되었다.

토도르 지프코프 동지는 소피아에서의 만남 후, 지난 1년간 불가리아 측에서 해결한 일들에 대해 언급하였다. 토도르 지프코프 동지는 사회주의 국제 노동 분담에 불가리아가 참여하였으며 사회주의 국가, 특히 소련과의 광범위한 연합과 포괄적 협력의 중요성을 강조하였다.

김일성 동지는1984년에 제2차 계획안으로 마친, 7년간 사회경제발전 방안은 수량면에서 주로 비철재료 생산이 증가(연간 110만 톤)되었기 때문에 성공적으로 시행되었다고 하였다. 하지만 몇 가지 산업분야에서의 개별 지표에 관하여는 계획대로 달성하지 못 했다고 밝혔다. 이에 따라 제3차 7년 계획안이 1987년 1월 1일부터 시작될 예정이라고 하였다. 김일성 동지는 전력공급과 노동력 부족은 심각한 문제라고 강조했다.

회담 때나 김일성 동지의 집회 연설에서 그는 '주체'란 사상에 대해 언급을 거의 하지 않은 것은 특이했다.

모임 및 회담에서 북한의 경제의 광범위 부분에서의 발전 능력의 감소와 남한보다 상당한 낙후로 인해 북한의 정당과 국가 지도층에서 기존 경제적 어려움과 문제는 다만 자국의 능력이나 중화 인민공화국, 자본주의 국가와 개발도상국으로부터 지원을 받는 것만으로는 해결되지 않을 것이라고 이해시키려 한다는 인상을 받았다. 1984년 김일성 동지의 소련, 불가리아 인민공화국 및 다른 사회주의 국가 방문 후로 북한 노동당과 북한의 정책에 있어 변화된 입장을 보이고 있다. 형제 사회주의 국가와 정당의 입장에 서서 이들의 주요 국제문제에 대한 입장을 이해시키려 하는 경향이 그것이다.

추후 양국 간 관계의 심화 및 확대에 대해 구체적으로 논의되었다. 현재 두 나라가 서로 다른 분야에서 성공적으로 발전하고 있다는 것에는 이견이 없었다.

1986~1990년 기간에 대한 물류 교류와 지불에 관한 협정이 체결되었다. 물류 교류는 5억 9백만 루블까지 증가할 것이라고 했다. 기계공학 산업 생산품의 예상 교류의 비율은 우리 측에 유리하다.

국제 정세에 대한 토론 시 토도르 지프코프 동지가 가장 중요한 시사 문제들을 이야기했다. 그는 민주주의 원칙에 입각한 북한의 건설에 있어 신뢰의 분위기 가운데 평화통일 조건을 조성하기 위한 노력들에 대해 지속적인 지원을 표명했다.

김일성 동지는 남한의 현 상황에 대해 자세히 이야기하고 북한의 통일을 위한 계획안에 대해 설명했다.

북한의 지도자가 자신의 연설에서 불가리아 공산당, 토도르 지프코프와 게오르기 디미트로프에 대해 칭찬을 했다. 사회주의 건설에서 불가리아가 이룬 성공, 불가리아 국민의 제국주의 전쟁과의 투쟁, 발칸 반도의 비핵화 지역 조성에 대해 높이 평가했다. 불가리아 인민공화국의 정당과 정부가 바르샤바조약기구 국가들과 힘을 모아 발생할 수 있는 핵전쟁의 위험을 막고 평화와 안보를 유지하는 데에 함께 하는 노력에 대해 지지하고 있다고 하였다.

사회주의 국가 간에 유대와 협력의 관계를 발전시킬 필요가 있다고 강조하였다. 이는 각 국가에서 사회주의 건설을 가속화시키고 사회주의와 공산주의의 세계적인 우위를 보장하는 데 있어 중요한 조건이라고 하였다.

김일성 동지가 긍정적인 의미에서든 부정적인 의미에서든 중화 인민공화국을 한 번도 언급하지 않았다는 것은 의외였다.

* * *

대표단의 방문, 토도르 지프코프 동지와 김일성 동지의 면담 시 서명한 장기협정은 마르크스 레닌주의와 사회주의 인터내셔널주의에 바탕으로 양국 간 관계의 발전을 새롭게 촉진시킬 것이다. 분명한 것은 토도르 지프코프 동지의 회담은 요즘 북한 노동당 정책에서 보이는 다양한 긍정적인 추세의 강화, 확인 및 발전에 기여했다는 것이다.

1985년 6월, 소피아

46. 불가리아공화국 국립중앙공문서관
원문서 소장위치 1B, 문서철 68, 문서번호 590

외무부

불가리아 공산당 중앙위원회 정치국 앞

동지들,

북한 노동당 중앙위원회와 북한 중앙인민위원회의 초대로 1985년 5월 30일부터 6월 2일까지 토도르 지프코프 동지가 이끄는 불가리아 정당 · 국가 대표단이 조선민주주의 공식 · 친선 방문을 했다. 이는 김일성 동지를 대표로 한 사절단의 1984년 방문에 대한 응답이었다.

각처에서 토도르 지프코프 동지와 대표단원들이 매우 따뜻한 환영을 받았다: 공항에 김일성 동지를 중심으로 하여 거의 모든 당 · 국가 지도층의 인사들이 나와 있었다. 평양 방문 때와 남포 방문 때도 수만 명의 사람들이 열광적으로 맞이해 주었다. 구호들 중에 모든 것을 이겨내는 마르크스 레닌주의에 대한 구호, 사회주의 국가와 국제 사회주의 운동의 유대 등에 대한 구호도 인상이 깊었다. 일반적으로 인정된 동일의 원칙과 반대로 북한 대표단에 정치국 위원 5명과 후보 위원 1명이 참여했다. 평양 중앙 광장 집회는 장관이었다. 방문 관련하여 언론에 의해 많이 보도되었다.

토도르 지프코프 동지와 김일성 동지의 회담 및 두 나라의 대표단 본회의가 평화스럽고 우호적 분위기에서 상호 존경과 이해 가운데 진행되었다.

토도르 지프코프 동지는 불가리아 소피아에서의 만남 이후 지난 1년간 다루었던 문제, 특히 2월 총회 시 언급되었던 사회주의 발전을 위한 과학기술발전에 관한 것과 농업에 관하여 초점을 맞춘 앞으로 있을 13차 총회에 관한 것을 주요 사항으로 꼽았다. 지프코프 동지는 불가리아 경제는 탄탄하고 추운 겨울 날씨와 봄의 가뭄을 보완할 수 있는 실행 능력과 예비능력을 갖고 있다고 강조했다. 북한 측은 다른 사회주의 국가들과 마찬가지로 관심의 대상인 중소기업 설립에 있어서 불가리아의 경험에 대해 알게 되었다. 불가리아 경제 발전의 성공, 어려움과 전망을 이야기하면서 토도르 지프코프 동지는 사회주의 국제 노동 분담에 불가리아의 참여, 사회주의 국가와, 특히 소련과의 광범위한 통합과 포괄적 협력의 중요성을 매우 강조했다.

토도르 지프코프 동지는 불가리아 국민들이 단결되어 있고 정당이 확고하고 노동자들은 활기차고 긍정적이기 때문에 불가리아 내 정치 계획에 대해서는 문제가 없다고 하였다.

김일성 동지는 자신의 연설에서 1984년 마친 사회경제발전 2차의 7개년 계획에 있어서는 수량 면에서 비철재료 생산량 증가(연간 110만 톤)를 위시하여 전체적으로 잘 시행되었다고 하였다. 하지만 몇 가지 산업분야에서 개별 지표에 관하여는 완벽히 달성하지 못하였기에 제3차 7개년 계획이 1987년 1월 1일부터 시작될 것이라고 하였다.

1년에 천만 톤의 곡물에 대한(주로 쌀과 옥수수) 생산 목적은 달성했다고 하였다. 농경지(겨우 150만 헥타르)의 부족과 벼의 절반가량은 아직도 제례 방법으로 재배하고 있기 때문에 어려움이 있으며 30만 헥타르 바다 면적과 20만 헥타르 경사 면적의 활용, 기계화, 비료 이용과 화학화의 강화를 위해 열심히 노력을 하고 있다고 하였다.

김일성 동지는 생산 시설의 부족과 석탄 채굴 방안의 실패로 인한 전력 부족은 심각한 문제이고 해결책이 필요하다고 강조했다. 1년에 전기 7천만 kw를 생산하기 위해 새로운 시설(큰 강이 있음으로 주로 수력발전소) 설립에 노력을 기울일 것이라고 했다. 폴란드인민공화국의 지원으로 석탄 채굴에 낙후를 극복하는 데에 노력을 기울이고 있다고 말했다.

최소 65만 명의 군대를 유지하는 데에 있어 인력이 부족하다고 하였다. 이 외에 '팀-스피릿'이라는 남한에서 매년 실시하는 군사연습 때 북한은 노동인구의 상당한 인원을 동원시키고 많은 공장을 휴업 시킬 수밖에 없다고 했다.

불가리아 공산당 중앙위원회는 과학기술발전의 문제도 고려하여 올해 11월 임시 총회를 가질 예정이라고 하였다.

북한은 경제 분야에서 먼저는 사회주의 국가와의 협력에 의존하고 다음으로 일본에 거주하고 있는 몇 십만 명의 북한 인민에 의존하고 있다는 것을 강조하였다. 김일성 동지는 또한 외국에 사는 북한 인민의 인력을 활용하는 것은 중화 인민공화국이 추구하는 경제 정책과 아무런 관련이 없다는 것을 언급할 필요가 있다고 하며 강조하였다.

김일성 동지가 어떠한 회담이나 연설에서도 '주체'라는 사상을 언급하지 않은 것은 의아했다. 회담에서 이루어진 면담을 통해 북한의 감소되고 있는 확장 경제 성장 가능성과 남한에 비해 상당히 뒤떨어지기 때문에 북한 정당 및 국가 지도층은 다음과 같은 의견이 지배적임을 알 수 있었다. 기존 경제 어려움과 문제들은 자신들만의 힘과 중화 인민공화국, 자본주의국가, 개발도상국과의 협력만을 통해서는 해결될 수 없다는 것과 미국 · 일본 · 대한민국의 (삼각형) 군사동맹이 형성되어 있는 상황에서 국방 능력의 문제도 해결할 수 없을 뿐만 아니라 이로 인한 한반도 상황이 더욱 악화 될 것이라는 것, 그리고 중화 인민공화국은 한반도의 통일을 방해하는 주요 국가인 미국이 일본과의 친화 정책으로 인해 정치적으로, 국가적으로 중요성이 높은 통일의 문제가 또 다른 장애에 부딪친다는 것이다.

이런 저런 이유로 김일성 동지는 1984년 소련, 불가리아 인민공화국, 다른 사회주의 국가의 방문 이후, 북한 노동당과 북한의 정치 노선의 변화를 보이고 형제 사회주의 국가와 정당으로 입장에 서서 주요 국제 문제에 대한 입장을 밝히는 등 특정 경향이 관찰되었다.

면담에서 양국 관계의 추후 발전과 확장은 주요 주제들 중 하나였다. 1984년 체결한 우호 · 협력조약 및 다른 문서들에 근거하여 현재 양국 관계는 다양한 분야에서 발전되고 있다는 만장일치의 의견이 있었다. 김일성 동지는 북한 인민이 불가리아 인민의 영원히 함께 할 것이며 추후 양국 간 우호와 협력 발전에 모든 노력을 기울일 것이라고 강조했다. 정치국의 위원이자 북한 노동당의 총비서인 김정일의(단독이나 대표단과 함께) 불가리아 방문 초대에 응답을 줄 것이며 김정일의 유럽 사회주의 국가 방문은 필수라고 생각한다고 김일성 동지는 강조했다.

방문 기간 동안 경제 협력에 대해 광범위하게 논의되었다. 1986~1990년간의 무역교류 및 지불에 대한 협정이 체결되었다. 협정에 첨부된 물류 목록에 따르면 5년 안에 물류 교환은 5억 9백만 루블로 증가할 것이다. 이는 이전 협정과 비교했을 때 3.2배, 실제 시행에 비해 2.8배 증가한 수치이다. 기계 제작 제품의 예상 교역 비율은 불가리아에 더 유리하다(불가리아 수출 70%, 북한 수출 40%). 협정을 통해 우리는 비철 금속,

다양한 부품, 주물, 선박 부속품 등의 주요 원자재 및 식용 기름, 비누, 지게차 부품비 등을 받을 수 있게 되었다.

토도르 지프코프 동지와 김일성 동지가 개최한 불가리아 무역-산업 전시회를 통해 선보인 기계 공학 견본들, 전자 제품, 로봇 공학 제품, 기구 제조 및 가전제품들은 전문가와 대중들의 관심을 끌기에 충분했으며 이로써 무역과 추후 경제 협력의 확장에 확실한 기여를 할 것이다.

국제 상황에 대한 논의에서 토도르 지프코프 동지는 시사 문제에 대해 이야기했으며 현재 복잡한 국제 상황에 대한 원인을 심도 있게 분석하고, 불가리아 인민공화국의 위치와 평화 정책에 대해 언급하였다. 그는 소련과 바르샤바 조약 기구 회원국의 히틀러 파시즘과 일본 군국주의와의 퇴치를 함으로 인해 세계 평화 사회주의를 주장하는 데 결정적인 기여를 했다고 강조했다. 토도르 지프코프 동지는 북한의 건설적 설립을 지속적으로 지원함으로 한반도 내 평화롭고 민주주의적인 통일을 위한 조건을 이루고자 하는 북한의 건설적인 정치를 위한 불가리아의 지속적인 지지를 표명했다.

김일성 동지는 남한의 현 상황에 대하여 자세히 이야기했으며 통일 문제를 위한 북한의 정책에 대해 설명했다. 그는 남한에서 반란이 일어나도 미국은 진압할 거라고 했다. 북한의 제안은 남한 인민을 대상으로 효과적인 선전 및 정치 활동과 남한에 주둔하고 있는 미국 군의 불합리함을 입증할 수 있도록 기회를 주었다. 김일성 동지는 토도르 지프코프 동지에게 이 문제에 있어서 북한 노동당의 정치에 대한 불가리아의 지지에 대해 감사를 표했다. 이어서 남한 정권을 고립시키고 국가의 분단 상태를 유지하기 위한 미국의 정치를 맹렬히 비난하는, 사회주의 국가 행동의 필요성을 강조했다.

김일성 동지의 연설에서 불가라아 공산당과 게오르기 디미트로프, 토도르 지프코프에 대해 강조하여 언급하였다. 김일성 동지는 발칸반도를 비핵화 지역으로 탈바꿈시키기 위한 사회주의 건설 및 제국주의와 전쟁에 대항한 불가리아 인민의 투쟁으로 인해 불가리아가 달성한 성과에 대해서 높은 평가를 했다. 핵전쟁의 위험을 막고 평화와 안정을 유지하는 데에 불가리아 인민공화국 정당 · 정부와 바르샤바 조약기구 국가의 노력에 대해 지지를 표했다. 사회주의 국가 간의 우호 · 협력의 관계 개선의 필요성이 강조되었고 결국 이런 관계가 각국의 사회주의 건설의 고속화와 사회주의, 공산주의의 전 세계적인 승리를 보장하게 될 것이라고 했다.

김일성 동지가 긍정적인 의미에서든 부정적인 의미에서든 중화 인민공화국을 한 번도 언급하지 않았다는 것은 눈 여겨 볼만한 것이었다.

* * *

불가리아 인민공화국 정당·정부 대표단의 방문, 토도르 지프코프 동지와 김일성 동지의 회담 및 무역 교류 및 지불에 관해 체결된 장기협정은 마르크스 레닌주의와 국제사회주의를 바탕으로 양국 간 관계의 발전에 새로운 자극을 주었다. 토도르 지프코프 동지가 한 회담은 의심 할 여지없이 요즘 북한 노동당 정책의 최근의 긍정적인 추세를 강화시켰을 뿐만 아니라 통합 및 발전에 기여한 것으로 보인다.

정당과 국가 기관, 정부기관, 특정 조치를 식별하는 공공 기관들과 체결된 협정에 관련하여 일괄적, 체계적, 전체적인 시행은 불가리아 공산당 중앙위원회 정치국에 맡기는 것이 마땅하다고 생각한다.

1985년 6월, 소피아

47. 불가리아공화국 국립중앙공문서관
원문서 소장위치 1B, 문서철 68, 문서번호 590

기밀

정보
토도르 지프코프 동무의 소련과 일본 방문 및 불가리아 정당 대표단의 북한과 몽골인민공화국 공식 친선 방문에 대해 1985년 6월 19일 정치국 회의에서 작성된 내용

토도르 지프코프:

동지 여러분, 일본과 북한, 몽골, 소련 방문에 대해 순차적으로 보고하도록 하겠습니다.

[…]

북한 방문으로 넘어가겠습니다.

저와 저희 대표단이 받은 환영과 세심한 환대가 인상적이었습니다. 12년 전 저의 공식 방문 때보다 더 많은 환대를 받았습니다. 10~12km에 다다른 환영행렬이 준비되어 있었습니다. 이는 북한의 방식과 스타일로 조직된 굉장한 볼거리였습니다. 연극 같았습니다. 북한 사람들은 거리 퍼레이드에 뛰어난 실력을 갖고 행했습니다. 250,000명이 참석하는 집회가 있었습니다. 이런 대규모의 집회는 중국 지도자를 위해서나 가능했었는데 그렇다 하더라도 참석자들이 적었습니다. 사람들이 군인처럼 정렬되어 있었고 아무도 움직이지 않았다는 것이 신기했습니다. 불가리아 사람들은 이렇게 긴 시간 한자리에 있지 못합니다. 하지만 이 모든 것들이 슬프기도 했습니다.

저희 대표단은 굉장한 배려를 받았습니다. 김일성 동지께서는 내내 저희와 함께 계셨고 매우 신중한 태도를 보여주셨습니다.

김일성 동지께서 양 대표단의 모임 때 연설에서 북한이 주력하고 있는 분야에 대해서 설명하셨습니다.

1. 수력발전소를 계속 설립할 것이다. 북한은 물 자원이 풍부하고 수력발전소를 건설하기 위해 좋은 조건을 갖추고 있다.
2. 추가적으로 새로운 땅 300헥타르를 이용하게 될 것이다. 이것은 북한에게 어마어마한 도전이다. 이 땅은 쌀이 재배되는 관개지다. 북한은 농경지로 총 20,000,000데카르가 있다. 북한에게 있어 굉장한 계획이다.
3. 비철금속공업과 비철 광석의 개발에 더욱 박차를 가할 계획이다. 북한은 풍부한 색의 광석을 보유하고 있다.
4. 식품공업을 계속 최대한 빨리 발전시킬 것이다.

북한은 지금까지 열거한 분야들에서 최선을 다할 것이라고 하였습니다.

북한의 경제는 다방면에 걸쳐 발전하고 있습니다. 불가리아와 유럽 사회주의 국가들이 겪고 있는 문제를 북한은 겪지 않았다고 하였습니다.

김일성 동지께서 다음으로 강조하신 문제는 남한과의 문제입니다. 길고 자세하게 북한의 정책과 남한의 발전에 대한 북한의 평가를 말하셨습니다. 특히 양측의 평화롭고 민주주의적인 통일을 위해 북한의 계획을 자세하게 설명하셨습니다.

이 계획에 대해 어떤 말을 할까요? 비현실적입니다. 현 시점에서 두 나라의 평화롭고 민주주의적인 통일은 불가능합니다. 그 첫 번째 이유는 하나의 나라가 자본주의와 사회주의 두 개의 국가로 나뉘어져 있기 때문입니다. 둘째, 두 나라의 경제는 하늘과 땅 차이입니다. 최근에 남한은 급속한 성장을 이루고 있습니다. 경제적 발전과 경제적 가능성을 기준으로 아시아에서 일본에 뒤이어 두 번째 위치를 차지하고 있습니다. 한국은 이미 일본 및 다른 많은 국가들과의 국제 무역 경쟁을 하고 있습니다. 그리고 가장 중요한 것은 무엇보다 올바른 정책을 시행하고 있다는 것입니다. 과학기술산업, 특히 전자 분야에서 매우 급속도로 발전하고 있습니다.

그래서 북한의 계획은 비현실적입니다. 저는 미국, 일본, 남한 간에 공식적으로 선언되지 않은 군사·정치적 동맹이 있는 지에 대해 김일성 동지의 의견을 물어보았습니다. 김일성 동지는 "네, 네. 그 세 국가는 남한에서 군사 연습을 실시합니다."라고 대답하였습니다.

미국, 일본, 남한 간에 실제적인 군사·정치 동맹이 있다는 추측을 고려하면, 현 단계에서 중국에 압력을 놓기 위해 본질적으로 민족주의와 비현실적인 그 계획을 유지해야 된다고요? 무엇 때문에? 미국과 서양 국가들이 두 개의 한국을 만들고 이 두 개의 한국은 국제 연합에 가입하기 위해 노력을 기울이기 때문입니다. 중국은 같은 자세이지만 민주주의 남한을 지지하면서도 어느 쪽도 편들지 않습니다. 김일성 동지는 중국, 홍콩 및 다른 두 개의 국가에서 남한 제품을 구입한다고 중국 정치인들에게 말했다고 전했습니다.

그 후에 다른 사람이 없는 데서 저는 중국에 대한 이야기를 계속했으면 좋겠다고 말했습니다. 김일성 동지에게 중국의 현 상황에 대해서 어떻게 생각하시냐고 물었습니다. 뭐라고 대답하셨을까요? "저는 걱정되는 일이 몇 가지가 있습니다."라며 다음과 같이 대답을 하셨습니다. "첫째로는 자본주의에 개방적이며 자본주의 국가로 자리잡고 있으며 영토와 자유지역을 제공합니다. 지금까지 중국에서 경제적인 결과가 보이지 않지만 이념적인 변화(결과)가 느껴지는 것입니다.

둘째로는, 지방의 땅들을 개인 소유로 분배한 후부터는 그곳에도 자본주의와 중산층이 생기기 시작했습니다. 도시 중소기업들도 개인 소유가 되었기 때문에 중산층을 탄생시키며 자본주의를 위한 조건을 갖추고 있는 것도 그렇습니다.

셋째로, 간부들 중 반혁명적인 인물을 청산하고 당에서 추방하였으며 문화 혁명 때는 억압되었습니다. 그러나 남아 있는 일부의 사람들이 집단을 이루고 중앙위원회와 같이 능동적인 정치 활동을 하여 사회에서 오래된 간부들이 구분되고 있는 것 또한 걱정이 됩니다."

나는 "주요 지도자가 누구인가요?"라고 물었습니다. 김일성 동지는 망설임 없이 '덩샤오핑'이라고 대답하였습니다. 김일성 동지는 중국 정당 측의 몇 명과 이야기를 하였고 그들은 지금 중국에서 사회주의자 노선을 걷는 것이 힘들다 했다고 말했습니다.

모든 상황이 그를 걱정합니다. 무엇보다도 이것은 소련과 다른 사회주의 국가들에 대한 태도의 변화를 설명할 수 있을 것입니다.

그러나 우리에 대한 태도에 있어서 북한 측과 김일성 동지는 개인적으로 굉장한 배려를 보여주셨습니다. 저와 저희 손녀를 자기 집으로까지 초대하셨습니다. 전례에 없는 일입니다.

북한은 대단히 중앙집권화된 국가이며 지도자는 김일성과 그의 아들입니다. 환영단의 영접 때 아들도 나왔습니다. 북한에서 전례 없는 일이라고 합니다.

김일성 동지는 앞으로 유럽에 못 올 것이라고 말했습니다. 이 사실을 고려하여 저는 그의 아들을 불가리아로 초대했습니다. 하지만 김일성은 "제가 가겠습니다. 이번에는 비행기를 타고 가겠습니다"라고 했습니다.

경제와 다른 분야에서도 북한과의 협력을 위해서 엄청난 가능성이 열리고 있습니다. 북한은 이런 협력에 크게 찬성합니다.

물론 회담 시 나는 공산주의 운동과 우리 사회주의 공동체를 강화할 필요성에 대해 언급했습니다. 그는 한 번도 반대하지 않았고 경청하며 동의하였습니다.

북한에 대해선 여기까지입니다.

48. 불가리아공화국 국립중앙공문서관
원문서 소장위치 1B, 문서철 81, 문서번호 37

정보

주제: 양형섭 위원장이 이끄는 북한 정부 사절단의 불가리아 방문 건

1987년 3월 16일부터 3월 21일까지 양형섭 최고인민회의 상임위원회 위원장이 이끄는 북한의 국회 대표단이 불가리아에 방문하였다.

대표단은 토도르 지프코프 동지의 영접을 받았다. 영접 시 지프코프 동지는 손님들을 따뜻하게 맞아주었으며 의회 협력의 심화로 인해 양국의 우호증진에 도움이 될 것이라는 확신한다고 하였다. 그는 모든 분야에서 질적으로 새로운 성장을 시작하면서 북한의 사회적 · 경제적 발전의 주요 순간을 북한 대표들에게 알려 주었다.

대표단 단장은 북한 노동당 중앙위원회 서기장과 북한 김일성 주석으로부터 인사를 토도르 지프코프 동지에게 정성을 다해 전달했다. 그는 제3차 7개년 계획의 시행에 있어서 자기 민족의 성공에 대해 알리고, 불가리아의 경험과 사회주의 건설에서의 우리의 성과에 매우 관심이 있다고 언급했다.

대표단은 페터르 믈라데노프와 게오르기 카라마네프 동지들과도 접견을 가졌고 스탄코 토도로프가 이끄는 국회 대표단과 회담을 하였으며 소피아, 플로브디브, 스몰랸, 프라베츠의 경제 · 문화 유적지를 방문했다.

페터르 믈라데노프 동지는 평화를 강화하고, 국가 간 신뢰의 분위기를 조성하고, 협력을 확대하는 것을 주요 목표로 하고 있는 불가리아 인민공화국의 기본 외교 정책의 원칙을 북한 출신 국회의원들에게 알렸다. 불가리아 외무부 장관은 불가리아가 북한과의 관계에 큰 중요성을 두고 있으며, 이는 모든 분야에서 협력의 유익한 발전을 보여주는 것에 대한 지표라고 했다. 그는 불가리아가 남북 고위급 군사정치회담을 위한 새로운 제안을 포함해 한국의 평화통일을 위한 북한의 노력을 지지한다고 말했다.

양형섭은 세계 내의 이 지역에서의 미국 정책에 있어 몇 가지에 대해 알려줬다. 그는 최근 미국 외교관들이 일부 사회주의 국가들에 의해 한국을 인정하는 조치를 함으로써 미국이 한반도 문제 해결에 관심을 가지고 있다는 인상을 주려고 노력하고 있다고 지적했다. 올해 4월 30일 일본 신문의 인터뷰를 통해 레이건 대통령은 그동안 미국은 한국 문제 해결을 위해 노력하고 있다고 밝혔고, 미국전쟁장관은 “미국은 새로운 군사장비를 공급해 한국의 현대화를 계속 도울 것”이라는 성명을 내었다고 밝혔다. 팀스피릿 군사 훈련의 연차실행 문제도 공공연하게 제기된다. 오랜 CIA 전문가인 신임 주한 미국대사는 야당 지도자들과 만나 대통령 선출 절차에 대한 헌법 개정을 위한 투쟁을 중단한다면 한국의 야당 지도자를 석방하는 것을 도울 것이라고 다짐했다고 하였다. 이 모든 것은 미국이 현 정권에 관심을 갖고 있고 한국 문제의 근본적인 해결에 도움을 줄 의사가 없음을 시사한다고 하였다.

게오르기 카라마네프 불가리아 경제과학기술협력위원회의 위원장은 북한과 불가리아 인민공화국이 협력하는 사업 조직 간의 산업 협력, 과학 및 기술 협력을 위한 대규모 프로그램 등의 새로운 부분에 대해 대표단 위원들에게 강조했다. 경제과학기술협력위원회 가을 본회의에서 협력분야의 새로운 문제들이 해결되고 협력분야의 새로운 문제들이 해결되면 서명된 문서들을 이행하기 위한 조치가 취해질 것이라고 강조했다.

양형섭은 의회가 양국 관계의 몇 가지 문제를 해결하는 데 도움이 되어야 한다며 회담 중 언급된 구체적인 문제에 대해 북한 측 양국 위원회 위원장에게 알리겠다고 약속했다.

불가리아 대표단 스탄코 토도로프 단장은 국회에서 열린 회담에서 북한 국회의원들에게 제13차 당 대회 결정의 이행과 현재 단계에서 불가리아가 해결하는 문제들에 대해 알렸다. 경제 분야와 삶의 여타 분야에서의 우리 측 당과 국가의 새로운 전략 과정이 강조되었다. 그 결과, 불가리아의 통치 기구의 조직 구조의 질적 변화를 이행하기 위해 필요한 전제조건이 만들어졌다. 경제에서 사회주의 민주주의의 발전, 특히 경영과 행정을 위한 노동집단에 사회주의 재산을 부여하는 내용의 국회선언에 관심이 쏠렸다.

국회의장은 또한 우리 당과 국가, 국민 간의 우정과 협력의 양자 관계의 발전에 대해서도 언급했다. 이와 관련하여 여러 가지 부분이 강조됨으로 인해 장기 무역 협정 이행에 직면했던 몇 가지 어려움도 부각되었다. 의회 간의 관계가 불가리아와 북한의 양국 관계의 추가적인 발전에 새로운 자극을 줄 것이라는 확신을 표명했다.

북한 최고인민회의 상임위원회 위원장은 불가리아 의회 의원들에게 북한의 현재 상황과 현재 해결되고 있는 과제들에 대해 알렸다. 그는 1987년부터 1993년까지의 제3차 7개년 계획인 '국가 경제 발전에 관한 법률'을 채택한 두 번째 국회 총회에 특히 관심을 기울였다. 그 계획이 정한 주요 과제는 '주체사상'을 바탕으로 근대화를 통해 사회주의의 물질적·기술적 기반을 조성하는 것이다. 그 기간 동안 산업생산은 1.9배, 농업생산은 1.4배, 국민소득은 1.7배 증가해야 한다. 이러한 과제들을 이행함에 따라, 북한은 가장 발전된 국가들 중 하나가 되어야 한다. 식품, 의류, 주택 문제가 해결이 될 것이다.

그는 제8대 국회 첫 회기 때 김일성 북한 노동당 사무총장이 한반도 긴장완화와 고위급 군사정치협상 개시를 위한 새로운 제안을 했다고 알렸다. 북한은 군사정치적 대화를 경제문제, 적십자와 수자원 협상으로 대체하려는 건설적인 입장을 취했다. 수자원 문제를 제기하면서, 남한은 북한에 건설 중인 금강산댐이 남한의 안보를 위협하고 있다는 터무니없는 주장을 했다고 하였다. 양형섭 장관은 또 며칠 전 한미 군사장관들 간 열렸던 회담에 대해서도 알려줬는데, 이 기간에 미국은 한국군의 현대화와 재무장을 돕겠다고 약속했다는 것이다. 이러한 모든 행동은 남한의 통치자들이 북한과의 관계 정상화를 꺼리는 것을 보여준다. 유럽의 중거리 미사일을 제거하자는 제안은 물론 발칸반도를 핵과 화학무기가 없는 지역으로 만들겠다는 불가리아의 계획에도 지지를 표명했다. 양국 간, 그리고 국제 의회 연합을 통한 우리 두 의회 간의 협력이 매우 중요하다는 것이 강조되었다.

결론적으로, 북한 최고인민회의 국회 대표단의 방문은 시기적절하고 매우 유용했다. 이로 인해 두 의회 사이의 중요한 직접적인 관계를 더욱 강화될 것이며, 양국 간의 협력의 분야를 강화시키는 것은 물론, 우리나라와 국민 사이의 우호의 발전을 위해서도 도움이 될 것이다.

국회 대표단의 방북 공식 초청을 북한 최고위원회 상임위원회에서 알렸다. 그 초청은 흔쾌히 수락되었다.

1987년 5월, 소피아

49. 불가리아공화국 국립중앙공문서관
원문서 소장위치 1B, 문서철 81, 문서번호 37

외교 기록물

발신: 오그냔 미테프, 제5부 부장

불가리아 공산당 중앙 위원회 정치국 회원인 페테르 믈라데노프와 정무원 부총리 겸 외무상인 김영남과의 양국 관계 및 남한 상황에 대해 논의한 면담 관련

김영남 동지는 12월 21일과 22일 아프리카에서 북한으로 가는 길에 소피아에 들렀다. 23일에 그는 페테르 믈라데노프 동지와 접견하였다. 대화 중에, 북한 외무상은 다음의 주요한 사항에 대해 언급했다.

그는 김정일 동지로부터 아프리카 5개국(짐바브웨, 우간다, 잠비아, 탄자니아, 세이셸)으로의 여행과 소피아 체류에 대한 정보를 직접 전달받았다. 그(김영남)가 떠나기 전에, 그는 위대한 지도자에게서, 불가리아 지도자들을 만나고 존경하는 동지인 토도르 지프코프를 만나면 그들에게 가장 따뜻한 인사와 안부를 전하라고 하였다. 김일성 동지는 토도르 지프코프 동지와의 만남을 자주 기억했다.

그는 모스크바에서 열린 10월 혁명 70주년 기념식에서 불가리아 제1당 및 국가 지도자와 만나 대화를 나눌 수 있는 행운을 누렸다. 그는 토도르 지프코프 동지의 활기찬 연설에 깊은 감명을 받았다. 그들은 불가리아 사람들이 건강하고 명랑하게 지내고 새로운 성공으로 이어지기를 간절히 원한다고 했다.

그는 불가리아에서 받은 환대에 진심으로 감사했다. 폭넓은 유대관계를 더욱 강화하려는 공동의 열망을 표현한 것이기도 하다. 그는 페테르 믈라데노프 동지를 북한에 초청했음을 상기시키고 내년 안으로 북한을 방문하기를 희망하고 있다고 했다.

페테르 믈라데노프의 질문에 다음과 같이 답했다.

한반도에서는 미국이 지도자를 교체했을 뿐, 군사-파시스트 체제를 유지하려고 노력을 멈추지 않고 있다. 전 대통령과 현재 대통령 모두 미국 유학 출신이다. 둘 다 1980년 광주에서 일어난 학생 봉기 사건을 겪었을 뿐만 아니라 베트남 전쟁에도 참여했다.

미국은 두 야당 후보 간의 합의를 이끌어내기 위한 '불화'를 단행했다. 그들은 미국에 의해 길러졌다. 이렇게 해서 야당은 정부 후보보다 더 많은 표를 얻었음에도 불구하고 대통령직을 얻을 수 있는 진정한 기회를 잃었다. 선거가 끝나면 권력의 본질에 큰 변화는 없을 것이며, 이로 인해 친미 파벌을 타도하기 위한 국민의 더 많은 투쟁을 유발하려 할 것이다.

깊은 감사를 표하며 믈라데노프 동지는 앞으로 불가리아는 그들을 지지할 것이며 그 원칙적인 입장에는 변화가 없을 것이라는 것을 다시 한 번 알려 주었다. 최근 서방 언론에서 유고슬라비아와 우크라이나가 한국에 사무소를 개설할 것이라는 보도가 있었다(주: 번역본으로는 그 두 국가가 서울에 사무소를 연다는 것인지 유고슬라비아와 헝가리 사무소가 서울에 문을 연다는 것인지가 명확하지 나와 있지 않았다. 우리는 베오그라드와 부다페스트에 있는 한국 사무소에 대한 이야기가 있었으며 서울에 그런 사무소가 개설되었다는 보고가 있었다). 만약 이것이 사실로 밝혀진다면, 북한에게 이것은 혁명을 포기한다는 것을 의미할 것이다(주: 누가 혁명을 포기했는지는 분명하지 않는다. 아마도 유고슬라비아와 헝가리일 것이다).

남한의 꼭두각시들은 북한을 비난하기 위해 자신들의 비행기를 격추시켰다. 그들이 이전에 선거에 영향을 주기 위해 여러 번 했던 것처럼 말이다. 그들은 그 일에 실패했다.

그들은 불가리아와 북한의 초대 지도자들이 합의한 사항을 이행하기 위해 투쟁할 것이다. 경제 부분에 문제가 있었다. 그러나 그는 한 번 더 정신을 차리고 평양으로 돌아가면 그는 그것들을 극복하기 위해 필요한 것을 할 것이다.

페테르 믈라데노프 장관은 국제 문제와 양국 관계에 대한 상세한 설명 외에도 1988년에 북한을 방문할 것이라고 말했다.

이날 회의에는 하동윤 주불가리아 한국대사와 장세복 북한 대사관 차관, 오그냔 미테프 제5부 부부장이 참석했다.

1987년 12월 24일, 소피아

작성자:

O. 미테프

50. 불가리아공화국 국립중앙공문서관
원문서 소장위치 1B, 문서철 81, 문서번호 37

정보
북한 노동당 중앙위원회 서기 황장엽을 대표로 하는 북한 노동당 중앙위원회 사절단 방문 건

금년 10월 12일부터 17일까지 불가리아 공산당과 북한 노동당 간의 협력 계획 이행 및 경험 교류를 위하여 대외관계부 서기 황장엽을 대표로 한 북한 공산당 중앙위원회 사절단이 불가리아를 방문했다.

북한 사절단 대표와 단원은 불가리아 방문 기간 동안 불가리아 공산당 중앙위원회 정치국 의원 밀코 발레프의 영접을 받았으며 불가리아 공산당 중앙위원회 서기장 디미터르 스타니쉐프와 회담을 가졌다.

밀초 발레프와의 접견 중에 불가리아 인민공화국과 조선민주주의인민공화국, 양국은 모든 분야에서 마르크스-레닌주의와 프롤레타리아 국제주의 원칙에 입각하여 성공적인 발전을 이뤄가고 있음을 강조하였다. 양국의 발전적 역량은 불가리아 공산당과 북한 노동당의 관계와 접촉으로 이뤄졌다. 1984년과 1987년 불가리아 인민공화국과 조선민주주의인민공화국에서 있었던 토도르 지프코프 국가 수장 동지와 김일성 국가 수장 동지의 만남과, 1975년 양국 우호 협력 계약 체결이 원동력이 되어 불가리아와 북한이 긴밀한 관계와 관계 증진을 가져올 수 있었음을 강조하였다.

밀코 발레프 동지는 불가리아와 불가리아 인민이 북한 인민의 한반도 평화 통일을 지원해 왔음을 거듭 강조했다.

밀코 발레프는 토도르 지프코프 동지를 대신하여 조선민주주의인민공화국 공산당 제1서기장 김일성 동지에게 열렬한 안부와 번영을 기원하였다.

M. 발레프 동지와 D. 스타니쉐프 동지, 황장엽 사절단 대표는 불가리아 방문 전에 소련과 유고슬라비아를 방문한 북한 사절단의 불가리아 방문 목적은 최근 남한과 사

회주의 국가들의 무역 및 경제 관계가 발전됨에 따라 남한과의 경제 및 정치적 관계 수립을 자제해 줄 것과 불가리아가 북한 노동당 정책과 조선민주주의인민공화국의 한반도 통일을 실질적으로 지원해 줄 것에 대해 상호 인지하였다.

황장엽은 의견 개진 중에 한반도 상황에 중점을 둔 북한 노동당과 조선민주주의인민공화국 정부의 대내 및 대외 정책에 대한 정보를 제공했다. 황장엽은 한민족이 분단될 내부적 이유가 없었음을 강조했다. 사절단 측은 제2차 세계대전의 패전국인 일본은 분단되지 않고 오히려 일본의 지배하에 있던 한반도가 분단된 것에 대한 책임은 제2차 세계대전의 승전국에 있음을 피력했다.

소련은 중요한 해방 임무를 수행했으며 한반도 북부의 자주 발전을 위한 막대한 도움을 주었다. 소련은 북과 남의 최종 통일까지 도덕적 책임이 있다.

한반도의 현 상황에 대한 주범은 남한을 점령하고 한반도 통일을 저해하는 미제국이다.

적지 않은 사람들이 남한의 상황에 대해 역사적인 관점으로 접근하지 않고 오판을 하고 있다고 밝혔다. 이들은 남한의 발전을'기적'이라고 평가한다. 남한은 무력적 파시스트 독재정치가 아니라 북한보다 더 민주적이라고 간주한다. 왜냐하면 현직 대통령 노태우는 투표를 통해 권력을 잡았기 때문이라고 한다.

실제로 '기적'은 없다. 남한 경제는 미국과 일본과 분리해서 설명을 할 수 없기 때문이다. 1982~1984년 동안 남한은 해외자본으로 482억 미 달러를 사용했으며 해외자본 중 80%가 미국과 일본 자본이었다.

남한 경제는 발전했으나 남한 인민은 현 정권에 항거하고 있다. 남한을 민주 독립국가라고 말할 수 없다. 남한은 미국과 일본의 통치 아래 있기 때문이다. 현재 남한은 두 가지 거대한 전략적 특징을 지니고 있다.

– 남한은 아시아 대륙 내 미국의 가장 큰 군사기지이다.

– 남한은 극동에서 가장 큰 미국의 반공 기지이다.

남한 정부의 주요 국가 정책은 정확히 미국의 두 기지를 지키는 것이다. 따라서 남한은 독립 국가로 간주할 수 없다.

이러한 이유로 황장엽은 크라스노야르스크에서의 M.C. 고르바초프의 연설 중 '한반도 상황의 전반적인 회복이라는 차원에서, 남한과의 경제 관계 수립이 열려 있다'고 말한 것이 잘못 되었음을 지적했다. 황장엽은 M.C. 고르바초프가 '상황이 회복된다면' 이라는 전제를 달았는데 북한 인민들은 이 '회복'을 아래와 같이 이해한다고 한다.

- 미국은 남한에서 철수하고 군사기지를 폐쇄한다.
- 남한은 미국과 일본의 통치에서 해방된다.
- 남한 내 반공산주의 법을 폐지한다.
- 조선민주주의인민공화국과 미국이 평화조약을 체결하고 북한과 남한은 불가침 조약을 체결한다.

황장엽은 헝가리의 남한 내 공관 개설 조치와 외교 관계 수립을 위한 회담을 개최한 것은 사회주의에 대한 배반 행위라고 단정하였다. 남한 내 북한 불법 조직은 서울에 공관을 설립할 경우, 헝가리 대표들(다른 사회주의 국가들의 대표들을 향해)을 향해 테러 행위를 자행할 수 있다고 으름장을 놓았다.

황장엽은 북한 노동당과 조선민주주의인민공화국이 사회주의 국가들과의 관계를 돈독히 하고자 한다고 밝혔다. 사절단의 방문은 북한에 가장 중요하고 시급한 문제인 한반도 통일 문제를 위해 국제적 도움을 얻기 위함이라고 하였다. 남한과의 무역 관계 수립에 반대를 하지는 않으나 남한과 정치적 관계가 형성되었을 시에는 이를 배신 행위로 간주하겠다고 하였다.

황장엽은 불가리아가 남한과 경제적 관계를 수립한다면 국가를 대표하는 무역 사무소를 개설하지 말 것을 요청했다. 왜냐하면 국가를 대표하는 사무소는 이미 정치적 성격을 띠기 때문이다.

불가리아 대표들은 북한 동지들에게 불가리아 공산당 중앙위원회 제13회 총회에서 불가리아 공산당과 불가리아 인민공화국의 당과 당원들이 불가리아 국내정치와 대외정치 활동을 위한 주요 국가들과의 경제 발전 실행을 위해 결의한 주요 방향성을 소개하였다. 새로운 현실, 새로운 정치적 사고, 대외 정치를 위한 필수불가결한 새로운 접근법, 국제 공산주의, 노동 운동에 대해 특별한 관심을 기울였다. 상기와 같은 이유로 남한과 무역 경제 관계를 수립할 가능성이 있으나 불가리아는 경제와 정치를 분리할 것이라고 선을 그었다.

회담 중에 국제 공산당 발전 및 국제 협력에 대한 폭넓은 검토가 이루어졌다. 양국은 불가리아 공산당과 북한 공산당 간의 협력 실현에 대해 높은 점수를 주었으며, 새로운 상황에서 양국 관계 개선을 위해 보다 더 효과적인 방안을 강구할 것 필요성을 강조하였다.

양국 관계와 관련하여 경제 및 과학기술 협력 개선 증진 가능성을 더 발전시켜 나가므로 양국의 정치적 관계 수준에 상응하는 단계를 향상시킬 필요성이 있음을 시사했다.

북한 동지들이 불가리아를 방문하는 기간 동안 브라짜 지역을 방문하여 지역 당원들과 경제 대표인들과 접견을 함으로 경제발전 성과 및 브라짜 지역의 문화적 역사적 유적지에 대해 접할 수 있었다.

[…]

불가리아 공산당 중앙위원회 '대외 정치 및 국제 관계' 부처의 입장에 따르면 북한 공산당 중앙위원회의 불가리아 방문은 최근 국제 상황에서 가장 두드러진 현안에 대해 양국의 당이 입장을 명확히 하는 데 기여했다. 불가리아 공산당과 북한 공산당이 실제 활동 경험을 교류했다는 점이 유익했다.

동시에 몇몇 사회주의 국가들이 남한과 정치적으로, 공식적으로 무역 경제 관계를 수립하는 것에 대해 북한 동지들이 신경을 쓰는 것과 우려하는 바에 대한 해명이 가능했다고 판단한다. 불가리아가 남한과 무역 관계를 수립할 시 실효성과 가능성을 타진해 보아야 하며, 남한과의 경제 협력을 위한 적절한 형태를 모색해야 하며, 조선민주주의인민공화국 동지들에게 사전에 고지하는 할 것 등을 전체적으로 감안해야 한다. 현재로서는 서울에 정치적 성격을 띤 공식 불가리아 무역 대표사무소를 개설하는 것을 보류할 것을 제안한다. 불가리아 무역은 불가리아 여러 대외무역 기관들의 행정부를 통해 실현할 것을 제안한다.

1988년 10월 24일

불가리아 공산당 중앙위원회 '대외정치 국제관계' 부처

51. 불가리아공화국 국립중앙공문서관
원문서 소장위치 259, 문서철 45, 문서번호 688

협정
불가리아 상공회의소와 한국 법인 간의 무역 발전을 위한 협력

소피아 소재 불가리아 상공 회의소와 서울 소재 한국 무역 개발 공사(이하 '당사자'라 함)은 직접적인 무역과 경제 관계를 발전시키고자 불가리아공화국과 대한민국의 기관과 회사 간에 하기와 같은 협정을 맺는다.

제1조

양국은 산업 및 경제 동향에 관한 최신 정보를 교환한다. 양국은 국내 시장의 무역 수요를 교환한다. 정기적으로 자국의 정기 간행물, 인쇄물, 카탈로그 등을 통한 시장 및 경제 정보, 무역 관련 뉴스를 교환한다. 양측은 양국 무역사절단의 상호 방문을 조직한다. 영접국에서 사절단이 필요로 하고 관심을 갖는 관심갖는 파트너－무역인 제조업자를 소개하는 것에 협조하여 마련한다. 양측은 상대 파트너에게 모든 가능한 도움을 제공하며 필요한 것들을 간소화하도록 한다. 자국에서 박람회, 특별 전시회를 개최할 경우 상대국이나 상대국 회사들 그룹이 직접 참여할 수 있도록 파트너에게 가능한 모든 지원을 제공한다.

제2조

양국은 소피아와 서울에 무역 대표 사무소를 개설한다. 소피아에는 한국 무역 센터로 명명하고 서울에서는 불가리아 무역 대표 사무소로 명명한다. 불가리아 상공 회의소는 불가리아 내 활동을 제시하고, 한국무역개발공사는 한국 내 활동을 제시한다.

제3조

각국 대표 사무소는 최대한 빠른 시일 내에 개설하도록 한다. 두 사람이 운영하되 운영자는 해당국에서 임명한다. 상호 협의하에 직원 수를 늘릴 수 있다. 대표자는 채용할 수 있으며 필요 시 현지 직원을 채용할 수 있다.

제4조

양국은 자국에서 다양한 경제 프로젝트를 개발하여 필요한 협력을 요청할 수 있다. 협력을 구현하는 데 있어서 제3국을 포함시킬 수 있다.

제5조

양국은 연수를 위한 목적과 시장 조사를 목적으로 전문가를 교류할 수 있다.

제6조

양국은 대표자가 직무를 효율적으로 수행할 수 있도록 대표자와 대표자 가족의 안전상에 필요한 모든 필요한 조건을 제공한다.

제7조

양국은 상호호혜주의 원칙에 따라 사무소와 직원 세금 면제, 면세 샘플 수입 가능성, 사무소 직원의 사적 생필품에 대한 간소화에 노력을 기울인다.

제8조

양국은 1년에 한 번 1년 동안의 실적 보고 및 신규 프로그램을 선별하기 위한 공동회의를 개최한다. 연례회의는 고위 지도부 회원이 주관하도록 하며 소피아와 서울 번갈아 가면서 개최하도록 한다. 만일 협상이 필요할 경우, 상대국에 회의소집을 즉시 제안할 수 있다.

제9조

양국은 상호호혜주의 원칙에 따라 상대국의 사무소와 관저를 무상으로 제공한다.

현지 직원을 채용하는 데 있어서 서로 협조한다.

제10조

양측 사무소는 법인으로 등록된다. 법인은 동산 계약을 할 수 있으며 취득할 수 있으며 매도할 수 있으며 소송을 제기할 권한을 갖는다.

제11조

양국은 협정서 규약을 기밀로 간주한다. 그러나 본 협정에 대한 동의로 사무소가 개설될 경우, 양국 사회에 협정서에 사인을 한 날을 공개한다.

제12조

본 협정은 서명한 날로부터 법적 효력이 발효된다. 양측 중 한 쪽이 협정을 파기하고자 상대측에 서면으로 고지를 하기까지 본 협정은 유효하다.

1988년 11월 29일, 소피아에서 영어로 된 협약서 2부에 서명을 하였다. 2부 본문 내용이 상동함.

페테르 루세프 이순기

52. 불가리아공화국 국립중앙공문서관
원문서 소장위치 259, 문서철 45, 문서번호 689

외무부

1990년 2월 12일, 소피아

대외 경제부 장관 페테르 바쉬카로프 동지 앞

B. 디미트로프 동지의 요청으로 대한민국 대표와의 회담에 대한 외무부 차관인 F. 이슈페코프 동지의 외교기록물과 대한민국과의 관계에 대한 돈초 돈체프 동지와 주불가리아 북한 대사인 김평일과의 회담에 대한 합의각서를 송부합니다.

<u>첨부</u>: 사실임을 확인함.

대사:
D. 돈체프

외무부 장관인 보이코 디미트로프 동지 앞

보고서

필립 이슈페코프 외무부 차관

장관 동지,

장관 동지의 요청에 따라 보고합니다. 올해 1월 19일부터 22일까지 도쿄에서 불가리아공화국과 대한민국 외무부 대표들의 회담이 있었습니다.

사전에 조율하고 동의를 한 대로 본 회담에 대외경제 관계를 담당하는 양국 국가기관 대표들이 참석하였습니다. 불가리아에서는 대사이자 외무부 제5집무실 실장인 돈초 돈체프, 대외경제부 아시아, 아프리카, 라틴 아메리카의 아시아지부 운영국장 쯔베탄 나이데노프가 참석하여습니다. 한국에서는 외교부에서 특별히 추천한 대사인 홍순연을 단장으로 한 대표단이 참석하였습니다. 한국 대표단에는 외교부 동유럽부 부장인 태석원과 재무부 해외투자부 국장이 참석하였습니다. 남조선 외무부 특별 대사인 홍순연이 남조선 대표단을 이끌었고 태석원외무부 소속의 동유럽 부서 부장인과 경제부 소속의 해외투자 부서 부장이 대표단에 포함되었다. 도쿄에서 양국 외교를 담당하는 주도쿄 양국 외교관도 참석했습니다. 회담 분위기는 사무적이고 조직적인 분위기였습니다.

하달된 지령에 따라 불가리아 인민공화국과 대한민국과 외교 관계를 수립할 가능성에 대해 불가리아의 입장을 표명했습니다.

본 사안에 대해서는 양국의 경제 협력 확장 프로그램을 검토할 때 상호호혜 원칙에 따라 문화, 과학, 스포츠 등 관계 발전에 대해서도 함께 검토할 것을 제안했습니다. 불가리아에서는 한국이 불가리아에서 비즈니스와 금융계에서 경제활동을 할 수 있도록 최적 조건을 제공할 수 있음에 대해 강조하였습니다. 불가리아가 무역, 경제, 재정-신용, 과학 기술 영역에서 구체적으로 어떻게 협력하기를 원하는지를 소개하였습니다. 특히 불가리아가 원하는 것은 10년 동안 정부 부채 5억 달러를 받는 것이며 5년 후부터 상환하기를 원한다고 강조했습니다. 다른 경제 문제는 투자, 상품대출, 불가리아에서의 한국 회사들의 구체적인 프로젝트, 자유 무역 지구에서의 합작사업, 제3국에서의 공동 사업 등에 대해서 이미 양국 경제사절단이 논의를 하였으며 경제부문에 대해 서명한 프로토콜이 있습니다. 이것을 제안했습니다. 양국 대표단 회담에서 이뤄진 양국 관계를 계약법에 입각하여 MOU에 반영할 것을 제안했습니다.

한국 대표단 단장은 한국에서 구현하고 있는 재건에 대한 정보를 제공했습니다. 즉, 권위주의에서 민주주의로의 이행, 경제분야에서의 자율화와 국내 시장을 국제적으로 여는 것을 짚었습니다. 동유럽 국가들의 발전에 대해 관심을 갖고 추이를 보고 있어서 불가리아 상황을 알고 있으며 불가리아의 개혁을 위한 노력을 치하한다고 했습니다. 준비된 방책은 없으나 정치와 경제 발전에 대한 자국의 경험에 한해 나눌 수 있다고 했습니다. 사회주의 국가인 헝가리, 폴란드, 유고슬라비아와 이미 수교를 맺었다고 했습니다. 외교 관계 규정에 대해 체코슬로바키아와 공동 선언서를 작성했으며, 3월에 프라하에서 양국 외무부 장관이 서명을 할 것이라고 했습니다. 소련과 관련해서는 모스크바와 서울에 소재한 무역진흥공사에 시니어급 외교관이 근무할 영사관을 설치하기로 조율을 했다고 했습니다. 한국은 모스크바에 고위 외교관들 중 한 사람을 파견할 예정이라고 했습니다. 중국에도 무역 진흥 공사가 있으며, 양국 무역량이 30억 달러를 초과했다고 했습니다.

홍 대표는 불가리아 입장을 지지했습니다. 한국과 불가리아의 외교 수립은 북한과 불가리아의 좋은 관계에 해를 끼치지 않을 것이라고 했습니다. 외교 수립은 남한과 북한 국민의 관심을 불러 일으켜 남북 대화 발전과 한반도의 평화 민주 통일의 도모할 근간이 될 것이라고 했습니다. 한국의 정책은 대립을 강화하기 위한 것도 아니며 북한을 국제사회에서 고립시키려는 것도 아니며 오히려 북한 평화롭게 공존하려는 것이라고 강조하였습니다.

한국 대표단은 불가리아 인민공화국과 대한민국의 경제 관계 발전에 대해 전체적으로 검토해 볼 것을 동의했습니다. 한국이 신용을 제공하는 것을 한국의 외교를 인정하는 대가로 '사들이는 것'으로 받아들여서는 안 된다고 했습니다. 한국에서 정부 은행 대출을 제공하는 사례가 없었다고 설명했습니다. 홍 대표가 제공할 수 있는 가장 유리한 것은 민간 영역의 적극성과 역동성이라고 했습니다. 한국 기업과 무역 회사들이 불가리아와 협상할 모든 분야에 대해서 순조롭게 검토하고 결정할 것을 약속했습니다.

양국 대표단 대표들만의 비밀 면담에서 홍 대표는 헝가리와 폴란드에게 얼마나 출자를 하는지 체코슬로바키아와는 어떤 약속을 했는지 알려주었습니다. 불가리아는 외교부 경제 발전 규모(유일한 정부 출자 기준)면에서, 수출과 수입 면에서 상기 국가들보다 덜 받지는 않을 것이라고 했습니다. 불가리아 경제는 한국 민영 비즈니스가 관심을 보일만하다고 하였습니다.

이중 과세 탈피와 무역투자보장협정과 관련한 협정서에 서명할 준비가 되어 있음을 표명했습니다.

회담의 결과로 합의 각서에 서명하고 외교 관계를 수립하는 공동 선언을 발족하였습니다(문서 첨부). 합의각서에는 다음과 같은 경제 분야의 주요 약정이 포함되어 있습니다.

- 불가리아와 한국 공동 기업 형태로 한국 회사와 기업들이 불가리아에 직접 투자를 할 수 있도록 장려한다.
- 제3국 시장에서의 공동 활동을 장려한다.
- 불가리아 내에 공업 및 무역 자유 지구, 운송, 창고 등 최적 조건을 이용할 수 있는 가능성을 조성한다.
- 무역과 경제 협력과 관련하여 실무 대표단 교류, 세미나, 심포지움, 컨퍼런스, 원탁회의를 실행한다.
- 경제 정보 및 경험을 교류한다.
- 한국 측은 다음과 같은 '경제 협력 발전 기금' 투자출자 제공에 동의한다. 한국은 사회주의 국가들과 외교 관계 수립 시 상당히 호적한 조건으로 4~5년 동안 유용할 수 있는 기금 5천만 달러를 자동으로 제공한다. 만일 불가리아가 상기 금액을 1년 동안 유용하게 사용했을 경우, 동일한 조건하에 1억 달러를 추가로 제공하기로 한다. 한국 수출입은행은 불가리아에 최소 2억 USD를 유리한 조건에서 대출해 줄 수 있다. 수억 달러(USD)에 달하는 상업 은행 출자, 수출 대출 및 상품 대출을 제공할 수 있다.
- 상호호혜주의에 입각하여 각 국가에 공동은행 설립하거나 제3국 공동 프로젝트 및 기타 활동을 지원하기 위해 은행 지점들을 설립을 환영한다.
- 상호 장려와 투자자 보호를 위해 이중과세 방지 협정, 경제기술 협력 협정 체결을 위해 신속히 준비한다.

각국에서 필요한 승인 절차가 완료될 때까지 회의와 채택된 문서에 대한 신중함을 유지하기로 합의한다. 몇몇 사안을 종결짓기 위한 두 번째 회의는 2월 소피아에서 개최된다. 공동 성명서 서명 및 외교 관계 수립에 대한 공식 발표는 1990년 3월에 한다.

불가리아에 유리한 협정 성과를 내었다고 봅니다. 신용 대출 간소화 및 경제 분야에서 양자에게 유리한 협정 기회를 창출했습니다. 불가리아가 노력을 기울여야 할 부분은 불가리아의 몇몇 산업 현장 재건축과 현대화에 대한 한국 기업의 참여를 확보하고 수출 지향적 생산과 합작 투자를 성사시키는 데 중점을 두어야 한다고 생각합니다.

한국에는 신용대출 관행이 없다고는 하나, 금융 대출 문제에 대해 논의하면서 유엔 통계에 따르면 불가리아는 1인당 국민 소득이 한국보다 훨씬 높아 선진국에 속합니다. 통계와 관련해서 국민소득 실제 수치에 대한 의구심이 듭니다. 유엔 및 기타 국제기구의 불가리아 통계는 실질적인 수입을 관할하는 기관과 확인해 보아야 할 부분이 있다고 봅니다.

상기 사항들과 관련하여 하기와 같이 제안합니다.

1. 국회의 대외정치위원회에서 대한민국과의 외교수립을 위해 공동 선언문 초안 및 공동 프로토콜을 심의 및 승인을 할 수 있도록 장관 동지의 이름으로 공동 선언문 초안과 공동 프로토콜을 제출해주시기 바랍니다.
2. 외교 수립 공식 발표를 앞두고 양국 대표단들이 2차 회담을 2월 소피아에서 진행할 예정입니다. 서명일 결정, 합의 각서 서명 절차, 양국 대사관 설립 문제, 한국 외무부 장관 영접 준비에 대한 회의를 준비해야 합니다.
3. 대한민국 외무부 장관 앞으로 올해 3월 불가리아로 초청한다는 초대장을 송부해야 하며 외무부 장관 방문 시 외교 관계 수립을 위한 공동 성명서에 서명을 하게 될 것입니다.
4. 대외경제부는 가까운 시일 내에 불가리아 인민공화국과 대한민국과의 경제 협력 프로그램을 개발하고, 신용 대출금 운용 건, 새로운 형태의 협력 창출, 한국 산업 자본 유치, 무역 증대 실현 건에 대해 특별한 주의를 기울여야 합니다.
5. 대외경제부 지도하에 한국 외무부 장관 방문 시 서명을 목적으로 상호 투자자 장려 및 보호에 관한 협정, 경제 및 기술 협력에 관한 협정, 이중 과세 방지에 관한 협정 초안을 작성해야 합니다.
6. 대한민국과의 외교 관계 수립이 불가리아 인민공화국과 북한과의 관계에 미칠 부정적 요인을 최소화할 수 있도록 조치를 취해야 합니다.
   - 한반도의 평화 민주 통일을 지지한다는 불가리아의 입장을 고수한 채 북한과의 관계를 지금까지 행해온 그대로 유지해야 합니다.

- 대한민국과 외교 관계 수립과 관련하여 북한에 적시에 고지해야 합니다.
- 외교 관계 수립을 공포할 시일 전에 북한에 대한 긍정적 자료 출간을 증대해야 하며 한반도 문제에 대한 언론 보도를 늘려야 합니다.

7. 대한민국을 포함한 다른 국가들과 무역 경제 협정을 맺을 추가 가능성을 타진하면서 실제 경제 지표를 기준으로 UN및 기타 국제기구 안에서 불가리아의 위치를 살펴보아야 합니다.

1990년 2월 1일

53. 불가리아공화국 국립중앙공문서관
원문서 소장위치 259, 문서철 45, 문서번호 689

비공식 번역

공동 성명서
불가리아 인민공화국과 대한민국의 외교 관계 수립

불가리아 인민공화국과 대한민국,

불가리아 양국의 상호호혜 관계와 협정이 국제법과 UN헌장을 준수함으로써 발전해 나가기를 바란다. 본 공동 성명서에 서명을 하는 날로부터 효력이 발휘되어 대사를 교류하는 수준으로 외교 관계를 수립한다.

외교 관계 수립 증거로 하기 서명을 하는 자의 해당국의 헌법에 준하여 받아 본 공동 성명서에 서명을 하였다.

서명 날짜:
영어로 작성된 성명서 2부

불가리아 인민공화국 대한민국

54. 불가리아공화국 국립중앙공문서관 원문서 소장위치 259, 문서철 45, 문서번호 689

비공식 번역

공동 의정서

1990년 1월 19~22일, 도쿄(일본)에서 불가리아 인민공화국 정부 사절단과 대한민국 정부 사절단이 양국 외교 관계 수립과 관련하여 회담을 하였다. 불가리아 사절단 대표로는 외무부 차관 필립 이슈페코프, 대한민국 사절단 대표로는 외무부 특사 홍순연이었다.

양국 회담에서 하기 사항에 대해 합의를 하였다.

1. 양국은 양국 대사를 교류하는 수준의 외교 관계를 수립한다. 양국은 우정, 상호 존중, 협력을 바탕으로 전체적인 면에서 외교 관계를 강화하고 안정화시키는 데 동의한다.
2. 양국은 양국의 실무진의 관계를 형성하고 양국의 이익을 도모하며 실무진들의 관계가 양국의 다양한 분야의 협력을 증진할 기회를 제공하고 장려하는 데 동의한다.
3. 양국은 향후 무역, 산업발전, 과학 및 기술 협력, 체육 및 문화활동 영역에서 상호 협력하여 조력해 나갈 것에 대한 의지를 확인하였다.
4. 양국은 경제협력 조력과 관련하여 전자기술산업, 통신기술, 섬유산업, 소비재 및 건설업 분야에서 협력할 것을 합의하였다.
   - 회사와 기업을 장려하여 직접 투자를 실현시킨다. 불가리아 한국 공동 기업을 설립하는 형태로 투자를 유치한다.
   - 기업, 기관과 일반인들 간에 직접적인 관계 형성을 장려하며 상대국 국민들이 비자를 발급받는 데 실질적인 도움을 제공하기로 한다.
   - 제3국 시장에서의 합작 사업 활동을 장려한다.
   - 상대국에서 경제 무역 자유 지구, 통관 및 창고 이용 감면 등 혜택을 이용할

수 있도록 한다.

- 무역 경제 협력과 관련하여 실무 대표단을 교류하며 세미나, 심포지엄, 원탁회의 등을 개최한다.
- 실무진들은 상대국에서 주최하는 박람회, 전시회 참여를 장려한다.
- 경제, 산업, 경제발전전략, 마케팅 기술, 경영, 경제 개혁 등 최신 동향에 대한 정보와 경험을 교류한다.

5. 양국 간에서 무역과 경제협력을 장려하기 위해서 각 국가는 법을 준수하면서 유리한 금융 조건을 제공하는 것이 매우 중요하다고 양국은 동의하였다. 최적 금융 조건을 확보하기 위해서 한국은 경제 협력 개발 기금, 한국엑심은행, 기타 한국 사업기금 자본, 불가리아 파트너 실무진과의 관계, 상업은행의 금융 및 대출을 통해 금융 조건을 조성한다.

   상기 목적을 위해 양국은 상호호혜주의 원칙에 입각하여 은행 계열사 설립을 장려하는 데 동의하였다. 공동 프로젝트 및 기타 활동을 제공하기 위해 제3국에 공동 은행 설립하는 데 합의하였다.

6. 불가리아 인민공화국과 대한민국은 투자자들의 수익을 보호하고 향후 경제 협력을 지원하기 위해 상호 투자 보호에 관한 양자 협정, 이중 과세 방지에 관한 협정, 경제 및 기술 협력에 관한 협정을 체결하기로 합의하였다. 경제 및 기술 협력에 관한 합의는 올해 2월에 논의를 할 예정이며 공식 외교 관계 수립 서명이 있을 것이다.

7. 양국은 외교 관계 수립 공식 선언에 대해서 외교 채널을 통해 협의하는 방식으로 진행할 것에 합의하였다. 2차 회담은 1990년 2월 소피아에서 개최하되, 정확한 날짜는 추후 조율하기로 한다.

1990년 1월 22일, 도쿄에서 원본2부를 작성하였으며 서명하였다.

불가리아 인민공화국	대한민국
필립 이슈페코프	홍순연
외무부 차관	대한민국 외무부 특사

55. 불가리아공화국 국립중앙공문서관
원문서 소장위치 259, 문서철 45, 문서번호 689

보고서
대사이자 제5 집무실 실장 돈초 돈체브와 주불가리아 북한 대사 김평일의

표제: 양국 입장 및 불가리아 인민공화국과 대한민국 양국 관계

회담은 북한의 요청으로 금년 2월 6일에 시행되었다.

주불가리아 북한 대사가 북한 외무부 장관 김용남의 서한을 보이코 디미트로프 동지 앞으로 보냈다. 서한에는 1990년대 한반도 통일 달성을 위한 북한의 열망, 남북 분단선 콘크리트 철조망 철거 제안, 남북 대표 회담 제안에 대해 간략히 소개했다. 최근 남북 회담 시 남과 북은 관용과 양해를 보였으며 이는 협상 과정에서도 그러했다고 강조했다. 한반도 통일 후에나 UN에 가입할 것을 거듭 강조했다. UN에 두 나라가 동시 가입할 경우 또는 별도의 가입은 한반도 통일을 저해하며 지역의 상황을 복잡하게 만들고 대립을 강화할 것이라고 선언했다.

또한, 북한 대사는 'Team Spirit 90'의 군사 작전 감행에 관한 북한 외무부의 성명서를 전달하면서 북한 입장에 대한 불가리아의 지지를 요청했다.

돈체프 동지는 디미트로프 외무부 장관 앞으로 보낸 서한을 잘 전달할 것이라고 했고 지금까지와 같이 불가리아가 가능한 만큼 언론에서 한미 군사 작전에 대한 조선의 입장을 계속 지지할 것이라고 약속했다.

그 후 돈체프 동지는 한국 외무부 대표들과 도쿄에서 개최 된 협의와 가까운 장래에 대사급 외교 관계를 수립하기로 한 결정에 대해 북한 대사에게 알렸다. 돈체프 동지는 이러한 국면은 국제 관계의 질적인 변화와 국가의 새로운 국내 정치 상황에 의해 결정되었다고 강조했다. 외교 관계를 수립하기로 한 결정은 모든 가능한 요인에 대한 철저하고 포괄적인 분석의 결과이며, 동맹국의 견해와 조선의 야당을 고려한 후

에 내린 결과라고 했다. 그러한 해결책의 필요성은 다른 사회주의 국가들이 취한 유사한 단계들에 의해 확인된다고 했다.

동시에, 한국 문제의 평화롭고 공정한 정착과 한반도 통일을 지지하는 불가리아의 입장은 변함이 없음을 표명했다. 불가리아는 한반도 상황을 정상화하기 위해 북한과 북한의 제안을 계속 지지할 것이다. 또한 불가리아는 한국과의 수교 관계를 수립함에 있어서 한국 앞에서 북한의 입장을 지지함을 분명히 하였으며 아시아 지역에 평화와 안보를 증진시킬 수 있는 또 다른 발로임을 밝혔다. 불가리아와 북한과의 관계는 한반도 문제에 대한 한국의 입장을 현실화하는 데 도움이 될 것이다.

대사는 한국과의 관계를 발전시키지 않겠다고 거듭 강조했음에도 불구하고 불가리아는 이미 이 문제에 대한 원칙적인 합의에 부합하지 않는 조치를 취했다고 유감스럽게 생각했다. 대사는 유럽의 사회주의 국가들에 의한 한국에 대한 인정은 한국이 북한과 협상을 할 때 새로운 '유리한 조건'을 제공한 것이라고 강조했다. 이러한 결정을 북한은 받아들일 수 없다며, 불가리아가 한국과의 외교 관계를 수립하는 결정을 취소하거나 외교관계 수립 이행을 무기한 연기할 것을 정부에 통보할 것을 요청했다.

돈체프 동지는 북한 대사의 요청을 정부에 전하겠다고 말했다. 돈체프 동지는 세계 정세가 급격히 변하고 국제 관계가 정상화되고 새로운 정치 분위기가 조성되고 있다고 강조했다. 불가리아의 내부 정치 발전은 변하고 있으며 외교 정책에도 영향을 미친다고 했다. 불가리아는 새로운 국제 관계에 참여하고 세상에 더 개방되고 싶어 한다고 했다. 현실을 부정해서는 안 된다며 현실을 고려하여 수행해야 한다고 했다. 불가리아 이러한 상황을 판단할 권리를 북한에게서 박탈할 수는 없지만 동시에 북한은 불가리아의 입장을 이해하며 북한과의 관계를 강화하고 발전시키려는 불가리아의 강한 소망을 인정하기를 희망한다고 했다.

본 회담에는 북한 대사관 3등 서기관 차경일과 제5 집무실 3등 서기관 차브다르 페트코프가 참석했다.

1990년 2월 7일, 소피아

56. 불가리아공화국 국립중앙공문서관

원문서 소장위치 259, 문서철 45, 문서번호 689

불가리아 상공 회의소

보고서

블라디미르 람브레프 불가리아 상공회의소 소장의

표제: 1990년 3월, 불가리아 경제 사절단의 대한민국 방문

올해 3월 3일부터 9일까지 불가리아 상공회의소는 불가리아 경제사절단 12명의 대한민국 방문을 조직하였다. 불가리아 사절단에는 관광 및 휴양협회의 협회장, 시민주도경제협회의 협회장과 '프로그램 생산 및 시스템' 관련 회사 'INCOMS'와 'SIME', 무역회사 'TELEKOM', 'TERATON', 'HIMIMPORT', 'IZOTIMPEKS', 'INTERKOMERS'가 참석했다(명단 첨부).

본 방문은 불가리아 상공회의소와 대외경제정책연구원(IPEK)이 서로 상의한 후에 대한무역투자진흥공사(KOTRA)와 협동으로 실행하였다.

본 방문은 양국 간에 무역과 경제 협력의 지평을 넓히기 위해서 사업상 관계를 맺는 목적과 공동 불한 상공회의소를 설립하는 것과 서울과 불가리아에 상공회의소 대표부를 설립하는 것이 목적이었다.

방문 일정은 매우 업무적이었다.

경제사절단은 무역교류뿐만 아니라 기술, 산업협력 및 투자 분야의 협력을 확대하려는 형태와 방법을 모색하려는 한국 측의 강한 열망으로 모든 곳에서 따뜻하게 환영을 받았다.

이와 관련하여 IPEC, KOTRA 및 한국 세계 센터 회장들과의 회의도 진행되었다. 회의 시 불가리아 경제사절단은 본 사업조직 대표단과 양국의 사업조직과 회사 간의 협력을 가속화하고 발전시키는 것에 대해 만장일치로 합의 하였다. 한국 기업, 협회, 회

사, 기관 등과의 협상을 돕는 의지가 표명되었다.

I. 상업 및 경제 협력에 관한 불가리아-한국 위원회의 설립

올해 1월에 서명한 선언에 따라 방문 때 불가리아 상공회의소와 IPEC 간 그리고 위 기관들의 후원하에 양국 관계의 상호 유익하고 장기적인 발전에 관심이 있는 50개 회사, 은행 및 단체로 구성된 상업 및 경제 협력에 관한 불가리아–한국 위원회가 설립되었다. 한국 측에서는 'KEMICAL' 회사의 김 S.W 대표를 위원회의 회장으로 선출하였다.

불가리아 법률, 은행 및 금융 분야의 공동 사업 및 협력 기회에 대한 정보를 제공하는 불가리아–한국 경제 세미나를 개최하였다. 불가리아 경제 관리의 급격한 변화와 시장 경제로의 전환은 무역 및 투자 협력과 공동 프로젝트 및 양국 회사와 은행 간의 자금 조달 기회를 크게 증가시킨다는 점에 주목했다.

경공업, 관광, 기계 공학, 전자 및 화학 산업 분야의 향후 협력을 위해 잠재적인 영역에 대한 정보가 교환되었다. 불가리아와 한국 기업 대표 간의 개별 회의에서 구체적인 기회가 자세히 논의되었다.

한국 측에서는 한국과 불가리아 간의 교역이 매우 제한적이며 동유럽 국가와의 교역의 1/3을 차지한다고 지적했다. 공동 위원회는 설립되지 않았으며, 다자간 수출 통제 조정위원회는 여러 회사의 시도를 방해했다. 신용장 개설을 위한 은행 그룹 간의 서명된 통신 계약을 제외하고는 금융 부문에도 동일하게 적용된다.

다음과 같은 몇 가지 방향으로 경제 관계를 활성화할 수 있는 기회를 본다.

– 양국의 상호 지원 생산 구조–불가리아의 중공업 및 제조 수단에 대한 한국의 소비재 산업
– 양국의 전략적 위치와 소련, 동남아시아, 중국 및 중동 시장에 공동 진출 기회
– 한국의 첨단 제조 구조로의 전환은 선진 서방 국가의 동유럽을 포함한 다른 지역으로의 보호주의로 인해 이전 산업의 재배치의 필요성
– 반면, 불가리아의 시장 경제 및 사유 재산으로의 전환은 수년간의 산업화 경험에서 얻은 경험을 이전하기위한 전제 조건이다. 그들에 따르면, 유망한 협력 분야는 다음과 같다. 관광과 함께 온천 치료, 농업 생산 및 동유럽 및 서유럽 수출,

흑해 선반의 개발, 전자 산업과 반도체를 기반으로 한 통신 네트워크 개발, 서비스 부문에서의 협력, 불가리아와 제3국에서 공동 단체를 설립.

협력의 주요 장애물은 정보의 부족이었으며 경제 시스템의 현재 격차와 여전히 투자 및 기타 공동 이니셔티브에 대한 미개발 법이라고 강조했다.

II. 서울에 불가리아 상공회의소 대표사무소 개설

다수의 한국인 사업가가 있는 서울에 불가리아 상공회의소의 사무소를 공식적으로 설립하였으며, 소피아에서 KOTRA(대한무역투자진흥공사)와 함께 경제 및 시장 정보 분야의 최신 정보 교환을 촉진할 것이다. 양국 간 사업 방문, 박람회에 참가, 전시회 및 기타 판촉 행사를 개최할 예정이다.

III. 공식 회담 – 무역산업부, Eximbank, 한국 상공회의소, 한국 관광협회, 경제 기획원과 몇몇 한국 대기업 Daewoo, Samsung, Gold Star와의 공식 회담

본 회의 때 소련, 동남아시아 국가 및 어떤 서유럽 국가와 같은 제3국을 대상으로 한 합작 투자 및 공동 활동을 통해 무역을 크게 증가시킬 가능성에 대해 의견을 조율했다. 또한 은행 및 자본 투자, 소비재 수입 분야의 협력에 대해 논의하였다.

무역, 과학 및 기술 협력 협정에 서명하고 이중 과세를 피함으로써 무역과 경제 협력을 촉진하며 불가리아 인민공화국과 대한민국 사이에 공식 및 무역 접촉을 강화하고 외교 관계를 확립하는 것이 유익한 결과를 가져올 것이라고 확신했다.

IV. 불가리아 사절단 구성원들과 한국 회사의 실무 관계

불가리아 관광 휴양 공사

한국관광공사 및 한국 내 관광산업을 주관하는 한국관광공사 산하기관. 관광협회길 대표는 불가리아를 방문하기를 원하며, 관광객 교환을 포함한 다양한 관광 분야에서의 협력 가능성과 5월과 9월로 예정된 한국 관광 교류에 대한 불가리아의 참여 가능성에 대해 잘 알고 있음을 밝혔다. 길 대표는 불가리아에 이익이 될 만한 투자를 할 몇몇 한국 회사와의 만남을 제안했다.

한국관광협회: 관광산업을 활성화 할 정보, 관광객, 기술 교류를 위해 긴밀한 관계가 요구된다고 표명했다.

Daewoo 그룹

불가리아 관광산업을 위한 프로젝트 자금 조달을 위해 대우 그룹이 부담하기로 하였다. 당해 4월 초에 대우 회장의 소피아 방문 시 본 사안에 대해 2차 회의를 한다. 불가리아 측에서 관심이 있다면 현금 지불, 대출, 현물교환을 포함한 방식으로 지불할 시 관광산업을 위한 버스를 공급할 수 있다.

Hyundai 그룹

견적을 산출할 수 있는 분석적 사안에 대한 논의가 있었다.

견적서 제출 관련 비슷한 문제가 논의되었다.

기획투자 회사 및 '한국폭발그룹'

호텔업, 백화점, 골프장 투자에 대해 관심을 보였으며 논의하였다.

민영산업협회

- 중소 기업 연합과 영리법인 및 비영리 법인 협력을 위한 프로토콜에 서명을 하였다.
- 당해 5월 협회 대회 참석 초대를 받았으며 연합회가 조직한 한국 중소기업 사절단이 방문할 예정이다.

Telecom

Daewoo 그룹

1. 합작 투자 및 가전제품 공급을 위한 상품 대출을 기반으로 불가리아 통신 산업의

현대화 과제를 기반으로 기술 경제 견적을 제공하기로 합의했다.

2. 요청한 1990년 공급 견적서
   - 컬러 TV 120,000대
   - VCR 및 비디오 플레이어 40,000대
   - 오디오 시스템 3,200대
3. 1990년 3월 30일까지 전자 부품 사양 관련 견적서를 제공하기로 한다.

Hyundai 그룹

1. 회사가 통신 시스템을 제조하기로 하고 현금으로 지불할 경우 저렴한 가격으로 제공한다.
2. 우편으로 승인을 받는 것보다 팩스로 처리할 경우 가격이 저렴하여 팩스기를 구입하는 것이 좋다.
   동시에, 회사에서는 기술적인 어려움으로 인해 불가리아에서 제조하지 못하는 '변압기' 납품에 대해 매우 유리한 가격을 제공했다. 회사는 3월 말까지 불가리아 인민공화국에 견본 팩스 2대와 변압기 2대를 보내겠다고 합의하였다.

Himimport 회사

ISU Chemical, SunKyong, SsangYong, Samsung, Colon, Samyang 회사와 전반적으로 회의를 하였으며 하기와 같이 정리하였다.

1. 한국에는 15~20만 톤의 벌크 우레아 시장이 있지만 소련과 골프 국가들 특히 'Philipp Brothers'와의 경쟁을 극복해야 한다.
2. SsangYong과 SunKyong회사와 다수의 소규모 생산 업체를 위해 8~10만 톤의 중질 소다회를 대량으로 판매할 기회가 있다.
3. 당해 6월, ISU Chemical 설비를 갖출 때까지 일반 파라핀을 수출한다.
4. 모노 에틸렌 글리콜은 S. Arabia 및 미국과 경쟁하여 가격 수준이 톤당 $1000 이상인 경우에만 수출할 수 있다. 근래에 이것은 불가능한 일이 되었다.
5. Daewoo와 SsangYong은 줄곧 이란 석유를 수입한 회사이다.

6. 중크롬산 나트륨, 다양한 종류의 고무, 트리폴리 포스페이트, 프탈산 무수물, 카프로 락탐 등을 재수출할 전망이다.

Izotimpex

Goldstar, Samsung, Daewoo와 불가리아에서의 가전제품 생산에 대해 논의를 하였다. 미하일로프그라드에서 컬러 TV 공동 제조에 대해 논의를 진행하고 있다.

비디오 테이프에 대한 계약을 체결하였으며 소련에서 전자레인지를 생산하는 3국 협력 협상을 진행하였다.

Interkomers 대외 무역 부서

1. Samsung
   - 불가리아가 콘크리트 철근을 제공할 것을 제안했다.
   - 불가리아가 10만 톤의 시멘트 견적서를 요청했다.

   Samsung이 무연탄 공급에 대한 관심을 보였다.
   - Mitsubishi를 통한 공동 무역 글로벌 계약을 체결하였다.
2. Lucky Goldstar
   - Lucky Goldstar는 불가리아 담배 중 좋은 품질의 흰색 필터 제품에 관심을 보였다. 담배에 대한 관심을 'Bulgartabac' 회사에 전달을 하기로 하였으며 답변을 주기로 하였다.
   - 불가리아와 모스크바에 한국식당을 개점하는 합작 기업 설립에 대한 높은 간절함을 표명했다.
3. SsangYong
   - SsangYong 회사는 힘 있는 건설 회사로 제3국에 공동으로 건설을 하는 것에 관심이 있음을 표명했다.
   - SsangYong 회사는 시멘트를 생산한다. 1억 톤의 시멘트를 요청했으나 현재 그만한 물량을 가지고 있지 않다고 하였다.
   - 불가리아는 아르헨티나에 있는 불가리아 회사가 SsangYong 전자제품을 제시할 것을 요청했다.

4. SunKyong
  - 소련에서의 공동 거래 운영에 큰 관심을 보였다. SunKyong에 관심을 보인 제품과 양측이 관심을 보인 목록을 제시하였다.
  - 불가리아 요청에 따라 남자 셔츠(재수출)에 대해 견적을 뽑았다. 본 건은 현재 추진 중에 있다.

Incoms

Daewoo chemical

- 강력한 디지털 통신 시스템 구축에 대한 투자 프로젝트가 양도되었다.
- Daewoo 신용함에 따라 컬러 TV와 비디오 기계 수입에 대해 문의를 하였다.

다른 회사와는 통신 시스템 장비 공급에 대해 논의를 하였다.

Samsung

1. Samsung은 Corecom과 Teraton에 가전제품을 공급하기 때문에 주로 기술 및 가격 정보를 얻는 데 중점을 두었다.
2. Samsung은 전자 부품의 엔드-투-엔드 제조업체이므로 불가리아가 사양에 대해 견적 요청을 했고 견적을 받을 수 있었다.

결론 및 제안

1. 대한민국은 경제적 잠재력이 높고 국내에나 대외적으로 자원이 풍부하여 역동적이고 유망한 무역 및 경제 파트너로 자리 매김하고 있다.
2. 불가리아와의 무역 및 경제 관계 확대를 위한 호적한 정치적 분위기가 있다. 이러한 분위기는 정부 기관과의 회의 및 민간 사업 담당자와의 회의 모두에서 발현되었다.
3. 호적한 정치적 분위기가 깔려 있어 현재 제약이 있는 불가리아 회사 및 산업 연맹이 더욱 활발하게 참여할 수 있는 상황이다. 몇몇 동유럽 국가들, 헝가리, 체코슬로바키아는 한국에서 훨씬 활발한 무역을 성사시키고 있다.

4. 공동 산업 활동을 위한 규정과 특히 불가리아 투자 조건에 대한 정보가 부족하다는 공통된 의견이 있었다. 이를 위해서는 양국위원회와 한국의 불가리아 상공회의소 대표 사무소를 통해 정기적으로 세부 정보를 교환하는 일을 강화해야 한다.
5. 세미나와 공식적 사업 미팅에서 한국 기업은 무역 분야뿐만 아니라 자본 투자를 포함한 다른 형태의 사업 상호 작용에서도 불가리아 파트너와 협력 할 의사가 있음을 보여주었다.
6. 회의를 마치면서 일반적으로 상품의 현재 양국의 물류 교역 수준이 기준에 미치지 못하며 양국의 경제적 잠재력에 부합하지 않는다는 공통 의견이 있었다.
7. 무역, 과학 및 기술 협력 협정에 서명하고 이중 과세를 방지함으로써 양국에서 양자 경제 관계 발전에 추진력을 제공할 것이다.
8. 불가리아 경제사절단의 한국 방문은 방문 자체로 끝나서는 안 된다. 불가리아 기업과 한국 파트너 간의 확실한 사업 교류와 물고를 튼 사안에 대해 구체적인 대화를 진행해야 한다.

   이와 관련하여, 언급된 문제에 대한 구체적인 결과를 달성하기 위해 방문 중에 이루어진 조치를 이행하기 위한 구체적인 조치를 취해야 한다.
9. 한국의 산업화 모델은 국내 경제와 외국 자본을 합리적으로 연결시키는 고리 역할을 했으며 상대적으로 강력한 중앙 리더십 전략과 결합되어 점진적이고 완전한 자유 시장 경제로 전환하는 원동력이 되었다.

   불가리아 사절단의 한국 방문은 언론을 통해 널리 보도되었다.

1990년 3월, 소피아

Bl. 람브레프

명단

불가리아 상공회의소의 조직으로 대한민국을 방문한 불가리아 경제사절단

(1990년 3월 1~10일)

1. 블라디미르 람브레프 – 불가리아 상공회의소 소장, 경제사절단 단장
2. 토도르 구긴스키 – 불가리아 관광 및 휴양 협회 회장
3. 라슈코 앙겔리노프 – '프로그램 제작 및 시스템' 회사 대표
4. 발렌틴 몰로프 – 민간산업협회 회장
5. 믈라덴 무타프치이스키 – 'Teraton' 무역 회사 대표
6. 미하일 보자로프 – 'Sime' 회사 대표
7. 니콜라 모노프 – 'Telecom' 무역 회사 대표
8. 이반 보고에프 – 'Incoms' 회사 부대표
9. 스테판 토모프 – 'Himimport' 부장
10. 바실 라조프 – 'Izotimpex' 대외무역부 부장
11. 로센 케레미트치에프 – 'Intercomers' 대외무역부 부장
12. 마리야 페트루노바 – 불가리아 상공회의소 선임 전문가

공무용

57. 불가리아공화국 국립중앙공문서관
원문서 소장위치 259, 문서철 45, 문서번호 689

대외경제부 장관 안드레이 루카노프 동지 앞

보고서

표제: 대한민국과의 무역 및 경제 관계

루카노프 동지,

최근 한국은 사회주의 국가들과 직접 대외 경제 관계를 수립하는 방향성으로 나아가고 있습니다. 몇몇 유럽 사회주의 국가들도 한국의 대외 경제 관계 수립과 관련하여 적극적으로 활동하고 있습니다. 대한무역투자진흥공사(KOTRA)는 1987년부터 부다페스트에 그리고 1988년 3월부터 바르샤바에 공식 대표 사무소를 설립하였습니다. 우크라이나공화국은 서울에 대표 사무소를 설립하였습니다. 체코슬로바키아공화국과 동독과의 대화가 진행되고 있습니다. 한국의 대기업 대우는 베를린에 공식적으로 대표 사무소를 두었습니다. 1987년에, 중화 인민공화국과의 한국의 물류교류는 30억 달러를 초과했으며, 소련은 한국 제품을 간접적으로 약 5억 달러쯤 구매했습니다.

한국은 수차례 유럽 사회주의 국가들과의 거래를 책임지는 비엔나 무역 센터를 통해 일본과 싱가폴에 있는 불가리아 대사관과 외교 접촉을 통해 여러 한국 업체의 대표자들이 불가리아를 방문해 공식 회의를 진행했으며 박람회에 참가함으로써 불가리아와 직접적인 관계를 반복적으로 시도해왔다.

지금까지 불가리아와 한국 무역은 서유럽 및 싱가폴 회사의 중재를 통해 실현되었다. 불가리아는 전자 제품, 소비재, 스포츠 용품, 담배 등을 수입한다. 불가리아 수출에는 금속, 플라스틱, 화학 물질, 저품질 담배 등이 포함된다.

불가리아 대외 무역 은행과 한국 최대 대외 무역 은행은 상호 거래를 할 권리가 있다.

한국에서 가장 유리한 조건으로 대규모 직접 협력에 착수하겠다는 원칙적인 제안을 해왔으며, 현재가 가장 적합한 시기와 상황이나 1년 후에는 실질적으로 어떤 변수가 생길지 모른다고 지적했다. 지금까지 제안한 사항은 하기와 같다.

- 다양한 형태로 양국의 대외 무역기구 간 물물교환 등 직접 물류교류 설립
- 불가리아 상품 상환을 포함하여 한국 상품 구매에 유리한 조건으로 대출(우크라이나공화국에 1억 달러의 대출이 허용됨)
- 식품 및 경공업 기업의 건설 및 현대화를 위해 불가리아에 합작 투자 설립
- 최첨단 기술 제공 및 생산 및 제3 시장으로의 공동 수출을 통한 노하우 판매
- 한국 시장에서 일본의 독점을 깨기 위한 어업 협력 통로를 지시하는 헬리콥터를 포함한 최첨단 장비를 최첨단 트롤러에 제공한다. 우리는 깃발과 선원을 제공한다. 약 2년 동안 어획물로 상환한다. 베링해에서 어업을 한다.

루카노프 동지,

한국과의 대외 경제 관계에 대한 불가리아의 향후 활동과 관련하여 관계로 인한 돌발 상황에 대한 극복, 수출 시 중개자 유용, 수입 시 외화 거래에 직접적인 영향을 미치는 문제를 결정지어야 할 최적 시점이 보다시피 도래했습니다. 올해 서울 올림픽에 대한 정치적 결정에 따라 모든 사회주의 국가들과 이미 일부 사회주의 국가들과의 직접적인 무역 및 경제 접촉이 존재하는 상황에서 정치와 순수 사이의 가장 엄격한 구분을 통해 한국의 사업계와 직접 관계를 구축하는 문제를 해결하는 것이 적절할 것입니다. 이를 위한 결정은 한국과의 경제 협력 기회와 불가리아가 조사한 실제 혜택에 대한 체계적이고 심층적인 연구를 거친 후이어야 합니다. 목표를 위해 하기와 같이 제안을 합니다.

1. 서울 하계 올림픽 기간 중 소기업 그룹을 파견하기 위해 외무부 대표 2명, 불가리아 대외 무역 은행 대표 1명, 불가리아 전자 협회 또는 Isotimpex 대표 및 불가리아 은행 대표와 연락 담당자, 국제 경제부 대표, 한국 상공회의소 및 한국 대외 무역 은행 대표, 그리고 양국 간 경제 협력 개발에 관심이 있는 사업 커뮤니티 대표 간의 회의를 조직한다.
2. 비엔나, 도쿄 또는 싱가폴 대표자들에게 방문 준비 및 회의 준비를 위해 해당 국가의 한국 지도자 또는 영업 담당자와 논의를 진행하도록 지시한다.

3. 우크라이나공화국, 체코슬로바키아공화국, 폴란드, 동독 및 중화 인민공화국 대표들에게 적절한 협의 후 접촉 상태 및 한국과의 실질적인 경제 협력을 알리도록 지시한다.
4. 귀국 후 한국과의 수익성 있는 협력을 찾을 수 있는 형태와 영역에 대한 제안과 함께 달성된 결과에 대한 보고서를 작성하도록 한다.
5. 당해 8월 전자 협회의 적절한 재량에 따라 구성된 3자 회의에서 소피아에서는 소련과 한국 기업이 소련 전자 제품 중개 분야에서 주도적으로 참여하면서 내무부 대표도 참여하도록 한다.

의견을 부탁드립니다.

1988년 7월 13일, 소피아

58. 불가리아공화국 국립중앙공문서관
원문서 소장위치 259, 문서철 45, 문서번호 689

대외 경제부 장관
안드레이 루카노프 동지 앞

보고서

불가리아 상공회의소 소장 페테르 루세프

루카노프 동지,

1988년 8월 19일, 지침 No. 1776에 따라 페테르 루세프, 대외경제부 대표 아센 마놀로프, 코레콤의 회장 흐리스토 포포프, 불가리아 상공회의소 수석 전문가 게오르기 팔라조프는 올해 9월 7일부터 19일까지 한국을 방문했습니다. 첫 이틀 동안 대표단은 서울 세계 무역 센터가 준비한 프로그램에 참여했으며, 여러 국가의 20개 대표단이 초대되었습니다. 첫 이틀 후 기간 동안은 KOTRA(대한무역투자진흥공사)가 대표단 일정을 주관하였습니다. 불가리아 상공회의소와 KOTRA 간의 계약 초안을 논의하는 것 외에도 프로그램에는 서울, 부산, 대구, 포항의 주요 한국 무역 및 산업 단체의 여러 산업 현장 방문이 포함되었습니다.

방문하는 동안 대표단들은 안병화 상공부 장관과 함께 서울에서 세계 무역 센터를 개설하기 위한 공동 회의에 참석했습니다. 허남훈 상공부 차관은 한국의 주요 무역 및 산업 단체 지도자들을 만나고 다양한 한국 실무진 대표들과 토론을 했습니다.

지난 25년 동안 한국은 경제 성공을 거두었으며 이는 여전히 '20세기의 경제 기적'이라고 규정합니다. 1962년 이래 현재까지 한국 경제는 세계에서 가장 역동적으로 성장하고 있습니다. 국내총생산(GNP)이 1962년에는 23억 USD였으며 1987년에는 1,180억 USD까지 증가했습니다. 1987년에는 1인당 국민소득이 87USD에서 2,813US까지 증가했습니다. 같은 기간 내 GNP의 제조업 비율이 14.5%에서 30%로 증가했습니다. 무역 거래는 1962년에는 4억 8천만 USD였으나 820억 USD에 달했습니다. 수출액은 각각 5천만 USD에서 470억 USD로 증가했습니다. 1980년에 처음으로 한국은 470만 USD무역수지 흑자를 실현했습니다. 1987년에 활성 잔액은 770억 USD에 달했습니다. 한나라당의 지분 36%를 일본 경제에 재투자하여 일본보다 5% 높은 지분을 보유하고 있습니다.

올해 상반기 한국 경제 성장률은 15%이며 산업이 19%, 수출이 23%입니다. 기본적으로 한국 수출의 약 40%를 미국이 차지합니다. 전자, 자동차 및 섬유 산업에서 주 수출품목입니다. 미국의 활성 잔고는 100억 달러를 초과합니다. 한국의 두 번째 경제 파트너인 일본과는 수입이 조금 더 많은 편이며 수출입 규모는 40억 달러를 초과합니다.

전자 산업 장비의 수입 비중은 25%이며, 자동차 산업은 5%, 원자력은 20%입니다. 이러한 비율은 지속적으로 감소하는 실정입니다.

경제에서 산업의 상대적 비중은 30%이고 농업은 20%입니다. 국방비로 GNP의 6%가 할당됩니다.

1988년 한국의 총 교역 규모는 1,060억 달러에 이를 것으로 예상되는데 그중 58억은 수출이며 48억은 수입입니다. 1988년 수출 증가율은 23.3%로 예상됩니다.

한국 외채는 350억 달러에 이릅니다. 지난 2년 동안 120억 달러를 상환했습니다. 외채가 있음에도 불구하고 한국은 미국, 중동 및 유럽 경제 공동체 국가에 공장을 짓고 시설을 짓고 자본을 수출하고 해외에 투자합니다.

초기에는 한국이 주로 경공업, 특히 섬유 산업을 발전시켰지만, 최근에는 중화학 공업의 비중이 50%를 넘었습니다. 1987년 한국은 철강 생산에서 세계 10위를 차지했습니다. 중장비, 조선, 자동차 및 전자 제품 제조 강국입니다. 다른 주요 산업 제품으로는 시멘트, 식품, 목재, 화학 비료, 신발, 세라믹 및 유리, 비철금속, 농산물 등이 있습니다.

1962년 이후 처음 15년 동안 총 농업 생산량은 2배 증가했습니다. 성장 속도는 줄어들었지만 자급자족할 수 있는 주식인 쌀 생산에 도달했습니다. 축산, 채소의 온실 생산 및 농약과 제초제에 대한 농민의 만족에 많은 관심을 기울이고 있습니다.

어업도 빠르게 발전했습니다. 한국은 많은 해양 국가의 경제 구역에서 어업 계약을 맺어 서부 사모아, 로스 팔마스 및 포클랜드 제도에 어업 기지를 가지고 있습니다.

한국 정부는 국내 시장 내 상품과 기술 부문의 외국 경쟁을 지속적으로 증가시키는 정책을 추구하고 있습니다. 사전 승인을 받지 않은 상품의 비율은 1980년 68.8%에서 1988년 95.4%로 증가했습니다. 평균 수입 관세는 1980년 24.9%에서 감소했습니다. 1988년 18.1% 한국 시장에 대한 외국인 투자 참여는 지속적으로 자유화되고 있습니다. 현대 기술력 수입은 이전 수입 허가에서 면제 대상입니다. 동시에 기술 특허, 컴퓨터 소프트웨어, 저작권 및 상표를 포함한 모든 유형의 지적 재산권에 대한 보호가 증가하고 있습니다.

1980~1986년 동안 주 예산의 연구 개발 비용은 5배 증가하여 26억 달러에 이르렀습니다. 민간 부문에서 같은 기간 동안의 증가는 9배이며, 844억 달러에 이릅니다. GNP에서 연구에 대한 정부 지출 비율은 1980년 0.57%에서 1985년 2%로 증가했으며 1991년에는 3%에 이를 것입니다.

한국 경제의 모습은 주로 산업이 아니라 대기업인 "재벌"이라고 불리는 15개의 산업 및 무역 그룹에 의해 결정됩니다. 불가리아 대표단은 가장 유명한 5대 그룹의 주요 제조 중 일부에 대해 알게 되었습니다.

삼성 – 50년의 역사를 가진 가장 큰 그룹입니다. 현재 150,000명의 직원을 보유한 30개 계열사가 있습니다. 43개국에 21개의 현지 법인과 140개의 지점이 있습니다. 1986년 이래 삼성 그룹은 160억 달러의 매출을 기록한 한국 그룹의 목록에 올라가 있습니다. 수출액이 매출 금액의 50%를 초과합니다.
그룹의 제조 분야는 전자 및 반도체 기술, 중장비 공학, 화학 및 생명 공학 산업, 건설 장비, 우주 기술, 섬유 산업, 식품 산업, 의료 기기입니다.
삼성 그룹의 최고 성과는 전자 분야입니다. 4M DRAM 및 1M DRAM 메모리를 제조하는 세계 3대 제조업체 중 하나입니다. 보잉 747 및 보잉 767엔진 공급 업체이며 인터페론을 제조하는 세계에서 가장 큰 제조업체들 중 하나입니다.

현대 – 한국에서 가장 큰 경제 대기업 중 하나이다. 중기계공업, 조선, 자동차, 건설 장비, 공학, 전자, 전기 공학, 에너지(핵 포함), 로봇 공학 분야에 30개 계열사가 있으며 그 직원으로 15만 명이 종사합니다. 현대의 연간 매출액은 200억 달러(한국 GNP의 13%)이다. 연간 수출액은 60억 달러입니다. 세계 조선 분야 선두 기업입니다. 드라이 도크의 용량은 13억이며 백만 톤의 유조선, 해양 탐사 플랫폼 및 석유를 생산합니다.

대우 – 1967년에 재봉틀 회사로 30명의 직원으로 시작했습니다. 오늘날 한국에서 가장 큰 그룹 중 하나입니다. 주 제조업은 자동차, 전자, 화학, 엔지니어링, 군사 장비, 섬유, 재무 운영에 관한 것입니다. 그 공장에는 12만 명의 직원이 근무하고 있습니다. 총 생산량은 200억 달러에 이르며 1987년 수출액은 385억 달러입니다.

럭키 골드스타 – 대한민국에서 네 번째로 큰 그룹입니다. 주요 산업은 화학, 석유화학, 전자, 반도체, 통신, 전기 장비입니다. 서독, 태국, 인도네시아, 스페인, 터키에 공장을 운영하고 있습니다.

한국은 한국 정부와 주요 경제 단체의 지도력으로 미국과 일본에 치중되어 있는 의존도를 극복해내는 것이 목표라고 합니다. 100억 달러 규모의 활성 잔고는 이미 미국의 보호 조치를 자극하고 있습니다. 목표를 이루기 위해 새로운 시장에 진입할 수 있는 기회를 찾으려고 노력하는 것입니다. 한국 기업들은 특히 연간 50억 달러의 적자를 극복하기 위해 일본 시장 진출에 주력하고 있습니다. 일본에 대해서는 계산기, 라디오, 팬, VCR 등과 같이 일본회사가 높은 가격을 제시하여 가격경쟁을 할 수 없는 지역을 목표로 합니다. 사회 국가들에 특별히 주목하고 있습니다. 최근 몇 년 동안에는 홍콩, 일본, 싱가포르 및 일부 서유럽 국가와 같은 제3국을 통해 연결을 하고 있습니다. 1987년 중반, 특히 당해부터 회사와 정부 차원에서 직접적인 접촉이 증가하고 있다. 한국은 특별히 중국과 소련의 거대한 시장에 주목하고 있습니다. 사회 국가들과의 한국 관계의 상태는 다음과 같습니다.

중화 인민공화국 – 지난 5년간의 거래량은 5.6억 달러에 이르렀으며 1988년에만 30억 달러를 초과할 것으로 예상됩니다.

양국 간의 경제 관계에서 공동체, 합작 투자 등과 같은 새로운 형태의 협력 결정되었습니다. 예를 들어, 대우는 중국 푸젠성에 합작 투자하여 냉장고 공장을 건설하여 4개월 동안 가동하였습니다. Lucky Gold Star와 Samsung이 유사한 합작 투자 형태로 전자, 중공업 및 화학 산업의 다른 많은 프로젝트들에 대한 협상을 진행하고 있습니다. 이 협력 과정을 촉진하고 가속화하기 위해 중국을 방문하는 동안 국무총리와 한국 내각 행정부 의장 문희갑 장관과 대우 그룹 대표와 함께 경제 협력을 위한 중국–한국 의회를 창설하였습니다. 주서울 중화 인민공화국 영사관 및 주중국 한국 영사관 설립을 진행하고 있습니다.

한국은 중국의 석유와 석탄을 직접 수입하고 있으며, 중국은 산동성을 한국을 위한 자유 무역 지역으로 지정했습니다.

소련 – 한국 소식통에 따르면 1988년 양국 간의 교역 규모는 5억 달러를 넘을 것이라고 합니다. 대우는 시베리아와 사할린의 여러 지역에 공장을 건설하기 위해 대규모 프로젝트를 논의하고 있습니다. 대우그룹 대표 김우중은 프로젝트를 논의하고 이행하기 위해 여러 차례 소련을 방문했습니다. 대우그룹 지사를 모스크바, 레닌 그라드, 블라디보스토크에 개설을 진행하고 있습니다.

올림픽 기간 동안 소련 영토를 통한 한국 항공기 비행에 대한 아에로플로트와 대한항공 간의 계약이 체결되어 운영 중입니다. 소련 정부는 한국 기업들이 시베리아 횡단 철도를 통해 소비에트 연방으로 직접 물품을 운송 할 수 있도록 허용했습니다. 라인. 방문은 올해 11월로 잡혀 있습니다. 소련 상공회의소를 대표할 많은 소련 경제 대표단과의 회담이 서울에서 있을 것으로 예상됩니다.

헝가리인민공화국 – 사회주의 국가 중에서 한국과의 관계가 가장 발전한 국가입니다. 1979년에 양국 간의 직접적인 접촉은 시작되었습니다. 1987년 무역은 1천 8백만 달러에 이르렀습니다. 그중 1,500만 달러는 헝가리인민공화국에 수출한 금액이며 3백만 달러는 헝가리에서 한국으로 수출한 금액입니다. 한국의 주요 수출 품목은 전자 및 섬유이며 헝가리의 주요 수출 품목은 알루미늄, 제약 및 합성 섬유였습니다. 한국이 급속도로 전자 제품을 헝가리에 수출하고 있습니다. 특히 1987년 부다페스트에 사무소를 개설 한 삼성 그룹이 활발합니다. 많은 기술 이전 및 합작 투자 프로젝트가 논의되고 있습니다. 고급 프로젝트에는 KIA 회사의 자동차 조립 프로젝트, 삼성 회사와 컬러 TV 공장 건설, 대우와의 전화 교환, Sahen Electric Company의 PCB 및 럭키 골드스타의 전자레인지 생산, 글로벌 투어와 관광들입니다.

금년 초 대우는 부다페스트에 호텔 단지를 짓기 위해 5천만 달러 투자 계약을 체결하였습니다.

경제 협력은 양국 간의 진보된 정치 관계의 직접적인 결과입니다. 최초의 공식 정치적 접촉은 헝가리 은행의 산도르 데미얀(Sándor Demyan)이 서울을 방문했을 때 1987년 2월로 거슬러 올라갑니다. 1987년 3월 한국 체육부 장관은 헝가리를 방문했습니다. 1988년 1월, 청년 체육부 차관 안탈 포느그라츠(Antal Pongratz)가 서울을 방문했습니다.
1988년 7월 초, 그로스 카로이는 한국 대통령정책보좌관이었던 박철언을 특사로 승인했으며, 9월 13일, 한국 외무부 장관 최광수는 특명전권대사 산도르 에트레와 함께 헝가리 대사를 승인했습니다. 1988년 9월 14일 양국은 영구 협력 수준에서 외교 관계를 수립 할 것이라고 발표했습니다.

체코슬로바키아와 동독도 한국과의 직접적인 경제 관계를 구축하기 위한 조치를 취하고 있습니다. 대우는 베를린과 프라하에 사무소를 설립했습니다. 서울, 프라하, 베를린에 사무소를 개설하기 위해 양국 상공 회의소와 코트라 사이에 협상이 진행 중입니다. 베를린에 합작 회사 및 합작 투자를 위한 전자레인지 공장 설립을 위한 계약서에 서명만을 남겨두고 있습니다.

불가리아 대표단은 한국에 머무는 동안 회담을 통해 불가리아 상공회의소와 KOTRA 간의 초안 협정을 협상했습니다. 본 프로젝트는 양국 기관들과 양국 회사 들이 정보교환을 늘리고 양국 수도인 소피아와 서울에 사무소를 개설하는 것을 계획하고 있습니다. 코트라 대표는 협정서에 서명을 하기 위해 올해 10월 불가리아를 방문하겠다는 소망을 표명했습니다. 해당 협정의 전문은 본 보고서에 첨부되어 있습니다. 1988년 말 한국 경제 대표단이 불가리아와 한국 기업 및 단체 간의 직접적인 협력을 위한 구체적인 프로젝트를 논의하기 위해 불가리아를 방문하기로 합의했습니다. 정확한 날짜는 추후 확정하기로 하였습니다.

불가리아대표단은 한국의 다양한 공장들 방문과 협정을 위한 회담을 진행하면서 한국의 대기업 대표들과 다양한 의견을 주고받았습니다.

삼성 그룹 – 삼성그룹 박 부회장과 의견을 교환하였습니다. 삼성은 비디오 레코더 키트 납품 및 Isotimpex에 비디오 테이프 어셈블리 테이프를 공급할 것을 계약하였습니다. Corecom을 위해 일본 및 싱가포르 회사를 통해 가전제품을 제공하기로 하였습니다. 박 부회장은 불가리아 경제 파트너들과 직접적으로 접촉하기를 원하는데 이는 다른 형태의 협력을 모색하기 위함이라고 표명하였습니다. 본 방문을 통해 Corecom은 일부 제품들을 직배송을 통해 구매한 가격보다 중개 업체를 통해 약 25% 낮은 가격으로 구매할 수 있도록 협상을 했습니다.
삼성 회사의 회담자들은 불가리아를 방문하여 가전, 화학 등의 일부 플랜트의 재건축 및 현대화와 관련하여 불가리아와 협력 및 공동 투자를 위한 특정 프로젝트를 논의하기로 합의했습니다.

현대 그룹 – 불가리아 대표단은 현대그룹의 개별 산업 담당 이사와 부회장을 만났습니다. 울산에 있는 현대 중공업과 현대 자동차 공장도 방문했습니다.

현대 그룹은 자동차, 조선 및 건설 장비의 협력에 대해 논의할 것을 제안했습니다.

대우 그룹 – 한국 기업들 중에서 사회주의 국가 시장에 가장 선두에 선 것으로 보입니다.

소련, 동독, 체코슬로바키아, 헝가리를 반복적으로 방문한 김우중 회장은 회의에서 통신, CNC 기계, 생명 공학 분야에서 협력을 제안했습니다. 소피아에 대우의 대표 사무소를 개설하고자 하는 자신의 의지를 표명했다. 불가리아 제품 구매에 대한 관심도 표명했습니다. 협의를 증진시키기 위해 김 회장은 올해 11월 불가리아를 방문하기로 합의했습니다. 불가리아 국가대표 선수단 단장인 G. 요르다노프를 만났습니다.

우리는 리비아 현지 통화 구현과 관련하여 김우중 회장과 가능한 협력에 대해 논의했다. 이러한 자금에 대한 대우의 필요성과 관심도 확인해 보았으나 리비아 측의 동의가 전제 조건이라고 했습니다.

럭키 골드스타 그룹 – 불가리아 대표단은 럭키 골드스타 그룹 부회장을 만났습니다. 회담에서 전자, 전기 장비 및 석유 화학 분야에서의 협력을 불가리아 대표단이 제안했습니다. 14인치 및 16인치 컬러 TV, 플레이어 및 VCR을 직접 전달하기 위해 Corecom과의 특정 대화도 진행되었습니다.

회의와 대화 및 교류된 아이디어는 한국 측이 다양한 분야에서 수익성 있는 협력을 제공할 준비가 되어 있음을 시사합니다. 산업현장 재건축, 불가리아에서 수행된 재건, 법령 변경 및 면세 구역 개통에 대한 특별한 관심을 보였습니다.

한국 측은 불가리아의 지리적 위치가 서유럽, 사회 국가 및 인접 국가를 대상으로 할 수 있는 산업 발전에 매우 유리한 것으로 분명히 인식되고 있습니다. 내부 시장의 제한에도 불구하고 소련 시장으로 들어갈 수 있는 기회가 있기 때문데 불가리아에 대한 관심을 보였습니다.

결론적으로, 불가리아 대표단의 한국 방문은 적절하고 유용했다고 생각합니다. 한국 경제가 협력을 제공할 수 있는 기회에 대한 수많은 소통이 이루어졌으며 가치 있는 정보가 수집되었습니다.

주어진 기회를 실제로 활용하고 도출해 낸 계약을 이행하기 위한 추가 단계를 수행하기 위해 하기와 같이 제안합니다.

– 한국과 외교 관계를 수립하기 위해 정부 차원에서의 정치 회담을 통한 헝가리인민공화국의 접근 방법을 피하고 공식 조율은 불가리아 상공회의소와 KOTRA에서 유지하기로 한다.
– 양국은 원칙적으로 한국 기업이 자유무역지구, 불가리아 내 한국 자본 투자, 기술력 전수, 제3국 공동 시장 진출과 관련하여 직접 불가리아 회사들과 접촉할 수 있는 참여 기회를 제공한다.
– 10월 코트라 단장은 양국 수도에 직접 연락을 취하고 양 기관의 대표 사무소를 개설하기로 합의한 계약에 서명하기로 합의하였음을 확인한다.
– 한국의 주요 경제 그룹의 관심을 고려할 때 전자, 생명 공학 및 화학 산업, 인간산업, 중장비, 운송, 건설 및 농업 장비, 관광산업 중 우선 순위를 정하되, 구체적인 협력 및 조율을 모색하도록 한다.

류카노프 동지, 출장 보고서 및 결의안을 확인하시기 바랍니다.

1988년 10월 4일, 소피아

59. 불가리아공화국 국립중앙공문서관
원문서 소장위치 259, 문서철 45, 문서번호 689

대외 경제부 장관인 페테르 바쉬카로프 동지 앞

표제: 불가리아 경제사절단의 대한민국 방문

장관 동지,

최근 몇 달 동안 대한민국과의 무역 및 경제 관계는 집중적으로 발전해 왔습니다. Kotra, Ipec 및 주요 한국 기업 대우, 삼성, 럭키 골드 스타의 많은 대표단이 불가리아를 방문했습니다. 리비아에 대한 우리의 주장을 운용하기 위해 상품과 은행 대출을 부여하는 것에 대한 논의뿐만 아니라 불가리아 경제에 많은 프로젝트가 진행되고 있습니다.

한국의 주요 부처 및 정부 기관과 정부 차원의 접촉을 구축할 뿐만 아니라 전개된 회담을 마무리해야 할 필요성을 감안할 때, 본인은 스테판 폴렌다코프는 차과 동지가 이끄는 불가리아 무역 및 경제 대표단이 가까운 시일 내에 서울을 방문할 것을 제안합니다,

장관 동지의 의견을 부탁드립니다.

1990년 4월 2일, 소피아

운영위원장

B. 주로프

불가리아 경제사절단의 대한민국 방문

불가리아 상공회의소 소장인 블라디미르 람브레프를 대표로 하는 협회, 기업, 무역기업, 민간경제협회 및 다른 불가리아 단체는 금년 3월 3일부터 9일까지 한국을 방문했다.

이번 방문은 불가리아 상공회의소와 한국 대외민간경제이사회(IPEC), 대한무역투자진흥공사(KOTRA)와의 협력을 통해 이루어졌다. 전통 상품 교환과 다양한 형태의 생산, 기술 및 시장 협력을 통해 불가리아와 대한민국 간의 무역 및 경제 협력을 확대하고 다각화하는 것을 목표로 했다.

금년 1월에 서명한 내용에 준해 방문 동안 불가리아 상공회의소와 IPEC 간의 합의에 따라, 양국 관계에 장기적이고 상호 유익한 발전에 관심이 있는 불가리아와 한국 기업, 은행 및 단체로 구성된 무역 및 경제 협력 양국협의회가 설립되었다.

이수화학 김 사장이 한국협의회 회장으로 선출되었다.

창립 회의는 은행 및 금융 분야의 공동 사업 및 협력 기회에 대한 불가리아의 실질적인 접근 및 법률에 대해 논의했다. 불가리아 경제 활동의 급격한 변화와 시장 경제로의 전환은 무역 및 투자 협력과 공동 프로젝트 및 양국 회사와 은행 간의 자금 조달 기회를 크게 증가시킨다는 점에 주목했다.

경공업, 관광, 기계 제작, 전자 및 화학 산업의 향후 협력을 위해 잠재적 인 영역에 대한 정보가 교환되었다. 불가리아와 한국 기업 대표 간의 개별 회의에서 구체적인 기회가 자세히 논의되었다.

다수의 한국인 사업가가 배석한 중에 불가리아 상공회의소 사무소를 서울에 공식적으로 개소하였으며, 소피아의 KOTRA(대한무역투자진흥공사)와 함께 양국 간 사업 방문 조직, 박람회 참가, 전시회와 경제 및 시장 정보 분야의 최신 정보 교환을 촉진할 것이다

블라디미르 람브레프 대표단의 이사는 상공부, Eximbank, 한국 상공 회의소, 한국 관광 협회에서 공식 회의를 가졌으며 대우, 삼성, Gold Star 등과 같은 주요 한국 기업들과도 회의를 가졌다.

이 대화중에 소련, 동남아시아 국가 및 일부 서유럽 국가와 같은 제3국을 대상으로 한 합작 투자 및 합작 활동을 통해 무역을 증대시킬 가능성에 대해 논의했다.

무역 및 과학 기술 협력 협정에 서명하고 이중 과세를 피함으로써 무역 및 경제 협력을 촉진하는 데 있어 공식적인 무역 접촉을 강화하고 외교 관계를 확립하는 것이 중화 인민공화국 간에 유익한 역할을 할 것이라고 확신했다.

방문의 결과로 불가리아의 호텔 및 관광 사이트의 자금 조달 및 건설에 대한 구체적인 기회가 형성되고 협력할 수 있는 기회가 개설되고 이후 단계에서 합작 투자 및 관광객 교류가 이루어졌다. 컴퓨터 및 통신 장비 분야의 가정 전기 공학 생산에서의 협력, 텔레비전 생산, 기계 공학, 전자 제품, 섬유, 텔레비전 및 기타 소비재 수입에 대한 기술 및 노하우 교환 분야에서 협력할 예정이다. Intercommerce, 일본의 Mitsubishi 및 한국의 삼성 간에 삼자 간 상품 교환 계약이 체결되었다.

불가리아 상공회의소, M. 페트루노바

제2부 문서 번역본

CSA of RB

01. CSA of RB, F. 1B, In. 6, a.u. 949.

Decision №. 236 of 1 July 1950

Decision №. 236 of July 1, 1950, of a meeting of the Politburo (PB) of the Central Committee of the BCP to organize a campaign to support the struggle of the Korean people for national unification. July 1, 1950

Decision "A" №. 236
of Politburo of CC of BCP of 1 July 1950

1. To organize a nationwide campaign to support the Korean people's struggle for national unification.

   At different meetings, conferences, rallies, etc. people shall approve resolutions against the aggression of American imperialism in Korea, for brotherly solidarity with the Korean people fighting for the unity of Korea, for its free independence.
2. Comrade Todor Zhivkov, in his report on July 1st, is to express on behalf of the Bulgarian Communist Party and the workers nationwide his full brotherly solidarity with the struggling Korean people and against the impetuous aggression of the North American government. The same shall be noted in the telegram to be approved at the meeting after Todor Zhivkov's report. - --
3. Similar directions shall be given to the press.

02. CSA of RB, F. 1B, In. 6, a.u. 951.

Protocol "A" № 238
OF POLITBURO OF 6 JULY 1950

Present: Comrades V. Chervenkov, G. Chankov, An. Yugov, G. Damyanov, T. Chernokolev, R. Damyanov, M. Neychev, D. Genev, D. Dimov. and Comrades T. Zhivkov, R. Levi

Item 1 & 2 - Comrades K. Lukanov, P. Pelovski, Stupov, Madonov;

Items 3& 4 - Comrades Encho Staykov, Ap. Kolchev and N. Stoilov, N. Georgiev

DECISIONS:

XI. In connection with the US open aggression in Korea, the Politburo decided:

1. To hold protest rallies (or rallies) in all major cities in our country to expose the US open aggression in Korea and to emphasize our brotherly solidarity with the struggle of the Korean people for national unification and national freedom.
2. Brief protest meetings shall also be held in factories, plants and organizations.
3. Mass organizations shall express their solidarity with the struggle of the Korean people and protest against US aggression in Korea.
4. The CC of the Party is to come up with a Declaration against the armed aggression of the North American United States in Korea.
5. A congratulatory telegram shall be sent from the CC to the Workers' Party in Korea and the Korean Government.
6. Party members and the secretaries of the party's regional and district committees shall

be briefed on the international and internal situation by the end of July this year in Sofia.

V. Chervenkov

03. CSA of RB, F. 1B, In. 6, a.u. 951.

NATIONAL COMMITTEE ON PEACE PROTECTION

Sofia 5 July 1950

To the Secretariat of Politburo of BCP

Comrades,

The Bureau of the National Committee for Peace Protection proposes, in connection with the Korean events, to organize large protest rallies in all regional towns: Svilengrad, Tolbuhin, Gabrovo, Pazardzhik, and in the border cities: Svilengrad, Kardzhali, Smolyan, Petrich, Kyustendil, Godech, Berkovitsa, Kula, Vidin.

The rally in Sofia will be organized on the 20th this month along with the National Meeting with the chairmen of the regional committees for peace protection. Comrade Ferdinand Kozowski is to speak at this rally; prior to that rally meetings shall be held in factories and neighborhoods.

We ask the permission of the CC of the BCP and the orders of party organizations in places related to the above.

With friendly greetings,

Chairperson: Tsola Dragoycheva

Secretary: Prof. Petar Dimitrov

04. CSA of RB, F. 1B, In. 6, a.u. 951.

CENTRAL COMMITTEE OF THE KOREAN LABOR PARTY

Pyongyang

The Central Committee of the Bulgarian Communist Party sends warm greetings to the heroic Korean Labor Party and the working Korean people, leading a just national liberation and unification war against the Lisiman reaction clique and the US aggressors.

The hardworking Bulgarian people feel indignation from the vicious invasion of American subjugators in your country and sincerely wish that the Korean Labor Party and the entire Korean people defeat the Lisiman clique and clear their lands of American aggressors as soon as possible; that they secure national unification and the victory of peace and people's democracy in Korea.

Long live the heroic and just war of the Korean people!

US imperialists hold their hands off Korea!

Long live the mighty pillar of peace in the whole world - the great Soviet Union and the leader of all progressive humanity, Comrade STALIN!

10 July 1950

CC of BCP

05. CSA of RB, F. 1B, In. 6, a.u. 951.

DECLARATION
OF THE CENTRAL COMMITTEE OF THE BULGARIAN COMMUNIST PARTY AGAINST THE ARMED AGRESSION OF THE UNITED STATES OF AMERICA IN KOREA

The armed attack of the United States of America on the Democratic People's Republic of Korea shows that the United States has already gone from preparation for ruthless aggression to direct aggressive acts.

This heinous crime against peace was conceived and prepared in advance by the US government in order to make Korea and the island of Taiwan its military base for the struggle against democratic development of the peoples of Asia, against the great Soviet Union, to occupy the island of Taiwan, an integral part of the People's Republic of China, to occupy the Philippine state and Vietnam.

Working people, all honest people in the world are protesting against this heinous crime.

American warmongers can and should be restrained. Their hideous aggression can and must meet the mighty resistance of the peace forces. These forces are able to break the aggression of American imperialism, to thwart its plans.

The Central Committee of the Bulgarian Communist Party expresses the deep and angry indignation of the Bulgarian working people against the aggressive actions of the US government in Korea and China and their demands for the immediate cessation of these criminal acts.

The Central Committee of the Bulgarian Communist Party, on behalf of the working class and the working people in Bulgaria, is showing complete solidarity with the Korean people, fighting for their national unity and national freedom, and warmly greets all the people and wishes them wholeheartedly success with their just national struggle.

Hands off Korea!

Long live the free and independent People's Democratic Republic of Korea!

Korea for Koreans!

Hands off Taiwan Island!

Down with the imperialist aggression of the US government!

Long live the camp of peace, democracy and socialism, headed by the great Soviet Union!

06. CSA of RB, F. 1B, In. 6, a.u. 1474.

PROTOCOL "A" №283
OF POLITBURO OF THE CC OF BCP
18 OCTOBER 1951

Present: Comrades V. Chervenkov, M. Neychev, An. Yugov, G. Tsankov, D. Ganev, Iv. Raykov and Comrades Todor Prahov and Dima Palamarova.

DECISIONS:

II.

1. To help the struggling Korean people, donate 80,000 reels of sewing thread and 100 tonnes of cotton yarn for free.
2. The thread shall be provided by the Ministry of Internal Trade, respectively "Clothing and Shoes", at the expense of the market fund, and the yarn - by the Ministry of Light Industry at the expense of the production program for cotton fabrics.
3. The Ministry of Finance shall pay to the enterprises the cost of the above materials for a total amount of BGN 70,891,000, the funds being taken from the reserve fund.
4. The Bulgarian Red Cross is to receive the materials from the enterprises and send them out.

MEMO

The Korean ambassador to Moscow has made a request through Comrade Stela Blagoeva for granting credit or gratuitously 80 thousand reels with sewing threads and 100 tons of cotton yarn according to the specification.

The review made shows that we are in a position to grant the assistance requested.

On this point, I propose a draft decision for discussion by the Politburo.

TO

THE CHAIRMAN OF THE COUNCIL OF MINISTERS

COMRADE VALKO CHERVENKOV

REFERENCE: implementation of confidential decree No. 289 of 28 March 1951 for the supply of fabrics to the Korean people.

According to confidential decree No. 289 of 28 March 1951, the Ministry of Internal Trade was to hand over to the Bulgarian Red Cross the fabrics for the Korean people as follows:

500.000 m cotton fabric

100.000 m woolen fabric

100.000 face towels

100.000 reel thread

1.000.000 pairs of socks

1 wagon of cigarettes.

In compliance with the above decree, in May this year, the Ministry of Internal Trade handed over to the Bulgarian Red Cross the following quantities:

500.294 m cotton fabric

100.000 m woolen fabric

100.000 face towels

100.000 reels of thread

795.167 pairs of socks

1 wagon of cigarettes.

More than 294 m cotton fabrics were delivered.

The number of socks delivered was with 204,833 pairs less due to the lack of stocking stock at that time.

Sofia, 24 August 1951

UNDERCHAIRMAN OF THE COUNCIL OF MINISTERS:

/R. Damyanov/

07. CSA of RB, F. 1B, In. 6, a.u. 1257.

Protocol "A" № 61 of Politburo from 22 February 1951

Present: V. Chervenkov, G. Chankov, Vl. Poptomov, R. Damyanov, T. Chernokolev, M. Neychev, T. Zhivkov, G. Tsankov, Iv. Raykov

Reference: sending sanitary materials, clothing and food to aid the struggling Korean people.

In pursuance of the request of the Politburo of the CC, an inspection was made to check our capabilities to assist the struggling Korean people, without hindering the supply plan and the reserve plan, and in agreement with the Heads of the institutions concerned: Bulgarian Red Cross, the Ministry of Public Health, and the Ministry of Internal Trade. Here are our suggestions:

1. The Bulgarian Red Cross is capable of providing one mobile surgical hospital for a total of 250 people. The Red Cross has everything necessary to furnish the hospital, except for 8 trucks and 5 ambulances that are needed for its transfer and operation. The Bulgarian Red Cross must be allowed to purchase the vehicles in the country or to ship them from abroad.
   The hospital shall be furnished and ready for dispatch within four weeks. The hospital needs about 50 people sanitation staff - doctors, nurses, drivers and administrative and housekeeping staff - the lower level staff to be recruited on site.
   Comrade Konstantin Michev is proposed as the organizer of the campaign.

2. The Bulgarian Red Cross can allocate the following quantities of fabrics, which it declared to the Ministry of Internal Trade as surpluses a few days ago:

flannel: 15,000 meters

cloth: 3,000 - 〃 -

cotton fabric: 10,000 - 〃 -

calico : 5,000 - 〃 -

wool fabrics: 14,600 - 〃 -

Oxford: 10,000 meters

Rubber shoes: 1,000 pairs

Rubber shoes: 2,000 pairs

Underpants: 1,500 pairs

Both the hospital and the cloths should be provided free of charge by the Bulgarian Red Cross.

3. The Ministry of Public Health is able to provide the following medicines and sanitary materials:

About 150 types of medicines manufactured in Bulgaria - an amount estimated at BGN 50 million.

Bandages also produced in Bulgaria at the amount of BGN 30 million.

In addition, the Ministry of Public Health will assist in recruiting volunteers as sanitary staff - 50 people for the hospital, and another 15 doctors and 12 Red Cross nurses for the interior of the country.

A number of doctors have requested to be sent to Korea.

4. The Ministry of Internal Trade is able to provide the following foods for a fee:

Meat and poultry cans: 50 tons

Vegetable cans: 50 tons

Cotton fabrics: 6.100 meters

Face towels:

Knitwear: 2,900 sets

5. We think that another 5 tons of cigarettes and some soap should be purchased and shipped.
6. Payment for food, sanitary materials, trucks, etc. shall be provided from the "Peace Fund" collected from the population, out of which BGN 100 million have been allocated for assistance to Korea. If these funds are not sufficient, another BGN 20 million from the same fund could be borrowed.
7. Sending aid to Korea, arranging shipments and recruiting sanitary personnel shall be carried out on behalf of the Bulgarian Red Cross with the assistance and under the control of the Party.

   Apart from this first shipment, the Bulgarian Red Cross shall organize a campaign among the people to collect socks, sweaters, gloves and other items to help the Korean people and Korean children.

   The Committee's proposal for the provision of sanitary and material assistance to the struggling Korean people is accepted. The completion of the planned activities is entrusted to the Governing Board of the Bulgarian Red Cross. Comrade Mincho Neychev is responsible to the Politburo for the accurate and exemplary realization of events.
8. There is opportunity and experience to adopt unaccompanied Korean children in Bulgaria, but we believe it is not appropriate for the time being.

Sofia, 19.11. 1951

08. CSA of RB, F. 1B, In. 6, a.u. 1680.

Protocol "A" №163
OF THE POLITBURO OF CC OF BCP FROM 25 OCTOBER 1952

PRESENT: V. Chervenkov, A. Yugov, G. Damyanov, G. Chankov, G. Tsankov, M. Neychev, R. Damyanov and T. Zhivkov

II. On the work of the Bulgarian Sanitary Brigade in Korea / Comrade R. Damyanov /

1. The term of the Bulgarian Sanitary Brigade in the Democratic People's Republic of Korea shall be one year. After one year, the staff will be replaced.
2. To set up a new group of 20 people, who will leave for Korea around 1 February 1953, so that the participants in the first sanitary brigade will return to our country in March.
   Comrades P. Kolarov and D. Halov are to prepare the new group and by 15 December 1952 are to submit to the CC of the BCP a proposal for its composition.
3. Those members of the brigade who were not used effectively shall return to the country.
4. Comrade P. Kolarov is tasked to urgently submit a proposal to the Party's Central Committee to increase the monthly remuneration of the participants in the brigade (for example, $ 100 per month, according to their position) and to send to Korea a new hospital, which will be fully available to our brigade.

Bulgarian Red Cross

Central Committee

Sofia 5 September 1952

To the CC of the Bulgarian Communist Party - Secretariat

Comrades,

There is a letter from the Ambassador of the People's Republic of Bulgaria to Beijing, Comrade Yanko Petkov, in which he informed us in detail about the situation of our sanitary brigade, sent in aid of the struggling Korean people. Comrade Petkov visited the places where our friends work. He met with responsible Soviet and Korean comrades from the KNA's sanitary unit and they discussed all issues.

Based on what is stated in Comrade Petkov's letter, we believe that in order for our team to successfully continue their work in the People's Republic of Korea, the following issues need to be addressed:

1. The stay of the brigade in the People's Republic of Korea shall be at least one year. After that time, the comrades will have to be replaced. Those of them who voluntarily wish to stay in the DPRK can stay for a longer period.
2. From 1 January 1953, money shall be allocated so that each comrade receives $ 60 a month, or $ 2820 a month in total; this money will be needed to meet the daily nutritional needs and support of the brigade members / for your information, a Romanian brigade comrade gets an average of $ 150 a month /.
   We believe that the support of the comrades is secured until the end of this year after $ 5,000 were transferred, and in addition food was sent for 91,800 levs, which the comrades actually started to use from the 1 July this year.
3. Those comrades who, for one reason or another, are not capable of working and are a burden to the brigade, shall return immediately to the country.
4. The new group, which will replace the current one, is to start preparation right now;

it shall be smaller, about 20 people, half of them doctors. (Czechoslovak, Romanian and Hungarian brigades average 12-20 people).

This group shall be ready and leave for Korea by 1 February 1953 at the latest, so that the comrades from the first sanitary brigade return in March.

We request that these questions are resolved.

CHAIRMAN OF THE CENTRAL COMMITTEE OF THE BULGARIAN RED CROSS:

/Minister Dr. P. Kolarov/

DEPUTY CHAIRMAN: /D. Halov/

Confidential!

Pyongyang 24 July 1952

TO THE MINISTER OF PEOPLE'S HEALTH COMRADE DR. P. KOLAROV

SOFIA

COPY: TO THE MINISTER OF FOREIGN AFFAIRS DR. MINCHO NEYCHEV

Comrade Minister,

At the end of June this year, I visited Korea in connection with the commemoration of Comrade Dimitrov. I used the occasion to get more detailed information about the work of our sanitation brigade and to get immediate impressions of the conditions there. From my conversations with Comrade Michev I knew that our brigade was set up to work under rather difficult conditions compared to those of other democratic countries - lack of their own hospital facilities and medicine, vehicles, supply of products, etc. Therefore, I and Comrade Michev informed you in a timely manner with our brief reports. Since the arrival of the brigade was significantly delayed, all hospital facilities, medicines, trucks, etc., sent from Bulgaria in 1951, were used by the Korean government. Thus, our brigade had to start work under such conditions with the facilities the Korean government could provide with its own resources.

Their capabilities in this regard are known to be limited, which is why they could not provide the right conditions for a good, efficient and consistent work for our doctors - from the very beginning, even now, the team works in groups dispersed in various places, in rural houses adapted for hospitals, without sufficient tools and medicines, without X-ray, etc., which prevent them from using their capabilities in full. Therefore, as I have already informed you, we have had to buy from China the most necessary tools and medicines (with the amounts sent by the BRC) in order to ensure the work of our sanitation staff in the beginning. In addition, it was necessary to buy more food from China for the brigade, which, as I wrote in my last letter, should continue in the future, since the food provisions from the Korean government are insufficient and irregular.

Here I would like to point out that all these difficulties (which are not only ours but also of the Korean government) would have been avoided if the brigade had come as early as last year, along with all its materials sent from Bulgaria, as all other fraternal brigades did. But even with this late arrival, it would still be possible to avoid these troubles if, prior to the departure of the brigade, we had been informed of its arrival, in order to thoroughly investigate the situation and prepare the conditions. Unfortunately, this was not done, and I learned that doctors traveled to Korea only when they were already in Moscow. In addition, it was known in Sofia that the hospital with all its instruments, medicines, trucks, etc. did not exist, i.e. it had been used. On my inquiry about the arrival of the brigade in August last year, I got a reply from the Ministry of Foreign Affairs - telegrams No.175 / September 5, 1951 and No. 640 / November 2, 1951 - to inform the Korean government that the Bulgarian brigade will not be coming. I conveyed this message to the Korean government, which logically implies that the hospital sent could and should be used at their discretion - something that had actually happened - almost all of the tools, medicines, etc. had been sent out in November last year to various Korean hospitals in the front and in the rear.

Under these circumstances, it is strange how the information was received in Sofia that our hospital was available to the brigade and the doctors were sent without tools and medication.

2. During my stay in Pyongyang, I used the opportunity to meet with responsible Korean comrades and to arrange all issues related to the work of the brigade, and in particular - supplies with the necessary tools, medicines, food, location at one place, etc. During a meeting with the Chief of the Sanitary Department at the KNA, General Lee, and with the Soviet advisor, Professor Derzhavin, we took into consideration all these issues. By my request, they, along with me and Michev, visited the brigade and all the places where our people work. There, they provided information on all issues, personally hearing the doctors, who put forward their requests and stated their needs. The general and the advisor took notes and promised to do all they could.

We believe that after this meeting the working conditions are likely to improve, which will have a beneficial effect on the volume and quality of our medical care.

It is worth noting General Lee's comment that it is difficult to provide full and regular supplies of the necessary quantity and quality of food, suggesting that we should take care of the additional supply of products ourselves, just as others fraternal brigades do.

During my meetings with Kim Il Sung and Park-Hen-Yeon, the latter expressed great satisfaction with the work of our team, although the government could not ensure good working conditions.

I also met with the Soviet ambassador, Comrade Razovaev, who also expressed his satisfaction with our team. In general, Soviet comrades show great interest and sympathy for our brigade and provide great assistance, mainly through Prof. Derzhavin. Therefore, the Soviet ambassador is of the opinion that in order to provide more effective assistance and gain more experience and benefit from the war in Korea for our country, it would be good for the brigade to stay in Korea for at least a year. I will discuss this below.

3. The situation in the brigade. During my visit in different parts of the brigade, I arranged separate meetings with the staff of each group to hear their opinion and to get impressions of the situation throughout the brigade. From the meetings, personal conversations and observations I have the impression that a large part of the doctors are facing difficulties and cannot wait to go back. Such sentiments exist mainly in those groups who find themselves under really very difficult conditions - the group that worked at the hospital in Supun. After the large-scale bombing of the Yalu River Power Plant, just a few hundred meters from our hospital, which was also affected by the bombs, our people had to be accommodated in various villages in the mountains around Supun. The conditions there were really harsh: there were no proper sleeping quarters, the food was insufficient, doctors had to take the food to different groups scattered around a few kilometers from the town; several of the doctors became ill with amoebic dysentery and their comrades are looking after them; they do not have regular and quick contact with their relatives in our country because mail is very slow; many people are upset and get irritated about the smallest things; furthermore, some comrades claim that there are not good relations between our doctors and the Korean hospital command, commanding functions are not clarified, i.e. whose orders shall be followed in the treatment of patients.

When I informed the doctors of this group of the opinion of the Soviet ambassador about their stay in Korea for at least a year, almost all of them expressed the view that their stay for more than 6-8 months is useless, because under the current conditions, which I mentioned above, they could neither cure nor be of use to the Korean people, nor did they gain any experience for our country and for themselves, but only wasted their time and were at risk of contracting serious illnesses. Some also had arguments of personal and career nature - they would fall behind their fellow comrades in their surgical practice, since they did not perform operations here, they lagged behind in science (they meant the assistants), etc. All of them argued that their stay for 1 year was related to the issue of creating suitable working conditions. Otherwise, there would be no point in remaining there.

I actually admit that the conditions of this group were quite harsh, but I believe that the arguments against their stay in Korea for 1 year are incorrect and there is reluctance behind it due to difficult living conditions and fear.

I think this psychological condition is temporary and it will pass once the conditions improve. And for this, measures have already been taken by the KNA Sanitary Administration - all of these groups around Supun will be gathered in one place / yesterday Michev informed me on the phone that this has already been done / where the living and working conditions will improve and our doctors will be busy with work. In support of this opinion, I have to inform you that in the other / initial / base of our brigade, located 100 km away from Supun, where some of our people work, relatively good conditions have been created with common efforts, people are committed and absorbed in their work, they are confident of the benefits of their work and have unanimously expressed their desire to stay one year, or as long as the Party and government deem necessary. Meanwhile, doctors from other bases have also stated that they would fulfill the orders of the Party and the government.

4. After this brief description of the situation in the brigade, I believe, Comrade Minister, that in order for the work of our brigade to proceed properly in the future, the following questions will need to be resolved:

1) First, it is imperative that loans be made on a monthly basis to provide the brigade with additional food and other daily household needs, such as: soap, toothpaste, shaving blades, gas, lamps, underwear / especially for the winter / etc. To this end, after the most careful consideration possible, I believe that it will be necessary to allocate $ 2 daily to each person. The brigade will supply fresh meat and vegetables from the market in Korea, where prices are on average 2-3 times higher than in China. The remaining needs will be met in the Chinese market. I put this question forward in my letter to you under No. 15-C / May 26 this year, but I have not

received your answer so far, though with a telegram from the Ministry of Foreign Affairs No. 1125 / June 20 this year I was informed that it is forthcoming.

2) All letters from Sofia to the brigade are to be sent to our embassy in Beijing. This itinerary is the fastest because we have regular contact with the brigade. This will save a lot of anxiety for doctors who have so far received their letters with a few months delay, since they were sent via Moscow and then by courier, which is a very slow and uncertain route.

3) Concerning the duration of the brigade's stay in Korea - I think that for political and financial reasons /saving money on the way/ it is reasonable to accept the proposal of the Soviet ambassador for one year. It is necessary that this issue be resolved and I be informed of the decision because people are affected badly by the unknown.

   In addition, I believe that a new Bulgarian sanitary brigade shall be prepared to replace the current one after the end of its term, if, of course, the circumstances require it. The new brigade is to arrive before the old one has left in order to have continuity and to maintain inventory. It is preferable that the new team is smaller and older people are not sent, because they have a hard time withstanding the conditions. For information, I would like to inform you that the current Romanian and Hungarian brigades are their second shift and their third shift is currently being prepared.

4) I request the approval of the Government that some comrades from the brigade whose strength and efforts, for one reason or another, are not effective return to our country.

5) The unanimous wish of the brigade members that I would like to convey to you is to publish something about them in our press. Their letters concerning their welcome here, sent so far, have not been published in our press.

The silence that is kept in Bulgaria about our brigade is in my opinion unjustified. Long time ago, Korean newspapers covered the arrival of the brigade, its welcome, the numerous letters of appreciation to the brigade; much was written about the health care we provide to the Korean people. Soon there will probably be a note about our brigade in Pravda by their correspondent in Korea / Comrade Tkachenko/. In this situation, it is useless to keep a secret on this issue if the government's considerations are of this nature at all.

Finally, I would like to give you some information about the sanitary brigades of other democratic countries:

The Hungarian Brigade - 24 people, half of them are doctors. They have a hospital with 1000 hospital beds. They have their own tools and deliver medication and medicines to all patients. They receive $ 3,000 a month for the whole brigade / additional food and personal needs/.

Romanian Brigade - 20 people; servicing 700 hospital beds; own tools; regular supplies of necessary medication and medicines for 300 patients; they receive extra US $ 5 per person per day for extra food and personal needs.

The Czech Brigade - 20 people; servicing 500 hospital beds; own tools, medication and medicines; I am not aware of the amount of money they receive.

I look forward to receiving an answer to all the questions and suggestions,

I remain, Comrade Minister,

Sincerely yours: /Yanko Petkov, Ambassador/

09. CSA of RB, F. 1B, In. 32, a.u. 310.

NATIONAL COMMITTEE FOR PEACE PROTECTION

TO

THE SECRETARIAT OF CC OF BCP

Comrades,

The National Committee for Peace Protection is aware that 200 Korean children are on their way to Bulgaria and are expected to arrive in Rousse by June 28.

The National Committee for Peace Protection, in coordination with Dr. Minister Mincho Neychev, proposes that upon arrival of the children at the Bulgarian-Romanian border, a welcome ceremony be organized at the train station by the pioneers of Rousse with flowers, banners, fanfare and presence, as well as by representatives of the Committee for Peace Protection in Ruse, without participation of citizens.

The same ceremony shall also be arranged upon the arrival of the children at Sofia Station. The special train will then continue from Sofia station to Kostenets station, where buses will be waiting to take them to Dolna Banya.

The above proposal is made in the case that the children are healthy, which will await the opinion of the doctors who accompany the children from the Soviet-Romanian border.

We ask for your opinion on the above.

Chairman: /Acad. G. Nadzhakov/

Chief secretary: /Trayana Nenova/

MEMO

According to a report by the National Committee for Peace Protection, 200 Korean children are on their way to Bulgaria and are expected to arrive in Rousse by June 28.

The National Committee for Peace Protection proposes that a welcome ceremony be arranged for the arrival of children in Rousse by representatives of the City Committee for Peace Protection and pioneers without the participation of citizens.

The same ceremony shall also be arranged in Sofia right after which the special train will continue to Kostenets, where the children will be taken by bus to Dolna Banya.

We propose a welcome ceremony for the children in Ruse, Pleven and Sofia if they pass through Northern Bulgaria, and in Stara Zagora and Plovdiv in case they pass through Southern Bulgaria.

The children are accompanied by our doctor and nurses and, according to Minister Kolarov, there is no risk of disease transmission during the welcome ceremony.

27.02.1952 Head of Department "International relations" of CC of BCP

10. CSA of RB, F. 363, In. 3, a.u. 35.

MINISTRY OF FOREIGN AFFAIRS
To the Committee on friendship and
cultural relations with other countries

Our Legation in Pyongyang announces that in the future the Committee may send materials directly to the Department of Cultural Relations with other countries at the Ministry of Culture of the Democratic People's Republic of Korea.

In connection with the Committee's inquiry regarding the materials about Bulgaria to be sent to Korea, the Legation recommends that materials be sent about our construction, agriculture, cooperative farms, about the work of theater, opera, ballet, the life of the Septemvriyche organization, the Youth Union, about the life of the working people, competition, holiday homes, our film art, etc.

As a result of the talks the Legation has had with the Department for Cultural Relations Abroad, it is recommended that in connection with cultural exchange for 1955 a proposal be made on the following issues:

I. Literature

1. Exchange books in Korean and Bulgarian.
2. Translation of books.
3. Exchange Bulgarian and Korean books in Russian.
4. Exchange literature journals (e.g. Septemvri).

II. Music and dances

1. Exchange notes of Bulgarian and Korean music.
2. Exchange materials on Korean and Bulgarian dances /materials shall be in Russian/.

III. Art

1. Exchange articles related to art.
2. To exchange special works of fine arts (for example portraits, etc.).
3. Exchange information related to art.

IV. Theater

1. Exchange plays to be translated into Russian or English.

V. Radio broadcasts

1. To negotiate with the Radio committee.

VI. Exhibitions

1. To exchange small photo exhibitions / for large exhibitions there are no conditions yet /. For example, on February 28, 1955 the Korean side can send a photo exhibition about the Korean People's Army to Bulgaria.
2. Small exhibitions (reflecting national life and art) can be exchanged.

VII. Films

1. Exchange of new feature films
2. Exchange of documentaries - short films, movie reviews and more.

VIII. Exchange of cultural delegations, artists, researchers and more.

The two sides shall agree on a case by case basis of exchange of cultural delegations, etc.

The Legation recommends that if the Warsaw Youth Festival takes place in 1955, the Korean delegation be invited to Bulgaria. Some people's democratic countries have already invited the Korean delegation, which will take part in the youth festival, to visit them. According to the Legation, we can do the same without including the visit in the Protocol on Cultural Exchange with the Democratic People's Republic of Korea in 1955.

Vice Minister

11. CSA of RB, F. 363, In. 3, a.u. 35.

TO

THE CHAIRMAN OF THE COUNCIL OF MINISTERS

REPORT

From Rada Todorova – Chairman of the Committee for Friendship and Cultural Relation with other countries

REFERENCE: signing a Cultural Cooperation Agreement between the People's Republic of Bulgaria and the Democratic People's Republic of Korea and a plan for its implementation in 1955.

Comrade Chairman,

Our cultural ties with the Democratic People's Republic of Korea have come to life recently.

In addition to the exchange of various propaganda materials - photographs, notes, gramophone records, magazines, articles, albums, books and more - in the last two years, individuals and ensembles have also been exchanged between the two countries.

In 1955, we anticipate that these connections will gain even greater scope.

However, in order to make cultural exchanges more systematic and rhythmic, the Committee on Friendship and Cultural Relations Abroad proposes that an Agreement for Cultural Co-operation between the People's Republic of Bulgaria and the Democratic People's Republic of Korea be signed, similar to those concluded with all other people's democratic countries, and at the same time, a plan for proposing the Agreement in the first year be developed.

The Ministry of Foreign Affairs has informed us that the Government of the Democratic People's Republic of Korea is in agreement to conclude a cultural agreement between the two countries, proposing that our country come up with a draft agreement and an annual cultural plan for 1955.

The necessary funds for the implementation of the proposed draft plan are included in the budget of the Committee on Friendship and Cultural Relations Abroad for 1955.

I propose that the signing of the Agreement on Cultural Co-operation be held in Sofia, and the exchange of ratification documents and the renewal of the plan for 1955 - in Pyongyang. On the Bulgarian side, I propose that the Agreement be signed by Comrade Ruben Avramov - Minister of Culture, and the plan for implementation in 1955 - by Comrade Radenko Grigorov - Plenipotentiary Secretary of the People's Republic of Bulgaria in Korea.

I propose that the Council of Ministers accept the following

DICISION:

1. To approve the proposal of the Committee on Friendship and Cultural Relations with other countries for the draft agreement on cultural cooperation between the People's Republic of Bulgaria and the Democratic People's Republic of Korea and the draft plan for its implementation in 1955, which will serve as a basis for the negotiations of the Bulgarian side for drafting and signing of the Agreement on Cultural Cooperation with the Democratic People's Republic of Korea and the Plan for its Implementation in 1955.
2. The agreement is to be signed in Sofia, and the exchange of ratification documents will take place in Pyongyang.
3. On the Bulgarian side, the Agreement shall be signed by Comrade Ruben Avramov - Minister of Culture, and the plan for its implementation in 1955 - in Pyongyang by Radenko Grigorov - Plenipotentiary Minister of the People's Republic of Bulgaria in

the Democratic People's Republic of Korea.

The implementation of this is entrusted to the Committee on Friendship and Cultural Relations with Foreign Countries and the Ministry of Foreign Affairs.

MEMO

from the Deputy Chairman of the Council of Ministers
on report 1840 dated 23 March 1955 of the Committee for friendship and cultural relations with other countries

Comrade Chairman,

The Committee on Friendship and Cultural Relations Abroad proposes that the Council of Ministers adopt a draft cultural agreement with the Democratic People's Republic of Korea and a draft plan for the proposal of this agreement in 1955.

The Ministry of Foreign Affairs, in a letter to the Committee, announced that the Korean government was in agreement to conclude such an agreement and to draw up a plan for its implementation, asking our country to prepare the necessary projects for this.

The draft cultural agreement with Korea is modeled on a cultural agreement with other democratic countries. It outlines the main lines on which our cultural ties with Korea will develop - exchanges of materials, exhibitions, films, people of science and the arts, and more.

The draft plan for the implementation of the Cultural Agreement in 1955 foresees mainly the exchange of printed and other materials between the academies of science of the two countries, the exchange of materials in the field of study, museums and libraries, literature and art, the press, radio, cinema, etc.; 10 Korean musicians and other performers are expected to visit Bulgaria for 20 days and 1 journalist for 1 month.

It is proposed that the agreement be signed in Sofia, and the exchange of ratification documents and the signing of the plan for the implementation of the agreement in 1955 - in Pyongyang, with the cultural agreement signed by the Minister of Culture, Comrade Ruben Avramov, and the plan - by Radenko Grigorov, Minister Plenipotentiary of the People's Republic of Bulgaria in the Democratic People's Republic of Korea.

In order to carry out the activities under the draft plan in 1955, some BGN 230,000 is needed, allocated in the budget of the Committee on Friendship and Cultural Relations with other countries.

I propose that the Bureau of the Council of Ministers adopt the attached decree.

Sofia,... April 1955

12. CSA of RB, F. 363, In. 3, a.u. 35.

DRAFT AGREEMENT

ON CULTURAL COOPERATION BETWEEN THE PEOPLE'S REPUBLIC OF BULGARIA AND THE DEMOCRATIC PEOPLE'S REPUBLIC OF KOREA

The Government of the People's Republic of Bulgaria and the Government of the Democratic People's Republic of Korea are convinced that cultural cooperation is one of the best ways to strengthen and further develop friendly relations between the two countries, to unite the efforts of the two countries in their fight against imperialist ideology and aggression and for lasting peace.

They have decided to sign an Agreement for cooperation in the fields of science, education, art, print, film and radio.

To sign the Agreement, the two Governments have designated as their Plenipotentiaries:

Government of the People's Republic of Bulgaria - Ruben Avramov - Minister of Culture,

Government of the Democratic People's Republic of Korea - ......

who, having exchanged their powers, found regular and in good form, have agreed as follows:

ARTICLE 1

The two Contracting Parties shall facilitate cooperation between the Academies of Sciences and other research institutes, as well as between the cultural and educational institutions of the two countries.

ARTICLE 2

In order to develop cooperation in the field of science and education, the Contracting Parties undertake:

a) to exchange research reports, materials and publications;

b) to encourage the mutual visit of scientists;

c) to exchange students on the basis of reciprocity;

d) to exchange experience in the field of school education, curricula and teaching methodology, and exchange journals and works in the field of education;

e) state libraries in both countries are to exchange books, magazines, newspapers and other publications;

f) to exchange materials in the field of mass education and the organization of mass cultural work in factories, plants and in the villages.

ARTICLE 3

In order to develop cooperation in the fields of literature and the arts, the two Contracting Parties undertake:

a) to encourage mutual visits of experts in literature and arts;

b) each party shall encourage the translation and publication of literary and artistic works of the other Party recommended by the other Party;

c) to assist in the organization of reviews of works of theatrical, musical and cinematic arts;

d) to exchange gramophone records, musical materials, albums with reproductions of fine arts, posters, catalogs and more.

ARTICLE 4

In order to develop cooperation in the fields of printing, broadcasting and cinematography, both Contracting Parties undertake:

a) to grant privileges to the theater agencies and to the correspondents of both countries;

b) to facilitate the cooperation between the broadcasting services of the two Parties in the pursuit of literary and artistic programs and also to exchange audio recordings of the special radio broadcasts;

c) to exchange newspapers, photos and other print materials;

d) to promote the exchange of films and the conclusion of film-exchange agreements between cinematographic enterprises of the two Parties.

ARTICLE 5

In order to promote mutual understanding of the peoples of both countries, the Contracting Parties undertake:

a) each Party is to promote the other Party's reports on culture and science;

b) each Party is to assist in organizing exhibitions on the other Party's cultural, economic and political life, as well as celebrations to commemorate dates in the other Party's science, culture and arts.

ARTICLE 6

For the implementation of this Agreement, a plan shall be drawn up annually by representatives of both Parties and shall be implemented by the respective institutions of both Parties.

ARTICLE 7

This Agreement shall be valid for a period of five years. If either Contracting Party does not wish to denounce it six months before the expiry of the period, the Agreement shall continue to be effective automatically for the next five years under the same conditions of denunciation.

ARTICLE 8

This Agreement shall be ratified and shall enter into force on the date of the exchange of ratifications.

The ratification documents shall be exchanged in Pyongyang.

To confirm the above mentioned, the plenipotentiaries of the Parties have signed this Agreement and stamped it with their seals.

Drafted in Sofia on .... 1956 in duplicate in the Bulgarian, Korean and Russian languages, the three texts being equally authoritative. In the event of disagreement with the interpretation, the Russian text shall be deemed to be relevant.

Sofia April 1955

13. CSA of RB, F. 363, In. 3, a.u. 35.

RESOLUTION № .... 14 April 1955

REFERENCE: approval of a draft agreement on cultural cooperation between the People's Republic of Bulgaria and the Democratic People's Republic of Korea and a draft plan for its implementation in 1955

No. 1840 / 23.03.1955

TO

THE COMMITTEE FOR FRIENDSHIP AND CULTURAL RELATIONS WITH OTHER COUNTRIES

MINISTRY OF CULTURE

MINISTRY OF FOREIGN AFFAIRS

THE COUNCIL OF MINISTERS HAS RESOLVED:

1. Approves the attached draft agreement on cultural cooperation between the People's Republic of Bulgaria and the Democratic People's Republic of Korea in a draft plan for its implementation in 1955. These projects shall serve as a basis for negotiations between the two countries.
2. The agreement is to be signed in Sofia, where our country is to be represented by Comrade Ruben Avramov, Minister of Culture; the exchange of ratification documents is to take place in Pyongyang. The plan for the agreement implementation is to be signed in Pyongyang by Radenko Grigorov, Minister Plenipotentiary of the Republic of Bulgaria Bulgaria in the Democratic People's Republic of Korea.

The implementation of the decree is entrusted to the Committee on Friendship and Cultural Relations Abroad, the Ministry of Culture and the Ministry of Foreign Affairs.

Sofia, 12 April 1955

For CHAIRMAN OF THE COUNCIL OF MINISTER: /п/ A. Yugov

SECRETARY OF THE COUNCIL OF MINISTERS: /п/ At. Voynev

HEAD OF DEPARTMENT OF PROTOCOLS AND DECISIONS: /St. Tsonev/

14. CSA of RB, F. 363, In. 3, a.u. 35.

TO

THE CHAIRMAN OF THE COUNCIL OF MINISTERS

REPORT

from Rada Todorova - Chairman of the Committee on Friendship and Cultural Relations Abroad

REFERENCE: ratification of the Agreement
on cultural cooperation between the People's Republic of Bulgaria
and the Democratic People's Republic of Korea.

Comrade Chairman,

On July 25, 1955, the Agreement for Cultural Cooperation between the People's Republic of Bulgaria and the Democratic People's Republic of Korea was signed in Sofia. The agreement was concluded in accordance with the Council of Ministers resolution approved on April 14 this year, proposed by the Committee on Friendship and Cultural Relations Abroad.

According to Article 8 of the Agreement, the latter is subject to ratification and shall enter into force on the day of the exchange of the ratification documents, which is to happen in Pyongyang.

In order for the ratification of the Agreement to happen, it is necessary that the Council of Ministers approve the concluded Agreement and propose to the Presidium of the National Assembly to ratify it.

I propose that the Council of Ministers accept the following

RESOLUTION:

The Agreement on Cultural Cooperation between the People's Republic of Bulgaria and the Democratic People's Republic of Korea signed on 25 July 1955 is hereby approved.

It is sent to the Presidium of the National Assembly with a proposal for ratification.

ATTACHMENT: Agreement on cultural cooperation between the People's Republic of Bulgaria and the Democratic People's Republic of Korea.

DRAFT PLAN

on the implementation of the Agreement for Cultural Cooperation between the People's Republic of Bulgaria and the Democratic People's Republic of Korea in 1955

I. Science and education

1. The Bulgarian Academy of Sciences and the Academy of Sciences of the Democratic People's Republic of Korea will exchange the following materials: lists of all their scientific publications and periodicals; publication plans for 1955; materials on the organizational structure of the academies and institutes, as well as lists with the names of their leaders, information on the greater scientific achievements of their countries.
2. The two countries will keep each other informed about the awards granted in the field of scientific discoveries and published works, while sending biographies, works and photographs of the awarded researchers.
3. The libraries of the two Academies of Sciences will exchange major scientific publications and books in a single copy.
4. Both Parties will also assist in obtaining microfilms and photocopies of scientific books and publications of their respective countries, should they be necessary for the other Party's work.

5. The two academies of science will keep each other informed of forthcoming scientific sessions and congresses to which representatives of the other party may be sent with the prior consent; in the event that one of the parties fails to send representatives, the other party shall send a summary of the reports presented to sessions or congresses. If these reports are of particular interest, the party may request that the full texts be sent to it.

Educational: Higher and Secondary Education

6. The two sides will exchange by mutual agreement the following materials in the field of higher education: laws, regulations and decrees, lists of the most important newly published textbooks and scientific works, and, upon request, the textbooks and scientific works themselves; photos of students' lives.
7. The two countries will help to establish links and cooperation between scientific institutes in higher education institutions in their countries.
8. The two parties will exchange by mutual agreement laws, regulations, decrees and published important reports, photographs of the students' lives; information on the development, objectives and organization of evening education.

Museums and libraries

9. The two countries will exchange publications, albums, photographs from museum exhibitions and individual museum exhibitions.
10. The National Library "Vasil Kolarov" of the People's Republic of Bulgaria and the Pyongyang Library of the Democratic People's Republic of Korea will exchange books reflecting the social, political, economic and cultural life of the two countries, as well as materials on the organizational work of the libraries.

    Upon request, both parties will prepare and exchange bibliographic references and materials.

II. Literature and art

11. The two countries will exchange lists of literary works that are recommended for publication abroad. One copy of the recommended books and reviews for them are attached to the lists.
12. Both countries will recommend 1-2 literary works for translation and publication by the other. The recommended works must be accompanied by 1 copy each in Russian translation.
13. The two parties will exchange translations and published books of authors of the other party, new literary works, reports on literary matters, instructions and relevant resolutions of the leadership of writers' unions.
14. The Union of Writers of the People's Republic of Bulgaria and the Union of Writers of the Democratic People's Republic of Korea will organize celebrations of writers' anniversaries at the suggestion of the other party. To this end, the parties shall be notified at least two months before the date of the celebration. The necessary materials are to be submitted to the other party not later than one month before the date of the celebration.
15. The two countries will exchange the biographies, magazines and works of awarded writers.

Music

16. The Korean side will send a group of 10 musicians and other performers to Bulgaria within 20 days.
17. The two countries will exchange notes, gramophone records, repertoires of opera houses, information about music.
18. The two countries will exchange the biographies, photos and works of awarded musicians.

Thater

19. The two countries will exchange lists of plays recommended for performance abroad,

accompanied by a summary in Russian language and photographs of their production. In case the other party decides to stage some of the recommended plays, the interested party is obliged to send its translation into Russian together with the necessary explanatory materials, sketches of the scenery and, if necessary, the costumes.

20. The two sides will exchange articles on theatrical life, repertoires of dramatic theaters, materials on plays by other authors (reviews, photos, articles, etc.), photos of opera and drama theaters.

Fine arts

21. The two countries will exchange reproductions of relevant works of art, albums, posters, albums with reproductions of folk art.
22. The two countries will exchange information on fine arts, instructions and important developments of the unions of the artists.
23. The two countries will exchange the biographies and reproductions of the works of awarded artists and sculptors.
24. The Bulgarian side will send a photo exhibition to Korea.
    The Korean side will send an exhibition to Bulgaria.

Amateur cultural and art activities

25. The two sides will exchange materials from amateur art reviews, photos, information and articles about amateur performances.

III. Press, radio, film

Press

26. The Korean side will send one journalist to Bulgaria on the occasion of the national holiday of Bulgaria for a period of one month.
27. Both sides will exchange materials and photos for publication in the press.

Radio

28. On the occasion of the national holidays of both countries, the radio information institutes will organize radio weeks of Bulgarian music in Korea and Korean music in Bulgaria.

Film

29. The Bulgarian side will send two feature films and two documentaries to Korea. The Korean side will send to Bulgaria ..... feature films and ..... documentaries.
30. The two sides will exchange information, photos, reviews and articles in order to promote each other's film achievements.

IV. General provisions

31. One month after the signature of this Plan Each Party shall notify the other Party of the time period it will send the individuals for approval by the Host Party. The host party shall give its consent or express its objection within one month.
32. The Sending Party shall send notification of the departure of the individuals one month in advance, providing more detailed information, biographies, work plan / repertoire /, languages he / she speaks, and other data.
33. All materials are exchanged in 1 copy, unless otherwise agreed on the plan.
34. All written materials, except printed publications - books, monographs, etc. - are to be sent translated into Russian.
35. Both parties will try to promote through the press and radio the visits of cultural figures of the other country.
36. The host party will send all press articles, photos and information regarding the visits of artists to the other party.

V. FINANCIAL PROVISIONS

The Sending Party shall bear the travel expenses of the persons sent under this Plan to their destination; the host country shall bear the travel expenses for the return, including the currency necessary for transit through the territory of the USSR and the travel expenses of the country related to the purpose of the stay. If the guests are sent to a third country, the host country will bear the costs to the destination in the third country at an amount not exceeding the travel costs from Sofia to Pyongyang.

The host country provides food, free accommodation, free medical care, as well as the necessary amount for small expenses up to 25 BGN per diem in Bulgaria /.

Artists are paid a fee by the receiving country.

The Sending Party is obliged to send all of the exhibits to the destination at its own expense. The host party will bear the costs associated with organizing the exhibition in the country, as well as the transportation costs for its return. In case the exhibits are sent to a third country, the host party will bear the transport costs to the destination of the exhibition at an amount not exceeding the transportation costs from Sofia to Pyongyang.

The Sending Party shall insure the exhibits for the time of their transportation to the Host Party, for the duration of their stay in the Host Party, and for their return or shipment to a third country.

VI. MISCELLANEOUS

If difficulties arise in the implementation of this Plan, either Party may notify the other Party of this in order to be eliminated by mutual agreement.

Sofia, March 1955

This draft plan was approved by a decree of the Council of Ministers on April 14, 1955 approving a draft agreement on cultural cooperation between P.R. Bulgaria and the Democratic People's Republic of Korea and a draft plan for its implementation in 1955.

SECRETARY OF THE COUNCIL OF MINISTERS: /п/ At. Voynev

HEAD OF DEPARTMENT OF PROTOCOLS AND DECISIONS /St. Tsonev/

15. CSA of RB, F. 1B, In. 6, a.u. 2818.

PROTOCOL "A" No. 59
FROM THE MEETING OF THE POLITICAL BUREAU OF THE CC OF BCP ON 10 APRIL 1956

Present: All members and candidates-members of the Politburo and the secretaries of the Central Committee, except for Valko Chervenkov.

II. Proposal to invite the Chairman of the Council of Ministers of the People's Republic of Korea, Comrade Kim Il Sung, to visit our country. Report by Comrade G. Damyanov

Taking into account the forthcoming visit of the President of the People's Republic of Korea, Comrade Kim Il Sung, in some people's democratic countries, it would be reasonable to invite him to visit our country as well.

16. CSA of RB, F. 1B, In. 6, a.u. 2818.

COMMUNIQUE

on the visit of the governmental delegation of the Democratic People's Republic of Korea to the People's Republic of Bulgaria

At the invitation of the Government of the People's Republic of Bulgaria, from 25 to 29 June 1956, a government delegation of the Democratic People's Republic of Korea headed by Prime Minister Kim Il Sung visited Bulgaria.

The DPRK government delegation visited a number of industrial enterprises, construction sites and cultural institutes in the cities of Sofia, ... Everywhere, the delegation was welcomed by the working people, who expressed their sincere feelings of sympathy and friendship for the heroic Korean people.

During their visit in the People's Republic of Bulgaria, the delegation held talks with the Bulgarian Government. The conversations that were held in the most cordial and friendly atmosphere were attended by: from the Bulgarian side - Comrade ..... and from the Korean side - Comrade.

Representatives of both governments discussed issues related to the further development of friendly relations between the People's Republic of Bulgaria and the Democratic People's Republic of Korea, and exchanged views on issues of international nature.

Recognizing the fact that the relations of friendship and co-operation between the People's Republic of Bulgaria and the Democratic People's Republic of Korea are in the interests of the Bulgarian and Korean people, the two Governments have decided to do everything necessary to further develop these relations and further expand economic and cultural cooperation between the two countries. They agreed in the near future to open negotiations to conclude an agreement for scientific and technical cooperation, and to prepare a long-term trade agreement in 1957. Events were also outlined to expand cultural exchange and cooperation between the two countries. The Bulgarian Government expressed its willingness to provide the Democratic People's Republic of Korea with goods and materials, the nature and quantity of which will be further specified.

The two governments expressed unanimous agreement in assessing the international situation and in their views how to resolve the controversial international problems and to further reduce tensions in the world.

The governments of the People's Republic of Bulgaria and the Democratic People's Republic of Korea are pleased to note that the efforts of the USSR, the People's Republic of China, India and other peace-loving countries have recently led to some reduction in international tensions, which has created a more conducive environment for a peaceful settlement of controversial issues.

The two governments assume that the resolution of disputed international issues must be negotiated between the parties concerned. They believe that the time has come for such important activities as disarmament, the banning of nuclear weapons, collective security in Europe and Asia.

During the talks, the representatives of both governments spoke in favor of expanding economic and cultural cooperation between the countries, regardless of their social order, as one of the important conditions for improving the international situation.

The Government of the People's Republic of Bulgaria expressed its support for the Korean people's aspirations for the reunification of their homeland and for the final restoration of peace in Korea. It supports the DPRK Government's proposals aimed at resolving the Korean issue on a democratic basis, according to the will of the Korean people.

The two governments were deeply convinced that the reunification of Korea would be a major contributor to easing international tensions and strengthening peace in the Far East.

The Governments of the People's Republic of Bulgaria and the Democratic People's

Republic of Korea are convinced that the results of the talks and exchanges they held on a number of issues of mutual interest will further develop friendship and cooperation between the Bulgarian and Korean peoples and will help to strengthen peace worldwide.

17. CSA of RB, F. 1B, In. 6, a.u. 2899.

CENTRAL COMMITTEE OF THE BULGARIAN COMMUNIST PARTY (CC of BCP) POLITBURO

DECISION No. 140 of June 27, 1956, approving a proposal from the Chairman of the Council of Ministers to the Politburo of the Central Committee for providing free consumer goods to the Democratic People's Republic of Korea.

Agreement between the two countries.

21-27 June 1956

TO

POLITBURO

OF THE CENTRAL COMMITTEE OF THE BULGARIAN COMMUNIST PARTY

COMRADES,

I propose that the Politburo agree that our country provide the Democratic People's Republic of Korea 30,000,000 rubles worth of consumer goods charged at international commodity prices. The supplies will be granted in a period of three years - 1956, 1957 and 1958.

Attached is a list of products that can be shipped in 1956.

The goods will be taken from the quantities available in the Ministry of Internal Trade, the Ministry of Light Industry and Food, the Ministry of Foreign Trade and the Ministry of Public Health.

The value of these goods will be paid by the Bulgarian National Bank, reducing the liabilities of enterprises for short-term loans at the expense of the state budget surplus from previous years.

I suggest that transportation and other expenses be paid from the Government Reserve.

I propose that the Politburo of the CC of the BCP approve the following.

DECISION:

The Politburo of the CC of the BCP does not oppose that the Bulgarian government grant 30,000.000 rubles worth of consumer goods to the Korean Democratic People's Republic in 1956, 1957 and 1958.

Sofia, 27 June 1956

LIST

of the goods which the People's Republic of Bulgaria can supply free of charge to the Democratic People's Republic of Korea in 1956

1. Bread and pastry	800 tons	800,000 rubles
2. Biscuits	400 tons	480,000 rubles
3. Soap	500 tons	450,000 rubles
4. Cotton fabrics	3,000,000 m	3,450,000 rubles
5. Woollen fabrics	300,000 m	3,000,000 rubles
6. Woollen knitwear	30,000 PCs	240,000 rubles
7. Wool and cotton garments	50,000 PCs	1,000,000 rubles
8. Shoes	200,000 pairs	3,000,000 rubles
9. Machines and electrical products and materials		2,000,000 rubles
10. Enameled household utensils	100 tons	220,000 rubles
11. Medications: penicillin and more	-	500,000 rubles
		15,140,000 rubles

To CC of BCP

Comrade DIMITAR GANEV

COMRADE GANEV,

Attached are:

1. Information on the implementation of the agreements concluded between the Democratic People's Republic of Korea and the People's Republic of Bulgaria.
2. Draft agreements between the Government of the People's Republic of Bulgaria and the Government of the Democratic People's Republic of Korea on the provision of economic assistance from the People's Republic of Bulgaria to the Democratic People's Republic of Korea in 1956.
3. List of goods offered in the letter to the Politburo of the CC of BCP and in the draft decree to the Council of Ministers for assistance to the Democratic People's Republic of Korea.

I am sending this for your information.

18. CSA of RB, F. 1B, In. 6, a.u. 2899.

AGREEMENT

between the Government of the People's Republic of Bulgaria and the Government of the Democratic People's Republic of Korea on economic assistance from the People's Republic of Bulgaria to the Democratic People's Republic of Korea in 1956-58

In connection with the agreement of the Government of the People's Republic of Bulgaria to meet the request of the Government of the People's Democratic Republic of Korea to provide Korea with free economic assistance for the reconstruction of its economy and improve the supply of the population, both Governments have agreed on the following:

Article 1

The Government of the People's Republic of Bulgaria will deliver in the period 1956-1958 to the Government of the Democratic People's Republic of Korea 30 million rubles worth of goods, out of which 15 million rubles worth of goods in 1956, according to the List attached to this Agreement (Attachment 1), which is an integral part of this Agreement, and in 1957 and 1958 the goods are to be agreed between the two Parties.

Article 2

The envisaged goods and delivery may be subject to change by mutual agreement.

Article 3

Transportation of supplies to the Chinese-Korean border or to the Korean port will be at the expense of the People's Republic of Bulgaria.

The quantity of the goods, the method of handover, and other conditions related to the implementation of this Agreement, will be subject to a contract, which will be concluded between the foreign trade organizations of both countries.

Article 4

The prices of goods will be determined on the basis of the current prices at the world democratic market.

Article 5

Complaints in connection with the quality or quantity of goods must be presented, substantiated, not later than 6 months from the date of the delivery document.

Article 6

Payment for the goods will be made to a free account opened by the Bulgarian National Bank at the Central North Korean Bank in the amount specified in Article 1 of this Agreement.

Details of the technical calculations associated with this Agreement will be agreed between the two Banks.

Article 7

This Agreement shall enter into force on the day of its signature and shall be valid until all supplies worth 30 million rubles are delivered from the People's Republic of Bulgaria to the Korean People's Democratic Republic.

This Agreement shall be signed in the City of Sofia on …… June 1956 in two copies, each in the Bulgarian, Korean and Russian languages, the Bulgarian and Korean texts being equally authentic, and in the event of any difference of interpretation, the Russian text shall be deemed to be authoritative.

FOR THE GOVERNMENT OF THE PEOPLE'S REPUBLIC OF BULGARIA

FOR THE GOVERNMENT OF THE KOREAN PEOPLE'S DEMOCRATIC REPUBLIC

19. CSA of RB, F. 1B, In. 6, a.u. 2899.

INFORMATION

REFERENCE: implementation of the Agreement concluded between the Democratic People's Republic of Korea and the People's Republic of Bulgaria.

Ⅰ. According to Decree - 1365 from 28 April 1952 of the Council of Ministers:

	Planned	Exported	in int'l prices in rubles
1. Cotton yarn tons	500	500	4,768
2. Silk thread tons	-	34	816

II. According to Decree - 107 from 3 March1953 of the Council of Ministers:

1. Cotton yarn tons	800	801	7,405
2. Lard tons	100	98	225

III. Pursuant to the Agreement concluded between the Democratic People's Republic of Korea and the People's Republic of Bulgaria of 3 November 1953.

1. Cotton fabrics sq. m	2,850	2,350	8,418
2. Cotton yarn tons	810	812	7,180
3. Window glass sq. m	800	698	2,206

4. Wood processing plant

a) barrels 200 l - 50,000 pcs

b) parquet 130,000 m

The plant will cost about 3,000 thousand rubles at international prices. Its trial exploitation is forthcoming.

5. Construction materials plant

   Annual capacity:

   a) bricks - 10,000,000 pcs

   b) roof tiles - 5,000,000

   The plant will cost about 2300 thousand rubles. The plant has been put into trial operation.

IV. Pursuant to Decree 317 from 08 March 1955 of the Council of Ministers:

	Intended execution in rubles		
1. Cotton yarn tons	500	500	4,550
2. Cotton fabrics	2,000 sq.m	1,806	5,612
3. Wool fabrics	-	14 к.м.	503

The value of the goods shipped and the factories built by the People's Republic of Bulgaria for the DPRK from 1952 to date amounts to about 46,962 thousand rubles.

21 June 1956 Department Head: /Y. Tsvetanov/

20. CSA of RB, F. 1B, In. 91, a.u. 374.

Pyongyang,

November 25, 1960

Embassy of the People's Republic of Bulgaria

TO

MINISTER OF FOREIGN AFFAIRS COMRADE KARLO LUKANOV

On 20th this month, Comrade Simeon Hristov – commerce advisor, was in the company of Comrade Nam and his Bulgarian spouse. The latter is a Head of a Chair in the Political Institute in Pyongyang, a university graduate in Bulgaria, a member of the Korean Labor Party. In the course of a conversation, Nam expressed his dissatisfaction with the decision of the Party, which was conveyed to his Institute, to prohibit the use of Soviet technical literature. The ban was based on the fact that instead of working to develop Korean science and technology, Korean scientists and specialists were copying dogmatic foreign literature. This practice hindered the progress of the Korean science and the technological improvement in production.

On the 21st this month, Korean student Hwan Yon Won, who graduated from high school in Bulgaria, visited Bulgarian student Georgi Mitov (they have friendly relations) and said: "The situation has become very dangerous in our country ... students are forbidden to read foreign books both in original and in translation". When asked by Mitov about the reasons, he replied - because foreign literature, including Soviet, is dogmatic. The Koreans took the content of these books and mechanically applied it in the DPRK without taking into account local conditions.

Mitov asked him if they would then study the history of the CPSU, whereas Hwan replied that "it was unlikely" to study it, as they were going to study Marxism-Leninism and the history of the Korean Labor Party.

In response to Mitov's question, Hwan said that the order came from the Ministry of Higher Education and was conveyed to them by a notice stuck at the entrance to the building of the Institute for International Relations, where he was studying. The announcement stayed on the wall for several days. He reported that students were not given any foreign books to read in the university library. For the time being, only lecturers could borrow them.

The Embassy has not verified this information.

We are convinced that the Korean educational authorities treat foreign literature in a new way, but these reports are not sufficient to draw a final conclusion. Based on this data only, we are not in a position to decide whether the order was issued for political or for methodological reasons. Is it an order? Which party or government authority has issued it? Is it not a decision made by a responsible body which was misunderstood by the time it reached lower level party organizations and institutes? When we clarify these questions, we will be able to draw more precise conclusions.

Ambassador: /G. Bogdanov/

21. CSA of RB, F. 1B, In. 91, a.u. 378.

INFORMATION

Regarding the attitude of the Korean Workers' Party to some decisions of the XXII Congress of the CPSU

From November 27 to December 1, 1961 in Pyongyang, a second extended plenum of the Central Committee of the Korean Workers' Party was held, where the Chairman of the Central Committee of the Korean Workers' Party, Comrade Kim Il-Sung, delivered a report "On the work of the Korean Workers' Party delegation, attending the XXII Congress of the Communist Party of the Soviet Union."

After highlighting the economic and scientific-technical achievements of the Soviet Union during the reported period, Kim Il-Sung reflected on the Program of the Communist Party of the Soviet Union.

"… The Communist Party of the Soviet Union is a well-known avant-garde of the international communist movement, he said. The place occupied by the Soviet Union in the Communist movement is an undeniable historical fact…"

"… The existence of the Soviet Union as a socialist state and the constant growth of its power have a huge revolutionary impact on oppressed peoples and oppressed classes all over the world. The Great Soviet Union defeated fascist Germany and imperialism in Japan and freed many nations in Europe and Asia from fascist slavery and colonial oppression. The Soviet Union and the Soviet people, through a long-term glorious struggle for revolution and construction, made a great contribution to the development of the international communist movement and the progress of humanity, gaining considerable experience in the socialist revolution and construction." He stressed that the Communists worldwide respected and trusted the CPSU and the Soviet people, they valued their cooperation with them, making efforts to strengthen this unity.

Elaborating on questions about the internal party life of the CPSU and the problems of relations with the fraternal parties discussed at the Congress, Comrade Kim-Il-Sung said that at this Congress there was much talk about the cult of Stalin's personality and the anti-party faction group that emerged in the CPSU. "Stalin was the head of the CPSU for a long time, and his activities had a great impact on the entire communist movement. Stalin's name is known among the communists and people from all over the world. But members of the Communist Party of the Soviet Union must know about Stalin more than anyone else, and the question of how his work and his role in the Soviet Union are assessed is internal to the Communist Party of the Soviet Union. Also, the issue of the anti-party faction group is a purely an internal issue of the CPSU."

With regard to the relations between the parties, Comrade Kim Il-Sung stated that no party had the right to interfere with the inner life of another fraternal party.

"Therefore, neither the question of Stalin, nor the issue of the anti-party faction group in the CPSU affects our party."

In connection with the Albanian question, the report states:

"In recent years, differences in opinions have arisen between the CPSU and the Albanian Labor Party over a number of issues, and their relations have become abnormal. A lot was said on this at the Congress of the Communist Party of the Soviet Union. However, relations with the Albanian Labor Party have not yet improved and this issue has not yet been resolved. Now relations between the CPSU and the Albanian Labor Party are even more complicated. If this situation persists, it will seriously damage the unity of the socialist community, the cohesion of the international communist movement and the general development of this movement, and will only benefit our enemies. The Korean Workers' Party is deeply concerned. Our Party hopes that the Albanian question will be resolved with patience to eliminate the existing complexities and differences of opinion, to achieve mutual understanding to the fullest extent in the spirit of international cohesiveness, the principles of respect for the interests of the entire socialist camp and the international communist movement."

After expressing solidarity with the Soviet positions on the German question, peaceful coexistence, and the struggle for peace, Comrade Kim Il-Sung said, "Unity should be based on the decisions of the Moscow meeting… All parties are equal and independent, and they define their own policies according to the specific conditions in their country and the principles of Marxism ... exchange of experience between the parties should take place, but each party alone decides what to implement in its work. Only then it is possible to have true unity, voluntary and solidarity unity ... it is a sacred international duty and a supreme principle."

In both China and Korea, Albania's national holiday was widely celebrated. At a reception in Pyongyang given by the Embassy of the People's Republic of Albania on the occasion of the 17th anniversary of the liberation of Albania, the Prime Minister and Minister of National Defense of the DPRK, Comrade Kim-Gwang-cheb said:

"The fraternal friendship between the Korean and Albanian peoples strengthens and develops on the principles of Marxism-Leninism and proletarian internationalism in the great family of the great socialist camp.

We value dearly the friendship and cohesion between our two peoples and are convinced that these relations of friendship and co-operation will continue to strengthen and develop more and more in the common fight for the protection of peace and for the cause of socialism and communism."

"… I propose a toast to the prosperity of the People's Republic of Albania… to the health of Comrade Enver Hoxha and other leaders of the Albanian Labor Party ... "

Head of Foreign Policy and International Relations Department at the CC of BCP

D. Dimchev

22. CSA of RB, F. 1B, In. 91, a.u. 379.

Information

on the working conditions in our embassy in Pyongyang

The department has received information from our embassy in Pyongyang with facts about the aspirations of Korean employees to isolate DPRK citizens from our embassy in Pyongyang.

Secondly, there are a number of cases that testify to the restrictions placed on the staff of our embassy in Pyongyang. For example, on January 26, a group of Korean young men who had lived in Bulgaria for 6-7 years and returned to Korea in 1960, wished to visit our embassy to get newspapers and magazines and talk about Bulgaria, from where they keep best memories. However, the police officer on duty did not let them in. They were spotted by embassy staff and invited to come inside. After leaving the embassy, they were stopped by two civilians (who probably followed them) and their names were recorded. A similar incident occurred on the same day with young people who visited the Romanian Embassy.

On January 29, the attaché at the Embassy, Comrade Kolarov met two Korean youths - one had visited the Embassy on January 26, and the other had lived in Bulgaria. They invited Comrade Kolarov to go to the movies with them. Before entering the cinema, they noticed two civilians who followed them strictly.

The above facts clearly show that visits by Korean nationals to fraternal embassies are undesirable by the Korean authorities.

On 26 January, our Embassy requested that the Foreign Ministry of DPRK give their approval for visits on 1 and 2 February to the towns Sariwon, Kesong, Panmunjom and some other enterprises, people's councils, and newspaper offices in these towns. Our comrades were told by the Ministry of Foreign Affairs' protocol department that the time to visit these sites was not appropriate, as all the businesses mentioned were undergoing overhaul repairs. The ginseng factory was not to be visited by a lot of people. As for the visit to the People's councils in the cities of Sarivon and Keson, it was also not appropriate at this time, because all comrades in the councils were visiting other factories to help prepare the implementation of the plans.

When our comrades asked when the general repairs and reconstruction of the factories in Sarivon and Quezon would be completed and when they could visit them, they were told that it was not known. When they asked if at least the newspaper offices in these cities could be visited, they were told that the time was not right now. Other embassies of the socialist countries in Pyongyang operate under the same regime and conditions.

It is interesting to note that until the XXII Congress, *Pyongyang Radio* used to broadcast *Radio Moscow* daily (via *Khabarovsk Radio*) in Korean language. These reports were broadcast twice a day: in the morning and in the evening. After the Congress, *Pyongyang Radio* gradually restricted the broadcasts - initially only once a day, and later two to three times a week; in early January, broadcasts were completely suspended.

The termination took place without the prior agreement or notification of the Soviet side.

22 March 1962

Head of Foreign Policy and International Relations Department at the CC of BCP

(D. Dichev)

23. CSA of RB, F. 1B, In. 91, a.u. 380.

TO

THE SECREATARIAT OF THE CENTRAL COMMITTEE OF THE BULGARIAN COMMUNIST PARTY

MEMORANDUM

On June 7, 1962, two Korean students, Cai Don Sen and Li Son Zong, came to the Foreign Policy and International Relations Department of the Central Committee of the Bulgarian Communist Party, and expressed their disagreement with the positions of the Korean Workers' Party regarding the decisions of the XX and XXII Congress of the CPSU. They believe that Kim Il-Sung is conducting a nationalist policy that leads to the isolation and separation of Korea from the USSR and the entire socialist community.

To prove this, they quoted extracts from Kim Il-Sung's report at the March Plenary Session of the Central Committee of the Korean Workers' Party. This information was delivered to the Korean students by a special individual who arrived from Korea.

Both of them are studying industrial chemistry. In a few months they are due to defend their diploma theses. However, they were told by the Korean Embassy staff that all students were to return to their country. The first group is to leave on 28 June this year. They assume that upon their return they will be immediately arrested, as was the case with other students coming back from socialist countries. That is why they are asking for political asylum in our country, claiming that such cases have recently occurred in the Soviet Union. The Department believes that their stay in the country would adversely affect the relationship between our two parties and countries.

We suggest that Korean students Cai Don Sen and Li Son Zon be informed that once they have been summoned by their government, they should not remain here.

Attached is their letter.

Sofia, June 9, 1962

Head of Foreign Policy and International Relations Dept. at the CC of BCP:
/D. Dichev/

I REPORT TO THE CENTRAL COMMITTEE OF THE BULGARIAN COMMUNIST PARTY

Here, I have written things out of my memory since every time the Embassy Party Secretary informed us of the course of the Korean Labor Party, he did not allow us to take notes because, as he said, it was a party and state secret (of course, for the time being), and in Korea, only members of the CC of the Party knew about this secret.

What was discussed at the March Plenary Session of the Party this year and what did Kim Il-Sung talk about in particular?

1. Draft National Economy Plan for 1962.
2. The idea of self-sufficiency; against the European way of life. /The secret is in item 2/.

I. Relations between the Communist Party of the Soviet Union and the Korean Labor Party

Our enemies hate us because we are communists, Kim Il-Sung used to say, and modern revisionists accuse us of being nationalists and dogmatic. That is why today's revisionism in the international workers' and communist movement is more dangerous than the enemies - the imperialists.

Regarding the relations between the CPSU and the Albanian Labor Party (ALP), the CPSU is at fault, as it has been aggressively interfering with the internal affairs of the Albanian Labor Party. Kim Il-Sung used to say that we, in the Korean Labor Party, have also experienced a critical moment like Albania. In August 1956, the Central Committee of the CPSU sent to Korea, without any invitation, Comrade Anastas Mikoyan, who aggressively interfered in the internal affairs of the KLP, Kim Il-Sung said. But we were tolerant and there was no split between the CPSU and the KLP, as in the case of Albania.

The idea of self-sufficiency refers to the political and economic autonomy of the nations. Although relations are socialist in nature, the economically stronger country aspires to subordinate the other, weaker party. An example was Bulgaria, which was both economically and politically dependent on the USSR.

Against the European way of life

In a certain period of time, the Korean Labor Party struggled against the bourgeois way of life, and now, after the March Plenum, it is fighting against the lifestyle of the European socialist countries headed by the USSR.

During Stalin's tenure, the Soviet Union used to help us, while now we do not get any assistance. The Soviet Union is conducting selfish policy towards the rest of the socialist countries and is building communism by itself. To gain reputation in the world arena, the USSR encourages and even inspires the imperialists, bringing great harm to the international workers' movement.

After Stalin's death, the CPSU is not following Lenin's ideas, but rather the revisionists. At present, Tito is the greatest modern revisionist, and Khrushchev is the greatest of the most modern revisionists.

After its XX Congress, the CPSU pursued a revisionist policy in the field of culture and the arts. Now in Korea, notably after the March Plenary Session, the broadcast of Soviet films produced after the XX Congress of the CPSU was banned. And here in Bulgaria we are forbidden to read *Pravda* and watch Soviet movies. They recommend that we associate with Albanian students and read Albanian newspapers.

Khrushchev's relations with Albania are the same as Tito's. Albania is on the right track, and the USSR, following its revisionist policy, has withdrawn its engineers, fleet, etc. from Albania and suspended the aid promised to the Albanians, thus leaving the Albanian people in the hands of the imperialists. The CPSU is now conducting its treacherous policy towards the international workers' movement.

In Korea, *Pravda* newspaper has not been sold since October 1961, it is only provided to members of the CC.

Khrushchev has been traveling around the world with his revisionist ideas and shaking hands with the imperialists only for his own personal authority, thus creating problems in the international workers' movement.

The policy of the Soviet leaders caused difficulties in Korea and China, as well as hampered the truce meeting in Panmunjom in Korea.

The Soviet Union pledged to give us gasoline, and now, without any reason, postponed delivery of gasoline to Korea; trucks and transport cars in Korea are not moving.

In 1945, the Soviet Union stole from Korea an electrical generator type Sufung and now is sending it back to us as their aid because it is not usable in the USSR.

A reporter from the newspaper Izvestia visited Korea and he criticized that the newly built houses in Pyongyang are not hygienic, and that the production of trucks and other transport vehicles is very primitive.

For a month, Korea has been campaigning against the politics of the CPSU under the guise of the so-called "fight against the European way of life".

Radio Pyongyang has already terminated "Moscow Speaks" broadcast for the citizens of the People's Republic of Korea.

In fact, European citizens from socialist countries are being expelled from Korea (most of them Soviet citizens) under various fake reasons.

Over a month ago, all engineers, technicians and specialists who studied and graduated from universities in European socialist countries after the XX Congress of the CPSU (i.e. after 1956), were summoned to a camp in Pyongyang. People are tested ideologically and at the same time the revisionist course of CPSU and other fraternal parties is consulted; thus, a campaign against the USSR and the other socialist European countries is being run.

II. The interpretation of the current international situation by the Korean Labor Party and more precisely Kim Il-Sung's policy

Currently, the most important task of the Communists from all over the world is the class struggle against imperialism, not the peaceful coexistence between countries with different social systems. This is a revisionist slogan.

On the Algeria question

If the Soviet leaders had not conducted a revisionist policy /Khrushchev's visit to France/, Algeria would be free for a long time, and the Algerian people would have shed less blood.

On the Congo question

If the USSR was not an obstacle, Congo would be socialist, and Patrice Lumumba would be alive. In fact, it was the USSR who made Antoine Gizenga enter the federal government and, above all, the Soviet Union is responsible for the sufferings of Antoine Gizengas.

On the Laos question

If the USSR, and more specifically the Soviet ambassador in Laos, was not an obstacle, Laos would have been freed long time ago under the leadership of the People's Party (so-called Marxist Party). While Vietnam and China are helping Laos with materials and troops and are striving to end the struggle, the ambassadors of the USSR and other socialist European countries together with the United States and France organized a truce in Laos and inspired the opportunistic policy of Suvana Fuma. Recently, a Soviet man met with US President Kennedy, who told him that in the next 20 years (i.e. until 1980) they will not touch us. Then the Soviet man shook his head in approval of Kennedy's words. That means: You can swallow the other socialist countries (namely, Korea, China and Vietnam), but do not interfere, do not touch the USSR. This is no longer a Communist position, but a treacherous position.

III. CPSU policy towards Bulgaria

It is very interesting that when the Korean Party and Government leaders speak about the independent economy and policy of Korea, they exemplify Bulgaria, which is economically and politically dependent on the USSR, which means that current Bulgarian leaders are conducting revisionist policies. Bulgarian leaders apply the ideas of this policy to educate their people, especially young people, in a spirit of egoism and bourgeois morals (through cinema, paintings, dances, etc.). However, all Bulgarian people are on our side. The Central Committee of the Bulgarian Communist Party is isolated from the Bulgarian communists and the people. There is evidence for this - when we visit factories, cooperative farms and other places, not only the common people, but also responsible party leaders say that Asia's policy is wise and they curse the policy of their Central Committee.

The new Party Secretary and other members of the Embassy make us collect reports of dissatisfaction and curses by Bulgarian communists, workers, peasants and students addressed to their party and government leaders and to the Central Committee.

The Embassy makes us steal projects, drawings, inventions and rationalization novices from Bulgarian enterprises, plants, factories and research institutes.

As far as I know, many reports have been sent to the Central Committee of the Korean Labor Party with the note: The Bulgarian people are against the new revisionist course and against the current course of their CC of the BCP; they sympathize with the policies of the Asian peoples and leaders, and especially with Kim Il-Sung. Bulgarian students strongly disagree with the revisionist course of the Central Committee. Khrushchev's and Zhivkov's speeches during the visit of the Soviet Party and Government delegation in Bulgaria were revisionist, especially in the part that concerns Yugoslavia.

In schools, teachers have warned students not to throw flowers at N. S. Khrushchev, as someone can throw poison or a bomb together with the flowers. This suggests that the government does not trust its people, even the students.

Upon Khrushchev's arrival in Stara Zagora, someone organized the gypsies who started to play as a sign of offense.

During the visit of the Soviet ensemble for songs and dances in Bulgaria, diplomats were invited to the concert. Our Party Secretary was also there. He qualified the performance as very poor and added that even the Hungarian ambassador said this was revisionist art. /This information was gathered by members of the Embassy and by some of the most reactionary Korean students who are studying in Sofia/.

The above information, of course, represents a very small part of Kim Il-Sung's speeches at the March Plenary Session and the Plenum decisions.

....

We cannot reconcile with Kim Il-Sung's criminal policy – this is our firm decision. We believe that it is our duty to inform the central committees of the fraternal parties about Kim Il- Sung's criminal policy. We will not go to Korea unless Kim Il-Sung's dictatorial regime is down. Our departure for Korea now is equal to suicide. The Korean Embassy is also looking forward to the date of our departure - 25 or 28 June.

As a next step, we want asylum in the PR Bulgaria no later than 15 June this year.

24. CSA of RB, F. 1B, In. 91, a.u. 380.

To

Comrade Todor Zhivkov, First Secretary of the CC of BCP

SOFIA

STATEMENT

from Lee Zang Jik – student in the University of Forestry

Lee Sang Jong – student in the University of Chemical Technology and Metallurgy

Comrade Zhivkov,

We are writing on behalf of four Korean students who were detained at the DPRK Embassy; two of us managed to escape.

We studied in Bulgaria for six years under the continuous maternal care of the Bulgarian Communist Party.

During this period, we were able to study in depth the decisions of the XX and XXII Congress of the CPSU, VII Congress of the BCP, and the April Plenum of the CC of the BCP. We are fully convinced that the direction taken by you is the only right, Leninist path that will lead the people to the happy future of mankind - to the bright summit of communism.

Some leaders of the Korean Labor Party, headed by Kim Il-Sung, could not learn their lessons from the decisions of the XX and XXII Congress of the CPSU; on the contrary, they increased the repressions against true communists who actively support the new CPSU course.

Many faithful communists were expelled from the Party because they wanted Leninist norms in party life.

The people of Korea are not familiar with the decisions of the XX and XXII Congress of the CPSU for the simple reason that there has been lack of coverage in the press except for some of the Party Program titles.

For a long time, the broadcasting of *Moscow* Radio has been suspended in Korea, and Soviet newspapers and magazines are forbidden to read. Students in fraternal countries are forbidden to advocate for the XX and XXII Congress of the CPSU, and those who do not obey are being persecuted as "anti-Party" and "modern revisionists."

After the March Plenum of the Korean Labor Party, they intensified the campaign against the European socialist countries, with the exception of Albania.

The newly elected Party secretary - the Third secretary - at the Embassy, launched anti-Soviet and anti-Bulgarian propaganda, supporting Albanian leaders. We were advised to read Enver Hoxha's disgraceful speech directed against the USSR, and our leaders supported his reprisals against honest communists, including the murder of a pregnant woman. Ambassador Lim Chun Chu said that your criticism, Comrade Zhivkov, of Enver Hoxha, regarding the attitude of the Albanian Labor Party towards the CPSU is "international sectarianism", and that is why the Korean Labor Party does not criticize Enver Hoxha and his supporters.

With regard to the foreign policy of the USSR, it was his fault that the Soviet struggle for peaceful coexistence of countries with different social systems hindered the reunification of Korea and the liberation of the island of Taiwan, and that the USSR did not provide any help to the national-liberation movement in Asia and Africa. They only spoke, while China provided material help.

Kim Il-Sung commented that "in order to obtain one machine from the Soviet Union, it was necessary to bow more than 10 times to Khrushchev, therefore we were forced to develop our independent national economy."

Comrade Mikoyan's visit to Korea in 1956 created conditions for the formation of "anti-Party" groups in the Korean Labor Party. According to the words of Ambassador Lim Chun Chu, this was one way the Soviet Union interfered with Korea's interior affairs.

Korea's renunciation of membership in the Council of Mutual Economic Assistance is justified by the fact that it does not want to be a "dependent" country like the others.

Party Secretary Sim San Er was on a tour in Northern Bulgaria and while talking with local party leaders, made his translator, student Zheng Hoon, to translate that revisionism was already passing from Yugoslavia to Bulgaria, but the student translated something different instead.

On 20 July this year, we – the students - were tasked to study the autobiographies of the 17 individuals who were promoted to leadership positions in the wake of the April Plenum of the CC of the BCP.

All of these facts as well as many others are related to the personal regime of Kim Il-Sung, on which we disagree with him and his supporters.

All of us, the students who graduated in Bulgaria, except for a few, have supported the new course of the Bulgarian Communist Party. Especially the three of us - Choi Don Sien, Li Zan Dick, and Li San John, openly defended the CPSP policy, led by Comrade N. S. Khrushchev, and the BCP headed by you, Comrade T. Zhivkov.

After the XX Congress of the CPSU, Comrade Chai Don Sen was the only one with adequate orientation and helped all of us to understand correctly the new course that all the Communist parties had to take.

Comrade Li Zan Dick, who was an active propagandist, and Comrade Li San John - a youth secretary and a political activist, always gave the correct information about the XX and XXII Congress of the CPSU.

When this became known to the Embassy, they began to blame and persecute us as "anti-partisans" and "revisionists".

Comrade Zhivkov, Choi Don Seng was still in his mother's womb when he lost his father in a Japanese prison. Comrade Li Zan Dick's father also died in a Japanese prison, where he was sentenced to life, and his brother was killed during the Patriotic War. Comrade Li San John's father participated in the Patriotic War.

We are well aware of the fact that our parents, brothers and sisters are looking forward to our return home as well-trained specialists from fraternal Bulgaria. We have not forgotten our birthplace where we grew up. But we are primarily thinking of our just cause, and we are deeply convinced that sooner or later the ideas of the XX and XXII Congress will triumph in Korea, as was the case in Bulgaria.

Comrade Zhivkov, on 25 July this year, the Korean government withdrew all students who had been studying in the fraternal socialist countries with promises to bring them back to complete their education. However, we knew the purpose of this recall and what they would do with us in Korea.

Due to the above political reasons, we have firmly decided to refuse to return to Korea. At the moment we are 13 people. Most of our comrades deliberately extended the term of their diploma defense, hesitating to seek political asylum in Bulgaria. But in the critical moment, the lie, deception, strict persecution and embezzlement by the Embassy forced them to go to Korea. Despite all of this, the four of us: Choi Don Sung, Li San John, Li Zan Dick, and Choi Don Jung, categorically refused to return to Korea.

In the afternoon of 28 July this year, we left Sofia and went to Vitosha mountain, where we hid.

Regarding our refusal to return to Korea, we personally informed you, Comrade Zhivkov, as well as the President of the Presidium of the National Assembly, Comrade D. Ganev, the Chairman of the Council of Ministers of the People's Republic of Bulgaria, Comrade Anton Yugov, the Minister of Foreign Affairs, Comrade Karlo Lukanov, the Minister of Interior, Comrade Diko Dikov, Comrade Nacho Papazov - Minister of Education and Culture, and Comrade Ivan Abadzhiev - First Secretary of the CC of the Dimitrov Communist Youth Union.

At the same time, we sent a letter to the Party Committee at the Korean Embassy, informing them of the reasons for our refusal to return to Korea.

Throughout the one-month period of concealment in Bulgaria with the help of our friends and colleagues, we were constantly chased by the Korean Embassy to be forcibly deported to Korea.

At 4 p.m. on 27 August, in front of D. Blagoev cinema, 7 employees from the Korean Embassy, instructed by Ambassador Lim Chun Chu, managed to capture the four of us in a barbaric and hooligan way, grossly violating the laws, sovereignty and generally accepted international regulations. They qualified us as "hooligans" and "drunkards" to the Bulgarian militia and to the Bulgarian citizens who were not aware of our case, taking advantage of their diplomatic status, abusing the confidence the Bulgarian state had granted them.

We were driven to the Embassy, where our legs, arms and waist were tied up with wire and later with a rope. We were arrested in the two rooms on the third floor of the Embassy, two of us in each room. All members of the Embassy guarded us. Two investigators were sent via Romania especially for our case; they arrived three days after our detention. Encouraged by Ambassador Lim Chun Chu, investigators Kim and Li (who concealed their names), Third secretary Sim San Ir, trade counselor Pak Ninh Hak, commerce officer Kim En Ir and other employees were constantly questioning us without being ashamed of using any methods, including torture and sleep deprivation.

The Ambassador himself tortured physically our Comrade Li Zan Dick, who refused to return to Korea, and when he responded to the Ambassador that he was fighting for the real Leninist course in the party, the Ambassador ordered that he be moved to the toilet and not given any food. He accused us of being more dangerous than the imperialist agents and threatened us all the time. We were told that Bulgaria wanted to use us against Korea, and later would throw us out like dogs on the street without giving us the opportunity to live like all the Bulgarians. After continuous torture, we were forced to sign a "promise to return home". By signing this promise, however, we hoped we would escape from them when we were taken to the train station or the airport.

During the last week, we were forced to admit that we personally visited you, Comrade Zhivkov, and the Soviet Ambassador, and obliged us to write that you gave us specific instructions not to go back to Korea. Thus, they wanted to blame the Bulgarian Communist Party. However, we did not admit what was not true.

Throughout the time of our arrest, despite our insistence we were not given Bulgarian and Soviet newspapers and magazines; they only gave us the works of Kim Il-Sung.

Here again, we saw with our own eyes where justice was. That is why, from the very beginning, we have been looking for a way to escape from them in order to continue our fair deal with new strength.

Our room was on the third floor. An investigator stood constantly there; the next room served as a guardhouse, with six people from the Embassy; and in the next room there were two permanent sentinels. All the doors and windows were locked; the handles were dismantled; they put double curtains, so nothing could be seen from the outside. All the time we thought how to escape and let you know what they were doing in the Korean Embassy.

On 27 September, at 23:00 in the evening when all were at a meeting in the next room, we used a coin of 2 stotinki (as a screwdriver) and a razor blade (to cut sheets and curtains) and we managed to escape through the window with a rope of sheets and curtains.

Comrade Zhivkov, the purpose of our escape was:

- to prove to the Korean Embassy that we were not infatuated by the leaders of the BCP, but rather we acted according to our own conviction;
- to expose the vicious method applied against us, and against million honest people in Korea;
- not to give our young lives before the great ideas of the XX and XXII Congress of the CPSU triumphed in Korea.

Now that we are free and our friends and colleagues are taking care of us, our eyes and thoughts are focused on the building of the Korean Embassy, where our comrades are still being held illegally. They are at risk of being sent against their will to Korea, where they will be killed just because they want our people to live as happily as the nations of the Soviet Union and the People's Republic of Bulgaria.

Comrade Zhivkov, one of our comrades, Choi Don Sen, was not in good health even before he was detained. After his arrest, and as a result of being tortured in the Embassy, his health deteriorated even further. However, the Embassy is not taking any measures to improve his health condition, but have abandoned him to his fate. That is why we beg you, Comrade Zhivkov, and we ask the Bulgarian Government to help our friend, who, if left in this situation, risks not after long, maybe in a month, to lose his young life, so necessary to all of us.

Finally, in order to become members of the Dimitrov Komsomol, we request that we are granted political asylum and Bulgarian citizenship. We would like to work as engineers in building socialism in the People's Republic of Bulgaria.

We promise and give our honest Komsomol word that for the rest of our lives in Bulgaria we will work, learn and live according to the communist norms and we are ready to go where the Bulgarian Communist Party needs us.

We deeply believe that the Central Committee of the Bulgarian Communist Party, headed by you, Comrade Zhivkov, will understand us correctly and provide us with paternal help.

- With communist greetings -

Lee Zang Jik

Lee Sang Jong

4. X. 1962

Sofia

25. CSA of RB, F. 1B, In. 91, a.u. 380.

Pyongyang, 15 September 1962

To

Minister of Foreign Affairs Comrade Karlo Lukanov

MEMORANDUM

from Lyuben Stoichkov, charge d'affaires ad interim of PR Bulgaria to Pyongyang

Comrade Minister,

On September 6 this year, Deputy Minister of Foreign Affairs of the DPRK, Comrade Liu Chan Sik, informed the ambassadors and charge d'affaires of the embassies in Pyongyang about the case with the four Korean students and the decision of the DPRK Government to announce Comrade Bogdanov as persona non grata in DPRK.

From the conversations I had with comrades from various embassies, I understand that Liu Chan Sik said:

"Recently, relations between DPRK and the People's Republic of Bulgaria have been seriously damaged ... Since the Bulgarian Government is conducting provocative actions against the DPRK, the Foreign Ministry decided to spread this information to the diplomatic representatives of the fraternal countries ...

What has happened is a misfortune for all socialist countries ...

On 5 September this year, the Bulgarian Government ousted the DPRK Ambassador to Sofia without any specific reason ...

This action seriously undermines the friendly relations between the DPRK and the People's Republic of Bulgaria and the socialist countries ...

Relations between DPRK and the People's Republic of Bulgaria have been fraternal until recently... The Government of the People's Republic of Bulgaria has deliberately taken measures that violate the relations between the two countries.

By decision of the Ministry of Higher Education of DPRK the students had to return to their native country ... The Embassy learned that these students were not willing to return ... The DPRK's Government insisted that the students return for the purpose of their future moral upbringing... Due to the fact that the People's Republic of Bulgaria is a fraternal country, the DPRK Ambassador believed that the Bulgarian authorities would cooperate with him, that this was a relationship between communists, so he asked the Bulgarian Government for assistance, but the Government of the People's Republic of Bulgaria turned down his request.

On 25 and 26 August, the Bulgarian Foreign Minister asked the DPRK Ambassador to give the students the opportunity to stay in Bulgaria to study and work.

This is a challenge to our party and our government. How can we imagine that a fraternal country would protect students who oppose their party and government …

The Korean Embassy in Sofia knew where these students were, and took them to the Embassy. That was right, the Embassy took measures to educate them in the right way...

Sadly, the Government of the People's Republic of Bulgaria, in connection with these right (fair) measures of the Embassy, said that the Embassy violated the laws of the People's Republic of Bulgaria and exceeded its competence...

The government of the People's Republic of Bulgaria, interfering with the interior affairs of the Embassy, threatened the Ambassador and expelled him from the country...

It is a provocative act that shall not happen between fraternal parties. When we sent the students to Bulgaria, we fully trusted the Government of Bulgaria ... We cannot understand why the Bulgarian authorities, instead of helping with the students' moral upbringing, are now showing this care and why they threaten the ambassador and sacrifice our good relations. ..?

The Government of the People's Republic of Bulgaria proclaimed that these students wanted asylum in Bulgaria ...

We have common goals, we are on our way to communism ... It would be a different situation if this had occurred in countries with another ideology, another system...

These students have come out with libels and attacks against our Party and Government... It has now become clear that certain official circles in the People's Republic of Bulgaria prompted these students to oppose the Party and the Government ...

Certain Bulgarian officials allowed the students to hide and move their luggage. Even some of these people wrote letters attacking our Party and Government, and Bulgarian citizens took these letters to the Embassy...

In order not to be exposed, these people claimed that the DPRK Embassy forcibly arrested the students, while they insisted on their being released ... The DPRK Embassy has neither an army, nor a police force ... Our employees have not violated any Bulgarian laws and have not exceeded their competence; 4 militiamen and one associate from State Security arrested the students in the Sofia City Committee and then handed them over to the Embassy...

The Embassy of the DPRK has done nothing wrong ...

On 1 September, the DPRK Government, through their ambassador in Sofia, asked the Bulgarian authorities to help with the education of the students and make them be respectful, but the Bulgarian Government expelled the ambassador who had devoted all his efforts to strengthen the friendship between the DPRK and the People's Republic of Bulgaria. As a result, the DPRK Embassy in Sofia is not in a position to work normally...

The Government of the PR Bulgaria has opted for deterioration of relations...

... The employees of the DPRK Embassy in Sofia only hosted the students who had been arrested by the Bulgarian authorities...

How can they interfere in Korean affairs? This is not about Bulgarian students, but about Korean students who have opposed the Party and the Government ...

Apparently, the Bulgarian militia authorities, handing over the students to the Embassy did this for the sake of good relations ...

... We need unity in our joint struggle against imperialism and capitalism ...

... The Bulgarian Government reacted with insults and offenses, harming the unity of the socialist camp...

... The Government of the People's Republic of Bulgaria has the entire responsibility for this. The Government of the DPRK considers that such an extreme measure is a provocative act that not only violates expectations, but also the underlying principles of Marxism-Leninism. We firmly deny such an approach...

Ambassadors are mutually exchanged ... friendship is a bilateral process. There is no unilateral friendship. Therefore, the DPRK Government believes that the presence of the Ambassador of the People's Republic of Bulgaria in the DPRK is undesirable and he must leave the country.

DPRK Government regrets the case ...

We do not understand who needs this and who will benefit from it ...

We reckon you will understand the decision of the DPRK Government."

That is what I was able to write, trying to keep the line of Liu Chan Sik's thoughts. Some of our comrades learned that it was not Bulgarian officials who wrote letters to the DPRK Embassy; that was done by the four students and Bulgarian citizens handed the letters to the Embassy (which is more likely to be said). There is a contradiction in Liu Chang Sik's information. At first he said that the Embassy collected the students; then they said 4 militiamen arrested the students and handed them over to the Embassy. This was also noticed by the comrades I spoke with.

Three hours prior to revealing this information, at the invitation of the Foreign Ministry, I visited Comrade Liu Chan Sik instead of Comrade Bogdanov, who was not feeling well and asked that the meeting be postponed for the next day.

Liu Chan Sik was standing annoyed in front of me. Neglecting to invite me to sit down, he read the document from the Foreign Ministry in Korean with a Russian interpreter. When I tried to repeat our request to postpone this meeting for the next day, he abruptly interrupted me saying "Only I will speak now."

The document read roughly the same as what was announced to the Ambassadors.

The information provided to the Ambassadors contained some additions, such as the fact that it was known on the same day that officials helped the students, instigated them against the Party and the Government, and that the militiamen arrested the students and handed them over to the Embassy.

The document began with sharp expressions, namely: "On 5 September, the Government of the People's Republic of Bulgaria took rude measures against the DPRK ambassador in Sofia ..." "This event was deliberately falsified with fake data..."

Some of the comrades remembered that the same expressions were also used in the information presented to them.

During the exchange of telegrams on this issue, the Korean authorities tried to delay their timely submission. For example, we were ready on 3 September at 8 a.m. (Korean time) to submit the telegram about the Ambassador's conversation with Kim Chan Mann from 1 September, but due to various reasons the telegram was held until 11 o'clock in the telegraph station. In a conversation with the head of the postal service, with the help of our interpreter, I realized he was obliged to postpone the submission of the telegram until 4 September, but they wanted to get my consent. Also, the postal worker predicted that on 4 September there might be interference and failure to deliver the telegram, something that really happened. The telegram from 4 September, in which the Ministry informed us that on 5 September they were going to warn the Korean Ambassador and declare him persona non grata, if he did not release the students, was received on 6 September at 9 o'clock, along with other telegrams, i.e. on the day and the time when the Ambassador was summoned to the Ministry to be informed of the decision of the Korean side.

Pyongyang, 13 September 1962

Charge d'affaires:

26. CSA of RB, F. 1B, In. 64, a.u. 298.

PROTOCOL "Б" № 6
POLITBURO OF THE CC OF BCP, 29 AUGUST 1962

Present comrades: Dimitar Ganev, Ivan Mihaylov, Encho Staykov, Stanko Todorov, Anton Yugov, Georgi Tsankov, Todor Prahov, Mladen Stoyanov, Boris Velchev and Tano Tsolov.

Comrade Karlo Lukanov is also present.

AGENDA ITEMS:

Regarding the abduction of Korean students who have requested political asylum in our country by the Korean Embassy in Sofia.

D E C I S I O N S:

1. It is considered reasonable that Comrade Karlo Lukanov will once again invite the DPRK ambassador to our country and will express the strong protest of the Bulgarian Government against the unprecedented abduction by Korean Embassy staff of four Korean students who asked for political asylum in our country, and will demand their immediate release.
2. Our ambassador to Pyongyang shall request a visit with Comrade Kim Il-Sung to express the strong protest of the Bulgarian Government against the gross violation of our country's sovereignty by abducting four Korean students, and shall insist on their immediate release.
3. If the Korean side does not release the detained students, the DPRK ambassador to Sofia, the military attaché to the embassy and the adviser involved in the student

abduction should be declared "persona non grata" and warned that they must leave the country within 24 hours.

27. CSA of RB, F. 1B, In. 64, a.u. 299.

PROTOCOL "B" № 7
POLITBURO OF THE CC OF BCP, 3 SEPTEMBER 1962

Present comrades: Dimitar Ganev, Mitko Grigorov, Todor Zhivkov, Ivan Mihaylov, Encho Staykov, Stanko Todorov, Georgi Tsankov, Anton Yugov, Dimitar Dimov, Todor Prahov, Boris Velchev, Karlo Lukanov and Dimo Dichev.

AGENDA ITEMS:

I. Regarding the case with Korean students.

DECISIONS:

Assigns to the Ministry of Foreign Affairs to hand over a protest note to the Government of the Democratic People's Republic of Korea in connection with the incident with Korean students.

28. CSA of RB, F. 1477, In. 28, a.u. 1698.

INFORMATION

on the visit of a delegation from the Foreign Ministry

of the DPRK

to the People's Republic of Bulgaria

27 - 30 June 1972

From 27 to 30 June this year, a delegation of the Ministry of Foreign Affairs of the Democratic People's Republic of Korea, led by Deputy Minister of Foreign Affairs, Comrade Jeong Myeong Soo, visited our country. The purpose of the delegation visit was to elaborate on the new tactics offered by the Korean comrades on the Korean issue at the 27th session of the UN General Assembly, to hold consultations and to assist them in the successful implementation of their plan.

The essence of the proposed new tactic is as follows:

Our Korean comrades believe that, now that the UN environment is developing favorably to resolve the issue of Korea's peaceful unification, adopting and implementing a new more flexible tactic would create even more favorable conditions to accelerate the country's unification.

1. In order to create favorable conditions for the inclusion of the Korean issue on the agenda of the Session, it is proposed to remove the questions from last year on "Withdrawal of US and other foreign troops occupying South Korea under the UN flag" and "Disbanding the United Nations Committee on the Unification and Reconstruction of Korea" and to propose a new item on the agenda: "To create favorable conditions for the acceleration of Korea's peaceful unification". In this case, it is believed that support

from a bigger number of countries can be obtained and it will be possible to counter attempts to delay consideration of the Korean issue.

The essence of the new approach is that in the new situation, when a dialogue between the South and the North is taking place in Korea, "the United Nations shall, from a new perspective, discuss the issue of Korea, so as to further inspire and speed up the unification by the Koreans themselves, peacefully."

Our Korean comrades reckon that the inclusion of the new item in the agenda of the session shall be initiated by Algeria or Mongolia, together with the following countries: Syria, Guinea, Mali, Democratic Republic of the Congo, Mauritania, Iraq, Sudan, Democratic Republic of Yemen, Somalia, Zambia, Tanzania, Yemen, Burundi, Pakistan, and Nepal. It would be good if the socialist and many Afro-Asian countries joined as well.

Having been informed about the DPRK's position on the discussions of the Korean issue at the UN, China and the Soviet Union stated that they supported the position and will not confront the Korean issue. Moreover, it is likely that these countries will come up as co-authors.

To ensure the success of the new approach and to hinder attempts to delay the consideration of the issue at the UN again, our Korean comrades asked for our assistance, paying attention and focusing our efforts on the following:

- to carry out, where possible, preliminary work for the selection of a General Committee with the appropriate members. To influence its members;
- to try to influence UN officials, including the Secretary-General;
- to influence all the countries we are in contact with, and to expose the injustice of all attempts to delay the UN discussion on the issue of Korea;
- our representative in the UN shall use his contacts to influence representatives of different countries at the UN;
- our country shall support the proposal to include the new item on the session agenda.

2. The new developments in the content of the draft resolution on the Korean issue are in line with the proposed new tactics.

While drafting the resolution, our Korean comrades tried to adhere to the principle position of withdrawing all foreign troops from South Korea and disbanding the UN Commission on Korea, while at the same time creating conditions for maneuverability and flexibility:

- the two questions of the withdrawal of foreign troops from South Korea and the disbanding of the UN Commission on Korea have been formally combined;
- all verbiage directly attacking or condemning US imperialism, the UN Commission on the Unification and Reconstruction of Korea, as well as the UN itself has been avoided;
- the immediate disbanding of the UN Commission is not required, but it is proposed to cease its activities. It is considered that this proposal will be accepted not only by the Third World countries, but also by countries such as Pakistan, which is a member of the Commission although it does not participate in its activities, and Turkey;
- if previous draft resolutions required the immediate withdrawal of US and other troops from South Korea, the new draft resolution refers to "removing UN command from South Korea and abrogating its right to use the United Nations flag";
- unlike previous draft resolutions that set a 6-month deadline for withdrawing all foreign troops from South Korea, the new draft resolution recommends that South and North Korea negotiate directly and conclude a peace agreement before withdrawing the troops.

  It is expected that this will generate more support on the main issue of the withdrawal of foreign troops.

  A new step in this context is Thailand's decision (according to news agencies) to evacuate its remaining contingent of troops by 23 August this year, leaving in South Korea only the United States troops 'under the UN flag'. This fact will make it difficult for the US to present its contingent as UN troops;

- the wording of Article 3 of the draft resolution is intended to invalidate UN resolution 195 /III/ of 12 December 1948 defining the marionette power of South Korea as the "sole legal authority". In order not to give the impression that the existence of two Koreas is being accepted, the text has been added "to accelerate Korea's independent peaceful unification";
- the essence of Article 4 is aimed at achieving non-interference in the internal affairs of the country in any form.

3. On the participation of a representative from DPRK in the discussions on the Korean question.

The new approach foresees the submission of a new draft resolution on the Korean issue which will become the most important one, provided that it is included on the Session agenda.

The essence of the new draft resolution, "For the simultaneous invitation of representatives of South and North Korea", gives priority to the fact that "a dialogue between the North and the South has recently taken place in Korea". This resolution differs from previous draft resolutions by its much more moderate tone. It is assumed that, under these conditions, the General Assembly will be willing to hear the views of the two Koreas.

Our Korean comrades gave the following information and arguments regarding the possibility of securing the 13 votes needed to adopt the draft resolution at the 25th session:

- the People's Republic of China has replaced Taiwan;
- diplomatic relations have been established with Malta and Rwanda. They are likely to be attracted to support their side;
- a delegation visited Chad and Niger, which took a favorable position. They will be influenced to abstain from voting;
- diplomatic relations have been established with Cameroon, Sierra Leone and Chile.

These countries are expected to vote in favor;

- they have diplomatic relations with the Maldives, and consular relations with Mauritius. The establishment of diplomatic relations with Senegal is forthcoming. However, it is not yet known how these countries will vote;
- compared with the past, nowadays the following countries have significantly better attitude to the DPRK: Cyprus, Ghana, Indonesia, Kuwait, Lebanon, Guyana, Finland, Upper Volta and Peru. Relations with the new members of the United Nations, Bahrain, Qatar, and the Arab kingdoms are also improving. However, it is not known what position these countries will take;

On the other hand, however:

- relations with Jordan were terminated after the DPRK condemned the Jordanian reaction during the September 1970 events;
- contacts with Uganda were suspended after the coup in the country;
- Kenya has always voted in favor, but due to the lack of contacts with that country, it is not known what position it will take at the upcoming session.

Our Korean comrades consider it appropriate to ask Syria and Zambia to draft a resolution for the simultaneous invitation of representatives of South and North Korea, and to invite Algeria, Egypt and the socialist countries to assist as co-authors.

With regard to this issue, our country was requested:

- to assist them, so that countries that previously voted against, abstained or were absent, in this session will vote in favor;
- to try to influence the countries with which the DPRK does not maintain relations, especially the countries in Latin American and the northern European capitalist countries.

4. Actions to be taken by the DPRK in the event that the Korean issue is not included on the agenda of the 27th session of the UN General Assembly

Our Korean comrades believe that, insofar as the decision to send "UN troops" and to establish "UN command" in South Korea was taken by the Security Council, they would request the right of US troops in South Korea to present themselves as troops of the United Nations.

It is also proposed to launch a campaign to expel the South Korea's observer group from the UN.

Our country has been requested to render full support.

In conclusion, the Korean comrades requested that the exchange of information between the two foreign ministries on all the issues be intensified. We would like to inform them in due time about the positions of the different countries in the UN, and during the session - about the development of the discussions on the Korean issues.

On our behalf, the Head of Delegation, Comrade R. Grigorov, assured our Korean comrades that PR Bulgaria fully supports the DPRK's position and will render full support on the issues raised.

Sofia, 29 June 1972

29. CSA of RB, F. 1477, In. 28, a.u. 1698.

NEGOTIATIONS BETWEEN THE DELEGATIONS OF THE FOREIGN MINISTRIES OF DPRK AND PR BULGARIA 27-30 JUNE 1972

New tactics offered by Korean comrades for raising and discussing the Korean issue at the 27th session of the UN General Assembly and the support they would like to receive from us.

1. Include the Korean question on the agenda of the session.

New tactics:

- items 36 and 37 are removed from the agenda of the session; they relate to the withdrawal of US troops and all other foreign troops occupying South Korea under the UN flag, and the disbanding of the United Nations Commission on the Unification and Reconstruction of Korea;
- adding a new item to the agenda of the session - "Creating favorable conditions to accelerate Korea's independent peaceful unification".

Support expected from us:

- to take part in drafting the resolution for removing items 36 and 37 from the agenda;
- to help fail the attempts to prevent the new item from the session agenda and focus our efforts on the following topics:
- election of a General Committee with the appropriate members. To influence their members;

- to influence UN authorities, including the Secretary General;
- to influence all countries we have relations with, and to denounce the attempts to delay the discussions on the Korean question;
- our representatives in the UN shall use their contacts to influence the reps from different UN member-countries.

2. Simultaneous invitation of representatives of South Korea and North Korea to discuss the Korean issue at the 27th session of the UN General Assembly.

New tactics.

The essence is in the proposed new draft resolution on the subject, which differs from previous ones in its more moderate tone and highlights the fact that "North-South contacts and dialogue have been taking place lately in Korea". It is assumed that taking in consideration this statement, the General Assembly will be willing to hear the views of the two Koreas.

Support expected from us:

- to take part in drafting the resolution;
- to assist in securing an affirmative vote from those countries that have previously voted against. Our efforts shall be directed to countries with which the DPRK does not maintain relations.The question was raised: which countries can we influence?

3. Actions to be taken in the event that the Korean issue is postponed again:

- to request the Security Council to take away the right of US troops in South Korea to present themselves as UN troops;
- to begin a campaign to expel South Korea's UN monitoring group.

Support expected from us:

- to render full support in this campaign.

In conclusion, the Korean side expressed their general request:

- to continue the exchange of information and views between the two ministries on all issues considered;
- to inform them in a timely manner of the positions of different countries and of the development of the debate on Korea at the UN General Assembly.

NEGOTIATIONS BETWEEN THE DELEGATIONS FROM THE FOREIGN MINISTRIES OF DPRK AND PR BULGARIA 27-30 JUNE 1972

Head of the Bulgarian Delegation: Comrade R. Grigorov, Deputy Minister of Foreign Affairs.

Head of the DPRK delegation: Comrade Jeong Myeong Soo, Deputy Minister of Foreign Affairs.

Main theme: The Korean question and discussions at the 27th session of the UN General Assembly.

The initial positions of our Korean comrades on this issue are based on the premise that a favorable environment exists now in the UN and a new tactic can be adopted to create an even more favorable situation for Korea's peaceful unification.

Highlights in the new tactics offered by our Korean comrades

1. Include the Korean question in the session agenda.

This year, the Western countries will try to postpone the debate on Korea once again.

In order to create favorable conditions for the inclusion of this topic in the agenda of the session, Korean comrades offer:

a) items 36 and 37 shall be removed from the agenda of the session; they relate to the withdrawal of US troops and all other foreign troops occupying South Korea under the UN flag and the dissolution of the United Nations Commission on the Unification and Reconstruction of Korea;

b) to replace these items with:

"Creating Favorable Conditions to Accelerate Korea's Independent Peaceful Unification."

As a result, more countries will render support and the Korean issue will not be excluded from the agenda.

Western countries will try to postpone debates with the following arguments:

- it is not necessary to discuss the same issue every year since there is no change in the situation;
- to wait for the outcome of the talks between North and South Korea.

Our counterargument shall be:

- Provided that negotiations are taking place between the two Koreas, the UN should encourage and inspire talks on the reunification of Korea by the Koreans themselves.

It has been decided:

- the Korean question will be submitted to the agenda 60 days prior to the session;
- author of the resolution on this agenda item is Algeria (agreed) and co-authors: Syria, Guinea, Mali, Democratic Republic of Congo, Mauritania, Iraq, Sudan, Democratic People's Republic of Yemen, Somalia, Zambia, Tanzania, the Autonomous Republic of Yemen, Burundi, Pakistan and Nepal.

Mongolia could initiate the removal of items 36 and 37 from the agenda with the same co-sponsors as last year. Thus, the authors of this resolution will represent 30 countries.

Set the time for this démarche in a place appropriate to the situation.

It is recommended that the socialist countries support the resolution to include the new item on the agenda of the session. Confirmation was received that the USSR and the PR China would not oppose this issue, but would act as co-authors.

The inclusion of the new item on the agenda of the session implies a great deal of struggle in the General Committee and the General Assembly.

To prevent any attempts not to include the new item on the agenda, it is necessary to work in the following directions:

- to try to ensure that the General Committee is properly constituted and influence its members;
- to "manipulate" authoritative UN officials including the Secretary-General;
- to influence all the countries we are in contact with and to expose attempts to delay consideration of the Korean issue;
- our representatives shall influence representatives of different UN member states.

2. On the new topics in the resolution on the proposed new agenda item.

In drafting the resolution, our Korean comrades sought to adhere to their position and at the same time to create conditions for maneuverability and flexibility.

Differences between the old and the new resolution drafts

a) The new resolution formally unites the two issues - the withdrawal of US troops and all other foreign troops occupying South Korea under the UN flag, and the dissolution of the UN Commission on the Unification and Reconstruction of Korea. Previously, two separate projects were being prepared.

b) Substantial changes have been made in the preamble to the draft resolution compared to the old drafts. Previous drafts sharply condemned the presence of foreign troops in South Korea, calling them a hindrance to the country's unification and a serious threat to peace and a threat of aggression in Asia.

c) In previous resolutions, the UN Commission on the Unification and Reconstruction of Korea was described as not only unwilling to help but even obstructing the unification of Korea.

Previously, the immediate dissolution of the Commission was demanded, and now - termination of its activities. This allows the proposal to be accepted not only by Third world countries but also by Pakistan and Turkey.

(Pakistan is a member of the Commission though it does not participate in its work).

d) If previous drafts of the resolution required the immediate withdrawal of US and other troops from South Korea, the new draft refers to "emptying of content the 'UN command' " in South Korea and abrogating its right to use the UN flag."

e) If previous resolutions set a deadline of 6 months for the withdrawal of foreign troops from South Korea, the new draft resolution provides for the withdrawal of troops after negotiating on an equal footing and concluding a peace agreement between the South and the North.

This amendment aims to provide even greater support for the main issue of the withdrawal of foreign troops. It is expected that there will be few countries that will oppose it.

With regard to the withdrawal of foreign troops from South Korea, a new moment is Thailand's decision (according to news agencies) to withdraw its contingent on August 23 this year. (Thailand has so far symbolically participated in the UN troops in Korea with a contingent consisting of one company and several liaison officers/. Should this be done, only US troops will remain under the UN flag in South Korea. This fact will /make it difficult / deprive the United States of the possibility to represent its troops as UN troops.

f) Item 3 of the draft resolution is intended to invalidate UN General Assembly resolution 195 / III (12 December 1948) defining the Government of South Korea as the only legitimate government of Korea.

In order not to give the impression that there are two Koreas, this item includes the text "to accelerate the country's autonomous peaceful unification".

g) Item 4 of the draft resolution is aiming to disband the Commission and eliminate the possibility of US troops to be represented as UN troops.

Regarding this point, Korean comrades propose to vote in a package according to the conditions on the spot.

3. The problem with simultaneously inviting representatives of South and North Korea to discuss the Korean issue at the 27th session of the UN General Assembly

The result of the vote on the resolution on this subject at the 25th session of the General Assembly was: 41 in favor and 54 against. The proposal to invite a DPRK representative was rejected by 13 votes only.

In the event of success at the forthcoming session, the mere fact that a DPRK representative is taking part in the discussion will be a blow to the opponents of Korean peaceful unification.

Unlike previous resolutions on this issue, the new draft is written in a much more moderate tone and has deleted the term "unconditional invitation". The draft resolution proposed by Korean comrades includes a new text saying that "recently talks have been taking place between the North and South in Korea". Thus, it may be expected that the General Assembly will be willing to hear the views of the two Koreas.

It is proposed that this question be considered procedurally and substantively. Zambia and Syria will be invited to be the authors of the draft resolution, while the socialist countries will become co-authors /31 countries/. Our country has also been requested to support and to assist in securing a positive vote from those countries that have previously voted against.

The Korean comrades believe that the situation before the 27th Session of the General Assembly is much more favorable than before and gives reason to expect a positive outcome on this matter.

The DPRK has established diplomatic relations with a number of new countries. After the 25th session, many countries changed their approach to the Korean issue. Now, though to varying degrees, one can count on the votes of some of the 54 countries that previously voted against. Taiwan's seat is occupied by the PR China, which means two votes. If Rwanda and Malta, with which the DPRK has established diplomatic relations, get involved, these are 4 more votes. The Korean diplomatic delegation that visited Chad and Nigeria noted the positive attitude of these countries to the Korean issue. If they abstain, there will be two negative votes less. Abstentions prior to the vote /24/ or absent /8/ may secure the votes of Cameroon, Sierra Leone and Chile with which diplomatic relations have been established. Provided that these countries vote in favor, only one more vote is needed to adopt the resolution. The DPRK has established diplomatic relations with the Maldives, and consular relations with Mauritania. Diplomatic relations with Senegal are also expected. However, it is unknown how these countries will vote.

The established contacts show that countries such as Cyprus, Ghana, Indonesia, Kuwait, Lebanon, Guinea ?, Finland, Upper Volta and Peru have now more positive attitude regarding the Korean issue. The DPRK exchanges congratulatory telegrams with the newly admitted members of the United Nations: Bahrain, Qatar, the Arab Kingdoms, but it is not known what position they will take, despite having been visited by a DPRK delegation.

What is the situation with some countries that have previously voted in favor of the resolution calling for a DPRK representative to participate in the discussion of the Korean issue at the UN General Assembly?

Jordan - ceased to exchange greetings with the DPRK on various occasions after the DPRK formally expressed its support for the Palestinian guerrillas during the clashes in Jordan last year.

Uganda - all contacts were cut off after the coup in this country.

Kenia - always voted in favour; however, no contacts have been established yet.

After all, it is difficult to predict how these countries will vote.

From the analysis of the current situation, it becomes immediately clear that more efforts are needed to attract new countries to support our cause.

Our Korean comrades stressed the fact that there are quite a few countries with which the DPRK does not maintain relations. Among Latin American countries, only Cuba co-authored the previous draft resolution. Since June 1, this year, diplomatic relations have been established with Chile, but its situation is difficult and they understand this.

Under these circumstances, our Korean comrades requested that:

- PR Bulgaria influence those countries with which DPRK has no relations in order to make them vote in favour of our cause. Which countries can we affect?

4. Action to be taken if, in spite of our desire, the newly formulated item on the Korean issue is not included on the agenda of the 27th session of the General Assembly:

a) It was decided to contact the Security Council asking them to take away the right of US troops in South Korea to present themselves as UN troops.

This step is in line with the fact that the deployment of US troops to Korea and the establishment of a unified command were made by decision of the Security Council.

b) To launch a campaign to expel South Korea's UN observer group. They have no right to unilaterally represent the Korean people. Their stay at the UN means the existence of two Koreas and is an obstacle to the unification of the country. On the other hand, this fact discredits the UN.

On this issue, our Korean comrades expressed their hope that our country, along with other socialist countries, would struggle to expel South Korean observers from the UN.

Finally, a request was made from the Korean side:

- to continue the exchange of information and views between the two ministries on the issues under consideration;
- to inform them in due time of the positions of different countries and of the development of the discussion on the Korean issue at the UN General Assembly.

30. CSA of RB, F. 1477, In. 28, a.u. 1698.

INFORMATION

Regarding: The procedure and options for including
the issue of Korea on the agenda for the 27th session
of the UN General Assembly in accordance with the new
tactics proposed by the DPRK

1. The proposal to include the Korean issue under its new wording "To create favorable conditions to accelerate Korea's peaceful self-unification" and exclude from the agenda of the 27th session the issues of withdrawing US troops and all other foreign troops occupying South Korea under the UN flag and dissolving the UN Commission on the Unification and Reconstruction of Korea, shall be put forward by Mongolia jointly with the same countries as in 1971. It is recommended that other nations join as well.

In accordance with Rules 13 /e/, 14 and 20, the proposal to include the new item on the agenda shall be presented to the Secretary-General not later than 30 days prior to the opening of the session and be accompanied by an explanatory note, and if possible by the main documents and the draft resolution on the subject.

Considerations:

a) according to the well-known decision taken at the 26th session of the General Assembly, the two items reflecting our positions on the Korean issue will be included in the provisional agenda of the 27th session;

b) it is logical that the parties which proposed the inclusion of the Korean issue on the agenda of the previous session will request the replacement of the two previous items by a new one.

2. The General Committee, where the proposal will be initially discussed, does not have the right to decide definitively on the inclusion of the item on the agenda of the session. It merely prepares and proposes to the General Assembly a recommendation, but the decision is taken by simple majority.

Only the General Assembly may include, exclude or amend items on the agenda, and its final decision is naturally influenced by the recommendation of the General Committee. The General Assembly takes its decision on such questions by simple majority.

Therefore, it is necessary to ensure that the recommendation of the General Committee, through influencing its members, will be positive on the new item on the draft agenda.

On this issue, it should be taken into consideration that the Western countries have never openly opposed the inclusion of the Korean issue on the agenda of the General Assembly sessions. They widely advertise their principle of not opposing discussions on all proposed issues, even the most inconvenient ones, during the General Assembly sessions. The fact that they succeeded in delaying consideration of the matter from the 26th to the 27th General Assembly session is the result of their argument based on the alleged concern for the success of the negotiations initiated between the DPRK and South Korea's Red Cross organizations.

It is therefore necessary, based on the new tactics on the Korean issue, to elaborate very carefully on our position at the session in order to successfully counter any attempt to postpone the discussion of the Korean issue. It is likely that the Western countries will make such an attempt on the grounds that there are still no significant results from these negotiations and, as a result, the environment for discussion of the Korean issue at the UN remains unfavorable.

3. During one of the initial meetings of the First Committee, where the question will be tabled for discussion, a draft resolution on the simultaneous invitation of representatives of South and North Korea shall be proposed. It is appropriate that the Korean comrades invite Syria and Zambia to draft this resolution.

In this regard, it should be taken into account that it is most likely that the Western countries will try to counteract again making DPRK explicitly recognize the competence and right of the United Nations to act on the issue of Korea.

Due to the fact that, in the new tactics, the DPRK's position on this issue remains adamant, it is necessary to make our thesis very convincing. This draft resolution is likely to be adopted, given the outcome of the vote at the 25th session and the significantly more favorable situation prior to this session.

4. When starting the discussion on the Korean issue in the First Committee, it is appropriate, as suggested by Korean comrades, to ask Algeria to draft the resolution "To create favorable conditions for the acceleration of Korea's independent unification". It is necessary to make efforts to attract as many co-authors as possible.

This resolution shall not contain requests for the annulment or correction of resolutions adopted by the General Assembly in past sessions. Adopting a resolution that does not fully match our view, but containing some of the elements of the cause we are defending, would be a significant success and will pave the way for a final resolution of the Korean issue.

<u>Summary</u>

1. A proposal and memorandum for inclusion in the agenda of the 27th session of the new item on Korea and the exclusion of the previous two are presented to the Secretary-General.

   Deadline - 19 August 1972. Author - Mongolia.
2. Defend the proposal at the General Committee and the General Assembly.
3. The draft resolution on the "Simultaneous invitation of representatives of South and North Korea" will be presented at one of the first meetings of the First Committee. Authors of the resolution - Syria and Zambia.
4. At the beginning of the debate on the Korean issue, a draft resolution will be

presented to the First Committee - "To create favorable conditions to accelerate Korea's peaceful unification". Author - Algeria.

29 June 1972

31. CSA of RB, F. 1477, In. 28, a.u. 1698.

STENOGRAM

of the talks between Comrade Lyuben Petrov – Deputy Foreign Minister of the PR Bulgaria and the Head of Government delegation of DPRK – Deputy Foreign Minister Jeong Myeong Soo

Sofia, 17 February 1973 'Oborishte' Residence

I would like to raise some issues on which we would like to receive support from your government:

1. We want to make sure that the Korean issue is on the agenda of the forthcoming 28th Session of the UN General Assembly, and a DPRK representative will participate there. The American imperialists and the South Korean puppet will try not to discuss the issue of Korea at the UN General Assembly again this year under various pretexts. This is not a simple matter, as at least 35 countries shall support our position, given the results of the vote at last year's UN session. One example: in order to attract 35 countries, we need to attract not fewer than 20-25 countries from the 70 nations that voted for the postponement of the draft resolution submitted by the enemies of the 27th UN General Assembly session. These countries must oppose / refuse to vote in favor of this draft resolution / or exercise a majority of those 26 countries that last year refused to vote in favor of this draft resolution, to oppose and vote in favor of our draft resolution. At the same time, we are thinking of presenting a more flexible plan, leaving behind some slogans, in order to include the issue of Korea. Last year's draft was softer than previous drafts, but in fact did not really make much difference.

Therefore, in other words, the Korean issue should be included on the agenda at the 28th session of the UN General Assembly this year, and a DPRK representative should be present at the session. That is why we think it would be more favorable for us to set such a flexible plan, but we also want to hear your opinion on this: how to proceed. We believe that we need to come up with such an advanced concrete tactical plan after hearing both your opinion and that of other comrades.

Last year's experience shows that prior awareness of the General Committee of the agenda of the UN General Assembly is of great importance. We need to know these 25 countries /this was their number last year/ and after we talk with them our issue will be included on the agenda. We therefore ask that you make an active effort to influence this committee favorably and at the same time inform us in advance of its composition. We will learn this from you in advance and work with the countries that will join the committee.

2. We believe that it is necessary to fight for the adoption of such measures that will "remove the helmet of the UN troops" from the US imperialist troops and disband the UN Commission on Reconstruction and Unification of Korea. If the UN troop helmet is removed, then the pretext that US aggressive troops are attempting to occupy that territory under the UN resolution will be abolished. In other words, Americans are now occupying South Korea under the pretext of the UN resolution. Now they remain in South Korea, not wearing "American helmets" but wearing "UN helmets." That is why if you remove the "UN helmet" it will appear that this "helmet is American". Then they will have no more reason to stay in South Korea. Therefore, the "removal of the helmet" is very important. This is exactly what we are considering now. We believe that it is necessary to actively fight and make this year a decisive year for the destruction of the UN Commission on Reconstruction and Reunification of Korea, which is in the process of destruction. Pakistan abandoned it. A Socialist Party government was formed in Australia, and it revisits the policies of the previous government. In such a situation, if we work even better, then we think it is not impossible to disband this Commission. Therefore, we believe that we need to expand our activities with countries that are still

members of this committee, such as Australia, the Netherlands, and Turkey. We therefore ask that you actively work with the Member States of this committee in this regard.

3. We also ask you to make an effort and exert pressure, international pressure, on South Korean puppets for not being able to disobey the principles in the Joint Statement of the North and South, to expose South Korean propaganda which pretends to be making efforts to unite the country peacefully. This will isolate them internationally even more. In particular, attention should be paid to such insidious machinations of South Korean puppets trying to make contact with so-called "non-hostile socialist countries". It is very important to expose the true face of the traitors of the country, of the nation, of the anti-national fascist terrorist domination of the puppet group as a loyal pro-American and pro-Japanese servant. At the same time, you should not maintain or exchange contacts in any form; you should isolate and block them internationally in all fields - politics, economy, etc. In other words, if we isolate and block them domestically and internationally, if we create chaos and controversies, then they will inadvertently enter the path of cooperation with us and reach out to us. No way. Therefore, we ask that you cooperate. If we cooperate between the two parts, it will make a difference for revolutionary influence on the South Korean population.

Along with isolating South Korean puppets, it is necessary to destroy the enemy's machine for manipulations, for manufacturing two Koreas, for legitimizing the division of North and South. Korea is one in terms of territory and nation. Korea cannot be divided into two. We shall successfully carry out the Korean Revolution and unite Korea under the banner of socialism. We are friends with you and that is why we sincerely say: This is a noble class duty of the Korean Communists before the world revolution. If they fabricate two Koreas, it is clear that the US imperialists will use South Korea forever as an aggressive base against the socialist countries.

The American imperialists, proceeding from their treacherous goals of fabricating two Koreas, are planning concurrent membership of the North and South Korea in UN. If they are members of the UN as two Koreas, then there is a risk of eternal division of the country. A united Korea should be a member of the UN. We think that a North-South dialogue should be held and a confederation between them should exist; one Korea should be a member of the United Nations, and under no circumstances shall two Koreas be members. We believe that our Bulgarian friends shall pay due attention to the trick for the creating two Koreas and provide comprehensive support for the realization of the idea of a unified, socialist Korea. We ask our Bulgarian friends to continue to exert more influence on such countries that do not understand our reality and our efforts to unite our country and to maintain our principled position. That is why we want to exchange views with you on the countries you can influence to support our policy. What do you think about this?

COMRADE LYUBEN PETROV: We have been doing this until now, and we will continue doing it in the future.

COMRADE CHEN MEN SU: We are aware of this. However, I am saying all of the above, because now the situation is a little changed and in such a situation, which countries can you influence and attract? For example: Turkey, Cyprus, Netherlands, Italy. This is our hope. We are confident that your government will respond with goodwill to our proposals and will actively cooperate.

Finally, I would like to address the development of relations between our two countries. The DPRK and the People's Republic of Bulgaria, although distant in geography, are two countries whose people are connected with a healthy, fraternal, friendly relationship and are mutually supportive and cooperative for the same purpose and endeavor in the fight against imperialism, to win the cause of socialism. Our people sincerely rejoice and warmly welcome the successes achieved by the hard-working and talented Bulgarian people in the construction of socialism, under the leadership of the Bulgarian Communist Party. We wholeheartedly wish the fraternal Bulgarian people new successes in the struggle for the fulfillment of the tasks of the 6th Five-Year Plan, the tasks set by the X Congress of the Bulgarian Communist Party. We also heartily wish the brotherly Bulgarian people even more success in implementing the December Plenum decisions.

We are grateful to the Bulgarian people who actively support the struggle of our people to accelerate the independent peaceful unification of our country and our socialist construction. Bulgaria expresses its support for our nation's struggle for unification of the homeland in the joint communiqués with other countries. The Bulgarian representative, together with many other representatives of the peace-loving states at the 27th session of the UN General Assembly, has been very active and initiated a new item on our agenda - "to create favorable conditions for accelerating the independent peaceful unification of Korea". The Secretary General of our Party highly appreciated Comrade Petar Mladenov's speech delivered last year at the 27th session of the UN General Assembly. It was an expression of the support of our people. Bulgaria is actively engaged in supporting our tactical course when discussing the issue of Korea in the UN, and during various other international meetings. Your support and solidarity inspires the struggle of our people.

Recently, relations between our two countries have been developing well in all areas. Many delegations were exchanged, including a visit of a party-government delegation of our country to Bulgaria, mutual visits of parliamentary delegations. This helps to deepen the friendly feelings of our two nations. Moreover, the forthcoming visit of the Bulgarian party-government delegation, headed by Comrade Todor Zhivkov, in our country, will benefit the further expansion of the relations of friendship and cooperation between our two countries. Our people will warmly welcome Comrade Todor Zhivkov's visit in our country. Our people appreciate the friendship with the brotherly Bulgarian people. We are convinced that relations of friendship and cooperation between the two countries in all fields will continue to be strengthened and further developed on the basis of the principles of Marxism-Leninism and proletarian internationalism.

These are my comments. If you have any other questions, I am ready to answer them.

Thank you for your attention.

Comrade KONSTANTIN GRIGOROV: Do you have any idea if the US South Korean marionettes are potentially ready to raise the issue of South Korea's membership /alone/ in the UN? How many countries do they maintain diplomatic relations with? Are there any countries that maintain diplomatic relations with them and have expressed a desire to maintain diplomatic relations with you? If any of these capitalist countries, which already have relations with South Korea, wished to establish diplomatic relations with the DPRK, would the DPRK government accept this?

BREAK.

Comrade CHEN MEN SU: Allow me to answer all questions now:

1. The American imperialists and the South Korean puppets seek to perpetuate the division of Korea. They aspire to have two Koreas. Why are they thinking so much about this? This is meant to perpetuate, as I said, the division into two Koreas. Thus, they want to use South Korea as a military base, which is why they are now seeking to join the United Nations separately under the protection of the US imperialists. But in fact, self-membership in the UN is not realistic. The fact is that this cannot happen. That is why they maneuver for the simultaneous membership of the two parts. As you know, South Korea already has an observer at the UN. I am telling you again, they are trying to become members independently, but it is impossible. And thus, they have come up with the idea of the two parts being members together.

2. I would like to go into more detail on this point. South Korea currently has diplomatic relations with about 80 countries (so-called diplomatic relations). These are mostly Western capitalist countries, some countries from Latin America, and some African countries. When we add them - small and large – their number is about 80. Here, however, I want to emphasize that the trend is for more countries to turn to us. In

other words, most countries seek to establish diplomatic relations with us. This is a new moment. Here are a few examples: just last year /in one year/ 13 countries that have diplomatic relations with the marionette clique wanted to establish diplomatic relations with us. We did it. And this year, in January alone, we established diplomatic relations with two countries. On January 31, we established diplomatic relations with Togo, and on February 6, with Dahomey. We already have diplomatic relations with the West African member states of the Entente - Upper Volta, Niger (French speakers). In short, last year we established diplomatic relations with 5, and this year - with 2 African countries. Nigeria and the Ivory Coast remain. There are prospects for establishing such relations with Nigeria. We believe that we will be able to establish diplomatic relations with almost all African countries this year. All this shows that the current trend is directed towards the DPRK. They establish diplomatic relations with us and, on the other hand, expel the marionette clique representatives from their country. For example: Congo, Zaire, Upper Volta – as well. The Minister of Foreign Affairs of Dahomey visited our country a few days ago. He also said that they would soon end their diplomatic relations with the puppet clique and establish relations with us. Thus, we see that most African countries are now embarking on diplomatic relationships with us, and are breaking off their relationship with the puppet clique.

In addition, I would like to emphasize something else: Last year, as I said, we established diplomatic relations with 13 countries, and at the same time, the marionette clique could not establish relations with any country. Of course, they are trying hard to establish diplomatic relations with other countries. Now those countries that established diplomatic relations with us are proud that they are making progress. Many countries in the world view the puppet clique in South Korea as "Chang Kai-shek" and as an international enemy, most are willing to end their relationship with them and come to us.

The relations with Latin America are still not so good.

In Western Europe there is still a lot of work to be done.

And now I want to address the position of our government. Our dear and beloved leader Kim Il-Sung teaches us this: we will strive to establish state relations, political, economic, and cultural with all countries, with the capitalist states who pursue the same policy towards the South and the North, based on the principles of peaceful coexistence. We are now developing good relations with some of the northern capitalist countries: for example, with Finland, Norway, Denmark, and Sweden - we have information representatives there. We are friends with you and I can honestly tell you that Denmark has recently expressed its desire to establish diplomatic relations with us. We have already exchanged foreign ministry delegations with Norway and Finland. Recently, Sweden also expressed its desire to send a delegation from the Ministry of Foreign Affairs to our country. That is why we believe that we are progressing in Northern Europe. We have reasons to say this.

France, for example, has been against us so far, and last year they abstained at the session. This is a fact that we should also look at. Italy has also gradually abandoned its previous positions on our country and is gradually moving forward in this regard.

Of course, the simultaneous establishment of diplomatic relations is possible. All this is explained by the fact that the international reputation of the DPRK is gradually increasing, and on the other hand, these countries are realizing that it is good to fight the Americans.

Using this favorable atmosphere, we are actively launching diplomatic relations with more countries. Thus, we isolated the marionette clique in the international arena, and this is of great importance for the unification of the country.

With that, I think we have answered your questions.

COMRADE LYUBEN PETROV: Completely satisfactory. Thank you.

We can proceed further.

First of all, I would like to make a brief review on what we have accomplished since your first visit to Bulgaria. Then, as now, you came with a request to assist you. We have made some efforts to provide such assistance and I would like to briefly inform you about this.

Immediately after your visit and the talks we had with Comrade Radenko Grigorov - First Deputy Minister of Foreign Affairs, we sent materials to some of our embassies to familiarize them with your position, and to task them to approach the respective Foreign Ministries in these countries to favorably consider and support your cause at the UN. By decision of the leadership of our Ministry, all delegations who visited other countries and delegations that came to our country have been informed on this. As you have noted, all the communiqués we have published on these visits highlight our common positions on the issue of Korea. We specifically informed our UN representative, Comrade Gero Grozev, about your requests and gave him guidance on how to work during the 27th session of the UN General Assembly on this issue. During the session, in his speech to the General Assembly, Comrade Petar Mladenov supported your demands to the UN. Our delegation and our representation at the United Nations have been continuously working in coordination with other fraternal socialist countries on this issue. You may be aware that our countries at the UN held two or three meetings on how to act on your proposals, how to put them on the agenda of other bodies during the session. Our representative Comrade Grozev spoke specifically about this at the UN General Assembly. At your request and on our instructions, he met and discussed this with UN Secretary-General Kurt Waldheim. He also had meetings and talks with representatives of different countries in the UN. You also know that our country joined Algeria's proposal to include a new item on the agenda. During the session, Comrade Mladenov had meetings with representatives from about 30 countries. Apart from the socialist countries with which we had already agreed, he raised this question with almost all the representatives and foreign ministers. This is our brief account of what we did after our meeting with you.

COMRADE CHEN MEN SU: Thank you very much.

COMRADE LYUBEN PETROV: It is not much, but these are the first steps that will allow us now, before the new UN session, to raise these questions again, not only to those countries we have already talked to, but also to new countries.

I do not know how you evaluate the results of the session on this issue, but our delegation, which included Comrade Konstantin Grigorov, believes that the results are positive, in the sense that delegations from many countries have exposed American imperialism and its policy in Korea. Moreover, the speeches and votes were against the presence of US troops under the UN flag in South Korea. There is also an increase in votes in favor of Korea at the UN. Indicative is the fact, and I fully agree with your assessment, that a country like France, although it did not vote for Korea, did not vote against Korea either.

What more can we do to prepare for the 28th session in fulfillment of these proposals that you are making before us. First of all, Comrade Chen, I agree with you on your assessment that the international situation is now even more favorable than last year. The Vietnam War ended with a moral, political, and military defeat of American imperialism. A European Conference on Security and Cooperation is in preparation in Europe. A number of US allies no longer support them unconditionally as before. The authority and influence of the Soviet Union and the socialist countries have grown. These along with other factors contribute to a further rapprochement in the international environment and, in this regard, have a beneficial effect on your struggle. Our delegation will inform in detail the leadership of the Ministry regarding the problems you are raising and the proposals you are making to our country. We will consider all these proposals very seriously. We will also outline specific measures of action for their implementation. I can now give positive response to some of the suggestions you have made, while other questions need careful consideration and finding the right approach to action. If you allow me, I will go to the questions you have raised.

Undoubtedly our country, our government will make every effort, will use all means available to assist in including the Korean issue on the agenda of the forthcoming UN session. Therefore, you should have no doubt. You asked us to give advice on the most appropriate way to raise the question to the UN. You emphasized that this is a complex issue, that it is not a slogan, but a flexible tactic. This issue, due to its complexity, needs serious consideration. We will discuss it with representatives of other socialist countries. In June, a meeting of the heads of the UN departments of the fraternal socialist countries will take place in our country. Comrade Grigorov will host this meeting. He is already preparing for this. Until then, we will work out our position concerning this issue and put it forward at the meeting. Later, a meeting of the deputy foreign ministers of the socialist countries will take place on our preparations for the UN, which was discussed yesterday by Foreign Minister Comrade Mladenov, where we will also raise this question. Here I want to clarify - this is nothing but finding the most appropriate form to put forward the question, and there is no doubt that we will bring it up. Of course, we will do so with your consent and approval. I would also like to state here that all our steps and the results from them will be periodically reported to you either by our Embassy in Pyongyang, or by your Embassy in Sofia. We will not do anything unless coordinated with you.

On the composition of the General Committee which is preparing the agenda for the session. We will do what we can as members of the United Nations. As soon as we know what the composition is, we will inform you, and we will have discussions with some of the member countries to include the Korean issue on the session agenda.

Regarding "the helmet". In my opinion, which is shared also by our delegation's comrades, this is also one very important issue, even more so that there are already new conditions that allow for the topic to be put before the UN in some form. Many countries are already against the participation of Americans under the UN flag in Korea. Undoubtedly, if the issue of Korea is included on the agenda, then the question on the Americans presence under the UN flag will also be debated. However, now when we are debating this issue, after consulting the comrades from our delegation, we have an idea that I would like to share with you in order to work on it afterwards, namely: if despite all the efforts, the Korean issue is not included on the agenda, could there be a suitable form to put forward the one regarding the American presence, to condemn the Americans who are there under the UN flag. For example: There is one issue that is discussed every year. This is the problem of international security. One of the items in the UN Declaration of International Security states that all foreign troops in foreign territory shall be withdrawn from there. Because South Korea is the only country in which Americans are hiding under the UN flag, here they can be condemned by many countries. Or, as the Head of our Fifth Department, Comrade Nikolov, tells me, when the question about the UN's role in securing peace in the world is raised, perhaps this is also an appropriate form of attack /i.e. when the foreign ministers speak/ against the Americans that they should not desecrate the UN flag with their presence in Korea. Of course, if possible, I would like to hear Comrade Chen's opinion on this point to find out if it is necessary to look for opportunities in this direction.

As for the other issue - the international isolation of the marionette clique in South Korea, our country will continue to maintain a firm position on this issue, and I believe that you are convinced in this.

We will ask those countries we have good relations with to end their economical, cultural, etc. cooperation with South Korea.

Concerning the admission of two Koreas to the UN. You know that we assume the existence of one Korea, one people, one nation. As far as we understand that the South Korean clique's maneuvers are focused on its independent entering the UN, or the two Koreas joining the UN, we will oppose as much as we can.

On the question if we, as a country, can influence the change in the position of some countries in your favor. Of the countries you cited, for example, Cyprus, Turkey, the Netherlands, and Italy it is not difficult for us to talk to each of them. However, to be honest, we do not expect much from our talks with the Netherlands. As you know, they are some of NATO's most active members. NATO Secretary General is a Dutchman - a former foreign minister. At their last session, their UN delegation expressed the most reactionary positions on a number of issues, including the Korean. But, notwithstanding all these difficulties, we will expose our and your /common/ position to their ministry, and will ask them, so to speak, to state their views. However, there are some other countries that you have not mentioned but that we can take some action on. For example, now I could point out some of them. We will think very well country by country - where we can ask this question and how, according to the position of each one in the UN.

France, for example. We can talk frankly with them. We have such opportunities. For example, on the withdrawal of US troops who hid under the UN flag - we can speak frankly with them. On other issues as well.

We can talk with Cyprus, with Turkey, with Greece, which we also have good relations with. With Indonesia too. We have good relations with the government in Nigeria. The President General Gowon promised to come to our country.

We believe that we are stronger in the Third World countries, in developing countries, not only in Africa, but in the Middle East. I see that you are making every effort to clarify your position and make friends in Africa, in general in those countries that are now the majority in the UN and these 30 countries /which both we and you would like to attract/ will come easier from the Third World than from NATO. We will have to think specifically here.

If you feel so, we can help in some countries where you are not able to go and have talks now. You could tell us and we could talk as long as we had a good relationship with them. For example, with Ivory Coast you have some difficulties. We also have difficulties. We established diplomatic relations with them 2-3 years ago, but they do not want our ambassador, neither do they want us to accredit our ambassador from any other neighboring country /say Mali or any other country/. In fact, we have only formal diplomatic relations with them. They are unwilling to have a trade representative either. Thus, we cannot help with such a country.

However, I will make a suggestion to our leadership in connection with your visit now: let us distribute your position on Korea among all our diplomatic missions; where possible our ambassadors will establish contacts not only with the representatives of this country, but also with other diplomatic representatives accredited there; our diplomatic staff here in the Ministry will speak with ambassadors, advisers, etc. of the diplomatic missions in our country. As Comrade Nikolov says, before each session, considering the agenda is a good occasion to speak with diplomatic representatives. This means that at the preliminary stage, when the draft agenda is being considered, we are able and will talk to suggest that this issue should be on the agenda. These are briefly my ideas and suggestions regarding your request to assist in including the Korean issue on the agenda of the upcoming 28th session.

32. CSA of RB, F. 1B, In. 81, a.u. 37.

INFORMATION

on the visit of the governmental delegation of the Democratic People's Republic of Korea to the People's Republic of Bulgaria from 6 to 10 March 1972

In February and March this year Korea undertook a broad international campaign aimed at promoting the course of the Korean Labor Party for peaceful unification of the country and providing greater support to this policy. To fulfill this goal, DPRK delegations at different levels visited a number of countries in Europe, Asia and Africa /Chile, Peru, Cuba, Mauritania, Poland, Sudan, Syria, Iraq, Egypt, Bulgaria, Hungary, Czechoslovakia, GDR, USSR, Algeria, Mongolia, Burma, Indonesia, Singapore, Yemen, Kuwait, etc./.

From 6 to 10 March this year, a governmental delegation of the Democratic People's Republic of Korea, headed by the candidate member of the Political Committee of the Korean Labor Party and Deputy Prime Minister of the DPRK Cabinet, Comrade Ten Dune Thek, visited our country.

The purpose of this visit of the Korean delegation was to convey a message from Kim Il Sung to Comrade Todor Zhivkov and to inform our government and party about the domestic and international situation in the DPRK.

In addition to Sofia, the delegation visited Rousse, Veliko Turnovo, some factories, an agro-industrial complex, and several cultural institutes.

During the meeting with Comrade Pencho Kubadinski, the head of the delegation, Ten Dune Thek, said that the Korean people would never forget the material and moral assistance and support that the fraternal Bulgarian people provided during the liberation war against the United States, as well as the assistance to reconstruct destroyed Korea. He also expressed his gratitude for the active support of the People's Republic of

Bulgaria to the struggle of the Korean people for the peaceful unification of the country and during the discussions on the Korean issue at the UN.

In this regard, Ten Dune Thek suggested that our diplomatic missions assist the countries in which they are accredited to establish diplomatic and interstate relations with the Democratic People's Republic of Korea (especially those in Cyprus, Libya, Upper Volta, Afghanistan, Iran and Turkey).

It was emphasized that the Korean side appreciated the relations of brotherly friendship and cooperation with the Bulgarian people and that it would make efforts for their expansion and development.

Speaking about the situation in the DPRK, Ten Dune Thek noted that the current international situation was favorable for the Korean people's struggle for independent peaceful unification of the country, a decisive factor for which were the successes in the construction of socialism.

Concerning the situation in South Korea, he said that it was now in a severe political and economic crisis, which was the reason for declaring a "state of emergency". This step aimed to suppress anti-government unrest and the South Korean people's quest for peaceful unification, the failed contacts between the South and the North, and making South Korea not only a military base for American imperialism, but also a base for Japanese militarism. It was pointed out that the South Korean economy had become a dependent economy and South Korea owed over $ 5 billion to other countries. Ten Dune Thek said that this situation created favorable conditions for solving the Korean problem and for the peaceful unification of the country.

On the issue of peaceful unification, the delegation outlined the DPRK's position, which reads as follows:

- The DPRK will take initiatives and propose to South Korea to conclude an agreement on non-use of armed forces in the country's unification.
- The DPRK will seek unilateral and multilateral negotiations between representatives of North and South Korea.

- The DPRK government will continue its initiative to launch an international campaign to withdraw US occupation forces from South Korea and repeal all illegal resolutions on the Korean issue adopted at the UN.

The Korean leaders would in no way allow UN membership of the two Koreas, which would legitimize the division of the country. They were convinced that there were some changes in the international environment that favored raising the Korean issue at the upcoming 27th UN session.

In a very brief and general way, Ten Dune Thek addressed the international situation, stressing that it had developed in favor of the peoples' struggle for peace, democracy, national independence and socialism.

He expressed the solidarity of the Korean side with the positions and assistance that the socialist countries give to Vietnam, Laos, Cambodia, but did not agree that solidarity with the Arab people's struggle against Israel's aggression be included in the joint communique, as some countries would be offended.

Support was expressed for the efforts of European socialist countries, led by the Soviet Union, on initiatives they were taking to strengthen peace and security in Europe.

Regarding the position of the Korean Labor Party on some disagreements between the Soviet Union and China, he emphasized that the DPRK was an ally with both the USSR, the PRC and all fraternal countries, that it opposed deepening disagreements, insisted on unity and cohesion with all fraternal parties, and also that the Korean side continue to strive for the development of friendship and cooperation with both the Soviet Union and China, and the other socialist countries.

The desire of DPRK leaders to make friends in different countries and to receive official public support for their positions and policies can be explained with the DPRK's geopolitical position, the Chinese aspirations, and the fear of Japanese militarism.

During the talks, nothing was mentioned about Nixon's visit to China.

Given the domestic and international situation in the DPRK, it is necessary to continue the current course of action of our party and government to expand bilateral relations in all areas. We need to continue our efforts to seek contacts and provide more specific assistance to the Korean leadership to take correct stance on international issues.

It is necessary to continue the line of active support for the DPRK's positions and initiatives on issues related to the peaceful unification of the country, the UN, etc.

Efforts to further expand economic, scientific, technical and cultural cooperation with the DPRK must continue.

It would be reasonable to carry out the following activities in the near future:

1. To consider the exchange of top-level party-government delegations.
2. To assist the visit of the DPRK Foreign Minister to our country.
3. To resend the invitation to Pak Sen Cher, DPRK Second Deputy Prime Minister, and Pak Sek Kyun, Head of Department at the DPRK Ministry of Foreign Affairs, to visit our country.
4. To implement the proposal of the Intergovernmental Advisory Committee on Economic and Scientific and Technical Issues to expand commodity exchange, which would exceed 100 thousand rubles for the period 1971-1975.
5. To consider whether it would be reasonable to accept the Korean additional proposal for cultural exchange for 1972.
6. Our country shall continue to actively support the Korean people's struggle for withdrawal of American troops from South Korea and for the peaceful unification of the country.

Sofia, 15 March 1972

33. CSA of RB, F. 1B, In. 81, a.u. 37.

TO

POLITBURO OF THE CC OF BCP

REPORT

on the visit of a DPRK government delegation in the People's Republic of Bulgaria

Comrades,

From 16 to 20 February this year, a government delegation from DPRK, led by Deputy Foreign Minister Chen Mung Su, visited our country.

The Head of Delegation was received by the First Secretary of the Central Committee of the Bulgarian Communist Party and Chairman of the State Council of the People's Republic of Bulgaria, Comrade Todor Zhivkov, to whom he conveyed a message from Kim Il Sung requesting that we further support the successful DPRK course of action for peaceful unification of the country. In addition, he had discussions with me and with Deputy Foreign Minister Lyuben Petrov.

During all the meetings, lunches and dinners given in honor of the Korean delegation, the course of the Korean Labor Party and the DPRK Government for peaceful and independent reunification of Korea was essentially discussed. In this context, we were expected to discuss any specific assistance we could provide to strengthen the DPRK's position in the international arena.

Bilateral relations were touched upon by Chen Meng Su, who highlighted their successful development and expressed confidence that the forthcoming visit of our party-government delegation, led by Comrade Todor Zhivkov, will give impetus for their further expansion and deepening. At the same time, he expressed his gratitude for our support for the DPRK positions and best wishes for the visit of the Permanent Representative of the People's Republic of Bulgaria to the UN, Gero Grozev, to the DPRK.

In his statement, the Deputy Foreign Minister of the DPRK did not touch on his country's relations with the socialist and other countries, neither did he comment on major international issues. He left the impression that he considered the unity of the socialist countries only in terms of uniting everyone's efforts in support of the Korean Labor Party's position on the Korean issue, emphasizing that the DPRK upholds the socialist positions on the eastern front in the fight against American imperialism.

In informal talks, Chen Meng Su said that the DPRK has no position on the issue of the European Security and Cooperation Summit, that it is reluctant to be involved "in the dispute between the USSR and the PRC". In private conversations, he repeatedly explained the correctness of their "self-reliance" course.

On the central issue - the unification of Korea - the head of the DPRK government delegation once again clarified the essence of the three basic principles of the "Joint statement of the North and the South", signed in July 1972. It stipulated that unification shall be self-contained and peaceful, regardless of differences in ideology, ideals and systems. He referred to the ambiguous policy of the South Korean regime: South Koreans did not carry out any practical activity in the spirit of the statement, on the contrary – they continued military training, modernized their army with American weapons, strengthened the fascist regime, while claiming that US troops in South Korea residing under UN flag were not foreign forces. This created a difficult situation that threatened peace in this region of the world, as well as the North-South dialogue itself.

The DPRK would like that the socialist countries expose these actions to South Korean puppets.

At the discretion of the DPRK Government, the United States sought to perpetuate the schism of Korea, wishing to keep its troops in South Korea under the UN flag and intending to act for the simultaneous admission of South Korea and the DPRK as UN members. Chen Meng Su asked for our assistance in exposing these US maneuvers and removing the "UN helmet" from their troops.

The DPRK opposed the membership of the two Korean states in the UN. A confederation should be established and then the question of its membership in that organization should be raised. In this context, the Head of Delegation spoke about the difference between the situation in Korea and Germany, which also led to the need for a different approach to address the two problems.

However, according to our Korean comrades, the struggle for Korea's reunification was developing in favor of the DPRK. The ongoing dialogue and exchange of people had a major revolutionary impact on the South Korean population.

The Korean-led course of peaceful self-unification was seen as a form of class struggle against the ruling clique in South Korea.

The peaceful offensive against the South would continue. The DPRK would continue to strengthen its own revolutionary forces and its solidarity with the international revolutionary forces.

In his remarks, the head of the government delegation repeatedly emphasized that the DPRK was fulfilling its class duty to the international revolutionary movement by seeking to unite the country under the banner of socialism. Otherwise, South Korea would become an active player against the socialist countries.

On behalf of the DPRK Government, he requested our assistance in the following areas:

1. To ensure the consideration of the Korean issue at the 28th session of the UN General Assembly and to invite a DPRK representative to participate in it.
2. To take off the "UN helmet" from US troops stationed in South Korea under the flag of that organization.
3. To disband the "UN Commission on Reunification and Reconstruction of Korea".
4. To further isolate the South Korean regime in the international arena and to demand the implementation of the signed North-South Joint Statement.

5. The Bulgarian press, radio and television shall clarify the DPRK's course of action for a peaceful and independent unification and expose the duplicity of the South Korean regime.

The Korean side also requested our help in developing a more flexible tactic and plan to achieve the above goals, expressing its willingness to give up some "slogans".

The Deputy Minister suggested that our country influence some countries such as Australia, the Netherlands and Turkey to leave the Commission on Reunification and Reconstruction of Korea - the way Chile and Pakistan have already done. At the same time, we shall try to win the governments of Cyprus and Italy and some other countries for the DPRK cause.

The first secretary of the Central Committee of the Bulgarian Communist Party and Chairman of the State Council, Comrade Todor Zhivkov, expressed his content with the successful relations of friendship and cooperation between our two countries and expressed confidence that in the future they would be further expanded and strengthened in the interests of both peoples and the cause of socialism. He stressed that our country will support the constructive policy of the DPRK for peaceful unification of the country in the future.

During the talks at the Ministry of Foreign Affairs, our side also expressed support for the DPRK's unification initiatives. We informed the Korean government delegation about the relations between the People's Republic of Bulgaria and the USSR, other socialist countries and the neighboring Balkan countries. We also briefed them on the work we have done to support the DPRK's position on the reunification of Korea, and outlined some considerations for future work in the light of the wishes of the Korean delegation. In addition, we raised the issue of holding regular consultations and exchanging information between the foreign ministries of the People's Republic of Bulgaria and the DPRK. The proposal was welcomed by the DPRK Foreign Minister, who said he would report it to his government.

With regard to the DPRK Government request to our country to actively assist in the fight for the peaceful unification of Korea, I propose that the Politburo of the CC of the BCP accept the following

RESOLUTION:

1. The Ministry of Foreign Affairs, in coordination with the fraternal socialist countries, shall ensure that the Korean issue is addressed at the forthcoming 28th session of the United Nations and shall identify tactical moves and initiatives in order to facilitate the disbanding of the UN Commission on Reunification and Reconstruction of Korea, and deprive US troops of the privilege to reside in South Korea under the UN flag.
2. The Ministry of Foreign Affairs shall actively work to win for the DPRK cause those countries over which the People's Republic of Bulgaria has some influence.
3. The media shall periodically broadcast information on the course of action of the Korean Labor Party and the DPRK government regarding the peaceful reunification of the country, and shall disclose the reactionary policies of the South Korean regime.
4. The Permanent Chairman of PR Bulgaria at the UN, Gero Grozev, shall visit the DPRK in response to the invitation received.

Minister

21 March 1973

34. CSA of RB, F. 1B, In. 35, a.u. 4459.

PROTOCOL "A" № 657
FROM THE MEETING OF POLITBURO OF CC OF BCP
ON 9 NOVEMBER 1973

I. In attendance: Todor Zhivkov, Zhivko Zhivkov, Ivan Mihaylov, Ivan Popov, Pencho Kubadinski, Stanko Todorov, Tano Tsolov, Todor Pavlov, Tsola Dragoicheva, Benelin Kotsev, Ivan Abadzhiev, Kostadin Gyaurov, Petko Takov, Ivan Pramov, Penyu Kiratsov, Grisha Filipov, Alexander Lilov, Sava Dalbokov and Ivan Iliev.
Also present are the heads of departments of the Central Committee of the Bulgarian Communist Party and ministers.

II. About the visit of our party-government delegation to the DPRK, the Mongolian People's Republic and the Soviet Union

After hearing the information about the visit of the Bulgarian party-government delegation headed by Comrade Todor Zhivkov in the Democratic People's Republic of Korea, the Mongolian People's Republic and the Soviet Union, the Politbureau of the Central Committee of the Bulgarian Communist Party

DECIDED:

1. Highly appreciates the talks held in Moscow between the First Secretary of the CC of BCP and Chairman of the State Council of the People's Republic of Bulgaria Comrade Todor Zhivkov and the Secretary General of the CC of CPSU Comrade Leonid Ilyich

Brezhnev and other Soviet party and state leaders.

2. Highly appreciates the activities of the Bulgarian party-government delegation led by the First Secretary of the CC of BCP and Chairman of the State Council of the People's Republic of Bulgaria Todor Zhivkov, and the results achieved in the discussions with the DPRK party-government delegation led by the Secretary-General of the Korean Labor Party and DPRK President, Comrade Kim Il Sung, and with the party-government delegation of the MPR, led by the First Secretary of the Central Committee of the Mongolian People's Revolutionary Party and Chairman of the Council of Ministers of the MPR, Comrade Yumjaagiin Tsedenbal.

Information materials for the members and candidate members of the CC of BCP

1. On some aspects in the conversations with Comrade Kim Il Sung - a note from Comrade Todor Zhivkov to Comrade L.I. Brezhnev.
2. Information from Comrade Petar Mladenov on the visit of the Bulgarian party-government delegation to the Korean People's Democratic Republic, Mongolian People's Republic and the Soviet Union, delivered at the meeting of Politburo of CC of BCP on 9 November 1973.
3. Information from Comrade Petar Mladenov on the visit of the Vice-Chairman of the Federal Executive Board and Federal Secretary of Foreign Affairs of the SFRY Milos Minic to Bulgaria, delivered at the meeting of Politburo of CC of BCP on 9 November 1973.

35. CSA of RB, F. 1B, In. 35, a.u. 4459.

About some aspects in the conversations with Comrade Kim Il Sung

First of all, I would like to point out that during the visit to the Democratic People's Republic of Korea, our delegation enjoyed special attention and hospitality. As our Korean comrades emphasized (and our comrades from the Pyongyang embassy confirmed), they have not arranged such a welcome to a delegation in recent years. From our further exposition, it will be clear that the great hospitality and attention we received was largely addressed to the Soviet Union.

I will outline some aspects from the discussions with Comrade Kim Il Sung at the formal meeting of the two delegations and, above all, the conversations between the two of us on the train as we traveled from Pyongyang to the city of Hamhan and back.

I will summarize the conversations in brief. The conversations between the two of us were long: the first conversation on the train lasted 3 hours, and the second - about 2 and a half hours.

I will present the issues we discussed with Comrade Kim Il Sung:

1. On the issue of easing of the international situation, the transition from the Cold War phase to peaceful coexistence of countries with different social order.

I brought up this issue during the formal discussions between the two delegations, and then in private conversations with Comrade Kim Il Sung. My ambition was to make it clear that the policy of peaceful coexistence that we, the fraternal socialist countries, are now conducting, is a class, internationalist policy that is in line with the fundamental interests and struggle for the international communist and labor movement: that the process of lightening creates favorable conditions for the unfolding of the world revolutionary process, gives and will increasingly produce positive results in all the continents of our planet. I emphasized that under these circumstances it was possible to end the war in Vietnam, the Arab East, etc. I pointed out that the consolidation of this war and its practical results were a great victory for our socialist countries, for the progressive humanity, which had been conquered for decades. I emphasized the role of the Soviet Union, endorsed by the XXIV Congress of the CPSU, as well as the personal merits of Comrade Leonid Ilyich Brezhnev.

Apparently my presentation on this issue impressed Comrade Kim Il Sung as well. At the end of the official talks, he stated that they approved of this line and that after this conversation some things became known and clear to him.

2. On the attitude towards China and the Chinese leadership.

The second question we discussed with Comrade Kim Il Sung was about relations with the People's Republic of China and the Chinese leadership.

At the formal meeting of the two delegations, I briefly addressed our relations with the Chinese. I focused only on the activity of their embassy in Sofia, emphasizing that they tried to set up pro-Chinese groups in Bulgaria. We provided them with a State Security contingent for such groups and they were created. But after a while, we told the Chinese that we should no longer play hide and seek, that these were not any pro-Chinese groups, but employees of our State Security, and that this game should be stopped. Now the Chinese embassy in Sofia collects spyware and data, exchanges it with the US and other diplomatic missions in Sofia and conducts a policy of discrediting Bulgaria at the diplomatic missions.

In a personal conversation with Comrade Kim Il Sung, however, I elaborated on the Chinese question, pointing out:

- on the neutrality of our Korean comrades regarding the disagreements with the Chinese Communist Party and the People's Republic of China: I stated that sticking to neutral positions in the disagreements of the Chinese with the Communist movement essentially means supporting the policy and divisive activities of the Chinese, effectively endorsing the anti-Soviet course of the Chinese leadership. This could push the Chinese into the most dangerous steps with unpredictable consequences for small Asian countries. Such a position means abandoning the politics of Marxism-Leninism and proletarian internationalism;

- on the Chinese theory of the so-called "superpowers", the division of the world not into socialist and capitalist states, but into large and small states, white and colored. I pointed out that this theory was anti-Marxist and was taken from the ideological arsenal of imperialism, that the Chinese are using it as a means to fight the Soviet Union. The Soviet Union and the United States cannot be placed side by side;
- on the Chinese thesis about Soviet Union social-imperialism, the "threat from the North", the Chinese provocations along the Soviet-Chinese border: it is not "imperialism" that China denounces as enemy No. 1, but it is Lenin's country, the first socialist country in the world.

  This was explicitly expressed at the X Congress of the Chinese Communist Party. No "threat from the North" exists. It is a fact that China has used weapons against the Soviet Union and constantly provokes the Soviet Union. Tales of the "threat from the North" are demagogy.

  They are needed by the Chinese for internal use and to play with the imperialists. It is difficult to understand why China did not accept any of the many specific proposals of the Soviet Union to regulate and normalize Soviet-Chinese relations.
- on the factual alliance of the Chinese with the most reactionary forces in the international arena: in support of this I have indicated a number of facts - the appeal made by Zhou En-lai to the Americans not to withdraw their troops from the Far East; Beijing's established diplomatic relations with Franco; the expulsion of Aliende's Ambassador from Beijing and the actual support of the military junta in Chile; the support that the Chinese provide to reactionary circles in many countries

when dealing with communists, etc.

In conclusion, I summarized that this was not a matter of some Sino-Soviet dispute, but of fundamental ideological and political differences between the leadership of China, on the one hand, and the socialist community and the international communist movement as a whole, on the other: that the politics of the Chinese leadership opposes the collective line of brotherly parties to unite anti-imperialist forces.

What did Comrade Kim Il Sung reply on the relations with China?

We, he said, do not agree with Chinese politics. It is not clear to us. It is unclear to us why they are talking about Soviet imperialism, that there is socialist imperialism in the Soviet Union. There is no socialist imperialism in the Soviet Union, and no socialist imperialism in general. We do not share the Chinese view of the two superpowers. We do not agree with their theories that were spread in the past, about blossoming of all flowers, about the contradictions in socialist society, about the rural communes, about the Cultural Revolution, etc.

During the Cultural Revolution, the Chinese mounted loudspeakers along our border, which is 1,300 km long, and broadcast propaganda against our country day and night. The population at the border could not sleep. My son was in a border village at the time. When he came back, he said, "Dad, I couldn't sleep one night."

When the Chinese performed a military provocation on the Soviet border - at Amur and Ussuri, at the same time they made a military provocation and in our country (he named the river and the village I could not remember). But the story that Comrade Kim Il Sung told was this: There were soldiers in our village, and armed peasants / along the border our people were armed / about 50 people; and the Chinese invaded our country with 100 armed men - soldiers and officers. Then I was in the countryside (usually on Saturdays and Sundays I go to the countryside and read) and was informed of this invasion of Chinese soldiers. I instructed our people to let them in and not to shoot immediately. But if they tried to advance in our territory and take action – our people had to block their way and capture at least 5 people alive. However, Chinese troops entered our territory and then withdrew without doing anything. There were similar incidents elsewhere on the border.

I was in China last year. The reason for my visit was my meeting with Sihanouk. But the invitation came also from the Chinese. They brainwashed me for a long time against the Soviet Union. Finally, I told them that for us the Soviet Union, the Soviet people are our brothers in arms, as well as you, the Chinese, are our comrades. China is a big country and they believe they can exist and fight on their own. They do not recognize the international communist movement. We have a saying: "Mountains have low and high peaks and the people are the same" (I don't know if the interpreter accurately conveyed the proverb - he was Korean).

We do not understand the attitude of the Chinese to the event in Chile. Now, after the coup of the military junta, three embassies of socialist countries have remained in Chile: the Chinese, Romanian and Albanian. I do not know anything about the Embassy of Vietnam. Following the Cuban Embassy, our embassy in Chile was the second one to become the subject of provocations from the military junta which made it impossible to continue work there. We do not understand the establishment of diplomatic relations between China and Francoist Spain either.

We do not have a neutral policy towards China, but because of our particular situation, we have just shut our mouths. We are opposed from the south. To open our mouths means to create a second front. China has embraced our country with its territories. We have a small border with the Soviet Union. Within our country - in the party and among the people - we do not spread their theories and views. We print some of their speeches, they print ours. But we do not publish in the press what contradicts our policy, we abridge it.

Several times during our personal conversation, Comrade Kim Il Sung stressed: we do not have neutral position on China. We do not expect to hold such a position in the future. We do not disseminate their concepts within our country. We believe that you are also fighting the Chinese openly in the right way. But you need to understand us and our situation here in this region of the world.

I asked the question: Comrade Kim Il Sung, how do you see the future? Is there no risk that the nationalist, chauvinistic, grand-power and adventurous course of the Chinese leadership will lead to the most unintended consequences – to strike small Asian countries and peoples; to sacrifice their interests in the name of Beijing's great power ambitions? Is there no danger that everything that is most sacred to you and your people will be liquidated and abused tomorrow?

Comrade Kim Il Sung's reply was: No one knows what tomorrow will be like. This is possible and we take it into account. That is why we educate our people against worshipping other countries. And this is not against the Soviet Union, but against China. China has influence in our country. There are many Chinese words in our language.

When we were talking about the Chinese issue, Comrade Kim Il Sung stressed: Here is my understanding on this. This is our course of action. And this is not only my understanding. You, Comrade Zhivkov, see the composition of our delegation - these are young people. They all think in the same way and are guided by this in their activities.

3. On collective security in Asia.

I took the initiative on this issue and deliberately spoke first, bearing in mind that Comrade Kim Il Sung may get carried away and argue. The main point I made was the following:

- What does it mean to raise the issue of collective security in Asia at this stage? So far this is just one idea raised by the Soviet Union. By no means will this idea come true tomorrow. It is a task of the future. In order to materialize, the idea of Asian collective security shall become collective work of the Asian countries and a program should be specified.
- Our Soviet comrades and Comrade Brezhnev, as well as you understand that the

situation in Asia is very complicated - it is more complicated than in Europe, that the idea of collective security in Asia will not be realized so quickly.

- But we, as Marxist-Leninists, are interested in developing this process in order to eliminate the possibility of military conflicts occurring on the largest continent on earth. Moreover, since World War II, Asia has had the most armed conflicts and there is a danger that this continent will become an area of acute and constant tension, of serious conflicts and military clashes.
- Without such a process of building Asian collective security, I do not see how the unification of North and South Korea will take place.
- This development will change the balance of power in favor of democratic forces, of socialism, will enable the Asian peoples to fight on more favorable terms.

On the topic of Asian collective security, Comrade Kim Il Sung said they had neither spoken in favor of the idea nor opposed it. We have not published anything in the press. First of all, we want to clarify what the Soviet comrades in particular have in mind and what they have to offer in connection with this idea raised by Comrade Brezhnev. A few years ago, during the celebrations on the occasion of the 25th anniversary of the Democratic People's Republic of Korea, I had talks with Comrade Polyanski and Comrade Novikov. But they only spoke in general, nothing in particular. Therefore, we want to clarify the issues better before we take a position. Let the Soviet comrades send us a letter explaining the essence of the idea - either through party or government channels, or any other materials.

In this regard, I told him that, since we are in the Balkans, we are more concerned with the Balkan and European problems, but obviously this is the case: The implementation of this idea, the development of a program for its implementation, will be focused on several main aspects:

First, it will guarantee the independence and sovereignty of all - large and small - countries on the Asian continent, their self-development, without outside intervention;

Secondly, it will lead to the further strengthening and development of progressive and democratic regimes in most Asian countries;

Third, it will lead to the liquidation of foreign, imperialist military bases and the withdrawal of foreign troops on this continent; and foreign bases and troops are known to be American bases and troops;

Fourth, in the future there will be greater opportunities to accelerate the revolutionary process on this continent in all Asian imperialist countries;

Fifth, favorable conditions for the unification of North and South Korea will be created, as I have already emphasized. We should not be under the illusion that Korea's reunification will happen without speeding up the Asian security process.

I noted that the Chinese were against this idea because, in their view, it was directed against them and aimed to surround them. However, this is not true because China, as one of the largest countries in Asia, must participate in the collective security system.

Finally, Comrade Kim Il Sung said that, as Comrade Zhivkov had already pointed out, this was a difficult question and he agreed with the statement that it needed to mature.

4. On the coordination of our actions in the international arena.

During our talks with Comrade Kim Il Sung, we spent a great deal of time discussing the coordination of our actions in the international arena and in the economic cooperation. The main point I made was:

- Korea should not be isolated from us, from the socialist countries, from the Soviet Union; we need to ensure coordinated coherent united actions in the international arena on fundamental issues;
- Not only is bilateral cooperation between the countries sufficient. It is important, but it cannot provide us with the coordination of our actions and initiatives in the international arena. I pointed out that I understand the situation in Korea. Nevertheless, you should find some ways and forms of such coordination. I emphasized that coordination is also necessary for them. I emphasized that coordination with the Soviet Union and the CPSU, especially between him and Comrade Brezhnev is also

necessary. In this regard, the permanent personal relations and consultations between Comrade Brezhnev and Kim Il Sung would play a great role in favor of socialism, in favor of our common cause, and especially of Korea. In this context, I went into more detail and talked to him extensively about Comrade L.I. Brezhnev as a communist, as a leader, as a comrade.

Kim Il Sung did not generally object to what I said. However, his explanations, which he then gave, show some nuances.

What did he essentially say about that? For example, he said the following: Comrade Brezhnev and I were supposed to meet last year, but since he was very busy, this meeting did not take place. This year I had to go to Moscow to meet with Comrade Brezhnev. But because of meetings with representatives of the South and the fact that the Politburo forbade me to travel by plane / the reason for this decision of the Politburo of the Korean Labor Party was a plane crash - as far as I remember Il-18 - in which all passengers died, among which some prominent Korean artists /, I did not meet with Comrade Brezhnev. Comrade Kim Il Sung threw the idea of possibly meeting with Comrade Brezhnev somewhere mid-way between Pyongyang and Moscow.

Further on, Kim Il Sung explained that he shared what I said. But under their conditions, they had to take into account many factors. We must also demonstrate independence from the point of view of the South. Otherwise, we will give arguments to the South Koreans to attack us, to make speculations about our country.

Twice in the conversations, Kim Il Sung made the following statement to me: Please tell Comrade Brezhnev, I'm not a revisionist; that I did not break away from the Soviet Union; that I will never become an opportunist and a traitor. From the age of 16 – for over 45 years - I have been in the revolutionary movement, and I have about 5 years more to work. In those 5 years, I will not compromise myself; I will not compromise my revolutionary activity. For a long time He was telling me about his revolutionary work and life and that he had been confronted many times with death. The Soviet

Union has helped us, and is helping us now. I will not become an opportunist, anti-Soviet and traitor.

When we left Pyongyang, on the way from the residence to the airport, he asked me twice to convey his personal greetings to Comrade Brezhnev and to tell him on his behalf that he does not support the Chinese, that he is with the Soviet Union and that he will remain loyal to the Soviet Union.

5. On the Council for mutual economic assistance and economic cooperation with the Democratic People's Republic of Korea.

After touring the country and visiting some factories and sites, I highlighted the great success that North Korea has achieved. Once again, I became convinced of the great progress that the Korean comrades had made, in the hard work of the Korean people. I emphasized that we - the Soviet Union and other socialist countries - have a great respect for Korea, that Korea is a fraternal socialist country for us.

I pointed out that we in Bulgaria also have successes in the development of the economy. But given the time we live in, the powerful unfolding of the scientific and technological revolution, the fact is that under these conditions our socialist countries, especially small countries such as the Democratic People's Republic of Korea and Bulgaria, cannot develop all sectors of the economy. This cannot be allowed even in the Soviet Union. In these circumstances, we must move decisively towards economic integration and the introduction of modern technologies in production. Each of our countries should specialize in those sectors where the most favorable natural and labor resources are available. I gave him an example with Bulgaria, as well as with Cuba, where with our help, with the help of the member countries of the COMECON, powerful metallurgy for the production of nickel, which Cuba is rich in, will be built.

Such economic integration with our countries, and especially with the Soviet Union, would allow Korea to develop its productive forces and, in the future, to be the first or second / after Japan / in developing its economy and first in improving the standard of living in Asia. I emphasized they have a lot of natural resources - ores of ferrous and non-ferrous metals: stone and others; the waters that wash the shores of your peninsula, etc. Economic integration would provide the most favorable opportunities in addition to shipbuilding to develop some other branches of mechanical engineering. This would be of great economic importance to Korea's future.

In this connection, Kim Il Sung said he understood the matter. He spoke in detail and on several occasions he mentioned what they had built with the help of the Soviet Union and some other socialist countries. He said that they did not want to get involved with Japan, which was constantly making them suggestions for exploiting Korean natural resources.

However, he did not give a firm reply to my suggestion that the Democratic People's Republic of Korea be more involved in COMECON. He stressed that they had an observer in COMECON, and addressed a member of their delegation - Politburo candidate and Vice-President of the Council of Ministers, Tsoi Che Wu, that they should discuss further steps for joint action with COMECON. He told me they were considering it.

In this connection, he emphasized that economic integration, specialization between the socialist countries, enables the DPRK to carry out specialization and cooperation with our socialist countries on a bilateral basis.

When I spoke on these issues, I took the opportunity to inform Kim Il Sung about the main directions of deepening socialist economic integration and improving the work of COMECON in the light of our last meeting in Crimea.

6. On Korea unification and the confederation between North and South Korea.

When Comrade Kim Il Sung elaborated on the Unification of Korea, and I asked him if he could clarify in particular: What would a confederation be if it came to fruition in the near future? Why is the Democratic People's Republic of Korea a socialist country and South Korea, despite having no major monopoly entities, is a capitalist country. Obviously the prototype of the future united Korea will not be South Korea but the

Democratic People's Republic of Korea. What will the confederation look like between a capitalist state and a socialist state?

In this regard, Kim Il Sung said: The question is whether the two systems - socialism and capitalism - can exist in one country. There is a contradiction here - on the one hand is socialism, on the other - capitalism. The question is - what must we do to prevent South Korea from becoming a colony of Japan and a permanent base of American imperialism. The goal is to get South Korea out of this danger.

- Our first task is to get South Korea out of the hands of Japan and to liquidate US military bases along the path of the Confederation.
- We cannot agree to abandon socialism. Along with raising the issue of creating a confederation, we are deliberately changing the name of our constitution. We made it socialist in order to consolidate the conquests of socialism in our country.
- The Confederation we are pushing for is the preservation of the two forms - their autonomy in domestic politics and joint activity in foreign policy.

  Here is an example: the name and activity of the Democratic People's Republic of Korea as a socialist country will be maintained, the name of the South Korean country as the Republic of Korea will be preserved too, and a joint body will be established over the two governments, acting on behalf of the Confederation only in the sphere of foreign policy. However, this does not affect domestic policy - in this respect, both parties will act independently. I believe that this alone is the right approach.
- If they listen to us and a confederation is created, South Korea will be finished. South Korea will have to reduce the army, we will also downsize it. But this will lead to the elimination of the reactionary regime in South Korea, as without an army the people themselves will rise. So in reality, South Koreans do not accept our proposals at all.
- The goals of this slogan can be achieved because the South Korean patriots, the democratic forces there, the people who want unification, will understand that the

traitors are the governing South Korean leadership and the patriots are the communists of North Korea.

- I think we will not be deceived, we will not lose. Our people from cooperative farms will not allow landlords to return to power. Many peasants from South Korea, seeing how our cooperative farmers live, will want to set up cooperative farms there as well.

The political goals we pursue with the idea of the Confederacy are: to prevent Japanese imperialism in South Korea; the elimination of US military bases in South Korea; and strengthening our influence among the people of South Korea. Of course, if we are weak, raising such a slogan would be a danger to us. In reality, however, the implementation of this political slogan is difficult because the American enemies are not foolish; the Japanese are not stupid either.

Our idea and political struggle aim to prove to the population of South Korea who is a traitor and who is a patriot.

If a more democratic government is established in South Korea, then we will not raise the slogan for this confederation. We will start a revolution.

7. On the struggle against the faction group in the Korean Labor Party.

One of the issues that Kim Il Sung touched not unintentionally concerns - as he put it - the fight against the faction group in their party. He meant the post-Patriotic War of the Korean people.

He explained this factional activity to some of the party's leadership by saying that they had split on the issue: how to use the assistance of the socialist countries and, in particular, the Soviet Union, totaling more than 500 million rubles today - whether to import consumer goods for the starving Korean people then, or for the creation of production facilities. The factionists supported the idea that consumer goods should be imported, while Kim Il Sung and the others insisted that production facilities for industrial enterprises be built. He spoke in detail about the activities of the factionists during that period. He emphasized that after being expelled from the Central Committee and the party, they assumed they would flee to South Korea. They took steps to prevent this, but they fled to China and are still there. At the time, this had worsened their relations with China, and therefore they did not send their delegation to the Eighth Congress of the Chinese Communist Party.

He reported that later Khrushchev and Comrade Brezhnev stated that Kim Il Sung's position for the industrialization of the country was correct.

These are the main aspects of our discussions with Kim Il Sung. At the beginning of our personal conversation, he mentioned that he would speak candidly, as he had never spoken to anyone before.

At his request, we extended the stay of our delegation for another day. He obviously wanted to be able to have a long discussion. From the very first day until our departure, he was always with us - in the countryside, in the factories, in the palace of children.

As for the Bulgarian-Korean relations, I think that now, after our visit, even better opportunities for development are being opened. The Korean ambassador to Sofia told our comrades that Kim Il Sung had summoned him before our departure and told him that economic and other relations should develop on a large scale.

Kim Il Sung told me that it would be reasonable, in addition to a joint Economic Cooperation Committee, to set up a Commission for exchange of experience: they wanted to broadly study our work and apply it in Korea.

Our delegation's public events, meetings with workers, visits to factories, businesses, etc. were widely covered in their media. The speeches I gave at the rallies in Hamhan and Pyongyang, the toasts at both receptions were accurately published, with no changes. The rallies in Hamhan and Pyongyang were broadcast by the Korean television and radio.

Kim Il Sung's toast at our reception, just before we left, was interesting. He praised the visit of our party-government delegation. In his opinion, the visit of the party-governmental delegation of the People's Republic of Bulgaria to Korea was a historical event that opens a new stage in the development of relations of friendship and cooperation between the parties, governments and the people of both countries - Korea and Bulgaria, based on the principles of Marxism-Leninism and proletarian internationalism.

I believe the visit of our party-government delegation to Korea was beneficial.

30 October 1973

Ulan Bator

T. ZHIVKOV

36. CSA of RB, F. 1B, In. 35, a.u. 4459.

INFORMATION

FROM THE MINISTER OF FOREIGN AFFAIRS PETAR MLADENOV ON THE VISIT OF THE BULGARIAN PARTY AND GOVERNMENT DELEGATION TO THE DEMOCRATIC PEOPLE'S REPUBLIC OF KOREA, THE MONGOLIAN PEOPLE'S REPUBLIC AND THE SOVIET UNION, DELIVERED AT A MEETING OF THE POLITBURO OF THE CENTRAL COMMITTEE OF THE BULGARIAN COMMUNIST PARTY

9 November 1973

Ⅰ. To visit the Democratic People's Republic of Korea

[…]

Now when the emotions have subsided, after re-reading the transcripts and memos of the talks, some conclusions could be drawn.

1. The visit was timely and beneficial. It gave us the opportunity to get acquainted with the development of the DPRK on the spot, to better understand the conditions under which the construction of socialism is taking place.
2. The visit and mainly the talks between Comrade Zhivkov and Kim Il Sung played an extremely important role in allowing Kim Il Sung and other leaders to perceive and understand the position of the USSR and other fraternal states on the issues of building socialism and communism, on issues of the communist and labor movements, the international situation and the essence of Chinese Maoist leadership policy.

Assessing the results of the visit from this point of view, I think it will not be overstated if they are said to be of exceptional historical importance.

It would be naive to think that the DPRK will automatically break with China or with the vicious practice of the cult of personality; or that it will immediately revise its concepts of capacity building, where everything necessary to fully meet their needs will be produced; or that they will start large-scale production cooperation with our countries; or that it will increase its participation in COMECON. These would be unrealistic thoughts and conclusions. But we can be convinced that Kim Il Sung was shocked to a certain extent by the amount of material that he cannot help but think about. The fact is that he has agreed with over 90% of what Comrade Zhivkov said.

3. We shall work with Korea. As limited as it may seem, there is scope for action. It will not be exaggerated to say that our successful work in the DPRK will largely affect the further penetration and consolidation of our influence - of the USSR and fraternal socialist countries, of the ideas and practices of socialism.
4. Our delegation was to carry out not only national tasks. Moreover, the essence of our work was the fulfillment of international tasks - to promote the integration of the DPRK with our parties and countries. It is known that Soviet comrades insisted that this visit not be delayed. Evaluating the results achieved, we can claim that this time our party fulfilled its international communist duty with honor.

We, as a delegation, worked in good faith, however the exceptional merit of the positive results achieved belongs to the head of the delegation, to Comrade Todor Zhivkov.

We should not be surprised if further developments lead to a situation where the results of this visit will be comparable to those after Comrade Zhivkov's visit to Cuba.

Of course, many factors that are beyond the control of our party and country will influence the further course of events.

II. On the brief friendly visit to the USSR.

In agreement with the pre-existing arrangement, on the way back from the Democratic

People's Republic of Korea and the Mongolian People's Republic our delegation stopped in Moscow. As is well known, the Soviet comrades insisted on this visit to Korea and naturally showed keen interest in its results.

In Moscow, Comrade Zhivkov and our delegation were given an extremely warm, hearty, friendly welcome. At the airport, we were greeted by Comrades L. Brezhnev, N. Podgorny and other party and state leaders. They repeatedly apologized for the absence of Comrade Kosigin, who was at the same time busy with Pham Van Dong.

An exchange of views took place at the Kremlin meeting. Comrade Zhivkov had previously, on October 28, sent Comrade Brezhnev a memo of the talks with Kim Il Sung, and now he outlined some of his impressions, findings and conclusions from his visit to Korea. They unanimously concluded that Korea should be the focus and our delegation's visit was timely and effective. Our Soviet comrades listened with special attention and concern to the information, findings, conclusions and suggestions made by Comrade Zhivkov on Mongolia.

Comrade Brezhnev thanked Comrade Zhivkov for the timely and complete information on Korea and Mongolia and stressed that our delegation did a very good job. Your visit to Korea, he told Comrade Todor Zhivkov, is not a purely Bulgarian-Korean fact. You have fulfilled a common mission in the spirit of our coherent policy, a useful mission of our fraternal socialist community. You have fulfilled your international duty - to strengthen socialism. It is especially important to separate the Koreans from the Chinese, to involve Korea with us. All this matters, especially when Ceausescu is trying to push Chinese politics behind us, including in Korea. We highly appreciate the work of your delegation and especially your personal activity.

[…]

Sofia, 9 November 1973

37. CSA of RB, F. 1B, In. 35, a.u. 4581.

PROTOCOL "A" No. 56
FROM THE MEETING OF POLITBURO OF CC OF BCP
12 November 1974

Present: Comrades Zhivko Zhivkov, Ivan Mihailov, Ivan Popov, Pencho Kubadinsky, Tano Tsolov, Todor Zhivkov, Todor Pavlov, Venelin Kotsev, Ivan Abadzhiev, Krastyu Trichkov, Peko Takov, Ivan Pramov, Penyu Kiratsov, Grisha Filipov and Konstantin Tellalov

Agenda:

1. On the development of relations between the People's Republic of Bulgaria and the DPRK

Decisions:

To develop relations between the People's Republic of Bulgaria and the Democratic People's Republic of Korea, which is an integral part of the Protocol.

DECISION

OF THE POLITICAL BUREAU OF THE CC OF BCP OF 12 FEBRUARY 1974 ON THE DEVELOPMENT OF RELATIONS BETWEEN THE PEOPLE'S REPUBLIC OF BULGARIA AND THE KOREAN PEOPLE'S DEMOCRATIC REPUBLIC

In pursuance of Decisions No. 272 of April 28, 1968 and 114 of March 15, 1969 of the Politburo of the CC of the BCP, steps were taken to normalize and develop relations between the PRB and the DPRK, as a result of which they have risen to the level of the relations of the other fraternal socialist countries with the DPRK.

The visit of our party-government delegation headed by the first secretary of the Central Committee of the Bulgarian Communist Party and chairman of the State Council, Comrade Todor Zhivkov, in October last year to the DPRK opened a new stage in the development of friendship and cooperation between the two countries. During the talks, the positions of the Korean Workers' Party on a number of domestic and international issues were clarified. The Korean side highly appreciated our party's peaceful and internationalist policies, its authority and the international communist and labor movement, its successes in socialist construction, and the DPRK has shown a strong willingness to learn from each other's experiences, to expand and deepen inter-party and inter-state cooperation.

The solemn and warm welcome of the party-government delegation and the constructive talks testify to the new opportunities that our party and government are opening to pursue purposeful and fruitful work to expand relations and cooperation in political, economic, cultural and other fields, as well as to further align the DPRK with the Soviet Union and other socialist countries. In view of this, the Politburo of the CC of the BCP deems it necessary:

I. On political relationships

1. To intensify the contacts and links between the central committees of the Bulgarian Communist Party and the Korean Labor Party. To propose the coordination and signing of annual plans for cooperation and exchange of experience, periodic meetings between representatives of the central committees of the two parties and the possible establishment of a joint body to assist and mutually study the experience of party and state work.
2. The National Assembly shall continue its relations and the periodic exchange of parliamentary delegations to the DPRK Supreme National Assembly, to intensify mutual

exchange of experience.

3. To intensify contacts between the governments of both countries. To expand direct relations and cooperation between Bulgarian and Korean ministries and committees on matters of mutual interest.
4. The Ministry of Interior shall:
   - ensure timely response in support of the DPRK course and initiatives on the country's peaceful unification, the DPRK's acceptance into international organizations and the establishment of diplomatic relations with new countries in Europe and other parts of the world;
   - work to ensure that the DPRK supports our positions and policies in the Balkans, European security, disarmament and other current international problems;
   - hold an annual exchange of delegations headed by Deputy Ministers or Heads of Departments of the two Ministries for mutual information, coordination, and exchange of experience;
   - propose to sign a consular convention and, jointly with the Ministry of Justice, a legal aid contract;
   - increase the staff of the Pyongyang Embassy and take measures to train the necessary personnel who are fluent in Korean;
   - to intensify its relations with the DPRK Embassy in Sofia.
5. The Institute for Contemporary Social Theories and the Institute for Foreign Policy "Ivan Bashev" shall study jointly the development of specific ideological concepts of the Korean Labor Party and the positions of the DPRK on current international problems, and shall establish business relations with similar DPRK institutes.
6. The National Committee of the Fatherland Front, the Central Committee of the Dimitrov Communist Youth Union, the Committee of Bulgarian Women, the Central Committee of Trade Unions, and the Committee on Solidarity with the Peoples of Asia and Africa shall strengthen their relations with their counterparts in the DPRK.
7. The Sofia City People's Council shall strengthen its contacts with the Pyongyang City

People's Council. Steps are to be taken to establish friendly relations and direct exchange of experience between the cities Burgas – Hamhan, and Mihailovgrad - Hesan.

8. The press, television and radio shall periodically publish materials and articles on the DPRK's successes in socialist construction and in a timely manner reflect important foreign policy activities of the DPRK Government. The Embassy of the People's Republic of Bulgaria and the DPRK shall make reciprocal efforts to increase the number of articles about Bulgaria in the Korean press.

II. Economic and scientific-technical cooperation and foreign trade exchange

1. The Committee on Economic and Scientific and Technical Cooperation of the Council of Ministers:
   - shall supplement, together with the ministries concerned, the Guidelines for Economic and Scientific and Technical Cooperation between the People's Republic of Bulgaria and the DPRK for the period up to 1985, outlining some of the main productions for cooperation, specialization and construction of sites;
   - on this basis, the Intergovernmental Advisory Committee on Economic and Scientific and Technical Matters shall hold talks for the coordination and conclusion of a joint long-term program or agreement for the extension and deepening of economic and scientific and technical cooperation; the ministries and agencies concerned shall sign specific agreements for cooperation and specialization between the two countries, taking into account our interest in some scarce raw materials and the market opportunities of some Asian countries;
   - shall propose, in the protocols signed annually by the Intergovernmental Advisory Committee, the inclusion of more activities for the mutual study of the experience of the two countries in the fields of economics, science and technology.
2. The Ministry of Foreign Trade:
   - shall make systematic efforts to expand the nomenclature and volume of our trade with the DPRK, to increase the export of machinery, equipment and products;

- shall sign by the middle of 1975 at the latest, a long-term agreement on commodity exchange and payments between the People's Republic of Bulgaria and the DPRK for the period 1976-1980;
- shall explore the possibilities of meeting some of Korea's economic and commercial demands, such as increasing our supply of soda ash, soap, etc. in the DPRK;
- jointly with the Ministry of Machine Building, TechnoExport and the Bulgarian Embassy in Pyongyang shall review the work on the construction of greenhouses and the cannery in the DPRK and identify urgent steps to remove the weaknesses;
- jointly with the Bulgarian Chamber of Commerce and Foreign Trade Enterprises shall develop a plan for the further improvement and expansion of advertising and promotion of our exported goods, and especially of the engineering products; shall explore the possibility of organizing a nationwide industrial exhibition and an exhibition of individual export products in Pyongyang.

3. The Ministry of Transport shall establish a regular direct shipping line between the ports in Bulgaria and the DPRK, in order to overcome the difficulties of transporting goods for both countries.

III. Cultural exchange and scientific cooperation

1. The Ministry of Foreign Affairs, the Committee for Art and Culture, and the Ministry of Education shall work to expand cultural exchange, to explore the DPRK's experience in the fields of education, home upbringing of children, museums, choreography, sports, etc.
2. Artistic unions shall strengthen their relations with their counterparts in the DPRK.
3. The Bulgarian Academy of Sciences, the Academy of Agricultural Sciences, the Bulgarian Union for Physical Culture and Sports, the Bulgarian Telegraph Agency, the Bulgarian Cinematography and the Committee for Television and Radio shall intensify their cooperation and exchange of experience with their Korean partners.

38. CSA of RB, F. 1B, In. 35, a.u. 5322.

Central Committee of The Bulgarian Communist Party (CC of BCP)
Politburo

DECISION No. 200 of 31 May 1975 and a note on the composition of the party-governmental delegation of the People's Republic of Bulgaria headed by Todor Zhivkov to hold talks in Sofia with the party-governmental delegation of the DPRK headed by Kim Il Sung; information on the talks.

Composition of the DPRK Party-Government Delegation, headed by the Secretary General of the Central Committee of the Korean Labor Party and President of the DPRK, Comrade KIM IL SUNG

Kim Il Sung - Secretary General of the CC of the Korean Labor Party, President of the DPRK - Head of Delegation

Kim Dong Gue - Member of the Political Committee and Secretary of the CC of the Korean Labor Party, Vice President of the DPRK

O Din Wu - Member of the Political Committee and Secretary of the CC of the Korean Labor Party, Chief of the General Staff of the Korean People's Army

Rue Chan Sik - Political Committee candidate and Secretary of the CC of the Korean Labor Party

Ho Dam - Member of CC of the Korean Labor Party, Deputy Prime Minister of the DPRK and Minister of Foreign Affairs

Ten Son Nam - Member of CC of the Korean Labor Party, Minister of Foreign Economic Relations

Lee Zong Hwang - Ambassador of the DPRK to Bulgaria

On the conversations between Comrades Todor Zhivkov and Kim Il Sung during the visit of the DPRK party-government delegation to Bulgaria
(June 2-5, 1975)

In the formal negotiations between the party-governmental delegations of the People's Republic of Bulgaria and the Democratic People's Republic of Korea, and in private discussions between comrades Todor Zhivkov and Kim Il Sung, a wide range of issues were discussed, outlining the views of both parties on them.

Ⅰ. Issues discussed during the formal negotiations between the two delegations

1. In his speech at the meeting of the two party-government delegations, Comrade Kim Il Sung elaborated on the following:

At the outset, he stressed that at this point the policy pursued by them was the national unification of their Motherland. They are one nation that needs to be united. This is a very complex and difficult task. They believe that they should move forward in building communism by solving the national question as well. There are three main areas for achieving this goal.

First. On the socialist construction in the DPRK.

The first and main task is the further development of socialist construction in the Democratic People's Republic of Korea, its further strengthening in the political, economic and cultural fields. They have difficulties in developing socialism, but they are still moving ahead. The economic situation of the country is very good.

- They strive to build their own independent industrial base using their own raw materials.
- Last year, the tax system was abolished.
- The most difficult and urgent question that lies before them is the question of the

workforce, as most men are in the army. There are mainly women in industry and agriculture. They pay special attention to improving the working conditions of women. Students and pupils help with production for 40 days.

- Special groups are organized and sent to the villages and to industrial enterprises for the implementation of the three revolutions - ideological, technical and cultural.
- He made critical notes about local leadership. Most of the business and village leaders were good comrades, with party and revolutionary experience and production practice, but lagged behind in carrying out some tasks. It was the result of poor preparation, certain conservatism and self-confidence that with their own experience and strength they could do everything. Special groups for the implementation of the three revolutions are providing assistance and guidance in industrial enterprises and in villages.

Second. On the unification of Korea.

The second task they are working on is to strengthen the revolutionary movement in South Korea, to fight for the withdrawal of foreign troops from South Korea, to create the conditions for a peaceful unification of the country.

a) The movement to democratize society and unite the homeland is growing and becoming very active in South Korea. The disadvantage is that it does not actively involve workers and peasants. The intelligentsia cannot penetrate deep into the village and among the working class and influence them. This is also explained by the great repression that is taking place there. The fight for the democratization of society in South Korea is at high level. Both last year and this year, students rose to fight. The schools were closed, most of the students were called up in the army, and others are in prisons. This is the situation in South Korea.

b) We were forced to cease the peace dialogue with South Korea because they insisted on the establishment of two Koreas. In fact, this means perpetuating the partition of Korea. It is carried out by the order of the United States and Japan. By seeking to create two Koreas, they aim to interrupt the talks. We do not think that any results can be obtained in the discussions with them. Moreover, given the fact that the people of South Korea are actively opposing the dictator, what will be our benefit from talking to him?

c) We are against the creation of two Koreas. The United States wants to make South Korea an American base. That is why they insist on perpetuating the division. Japan pursues the same goals. The Japanese seek to preserve South Korea's territory as a market for their goods and call the demarcation line along the 38th parallel a line for the fight against communism. It is said that as a result of the changed situation in Indochina, we will also attack the South. In this regard, they continue to make fuss and speak against us. As a result, the tension is growing. A campaign against communism is under way in South Korea, with the latest forms, and very often they talk about war with the Democratic People's Republic of Korea.

d) Kissinger and the United States Secretary of Defense repeatedly reiterate that they will not allow what happened in Indochina to happen in South Korea, that they will continue to fulfill their obligations. New US troops are landing in South Korea. Of course, Americans can do no more. Their military forces are scattered in many countries. This gives reason to believe that they could not successfully fight. Yet they are imperialists.

e) We need to increase our vigilance and therefore we maintain our combat readiness. If they attack us, we are ready to fight them. We will never start first. If there is a democratic change in leadership, we even intend to hold talks for peaceful unification of the country. We have not ceased to raise the slogan for peaceful reunification of our homeland. We continue to insist on the three principles on which unification should take place, namely, independently, without foreign interference, peacefully, regardless of ideological differences.

f) Along with the intensification of the struggle of the Korean people for unification, we recognize the need to raise the voice of peoples from around the world to withdraw US troops from South Korea.

Third. On the DPRK's relations with the socialist countries, with the non-aligned countries, with the revolutionary forces in the world.

The third task that Korean comrades are working on is to strengthen their revolutionary ties with socialist countries, with third world countries, with the working class and other revolutionary forces in the world.

a) Efforts are being made to unite the socialist countries, to expand ties between the socialist countries as a decisive force in assisting the national liberation movements and the developing countries which are our allies.

b) They work to strengthen ties with non-aligned parties and their success in this regard is not to be neglected. During these years, they have established many contacts with them, with the heads of state of these countries and with democratic figures. By doing so, they want to increase the number of countries that will support the Democratic People's Republic of Korea.
Two years ago, a declaration in support of the Democratic People's Republic of Korea was voted at the conference of non-aligned countries. There have been many cases where a number of Heads of State of non-aligned countries have sent letters to the United Nations in support of the DPRK's stance on unification. The issue was also raised in the talks during our visit to Algeria. Algeria is chairing the non-aligned countries bloc. They told me that there has been no change in their position and will continue to support this position, and Algeria will actively assist us in establishing contacts and relations with countries with which we do not have such.

c) We are reluctant to maintain relations with the capitalist countries because these countries want to receive favorable conditions for their policies. They say that if the socialist countries recognize South Korea, then they will recognize us. In fact, they are working to create two Koreas. And so we do not insist much on establishing relations with these countries.

d) On the bilateral relations between our parties: After the visit of the Bulgarian party-government delegation to Korea, they have advanced to a new stage and continue to develop. He expressed his full satisfaction with this positive development and his appreciation for the assistance and support Bulgaria has provided both in the field of economy and in the international arena.

2. During the official negotiations between the two party-government delegations, Comrade Todor Zhivkov addressed the following questions:

First. On bilateral relations. He shared the opinion that they were developing well, in a friendly manner. He stated that he did not see any problems that created difficulties in furthering the beneficial development of these relations. A very good start has been made and the further development of economic and cultural cooperation of both parties and countries depends on the respective competent authorities of Bulgaria and the DPRK. If necessary, further issues for the development of bilateral relations in the future can be discussed.

Second. On the unification of Korea. He emphasized that the People's Republic of Bulgaria has always and by all means been on the side of Korean comrades in their fair struggle for national unification of their homeland. He assured them that in the future we will be on their side, that within the scope of our capabilities as a party and a country, we will also assist in the international arena in the fight for unification of Korea.

Fourth. On the foreign policy of the party and the country.

He pointed out that, within the scope of our capabilities, we are working to contribute to the solution of current international problems.

a) Particular attention was paid to the situation in the Balkans and to Bulgaria's policy in the region. He emphasized that Bulgaria is located in the Balkans and that our main efforts are directed here. Bulgaria is in the center of the Balkan Peninsula and no issue can be resolved here without it. However, big and different forces are acting against us: Starting with the Americans and other imperialists, our and your "Chinese friends" are actively working to isolate Bulgaria in the Balkans; all of them - from left to right - are trying to isolate Bulgaria in the Balkans. However, no one can do that. The more they fight against the People's Republic of Bulgaria, the more its reputation grows. Because it is a socialist state, it is located in the center of the Balkan Peninsula and there is no way to isolate it except to destroy us, which is not such an easy job.

He elaborated on Bulgaria's relations with the Balkan countries, pointing out that almost all of them are developing well.

- with Romania - despite some differences in specific areas, bilateral cooperation is expanding; he mentioned Mania Manescu's visit of to Bulgaria and the forthcoming visit of the Bulgarian party-government delegation to Romania;
- with Yugoslavia - although there are some misunderstandings on ideological and other issues, economic cooperation and trade are developing very well;
- Our relations with Greece and Turkey are also developing well. They are capitalist NATO member states and Bulgaria is a socialist party from the Warsaw Pact, but relations are good neighborly;
- Relations with Albania are developing mainly in the economic field. There is no negative campaign in Bulgaria against Albania, but recently they have intensified their campaign and attacks against Bulgaria, they call us "modern revisionists", etc. After the protest, they stopped their anti-Bulgarian campaign;
- Cyprus is now an important issue in the Balkans;
- The situation in the Balkans is complex, but in general it is in a process of lightening, not complication.

b) He elaborated on the relations with the Soviet Union and other European socialist countries, which are extremely good.

c) He stressed on the efforts of the Bulgarian Communist Party to contribute to the consolidation of the international communist and workers' movement to develop broad links with the fraternal Communist parties.

d) Special attention was paid to non-aligned countries. He emphasized that we also maintain relations and work with the so-called non-aligned, developing countries in order to strengthen their anti-imperialist orientation, increasingly to turn them into our reserve, as a reserve of socialism, of the world revolutionary process. He emphasized that the movement of non-aligned countries from a class point of view is a conglomerate, a heterogeneous sum, and that there are countries with progressive and right regimes among them.

e) In conclusion, he pointed out that the People's Republic of Bulgaria has the reputation, that it is respected not because our policy is hesitant and adjusts to one or the other side. Our policy is principled and consistent, it is not a conjuncture. That is why the People's Republic of Bulgaria and the Bulgarian Communist Party are respected.

Our friends, imperialists know that our party and country do not play with anyone, that we speak frankly and clearly with everyone, that they strive within our capabilities to contribute to a just solution to international problems, to strengthen peace, to develop the world revolutionary process.

Ⅱ. Issues from the personal conversations between Comrade Todor Zhivkov and Comrade Kim Il Sung

Comrades Todor Zhivkov and Kim Il Sung talked in Varna for about three hours. They also talked during the trip. These discussions addressed the following issues:

First. On the situation in Europe and the European security conference.

At the beginning of the conversation, Kim Il Sung asked Comrade Todor Zhivkov to inform him about the situation in Europe, emphasizing that it was thought there was some reduction in the tension on the continent.

In his reply, Comrade Todor Zhivkov emphasized the role of the Soviet Union and the fraternal socialist countries in reducing tensions in Europe, their efforts to complete the Security and Co-operation Conference and their successes in this regard.

He stated that since their defeat in Indochina, the US has made efforts to counteract the trend of reducing tension; strengthening their military presence on the continent, they want to hinder the successful conclusion of the Security Conference.

He pointed out that the United States received active support from China, which does not select ways and means to increase tensions in Europe.

He emphasized that, despite the difficulties created by various forces, the European Security Conference will move to its final stage, which would be an important step in making international détente an irreversible process. And the reduction of international tensions helps the peoples struggle against imperialist policies of aggression and interference in Asia and other continents, contributes to the expansion of the class struggle of the working people in capitalist countries, and supports the world revolutionary process.

Second. On the situation in Portugal.

In his reply to Comrade Kim Il Sung's question if there is a possibility for a revolution similar to the one in Portugal to take place in other countries, for example in Spain, Comrade Todor Zhivkov elaborated on the situation in Portugal.

He stressed on the active role of the Portuguese Communist Party and its secretary-general, Alvaru Kunal, in the democratic transformation of the country, on the struggle they are currently waging against the forces of reaction united around the Socialist Party.

He emphasized that in his counter-revolutionary activity, Portugal's reaction was actively supported by the US and China. The Chinese work amongst the far left forces in the country, inciting Maoist groups and far left and right elements to provoke.

Fearing that Portugal's successful development could have a huge impact on the positive change in other countries, such as Spain, Italy and others, the imperialist circles are striving to stifle the movement.

The policy that the socialist countries should pursue in this movement must be a policy of principle and class, a policy of strengthening its anti-imperialist basis and character, of targeting it against the main enemy of socialism, of the international communist and labor movement, of the national liberation movement, of peoples - imperialism and above all American imperialism. Cuba has a similar position in the movement of non-aligned countries. The socialist countries must co-operate with the movement of the non-aligned and influence it in various forms, not through directly entering it. If all socialist countries join the movement of the non-aligned, as Yugoslavia understands, this means that the socialist idea will bear great political and moral losses, it will mean a disruption to the common socialist ideas.

Speaking of Yugoslavia, Comrade Todor Zhivkov emphasized as positive the fact that it has lately been developing economic cooperation and expanding its trade with the Soviet Union and other socialist countries. Of course, it does so both because of internal economic difficulties and because of the crisis in the economy of the imperialist countries.

On relations with Romania, Comrade Todor Zhivkov had the opportunity and shared a number of thoughts during the trip. As far as bilateral Bulgarian-Romanian relations are concerned, they are developing well. He stressed that we could not agree with a number of actions of the Romanian leadership in the international arena and in the international communist and labor movement, where they leave class positions and approaches, positions of proletarian internationalism; they take nationalist positions and do not serve our common socialist cause, but the Western reaction forces.

He pointed out that Romania's youth and army were not trained to successfully fight the enemy in a possible war. For example, the Romanian army is armed with weapons manufactured 20 years ago. Nothing is done to make the Romanian army a modern army.

He described our good relations with both Greece and Turkey, which are capitalist countries and NATO members. He informed about the forthcoming visits of the Prime Minister of Greece to our country and the Minister of Foreign Affairs of the People's Republic of Bulgaria and Turkey.

He reiterated the fact that in the Balkans, the United States and China are operating in a united front to isolate Bulgaria. However, their activities are unsuccessful and doomed to failure.

Then Comrade Todor Zhivkov asked Comrade Kim Il Sung to brief him on the situation in China, on relations between the DPRK and China, and on the reunification of Korea.

Fourth. On the situation in China.

Comparing his personal impressions gained during his recent official visit with those of his unofficial visit to China several years ago, in connection with the 50th anniversary of Swanook, Kim Il Sung emphasized that there has been some successful development.

The necessary minimum was reached to provide food and clothes for the people. There are no hungry and ragged people like in India. However, the cultivation of the land was mainly done by hand. There were no tractors in the fields, although China produced tractors. Steel production is not enough. China has been producing a lot of oil, they are working to increase its production and build capacity for its processing. The struggle to normalize the country's economic situation was complicated by the Cultural Revolution.

Commenting on China's internal political situation, he said that there was a big age difference in the country's leadership. One group was very old, and the other - very young. Of the adult group, only Deng Xiao Ping was more active. He could not say anything about the young people because he did not know them, while he knew very well the adults.

During the talks between Kim Il Sung and Zhou Yong-lai, the latter, considering the list of the new Korean Labor Party Central Committee elected at the Fifth Congress of the Korean Labor Party, said he envied Korean comrades in training senior executives and that they had secured continuity in promoting leadership.

39. CSA of RB, F. 1B, In. 60, a.u. 178.

OFFICIAL TALKS

between the party-government delegation of the People's Republic of Bulgaria led by Comrade Todor Zhivkov - First Secretary of the CC of BCP and Chairman of the State Council, and a party-government delegation of the Democratic People's Republic of Korea headed by Kim Il Sung - Secretary General of the CC of the Korean Labor Party and President of the DPRK

2 June 1975 г. - Boyana Residence
/19 p.m./

On the Bulgarian side, the talks are attended by: Stanko Todorov - Member of the Politburo of the Central Committee of the Bulgarian Communist Party and Chairman of the Council of Ministers; Pencho Kubadinski - Member of the Politburo of the Central Committee of the Bulgarian Communist Party and Chairman of the National Council of the Fatherland Front; Ivan Popov - Member of the Politburo of the Central Committee of the Bulgarian Communist Party and Deputy Chairman of the State Council; Konstantin Tellalov - Secretary of the Central Committee of the Bulgarian Communist Party; Kiril Zarev - candidate member of the Central Committee of the BCP; Deputy Chairman of the Council of Ministers and Chairman of the State Planning Committee; Colonel-General Atanas Semerdzhiev - Member of the Central Committee of the Bulgarian Communist Party, First Deputy Minister of National Defense and Chief of the General Staff of the Bulgarian Army; Andon Traykov - candidate member of the Central Committee of the Bulgarian Communist Party and First Deputy Minister of Foreign Affairs; Panteley Zarev - Member of the Central Committee of the Bulgarian Communist Party and Chairman of the Union of Bulgarian Writers; Hristo Kelchev - Member of the Central Committee of the Bulgarian Communist Party, Ambassador Extraordinary and Plenipotentiary of Bulgaria to the DPRK.

On the DPRK side, the talks are attended by: Kim Don Gue - Member of the Political Committee and Secretary of the CC of the Korean Labor Party, Vice President of the DPRK; Army General O Din Wu - Member of the Political Committee and Secretary of the CC of the Korean Labor Party, Chief of the General Staff of the Korean National Army; Liu Dian Sik - Candidate Member of Political Committee and Secretary of the CC of the Korean Labor Party; Ho Dam - Member of the CC of the Korean Labor Party, Vice-Chairman of DPRK Administrative Council and Minister of Foreign Affairs; Cheong Song Nam - Member of the CC of the Korean Labor Party and Minister of Foreign Economic Relations; Li Zong Hwang - Ambassador Extraordinary and Plenipotentiary of the DPRK to Bulgaria.

Todor Zhivkov:

Dear Comrade Kim Il Sung,

Dear Members of the Party-Government Delegation of fraternal Korea,

Allow me, on behalf of the Central Committee of the Bulgarian Communist Party, the State Council and the Government, on behalf of our delegation and on my personal behalf, to express my most heartfelt thanks to Comrade Kim Il Sung for having responded to our invitation and for being our dear guest today, to greet you all, Korean comrades, and to express our confidence that Comrade Kim Il Sung's visit to Bulgaria will be a milestone in the development of Bulgarian-Korean relations.

As far as we are concerned - the Central Committee, the government, our country, we want to further develop our relations more fruitfully in all spheres - the field of economy, commerce, culture, and ideology.

The development of the Bulgarian-Korean friendship is a great achievement of our two parties, of our two countries. I want to emphasize here the personal contribution of

Comrade Kim Il Sung in this beneficial development of our relationship.

Today you are a dear guest of ours, Comrade Kim Il Sung, and in accordance with our traditions and customs of hospitality, I first give you the floor.

Kim Il Sung:

Thank you.

First of all, allow me, on behalf of our party and the Government, on my personal behalf, on behalf of the members of our delegation, to express the greatest gratitude for the invitation given to me by the Central Committee of the Bulgarian Communist Party, the Government of the PRB and you, Comrade Todor Zhivkov.

We are impressed by the warm welcome by the citizens of Sofia, from you here.

I am very pleased that our two party delegations are meeting again around this table.

First of all, I would like to emphasize the fact that after Comrade Todor Zhivkov's visit in the Democratic People's Republic of Korea, our party and state relations have intensified, the Korean people will never forget the inspiration they received as a result of your visit to our country. It has given us even greater strength.

I would also like to stress the revolutionary traditions of Comrade Georgi Dimitrov, the revolutionary traditions of Marxism-Leninism, inherited by the Bulgarian people.

I would also like to express our deepest gratitude for the material and moral assistance provided by the Bulgarian people, the Bulgarian Communist Party and the Bulgarian Government during our fight against the aggressor, and also for the support you give us today in the international arena in strengthening our position on the reunification of Korea. In this regard, I would like to once again convey to the Bulgarian Communist Party, the Government of the People's Republic of Bulgaria and the entire Bulgarian people the gratitude of the Korean Labor Party, the Government of the Democratic People's Republic of Korea, and the Korean people.

I am not aware of the time available, but I would like to address mainly the issues related to the development of our country after your visit.

At this point, our policy is aimed at the national unification of the homeland. We are one nation that must be united. This, of course, is a very difficult and complicated task. We believe that we must move forward in building communism by addressing the national question as well.

To achieve this, we are working on three main tasks.

The first of them is the further development of the socialist construction of the Democratic People's Republic of Korea, its further strengthening in the political, economic and cultural fields. In general, strengthening the country in all areas is our first main task.

The second task we are working on is to strengthen the revolutionary movement in South Korea, the struggle to expel foreign troops from South Korea, and to create conditions for a peaceful unification of the country. In this regard, we are rendering support for the movement for the democratization of society in South Korea.

The third task is to strengthen our revolutionary ties with the socialist countries, with the Third World countries, with the working class and other revolutionary forces in the world.

We work and continue to work to complete these three main tasks.

We have difficulties, but building socialism is going well. Following your visit to our country, Comrade Zhivkov, we are working on the early implementation of the five-year national economic development plan.

In the field of industry, we strive to build our own independent industrial base, using our own raw materials. After your visit, the tax system was abolished based on the successes achieved. Of course, taxes in our country have been decreasing annually. This process was completed last year.

As foreseen under the five-year plan, material income of the population has increased by about 30%. I can say that the economic situation in our country is very good.

The most difficult question that lies before us is the question of the workforce - what I also told you, Comrade Todor Zhivkov, during our conversations. As you know, much of our workforce is in the military. In South Korea, the army is about 700,000 -

1,000,000 strong. We must have at least half of South Korea's troops. Therefore, most of the men are in the army. That is why the issue of labor is very difficult.

We have many natural resources, but we do not have the capabilities to extract them. That is why we are striving to develop the technical revolution with a view to supplementing labor shortages. In this regard, we are developing the mining industry - coal, iron ore. We develop forestry, agriculture and fishing. In order for all these industries to thrive, we must also develop the technological revolution.

Such is the situation in agriculture. Our arable land is not large - it amounts to 2 million hectares.

Todor Zhivkov:

This is half of the arable land in Bulgaria. We still think that Bulgaria is small, though.

Kim Il Sung:

Of these, 300,000 hectares are for orchards. In addition, the sloping land covers about 250-300 000 hectares. In fact, about 1 140 000 hectares can be used rationally, but as I said, most of the young men are in the army. The elderly, women, grandmothers and children are in the villages. That is why there is no other way for agriculture except for the development of the technical revolution and the supply of tractors and chemical fertilizers.

In addition, great attention must be paid to improving the working conditions of women, because if women are not primarily involved in the production process, it will be very difficult. Therefore, the question arises of recreation of women after working hours in the factory and in the family. It is very hard for women to cook, wash, clean the house, and then go to work in production.

Hence, we make great efforts to build kindergartens and nurseries. During this period many kindergartens and nurseries were built both in the city and in the village. The number of children enrolled in kindergartens and nurseries is around 3 500 000. About

4 700 000 people are studying in primary and secondary schools, as well as in universities.

Now, we can conclude that almost half of the population is actually children, pupils, students and young people in the military. In this situation, there was no other way than to establish a system for pupils and students to help in the production 40 days every year. This applies for 3rd grade of the secondary production school, or for the 8th grade onwards. The holidays are therefore short.

This is how we address the issues of overcoming labor shortage, thus meeting the needs of the workforce.

Much attention is paid to the technical revolution. Decisions and orders, however, do not make the work efficient. Therefore, the Central Committee of the Korean Labor Party has set up groups to carry out the three revolutions. These groups include party members, members of the Youth Union, trade union members, and good workers. Together with graduates and other representatives of the intelligentsia, these groups leave for rural areas and industrial enterprises. The group going to the countryside, for example, is working to bring about an ideological, technical and cultural revolution. These groups emerged in 1973.

Of course, we know that most business and village leaders are good comrades with experience. These are the people who participated in the foundation of the party, in the implementation of the agrarian reform, the implementation of the socialist program, people who participated in the Patriotic War against the American aggressor. These people are essential. They are loyal to the party and the revolution, but are left behind in carrying out some tasks. To some extent, this is the result of insufficient preparation. Of course, some individuals are too conservative and self-confident and they want to do everything on their own. Arriving at the industrial enterprises in the villages, the groups provide assistance and guidance on the spot. There, on the spot, they find many things. They help to introduce new equipment, in particular in the field of mining and coal mining.

Many of the graduates of our institutes provide assistance to the villages. Working in this direction, they help, on the one hand, for the successful implementation of party politics, and on the other, assist in the introduction of new technology in production. The results are very good.

We accomplished many achievements last year.

A number of issues were resolved in the villages. Last year, the harvest in agriculture was significantly increased. In the past, the villagers in our country did not know how to use artificial and natural fertilizers. As a result of the assistance provided by the groups, work has become more efficient and the farms became more productive. These results were presented in the spring of this year by the Party's Central Committee in the analysis of the work of the groups, and great successes were reported.

On the basis of what has been achieved in socialist construction, we have outlined a plan. Of course, we are based on what we have achieved so far, on our successes so far.

We are also making great efforts in the field of Cultural Revolution. Overcoming everything, we are moving forward.

I would like to elaborate on South Korea issues in personal conversations.

The movement for annexation of South Korea has grown and is very active. The downside to this movement, however, is the fact that it does not actively involve workers and peasants. This shows that the intelligentsia does not want to go deep into the villages and among the working class. Of course, this can be explained by the great repression there. But the intelligentsia is not sufficiently tied to the working class and to the village people, so it cannot have an impact.

However, we must say that the struggle for democratization of the South Korean society is at a high level. Last year, in April, as well as this year, a large number of students rose, as a result of which the schools were closed, most of the students were drafted into the army, and another part went to jail. This is the situation in South Korea.

As a result, we were also forced to freeze the peaceful dialogue with South Korea. They are pushing for the establishment of two Koreas, which in effect means perpetuating the partition of the country. This is done at the behest of the United States and Japan. Their goal was to end the talks. We do not think that any results can be obtained in our discussions. Moreover, given that the people of South Korea are actively opposing the dictator, what shall we gain from talking to them?

We are against the creation of two Koreas. The United States wants to make South Korea an American base. Therefore, they insist on perpetuating the division. Japan pursues the same goals. The Japanese are seeking to preserve South Korea's territory as an area for selling their goods, calling the 38th parallel a line for the fight against communism, saying that as a result of the changed situation in Indochina, we will also attack the South. In this regard, they continue to make fuss and speak against us.

As a result, the tension has increased. A new form of anti-communist campaign is underway in South Korea. They often talk about a war with the Democratic People's Republic of Korea. In addition, Kissinger and the United States Secretary of Defense have repeatedly said that they will not allow what happened in Indochina to happen in South Korea and they will continue to fulfill their obligations. They are sending new US troops there.

Of course, Americans can do no more. Their military forces are scattered in many countries. This gives reason to believe that they could not successfully fight. Yet they are imperialists. Therefore, we must increase our vigilance. We maintain our combat readiness. If they attack us, we are ready to fight them. We will never start first. We even intend, if there is a democratic change in leadership, to hold talks for a peaceful reunification of the country. We have not ceased to raise the slogan for peaceful reunification of our homeland. We continue to insist on the three principles on which unification should take place - independently, without interference; peacefully; regardless of ideological differences.

We believe that as the Korean people's unification struggle intensifies, the voice of nations from around the world to withdraw US troops from South Korea needs to increase.

As I said, we will talk in person with you, Comrade Todor Zhivkov, about South Korea. I just wanted to brief you now about the situation there.

The third important issue we are working on is the further consolidation of the forces of the communist and workers' movements in the socialist countries. What are the roads? We are raising the slogan for the unity of the socialist countries. We are making efforts to unite them. At the same time, we are working for the further development of the Union and the ties between the socialist countries as an important, decisive force in assisting the national liberation movements, the developing countries that are our allies, the newly liberated countries.

We are also working to strengthen ties with non-aligned parties. During these years, we have established many contacts with the heads of state of these countries, with their democratic leaders. By doing so, we want to increase the number of the countries that will support the Democratic People's Republic of Korea.

As you know, two years ago, at a conference of the non-aligned countries, there was a vote in support of the Democratic People's Republic of Korea. In many cases, a number of heads of state of non-aligned countries have sent letters to the United Nations in support of the DPRK's position to unite the country. The issue was also raised during the talks during our visit to Algeria. The Algerian country is the chairman of the non-aligned bloc. They told me that there is no change in their position and they will continue to support our cause. Algeria will actively assist us in establishing contacts with countries we do not have relations with.

During this period, we have established relations with many countries. We do not want to maintain relations with the capitalist countries because they want to create favorable conditions for their politics. They say that if the socialist countries recognize South Korea, they will recognize us. In fact, they are working to create two Koreas. Therefore, we do not insist much on establishing relationships with them. We are working to expand our relationship with non-aligned parties. In this regard, our success is considerable.

This is what I wanted to briefly tell you about the situation in our country, the top three issues we are working on. In our opinion, work is going well so far.

I will also briefly touch upon the relations between our two parties.

As you said a while ago, after your visit to our country, the relations between the two parties have reached a new stage and are continuing to develop. I would like to express my full satisfaction with this positive development.

I believe that as a result of our visit to Bulgaria, as a result of the talks we will have with you, the relations between us will rise to an even higher stage.

Once again, I would like to express our gratitude for the support to our positions following your visit, and also for the assistance provided by the Joint Economic Cooperation Committee. Comrades, we are confident that we will continue to receive your support in the international arena in the future.

Thank you for your attention.

Todor Zhivkov:

Thank you for the interesting information.

I fully agree with the assessments you have given to the development of relations between our two parties and countries. Our relations are developing well, they are friendly, fraternal. I do not see any problems or causes that would create difficulties in furthering the beneficial development of these relationships.

Obviously, the further development depends on the competent authorities concerned. We have made a very good start in both economic and cultural co-operation, in general, in the overall co-operation between our two parties and countries. If we need to come back to some questions later, your and our co-workers may discuss further questions regarding the development of our relationship in the future. We are ready to expand our cooperation in all areas.

As for our position to your fight for national unification, we have always been on the side of your just cause. I want to assure you that we are on your side now. And in the future we will be on your side - to the full victory. Within the scope of our capabilities as a party and a state, we will also assist the international arena in connection with your just struggle for national unification.

Let me briefly inform you about some of the problems we are living with and working on.

Obviously, we will be able to talk on many issues during your stay with us.

This year is the last year in the implementation of our sixth five-year plan. Notwithstanding some difficulties that have arisen (especially last year) due to the great drought in our country and due to the international economic situation, we will successfully fulfill the sixth five-year plan both in terms of quantity and quality. [···]

-20-

We are moving towards a large, gigantic for the size of our country, concentration of agricultural production. The problems of agriculture now are mechanization, chemical fertilizers, automation and irrigation.

After all, what is our aim with all that we are planning and doing in the field of economy? In the sixth five-year period, which is now being implemented, the annual growth of national income is 905 million levs. With this approach to the development of the economy, in the next five-year period we will make an annual growth of about 1 billion and 800 million levs, or twice as much as in the sixth five-year period. This is the estimate of the State Planning Committee. It shall be taken into account that the State Planning Committee foresees lower indicators. We are talking, for example, about a coefficient of 2-2.5, and their estimate is 1.8.

You see, in the area of economy, we are making a decisive turn. This turning point will be difficult for the leadership, both in the center and in the regions, for our staff. But for the people it will not be difficult as we approach it not, as they say, by tightening the strap, but by releasing the leash.

The new approach in the development of our economy in the next stage gives us the opportunity to increase, as I said before, the national income, and hence the opportunities for the development of the cultural revolution, in order to better satisfy the material and moral needs of the people. It also allows us to spend more on our country's defense. Bulgaria's location makes the role of the army and the defense of the country crucial. In our country, all the young people do military service. The main problem here, however, is armament with modern weapons. We produce enough small arms, even export them. But we import planes, tanks, missiles, etc. We used to get them for free, now we pay for everything.

Thus, we consider these issues not only from an economic point of view, but also from a defense, social and cultural aspect

As far as our foreign policy is concerned, we are trying to contribute to solving international problems.

Our main efforts are focused on the Balkans. Bulgaria is in the center of the Balkan Peninsula and no issue in this region can be resolved without its participation. Great powers are opposing us to isolate us in the Balkans - the Americans, the other imperialists. Our and your Chinese friends are also actively working here to isolate us. Everyone from the left to the right is working to isolate us in the Balkans. However, no one can isolate us. The more efforts are made, the more the Bulgarian authority grows. Bulgaria is a socialist country in the center of the Balkan Peninsula, and there is no other way to isolate it but to destroy it. To destroy us, however, is not an easy job.

Our relations with almost all Balkan countries are developing well.

With Romania, you know, we have some differences in certain areas. However, our relations are developing well. The First Minister, Comrade Manya Manescu, visited us and held talks with Comrade Stanko Todorov. Our party-government delegation, led by me, is due to visit Romania on July 16th. In the next phase we are moving to a broad economic cooperation. By 1980, our trade with Romania will reach one billion rubles. We are setting up joint ventures, we are going to build a joint hydropower plant on the Danube and cooperate in the field of metallurgy, etc.

With Yugoslavia, although we have some misunderstandings on some ideological and other issues, economic cooperation is developing very well. We have made over $ 200 million in annual commodity exchange. This year it will be $ 208 million. The trade turnover between us is constantly increasing.

With Greece, our relations have been developing very well lately. With Turkey, too. Greece and Turkey are NATO member states, capitalist countries. Bulgaria is a socialist country, member of the Warsaw Pact, but we have good neighborly relations.

With Albania, our relations are mainly developing in the economic field. We are not campaigning against Albania in Bulgaria. Until a few months ago, they did not campaign against us. Recently, however, they launched a campaign against Bulgaria. We told them that we could also organize such a campaign that I was surprised why they were doing this. We protested. After this protest, they stopped the campaign against us. They call us "modern revisionists" and so on. But this is within the scope of their terminology. In the past, Enver Hoxha and I were friends.

We can say that the situation in the Balkans is complex, but in general it is clearing up, not complicating.

The Cyprus issue is important now.

Our relations with the European socialist countries are very good, especially with the Soviet Union.

We are trying to contribute to the consolidation of the international communist movement. We are enhancing our ties with the fraternal Communist parties.

We are also working with the so-called non-aligned, developing countries. You know, these countries are a conglomerate, a heterogeneous sum - there are both progressive and right-wing regimes.

Bulgaria maintains active international cooperation. We have diplomatic ties with over 100 countries and trade relations with many more.

Bulgaria has good reputation. However, we are respected not for the fact that our policy is hesitant, that we are adjusting it. Our country's policy is principled, not based on conjuncture. That is why they respect us. Everyone knows that we are not just pretending and that we speak frankly. We strive to contribute as much as we can.

As for the moral and political situation inside the country, you know that our party is an old party; it has a huge influence among the working people. The atmosphere in our country is serene. People are confident, optimistic. Of course, there is also criticism of some of the shortcomings. But in general, our people, including the intelligentsia, are united around the party. We have almost no internal difficulties, centrifugal forces, as in some other socialist countries. There are no organized enemy forces in Bulgaria, and there are not even single, small, separate organizations. Such organizations cannot exist in Bulgaria. There are no conditions for our society to erode. The party is everywhere. It is a huge force - one out of 10 people is a party member. 90% of the active population is enrolled either in the Komsomol, or the unions, or the Fatherland Front.

This is my information in short.

Thank you for your attention.

Kim Il Sung:

Thank you for this interesting information.

Todor Zhivkov:

We will have another chance to talk.

40. CSA of RB, F. 1B, In. 60, a.u. 178.

Final meeting

between the party-governmental delegation of the People's Republic of Bulgaria and the party-governmental delegation of the DPRK

5 June 1975 - Hall in the Party House

/10.00 a.m./

Todor Zhivkov:

Comrade Kim Il Sung,

Let me, at this closing meeting of the two party-government delegations, once again to express our great appreciation for accepting our invitation and for coming to Bulgaria.

We are extremely pleased with your visit to Bulgaria, the talks and negotiations, the agreement reached on a number of issues. There is no doubt that this visit and its results will give a new impetus to the development of relations between our two parties and countries.

We can only regret that your visit to Bulgaria is too short. We understand that you can no longer stay with us now. However, we hope you will come again either officially or semi-officially. Then, we will have the opportunity to talk more, to familiarize you better with some positive and negative sides of our work, to show you both our successes and unresolved problems - we have unresolved problems, difficulties and disgrace. In addition, you can see some of the downsides of our work, as we are used to them and do not see them. Now we are in a hurry.

To your health! To our friendship! Cheers!

Kim Il Sung:

Thank you.

Comrade Zhivkov, I and the members of our delegation are very pleased with our visit to Bulgaria. Once again, I would like to express our gratitude for the warm and friendly welcome.

We have learned a lot from Bulgaria. Once again, we are convinced that we can learn a lot from your successes in agriculture, industry, and culture.

I would like to express our desire that in the future our governments and parties work for closer cooperation not only in view of the development of friendship between us, but also in contributing to the socialist construction of our two countries.

We have good cooperation, good exchange, especially in the field of economy. However, we think that it is very useful and necessary to exchange views on political issues, based on the fact that we, in the eastern part of Far Asia, and you who are in the Balkans, are working in a tense situation. These are areas where the imperialists are opposing us not only verbally, but also with weapons. We believe that expanding our cooperation and exchanging views in the political field is very favorable for both parties. In the official conversations between the two delegations, in the personal conversations, in the conversations during the trip, we exchanged opinions which we consider very useful.

I am convinced that in the future the relations between our two parties will continue to develop even more successfully. Considering the successful visit to your country, I would like to express our confidence that we will work to raise the relations between our two parties and countries to a higher level.

To the friendship between our two parties and countries!

Todor Zhivkov:

We can now go to the rally of Sofia workers organized in honor of your party-government delegation.

41. CSA of RB, F. 1B, In. 60, a.u. 178.

Joint communiqué

on the visit of the Party-Government Delegation of the Democratic People's Republic of Korea to the People's Republic of Bulgaria

At the invitation of the Central Committee of the Bulgarian Communist Party, the State Council and the Council of Ministers of the People's Republic of Bulgaria, from 2 to 5 June 1975, a party-government delegation of the Democratic People's Republic of Korea led by the Secretary General of the Central Committee of the Korean Labor Party and President of the Democratic People's Republic of Korea, Comrade Kim Il Sung, made an official friendly visit to the People's Republic of Bulgaria.

During their stay, the DPRK party-government delegation visited industrial enterprises, resorts, cultural institutions and had friendly meetings with workers from Sofia, Tolbukhin and Varna districts. Everywhere, the Secretary General of the Central Committee of the Korean Labor Party and President of the Democratic People's Republic of Korea, Kim Il Sung, and the delegation enjoyed warm welcome and hospitality. The meetings between the delegation and the working people of Bulgaria became a vivid manifestation of the fraternal friendship between the People's Republic of Bulgaria and the Democratic People's Republic of Korea.

During the visit, talks were held between the First Secretary of the Central Committee of the Bulgarian Communist Party and Chairman of the State Council of the People's Republic of Bulgaria, Todor Zhivkov, and the Secretary General of the Central Committee of the Korean Labor Party and President of the Democratic People's Republic of Korea, Kim Il Sung. The talks were attended by:

On the Bulgarian side: member of the Politburo of the Central Committee of the

Bulgarian Communist Party and Chairman of the Council of Ministers, Stanko Todorov; member of the Politburo of the Central Committee of the Bulgarian Communist Party and Chairman of the National Council of the Fatherland Front, Pencho Kubadinski; member of the Politburo of the Central Committee of the Bulgarian Communist Party and Deputy Chairman of the State Council, Ivan Popov; the secretary of the Central Committee of the Bulgarian Communist Party, Konstantin Tellalov; candidate member of CC of BCP, Deputy Chairman of the Council of Ministers and Chairman of the State Planning Committee, Kiril Zarev; member of CC of BCP, First Deputy Minister of National Defense and Chief of the General Staff of the Bulgarian Armed Forces, Colonel-General Atanas Semerdzhiev; candidate member of the Central Committee of the Bulgarian Communist Party and First Deputy Minister of Foreign Affairs, Andon Traykov; member of CC of BCP and chairman of the Union of Bulgarian Writers, Panteley Zarev; member of CC of BCP and Ambassador Extraordinary and Plenipotentiary of Bulgaria to the DPRK, Hristo Kelchev.

From the Democratic People's Republic of Korea: Member of the Political Committee and Secretary of the CC of Korean Labor Party, DPRK Vice President, Kim Don Gyu; Member of the Political Committee and Secretary of the CC of the Korean Labor Party, Chief of the General Staff of the Korean People's Army, Army General O Din Wu; candidate of the Political Committee and secretary of the CC of the Korean Labor Party, Liu Dian Sik; member of CC of the Korean Labor Party, DPRK Administrative Council Vice President and Foreign Minister Ho Dam; member of CC of Korean Labor Party and Foreign Relations Minister, Chong Song Nam; and DPRK Ambassador Extraordinary and Plenipotentiary to People's Republic of Bulgaria, Li Zong Hwang.

During the negotiations, which took place in an atmosphere of brotherly friendship and companionship, the delegations were informed about the situation in their countries and exchanged views on the further development of relations of friendship and cooperation between the Korean Labor Party and the Bulgarian Communist Party, between the People's Republic of Bulgaria and the Democratic People's Republic of Korea and the peoples of both countries, on international issues of common interest, as well as on issues of the international communist and labor movement.

Both parties noted with satisfaction that after the October 1973 meeting between the First Secretary of the Central Committee of the Bulgarian Communist Party and Chairman of the State Council of the People's Republic of Bulgaria, Comrade Todor Zhivkov, and Secretary General of the Central Committee of the Korean Labor Party and President of the Democratic People's Republic of Korea, Kim Il Sung, the political, economic and cultural relations between the two countries have been considerably expanding on the basis of the principles of the Marxism-Leninism and proletarian internationalism.

Noting with satisfaction the strengthening of the ties between the two parties, the two countries expressed their readiness to further develop these ties and cooperation.

Both delegations noted the continuous development of economic cooperation between the two countries and the contribution made in this regard to the Intergovernmental Bulgarian-Korean Advisory Committee on Economic and Scientific and Technical Issues. They underlined the importance of the agreement between the two countries for the development of economic cooperation until 1985.

The Bulgarian side highly appreciated the achievements of the Korean people, who, under the leadership of the Korean Labor Party, vigorously unleashed the socialist revolution and socialist construction, and in a short time turned their backward country into a socialist state with a modern industry and advanced agriculture, into one of the most developed countries in Asia. Bulgaria wished the Korean people more success in the early implementation of the six-year plan, adopted by the Fifth Congress of the Korean Labor Party, to gain new heights in building socialism.

The Korean side praised the socio-economic and cultural progress achieved by the Bulgarian people under the leadership of the Bulgarian Communist Party, and wished greater success in implementing the Program for the construction of a developed socialist society, adopted at the Xth Congress of the Bulgarian Communist Party.

The Bulgarian side reaffirmed its support for the 5-point program for the reunification of Korea, raised by Comrade Kim Il Sung, and insisted that the resolution of the issue of the reunification of Korea should be carried out on this basis, without external intervention, on a Democratic basis and in a peaceful way. The Bulgarian delegation strongly condemned the attempts of the imperialists and the puppet clique of Pa-Joon Hee to perpetuate the division of the country by creating "two Koreas", and insisted on the immediate withdrawal of all foreign troops hiding under the UN flag from South Korea. The delegation demanded the immediate end to the fascist repression of South Korean rulers against the people and the South of Korea and expressed its full support for its just struggle for democratic transformation and peaceful unification of the country.

The Korean side supported this peaceful policy of the People's Republic of Bulgaria aimed at establishing good-neighborly relations in the Balkans, at strengthening peace and security in Europe and around the world, at developing relations with countries with different social order based on the principles of peaceful coexistence.

In an exchange of views on international issues, the two sides noted the correctness of the assessment of the development of the main guidelines of the international situation, made in a joint communiqué, published after the negotiations between Comrade Todor Zhivkov and Comrade Kim Il Sung in October 1973. The parties noted that the world was continuing to develop in favor of socialism and democracy, of the world revolutionary process, and unfavorable to imperialism and reactionary forces. The positions of imperialism are weakening, and capitalism is in a deep crisis. At the same time, recognizing that capitalism has not changed its aggressive nature, the two countries emphasized the need to further unite all anti-imperialist forces in defense of the conquest of peoples and peace in the world.

Both sides noted the need to continue their efforts to strengthen the unity of the socialist countries, the main revolutionary force of the era, and of the international communist and labor movement based on Marxism-Leninism and proletarian internationalism.

The countries noted the historic significance of the victory over German fascism and Japanese militarism, won 30 years ago thanks to the Soviet Army and the anti-fascist struggle of many peoples in the world.

The countries noted the positive results of the fight for peace and security in Europe, thanks to the persistent efforts of the European peoples and, above all, of the socialist countries.

The two delegations expressed their support for the progressive and democratic forces in Portugal and Greece, which have overthrown the fascist dictators and are fighting for progressive social transformations.

The two countries warmly welcomed the peoples of Vietnam and Cambodia, who had won a historic victory over the imperialists and internal reaction, and had achieved complete liberation for their countries. The delegations expressed full solidarity with the Indo-Chinese people in their continued struggle for unity, independence and prosperity.

The People's Republic of Bulgaria and the Democratic People's Republic of Korea reaffirmed their solidarity with the Arab people's struggle against imperialism and Zionism. They are calling for the release of all Arab territories occupied by Israel, for the restoration of the national rights of the Arab people of Palestine.

The two countries welcome the victory of the peoples of Angola, Mozambique and Guinea-Bissau, the islands of São Tomé, Príncipe and Green Cape, which have freed themselves from colonial rule after a long, selfless struggle. They expressed their support for the struggle of all peoples of Asia, Africa and Latin America against imperialism, colonialism and neo-colonialism for national independence and social liberation.

The delegations expressed their solidarity with the struggle of the working class and the workers in capitalist countries against class oppression and exploitation, for democracy and socialism.

The two parties are pleased to note that the current visit of the DPRK Party-Government delegation, led by the Secretary General of the Central Committee of the Korean Labor Party and President of the DPRK, Comrade Kim Il Sung, represents a new and important milestone for the further development of friendship and cooperation in all areas between the parties, governments and peoples of the two countries, and is a major contributor to strengthening cohesion between the socialist countries and the international communist and workers' movement.

The Korean side expressed its appreciation to the Bulgarian Communist Party, to the Government and to the people of the People's Republic of Bulgaria for the warm welcome and hospitality of the party-government delegation of the Democratic People's Republic of Korea.

42. CSA of RB, F. 1B, In. 81, a.u. 37.

TO

THE CENTRAL COMMITTEE

OF THE BULGARIAN COMMUNIST PARTY

FOREIGN POLICY AND INTERNATIONAL RELATIONS DEPARTMENT

Attached is information about the visit of the delegation of the Ministry of Foreign Affairs of the DPRK, headed by O Man Sok, Head of First Department, to the People's Republic of Bulgaria.

DEPUTY MINISTER:

Sofia, 5 April 1982

INFORMATION

From 25 to 29 March 1982, a delegation of the DPRK Ministry of Foreign Affairs, led by the Head of First Department, O Man Sok, visited our country. The visit was initiated by the Korean side. Members of delegation were Tian Se Bok, Head of Section "Bulgaria and Romania", and Li Chan Muk, Head of Section "Czechoslovakia and Hungary" at the DPRK Ministry of Foreign Affairs.

During its visit, the delegation was received by the Deputy Minister of Foreign Affairs, Comrade Marin Yotov. They also visited the town of Pleven, where they had a meeting with the Deputy Chairman of the Regional People's Council, Angel Borisov, explored the sights of the city, and the machine-building complex "N.Y. Vaptsarov".

During the meeting with Comrade Marin Yotov and the talks with the Head of the Fifth Department, Petar Valkanov, which were also attended by DPRK Ambassador to Sofia, Zo San Muk, O Man Sok praised the Bulgarian-Korean relations, characterizing them as "a model of relations between two socialist countries". He noted that bilateral relations were developing in accordance with the agreements reached between Comrades Todor Zhivkov and Kim Il Sung at the meetings in Pyongyang and Sofia, in 1973 and 1975 respectively.

The exchange of New Year greetings between Comrades Alexander Lilov and Kim Jong Il, and the congratulations from the party and state leadership of the People's Republic of Bulgaria to Kim Jeon Il, on the occasion of his 40th anniversary were qualified by O Man Sok as "extremely joyful moments" in deepening bilateral relations. It was pointed out that Kim Jong Il personally monitored Bulgarian-Korean relations and gave specific instructions for their further development.

Highlighting the willingness of the Korean side to further deepen and expand relations between the People's Republic of Bulgaria and the DPRK, O Man Sok suggested more intensive exchange of visits between the two countries and asked that the Ministry of Foreign Affairs assist in arranging the visits of Comrade Dobri Dzhurov and Comrade Stanko Todorov to DPRK. In this regard, he said that during the past year the Korean delegations which visited our country were more in number and at a higher level.

In connection with the exchange of invitations between the foreign ministers, both countries suggested that Petar Mladenov's visit to the DPRK preceded that of Ho Dam in Bulgaria. He confirmed the invitation to the Head of the Fifth Division to visit the DPRK.

Elaborating on the political and economic situation in the DPRK, O Man Sok said that socialist construction was very successful, people worked vigorously to implement the decisions of the 6th Congress of the Korean Labor Party, to revolutionize the entire society and transform it according to the working class model, which has led to a rise in revolutionary enthusiasm and confidence in the Korean Labor Party. Ideological and political cohesion around Kim Il Sung and Kim Jong Il was becoming stronger.

O Man Sok talked extensively about the "anniversaries" that the Korean people are celebrating this year, namely:

- Kim Il Sung's 70th anniversary;
- Kim Jong Il's 40th anniversary, and
- the 50th anniversary of the Korean People's Revolutionary Army.

He pointed out that Comrade Kim Il Sung's 70th anniversary will be celebrated as the DPRK's "Greatest National Day". This holiday will also be widely celebrated by friends of the Korean people abroad. Emphasizing that all the events for the 1300th anniversary of the Bulgarian state, the 90th anniversary of the Bulgarian Communist Party, and Comrade Todor Zhivkov's 70th anniversary were conducted in the DPRK under the direct leadership of Kim Jong Il, O Man Sok requested that a solemn celebration be organized, a stamp be printed, and other events be planned to commemorate the 70th anniversary of Kim Il Sung. This request was repeated several times. Korean Ambassador Zo San Muk, referring to the talks at the Central Committee of the BCP, expressed his firm conviction that a meeting for Kim Il Sung would be held.

O Man Sok briefed on the situation on the Korean Peninsula, stressing that as a result of the intensified military-provocative policy pursued by the US and the marionette regime of South Korea, the situation in the region was extremely tense. The United States was deploying a lot of weapons in the area, including nuclear. Currently, there were more than 1000 nuclear warheads in South Korea. The dictatorship of the South Korean regime and the preparation for war were intensifying. 40% of South Korea's budget was earmarked for military use. Joint US-South Korean "Team Spirit" maneuvers were conducted annually.

O Man Sok elaborated on the idea to create Confederate Democratic Republic of Coryo, which was the main purpose of his visit. He stated that the main idea of the proposal was to build the Confederation, where based on the mutual recognition of the two ideologies and systems by the North and the South, a single national government with representatives of both parts will be set up, while maintaining the system of self-government, with equal rights and obligations. The past period proved the rationality, correctness and fairness of this proposal, since it took into account the real situation in the country and was in accordance with the specific conditions and interests of the two parts. "Unfortunately, some of the friends, O Man Sok said, view the proposal as a mechanical merger of the socialist system with the capitalist one." It was stated that at this stage there was no other way to unite the country but to establish a North-South Confederation, and that the proposed "neutral policy of the Confederacy did not mean that the Korean people would abandon the socialist system that had been accomplished with the blood of so many victims. On the contrary, it will strengthen the socialist system."

He regretted that, despite the numerous clarifications, to date, the PR Bulgaria had not expressed official support for the proposal.

Many Korean friends wonder why given these exemplary brotherly relations existing between the two countries, Bulgaria has not explicitly supported the DPRK's Confederation initiative yet.

Expressing his gratitude for the brotherly support and solidarity of the Bulgarian people with the struggle of the Korean people for the peaceful and democratic unification of Korea, O Man Sok repeatedly urged the People's Republic of Bulgaria to state explicitly in the mass media its position on the proposal to build the Confederate Republic of Koryo. The ambassador and Tian Se Bok requested that our country's support for "the Confederation" be highlighted along with other printed articles about Korea.

O Man Sok qualified as a farce the recent initiatives of the South Korean administration. Seoul's goal was to break out of international isolation, perpetuate the country's division, and create "two Koreas." With regard to this, the South Korean regime did its best to penetrate into the brotherly socialist countries and make them recognize two Koreas. These proposals contained nothing new. "Unfortunately, O Man Sok said, some friends tell us that if we want reunification, we must accept the proposals and start discussions with Chong Du Hwang." He emphasized that Chong Du Hwang was not the person to negotiate with. He can only be approached for talks if he apologizes to the Korean nation and joins the people. If Democratic leaders come to power in South Korea, then the DPRK will talk to them. To conduct talks on the establishment of the Confederation, the DPRK proposes the establishment of a Consultative Body for the Unification of Korea, comprising 100 prominent political figures from the North and the South, without representatives of the Chong Du Hwang regime.

O Man Sok requested that our country condemn Seoul's policy and stop any intentions of the military regime to break out of isolation and establish contacts with the People's Republic of Bulgaria.

Following the decision of the International Olympic Congress to organize the 24th Olympic Games in Seoul, O Man Sok stated that Chong Du Hwang's regime wanted to use the Olympic Games to achieve their evil goal - the recognition of two Koreas. O Man Sok asked the fraternal socialist countries to do everything possible to fail the Olympic Games in South Korea.

With regard to international affairs, O Man Sok focused mainly on US aggressive policies. He stressed the need for the unity of the socialist countries to maintain peace and security in the world. "Unfortunately, he said, because of the split of the socialist countries and the international communist and labor movement, they cannot play the role assigned to them. He stated that the DPRK was for the dissolution of all military blocs, for the elimination of all military bases in foreign territories, for the withdrawal of troops from the territories of other countries, for the creation of peace and non-nuclear zones. The DPRK supported the Bulgarian proposal to make the Balkan Peninsula a non-nuclear zone.

On our part, we shared the evaluation of the successful development of the Bulgarian-Korean relations in the spirit of the agreements between the first party and state leaders of both countries. We pointed out our consistent policy of support and solidarity with the Korean people's just struggle for the withdrawal of US troops from South Korea, for the democratization of South Korean society, for the peaceful and democratic unification of Korea. The Korean Labor Party and the Korean people are the ones to determine the forms and methods of achieving these goals.

The guests were briefed on some foreign policy issues in our country. There was hope that the Korean side would express more and more clearly its support for Bulgaria's policy in the Balkans and in Europe.

The following specific questions were put forward:

1. The celebration of the 100th anniversary of Georgi Dimitrov in the DPRK. In response, O Man Sok stated that Georgi Dimitrov was widely known in Korea and his anniversary would be adequately celebrated. He indicated that they were awaiting proposals from our embassy in Pyongyang.
2. Korean participation in the Children's Assembly "Banner of Peace", the International Writers' Meeting "Sofia-82", the Theater of Nations, and other international events in our country.

Sofia, 31 March 1982

43. CSA of RB, F. 1B, In. 60, a.u. 337.

OFFICIAL TALKS

between the Party and State delegation from the People's Republic of Bulgaria, led by General Secretary of the Central Committee of the Bulgarian Communist Party and Chairman of the State Council TODOR ZHIVKOV, and Party and State delegation from DPRK, led by General Secretary of the Korean Labor Party and President of DPRK KIM IL SUNG

15 June 1984 - Boyana Residence

Talks were attended by:

From the Bulgarian side - member of Politburo of CC of BCP and Chairman of the Council of Ministers of the People's Republic of Bulgaria, Grisha Filipov; member of Politburo and Secretary of CC of BCP and member of the State Council, Milko Balev; member of Politburo of CC of BCP, member of the State Council and Chairman of the National Council of the Fatherland Front, Pencho Kubadinski; member of Politburo of CC of BCP and Foreign Minister, Petar Mladenov; Secretary of CC of BCP, Dimitar Stanishev; Secretary of CC of BCP and member of the State Council, Emil Hristov; Deputy Chairman of the Council of Ministers and Minister of Production and Trade with consumer's goods, Georgi Karamanev - Chairman of the Bulgarian side of the Consultative commission on economic and scientific and technical issues between the governments of the People's Republic of Bulgaria and DPRK; the Extraordinary and Plenipotentiary Ambassador of PR Bulgaria to DPRK, Vassil Hubchev.

From the Korean side – member of Politburo of the CC of the Korean Labor Party and Chairman of the Administrative Council of DPRK, Kang Seong San; member of Politburo of CC of the Korean Labor Party and Vice-President of DPRK, Lee Chen Ok; member of Politburo of CC of the Korean Labor Party, Deputy Chairman of the Administrative

Council of DPRK and Foreign Minister of DPRK, Kim Yeong Nam; member of Politburo of CC of the Korean Labor Party, Yeun Hyeong Muk; candidate member of Politburo of CC of the Korean Labor Party and Deputy Chairman of the Administrative Council of DPRK, Kwon Jin Tae; the Extraordinary and Plenipotentiary Ambassador of DPRK to Bulgaria, Ha Dong Yoon.

TODOR ZHIVKOV:

Dear Comrade Kim Il-Sung,

Dear Colleagues,

Comrades,

It is a great honor and pleasure for me on behalf of the Central Committee of our Party, the State Council, the Government, on behalf of our people to welcome you cordially, to thank you for accepting our invitation and being a dear guest of the People's Republic of Bulgaria.

KIM IL-SUNG:

Thank you.

TODOR ZHIVKOV:

I am deeply convinced that your visit and these meetings will give us a new impetus in the further development of the relations between our two parties, our two countries, our two nations. This is confirmed by the very fact that, in connection with the talks we will be conducting here in Bulgaria, we will sign two important documents - a treaty for friendship and cooperation, and a Prospective Economic Cooperation Plan. Your visit will become historical in this respect. Of course, without abusing the historical assessment. Though it is true that it will raise our cooperation even further.

I would like to point out in the beginning that we are pleased with the friendly relations between our two parties and our two countries. I am deeply convinced that while you and I are in these positions, these relations will develop in the same way and those who come after us will not be able to change them, will not be able to make a coup because there is a strong foundation in the relationship between our two countries, between our peoples.

Now, how shall we proceed to this meeting between the two delegations? Maybe we can briefly inform each other and then agree to start work.

KIM IL-SUNG:

Yes, all right.

TODOR ZHIVKOV:

Then, if there are no objections, you are our guest and we give you the floor. Of course, we will not object if you want us to start with the information.

KIM IL-SUNG:

I will start.

TODOR ZHIVKOV:

Good.

But first, cheers!

Cheers, comrades!

KIM IL-SUNG:

Dear Comrade Todor Zhivkov,

Dear comrades and responsible leaders from the Bulgarian Communist Party and the Government,

First of all, I would like to thank you cordially, Comrade Zhivkov, on behalf of the Central Committee of the Government of the DPRK for the kind invitation to visit your country.

I would like to thank you warmly and to express our excitement and gratitude for the warm welcome since our first step made on Bulgarian ground. Although our train arrived late in the evening, we were welcomed very well. Yesterday we spent a very nice evening in your country. We were given the opportunity to spend 4 days in a pleasant venue, to be met and welcomed by many citizens at the various stations where our train passed, and also by many citizens in Sofia, for which we are sincerely thankful.

All members of our delegation were touched by this welcome. We believe that this is a sign of the warm feelings of the Bulgarian people towards the Korean people. This is also a brilliant demonstration not only to the people of both countries, but also to all progressive people around the world of the friendship that exists between our two countries.

Along with all that pleased us so much was the fact that our reception was a demonstration of the solidarity of the Bulgarian people and the Central Committee headed by comrade Todor Zhivkov, which is a good sign not only for us but also for all the progressive people in the world. This is a brilliant demonstration not only to our peoples, but also to the peoples of the other progressive countries.

I would also like to apologize for having overtaken the already agreed visit of other people in our country. Of course, regardless of everything that was agreed on, I think it is not bad that I came first to your country.

TODOR ZHIVKOV:

We welcome you here.

KIM IL-SUNG:

Thank you.

The purpose of our visit to your country is, first, to further strengthen the friendship between our two nations. Secondly, to learn about your success and to exchange experience how to build a developed socialist society, and thirdly, to enhance bilateral economic relations.

Now, as has already been said, as a result of the successful development of our political relations, we will sign a Treaty of Friendship and Cooperation. We have come to know the successes achieved by your country and we are ready to enhance our economic relations to a higher level by signing the long-term agreement.

With your permission, I would like to briefly introduce you to the political situation in our country, as well as to the situation in South Korea. And, of course, if there is opportunity and time available, I will gladly share our ideas about the prospects and the future development of our country, as well as about the neighboring countries.

I would like to tell you about the situation in our country. / I resume because, as we have already agreed, we will continue the talks tomorrow./

After your visit to DPRK in 1973, Comrade Zhivkov, there have been a number of changes, our country has been developing. As you know, we are building a socialist society in the DPRK and simultaneously providing assistance and support to the revolution in South Korea. In other words, I can claim that the construction of socialism in our country is successful.

In 1980, the Sixth Congress of the Korean Labor Party was held. At the Sixth Congress, new goals were set before our country. In fact, the accomplishment of these goals will contribute to the further development of our country and the achievement of the highest level of development in the late 1980s.

The prospective tasks that we have to accomplish by the end of the 1980s are enormous.

At the end of the 1980s, our country is expected to produce 100 billion kWh of electricity, 120 million tons of coal, 15 million tons of steel, 1.5 million tons of non-ferrous metals, 20 million tons of cement, 7 million tons of chemical fertilizer, 1.5 billion tons of fabric, 5 million tons of sea products, 15 million tons of grain, and about 300 thousand hectares of new land shall be acquired from the coastline.

In fact, this would represent a 2-fold increase compared to current production, and in some sectors an increase of 30-40%.

In this contradictory situation, we cannot help but develop our economy at this fast rate. We are willing and we are doing our best to make our economy much better than that of South Korea.

To accomplish these tasks, we are forced to carry out the three major revolutions: Ideological Revolution, Technical Revolution, and Cultural Revolution.

The conditions for the ideological revolution are very good. The very fact that we opposed our enemies creates favorable conditions. We claim that this helps the ideological upbringing. We do this for the victory of the socialist over the capitalist ideology. If we successfully implement the ideological revolution, this will enable our enemies to carry out their anti-communist and anti-socialist actions.

So far, we assess our successes as very good. The whole nation is armed with communist ideas. Everyone lives and works according to the working class model, and all the people are engaged in party politics. This helps to strengthen discipline, party life, to consolidate the organizational life of trade unions, rural organizations, the youth organization and the pioneer organization. All this helps to strengthen the organizational life of our entire nation.

Therefore, we regard the political environment in our country at this point as very good; all people are united as one. I can tell you with satisfaction that there are now no contradictions, nor factional struggles in our party, as we had in the past. Everyone is mobilized and ready to fight.

As you know, in the past our country was lagging behind economically and technically. We faced the challenges of technical development. That is why one of our main goals in order to achieve these two tasks is to conduct the technical revolution.

As you know, after the war we started restoration work from the ashes. We are still struggling with the construction of socialism and, with the help of the socialist countries we have built a solid base that enables us to develop further. And we believe that at the moment with the introduction of new technologies on the basis of the existing economic foundation we will be able to conquer new peaks.

At the Sixth Congress of the Party, analyzing the situation, it was stated that in order to conquer these peaks in our economic and technical development, we must first increase non-ferrous metal production. Based on local raw materials, capital investments, and with the increase of non-ferrous metal production, we can make success. The fulfillment of these challenging tasks will help to solve the problem of the foreign currency.

First, we need to increase lead and zinc production to 1 million tons based on raw materials available to our country, and copper to 20 thousand tons.

[…]

We believe that during our visit, experts from both countries should also discuss the issues that, on the basis of bilateral cooperation, can help to fulfill the tasks of the technical revolution in our country. We have come here with the intention to seek your cooperation to solve some of these issues.

The other revolution is the Cultural Revolution.

As you know, our country was lagging behind and we did not have any technical staff. As a result of the work done so far, we can say that we have already prepared more than 1 million specialists. We believe that in order to enhance the technical competences of our cadre, we can cooperate with the socialist countries and also send specialists to some capitalist countries. We believe that our specialists can come to your country and learn, specialize, while your specialists can visit our country to deliver lectures. Raising the level of our specialists, their knowledge, will help us to accomplish our goals.

By expressing our gratitude for the technical assistance with specialists provided to us during the war as well as during the restoration period, we hope that you will be willing to help us now to enhance the skills of our specialists. Many of the children and students who were accepted by your country during and after the war are now working as specialists in various businesses in our country. If you provide us with help one more time, we will be able to solve the problems of our technical revolution.

One of the tasks assigned to the Sixth Congress of the Korean Workers' Party was to increase the number of intelligentsia and train new staff. Overall, we can say that the situation in the DPRK is good in this respect. From a political point of view, the whole nation is united. From an economic point of view, the situation is also good, but to raise our economic development to a new stage, it is necessary to do a lot of work.

Taking this opportunity, I want to express our opinion that the Comrades Prime Ministers and other specialists have to meet and talk about the basics of economic co-operation between our two countries. It is all about the possibilities of your country. As you can see, my delegation includes Comrade Prime Minister, Comrade Vice President, and Secretaries of the Central Committee of the Korean Workers' Party. If you do not mind, I will ask you to give them time to discuss this.

In short, I would like to familiarize you with the situation in South Korea. Since this issue has been clear from the past, I will be very concise.

As you know, the situation in our country is tense. During Carter's tenure, he made statements that he was ready to withdraw half of the US contingent from South Korea. After Reagan took office, the situation changed, and instead of reducing the contingent, Reagan began to import new weapons. Under the excuse of the perceived threat of invasion to the south, each year, they conduct major military maneuvers in South Korea. We have repeatedly explained that there is absolutely no threat of our invasion to the South and we have absolutely no intention to attack. We have repeatedly proposed, for the purpose of preserving the social order in both parts - in the DPRK and in South Korea - as a result of the establishment of a national federation headed by a National Committee chaired by both parties to build a Confederate republic which will facilitate the reunification. However, their response was that this was a lie and the proposal was rejected. In fact, we have no power to invade South Korea. We have no power because their weapons are more advanced than ours. Their army is between 700,000 and 1 million strong. Along with the reserve army - I mean the volunteers - they are about 3 million people. In addition, a US contingent of 40-44 thousand troops is located in South Korea and they are armed with atomic weapons. Furthermore, the population of South Korea is much larger than ours. The population of South Korea is about 30 million, while our population is 17 million.

Nonetheless, Americans, in order to deceive the public opinion, are constantly claiming that we are preparing to attack South Korea, and based on this assumption they are constantly importing modern nuclear weapons into Korea and conducting the so-called team spirit maneuvers 1983 and 1984. About 100,000 American troops participated in the last maneuvers. In fact, Americans are doing their best to keep the tension on the Korean Peninsula.

Thus, on January 13 this year we offered the United States tripartite negotiations in order to replace the truce agreement with a peace treaty. Also, to sign a declaration between South Korea and DPRK for non-aggression and downsizing the armies of both parties to 150,000 troops.

During Carter's tenure, a joint statement with the DPRK proposed tripartite talks on the reunification of Korea. Of course, the content of the proposal is different from ours. But to date we have not received a response from the US side on our proposal. We have not received an official response, however during Reagan's talks in China, he offered quadrilateral talks: China, USA, South Korea, and DPRK. The Chinese did not accept this proposal. They said they had no army in Korea; the US had its own army in South Korea. In addition, the ceasefire agreement was signed by the DPRK and the United States. In 1953, the Chinese also signed the agreement, though as observers. And because there are no longer volunteers in Korea, their participation in talks, according to their country, is not necessary. We have not yet received an official response from the US side.

Then, at this moment, they are offering talks between South Korea and the DPRK. Of course, we can have talks with South Korea, but at present South Korea has no rights. They have no right to sign a peace treaty. Even a declaration of mutual non-aggression cannot be signed since under the Joint Command of the South Korean Army, under the leadership of an American Commander-in-Chief, they have no right to sign such a declaration. They can only receive directions, which means that the US does not want to talk to us and does not want to sign a peace treaty. Also, the declaration of mutual non-assault cannot be signed.

In other words, in this situation, we understand that the US wants to continue to reside in South Korea to use it as a colony. And we believe that this issue will continue to be the case in the future. For years, the issue will remain unresolved in the absence of a revolutionary struggle in South Korea and no pressure from the public opinion in the world.

Along with this, there has been a change among the people of South Korea. In the past, after the liberation, the South Korean population had a pro-American attitude. Now, however, people's attitudes have become anti-American. Every day, the people's struggles in South Korea are increasing. At the same time, after Chun Tu Huang came to power, all the progressive and democratic forces in South Korea were defeated. One of the leaders of the democratic opposition was taken into the United States in order not to create obstacles for the pro-American administration in South Korea. Another one is in jail.

Although there is an ongoing struggle in South Korea, we believe that it needs to be further intensified. According to our reports, the Americans intend to oust Chun Tu Juan. Therefore, despite the efforts, no such talks can be held.

I take this opportunity to express our gratitude for the support your country has rendered to all our proposals, including the proposal to hold tripartite negotiations.

This is all I just wanted to share with you.

Regarding the situation in the region and the neighboring countries, I would like to continue some other time. With this I would like to finish.

I really appreciate your attention.

Thank you.

TODOR ZHIVKOV:

Thank you for the information, Comrade Kim Il-Sung. It was very interesting. We are pleased with your great successes achieved under your leadership. We are aware of them. You have now informed us about the ambitious goals you have set to accomplish in the near and long term. We are ready to further cooperate; the chairmen of the Councils of Ministers of our two countries, as well as the rest of our and your comrades are ready to discuss a number of issues to stimulate our economic cooperation. We are ready within the scope of our opportunities to go for a wide discussion.

As far as your Korean Peninsula is concerned, the problem of Korea's unification, you know that we have always supported your idea of reunification, we support it now and we will support it in the future.

Now, let me briefly inform you about the tasks that we are working on.

The efforts of our country, of our people, of our working class, of the agricultural workers and of our intelligentsia, are aimed at implementing the decisions of the XII Congress of our Party.

This year is the fourth year of implementation of the Congress decisions. We have to say that we have no particular difficulties. We are successfully implementing the socio-economic program worked out by the Congress. We have no particular difficulties in the development of the economy, we have no social problems, and we have no ideological problems. The situation in our country is stable both in the party, and among the people. Our responsibilities are somewhat bigger than yours.

[…]

For several years, but mostly last year, we have been conducting in the country a series of events to improve the management of the economy and all areas of our development. We provisionally called this a new economic approach and a new economic mechanism. We have not completed it, but what we have done so far proves its correctness and gives good results. This is one of our broad and comprehensive concepts. I will not elaborate on it now, but if you are interested, your specialists can be introduced to it.

For the first time in our country, this approach is taking place on such a large scale.

As far as the problems of the Cultural Revolution are concerned, it can be claimed that this process is completed in our country. Everywhere in Bulgaria - among the working class, the agricultural workers, the intelligentsia - Marxism-Leninism is a dominant ideology. There is no other ideology in Bulgaria. These problems are resolved in our country.

Issues related to personnel training are also resolved. We are now undertaking a major reorganization of the education system. In other words, we have started it, but it is not over yet. We are adopting the idea of Lenin and Marx for the single polytechnic school. Gradually, we will move towards a unified education system for the whole young generation. It will not be as it is now – some go to high school, others study in vocational schools, some students attend technical schools, and finally they get a job and start work.

A similar reform will be conducted in the higher education sphere as well.

So, these are the main issues we are dealing with now in Bulgaria. I cannot say that all of this is going perfectly smoothly, but we are constantly looking for new ways, new forms, and new approaches in order to improve the leadership of both the economy and our overall development. And we have to say that in view of the size and capabilities of the country we have created a significant pool of experts in production and science.

Currently, in some areas of technical progress, we are leading among the socialist countries. This is also important for our country.

It is a significant fact that the situation in our country is calm; the people are confident and optimistic. We have no issues within the Party, in the working class or among the young people. Of course, some minor phenomena still occur because there is still an enemy contingent in Bulgaria; however, it is diminishing and has no influence on the country's development.

As for the Balkan Peninsula, we are in the center of the Balkans - fortunately or unfortunately. As you know, we are conducting our foreign policy in harmony with the other fraternal member states of the Warsaw Pact.

We are in the center of the Balkan Peninsula, and in some aspects, our line does not exactly match the line of other socialist countries. We have to say that our relations with all countries are developing well - with Turkey, Greece and Romania. With Romania, we meet with Comrade Ceausescu at least once, sometimes twice a year. We maintain good relations with Yugoslavia regardless of the so-called Macedonian question. There is no reason why our relations should not be good. The Prime Minister of Yugoslavia is visiting us next month.

As you know, we came up with the idea of making the Balkans a nuclear-free zone. This idea is gaining more and more supporters. But we have information that the Turks, under the pressure of the United States, have agreed to install cruise missiles in Turkey.

So, we are realistic in our approaches. No matter how optimistic we are, we need to be aware of the realities. At the moment, there is class struggle, it is not something different. It is a struggle between socialism and capitalism. So, capitalism is also present here in the Balkans.

But as far as the other countries are concerned, we maintain good relations with all the socialist countries - both those in the Warsaw Pact, and those outside the Warsaw Pact, including Albania and China. We will discuss with you some specific aspects.

This is just a brief overview, not to keep your attention for too long, and we remain at your disposal. We will provide information on everything that interests you in Bulgaria. This also applies to our weaknesses as far as you can see them. We have successes, but in addition to our positive sides, we also have weak sides.

I believe that we can give your and our comrades the opportunity to draft the two documents that we have been discussing, as well as to agree on all other questions, so that at the final meeting we could report on them and sign the documents.

At 20.30 we invite you to a reception in your honor.

KIM IL-SUNG:

We appreciate it.

TODOR ZHIVKOV:

I spoke briefly because time is running.

KIM IL-SUNG:

Comrade Minister said he would invite you to our country, but we have already talked about it.

TODOR ZHIVKOV:

Next year, I will visit your country. Even if you do not invite me, I'll come. We have agreed that after Korea I will visit Mongolia. I have informed Tsedenbal that I am not going to Korea, and we will postpone the visit for the next year, and he has agreed. Thus, we have agreed with Comrade Tsedenbal to postpone this year's visit and next year we will combine it - after Korea, I will visit Mongolia.

KIM IL-SUNG:

We will welcome you.

44. CSA of RB, F. 1B, In. 68, a.u. 590.

PROTOCOL "A" №590
FROM THE MEETING OF THE POLITBURO OF THE CC OF BCP
19 JUNE 1985

Present comrades:

Todor Zhivkov, Grisha Filipov, Dobri Dzurov, Yordan Yotov, Milko Balev, Ognyan Doynov, Stanko Todorov, Todor Bozhinov, Chudomir Aleksandrov, Andrey Lukanov, Georgi Atanasov, Georgi Yordanov, Grigor Stoichkov, Dimitar Stoyanov, Petar Dyulgerov, Stanish Bonev, Stoyan Karadzhov, Dimitar Stanishev, Stoyan Mihaylov, Kiril Zarev and Emil Hristov.

Also present:

Petar Tanchev, Georgi Karamanev, Angel Balevski and Rumen Serbezov.

AGENDA ITEMS:

I. Regarding Todor Zhivkov's visits to the USSR and Japan and regarding the visit of a delegation led by him to DPRK and PRM.

DECISIONS:

Comrade Todor Zhivkov's visits to the Soviet Union and Japan, and the visit of the party-state delegation led by him to the Democratic People's Republic of Korea and the Mongolian People's Republic are highly appreciated.

45. CSA of RB, F. 1B, In. 68, a.u. 590.

SUMMARY

OF THE INFORMATION DELIVERED BY COMRADE PETAR MLADENOV ON THE OFFICIAL FRIENDLY VISIT TO DPRK OF A BULGARIAN PARTY-STATE DELEGATION, LED BY COMRADE TODOR ZHIVKOV (30 May - 2 June 1985)

Comrade Todor Zhivkov and the delegation members were warmly welcomed. The meetings between Comrades Todor Zhivkov and Kim Il-Sung, as well as the two plenary sessions of the delegations, took place in a casual, friendly atmosphere, in a spirit of mutual respect and understanding.

Comrade Todor Zhivkov briefed about the problems our country had to deal with during the past year after the last meeting in Sofia. He explicitly emphasized Bulgaria's participation in the socialist international division of labor, large-scale integration and comprehensive cooperation with the socialist countries, and above all with the Soviet Union.

Comrade Kim Il-Sung reported that the completion of the second seven-year plan for social and economic development in 1984 had been generally implemented, mainly due to the increased production of non-ferrous metals /1.1 million tons/. In some sectors, however, the plans were not completed, and for this reason the third seven-year plan was scheduled to start on 1 January 1987. He stressed that the shortage of electricity and the lack of sufficient manpower were serious problems.

It should be noted that Comrade Kim Il-Sung did not mention the "Juche" idea in the conversations, nor during his speech in front of the people.

The meetings and talks give the impression that, given the exhausted possibilities for extensive development of the economy of the Democratic People's Republic of Korea and the significant lagging behind South Korea, there is growing understanding among the Korean Party and state leadership that the existing economic difficulties and problems cannot be solved solely with their own forces or with the assistance of the People's Republic of China, capitalist and developing countries. Following Comrade Kim Il-Sung's visit to the USSR, the People's Republic of Bulgaria and other socialist countries in 1984, there is a certain tendency of changes in the politics of the Korean Labor Party and the DPRK, of approaching fraternal socialist countries and parties, their positions on major international problems.

Considerable attention was given to the further deepening and expanding of bilateral relations. It is unanimously believed that currently they are developing effectively in different areas.

The Agreement on Commodity Exchange and Payments for the period 1986-1990 was signed. Commodity exchange should increase to 509 million rubles. The ratio of the foreseen exchange of mechanical products is in our favor.

During the discussion of the international situation, Comrade Todor Zhivkov highlighted the most current problems of our time. He expressed our continued support for the constructive initiatives of the Democratic People's Republic of Korea aimed at creating a climate of confidence in the Korean Peninsula and conditions for the unification of Korea peacefully, based on democratic principles.

Comrade Kim Il-Sung elaborated on the situation in South Korea and explained the initiatives of the Democratic People's Republic of Korea with regard to unification.

In his speeches, the Korean leader praised the Bulgarian Communist Party, Georgi Dimitrov, and Comrade Todor Zhivkov. He appreciated the successes achieved by our country in the construction of socialism, the struggle of the Bulgarian people against imperialism and war, and the transformation of the Balkan Peninsula into a nuclear weapon-free zone. He encouraged the efforts of the Party and the Government of the People's Republic of Bulgaria, together with the Warsaw Pact member states, to eliminate the emerging threat of nuclear war and to preserve peace and security. The need for the development of friendship and cooperation between the socialist countries was pointed out as an important guarantee for the acceleration of socialist construction in each of them and the victory of socialism and communism worldwide.

It was noticeable that Comrade Kim Il-Sung did not mention the People's Republic of China - neither in the positive, nor in the negative aspect.

* * *

The visit of the delegation, the talks between Comrades Todor Zhivkov and Kim Il-Sung, and the signed Long-Term Agreement give a new impetus to the development of relations between the two countries based on Marxism-Leninism and socialist internationalism. The talks Comrade Todor Zhivkov had are undoubtedly a contribution to the consolidation, affirmation and development of a number of recent positive trends in the Korean Labor Party policies.

Sofia, June 1985

46. CSA of RB, F. 1B, In. 68, a.u. 590.

MINISTRY OF FOREIGN AFFAIRS

TO
POLITBURO OF THE CENTRAL COMMITTEE
OF THE BULGARIAN COMMUNIST PARTY

Comrades,

At the invitation of the Central Committee of the Korean Labor Party and the Central People's Committee of the Democratic People's Republic of Korea, from May 30 to June 2, 1985, a Bulgarian Party-state delegation led by Comrade Todor Zhivkov made an official friendly visit to the DPRK. It was in response to the visit of a delegation led by Comrade Kim Il-Sung in1984.

Comrade Todor Zhivkov and the members of the delegation were warmly welcomed: almost all members of the party and state leadership, led by Kim Il-Sung, came to the airport; tens of thousands of people enthusiastically welcomed the guests to Pyongyang and during their visit to Nampo; the slogans read appeals for the all-conquering banner of Marxism-Leninism, for the unity of the socialist countries and international communist movement, etc.; despite the accepted principle of reciprocity, the Korean side had included in its delegation five members and one Politburo candidate; the rally in Pyongyang's central square was grand; the media covered the visit thoroughly.

The meetings between Comrades Todor Zhivkov and Kim Il-Sung, as well as the two plenary meetings of the delegations, took place in a casual, friendly atmosphere, in a spirit of mutual respect and understanding.

Comrade Todor Zhivkov spoke about the problems in our country during the past year after the last meeting in Sofia, and in particular about the February Plenum on scientific and technical progress, as a key problem of the further development of the socialist society, which will be the focus at the forthcoming XIII Congress; about the March Plenum dealing with agriculture. He stressed that our economy is strong and has real opportunities and reserves to reduce the negative effects of winter and spring drought. The Korean side was also informed of our experience in building small and medium-sized enterprises that could be of interest to other socialist countries. Speaking about the successes, challenges and prospects in our economic development, Comrade Todor Zhivkov explicitly emphasized the importance of Bulgaria's participation in the socialist international division of labor, of large-scale integration and comprehensive cooperation with the socialist countries, and above all with the Soviet Union.

Comrade Todor Zhivkov pointed out that in the domestic political sphere there are no problems in our country, that the people are united, the party is strong, the mood of the working people is bright and optimistic.

In his statement, Comrade Kim Il-Sung informed that the second seven-year plan for social and economic development completed in 1984 was generally implemented, mainly due to the increased production of non-ferrous metals (1.1 million tons per year); however, in some sectors, plans for individual indicators have not been completed, which is why the third seven-year plan is scheduled to start on 1 January 1987.

The task of achieving ten million tons of grain per year (mainly rice and maize) has been successfully completed. In agriculture, there are problems stemming from insufficient arable land (only 1.5 million hectares) and the fact that half of the rice is still planted in a primitive manner. Therefore, efforts are made to seize 300,000 hectares of land from the sea and 200,000 hectares of sloping land, as well as to increase mechanization and fertilization.

Comrade Kim Il-Sung stressed that the shortage of electricity associated with the lack of sufficient capacity and the failure to implement the coal mining plan is a serious problem to resolve. The intention is to build new capacity /mainly water power plants due to the presence of high-water rivers/ to produce 70 billion kWh of electricity annually. With the help of Poland, work is being done to overcome the lag in coal production.

There is also a lack of manpower due to the need to maintain at least 650,000 troops; moreover, during the annual military exercises Team Spirit in South Korea, DPRK is forced to mobilize a considerable part of the working population, to close a number of factories. Scientific and technical progress is also the focus of attention of the Central Committee of the Korean Labor Party, therefore a special plenum will be dedicated to this issue in November this year.

It was stressed that in the economic sector the DPRK relies first on cooperation with the socialist countries, and secondly with Koreans living in Japan (several hundred thousand people). Comrade Kim Il-Sung considered it necessary to point out that the idea to use the capital of compatriots abroad had nothing to do with the economic policy pursued by the People's Republic of China.

It is worth noting that Comrade Kim Il-Sung did not mention the "Juche" ideology either during the talks, or in his speech to the people.

The meetings and talks give the impression that, given the exhausted possibilities for extensive development of the economy of the Democratic People's Republic of Korea and the significant lagging behind South Korea, there is growing understanding among the Korean Party and state leadership that the existing economic difficulties and problems cannot be solved solely with their own forces or with the assistance of the People's Republic of China, the capitalist and developing countries. This is not the way to solve the problems of national defense capability either in the context of the US-Japan-South Korea military triangle and the related further exacerbation of the situation on the Korean peninsula. China's policy of rapprochement with the United States and Japan, which are a major obstacle to the reunification of Korea, creates new challenges to address this major political and national problem. For these and other reasons, especially after Comrade Kim Il-Sung's visit to the USSR, the People's Republic of Bulgaria and other socialist countries in 1984, there is a certain tendency for changes in the policy of the Korean Labor Party and the Democratic People's Republic of Korea to face fraternal socialist countries and parties, approaching their positions on major international issues.

Much attention was given to the issue of further deepening and expanding the bilateral relations. It was unanimously stated that they are currently developing fruitfully in different fields on the basis of the Treaty of Friendship and Cooperation and other documents signed in 1984. Comrade Kim Il-Sung stressed that the Korean people will keep on going together with the Bulgarian people and will make every effort for the future deepening of friendship and cooperation between the two countries. Responding to an invitation to the Politburo member and Secretary of the Central Committee of the Korean Labor Party, Kim Jong Il, to visit /alone or as a head of a delegation/ our country, Comrade Kim Il-Sung replied that he would submit the invitation and that he was convinced in the necessity of visiting European socialist countries.

Economic cooperation was extensively discussed during the visit. The Agreement on Commodity Exchange and Payments for the period 1986-1990 was signed. According to the attachments to the Agreement, the trade in this five-year period is projected to increase to 509 million rubles, which represents an increase of 3.2 times compared to the previous agreement, and 2.8 times compared to its actual implementation. The ratio of the foreseen exchange of machine-building products is in our favor (70% in Bulgarian exports and 40% in the DPRK exports). The Agreement enables our country to receive important raw materials, including non-ferrous metals, various parts, castings, ship fittings and others, and the Korean - essentially needed food oils, soap, forklift accessories and more.

It is worth noting that the Bulgarian trade and industrial exhibition of samples of mechanical engineering, electronics, robotics, instrumentation, home appliances, etc., opened by comrades Todor Zhivkov and Kim Il-Sung, was welcomed with interest by specialists and the population, and will undoubtedly contribute to further expansion of trade and economic cooperation.

During the discussions of the international situation, Comrade Todor Zhivkov focused on the most current problems of our time, made a thorough analysis of the reasons that have led to the present complicated situation in the world, outlined the positions of the People's Republic of Bulgaria and its peaceful policy. He underlined the crucial contribution of the Soviet Union to the victory against Hitler and fascism and Japanese militarism and its role today, together with the Warsaw Pact member states, in preserving peace and socialism in the world. Comrade Todor Zhivkov expressed our continued support for the constructive initiatives of the Democratic People's Republic of Korea aimed at creating a climate of confidence in the Korean Peninsula and conditions for the peaceful unification of Korea.

Comrade Kim Il-Sung elaborated on the situation in South Korea and explained the initiatives of the Democratic People's Republic of Korea on unification. He said that even if there was an uprising in South Korea, the United States would suppress it. The DPRK's proposals made it possible for effective propaganda and political work among the South Korean population and for proving the unjustified presence of the US military in the South. Comrade Kim Il-Sung expressed his gratitude to Comrade Todor Zhivkov for his support to the Korean Labor Party and spoke of the need for further action by socialist countries aimed at isolating the South Korean regime and exposing US policy of dividing the country.

In his speeches, the Korean leader said strong words about the Bulgarian Communist Party, Georgi Dimitrov, and Comrade Todor Zhivkov. He praised the successes achieved by our country in the construction of socialism, the struggle of the Bulgarian people against imperialism and war, for the transformation of the Balkan Peninsula into a nuclear weapon-free zone. He expressed his support for the efforts of the Party and the Government of the People's Republic of Bulgaria, together with the Warsaw Pact member states, to eliminate the emerging threat of nuclear war and to preserve peace and security. The need for the enhancement of friendship and cooperation between the socialist countries was emphasized as an important guarantee for accelerating the construction of socialism in each of them and bringing the victory of socialism and communism to the world.

It was notable that Comrade Kim Il-Sung did not mention the People's Republic of China either in a positive, or in a negative aspect.

* * *

The visit of our Party and State delegation to the Democratic People's Republic of Korea, the talks between Comrades Todor Zhivkov and Kim Il-Sung, and the signing of the Long-Term Agreement on Commodity Exchange and Payments give a new impetus to the development of relations between the two countries on the basis of Marxism-Leninism and socialist internationalism. The talks conducted by Comrade Todor Zhivkov are undoubtedly a contribution to strengthening, consolidating and developing a number of recent positive trends in the Korean Labor Party.

It is advisable that the Politburo of the Central Committee of the Bulgarian Communist Party request the party and state authorities, the ministries and public organizations to outline concrete measures for the consistent, systematic and complete implementation of the agreements reached during the visit.

Sofia, June 1985

With friendly greetings:

Petar Mladenov

47. CSA of RB, F. 1B, In. 68, a.u. 590.

INFORMATION

on the visits paid by Comrade TODOR ZHIVKOV to the Soviet Union and Japan, and the official friendly visits of the Bulgarian party-state delegation to the Democratic People's Republic of Korea and the People's Republic of Mongolia, delivered at the Politburo meeting on 19 June 1985

TODOR ZHIVKOV:

Comrades, let me tell you about my visits to Japan, Korea, Mongolia and the Soviet Union in chronological order.

[…]

Now, I will proceed to Korea.

We have to say that the visit and attention to us, to our delegation was exceptional, much more than during my official visit 12 years ago. A reception was arranged at a distance of 10-12 km. It was a spectacular welcome organized in their manner and style. This was theater. They have gained great skill; they have achieved perfection to perform on the streets. About 250,000 people were present. A similar event was organized for the Chinese leader, though fewer people were present. It is amazing that no one moved, they were aligned like soldiers, and nobody moved. People in our country are not able to stand for such a long time. But all this, Comrades, is also sad.

Our delegation received great attention. Kim Il-Sung was escorting us all the time and was extremely attentive.

The information he provided during the meeting between the two delegations highlighted their efforts.

1. They will continue to build hydropower plants. They have an abundance of water and many opportunities and they are aiming at building more hydroelectric plants.
2. They will cultivate an additional 300 hectares of land. For Korea, this is a grand task. These are areas that are irrigated and rice is grown. And they have about 20 million decares. This is a big thing for them.
3. They will develop non-ferrous metallurgy, the exploitation of the colored ores. They have rich colored ores.
4. They will proceed with the fast development of food industry.

These are the main directions their efforts are focused on.

Their economy is basically developing extensively. They are far from the problems we, the European socialist countries, are dealing with.

The next question he touched was the issue of South Korea. He talked extensively about their work and their assessment of South Korea's development, and in particular of their concept of a peaceful and democratic unification of the two Koreas.

What can be said about this concept? It is unrealistic. It is impossible to unite the two Koreas in a peaceful and democratic way at present: first, because there are two Koreas, one is going the capitalist way, the other one - the socialist way, and secondly, the differences in the economy between South Korea and North Korea is from heaven to earth.

South Korea has been developing intensely lately. It is the second country in Asia after Japan in its economic development and economic potential. South Korea is already threatening, competing with Japan and many other countries in international trade. And most importantly, it does the right policy. They are developing science-intensive industries, especially in the field of electronics. They are developing extremely fast.

So this line is unrealistic. I asked him how he assesses, can we say that there is a military-political alliance, albeit unnamed, between the US, Japan and South Korea. He replied: "Yes, yes, they conduct joint exercises in South Korea."

Based on the assumption that a military-political alliance between the United States,

Japan and South Korea has in fact been established, we should maintain this idea at this stage, which is, in the first place, nationalistic and unrealistic, in order to put pressure on China. Why? Because the Western countries and the United States have decided to create two Koreas, the two Koreas will be accepted in the UN. The Chinese are also in favor of this, but holding on to the positions of democratic Korea, they are lavishing. Kim Il-Sung himself announced that he warned them that they were buying South Korean goods from Hong Kong and the other two countries.

Then I told him in person that I would like to continue our conversation about China. I asked him: "What is your assessment of the current situation in China?" What did he tell me? He said: "I am worried about several things:

First, they are open to capitalism and go straight to the capitalist countries, provide them with territories, free zones. Economic outcomes are not yet visible, but the ideological results are already felt in China.

Second, they gave away the land in the villages to private owners and capitalism and bourgeoisie are being born there. Small businesses in cities are also given to private individuals, which creates conditions for the emergence of bourgeoisie and capitalists.

Third, the fate of the old cadres, the experienced cadres. Some of these cadres were liquidated, expelled from the party, repressed during the Cultural Revolution. But for those who remained, they are creating some societies and actually bring them out of active work in the party, as they did in the Central Committee - they separated the old cadres in society."

I asked who the first leader actually was. He said without hesitation: "This is Deng Xiao Pin." He talked to some cadres. They said to him, "It's hard to be a communist in China now."

This whole situation worries him. Among other things, this could explain the famous turn in the attitude towards the Soviet Union and other socialist countries.

As far as we are concerned, I repeat, they did treat us with great attention, even to the extent to invite me to his apartment where he lives, along with my granddaughter, which happened for the first time.

We have to say that Korea is one strictly centralized state headed by Kim Il-Sung and his son. His son came to meet us. This is said to happen for the first time in Korea.

Given what he said that he would not be able to visit Europe in the future, I invited his son to come to Bulgaria. However, he said, "I will come, this time with a plane."

There are huge opportunities for economic and other relations with Korea. Their benevolence was extremely large and highlighted.

Of course, during the conversations I addressed the issue of the communist movement and the question of our socialist community, that they should be strengthened, etc. He did not object, just listened and gave his approval.

This is about Korea.

48. CSA of RB, F. 1B, In. 81, a.u. 37.

INFORMATION

REFERENCE: A visit to the People's Republic of Bulgaria by a parliamentary delegation from the DPRK, led by the Chairman of the Supreme National Assembly, Yan Heng Seb

From 16 to 21 March 1987, a parliamentary delegation from the DPRK, led by the Chairman of the Supreme National Assembly, Yan Heng Seb, paid an official visit to our country.

The delegation was received by Comrade Todor Zhivkov. At the meeting, Comrade Zhivkov warmly welcomed the guests and expressed confidence that the development of the parliamentary cooperation would help strengthen the friendship between the two peoples. He briefed the DPRK deputies on the milestones in the socio-economic progress of the country and the process of qualitatively new developments in all areas.

The Head of Delegation greeted warmly Comrade Todor Zhivkov on behalf of the Secretary General of the CC of the Korean Labor Party and President of the DPRK, Kim Il Sung. He spoke about the success of his people in the implementation of the third seven-year plan and noted that the Bulgarian experience and our achievements in the construction of socialism were of great interest to them.

The delegation was also received by Comrades Petar Mladenov and Georgi Karamanev, our guests held talks with a delegation of the National Assembly headed by Stanko Todorov, and visited economic and cultural sites in Sofia, Plovdiv, Smolyan and Pravets.

Comrade Petar Mladenov informed the DPRK parliamentarians about the basic principles of the foreign policy of the People's Republic of Bulgaria, whose main purpose was to strengthen peace, create trust between the countries, and expand cooperation. The

Bulgarian Foreign Minister stressed the importance of relations with the DPRK, an indicator of which was the efficient development of cooperation in all areas. He stated that Bulgaria supported the DPRK's efforts to unite the country peacefully, including the new proposals for high-level military talks between the North and the South in Korea.

Yan Heng Seb informed about some new developments in the US policy in this region of the world. He stressed that US diplomats had been trying lately to give the impression that the US was interested in resolving the Korean issue, taking steps to facilitate the recognition of South Korea by some socialist countries. In an interview with a Japanese newspaper on April 30 this year, President Reagan said that the United States were making efforts to resolve the Korean issue, while at the same time, the US Secretary of Defense stated that the United States will continue to assist South Korea in modernizing its army by supplying new military equipment. The question of the annual military maneuvers "Team Spirit" was also openly raised. The new US ambassador to South Korea, a long-time CIA specialist, met with opposition party leaders and promised to help release South Korea's opposition leader if they stopped their initiative for constitutional reform on the procedure for the election of the President. All of this proves that the United States has an interest in the current regime and does not intend to cooperate on the Korean issue.

The chairman of the Bulgarian part of the Commission for Economic and Scientific and Technical Cooperation, Georgi Karamanev, outlined the new developments in the cooperation between Bulgaria and the DPRK - industrial cooperation between business organizations, a large-scale program for scientific and technical cooperation, and improvement of the commodity exchange structure. He pointed out that the forthcoming autumn session of the Commission for Economic and Scientific and Technical Cooperation will resolve some new problems in the field of cooperation and will take measures for the implementation of the signed documents.

Yan Heng Seb stated that parliaments were to help resolve some issues in bilateral relations and promised to inform the chairman of the Korean part of the bilateral commission about specific issues raised during the talks.

During the visit to the National Assembly, the head of the Bulgarian delegation, Stanko Todorov, briefed the Korean parliamentarians on the main issues in the process of implementation of the decisions of the 13th Party Congress, and the problems facing Bulgaria at the moment. He outlined the new strategic course of our party and state for deep transformation in the economy and other areas of life. As a result, the necessary prerequisites for making significant changes in the organizational structure of the governing bodies in our country had been created. Attention was drawn to the development of socialist democracy in the economy and, in particular, to the Declaration of the National Assembly on lending socialist property to groups of workers.

The Chairman of the National Assembly also spoke on the further development of the bilateral relations of friendship and cooperation between our parties, countries and peoples. He highlighted the great prospects in this regard, as well as some difficulties encountered in the implementation of the Long-Term Trade Agreement. There was confidence that relations between the two parliaments would give new impetus to the further development of bilateral relations between the People's Republic of Bulgaria and the DPRK.

The Chairman of the Standing Committee of the Supreme People's Assembly of the DPRK informed the Bulgarian parliamentarians about the current situation in the DPRK and the tasks currently being resolved. He paid particular attention to the work of the Second Session of the Supreme People's Assembly, which adopted the Law on the Development of the National Economy - the third seven-year plan for the period 1987-1993. The main task in this plan was to build the material and technical foundation of socialism through modernization on the basis of "Juche" ideology. During this period, industrial production shall increase by 1.9 times; agricultural production - 1.4 times, and national income - 1.7 times. In fulfilling these tasks, the DPRK was expected to rank among the most developed countries. Food, clothing and housing issues would be resolved.

He informed that at the first session of the Eighth National Assembly, the Secretary General of the Korean Labor Party, Kim Il Sung, made a new proposal to alleviate tensions on the Korean Peninsula and launch high-level military political talks. South Korea took a non-constructive stance, seeking to replace the military-political dialogue with discussions on economic issues, the Red Cross, and water resources. Raising the question of water resources, South Korea made the absurd claim that the Kimgangsang Dam, which was under construction in the DPRK, threatened Seoul's security. Yan Heng Seb also briefed on the talks held between the US and South Korean Ministers of Defense a few days ago, when the US pledged to help modernize and re-equip the South Korean army. All these actions demonstrate the reluctance of South Korean rulers to normalize relations with the DPRK. There was support to the proposals to remove medium-range missiles in Europe, which would reduce tension in the area, as well as to the Bulgarian initiative to make the Balkans a nuclear and chemical weapons-free zone. The importance of cooperation between our two parliaments, both bilaterally and within the Inter-parliamentary Union, was stressed.

In conclusion, the visit of the DPRK Parliamentary Delegation was timely and very useful. It will further intensify the direct links between the two parliaments and bilateral cooperation, as well as enhance friendship between our countries and peoples.

The Standing Committee of the Supreme National Assembly of the DPRK invited our National Assembly delegation to pay an official visit to the DPRK. The invitation was welcomed.

Sofia, May 1987

49. CSA of RB, F. 1B, In. 68, a.u. 590.

MEMO

From Ognyan Mitev, Deputy Head of Fifth Department

REFERENCE: Meeting between Comrade P. Mladenov and Comrade Kim Yong Nam, Member of Politburo of the CC of the Korean Labor Party, Vice-Chairman of the Administrative Council and Minister of Foreign Affairs of the DPRK on the bilateral relations and the situation in South Korea.

On his way from Africa to the DPRK, Comrade Kim Yong Nam visited Sofia on 21 and 22 December. On 23rd December, he was received by Comrade P. Mladenov. During the talks, the Korean Foreign Minister touched upon the following important topics:

Comrade Kim Jong Il was personally informed of his trip to five African countries (Zimbabwe, Uganda, Zambia, Tanzania and Seychelles), as well as about his stay in Sofia. Prior to his departure, he was received by the great leader, who ordered him, in case he met with Bulgarian leaders, to convey his heartiest greetings and wishes to the highly respected Comrade Todor Zhivkov. Comrade Kim Il Sung often recalled his meetings with Comrade Todor Zhivkov.

He had had the opportunity to meet and speak with the first Bulgarian party and state leader during the celebration of the 70th anniversary of the Great October Socialist Revolution in Moscow. Comrade Todor Zhivkov's invigorating speech strongly impressed him. They sincerely wished him good health and strength, so that he could lead the Bulgarian people to new achievements.

He sincerely thanked for the hospitality in Bulgaria. It was also an expression of the common desire to further strengthen the relations. He wanted to reiterate that he had invited Comrade P. Mladenov to visit the DPRK and hoped to see him there next year.

In response to Comrade Mladenov's questions, he said:

In South Korea, the Americans replaced only the commander, but they are trying to keep the military-fascist system. Both former and new presidents are American graduates. Both were involved in the Vietnam War and in the 1980 student coup in Quanzhou.

The US planned a "disagreement" between the two opposition candidates to reach an agreement. By the way, they were raised by the US. In doing so, the opposition lost the real opportunity to win the presidency, even though it gained far more votes than the government candidate. After the elections, there will be no significant changes in the government, which will cause a further struggle of the people to overthrow the pro-American clique.

Comrade Mladenov's speech, for which he is very appreciative, gives him confidence that in the future the People's Republic of Bulgaria will support them and there will be no changes in the country's position. Recently, Western media reported that the SFRY and the People's Republic of Hungary would open South Korea's centers / note: it was not clear from the translation whether South Korea will open its centers in these two countries, or Yugoslav and Hungarian centers would be opened in Seoul. We thought that they were talking about South Korean bureaus in Belgrade and Budapest, while there were some reports of opening such centers in Seoul/. If this was true, it would mean for DPRK step back from revolution /note: it was not clear who is abandoning the revolution. Probably - SFRY and Hungary/.

South Korean puppets took down their own aircraft to blame the DPRK, as they did repeatedly to influence the elections. They failed.

For their part, they would also struggle to implement the agreements reached by the top leaders of Bulgaria and the DPRK. There were problems in economic relations. But once again he made a note and, upon returning to Pyongyang, he would do what was necessary to overcome them.

In addition to the detailed brief on international issues and our bilateral relations, Minister Petar Mladenov said that in 1988 he was going to visit the DPRK.

The meeting was attended by the Korean Ambassador to Bulgaria, Ha Don Yong, assistant to the minister, Tian Se Bok 0, Advisor to the DPRK Embassy, and Ognian Mitev, Deputy Chief of the Fifth Department.

Sofia, 24 December 1987

Author:

/O.Mitev/

50. CSA of RB, F. 1B, In. 81, a.u. 37.

INFORMATION

REFERENCE: the visit of the delegation of the Central Committee of the Korean Labor Party, led by the secretary of the CC of the Korean Labor Party, Hwang Zhang Ob

As part of the plan for cooperation and exchange of experience between the Bulgarian Communist Party and the Korean Labor Party, a delegation of the CC of the Korean Labor Party, led by Secretary for International Affairs, Hwang Zhang Ob, visited our country from 12 to 17 October this year.

During their visit, the leader and members of the Korean delegation were received by the member of Politburo of the CC of the Bulgarian Communist Party, Milko Balev, and held talks with the secretary of the CC of the Bulgarian Communist Party, Dimitar Stanishev.

At the meeting with Comrade Milko Balev, both sides pointed out that the relations between the People's Republic of Bulgaria and the DPRK, based on the principles of Marxism-Leninism and proletarian internationalism, were developing successfully in all fields. They were driven by the links and contacts between our two parties - the Bulgarian Communist Party and the Korean Labor Party. It was stressed that the powerful impetus for the further deepening and expansion of the Bulgarian-Korean relations was given by the meetings between the first party and state leaders Comrades Todor Zhivkov and Kim Il Sung, held in 1984 and 1988 in the People's Republic of Bulgaria and in the DPRK, as well as the signed treaty of friendship and cooperation between the two countries (1975).

Comrade Milko Balev reiterated the support that our country and the Bulgarian people have provided and still provide to the Korean people's struggle for the peaceful reunification of their homeland.

On behalf of Comrade Todor Zhivkov, he conveyed the most heartfelt greetings and wishes to the first leader of the Korean Labor Party and DPRK, Comrade Kim Il Sung.

During the talks with Comrades M. Balev and D. Stanishev, the head of the Korean delegation, Hwang Zhang Ob, made it clear that the purpose of his visit to Bulgaria (and before that in the USSR and Yugoslavia) was to urge our country to render more tangible support for the Korean Labor Party and DPRK's policy of reunification of Korea, and to refrain from establishing official economic and political relations with South Korea, having in mind the recent trend of developing South Korea's trade and economic relations with socialist countries.

In his presentation, Hwang Zhang Ob briefed on the domestic and foreign policy of the Korean Labor Party and the DPRK government, focusing on the situation on the Korean Peninsula. He stressed that there were no internal reasons for the split of the Korean nation. According to them, the main responsibility for this lied with those countries that came out of World War II as winners since Korea was subject to aggression by Japan, but although defeated, Japan did not remain divided.

The USSR had an important liberation mission and provided tremendous assistance for the independent development of the northern part of the country, but it bears the moral responsibility until the final unification of the North and the South.

The main culprit for the current situation on the Korean Peninsula is the United States, which has occupied the southern part and is in every way hindering unification.

Hwang Zhang Ob said that many people misunderstand the situation in South Korea without looking at things historically. They regard South Korea's development as a "miracle" and believe that there is democracy rather than a fascist dictatorship, as incumbent President Ro De Wu came to power through elections.

In fact, there is no miracle. The economy of South Korea is unthinkable if detached from the economy of the United States and Japan. Only for the period 1982-1984, South

Korea used $ 48.8 billion in foreign capital, 80 percent of which is US and Japanese.

South Korea is developing economically, but the people continue to fight against the current government. South Korea cannot be qualified as a democratic, independent state. It is under the dominance of the US and Japan. South Korea now has two major strategic features:

- it is the largest US military base on the continental part of Asia;
- it is the largest US anticommunist base in the Far East.

The South Korean government's state policy is precisely to protect these two US bases, so South Korea cannot be considered an independent state.

In this context, Hwang Zhang Ob pointed out the misinterpretation of M.S. Gorbachev's speech in Krasnoyarsk, in which he stated that "in the context of the overall recovery of the situation on the Korean peninsula, opportunities can arise to establish economic ties with South Korea." According to him, M.S. Gorbachev said "if the situation heals", and by "heal" the Korean comrades understand that:

- US shall withdraw from South Korea and close its military bases;
- South Korea shall be released from US and Japanese domination;
- all anti-communist laws in South Korea shall be abolished;
- a peace treaty between the DPRK and the US shall be concluded, a non-aggression agreement between the North and the South shall be signed.

The steps taken by Hungary to open their political representation in South Korea and the proposal to hold talks to establish diplomatic relations were qualified by Hwang Zhang Ob as a betrayal of socialism. He explicitly threatened that their illegal organization in South Korea could take terrorist action against Hungarian representatives (as well as against representatives of other socialist countries) if they founded their offices in Seoul.

Hwang Zhang Ob said that the Korean Labor Party and the DPRK were seeking to strengthen their relations with the socialist countries because they seek international help on the most important, most pressing issue for them right now - the support for unification of the country. They did not object to the establishment of trade relations with South Korea, but if the socialist countries left the impression that they had some form of political relations with South Korea, this would be qualified as treason.

Hwang Zhang Ob requested that if we established economic ties with South Korea, we would not open official trade offices with state functions there, as they would be qualified as political.

We briefed our Korean comrades on the basics of our internal political and economic development for the implementation of the decisions of the 13th Congress of our Party, and the subsequent plenary sessions of the CC of the BCP, as well as some important questions in the foreign policy of the BCP and the People's Republic of Bulgaria. Special attention was paid to new realities and new political thinking, the need for new approaches in foreign policy and in the international communist and labor movement. In this regard, it was stated that trade and economic relations with South Korea were possible, but we will separate economic from political relations.

During the talks, a broader review of the development of inter-party and inter-state cooperation was also made. Both sides praised the ongoing cooperation between the Bulgarian Communist Party and the Korean Labor Party and emphasized the need to seek more effective forms of enhancement under the new conditions.

With regard to bilateral relations, there is far greater potential for a considerable improvement in economic and scientific and technical cooperation, which can and should be raised to a level commensurate with the level of our political relations.

During their stay, the Korean comrades visited the municipality of Vratsa, where they had meetings and discussions with local party and business leaders, got acquainted with the achievements in economic development, and the cultural and historical landmarks of the municipality.

******

According to the Foreign Policy and International Relations Department of the CC of BCP, the visit of the Korean delegation helped to clarify the positions of both parties on some of the most current problems of the current international situation and was fruitful in terms of exchange of experience in the practical work of the BCP and Korean Labor Party.

At the same time, we believe that the concern of our Korean comrades about the establishment of political and official trade and economic relations between some socialist countries and South Korea is explicable. It might be reasonable, when establishing trade relations between our country and South Korea, to think over the real needs and opportunities and seek adequate forms of economic cooperation, by informing DPRK comrades in advance. We suggest that for the time being we refrain from opening a Bulgarian political office in Seoul and our trade is carried out through the offices of the various Bulgarian foreign trade organizations.

24 October 1988

Foreign Policy and International Relations Department at the CC of BCP

51. CSA of RB, F. 259, In. 45, a.u. 688.

AGREEMENT

ON COOPERATION BETWEEN THE BULGARIAN CHAMBER OF COMMERCE AND THE KOREA CORPORATION FOR TRADE DEVELOPMENT

The Bulgarian Chamber of Commerce, Sofia and the Korea Trade Development Corporation, Seoul (hereinafter referred to as the "Parties"), led by the desire to develop direct trade and economic relations between organizations and companies of the People's Republic of Bulgaria and the Republic of Korea, have agreed on the following:

ARTICLE 1

The Parties will exchange current information on the trends in industry and economy. The Parties will also exchange trade inquiries regarding their internal markets, market and business information, and trade news through their newsletters, printed materials and catalogs. The Parties will arrange mutual visits of trade delegations in both countries and will support such delegations with the necessary assistance by providing them with relevant information and presenting them to interested partners from the host country - traders and manufacturers. Both parties will provide any possible assistance to their partners in order to facilitate the direct participation of one country or group of companies, organized by it, in fairs and specialized exhibitions held in the other country.

ARTICLE 2

The countries will open commercial representative offices in Sofia and Seoul and call them the Korean Trade Center, Sofia and the Bulgarian Trade Representative Office, Seoul. The Bulgarian Chamber of Commerce and Industry will represent the business environment of Bulgaria, and the Korean Trade Development Corporation will represent the business environment of Korea.

ARTICLE 3

Each of the representative offices will be opened as soon as possible and will be managed by two people appointed by the respective country. The number of employees can increase by mutual agreement. The representative may also hire local staff as needed.

ARTICLE 4

The Parties will provide the necessary co-operation to develop various business projects in their respective countries. This includes cooperation for the implementation of such projects in third countries.

ARTICLE 5

Both parties may exchange specialists for training and market research.

ARTICLE 6

The Parties will create all necessary conditions to ensure the safety of their representatives and their families, so that they can fulfill their duties efficiently.

ARTICLE 7

The Parties will make efforts to facilitate, on a reciprocal basis, procedures including tax exemptions for bureaus and employees, duty free import of samples, goods for the personal needs of office employees and more.

ARTICLE 8

Once a year, the Parties will hold a joint meeting to report on their accomplishments during the year and outline the new program. The Annual Meeting will be chaired by senior members and will be held alternately in Sofia and Seoul. Should the need arise to negotiate, either party may propose to the other that such a meeting be convened immediately.

ARTICLE 9

The Parties will offer offices and residences for the representatives of the other Party free of charge on a reciprocal basis and will assist one another in the recruitment of local staff.

ARTICLE 10

The parties will be legal entities. They will have the power to negotiate, to acquire and release of movable property and to bring legal proceedings.

ARTICLE 11

The parties will consider the text of this agreement confidential. However, the existence of the offices, subject of this agreement, will be made public by each of the parties on the date of signature of the agreement.

ARTICLE 12

This Agreement shall enter into force on the date of its signature and shall remain in force until either Party notifies the other in writing of its termination.

Signed in Sofia on 29 November 1988 in duplicate in English. Both texts are authentic.

PETAR RUSSEV LEE, SUN-KI

52. CSA of RB, F. 259, In. 45, a.u. 689.

MINISTRY OF FOREIGN AFFAIRS

Sofia, February 12, 1990

TO THE OFFICE OF THE MINISTER OF FOREIGN ECONOMIC RELATIONS CDE.

PETER BASHIKAROV

At the request of Cde. B. Dimitrov we send you the note from Cde. F. Ishpekov, Deputy Minister of Foreign Affairs, regarding the talks carried out with representatives of the Republic of Korea, as well as a memo about the meeting of Cde. Doncho Donchev with the DPRK Ambassador to Bulgaria Kim Pyong Ir on our contacts with South Korea.

Application: according to the text

HEAD OF DEPARTMENT

AMBASSADOR:

/ D. DONCHEV /

TO

COMRADE BOYKO DIMITROV MINISTER OF FOREIGN AFFAIRS

MEMO

By Philip Ishpekov, Deputy Minister of Foreign Affairs

Comrade Minister,

In fulfillment of your task, from January 19 to January 22 this year talks were held in Tokyo between representatives of the Foreign Ministries of the People's Republic of Bulgaria and the Republic of Korea.

According to the agreement reached earlier, representatives of the two foreign ministries responsible for foreign economic relations also took part in these talks. Our delegation included Doncho Donchev, Ambassador and Head of the Fifth Department of the Ministry of Foreign Affairs, and Tsvetan Naydenov, Head of the Asian Countries Department of the Office for Asia, Africa and Latin America at the Ministry of Foreign Economic Relations. The South Korean delegation was headed by Hong Sun Yon, a special envoy to the MFA. It included the head of Eastern Europe Department of MFA, Tae Suk Vaughn, and the Director of the Directorate for Foreign Finance and Investment at the Ministry of Finance. Diplomats from both countries' missions in Tokyo also took part in the talks.

The talks took place in a constructive business atmosphere.

In accordance with our instructions, we set forth our position and considerations on the possibilities for establishing diplomatic relations between the PRB and the Republic of South Korea.

We suggested this issue be addressed in a package along with a program to expand economic cooperation between the two countries on a mutually beneficial basis and to develop links in the areas of culture, science, sports and more. We emphasized the favorable conditions that our country could provide to South Korean business and financial community, and outlined our specific perspectives for cooperation in the trade, economic, financial-credit, and scientific and technical fields. Particular attention was paid to our desire to be provided with a $ 500 million government loan over a 10-year period, with instalments due after the fifth year. Discussions have already been held between economic delegations of both countries and intention proceedings have been signed concerning other economic issues like: investment loans and commodity financing, specific projects of South Korean companies in our country, joint ventures, use of free zones, joint activity in third countries, etc., Furthermore, we suggested that readiness to accelerate the establishment of a contractual legal basis for our relations to be mentioned in the memorandum on the talks between the two delegations.

The head of the South Korean delegation in his statement informed about the reconstruction that was taking place in his country - the transition from an authoritarian to a democratic society; in the economic field - liberalization and opening up to the world. He emphasized that they were following with interest the processes in the Eastern European countries, including those in Bulgaria. They understand and welcome our reform efforts. They have no ready-made recipes and can only offer us their experience in political and economic development. With several socialist countries - Hungary, Poland, Yugoslavia - they have already established diplomatic relations. A joint declaration on diplomatic relations with the Czechoslovak Republic has been endorsed, and it will be signed by the foreign ministers of both countries in March in Prague. There has been an agreement with The Soviet Union to open consular departments at their commercial offices in Moscow and Seoul, where senior diplomats will work. South Korea would send one of its top diplomats to Moscow. Trade bureaus were also exchanged with the PRC, with trade exceeding $ 3 billion.

Mr. Hong expressed support for our position that the establishment of diplomatic relations should not affect our good relations with the DPRK, should serve the interests of the entire Korean people and promote the development of North-South dialogue and the establishment of conditions for a peaceful, democratic unification of Korea. He emphasized that their policy was not aimed at intensifying confrontation or international isolation of the DPRK, but at peaceful coexistence with it.

The South Korean country agreed on the consideration of the development of economic relations between the People's Republic of Bulgaria and the Republic of Korea, including the granting of credit, but not expressly giving the impression that they are "buying" their diplomatic recognition. They explained that they had no practice in providing government bank loans. The most valuable that Mr. Hong can offer is the activity and dynamism of their private sector. They promise to favorably consider and decide on the crediting of any facilities that Korean industrial and commercial companies negotiate with our country.

In a separate "tête-à-tête" conversation between the heads of the delegations, Mr. Hong announced what loans they had provided to Hungary and Poland and what they had promised to the Czechoslovak Republic and stated that we would receive no less than this through the Economic Development Fund of the MFA (the sole governmental source of credit), the export- import bank, etc., provided that our economy has aroused the interest of South Korean private business.

An agreement was reached to open negotiations on the signing of an Avoidance of Double Taxation Agreement, on the mutual promotion and protection of investments, and a trade agreement.

As a result of the talks, a Memorandum was signed and a Joint Declaration establishing diplomatic relations was initialed (documents attached). The following main economic arrangements are included in the memo:

- encouraging South Korean companies and corporations to make direct investments in our country, preferably in the form of joint ventures;
- promoting joint activity on third-country markets;
- creating opportunities for utilization of the favorable conditions in our country such as industrial and commercial free zones, transit and warehouse facilities;
- exchanging business delegations for seminars, symposia, roundtable conferences on trade and economic cooperation;
- exchanging economic information and experience;
- consent of the South Korean state to provide us with the following investment credits - under the Economic Development Fund /under this fund, at establishing diplomatic relations with socialist countries, they automatically would grant $ 50 million under extremely favorable conditions for the period of 4-5 years. We were assured that if we used this amount for about 1 year, they would give us another

$ 100 million under the same conditions/; under South Korean Export-Import Bank - we will be given an infrastructure loan for at least USD 200 million also on favorable terms; commercial bank loans, export credits, and commodity loans, which could amount to several hundred million US dollars;

- opening bank branches on a reciprocal basis is welcomed, setting up a joint bank in each of the countries or third countries to support joint projects and other activities;
- readiness for accelerated conclusion of an agreement on mutual promotion and protection of investments; agreement on the avoidance of double taxation; economic and technical cooperation agreement.

An agreement was reached to maintain discretion about the talks and the documents adopted, until the completion of the necessary approval procedures in each country. A second meeting to finalize some issues will be held in February in Sofia; expected signing of a joint declaration and formal announcement of the establishment of diplomatic relations - March 1990.

We believe that the achievement has been favorable to our country. Opportunities for mutually beneficial cooperation in the economic area are being created, including credit facilitations. Our efforts should be focused on securing the participation of South Korean companies in the reconstruction and modernization of some of our industries and on the creation of joint ventures with export-oriented production.

Discussing the issue of financial credits, apart from the argument that there is no such practice in South Korea, it was pointed that according to UN statistics Bulgaria is ranked among the developed countries with national income per capita much higher than the one in South Korea. This fact further necessitates the question of the actual assessment of the national income, and of the status of Bulgaria in the UN as well as in other international organizations to be discussed by the competent authorities with a focus on bringing the necessary realism.

With regard to the above stated, I suggest:

1. To submit a proposal on your behalf for establishing diplomatic relations with the Republic of Korea for consideration and approval by the Foreign Affairs Committee of the National Assembly, attaching the initialed Joint Declaration and the signed Joint Protocol.
2. To organize a second round of talks in Sofia in February with the delegation of the Ministry of Foreign Affairs of the Republic of Korea to clarify the issue of the formal announcement of the establishment of diplomatic relations, the deadlines for the preparation and signing of the agreements envisaged in the Memorandum, the issues related to opening embassies of both counties, as well as preparing for the visit of the South Korean Foreign Minister to our country.
3. To invite the Minister of Foreign Affairs of the Republic of Korea to visit Bulgaria in March this year, during which time a joint declaration on establishing diplomatic relations to be signed.
4. As soon as possible, The Ministry of Foreign Economic Relations to develop a program of economic cooperation between the PRB and the Republic of Korea, with particular emphasis on the utilization of the loans received, the creation of new forms of cooperation, the attraction of capital from South Korean businesses, a significant increase in trade, etc.
5. Under the leadership of the Ministry of Foreign Economic Relations, a draft Agreement on Mutual Promotion and Protection of Investments to be prepared, as well as an Agreement on Economic and Technical Cooperation, and an Agreement on Avoidance of Double Taxation with a view to signing them during the visit of the Korean Foreign Minister to our country.
6. Steps to be taken to reduce the negative impact of the establishment of diplomatic relations with the Republic of Korea on relations between the People's Republic of Bulgaria and the DPRK, by:
   - continuing to support, as before, the DPRK in its position for a peaceful and democratic unification of Korea;

- informing the DPRK in due time about the development of establishing diplomatic relations with the Republic of Korea;
- in the days surrounding the announcement of the establishment of diplomatic relations, increasing the publication of positive materials on the DPRK and on the Korean issue in the media.

7. Based on the real economic indicators, to review the status of the PRB at the UN and other international organizations with a view to obtaining additional opportunities for trade and economic cooperation with other countries, incl. the Republic of Korea.

1 February 1990

53. CSA of RB, F. 259, In. 45, a.u. 689.

Unofficial translation

JOINT DECLARATION

On the establishment of diplomatic relations between the People's Republic of Bulgaria and the Republic of Korea

The People's Republic of Bulgaria and the Republic of Korea

Desiring to develop mutually beneficial relations and cooperation between the two countries on the basis of respect for the principles of international law and the UN Charter agreed to establish diplomatic relations at Ambassador Level in force from the date of signing this Joint Declaration.

In witness whereof, the undersigned, duly authorized thereto, have signed this Joint Declaration.

Completed on......

in two copies in the English language.

for

PEOPLE'S REPUBLIC OF BULGARIA

for

REPUBLIC OF KOREA

54. CSA of RB, F. 259, In. 45, a.u. 689.

Unofficial translation

JOINT MINUTES

From 19 to 22 January 1990, in Tokyo, Japan, government delegations of the People's Republic of Bulgaria and the Republic of Korea held a series of talks to discuss the issues of establishing diplomatic relations between the two countries.

The Bulgarian delegation was led by Mr. Philip Ishpekov, Deputy Minister of Foreign Affairs. The Korean delegation was led by Ambassador Sun Jung Hong, Special Representative of the Minister of Foreign Affairs.

At the end of the talks, the two parties agreed as follows:

1. The two parties agreed to establish diplomatic relations between the two countries at ambassador level. They share the view that diplomatic relations would strengthen and stabilize overall relations on the basis of friendship, mutual respect and cooperation.
2. Both parties noted with satisfaction that the existing contacts between the business community of the two parties proved to be mutually beneficial, and shared the view that these contacts should be encouraged to pursue opportunities for wider cooperation between the two countries in different fields.
3. Both parties expressed their will to further promote mutual cooperation in such areas as trade, industrial development, scientific and technical cooperation, sports and cultural activities.
4. In order to promote economic cooperation in such areas as electronics, communications technology, textiles, consumer goods and construction, the two parties agreed

among other things:

- to encourage companies and corporations to make direct investments, mainly in the form of joint ventures;
- to promote direct contacts between companies, institutions and individuals and to facilitate the issuance of visas to nationals of the other country;
- to promote the joint activity of markets in third countries;
- to use existing conditions such as free economic and trade zones, transit and warehouse facilities, etc. in the other country;
- to exchange business representatives and to hold seminars, symposia, roundtables on trade and economic cooperation;
- to encourage the business community to participate in fairs and exhibitions held in the other country;
- to exchange information and experience on economic and industrial trends, economic development strategy, marketing and management techniques, economy restructuring, etc.

5. In order to support bilateral trade and economic cooperation, both sides agreed that securing favorable financial conditions was of the utmost importance. For this purpose, the Republic of Korea will support the creation of financial conditions by the Economic Cooperation Development Fund, the Korean Eximbank and other financial sources for Korean business community having business contacts with Bulgarian partners, as well as financing and crediting by commercial banks in compliance with the existing rules in each country.

   For that purpose, the two parties agreed to promote the opening of reciprocal bank branches as well as establishing joint banks in third countries in order to secure joint projects and other activities.

6. In order to protect the interests of investors and to further support economic cooperation, the People's Republic of Bulgaria and the Republic of Korea have agreed to conclude a bilateral Agreement on Mutual Protection of Investments,

Agreement on Avoidance of Double Taxation, Agreement on Economic and Technical Cooperation. The Agreement on Economic and Technical Cooperation will be discussed in February this year and will be signed at the formal establishment of diplomatic relations.

7. The two sides agreed that the formal announcement of the establishment of diplomatic relations would be made accordingly, after consultation through diplomatic channels. Further consultations are to take place in Sofia in February 1990, with the exact date to be agreed upon.

Prepared and signed in Tokyo on 22 January 1990 in two authentic originals.

FOR THE PEOPLE'S REPUBLIC OF BULGARIA - PHILIP ISHPEKOV DEPUTY MINISTER, MINISTRY OF FOREIGN AFFAIRS
FOR THE REPUBLIC OF KOREA - SUN JUNG HONG AMBASSADOR SPECIAL MINISTRY OF FOREIGN AFFAIRS MISSIONS REPUBLIC OF KOREA

55. CSA of RB, F. 259, In. 45, a.u. 689.

MEMO

Of a meeting of Doncho Donchev, Ambassador, Head of the Fifth Department with Kim Pyong Ir, the DPRK ambassador to our country

ON: Bilateral relations and relations between the People's Republic of Bulgaria and the Republic of Korea.

The meeting was held on February 6 this year at the request of the Korean country.

The ambassador delivered a letter from the DPRK Foreign Minister Kim Yong Nam to Cde. Boyko Dimitrov, and briefly disclosed the contents of the letter - on the DPRK's aspiration to achieve Korea's unification in the 1990s, on the proposal to demolish the reinforced concrete side along the demarcation line, and on proposals for a meeting between North and South representatives. He emphasized that in recent meetings both sides have shown tolerance and understanding, which is evident also in the course of the negotiations. The DPRK firmly reiterated its position on joining the UN - this can only happen after the country is united. Any early, simultaneous or separate accession to the UN will hinder the country's unification, complicate the situation in the region and intensify the confrontation.

In addition, the Ambassador handed a statement of MFA of the DPRK regarding the conduct of the military exercise "Team spirit 90" and asked for our support for their position on this issue.

Cde. Donchev assured the ambassador that the letter to Minister Dimitrov would be handed over, and that we would continue to support in the media, as we have done so far as much as we can, the Korean position against the Korean-American military maneuvers.

Then, Cde. Donchev informed the ambassador about the consultations with representatives of the Ministry of Foreign Affairs of the Republic of Korea in Tokyo and about the decision to establish diplomatic relations at ambassador rank in the near future. He emphasized that this step was dictated by qualitative changes in international relations, as well as by the new domestic political conditions in the country. The decision to establish diplomatic relations is the result of a thorough and comprehensive analysis of all possible factors, as well as of taking into account the views of our allies and the opposition in the country. The need for such a solution is also confirmed by similar steps taken by other socialist countries.

At the same time, our position in support of the peaceful and fair settlement of the Korean issue and the unification of the country remains unchanged. We will continue to support the DPRK and its proposals to normalize the situation on the peninsula. At the same time, we see in establishing diplomatic relations with the Republic of Korea another opportunity to support the DPRK's position before South Korea and to promote peace and security in this region of Asia. Our contacts will help make the Republic of Korea's position on the Korean issue more realistic.

The ambassador expressed his regret that despite our repeated assurances that we would not develop relations with South Korea, we have already taken steps that are not in line with the principle friendly agreements on this issue. He emphasized that the recognition of the Republic of Korea by the socialist countries in Europe gave it new "trump cards" when negotiating with the North. He noted that such a decision was not acceptable to them, and requested that we inform the Government of their demand that the decision about establishing diplomatic relations with the Republic of Korea be annulled or that its implementation be postponed indefinitely.

Cde. Donchev stated that he would submit this request to the governing body. He emphasized that at the same time the world situation is radically changing, international relations are normalizing and a new political climate is being established. Our internal political development is changing, and our foreign policy is also being affected. We want to be more open to the world, to participate in new international relations. This can be done not by denying the existing realities, but by taking them into consideration. He emphasized that we cannot deprive the DPRK of the right to judge this step of ours, but at the same time, we hope that they show an understanding of our motives, and asked to them to take into account our great desire to strengthen and develop relations with the DPRK.

The meeting was attended by Cha Gyon Ir, III Secr. in the DPRK Embassy, and Chavdar Petkov, III Secr. in the Fifth Department.

Sofia, 7 February 1990

56. CSA of RB, F. 259, In. 45, a.u. 689.

BULGARIAN CHAMBER OF COMMERCE AND INDUSTRY

REPORT

by VLADIMIR LAMBREV - Chairman of the Bulgarian Chamber of Commerce and Industry

ON: Visit of Bulgarian Economic Delegation to South Korea in March 1990.

From 3 to 9 March this year, the Bulgarian Chamber of Commerce and Industry organized the visit of a 12-member economic delegation to South Korea. The delegation (according to the annexed list) included business leaders of the Bulgarian Tourism Association, Citizens' Economic Initiative Union, and the following companies: Software and Systems, INCOMS, and SIME, as well as the following commercial enterprises: Telecom, Teraton, Chimimport, Isotimpex and Intercommerce.

The visit was by mutual agreement between the Bulgarian Chamber of Commerce and Industry (BCCI) and the International Private Economic Council of South Korea (IPEC) in cooperation with the South Korean Trade Promotion Organization (KOTRA).

It aimed at establishing business contacts for expanding and diversifying trade and economic cooperation between Bulgaria and the Republic of Korea, establishing a bilateral Bulgarian-Korean Committee for Trade and Economic Cooperation and opening a BCCI office in Seoul.

The program of the visit was eminently business-like.

The delegation was welcomed everywhere, with a strong desire from the Korean country to seek forms and ways of expanding not only trade, but also cooperation in technology, industrial cooperation and investment.

Conversations with the presidents of IPEC, KOTRA and the Korean World Center were also held in this regard. At the meetings that our delegation had with the presidents of these organizations the unanimous understanding of accelerating and developing cooperation between our business organizations and companies was emphasized. A willingness to assist in negotiating with relevant South Korean corporations, associations, companies, trade facilitation institutes, etc. was expressed.

I. ESTABLISHMENT OF A BILATERAL COMMITTEE ON COMMERCIAL AND ECONOMIC COOPERATION

In accordance with the agreement signed in January this year between BCCI and IPEC and under the auspices of the above mentioned organizations, during the visit, a Bilateral Bulgarian-Korean Trade and Economic Committee was established, comprising 50 companies, banks and organizations interested in mutually beneficial and long-term development of bilateral relations. S.V. Kim, President of ISU Chemical, was elected Chairman of the Korean section of the Council.

A Bulgarian-Korean Economic Seminar was held on which we gave information about the Bulgarian legislation, the opportunities for joint business and cooperation in banking and finance. It was noted that the radical changes in the management of the Bulgarian economy and the transition to a market economy greatly increase the opportunities for trade and investment cooperation and joint projects and financing between companies and banks of the two countries.

Information on potential areas for future cooperation in the light industry, tourism, mechanical engineering, electronics and chemical industries was exchanged. Specific opportunities were discussed in greater detail during individual meetings between representatives of Bulgarian and South Korean companies.

On the Korean side, it was pointed out that trade between Korea and Bulgaria is very limited and accounts for 1/3 of their trade with each of the Eastern European countries. No joint ventures were set up, and several companies' attempts to do so were hampered by the coordinating committee for multilateral export (COCOM). The same applies to the financial sector with the exception of the signed correspondence agreement between groups of banks for opening letters of credit.

They see opportunities for activating economic relations in the following several directions:

- complementary production structures of both countries - a highly developed consumer goods industry in Korea for heavy industry and production of means of production in Bulgaria;
- the strategic geographical position of the two countries and the opportunities for joint entry into the markets of the USSR, Southeast Asia, China and the Middle East;
- the transition to a high-tech manufacturing structure in Korea necessitates redeployment of former industries due to the protectionism of developed western countries to other regions, including Eastern Europe;
- on the other hand, the transition to a market economy and private property in Bulgaria is a good prerequisite for transferring their experience gained in the years of industrialization. According to them, promising areas of cooperation are: tourism and hotel services combined with balneotherapy, agricultural production and exports to Eastern and Western Europe; exploitation of the Black Sea shelf; development of the telecommunications network based on the electronics industry and semiconductors; cooperation in the service sector; joint ventures on the territory of Bulgaria and in third countries.

It was noted that the main obstacles to cooperation were the lack of information; the current gap in the economic system and the still underdeveloped legislation on investment and other joint initiatives.

II. OPENING OF BCCI REPRESENTATIVE OFFICE IN SEUL

In the presence of an impressive number of South Korean businessmen, the BCCI office was officially opened in Seoul, which, together with the representative office of the South Korean Trade Promotion Organization (KOTRA) in Sofia, will facilitate the exchange of up-to-date information in the field of economic and market information; organizing business visits between the two countries, participation in fairs, exhibitions and other promotional events.

III. OFFICIAL MEETINGS At the Ministry of Commerce and Industry, Eximbank, the South Korean Chamber of Commerce, the South Korean Tourism Association, the Ministry of Economy and Planning, with some of the major South Korean companies such as Daewoo, Samsung and Gold Star.

During these talks, the possibilities for a significant increase in trade through joint ventures and joint activities targeting third countries such as the USSR, the countries of Southeast Asia and some Western European countries were discussed; cooperation in the field of banking and capital investment, import of consumer goods.

A conviction was expressed that strengthening official and trade contacts and establishing diplomatic relations would play a fruitful role between the People's Republic of Bulgaria and the Republic of Korea in facilitating trade and economic cooperation by signing trade and scientific-technical cooperation agreements and avoiding double taxation.

IV. BUSINESS CONTACTS BETWEEN MEMBERS OF THE DELEGATION AND KOREAN COMPANIES

Bulgarian Tourist Association (BTA)

Korean National Tourism Corporation and its subsidiary organization for the management of tourist exchanges in Korea.

The President of the Corporation Mr. Keel expressed his readiness to visit Bulgaria and to get acquainted with the possibilities for cooperation in different areas of tourism, including the exchange of tourists, as well as Bulgaria's participation in the Korean

Tourism Exchange, organized in May and September. Mr. Keel recommended some companies to meet with and discuss our investment interests.

Korean Tourist Organization: a desire was expressed for closer ties on information and tourist exchange, as well as exchanges of technology products for the tourism industry.

DAEWOO

Discussions were held to engage Daewoo Corporation to finance projects for the Bulgarian tourism industry. The talks will continue with Daewoo's representative in Sofia and during the visit of Daewoo's President in early April this year. If interested, they can supply buses for tourist activity for payment in cash, credit, including barter.

Hyundai Corporation

Similar issues were discussed on which they will submit a quotation.

Design and Investment Companies and Korea Explosive Group

Conversations and interest displayed in investing in hotel facilities, shopping malls, golf courts and more.

UNION OF CITIZENS' ECONOMIC INITIATIVE

- A statement for cooperation in the field of private companies and associations was signed with the Confederation of Small Businesses.
- An invitation for participation in the Union Congress was issued in May this year as well as for a visit by a delegation of Korean small business companies organized by the Confederation.

TELECOM

- Daewoo Corporation

1. On the basis of the assignment given for the modernization of the Bulgarian communications industry based on joint venture, as well as a commodity loan for the supply of consumer radio-electronics, it was agreed to submit a technical and economic quotation.
2. A 1990 supply bid was requested for:
   - 120 thousand color TVs;
   - 40 thousand VCRs and video players;
   - 3,2 thousand audio systems.
3. A specification for delivery of electronic components has been submitted and we are expecting quotations by Mar.30.1990.

Hyundai Corporation

1. The company produces switching systems and offers delivery only if paid in cash, but at bargain prices.
2. It is of interest to us to buy fax machines because of the good price if they are approved by our post services.

   At the same time, the company offers very reasonable prices for the supply of "converter" whose production in Bulgaria is not introduced due to technical difficulties.

   It was agreed that by the end of March the company would send two samples of fax machines and a converter for testing in the PRB.

Chimimport Company

Talks were held with the companies: ISU Chemical, Xingyong, Osang Yong, Samsung, Colon, Samoan, which generally address the following:

1. In South Korea, there is a market for 150-200 thousand tons bulk urea, but we will

have to overcome the competition of the USSR and the Gulf countries that deliver through trading (mainly Philip Brothers).

2. There exist opportunities for sale of 80-100 thousand tons heavy soda in bulk for Osang Yong and Sankong companies, as well as for a number of small producers.
3. Normal paraffins will be exported until the ISU Chemical installation is launched in June this year.
4. Mono-ethylene-glycol can only be exported if the price level is above 1000 $/t in competition with Saudi Arabia and the USA. This is currently impossible.
5. Daewoo and Sang Yong companies are permanent importers of Iranian oil.
6. There are prospects on re-export goods for: sodium dichromate, various types of rubbers, tripolyphosphate, phthalic anhydride, caprolactam, and more.

Isotimpex

Talks were held with Goldstar, Samsung and Daewoo about organizing home appliances production in Bulgaria. Talks are underway to set up a cooperative production of color TVs in Mihailovgrad.

A contract for video players was signed, and negotiations were held for tripartite cooperation for the production of microwave ovens in the USSR.

Intercommerce Foreign Trade Association

1. Samsung
   - we offered concrete iron.
   - we asked for a quotation for 100 thousand tons of cement.

   They are interested in supplying anthracite coal.
   - A global Mitsubishi-brokered joint venture agreement was signed.
2. Lucky Gold Star
   - they are interested in Bulgarian cigarette delivery, good quality and white filter.

   The matter will be referred to Bulgartabac for consideration.

- They expressed a great desire to establish a joint venture to open a Korean restaurant in our country and in Moscow.

3. SsangYong
   - The company is strong in construction and has shown interest in joint construction of sites in third countries;
   - They produce cement. They asked for a quotation of 100,000 tons, but currently they have no quantities available.
   - We requested representation of our company for their electronics in Argentina.
4. Sungyong
   - They showed great interest in joint exchange operations in the USSR. They provided a list of goods of interest to them in both directions.
   - Offered at our request /for re-export/ men's shirts. The operation is currently being processed.

INCOMS

Daewoo Chemical

- a project for investment in the construction of powerful digital switching systems was handed over.
- requests were made for imports of color TVs and video equipment under Daewoo's credit.

There were discussions with other companies about supplying telecommunication systems.

Samsung

1. Because the company supplies consumer electronics products to Corecom and Teraton, the talks focused mainly on obtaining technical and price information.
2. Because Samsung is an end-to-end manufacturer of electronic components, the company was awarded our specification with a request for a quote.

CONCLUSIONS AND SUGGESTIONS

1. The Republic of Korea has great economic potential, significant internal and external reserves, which confirm it as a dynamic and promising trade and economic partner.
2. There is a favorable political climate for expanding trade and economic relations with Bulgaria. This was expressed both during meetings with government institutions and with meetings with private business representatives.
3. This fact creates favorable conditions for a more active presence of our companies and business associations, which is currently limited. Some Eastern European countries such as Hungary and Czechoslovakia have much more active trading activities in this country.
4. There was a general opinion on the lack of awareness regarding the legal framework for joint business activities, in particular the conditions for investment in Bulgaria, which necessitates in the future, through the Bilateral Committee and the BCCI representation in Korea, to enhance the exchange of periodic and specialized information.
5. The seminar and the formal and business meetings showed that Korean companies are willing to work with their Bulgarian partners not only in the field of trade but also in other forms of business interaction, including capital investment.
6. At the meetings, it was generally agreed that the current level of bilateral trade does not satisfy and does not correspond to the economic potential of the two countries.
7. The signing of Trade, Scientific and Technical Cooperation Agreements as well as those on the avoidance of double taxation will give impetus to the development of bilateral economic contacts between the two countries.
8. The visit of the Bulgarian Economic Delegation to South Korea should not remain an isolated event. It is necessary to continue the established business contacts and the initiated detailed talks between the Bulgarian companies and their South Korean partners.

   In this context, specific measures should be taken to implement the arrangements made during the visit to achieve concrete results on the issues which were discussed.

9. The South Korean model of industrialization, combined with the rational link between the domestic economy and foreign capital and the strategy of a relatively strong central leadership towards gradual and complete liberalization, can be helpful in the transition to a market economy.

The visit was widely covered in the media.

Sofia, March 1990.

Vl. Lambrev

LIST

of the Bulgarian Economic Delegation
which visited South Korea, organized by
Bulgarian Chamber of Commerce and Industry
(March 1 - 10, 1990)

1. VLADIMI R LAMBREV - Chairman of BCCI, Head of Delegation
2. TODOR GUGINSKI - Deputy President of the Bulgarian Tourism and Recreation Association
3. RASHKO ANGELINOV - Chairman of Software Products and Systems Company
4. VALENTIN MOLLOV - President of the Union for Citizens' Economic Initiative
5. MLADEN MUTAFCHIYSKI - CEO of Teraton TC
6. MIHAIL BOZAROV - CEO of Sime Company
7. NIKOLA MONOV - CEO of Telecom TC
8. IVAN BOGOEV - Deputy CEO of INCOMS Company
9. STEFAN TOMOV - Director of Chimimport

10. VASIL LAZOV - Director of Izotimpex FTA

11. ROSEN KEREMIDCHIEV - Director of the Intercommerce FTA

12. MARIA PETRUNOVA - Chief Specialist in BCCI

For official use

57. CSA of RB, F. 259, In. 45, a.u. 689.

TO
THE MINISTER OF
FOREIGN ECONOMIC RELATIONS
CDE. ANDREY LUKANOV

MEMO

ON: Trade and economic contacts with South Korea.

COMRADE LUKANOV,

Recently, South Korea has sought to establish and develop direct foreign economic relations with the socialist countries. Some of the European socialist countries are also active in this regard. Since 1987, the South Korean Trade Development Corporation (KOTRA) has opened an official representative office in Budapest and since March 1988 in Warsaw. HPR has opened a representative office in Seoul. Talks are being held with the Czechoslovak Republic and the GDR. South Korean industrial giant DAEWOO is officially represented in Berlin. In 1987, South Korea's commodity trade with the PRC exceeded $ 3 billion, and the Soviet Union has indirectly purchased South Korean goods for about $ 500 million.

South Korea has repeatedly attempted to establish direct links with our country through its Vienna trade center, responsible for trade with European socialist countries for many years, through diplomatic contacts with our embassies in Japan and Singapore, as well as by visiting various representatives of the South Korean business in our country for business talks, participation in fairs, etc.

So far, the trade between Bulgaria and South Korea has been realized through the mediation of Western European and Singapore companies. We import electronics, consumer goods, sporting goods, burley tobacco, and more. Bulgarian exports include metals, plastics, chemicals, low-quality tobacco, etc.

There are correspondent rights established between BFTB and South Korea's largest foreign trade bank.

In a different form, the South Korean state has made basic proposals to launch large-scale direct cooperation under the most favorable conditions, pointing out that now is the most favorable time and that the situation may change substantially in a year. Some of the suggestions made so far are:

- Establishment of direct commodity exchange, including various forms, classic, barter between the foreign trade organizations of both countries, etc.
- Crediting on very favorable terms for the purchase of South Korean goods, including repayment with Bulgarian goods (Such a $ 100 million credit was granted to the HPR).
- Creation of joint ventures in Bulgaria for the construction and modernization of enterprises in the food and light industry.
- Provision of advanced technologies and know-how sales for payment with production and joint export to third markets.
- Fisheries cooperation to break Japan's monopoly on the South Korean market. They offer to provide state-of-the-art trawlers with up-to-date equipment including a helicopter for directing to the passageways. On our part, we provide the flag and crews. Full pay-off with complete production is in about 2 years. Fishing is in the area of the Bering Sea.

Comrade Lukanov,

The time is now ripe for the right resolution of our future work on foreign economic relations with South Korea, to overcome the existing random nature of contacts, the use of brokers in exports, and especially in imports, which directly affects the foreign currency results.

Following the political decision to participate in the Seoul Olympics of all socialist countries, and in the presence of already established direct trade and economic contacts of some of the socialist countries, it would be appropriate to resolve the issue of establishing direct relations of our country with the business community of South Korea with the strictest possible distinction between political and pure economic contacts. This decision is to be made after a well-organized and in-depth study of the real opportunities for economic cooperation with the South Korean country and the real benefits we have for our country. To this end, I suggest:

1. To send a small business group during the Seoul Summer Olympics, consisting of two representatives of the MFER, one representative of the BCCI, a representative of the Electronics Association or Isotimpex and a representative of the BFTB with the task of establishing contacts, holding talks with official representatives of the Ministry of Foreign Economic Relations of South Korea, the Chamber of Commerce and the Foreign Trade Bank, as well as representatives of the business community interested in developing economic cooperation between the two countries.
2. Instruct our representatives in Vienna, Tokyo or Singapore to hold discussions with South Korean leaders or sales representatives in those countries to prepare for the visit and to provide for the meetings.
3. To mandate our representatives in the HPR, the Czechoslovak Republic, Poland, the GDR, and the PRC to inform, after appropriate consultations, the status of contacts and the realized economic cooperation with South Korea.
4. Upon their return, the group will prepare a report on the results achieved, with proposals on the forms and areas in which we could find profitable cooperation with South Korea.
5. At the tripartite meeting organized in appropriate discretion by the Electronics Association in August this year in Sofia with the participation of Soviet and South Korean companies leading in the field of electronics brokering of goods for the

USSR, a representative of the MFER to be included as well.

I ask for your orders

Sofia, 13 July 1988.

58. CSA of RB, F. 259, In. 45, a.u. 689.

TO

THE MINISTER OF

FOREIGN ECONOMIC RELATIONS

Comrade ANDREY LUKANOV

REPORT

by PETAR RUSEV - President of Bulgarian

Chamber of Commerce and Industry

COMRADE LUKANOV,

On the basis of your order 1776 of 19.08.1988, a delegation consisting of Petar Rusev, Assen Manolov - Head of Department at the Ministry of Foreign Economic Relations, Hristo Popov - CEO of Corecom, and Georgi Palazov - Chief Specialist at BCCI, visited South Korea from September 7 to September 19 this year. For the first two days, the delegation took part in a program prepared by the World Trade Center in Seoul, for the opening of which more than 20 delegations from different countries were invited and attended. For the rest of the days, the delegation was hosted by KOTRA (Korea Trade Development Corporation). In addition to discussing a draft agreement between BCCI and KOTRA, the program included a visit to a number of industrial sites of leading Korean trade and industrial groups in the cities of Seoul, Busan, Daegu and Pohang.

During the visit, the delegation participated in a joint guest meeting to open the World Trade Center in Seoul with Minister of Commerce and Industry Byong Wa An; we were welcomed by the First Deputy Minister of Commerce and Industry Hu Nam-Nun; we met with the leaders of major Korean trade and industry groups and held discussions with various representatives of the Korean business community.

For the past 25 years, South Korea has achieved economic success, which is widely characterized as the "economic miracle of our century." Since 1962, the South Korean economy has been the fastest growing economy in the world. The Gross National Income (GNI) increased from $ 2.3 billion in 1962 to $ 118 billion in 1987, and per capita - from $ 87 to $ 2813. The share of industrial production in GNI increased from 14.5% to 30% over the same period. Trade in goods, worth $ 480 million in 1962, has reached $ 82 billion. For the same period, exports increased from $ 50 million to $ 47 billion. For the first time, the country realized a positive trade balance in 1980 of $ 4.7 million. In 1987, the active balance reached $ 7.7 billion. 36% of the GNI is reinvested in the country's economy, which is 5% higher than Japan's.

In the first half of this year, the growth of the Korean economy is 15%, in industry - 19%, and in exports - 23%. Basically, about 40% of Korean exports are to the United States and are mainly manufactured by the electronics, automotive and textile industries. The active balance with USA exceeds $ 10 billion. With Japan, South Korea's second most important economic partner, the balance is passive and exceeds $ 4 billion.

The share of imported equipment in the electronics industry is 25%, in the automotive industry - 5%, and in nuclear power - 20%. The trend is that these rates are constantly decreasing.

The relative share of industry in the economy is 30% and of agriculture 20%. For defense purposes, 6% of the GNI is allocated.

South Korea's total trade in 1988 is expected to reach $ 106 billion, of which $ 58 billion is export and $ 48 bil. is import. Export growth for 1988 is expected to be 23.3%.

The country's external debt amounts to $ 35 billion. In the last two years, it has decreased by $ 12 billion. Despite the foreign debt, South Korea exports capital and invests abroad, building factories and complete facilities in the US, Middle East, and EEC countries.

While in the initial period Korea mainly developed its light and especially textile industry, in recent years the share of the heavy and chemical industries has exceeded 50%. In 1987, South Korea ranked 10th in the world in steel production. Heavy machinery, shipbuilding, automotive industry and electronics are highly developed. Other major industrial products are cement, food, timber, chemical fertilizers, shoes, ceramics and glass, non-ferrous metals, agricultural products, etc.

For the first 15 years after 1962, the total agricultural production has increased 2-fold. Although the pace of growth has subsequently declined, the country has reached full satisfaction with rice and staple foods. Much attention is paid to animal husbandry, greenhouse production of vegetables, and meeting farmers' needs of pesticides and herbicides.

The fishing and fish processing industries have developed rapidly. The country has fishery agreements in the economic zones of several maritime countries and has fishing bases in Western Samoa, Los Palmas and the Falkland Islands.

The South Korean government has a policy of steadily increasing foreign competition in the domestic market, both in goods and in technology. The percentage of goods not subject to prior authorization was increased from 68,8% in 1980 to 95,4% in 1988. The average import duty decreased from 24,9% in 1980 to 18.1% in 1988. Foreign investment participation in the Korean market is constantly being liberalized. Imports of modern technology are exempted from prior import licenses. At the same time, protection of all types of intellectual property, including technical patents, computer software, copyrights and trademarks, is increasing.

Expenditure on research and development in the state budget for the period 1980-1986 has increased fivefold and reached $ 2.6 billion. In the private sector, this increase for the same period is 9 times and amounts to $ 84.4 billion. In percentage of GNI, government spending on research has increased from 0.57% in 1980 to 2% in 1985 and will reach 3% in 1991.

The shape of the South Korean economy is mainly determined by 15 industry and trade groups, called "CHAEBOL", which are not industries, but conglomerates. The Bulgarian delegation got acquainted with some of the main productions of the five most prominent groups.

SAMSUNG - the largest group with 50 years of history. It currently brings together 30 companies with 150,000 workers. There are 21 local incorporated companies and 140 branches in 43 countries. Since 1986, the group has been on top list of South Korean groupings with sales of $ 16 billion. Exports exceed 50% of this amount.

The main business of the group includes: electronic and semiconductor technology; heavy mechanical engineering; chemical and biotechnology industry; construction equipment; space technology; textile industry; food industry; medical equipment.

The group's top achievements are in the electronics industry - one of the three manufacturers in the world of 4M DRAM and 1M DRAM (dynamic random-access memories). It is a supplier of Boeing 747 and Boeing 767 engines and is one of the largest manufacturers of interferon in the world.

HYUNDAI Group is one of the largest economic conglomerates in South Korea. It unites 30 companies with 150 thousand workers employed in the fields of heavy mechanical engineering, shipbuilding, automotive, construction machinery, engineering, electronics, electrical engineering, energy (including nuclear), and robotics. Hyundai has annual sales of $ 20 billion (13% of South Korea's GNI). Annual exports amount to $ 6 billion. It is a world leader in shipbuilding. The capacity of its dry docks amounts to 1.3 billion. It produces tankers of 1 million tonnage displacement, offshore exploration and oil platforms.

DAEWOO - was established in 1967 with 30 employees as a company producing sewing machines. Today it is one of the largest groupings in South Korea. Its main business covers the production of automobiles, electronics, chemistry, engineering, military equipment, textiles, financial operations. Its plants employ 120,000 workers. The total production amounts to $ 20 billion and the exports for the year of 1987 were $ 3.38 billion.

LUCKY GOLD STAR - South Korea's fourth largest group. Main industries are chemistry, petrochemistry, electronics, semiconductors, telecommunications, electrical equipment. It has plants operating outside Korea: in Germany, Thailand, Indonesia, Spain and Turkey.

The efforts of the South Korean government and the leadership of major economic groups are aimed at overcoming South Korea's great dependence on the US and Japan. The $ 10 billion active balance is already provoking US protection measures. That is why any opportunities for entering new markets are being sought. Korean companies are particularly aggressive in their efforts to enter the Japanese market to overcome the $ 5 billion annual deficit. Japan is a target market for goods from areas where Japanese companies are unable to compete due to higher rates paid, such as calculators, radios, ventilators, VCRs, etc. Particular attention is paid to socialist countries. In recent years, contacts have been made through third countries, such as Hong Kong, Japan, Singapore, and some Western European countries. Since mid-1987, and especially this year, there has been an increasing number of direct contacts at both company and government levels. South Korea pays particular attention to the huge markets of China and the USSR. Briefly, the status of South Korean relations with the various socialist countries is as follows:

PEOPLE'S REPUBLIC OF CHINA. The trade capacity in the last 5 years has reached $ 5.6 billion, and in 1988 alone it is expected to exceed $ 3 billion.

In the economic relations between the two countries, new forms of cooperation - joint investments, joint ventures, etc., have become decisive. For example, Daewoo has built a refrigerator plant that has been in operation for 4 months on a joint venture basis in Fujian Province, China. A number of other projects in the electronics, heavy and chemical industries under similar conditions are under negotiation by Lucky Gold Star and Samsung. In order to stimulate and accelerate this process of cooperation, during his visit to China, the Vice-Chairman of the Council of Ministers and Minister of Planning of South Korea Moon Hi Gap, together with the President of the Daewoo Economic Group, established the China-South Korea Economic Cooperation Council. A consular mission of the PRC in Seoul and South Korea in China is in the process of being opened.

South Korea imports Chinese oil and coal directly, and China has designated Shandong Province as a free trade zone for South Korea.

USSR - According to South Korean sources, trade between the two countries in 1988 will exceed $ 500 million. The Daewoo Company discusses large-scale projects for the construction of factories in various areas of Siberia and Sakhalin, incl. for research and development of oil and ore fields. Daewoo President Kim Wu Chong has visited the Soviet Union on several occasions to discuss and implement these projects. Offices of the company are in the process of opening in Moscow, Leningrad, and Vladivostok.

Aeroflot and Korean Airlines have signed an agreement /which is already in operation/ for Korean aircraft to fly over Soviet territory during the Olympic Games. The Soviet government has allowed South Korean companies to transport goods directly to the Soviet Union via the Trans Siberian Railway line. A visit of a large Soviet economic delegation is planned in November this year, and talks are expected for opening a representation of the Soviet Chamber of Commerce and Industry in Seoul.

HUNGARIAN PEOPLE'S REPUBLIC - The most advanced socialist country in its relations with South Korea is the HPR. The direct contacts between the two countries date back to 1979. In 1987, trade reached $ 18 million, of which $ 15 million Korean exports and $ 3 million Hungarian exports. The major Korean positions have been electronics and textiles, and Hungarian - aluminum, pharmaceuticals and synthetic fibers. Electronics have the highest rate of Korean exports to Hungary. The Samsung Group, which opened its Budapest office in 1987, is particularly active. The 1987 Daewoo office is also located in Budapest. A number of technology transfer and joint venture are being discussed; projects at an advanced stage of development include: car assembly projects with Kia, construction of a factory for color TVs with Samsung, telephone exchange systems with Daewoo, PCBs with Shaheen Electric, tourism with Global Tours, microwave ovens production with Lucky Gold Star.

At the beginning of this month, a $ 50 million investment contract was signed by the Daewoo Company to build a hotel complex in Budapest.

The economic cooperation is a direct consequence of the advanced political relations between the two countries. The first official political contacts date back to February 1987, when Sândor Demyan, President of the Hungarian National Bank, visited Seoul, and in March 1987 the Korean Minister of Sports visited Hungary. In January 1988, the Deputy Minister for Youth and Sports Antal Pongrac visited Seoul.

In early July 1988, Karoi Gross received a special envoy from President Ro - Park Chol Yeon, and on September 13, South Korean Foreign Minister Chul Quang-Su received the Hungarian Ambassador with Special Authorization Sandor Entre. On September 14, 1988, the two sides announced at the same time that they would establish diplomatic relations at the level of permanent missions.

Czechoslovakia and the GDR are also taking steps to establish direct economic relations with South Korea. The Daewoo Group has opened offices in Berlin and Prague. Negotiations are under way between the Chambers of Commerce of the two countries and KOTRA to open offices in Seoul, Prague and Berlin. The signing of a contract for the construction of a microwave oven production plant based on joint venture and joint investments in Berlin is under way.

During their stay in South Korea, the Bulgarian delegation held talks and negotiated a draft agreement between BCCI and KOTRA. The project envisages increasing the information exchange between the two organizations and companies of both countries and opening offices in both capitals Sofia and Seoul. The president of KOTRA expressed his desire to visit Bulgaria in October this year to sign the agreement. The full text of the Agreement is attached to this report. It was agreed by the end of 1988 an economic delegation of South Korea to visit our country to discuss specific projects for cooperation and direct contacts between Bulgarian and South Korean companies and organizations. The exact date will be further agreed upon.

In parallel with the discussions on the agreement and the visits to various factories in the country, the delegation discussed different ideas with the leaders of the major Korean economic groups.

Samsung - We had talks with the Vice President of the Group Mr. Park. The company has contracted deliveries of video recorder kits and supplies a videocassette assembly line for Isotimpex. Corecom delivers consumer electronics through Japanese and Singaporean companies. Vice President Park expressed his desire to establish direct contacts with Bulgarian partners, as well as other forms of cooperation. During the visit, Corecom negotiated some direct deliveries at prices around 25% lower than purchased through dealers.

It was agreed that representatives of the company would visit Bulgaria to discuss specific projects for cooperation and joint investment with our country in the field of consumer electronics, in the reconstruction and modernization of some of our plants in the field of electronics, chemistry, and more.

Hyundai Group - The delegation had meetings with the Vice President, with CEOs of various branches. We also visited the plants of Hyundai Heavy Industries and Hyundai Motors in Ulsan.

The group proposes to discuss cooperation in the areas of automotive, shipbuilding and construction equipment.

The Daewoo Group appears to be the most aggressive of the Korean companies in the foreign markets, including towards socialist countries.

In a meeting with President W Cheong Kim, who has repeatedly visited the USSR, GDR, Czechoslovakia, and Hungary, he suggested cooperation in the field of telecommunications, CNC machines, biotechnology. He expressed his desire to open a representative office of Daewoo in Sofia. He expressed interest in buying Bulgarian goods, including wine. President Kim agreed to visit Bulgaria in November this year for detailed conversations. He met with the head of the Bulgarian Olympic delegation Cde. G. Yordanov.

We discussed with President W Cheong Kim possible cooperation in the implementation of the Libyan local currency. He confirmed Daewoo's need and interest in such funds, but pointed as a precondition the consent of the Libyan state.

The Bulgarian delegation also met with the Deputy President of the Lucky Gold Star

Group. The talks suggested cooperation with our country in the field of electronics, electrical equipment and petrochemicals. Specific conversations were also held with Corecom for the direct delivery of 14- and 16-inch color TVs, players and VCRs.

The results from the meetings and talks and from the exchanged ideas suggest that the South Korean state is ready to offer profitable cooperation in various fields. Particular interest was shown in the reorganization process in our country, the changes in legislation and the opening of duty-free zones.

The Korean country definitely finds the geographical location of Bulgaria as extremely favorable for the development of industries that can target Western Europe, socialist countries, and neighboring countries. Despite the limited domestic market, the interest in Bulgaria is also due to the opportunities that Korean companies see in directing their works to the USSR market.

In conclusion, I think that the visit of the Bulgarian delegation to South Korea was timely and useful. Numerous contacts were established and valuable information was gathered on the opportunities which the South Korean economy is providing for cooperation.

With regard to taking further steps to make practical use of the existing opportunities and to implement the agreements reached, I propose:

- To avoid the HPR's approach to political talks at government level and establish diplomatic relations with South Korea. The official contacts should be kept by BCCI and KOTRA.
- To give a general consent for the participation of South Korean companies in direct trade operations between the two countries, incl. participation in free customs zones, investment of South Korean capital in our country, technology transfer, and joint market entry in third countries.
- To confirm the visit of the President of KOTRA in our country in October for signing the agreement intended for establishing direct contacts and opening representative offices of the two organizations in the capitals of both countries.
- In view of the interest of the leading Korean economic groups, I consider it

advisable for the following associations: Electronics, Biotechnology and Chemical Industries, Human Industries, Heavy Machinery, Transport, Construction and Agricultural Equipment, and BTRA to develop priority areas for specific cooperation and guidelines for discussions.

Please, Comrade Lukanov, confirm the business trip and the proposed solutions.

Sofia, October 4, 1988

59. CSA of RB, F. 259, In. 45, a.u. 689.

TO
THE MINISTER OF
FOREIGN ECONOMIC RELATIONS
Comrade PETER BASHIKAROV

ON: Visit of trade and economic delegation to the Republic of Korea

COMRADE MINISTER,

In recent months, our trade and economic relations with the Republic of Korea have been intensively developing. A number of delegations from KOTRA, IPEC and the major South Korean corporations: Daewoo, Samsung, Lucky Gold Star were in Bulgaria. A number of projects are underway to invest in our economy, as well as talks on granting bank loans and financing goods, and to capitalize on our claims on Libya.

Given the need to finalize the talks that have been launched, as well as to establish contacts at the government level with the main ministries and state agencies in the Republic of Korea, I suggest a trade and economic delegation led by Cde. Stefan Polendakov, Deputy Minister, to visit Seoul in the near future.

Comrade Minister, I ask for your orders.

Sofia, April 2, 1990

CHIEF OF DIRECTORATE:
/V. Djurov /

VISIT OF BULGARIAN ECONOMIC DELEGATION TO SOUTH KOREA

A delegation of Bulgarian business leaders of associations, companies, trade enterprises, the Union of Citizens' Economic Initiatives and other organizations, led by BCCI President Vladimir Lambrev, visited South Korea from 3 to 9 March this year.

The visit was by mutual agreement between BCCI and the International Private Economic Council of South Korea /IPEC/ in cooperation with the South Korean Trade Promotion Organization /KOTRA/. It aimed at expanding and diversifying the trade and economic cooperation between Bulgaria and the Republic of Korea, both through traditional commodity exchange and through various forms of production, technical and market cooperation.

In accordance with the agreement signed in January this year between BCCI and IPEC during the visit, a Bilateral Committee for Trade and Economic Cooperation was established, comprising Bulgarian and South Korean companies, banks and organizations interested in the mutually beneficial and long-term development of bilateral relations.

S.V. Kim, President of ISU Chemical, was elected Chairman of the South Korean side of the Council.

The founding conference discussed practical approaches and legislation in Bulgaria on opportunities for joint business and cooperation in banking and finance. It was noted that the radical changes in the management of the Bulgarian economy and the transition to a market economy greatly increase the opportunities for trade and investment cooperation and joint projects as well as financing between companies and banks in both countries.

Information was exchanged on potential areas for future cooperation in the areas of: light industry, tourism, machine building, electronics and chemical industries. Specific opportunities were discussed in greater detail during individual meetings between representatives of Bulgarian and South Korean companies.

In the presence of an impressive number of South Korean businessmen, the BCCI office was officially opened in Seoul, which, together with the South Korean Trade

Promotion Organization (KOTRA) in Sofia, will facilitate the exchange of up-to-date information in the field of economic and market information; organizing business visits between the two countries, participation in fairs, exhibitions and other promotional events.

The head of the delegation, Vladimir Lambrev, has had formal meetings at the Ministry of Commerce and Industry, Eximbank, the South Korean Chamber of Commerce and Industry, the South Korean Tourism Association, with some of the major South Korean companies such as Daewoo, Samsung, Gold Star and others.

During these talks, the possibilities for a significant increase in trade through joint ventures and joint activities targeting third countries such as the USSR, the countries of Southeast Asia, and some Western European countries were discussed; cooperation in the field of banking and capital investment, import of consumer goods, etc.

The participants were convinced that strengthening official and trade contacts and establishing diplomatic relations would play a beneficial role between the People's Republic of Bulgaria and the Republic of Korea in facilitating trade and economic cooperation by signing agreements for trade and scientific-technical cooperation and for avoiding double taxation.

As a result of the visit, specific contacts were made and opportunities for cooperation in financing and construction of hotels and tourist sites in Bulgaria were outlined, and at a later stage - creation of joint ventures as well as exchange of tourists; cooperation in the production of household electrical engineering, in the field of computer and telecommunication equipment; technologies and know-how for the production of television sets, mechanical engineering and the import of electronics, textiles, TVs and other consumer goods. A tripartite commodity exchange agreement was signed between Intercommerce, Japan's Mitsubishi Company, and South Korea's Samsung Company.

M. Petrunova, BCCI

제3부 문서 탈초본

ЦДА на РБ

01. ЦДА на РБ, ф. 1Б, оп. 6, а. е. 949.

Решение № 236 от 1 юли 1950 г. от заседание на Политбюро (ПБ) на ЦК на БКП за организиране на акция за подкрепа на борбата на корейския народ за национално обединение. 1 юли 1950 г.

Решение „А" № 236
на Политбюро на ЦК на БКП от 1 юли 1950 г.

1. Да се организира акция в цялата страна в подкрепа на борбата на корейския народ за национално обединение.
   На свиканите по разни поводи събрания, конференции, заседания и други да се гласуват резолюции против агресята на американския империализъм в Корея за братска солидарност с корейския народ, който се бори за единството на Корея, за нейната свободна независимост.
2. Др. Тодор Живков в доклада си на 1 юли вечерта да изрази от името на Българската комунистическа партия и трудещите се в цялата страна пълна братска солидарност с борещия се корейски народ и против наглата агресия на северномериканското правителство. Същото да се отбележи и в телеграмата, която ще се гласува на събранието след доклада на др. Тодор Живков.
3. В същия смисъл да се дадат указания на печата.

02. ЦДА на РБ, ф. 1Б, оп. 6, а. е. 951.

Протокол „А“ № 238

на Политбюро от 6 юли 1950 година

Присъствували другарите: В. Червенков, Г. Чанков, Ан. Югов, Г. Дамянов, Т. Черноколев, Р. Дамянов, М. Нейчев, Д. Генев, Д. Димов, Т. Живков, Р. Леви;
по т. I и II другарите: К. Луканов, П. Пеловски, Ступов, Мадонов;
по т. III и IV другарите: Енчо Стайков, Ап. Колчев и Н. Стоилов, Н. Георгиев.

РЕШЕНИЯ:

XI. Във връзка с откритата агресия на САЩ в Корея Политбюро решава:

1. Да се проведат протестни събрания (или митинги) във всички големи градове в нашата страна, на които да се разобличи откритата агресия на САЩ в Корея и да се подчертае братската солидарност на нашия народ с борбата на корейския народ за национално обединение и национална свобода.
2. Кратки протестни събрания да се проведат и във фабрики, заводи и учреждения.
3. Масовите организации да изразят солидарността си с борбата на корейския народ и протест срещу агресията на САЩ в Корея.
4. ЦК на партията да излезе с декларация против наглата въоръжена агресия в Корея на Северноамериканските съединени щати.
5. Да се изпрати приветствена телеграма от ЦК на Партията на трудящите се в Корея и Корейското правителство.
6. Сред партийния актив в София да се направи информация за събитията в Корея.

7. Информация по международното и вътрешно положение пред партийния актив и секретарите на окръжните и околийски комитети на партията да се направи в края на м. юли т.г. в София.

В. Червенков

03. ЦДА на РБ, ф. 1Б, оп. 6, а. е. 951.

НАЦИОНАЛЕН КОМИТЕТ ЗА ЗАЩИТА НА МИРА

София, 5 юли 1950 г.

До Секретариата на ПК на БКП

Другари,

Бюрото на Националния комитет за защита на мира предлага във връзка с корейските събития от страна на Националния комитет за защита на мира да бъдат организирани големи протестни митинги във всички окръжни, в околийските градове: Свиленград, Толбухин, Габрово, Пазарджик, и в пограничните градове: Свиленград, Кърджали, Смолян, Петрич, Кюстендил, Годеч, Берковица, Кула, Видин.

В София митинга да стане на 20-и т.м., когато ще се състои Националното съвещание с председателите на окръжните и околийските комитети за защита на мира. На този митинг да говори др. Фердинанд Козовски, а до свикването на митинга да се проведат събрания по предприятия и квартали.

Молим разрешението на ЦК на БКП и даване нареждане на партийните организации по места във връзка с горното.

С другарски поздрав,

Председател: Цола Драгойчева

Секретар: проф. Петър Димитров

04. ЦДА на РБ, ф. 1Б, оп. 6, а. е. 951.

ЦЕНТРАЛЕН КОМИТЕТ НА КОРЕЙСКАТА ТРУДОВА ПАРТИЯ

Пхенян

Централният комитет на Българската комунистическа партия изпраща горещи поздрави на героичната Корейска трудова партия и трудещия се корейски народ, водещи справедлива националноосвободителна и обединителна война против лисинманската реакционна клика и американските агресори.

Трудещият се български народ посреща с чувство на най-голямо възмущение подлото нашествие на американските поробители във Вашата страна и желае от все сърце на Корейската трудова партия и на целия корейски народ час по-скоро да разгромят окончателно лисинманската клика и да очистят своите земи от американските агресори, да осигурят националното обединение и победата на мира и народната демокрация в Корея.

Да живее героичната и справедлива война на корейския народ!

Долу ръцете на американските империалисти от Корея!

Да живее могъщата опора на мира в целия свят – великият Съветски съюз и вожда на цялото прогресивно човечество др. СТАЛИН!

10.VII.1950 год.

ЦК на БКП

05. ЦДА на РБ, ф. 1Б, оп. 6, а. е. 951.

ДЕКЛАРАЦИЯ

НА ЦЕНТРАЛНИЯ КОМИТЕТ НА БЪЛГАРСКАТА КОМУНИСТИЧЕСКА ПАРТИЯ ПРОТИВ НАГЛАТА ВЪОРЪЖЕНА АГРЕСИЯ В КОРЕЯ НА СЕВЕРНОАМЕРИКАНСКИТЕ СЪЕДИНЕНИ ЩАТИ

Подлото въоръжено нападение върху Корейската народнодемократична република от страна на Северноамериканските съединени щати показва, че последните са вече преминали от безогледната подготовка на агресия към отделни преки агресивни действия.

Това гнусно престъпление против мира е замислено и предварително подготвено от американското правителство с цел да превърне Корея и остров Тайван в своя военна база за борба срещу демократичното развитие на народите в Азия срещу великия Съветски съюз, да окупира остров Тайван, съставна част на Китайската народна република, да сложи ръка на филипинската държава и на Виетнам.

Срещу това гнусно престъпление в целия свят се надига протеста и негодуванието на трудещите се, на всички честни хора.

Разпасалите пояс американски подпалвачи на войната могат и трябва да бъдат обуздани. Тяхната отвратителна агресия може и трябва да срещне могъщия отпор на силите на мира. Тези сили са в състояние да сломят агресията на американския империализъм, да осуетят неговите планове.

Централният комитет на Българската комунистическа партия изразява дълбокото и гневно възмущение на българския трудещ се народ срещу агресивните действия на американското правителство в Корея и Китай и настойчиво искане за незабавно прекратяване на тези разбойнически действия.

Централният комитет на Българската комунистическа партия от името на работническата класа и трудещите се в България изкзва пълна солидарност с борещия се за своето национално обединение и национална свобода корейски народ, горещо го приветствува и от все сърце му желае час по-скоро да увенчае с успех справедливото национално дело, за което мъжествено се бори.

Долу ръцете от Корея!

Да живее свободна и независима Народнодемократична република Корея! Корея за корейците!

Долу ръцете от остров Тайван!

Долу империалистическата агресия на американското правителство!

Да живее лагера на мира, демокрацията и социализма, начело с великия Съветски съюз!

06. ЦДА на РБ, ф. 1Б, оп. 6, а. е. 1474.

ПРОТОКОЛ „А" № 283
НА ПОЛИТБЮРО НА ЦК НА БКП ОТ 18.X.1951 ГОДИНА

Присъствували другарите: В. Червенков, М. Нейчев, Ан. Югов, Г. Цанков, Д. Ганев, Ив. Райков, Тодор Прахов и Дима Паламарова.

РЕШЕНИЯ:

Т. II.

1. За подпомагане борещия се корейски народ да се отпуснат безвъзмездно 80 хиляди макари с конци за шев и 100 тона памучна прежда по дадена спецификация.
2. Конците да се отпуснат от Министерството на вътрешната търговия, респ. ДТП „Облекло и обувки", за сметка на пазарния фонд, а преждата – от Министерството на леката промишленост за сметка на производствената програма за памучните тъкани.
3. Министерство на финансите да изплати на предприятията стойността на горните материали на обща сума 70 891 000 лева, като средствата се вземат от резервния фонд.
4. Получаването на материалите от предприятията и експедирането им по предназначение да се възложи на Българския червен кръст.

ДОКЛАДНА ЗАПИСКА

Корейският посланик в Москва е отправил молба чрез др. Стела Благоева за отпущане на кредит или безвъзмездно 80 хиляди макари с конци за шев и 100 тона памучни прежди по дадена спецификация.

От направената проверка се оказа, че имаме възможност да отпуснем исканата помощ.

По този въпрос предлагам проектно решение за обсъждане от Политбюро.

ДО ПРЕДСЕДАТЕЛЯ НА МИНИСТЕРСКИЯ СЪВЕТ ДР. ВЪЛКО ЧЕРВЕНКОВ

ОТНОСНО: изпълнение на поверително постановление № 289 от 28.III.1951 г. по доставка на тъкани за корейския народ.

Съгласно поверително постановление № 289 от 28.III.1951 г. Министерството на вътрешната търговия трябваше да предаде на Българския червен кръст тъкани за корейския народ, както следва:

- 500 000 м памучни тъкани;
- 100 000 м вълнени тъкани;
- 100 000 бр. кърпи за лице;
- 100 000 бр. макари – шевни конци;
- 1 000 000 чифта чорапи;
- 1 вагон папироси.

В изпълнение на горното постановление през месец май т.г. Министерството на вътрешната търговия е предало на Българския червен кръст следните количества:

- 500 294 м памучни тъкани;
- 100 000 м вълнени тъкани;
- 100 000 бр. кърпи за лице;
- 100 000 бр. макари – шевни конци;

- 795 167 чифта чорапи;

- 1 вагон папироси.

Предадени са в повече 294 м памучни тъкани за допълване на касите.

Не е изпълнено количеството на чорапите с 204 833 чифта поради липса на наличност на чорапи по това време в складовете им.

София, 24 август 1951 година

ПОДПРЕДСЕДАТЕЛ НА МИНИСТЕРСКИЯ СЪВЕТ: (Р. Дамянов)

07. ЦДА на РБ, ф. 1Б, оп. 6, а. е. 1257.

Протокол „А“ № 61
на Политбюро от 22 февруари 1951 година

Присъстват другарите: В. Червенков, Г. Чанков, Вл. Поптомов, Р. Дамянов, Т. Черноколев, М. Нейчев, Т. Живков, Г. Цанков, Ив. Райков.

Приема се предложението на комисията за оказване санитарна и материална помощ на борещия се корейски народ. Изпълнението на предвидените мероприятия се възлага на Управителния съвет на Българския червен кръст. Отговорен пред Политбюро за точното и образцово осъществяване на мероприятията – др. Минчо Нейчев.

ДО
ПОЛИТБЮРО НА ЦК НА БКП

Относно: изпращането на санитарни материали, облекло и храни в помощ на борещия се корейски народ.

В изпълнение поръчението на Политбюро на ЦК бе извършена проверка какви са сега нашите възможности за оказване помощ на борещия се корейски народ, без да се накърни планът за снабдяването и планът за резервите, и в съгласие с ръководителите на заинтересованите ведомства: Българския червен кръст, Министерството на народното здраве и Министерството на вътрешната търговия правим следните предложения:
1. Българският червен кръст е в състояние да отпусне една подвижна хирургическа

болница общо за 250 души. Червеният кръст разполага с всичко необходимо за обзавеждане на болницата освен 8 камиона и 5 санитарни линейки, които са необходими за нейното пренасяне и работа. Трябва да се разреши на Българския червен кръст да закупи показаните моторни превозни средства в страната или същите да се доставят от чужбина.

Болницата да се обзаведе и приготви за изпращане в срок от четири седмици. За работата на болницата са необходими около 50 души санитарен персонал – лекари, сестри, шофьори и административно-домакински персонал – нисшият обслужващ персонал да се вербува на място.

За общ ръководител на помощта се предлага др. Константин Мичев.

2. Българският червен кръст е в състояние да отдели следните количества платове, които преди няколко дни е декларирал пред Министерството на вътрешната търговия като излишъци:
   - бархет: 15 000 метра;
   - биотанлък: 3 000 метра;
   - американ : 10 000 метра;
   - хасе: 5 000 метра;
   - вълнен плат: 14 600 метра;
   - оксфорд: 10 000 метра;
   - гумени цървули: 1 000 чифта;
   - обувки гума: 2 000 чифта;
   - гащета долни: 1 500 чифта.

   Както болницата, така и платовете да се дадат безплатно от Българския червен кръст.

3. Министерството на народното здраве е в състояние да отдели следните лекарства и санитарни материали:
   - Към 150 вида лекарства, произвеждани в България – количество, оценено на 50 милиона лева;

- Превързочни материали, също произвеждани в България за 30 милиона лева.

Освен това Министерството на народното здраве ще съдейства за набирането на доброволци за необходимия санитарен персонал – 50 души за обслужване болницата и още 15 лекари и 12 червенокръстни сестри за вътрешността на страната. Редица лекари са отправили молби да бъдат изпратени в Корея.

4. Министерството на вътрешната търговия е в състояние да отпусне срещу заплащане следните храни:
   - месни и птичи консерви: 50 тона;
   - зеленчукови консерви: 50 тона;
   - памучни тъкани: 6 100 метра;
   - кърпи за лице:
   - трикотаж: 2 900 комплекта.
5. Считаме, че следва да се закупят и изпратят още 5 тона цигари и известно количество сапун.
6. Заплащането на храните, санитарните материали, камионите и др. да се извърши от събраните от населението суми „Фонд за мира“, от които 100 милиона лева са отделени за подпомагане на Корея. Ако тези средства не стигнат, може да се заемат още 20 милиона лева от същия фонд.
7. Изпращането на помощта за Корея, комплектуването на пратките и набирането на санитарния персонал да се извърши от името на Българския червен кръст с близката помощ и контрол на Партията.

   Освен тази първа пратка Българският червен кръст да проведе акция всред народа за събиране на чорапи, пуловери, ръкавици и др. предмети в помощ на корейския народ и корейските деца.

   Приема се предложението на комисията за оказване санитарна и материална помощ на борещия се корейски народ. Изпълнението на предвидените мероприятия се възлага на Управителния съвет на Българския червен кръст. Отговорен пред Политбюро за точното и образцово осъществяване на мероприятията – др. Минчо Нейчев.

8. За приемането в България безнадзорни корейски деца има възможност и опит, но считаме, че засега това не е целесъобразно.

София, 19.11.1951 год.

08. ЦДА на РБ, ф. 1Б, оп. 6, а. е. 1680.

Протокол „А“ № 163
НА ПОЛИТБЮРО НА ЦК НА БКП ОТ 25.X.1952 ГОДИНА

ПРИСЪСТВУВАЛИ ДРУГАРИТЕ: В. Червенков, А. Югов, Г. Дамянов, Г. Чанков, Г. Цанков, М. Нейчев, Р. Дамянов и Т. Живков.

II. По работата на българската санитарна бригада в Корея (докл. др. Р. Дамянов)

1. Престоят на българската санитарна бригада в Корейската народнодемократична република да бъде една година. След изтичане на една година участвуващите в бригадата да се подменят.
2. Да се организира нова група в състава от 20 души, която да замине в Корея към 1.II.1953 г. с оглед през м. март да се завърнат в страната участвуващите в първата санитарна бригада.

   Другарите П. Коларов и Д. Халов да подготвят новата група и до 15.XII.1952 г. да внесат в ЦК на Партията персонално предложение за нейния състав.
3. Да се завърнат в страната ония членове на бригадата, силите на които не са могли да бъдат използувани добре.
4. Възлага на др. П. Коларов срочно да внесе предложение в ЦК на Партията за увеличение месечното възнаграждение на участвуващите в бригадата (примерно по 100 долара на месец, съобразно заеманата от тях длъжност) и за изпращане в Корея на нова болница, която да бъде в пълно разположение на нашата бригада.

Български червен кръст, Централен съвет

София, 5 септември 1952 год.

До ЦК на Българската комунистическа партия – Секретариат

Другари,

От посланика на Народна република България в Пекин др. Янко Петков се получи писмо, в което той подробно ни осведомява за положението на нашата санитарна бригада, изпратена в помощ на борещия се корейски народ. Другарят Петков е посетил местата, където нашите другари работят. Той се е срещнал с отговорни съветски и корейски другари от санитарната част на КНА, като с тях са били разгледани и обсъдени всички въпроси.

Изхождайки от изложеното в писмото на др. Петков, ние смятаме, че за да може нашата бригада успешно да продължи своята работа в Народна република Корея, ще бъде необходимо на бъдат разрешени следните въпроси:

1. Престоят на бригадата в НР Корея трябва да бъде най-малко една година. След този срок ще трябва да бъдат подменени другарите. Онези от тях, които доброволно пожелаят, да останат и за по-дълъг срок в НР Корея.
2. От 1.01.1953 год. ще трябва да се предвидят и съответно изпращат на всеки другар по 60 щатски долара месечно или за всички месечно по 2820 долара, които ще бъдат необходими за посрещане ежедневните нужди за храна и поддържане членовете на бригадата. (За сведение трябва да Ви съобщим, че издръжката на един другар от румънската бригада е средно 150 долара месечно.)

   Издръжката на другарите до края на тази година смятаме за осигурена, след като им бяха преведени 5000 долара и отделно изпратени хранителни материали за 91 800 лв., които другарите фактически са започнали да ползват от 1.VII. т.г.
3. Да се върнат веднага в страната някои другари, чиито сили по една или друга причина не са могли да бъдат оползотворени и се явяват в тежест на бригадата.
4. Новата група, която ще подмени досегашната, да започне да се готви още от сега и да бъде в по-малък състав, около 20 души, от които половината лекари.

(чехословашката, румънската и унгарската бригада са средно от 12 – 20 души). Тази група да бъде готова и най-късно към 1.II.1953 г. да тръгне от България за Корея с оглед през месец март да се върнат другарите от първата санитарна бригада.

Молим за разрешаване на поставените въпроси.

ПРЕДСЕДАТЕЛ НА ЦС НА БЧК: (Министър д-р П. Коларов)

ЗАМ.-ПРЕДСЕДАТЕЛ: (Д. Халов)

Поверително!

Пекин, 24 юли 1952 г.

ДО МИНИСТЪРА НА НАРОДНОТО ЗДРАВЕ ДР. ДР. П. КОЛАРОВ

СОФИЯ

КОПИЕ: ДО МИНИСТЪРА НА ВЪНШНИТЕ РАБОТИ ДР. МИНЧО НЕЙЧЕВ

Другарю Министре,

В края на м. юни т.г. посетих Корея във връзка с чествуването паметта на др. Димитров. Използвах случая да се осведомя по-подробно и отблизо с работата на нашата санитарна бригада и да добия непосредствени впечатления за състоянието ѝ. Още от срещите си с др. Мичев аз знаех, че нашата бригада е поставена да работи при доста трудни условия в сравнение с бригадите на другите народнодемократични страни – липса на собствени болнични съоръжения и медикаменти, превозни средства, снабдяване с продукти и пр. За това аз, а и др. Мичев Ви осведомихме навремето с нашите кратки доклади. Тъй като пристигането на бригадата закъсня значително, всички изпратени от България през 1951 год. болнични съоръжения, медикаменти, лекарства, камиони и др. бяха използувани от корейското правителство.

Поради това нашата бригада трябваше да започне работа при такива условия и при такава материална база, каквито корейското правителство можеше да осигури със свои средства. А известно е, че техните възможности в това отношение са ограничени, поради което те не можеха да осигурят подходящи условия за една добра, ефикасна и непрекъсната работа на нашите лекари – още от самото начало, пък и сега, бригадата работи разделена на групи и разпръсната на различни места, в селски къщички приспособени за болници, без достатъчно инструменти и лекарства, без рентген и пр., което е пречело да бъдат използувани всички техни сили и възможности напълно. Поради това, както вече Ви съобщих, наложи се да закупим от Китай разни най-необходими инструменти и лекарства (с изпратените от БЧК суми), за да се осигури поне на първо време редовната работа на нашия санитарен персонал. Освен това се наложи да бъде подкрепена бригадата и със закупуване на допълнителна храна от Китай, което, както вече писах и в последното си писмо, трябва да продължи и занапред, защото по съвсем естествени причини хранителните продукти, отпускани от корейското правителство, бяха и продължават да са недостатъчни и нередовни.

Тук му е мястото да отбележа, че всички тези трудности, които не са само наши, но и на корейското правителство, биха били избегнати, ако бригадата беше дошла още миналата година заедно с цялата своя изпратена от България материална база така, както правят всички други братски бригади. Но дори и при това късно идване на бригадата все пак биха могли да бъдат избегнати тези неприятности, ако преди изпращането на бригадата бяхме информирани за нейното идване, за да проучим основно положението и да подготвим условията. За съжаление, това не беше направено и аз узнах, че лекарите пътуват за Корея едва когато те вече бяха в Москва. Освен това в София беше известно, че изпратената болница с всичките ѝ инструменти, медикаменти, камиони и пр. не съществува, т.е. е била използувана. На моето запитване по въпроса за идването на бригадата през м. август м.г. ми бе отговорено с телеграми на Министерството на външните работи № 175 /5.9.1951 г. и № 640/2.11.1951 г. да се съобщи на корейското правителство, че българската бригада няма да идва. Аз предадох това съобщение на корейското правителство, от което логически следва, че изпратената болница може и трябва да бъде използвана по тяхно усмотрение – нещо, което в действителност и стана – почти целият инструментариум, лекарства и др. са били разпратени още през м. ноември миналата година по различните корейски болници на фронта и в тила.

При това положение чудно е от къде са били получени сведения в София, че нашата болница стои на разположение на бригадата и лекарите бяха изпратени без инструментариум и медикаменти.

2. През време на моя престой в Пхенян аз използувах случая да се срещна със съответните отговорни корейски другари и да уредя на място всички въпроси, свързани с работата на бригадата и по-специално – снабдяването ѝ с необходимия инструментариум, медикаменти, храна, групирането ѝ по възможност на едно място и др. В срещата си с началника на санитарната част при КНА генерал Ли и със съветския съветник при същата, проф. Державин, разгледахме и обсъдихме всички тези въпроси. По мое настояване те, заедно с мен и Мичев, направиха посещение на бригадата, като се спряха на всички места, където работят нашите хора. Там, на място, те информираха по всички въпроси, като изслушаха лично самите лекари, които поставиха своите искания и изложиха своите нужди. Генералът и съветникът си вземаха бележки и обещаха да изпълнят всичко, което е по силите и възможностите им.

Може да се каже, че след тази среща има голяма вероятност условията за работа да се подобрят, което ще окаже благоприятно влияние върху обема и качеството на нашата медицинска помощ.

Нужно е да се изтъкне, че генерал Ли заяви, че е трудно да бъде осигурена от тяхната страна напълно и редовно необходимата количествено и качествено храна, с което намекваше, че ние трябва сами да се погрижим за допълнителното снабдяване с продукти, така както правят другите братски бригади.

При срещите си с Ким Ир Сен и Пак Хен Ен последните изразиха голямото си задоволство от работата на нашата бригада, въпреки че правителството не могло да създаде добри условия за работа.

Срещнах се и със съветския посланик др. Разоваев, който също изказа своето задоволство от нашата бригада. Въобще съветските другари проявяват голям интерес и симпатии към нашата бригада и оказват голяма помощ главно чрез проф. Державин. Поради това съветският посланик изказва пред мен мнение, че с оглед да се даде по-ефикасна помощ и да се извлече по-голям опит и полза от войната в Корея за нашата страна, би било добре бригадата да остане в Корея поне една година. На този въпрос ще се спра по-надолу.

3. Положението вътре в бригадата.

През време на моето посещение по различните бази на бригадата аз устроих събрания с персонала на всяка група поотделно, за да чуя тяхното мнение и за да получа непосредствени впечатления за положението в цялата бригада. От проведените събрания, лични беседи и наблюдения имам впечатление, че една голяма част от лекарите са се прегънали от трудностите и чакат час по-скоро деня за тръгване наобратно. Такива настроения съществуват предимно в онези групи, които се намират при действително много трудни условия – групата, която работеше в болницата в гр. Супун. След голямата бомбардировка на електрическата централа на р. Ялу, намираща се само на няколкостотин метра от нашата болница, която също е била засегната от бомбите, се е наложило нашите хора да бъдат настанени в различни селца из планините около Супун. Условията там бяха действително тежки: нямаха подходящи помещения за спане, храната недостатъчна, а нейното разнасяне по различните групички, разпръснати по на няколко км от града, се извършваше от самите лекари; няколко от лекарите са заболели от амебна дизентерия и за тях се грижат другарите им; нямат редовна и бърза връзка с близките си в родината, защото кореспонденцията закъснява много; много от хората са се изнервили и се сърдят за най-дребни неща; при това в изказванията на някои другари беше изтъкнато, че в някои групи между нашите лекари и корейското командуване на болницата не е било осъществено сработване и уточняване на началническите функции, т.е. чии нареждания трябва да се изпълняват при лечението на болните.

Когато аз съобщих на лекарите от тази група мнението на съветския посланик за оставането им поне една година в Корея, почти всички се изказаха в смисъл, че тяхното стоене повече от 6 – 8 месеца е безполезно, защото при настоящите условия, за които споменах по-горе, не могли нито да лекуват и да бъдат полезни за корейския народ, нито пък извличали някакъв опит за страната и за себе си, а само си губели времето и се излагали на опасност да заболеят от тежки болести. Някои изтъкваха и аргументи от лично-кариеристичен характер – че щели да изостанат от своите другари колеги в своята хирургическа практика, тъй като тук не извършвали операции, изоставали в науката (става въпрос за асистентите) и пр. Всички те изтъкнаха, че въпросът за тяхното оставане за 1 година е свързан с въпроса за създаване на подходящи условия за работа. В противен случай нямало никакъв смисъл оставането им.

Аз действително признавам, че условията на тази група бяха доста тежки, но смятам, че аргументацията за безполезността на оставането им в Корея за 1 година е неправилна и че зад нея се крие нежелание, дължащо се на превиване пред трудните условия на живот и уплаха.

Смятам, че това психологическо състояние е временно и то ще мине, след като се подобрят условията. А за това вече са взети мерки от Санитарното управление на КНА – всички тези групи около Супун ще бъдат събрани на една място (вчера Мичев ми съобщи по телефона, че това е вече осъществено), където битовите и трудови условия ще се подобрят и нашите лекари ще бъдат погълнати от работа. В подкрепа на това свое мнение трябва да Ви съобщя, че в другата (първоначалната) база на нашата бригада, намираща се на 100-на километра от Супун, където работи една част от нашите хора, са създадени с общи усилия сравнително добри условия, хората са ангажирани и погълнати от работа, имат самочувствие за ползата от своята работа и единодушно изявиха желание да останат една година и въобще толкова, колкото Партията и правителството считат за необходимо. Впрочем заявления, че ще изпълнят нарежданията на Партията и правителството направиха и лекарите от другите бази.

4. След това кратко описание на положението в бригадата аз считам, другарю Министър, че за да може работата на нашата бригада за в бъдеще да върви както трябва, ще е необходимо да бъдат разрешени основно следните въпроси:

1) На първо място, наложително е да бъдат отпускани ежемесечно кредити за допълнително снабдяване на бригадата с храна както и за други ежедневни битови нужди като: сапун, пасти за зъби, ножчета за бръснене, газ, лампи, долни дрехи (особено ако ще зимуват) и др. За тази цел след възможно най-старателна преценка считам, че ще са нужни ежедневно за един човек по 2 щатски долара. Бригадата ще се снабдява с прясно месо и зарзават от пазара в Корея, където цените са средно 2 – 3 пъти по-високи отколкото в Китай. Останалите нужди ще бъдат задоволявани на пазара в Китай. Този въпрос аз поставих в писмото си до Вас под № 15-Ц/26 май т.г., но досега не съм получил Вашия отговор, макар че с телеграма на Министерството на външните работи № 1125/20 юни т.г. ми бе съобщено, че такъв следва.
2) Всички писма от София за бригадата да бъдат изпращани до нашето посолство в Пекин. Този път е най-бързият, защото ние имаме редовна връзка с бригадата. Това ще спести много тревоги на лекарите, които досега получаваха писмата си с няколко месеца закъснение, тъй като те бяха изпращани чрез Москва, а оттам с куриер, което е много бавен и несигурен път.
3) По отношение срока за престоя на бригадата в Корея – смятам, че по съображения политически и финансови (икономия на пари за път) е целесъобразно да се приеме предложението на съветския посланик за престояване една година.

Необходимо е да бъде решен този въпрос и да бъда уведомен за решението, защото неизвестността влияе лошо на хората.

Освен това на мнение съм да бъде подготвена още отсега нова българска санитарна бригада, която да смени сегашната след изтичане на нейния срок, ако, разбира се, събитията наложат това. Новата бригада трябва да пристигне още преди старата да си е тръгнала, за да има приемственост и за да се запази инвентара. За предпочитане е новата бригада да е по-малобройна и да не се изпращат възрастни хора, защото те трудно понасят условията. За сведение Ви съобщавам, че сегашните румънска и унгарска бригада са втора смяна и понастоящем се подготвя тяхната трета смяна.

4) Моля да получа съгласието на правителството да бъдат върнати в страната някои другари от бригадата, чиито сили, по една или друга причина, не могат да бъдат оползотворени и се явяват излишни.

5) Единодушно желание на другарите от бригадата, което бих желал да Ви предам, е да бъде написано нещо в нашата преса за тях. Изпратените досега техни дописки по посрещането им и др. не са били публикувани в нашата преса.

Мълчанието, което се пази около нашата бригада в България е по моему неоправдано. В корейските вестници навремето беше отбелязано на видно място пристигането на бригадата, посрещането ѝ, многократно бяха публикувани благодарствени писма до бригадата и въобще много се пише за санитарната помощ, която оказваме на корейския народ. Скоро вероятно ще има и дописка за нашата бригада в „Правда“ от кореспондента на този вестник в Корея (др. Ткаченко). При това положение да се пази тайна по този въпрос у нас, е безполезно, ако въобще съображенията на правителството са от този характер.

Накрая бих желал да Ви дам някои сведения за санитарните бригади на другите народни демокрации: унгарската бригада – състои се от 24 души, половината от които лекари. Обслужват болница с 1000 болнични легла. Имат собствен инструментариум и доставят лекарства и медикаменти за всички болни. Получават за своята издръжка (допълнителна храна и лични нужди) 3000 щатски долара месечно за цялата бригада. Румънската бригада – 20 души; обслужва 700 болнични легла; собствен инструментариум; доставя редовно необходимите лекарства и медикаменти за 300 болни; получават за допълнителна храна и лични нужди по 5 щатски долара дневно на човек. Чешката бригада – 20 души; обслужва 500 болнични легла; собствен инструментариум, медикаменти и лекарства; размерът на получаваните от тях средства за издръжка не ми е известен.

Надявайки се да получа в скоро време от Вас отговор на поставените от мен въпроси и направените предложения,

Оставам, другарю Министър,

С най-искрени към Вас уважения: (Янко Петков, посланик)

09. ЦДА на РБ, ф. 1Б, оп. 32, а. е. 310.

НАЦИОНАЛЕН КОМИТЕТ ЗА ЗАЩИТА НА МИРА

До
СЕКРЕТАРИАТА НА ЦК НА БКП

Другари,

Националният комитет за защита на мира има сведение, че 200 корейски деца са на път за България и се очакват да пристигнат в Русе към 28 юни.

Националният комитет за защита на мира, съгласувано с др. министър Минчо Нейчев, предлага при пристигането на децата на българко-румънската граница, на гарата при влака, да бъде устроено посрещане от пионерите на гр. Русе с цветя, знамена, фанфари и присъствие, както и от представители на комитета за защита на мира в Русе, без участие на гражданството.

Също такова посрещане да бъде устроено при пристигането на децата на гара София. Специалният влак веднага след това да продължи от гара София до гара Костенец, където да ги чакат автобуси за отвеждане в Долна баня.

Горното предложение правим в случай, че децата са здрави, за което ще се чака мнението на лекарите, придружаващи децата от съветско-румънската граница.

Молим за Вашето мнение по горния въпрос.

Председател: (акад. Г. Наджаков)
Главен секретар: (Траяна Ненова)

ДОКЛАДНА ЗАПИСКА

По съобщение на Националния комитет за защита на мира 200 корейски деца са на път за България и се очакват да пристигнат към 28 юни в Русе.

Националният комитет за защита на мира предлага при пристигането на децата в Русе да се организира посрещане от представители на Градския комитет за защита на мира и пионерите, без участие на гражданството.

Също такова посрещане да бъде устроено в София веднага след което специалният влак да продължи до Костенец, откъдето с автобуси децата да бъдат отведени в Долна баня.

Предлагаме да бъде уредено посрещане на децата в Русе, Плевен и София, ако минат през Северна България, и в Стара Загора и Пловдив, ако минат през Южна България.

С децата пътуват наши лекар и сестра и според др. министър Коларов няма опасност за пренасяне на болести при посрещането.

27.02.1952 г. Зав. отдел „Международни връзки" на ЦК на БКП

10. ЦДА на РБ, ф. 363, оп. 3, а. е. 35.

МИНИСТЕРСТВО НА ВЪНШНИТЕ РАБОТИ

До Комитета за приятелство и
културни връзки с чужбина

Нашата легация в Пхенян съобщава, че занапред Комитетът може да изпраща материали направо до Департамента за културни връзки с чужбина при Министерството на културата в Корейската народнодемократична република.

Във връзка със запитването на Комитета относно материалите за България, които следва да се изпращат в Корея, Легацията препоръчва да се изпращат материали из нашето строителство, селско стопанство, ТКЗС, из работата на театъра, операта, балета, из живота на организацията „Септемврийче", ДСНМ, из живота на трудещите се, съревнование, почивни домове, из нашето филмово изкуство и т.н.

В резултат на разговорите, които Легацията е имала с Департамента за културни връзки с чужбина, същата препоръчва във връзка с културния обмен за 1955 г. да се направи предложение по следните въпроси:

I. Литература

1. Обмен на книги на корейски и български език.
2. Превод на книги.
3. Да се разменят български и корейски книги на руски език.
4. Размена на литературни списания (например сп."Септември").

II. Музика и танци

1. Да се разменят ноти на български и корейски музикални произведения.

2. Да се разменят материали по корейски и български танци (материалите да бъдат на руски език).

III. Изобразително изкуство

1. Да се разменят статии във връзка с изкуството.
2. Да се разменят специални произведения на изобразителното изкуство (например портрети и др).
3. Да се разменят информации във връзка с изкуството.

IV. Театър

1. Да се разменят пиеси, които да бъдат преведени на руски или английски.

V. Радиопредавания

1. Да се договорят с Радиокомитета.

VI. Изложби

1. Да се разменят малки фотоизложби. (За големи изложби нямат още условия). Например за 28.02.1955 г. корейската страна може да изпрати в България фотоизложба за корейската народна армия.
2. Могат да се разменят малки изложби,отразяващи националния бит и изкуство.

VII. Филми

1. Размяна на нови художествени филми.
2. Размяна на документални филми – късометражни, кинопрегледи и др.

VIII. Размяна на културни делегации, артисти, научни работници и др.

Двете страни да се договарят за всеки конкретен случай на размяна на културни делегации и др. поотелно.

Легацията препоръчва в случай, че се състои през 1955 г. младежкият фестивал във Варшава, корейската делегация да бъде поканена в България. Някои страни от народните демокрации са поканили вече корейската делегация, която ще вземе участие в младежкия фестивал, да ги посети. Според Легацията това може да направим и ние, без да сме включили посещението в Протокола за културен обмен през 1955 г. с Корейската народнодемократична република.

ЗАМ.-МИНИСТЪР

11. ЦДА на РБ, ф. 363, оп. 3, а. е. 35.

ДО
ДРУГАРЯ ПРЕДСЕДАТЕЛ
НА МИНИСТЕРСКИЯ СЪВЕТ

ДОКЛАД

От Рада Тодорова – председател на Комитета за приятелство и културни връзки с чужбина

ОТНОСНО: подписването на Спогодба за културно сътрудничество между НР България и Корейската народнодемократична република и плана за прилагането ѝ през 1955 година.

Другарю Председател,

Нашите културни връзки с Корейската народнодемократична република напоследък доста оживяха.

Освен размяната на различни пропагандни материали – снимки, ноти, грамофонни плочи, списания, статии, албуми, книги и други – през последните две години между двете страни бяха разменени и отделни лица и ансамбли.

През 1955 година ние предвиждаме тези връзки да получат още по-голям размах.

Обаче, за да се осъществява културният обмен по-системно и ритмично, Комитетът за приятелство и културни връзки с чужбина предлага между НР България и Корейската народнодемократична република да бъде подписана Спогодба за културно сътрудничество по подобие на тия, сключени с всички останали народнодемократични страни, като същевременно се изработи и план за предлагане на Спогодбата през първата година.

Министерството на външните работи ни съобщи, че правителството на Корейската народнодемократична република е съгласно да сключи културна спогодба между двете страни, като за тази цел е предложило нашата страна да излезе с проект за спогодбата и годишен културен план за 1955 година.

Необходимите средства за изпълнението на предлагания проектоплан са включени в бюджета на Комитета за приятелство и културни връзки с чужбина за 1955 година.

Предлагам подписването на Спогодбата за културно сътрудничество да стане в София, а размяната на ратафикационните документи и подновяването на плана за 1955 година – в Пхенян. От българска страна предлагам Спогодбата да бъде подписана от др. Рубен Аврамов – министър на културата, а планът за прилагането през 1955 година от др. Раденко Григоров – пълномощен секретар на НР България в Корея.

Предлагам Министерският съвет да приеме следното

РАЗПОРЕЖДАНЕ:

1. Одобрява се предложението от Комитета за приятелство и културни връзки с чужбина проектоспогодба за културно сътрудничество между НР България и Корейската народнодемократична република и проектоплана за прилагането ѝ през 1955 година, които да служат за база на преговорите на българската страна за изработване и подписване на Спогодбата за културно сътрудничество с Корейската народнодемократична република и плана за прилагането ѝ през 1955 година.
2. Спогодбата да се подпише в София, а размяната на ратификационните документи да стане в Пхенян.
3. От българска страна Спогодбата да се подпише от др. Рубен Аврамов – министър на културата, а планът за прилагането ѝ през 1955 година – в Пхенян от Раденко Григоров – пълномощен министър на НР България в Корейската народнодемократична република.

Изпълнението на настоящето се възлага на Комитета за приятелство и културни връзки с чужбина и Министерството на външните работи.

ЗАПИСКА

от заместник-председателя на Министерския съвет

по доклад № 1840 от 23.03.1955 г. на Комитета за приятелство и културни връзки с чужбина

Другарю Председател,

Комитетът за приятелство и културни връзки с чужбина предлага Министерският съвет да приеме проект за културна спогодба с Корейската народнодемократична република и проектоплан за приложението на тази спогодба през 1955 година.

Министерството на външните работи с писмо до Комитета е съобщило, че Корейското правителство е съгласно да се сключи такава спогодба и да се изработи план за приложението ѝ, като е замолило нашата страна да подготви необходимите за това проекти.

Проектът за културна спогодба с Корея е изработен по образец на културната спогодба с останалите народнодемократични страни. В него са посочени основни линии, по които ще се развиват културните ни връзки с Корея – размяна на материали, изложби, филми, хора на науката и изкуствата и др.

В проектоплана за приложение на културната спогодба през 1955 година се предвижда главно размяна на печатни и други материали между академиите на науките на двете страни, размяна на материали по учебното дело, музеите и библиотеките, литературата и изкуството, печата, радиото, киното и пр.; предвижда се у нас да гостуват 10 корейски музикални и др. изпълнители за 20 дни и 1 журналист за 1 месец.

Предлага се подписването на спогодбата да стане в София, а размяната на ратификационните документи и подписването на плана за приложението на спогодбата през 1955 година – в Пхенян, като културната спогодба да бъде подписана от министъра на културата, др. Рубен Аврамов, а планът – от Раденко Григоров, пълномощен министър на НР България в Корейската народнодемократична република.

За осъществяване на мероприятията по проектоплана през 1955 година са нужни около 230 000 лева, които са предвидени по бюджета на Комитета за приятелство и културни връзки с чужбина.

Предлагам Бюрото на Министерския съвет да приеме приложеното постановление.

София,... април 1955 г.

12. ЦДА на РБ, ф. 363, оп. 3, а. е. 35.

ПРОЕКТОСПОГОДБА

ЗА КУЛТУРНО СЪТРУДНИЧЕСТВО МЕЖДУ НАРОДНАТА РЕПУБЛИКА БЪЛГАРИЯ И КОРЕЙСКАТА НАРОДНОДЕМОКРАТИЧНА РЕПУБЛИКА

Правителството на Народната република България и правителството на Корейската народнодемократична република, уверени, че културното сътрудничество е едни от най-добрите начини за укрепването и по-нататъшното развитие на приятелските отношения между двете страни за обединяване на усилията на двата народа в борбата им против империалистическата идеология и агресия и за траен мир,

Решиха да сключат Спогодба за сътрудничество в областта на науката, просветата, изкуството, печата, киноизкуството и радиото.

За подписването на Спогодбата двете правителства назначиха за свои пълномощници:

Правителството на Народна република България – Рубен Аврамов – министър на културата,

Правителството на Корейската народнодемократична република – ......,

които след размяна на своите пълномощия, намерени за редовни и в надлежна форма, се споразумяха следното :

ЧЛЕН 1

Двете договарящи се страни съдействуват за сътрудничеството между академиите на науките и другите научно-изследователски институти, както и между културно-просветните учреждения на двете страни.

ЧЛЕН 2

С цел да развиват сътрудничеството в областта на науката и просветата договарящите се страни се задължават:

а) да се разменят научно-изследователски доклади, материали и публикации;

б) да поощряват взаимното посещение на дейци на науката;

в) на базата на взаимността да разменят студенти;

г) да обменят опит в областта на училищната просвета, учебни планове и методиката на обучението, а също да се разменят списания и произведения в областта на просветата;

д) държавните библиотеки на двете страни да разменят книги, списания, вестници и други издания;

е) да се разменят материали в областта на масовата просвета и организирането на масовата културна работа в заводите, фабриките и в селото.

ЧЛЕН 3

С цел да развиват сътрудничеството в областта на литературата и изкуството двете договарящи се страни се задължават:

а) да поощряват взаимното посещение на дейци на литературата и изкуството;

б) всяка от страните да поощрява превеждането и издаването на препоръчаните от другата страна литературни произведения и произведения на изкуството на другата страна;

в) да съдействуват за организирането или взаимно уреждат прегледи на театралното и музикалното изкуство и на киноизкуството;

г) да си разменят грамофонни плочи, музикални материали, албуми с репродукции на изобразителното изкуство, плакати, каталози и др.

ЧЛЕН 4

С цел да развиват сътрудничеството в областта на печата, радиопредаването и киноизкуството двете договарящи се страни се задължават:

а) да предоставят привилегии на театралните агенции и на кореспондентите на двете страни;

б) да съдействуват за сътрудничеството между радиопредавателните служби на двете страни в провеждането на програми по литература и изкуство, а също тъй да разменят звукозаписи на специалните радиопредавания;

в) да си разменят вестници, фотоснимки и други материали за печата;

г) да съдейтвуват за размяната на филми и за сключването между киноматографическите предприятия на двете страни договори за размяна на филми.

ЧЛЕН 5

С цел да съдействуват за взаимното опознаване на народите от двете страни договарящите се страни се задължават:

а) всяка от страните да организира изнасянето на доклади за културата и науката на другата страна;

б) всяка от страните да съдействува за организирането или да урежда изложби за постиженията в областта на културния, стопанския и политическия живот на другата страна, както и събрания за чествуване на бележити дати в областта на науката, културата и изкуството на другата страна.

ЧЛЕН 6

За приложението на настоящата спогодба се изработва ежегодно от представители на двете страни план, който се изпълнява от съответните институти на двете страни.

ЧЛЕН 7

Настоящата спогодба важи за срок от пет години. Ако някоя от договарящите се страни не изяви желание да я денонира шест месеца преди изтичането на срока, спогодбата продължава да действува автоматически и през следващите пет години при същите условия за денонoиране.

ЧЛЕН 8

Настоящата спогодба подлежи на ратификация и влиза в сила от деня на размяна на ратификационните документи.

Ратификационните документи да бъдат разменени в Пхенян.

В потвърждение на горното пълномощниците на страните подписаха настоящата Спогодба и я подпечатаха със своите печати.

Съставена в София на ...... 1956 година в по два екземпляра на български, корейски и руски език, при което трите текста имат еднаква сила. В случай на разногласия при тълкуването руският текст се смята за меродавен.

София, април 1955 година

13. ЦДА на РБ, ф. 363, оп. 3, а. е. 35.

ПОСТАНОВЛЕНИЕ № ..... от 14 април 1955 год.

ОТНОСНО: утвърждаване проект за спогоба за културно сътрудничество между НР България и Корейската народнодемократична република и проектоплан за прилагането ѝ през 1955 година
На № 1840/ 23.03.1955 година

До
КОМИТЕТА ЗА ПРИЯТЕЛСТВО И КУЛТУРНИ ВРЪЗКИ С ЧУЖБИНА
МИНИСТЕРСТВОТО НА КУЛТУРАТА
МИНИСТЕРСТВОТО НА ВЪНШНИТЕ РАБОТИ

МИНИСТЕРСКИЯТ СЪВЕТ ПОСТАНОВИ

1. Утвърждава приложените проектоспогодба за културно сътрудничество между Народна република България и Корейската народнодемократична република и проектоплан за прилагането ѝ през 1955 година. Тези проекти да послужат за основа на преговорите между двете страни.
2. Спогодбата да се подпише в София, като нашата страна бъде представена от др. Рубен Аврамов, министър на културата, а размяната на ратификационните документи да се извърши в Пхенян по дипломатически път. Планът за прилагането на Спогодбата да се подпише в Пхенян от Раденко Григоров, пълномощен министър на НР България в Корейската народнодемократична република.

Изпълнението на Постановлението се възлага на Комитета за приятелство и културни връзки с чужбина, Министерството на културата и Министерството на външните работи.

София, 12 април 1955 година

ПРЕДСЕДАТЕЛ НА МИНИСТЕРСКИЯ СЪВЕТ: (п) А. Югов

СЕКРЕТАР НА МИНИСТЕРСКИЯ СЪВЕТ: (п) Ат. Войнов

НАЧАЛНИК ОТДЕЛ „ПРОТОКОЛИ И РЕШЕНИЯ“: (Ст. Цонев)

14. ЦДА на РБ, ф. 363, оп. 3, а. е. 35.

ДО
ДРУГАРЯ ПРЕДСЕДАТЕЛ НА
МИНИСТЕРСКИЯ СЪВЕТ

ДОКЛАД

от Рада Тодорова – председател на Комитета за приятелство и културни връзки с чужбина

ОТНОСНО: ратифицирането на Спогодбата за културно сътрудничество между НР България и Корейската народнодемократична република.

Другарю Председател,

На 25 юли 1955 година бе подписана в София Спогодбата за културно сътрудничество между НР България и Корейската народнодемократична република. Спогодбата е сключена съобразно одобрения с Постановление на Министерския съвет от 14 април т.г. проект, предложен от Комитета за приятелство и културни връзки с чужбина.

Съгласно чл. 8 от сключената Спогодба същата подлежи на ратификация и влиза в сила от деня на размяната на ратификационните документи, които ще бъдат разменени в Пхенян.

За да се извърши ратификацията на Спогодбата, необходимо е Министерският съвет да одобри сключената Спогодба и да предложи на Президиума на Народното събрание да я ратифицира.

Предлагам Министерският съвет да приеме следното

ПОСТАНОВЛЕНИЕ:

Одобрява се Спогодбата за културно сътрудничество между НР България и Корейската народнодемократична република, сключена на 25 юли 1955 година.

Същата се изпраща на Президиума на Народното събрание с предложение за ратификация.

ПРИЛОЖЕНИЕ: Спогодбата за културно сътрудничество между НР България и Корейската народнодемократична република.

ПРОЕКТОПЛАН

за прилагане Спогодбата за културно сътрудничество между Народна република България и Корейската народнодемократична република през 1955 година

I. Наука и просвета

Наука

1. Българската академия на науките и Академията на науките на Корейската народнодемократична република ще си разменят следните материали: списъци на всички свои научни издания и перодически списания; издателските си планове за 1955 година; материали за организационната структура на академиите и институтите към тях, както и списъци на техните ръководители, информация за по-големите научни постижения на своите страни.
2. Двете страни ще се осведомяват за дадените награди в областта на научните открития и публикувани трудове, като същевременно изпращат биографии, трудове и снимки на наградените научни работници.
3. Библиотеките на двете академии на науките ще си разменят по-важните научни издания и книги в по един екземпляр.

4. Двете страни ще си оказват съдействие и за набавянето на микрофилми и фотокопия от научни книги и издания на своите страни, в случай че те бъдат необходими за работата на другата страна.
5. Двете академии на науките ще се осведомяват за предстоящите научни сесии и конгреси, на които по предварително съгласие могат да бъдат изпратени представители на другата страна, в случай че една от страните възпрепятствува да изпрати представители, другата страна се задължава да изпрати резюме на изнесените доклади на сесиите или конгресите. Ако тези доклади представляват особен интерес, странанта може да поиска да ѝ се изпратят пълните текстове.

Учебно дело: висше и средно образование

6. Двете страни ще си разменят по взаимно съгласие следните материали в областта на висшето образование: закони, наредби и постановления, списъци на най-важните новоиздадени учебници и научни трудове, а при поискване – и самите учебници и научни трудове; снимки на живота на студентите.
7. Двете страни ще съдействуват за установяването на връзка и сътрудничество между научните институти във висшите учебни заведения в своите страни.
8. Двете страни ще си разменят по взаимно съгласие издадените в областта на средното образование закони, наредби, постановления и публикувани важни доклади, фотоснимки за живота на учениците; информации за развитието, задачите и организацията на вечерното образование.

Музеи и библиотеки

9. Двете страни ще си разменят публикации, албуми, снимки от музейни експозиции и отделни музейни изложби.
10. Държавната библиотека „Васил Коларов“ на НР България и Пхенянската библиотека на Корейската народнодемократична република ще си разменят книги, отразяващи обществения, политическия, икономическия и културния живот на двете страни,

както и материали относно организационната работа по библиотеките.

При поискване на двете страни ще подготвят и разменят библиографски справки и материали.

II. Литература и изкуство

11. Двете страни ще си разменят списъци с литературни произведения, които се препоръчват за издаването им в чужбина. Към списъците се прилага по 1 екземпляр от препоръчаните книги и рецензии за тях.
12. Двете страни ще си препоръчат 1 – 2 литературни произведения за превод и издаване от другата страна. Към препоръчаните произведения трябва да бъде приложен по 1 екземпляр от тях в превод на руски език.
13. Двете страни ще си разменят преводите и издадените книги на автори на другата страна, нови по-значими литературни произведения, доклади по литературни въпроси, инструкции и по-важни разпореждания на ръководставата на писателските съюзи.
14. Съюзът на писателите на НР България и Съюзът на писателите на Корейската народнодемократична република ще организират чествувавания на годишнини на писатели по предложение на другата страна. За тази цел страните се уведомяват най-малко два месеца преди датата на чествуването. Необходимите материали трябва да бъдат предадени на другата страна не по-късно от един месец преди датата на чествуването.
15. Двете страни ще си разменят творчески биографии, списания и произведенията на удостоените с отличия, награди и звания литратурни дейци.

Музика

16. Корейската страна ще изпрати в България група от 10 души музиканти и други изпълнители в срок от 20 дни.
17. Двете страни ще си разменят ноти, грамофонни плочи, репертоарите на оперните театри, информация за музикалния пласт.

18. Двете страни ще си разменят творчески биографии, снимки и произведенията на удостоените с отличия, награди и звания музикални дейци.

Театър

19. Двете страни ще си разменят списъци на препоръчаните за поставяне в чужбина пиеси, придружени с краткото им съдържание на руски език и снимки от постановката им.

    В случай че другата страна реши да постави някои от препоръчаните пиеси, зантересуваната страна се задължава да изпрати превода ѝ на руски език заедно с необходимите за поставянето ѝ обяснителни материали, скици на декорите, а при нужда и на костюмите.
20. Двете страни ще си разменят статии за театралния живот, репертоарите на драматичните театри, материали относно поставящите се пиеси от автори на другата страна (рецензии, снимки, статии и др.), снимки от постановки на оперите и драматичните театри.

Изобразителни изкуства

21. Двете страни ще си разменят репродукции от съответните художествени творби, албуми, плакати, албуми с репродукция от народно изкуство.
22. Двете страни ще си разменят информация за постановката в изобразителните изкуства, инструкции и по-важни разработки на съюзите на художниците.
23. Двете страни ще си разменят творчески биографии, репродукции от произведенията на удостоените с отличия, награди и звания художници и скулптори.
24. Българската страна ще изпрати в Корея една фотоизложба.

    Корейската страна ще изпрати в България една изложба.

Културномасова работа и художествена самодейност

25. Двете страни ще си разменят материали от прегледи на художествена самодейност,

фотоснимки, информация и статии за художествена самодейност.

III. Печат, радио, филми

Печат

26. Корейската страна ще изпрати в България един журналист по случай националния празник на Българи за срок от един месец.
27. Двете страни ще си разменят материали и снимки за публикуване в печата.

Радио

28. По случай националните празници на двете страни радиоинформационните институти ще организират радиоседмици на българката музика в Корея и на корейската музика в България.

Филми

29. Българската страна ще изпрати в Корея два художествени и два документални филма.

    Корейската страна ще изпрати в България ..... художесвени филма и ..... документални филма.
30. Двете страни ще си разменят информация, снимки, рецензии и статии с цел да се пропагандират постиженията на филмовото изкуство на другата страна.

IV. Общи разпоредби

31. Всяка от страните един месец след подписването на настоящия план трябва да съобщи на другата страна месеците, през които ще изпрати предвидените по плана лица за одобрение от приемащата страна. Приемащата страна в срок от един месец трябва да даде съгласието или да изрази възражението си.
32. Изпращащата страна предизвестява за заминаването на лицата един месец преди отпътуването им, като същевременно дава по-подробни сведения, биографии,

план на работа (репертоар), какви езици владее и други данни за лицето.

33. Всички материали се разменят в 1 екземпляр, освен ако няма друга уговорка по плана.
34. Всички писмени материали, освен печатни издания – книги, монографии и др. – се изпращат в превод на руски език.
35. Двете страни ще се постараят да популяризират чрез печата и радиото посещенията на културните дейци на другата страна.
36. Приемащата страна ще изпраща всички статии на печата, снимки и сведения за гостуването на културните дейци на другата страна.

V. ФИНАНСОВИ РАЗПОРЕДБИ

Изпращащата страна поема пътните разноски на лицата, изпращани по настоящия план, до тяхното местоназначение; приемащата страна поема пътните разноски за връщането, включително и валутата, необходима за преминаване през територията на СССР, и пътните разноски на страната, свързани с целта на пребиваването. В случай че гостите се изпращат в трета страна, приемащата страна поема разноските до местоназначението в третата страна в размер, ненадминаващ пътните разноски от София до Пхенян.

Приемащата страна осигурява на посочените в плана лицахрана, безплатна квартира, безплатна медицинска помощ, както и необходимата сума за дребни разноски до 25 лева на ден в България.

На артистите приемащата страна плаща хонорар.

Изпращащата страна се задължава да изпрати за своя сметка до местоназначението експонатите на изложбата, предвидена по настоящия план. Приемната страна поема разноските, свързани с организирането на изложбата в страната, и транспортните разноски по връщането ѝ. В случай че експонатите бъдат изпратени в трета страна, приемащата страна поема транспортните разноски до местоназначението на изложбата в размер, ненадминаващ транспортните разноски от София до Пхенян.

Изпращащата страна застрахова експонатите на изложбата по време на транспорта им до приемащата страна за времето на престоя им в приемащата страна и за връщането им или изпращането им в трета страна.

VI. РАЗНИ

Ако се явят трудности при изпълнението на настоящия план, всяка страна може да съобщи за това на другата страна, за да се отстранят по взаимно споразумение.

София, март 1955 г.

Настоящият проектоплан е одобрен с постановление на Министерския съвет от 14 април 1955 година, относно утвърждаване проект на спогодбата за културно сътрудничество между НР България и Корейската народнодемократична република и проектоплан за прилагането ѝ през 1955 година.

СЕКРЕТАР НА МИНИСТЕРСКИЯ СЪВЕТ: (п) Ат. Войнов

НАЧАЛНИК ОТДЕЛ ПРОТОКОЛИ И РЕШЕНИЯ: (Ст. Цонев)

15. ЦДА на РБ, ф. 1Б, оп. 6, а. е. 2818.

ПРОТОКОЛ „А“ № 59

НА ЗАСЕДАНИЕ НА ПОЛИТБЮРО НА ЦК НА БКП ОТ 10 АПРИЛ 1956 ГОДИНА

Присъствували всички членове и кандитдат-членове на Политбюро и секретарите на ЦК с изключение на Вълко Червенков.

т. II. Предложение за поканване на председателя на Министерския съвет на НР Корея др. Ким Ир Сен на посещение в нашата страна. Докладва др. Г. Дамянов.

Намира за целесъобразно във връзка с предстоящето посещение на председателя на НР Корея др. Ким Ир Сен в някои народнодемократични страни да бъде поканен да посети и нашата страна.

16. ЦДА на РБ, ф. 1Б, оп. 6, а. е. 2818.

КОМЮНИКЕ

за посещението на правителствената делегация на Корейската народнодемократична република в Народна република България

По покана на правителството на Народна република България от 25 до 29 юни 1956 г. гостува в България правителствена делегация на Корейската народнодемократична република, възглавявана от председателя на Кабинета на министрите Ким Ир Сен.

Правителствената делегация на КНДР посети редица промишлени предприятия, строителни обекти и културни институти в градовете София,....... Навсякъде делегацията бе радушно посрещната от трудещите се, с което те дадоха израз на своите най-искрени чувства на симпатия и дружба към героичния корейски народ.

През време на своето пребиваване в Народна република България делегацията води разговори с Българското правителство. В разговорите, които протекоха в най-сърдечна и дружеска атмосфера, взеха участие: от българска страна – другарите ..... и от корейска страна - другарите..............

Представителите на двете правителства разгледаха въпроси, свързани с по-нататъшното развитие на приятелските отношения между Народна република България и Корейската народнодемократична република и обмениха мнения по проблеми с международен характер.

Изхождайки от разбирането, че създалите се отношения на дружба и сътрудничество между Народна република България и Корейската народнодемократична република отговарят на интересите на българския и корейския народ, двете правителства решиха да направят всичко необходими за по-нататъшното развитие на тези отношения и за още по-голямо разширяване на икономическото и културното сътрудничество между двете страни. Те се съгласиха в близко време да започнат преговори за сключване на спогодба за научно-техническо сътрудничество и да подготвят сключването на дългосрочен търговски договор през 1957 г. Набелязани бяха също така мероприятия за разшираяване на културния обмен и сътрудничество между двете страни. Българското правителство изрази готовност да окаже на Корейската народнодемократична република помощ в стоки и материали, видът и количеството на които ще бъдат допълнително уточнени.

Двете правителства изразиха пълно единодушие в оценката на международното положение и в становищата си относно пътищата за разрешаване на спорните международни проблеми и за по-нататъшното намаляване на напрежението в света.

Правителствата на Народна република България и Корейската народнодемократична република със задоволство констатираха, че в резултат на усилията на СССР, Китайската народна република, Индия и другите миролюбиви страни в последно време е постигнато известно намаляване на международното напрежение, което създава по-благоприятна обстановка за мирното уреждане на спорните върпоси.

Двете правителства са на мнение, че разрешаването на спорните международни въпроси трябва да става по пътя на преговорите между заинтересованите страни. Те смятат, че са назрели условията да бъдат осъществени в интереса на мира такива важни мероприятия като разоръжаването, забраната на атомното оръжие, колективната безопасност в Европа и Азия.

През време на разговорите представителите на двете правителства се изказаха за разширяване на икономическото и културно сътрудничество между държавите независимо от техния обществен строй като едно от важните условия за подобряване на международното положение.

Правителството на Народна републиа България изрази своята подкрепа към стремежите на корейския народ за обединение на неговата родина и за окончателното възстановяване на мира в Корея. То подкрепя предложенията на правителството на КНДР, насочени към разрешаване на корейския въпрос на демократични начала според волята на самия корейски народ.

Изразено бе дълбокото убеждение на двете правителства, че обединението на Корея ще бъде голям принос за отслабване на международното напрежение и укрепване на мира в Далечния изток.

Правителствата на Народна република България и Корейската народнодемократична република са убедени, че резултатите от водените между тях разговори и разменени мнения по редица въпроси от взаимен интерес ще доведат до по-нататъшно развитие на дружбата и сътрудничеството между българския и корейския народи и ще съдействуват за укрепване на мира в целия свят.

17. ЦДА на РБ, ф. 1Б, оп. 6, а. е. 2899.

ЦЕНТРАЛЕН КОМИТЕТ НА БЪЛГАРСКАТА КОМУНИСТИЧЕСКА ПАРТИЯ (ЦК НА БКП), ПОЛИТБЮРО

РЕШЕНИЕ № 140 от 27 юни 1956 г. за утвърждаване предложение от председателя на Министерския съвет до Политбюро на ЦК за оказване безвъзмездна помощ от стоки за широко потребление на Корейската народнодемократичнна република.

Спогодба между двете републики

21 – 27 юни 1956 г.

ДО

ПОЛИТБЮРО НА ЦЕНТРАЛНИЯ КОМИТЕТ

НА БЪЛГАРСКАТА

КОМУНИСТИЧЕСКА ПАРТИЯ

ДРУГАРИ,

Предлагам Политбюро да се съгласи нашата страна да окаже безвъзмездна помощ на Корейската народнодемократична република от стоки за народно потребление в размер на 30 000 000 рубли, начислени по международни цени на стоките. Отпускането на помощта да стане в продължение на три години – 1956, 1957 и 1958.

Прилагам списък на стоките, които могат да бъдат отпуснати през 1956 год.

Стоките ще се вземат от налични количества на Министерството на вътрешната търговия, Министерството на леката и хранителната промишленост, Министерството на външната търговия и Министерството на народното здраве.

Стойността на посочените стоки ще се изплати от Българската народна банка, като се намалят задълженията на предприятията по краткосрочните кредити за сметка на излишъците по бюджета на държавата от минали години.

Транспортните и другите разноски предлагам да се изплатят от правителствения резерв.

Предлагам Политбюро на ЦК на БКП да приеме следното

РЕШЕНИЕ:

Политбюро на ЦК на БКП не възразява българското правителство да окаже безвъзмездна помощ на Корейската народнодемократична република в размер от 30,000,00 рубли през 1956, 1957 и 1958 години в стоки за народно потребление.

София, 27 юни 1956 година

СПИСЪК

на стоките, които Народна република България може да отпусне безвъзмездно на Корейската народнодемократична република през 1956 г.

1. Тестени изделия	800 тона	800 000 рубли
2. Бисквити	400 тона	480 000 рубли
3.Сапун	500 тона	450 000 рубли
4. Памучни тъкани	3000 хил. м	3 450 000 рубли
5. Вълнени тъкани	300 хил. м	3 000 000 рубли
6. Вълнен трикотаж	30 000 броя	240 000 рубли
7. Вълнена и памучна конфекция	50 000 броя	1 000 000 рубли
8. Обувки	200 000 чифта	3 000 000 рубли
9. Машини и електропромишлени произведения и материали		2 000 000 рубли
10. Емайлирани домакински съдове	100 тона	220 000 рубли

11. Медикаменти: пеницилин и други — 500 000 рубли

15 140 000 рубли

До

ЦК на БКП

Другаря ДИМИТЪР ГАЕНЕВ

ДРУГАРЮ ГАНЕВ,

Приложено Ви изпращам:

1. Справка относно изпълението на спогодбите, сключени между Корейската народнодемократична република и Народна република България.
2. Проектоспогодби между правителството на Народна република България и правителството на Корейската народнодемократична република за оказване на икономическа помощ от Народна република България на Корейската народнодемократична република през 1956 година.
3. Списък на стоките, предложени в писмото до Политбюро на ЦК на БКП и в проектопостановлението до Министерския съвет за оказване на помощ на Корейската народнодемократична република.

Настоящето Ви изпращам за сведение.

18. ЦДА на РБ, ф. 1Б, оп. 6, а. е. 2899.

СПОГОДБА

между правителството на Народна република България и правителството на Корейската народнодемократична република за оказване на икономическа помощ от Народна република България на Корейската народнодемократична република през 1956 – 58 г.

Във връзка със съгласието на правителството на Народна република България да удовлетвори молбата на правителството на Корейската народнодемократична република за оказване на КНДР безвъзмездна помощ за възстановяване на разрушеното от американската агресивна война нейно народно стопанство и подобряване снабдяването на населението двете правителства се договориха следното:

Член 1

Правителството на Народна република България ще достави през 1956 – 1958 г. на правителството на Корейската народнодемократична република стоки на стойност 30 млн. рубли, от които през 1956 година стоки на стойност около 15 млн. рубли, съгласно приложения към настоящата Спогодба списък (приложение № 1), който е неразделна част от настоящата Спогодба, а през 1957 и 1958 г. стоки, които ще бъдат съгласувани между двете страни.

Член 2

Стоките, предвидени за доставки, могат да бъдат променени по взаимно съгласие.

Член 3

Разходите по доставката на стоки до китайско-корейската граница или до корейско пристанище ще бъдат за сметка на Народна република България.

Количеството на стоките, начина на предаването и приемането и другите условия във връзка с изпълнението на настоящата Спогодба ще се съгласуват между външнотърговските организации на двете страни.

Член 4

Цените на стоките ще се определят на базата на действуващите понастоящем цени на световния демократичен пазар.

Член 5

Рекламации по качеството или количеството на стоките трябва да се предявяват обосновано, но не по-късно от 6 месеца от датата на издаването на жп товарилница или коносамент.

Член 6

Заплащането на стоките ще се извършва по безплатна сметка, открита от Българската народна банка при Централната севернокорейска банка в размер на сумата, посочена в член 1 на настоящата Спогодба.

Подробности по техническите разчети, свързани с настоящата Спогодба, ще бъдат съгласувани между двете банки.

Член 7

Настоящата Спогодба влиза в сила от деня на подписването ѝ и ще бъде действителна, докато стойността на стоките, доставени от Народна република България в Корейската народнодемократична република, достигне 30 млн. рубли.

Настоящата спогодба се подписва в град София на "   " юни 1956 година в два екземпляра, всеки на български, корейски и руски език, като българският и корейският текст имат еднаква сила, а в случай на разногласие при тълкуването руският текст се счита за меродавен.

ПО ПЪЛНОМОЩИЕ НА ПРАВИТЕЛСТВОТО НА НАРОДНА РЕПУБЛИКА БЪЛГАРИЯ ПО ПЪЛНОМОЩИЕ НА ПРАВИТЕЛСТВОТО НА КОРЕЙСКАТА НАРОДНОДЕМОКРАТИЧНА РЕПУБЛИКА

19. ЦДА на РБ, ф. 1Б, оп. 6, а. е. 2899.

СПРАВКА

ОТНОСНО: изпълнението на Спогодбата, сключена между Корейската народнодемократична република и Народна република България.

I. Съгласно разпореждане №1365 от 28.04.1952 г. на Министерския съвет.

	Предвидено	изнесено	по межд. цени в хил. рубли
1. Памучна прежда т.	500	500	4768
2. Копринени конци т.	–	34	816

II. Съгласно разпореждане № 107 от 3.03.1953 г. на Министерския съвет:

1. Памучна прежда т.	800	801	7405
2. Свинска мас т.	100	98	225

III. Съгласно Спогодбата, сключена между Корейската народнодемократична република и Народна република България от 3 ноември 1953 год.

1. Памучни тъкани к.м.	2850	2350	8418 хил. р.
2. Памучни прежди т.	810	812	7180
3. Стъкла за прозорци к.м.	800	698	2206

4. Дървообработващ завод

а) бъчви 200 л. – 50 000 бр.

б) паркет 130 000 м

стойността на завода ще струва около 3000 хил. рубли по международни цени. Предстоящо е пускането му в пробна експлоатация.

5. Завод за производство на стоителни материали

Годишен капацитет:

а) тухли – бр. 10 000 000

б) керемиди – 5 000 000

Стойността на завода ще струва около 2300 хил. рубли. Заводът е пуснат в пробна експлоатация.

IV. Съгласно разпореждане № 317 от 08.03.1955 год. на Министерския съвет:

	Предвидено	изпълнение	рубли
1. Памучна прежда т.	500	500	4550 р.
2. Памучни тъкани	2000 к.м.	1806	5612
3. Вълнен плат	-	14 кв.м	503 х.р.

Стойността на изпратените стоки и построените заводи от НР България на КНДР за времето от 1952 година към днешна дата възлиза на около 46 962 хил. рубли.

21.06.1956 г.

ЗАВ. ОТДЕЛ: (Я.Цветанов)

20. ЦДА на РБ, ф. 1Б, оп. 91, а. е. 374.

Пхенян, 25. XI. 1960 г.

Посолство Народной республики

Болгарии

ДО МИНИСТЪРА НА ВЪНШНИТЕ РАБОТИ ДР. КАРЛО ЛУКАНОВ

На 20 т.м. др. Симеон Христов – търговски съветник, е бил в компания с др. Нам и другарката му българка. Същият е заведующ катедра в Политическия институт в Пхенян, завършил висше образование в България, член на Корейската трудова партия. В порядък на обикновен разговор Нам е изказал недоволството си от някакво нареждане по линия на партията, предадено на техния институт тия дни, според което се забранявало ползването на съветската техническа литература. Забраната мотивирали с това, че корейските научни работници и специалисти вместо да работят със собствени сили за развитие на корейската наука и техника, се задоволявали с догматично копиране от чуждата литература. Тая практика пречела за прогреса на собствената наука и на усъвършенстването техниката в производството.

На 21 т.м. завършилият в България средно образование, понастоящем корейски студент, Хван Йон Вон е дошъл при българския студент Георги Митов (те имат приятелски отношения) и се е обърнал с думите: „В нас стана много опасно… забраняват на студентите да четат чужди книги, както в оригинал, така и в превод.“ На запитването на Митов за причините той отговорил – защото чуждата литература, включително и съветската, е догматична. Корейците вземали опита от тази литература и механически го прилагали в КНДР, без да отчитат местните условия.

Митов го е запитал дали в такъв случай ще изучават история на КПСС, на което Хван отговорил, че „май няма“ да изучават, тъй като щели да учат марксизма-ленинизма и история на КТП.

В отговор на въпрос на Митов Хван е казал, че нареждането е от Министерството на висщето образование и им е предадено с обявление, залепено на входа на сградата, в която е Институтът за международни отношения, където той учи. Обявлението е престояло на стената няколко дни. Съобщил е, че в университетската библиотека на студентите не се дава за четене никаква чужда литература. Засега можели да се ползват само преподаватели.

Посолството не е проверявало тия сведения.

Ние оставаме с убеждение, че има нещо ново в отношението към чуждата литература от страна на корейските просветни органи, но тия сведения не са достатъчно отговорни, за да направим окончателен извод. Ние не можем да потвърдим (само с тия данни), че нареждането е издадено от политически съображения или е от методологически. Също така нареждане ли е, от кой партиен или държавен орган и дали не е решение на отговорен орган, но което докато стигне до низовите партийни организации и институтите да е зле разбрано и неправилно предадено. Когато си изясним тия въпроси, ще можем да направим по-точни изводи.

Посланник: (Г. Богданов)

21. ЦДА на РБ, ф. 1Б, оп. 91, а. е. 378.

ИНФОРМАЦИЯ

За отношението на Корейската трудова партия към някои от решенията на XXII конгрес на КПСС

От 27 ноември до 1 декември 1961 г. в Пхенян се проведе втори разширен пленум на Централния комите на Корейската трудова партия, на която председателят на Централния комитет на Корейската трудова партия др. Ким Ир Сен направи доклад „За работата на делегацията на Корейската трудова партия, присъствувала на XXII конгрес на Комунистическата партия на Съветския съюз".

След като прави преглед на икономическите и научно-технически постижения на Съветския съюз през отчетения период др. Ким Ир Сен се спира върху Програмата на Комунистическата партия на Съветския съюз.

„... Комунистическата партия на Съветския съюз е всепризнат авангард на международното комунистическо движение, заяви той. – Мястото, което заема Съветският съюз в комунистическото движение, е неоспорим исторически факт..."

„... Съществуването на Съветския съюз като социалистическа държава и непрестанния растеж на неговата мощ, оказват огромно революционно въздействие на угнетените народи и угнетените класи от целия свят. Великият Съветски съюз, като разгроми фашистка Германия и империализма в Япония, освободи много народи от Европа и Азия от фашистко робство и колониален гнет. Съветският съюз и съветският народ чрез многогодишна славна борба за революция и строителство, направиха велик принос в развитието на международното комунистическо движение и прогреса на човечеството, натрупаха богат опит в социалистическата революция и в строителството." Той подчерта, че заслужено комунистите от цял свят уважават и се доверяват на КПСС и съветския народ, ценят скъпо сплотеността си с тях и полагат усилия за укрепването на тази сплотеност.

Спирайки се на въпросите за вътрешнопартийния живот на КПСС и проблемите на отношения с братските партии, обсъдени на конгреса, др. Ким Ир Сен в своя доклад казва, че на настоящия конгрес много се говори за култа към личността на Сталин и за антипартийната фракционна група, които се появиха във вътрешния живот на КПСС. „Сталин дълго време беше ръководител на КПСС и дейността му оказа голямо влияние върху цялото комунистическо движение. Името на Сталин е известно сред комунистите и народите от цял свят. Но членовете на комунистическата партия на Съветския съюз са длъжни да знаят за Сталин повече от когото и да е и въпроса за това, как се оценява неговата дейност и неговата роля в Съветския съюз – това е вътрешнопартийна работа на Комунистическата партия на Съветския съюз. Също така и въпросът за антипартийната фракционна група е изцяло вътрешен въпрос на КПСС."

Във връзка с взаимоотношенията между партиите др. Ким-Ир-Сен заявява, че която и да е партия няма право да се намесва във вътрешния живот на друга братска партия.

„Следователно, както въпросът за Сталин, така и въпросът за антипартийната фракционна група в КПСС не засяга нашата партия".

Във връзка с албанския въпрос в доклада се казва:

„През последните години между КПСС и Албанската партия на труда се появиха различия в мненията по редица въпроси и взаимните им отношения станаха ненормални. На конгреса на Комунистическата партия на Съветския съюз беше много казано по този въпрос. Обаче и след това отношенията с Албанската партия на труда не са се подобрили и този въпрос все още не е решен. Сега отношенията между КПСС и Албанската партия на труда още повече се усложняват. Ако това положение продължава, то ще нанесе сериозна вреда на единството на социалистическия лагер, на сплотеността на международното комунистическо движение и всеобщото развитие на това движение и ще бъде в полза само на нашите врагове. Корейската трудова партия изразява дълбока загриженост. Нашата партия се надява албанският въпрос да се разреши добре чрез търпеливи усилия за премахване на съществуващите усложнения и различия в мненията, за постигане на взаимно разбирателство докрай в духа на международната сплотеност, върху принципите на зачитане на интересите на целия социалистически лагер в и международното комунистическо движение.“

След като е изразил солидарност с позициите на СССР по германския въпрос, мирното съвместно съществуване, борбата за мир, др. Ким Ир Сен е казал: „Единството трябва да се основава на решенията на Московското съвещание... Партиите са равноправни и самостоятелни и сами определят своята политика, съобразно конкретните условия в своята страна и принципите на марксизма... обмяна на опит между партиите трябва да става, но всяка партия сама да решава кое от техния опит да внедри в своята работа... Само тогава може да има истинско единство, доброволно и солидарно единство... това е свещен интернационален дълг и върховен принцип.“

Както и в Китай, така и в Корея нешироко е бил чествуван националния празник на Албания. На приема в Пхенян, даден от посолството на НРА по случай 17-годишнината от освобождението на Албания, председателят на Министерския съвет и министър на Националната отбрана на КНДР, др. Ким Гван Хеб между другото е казал:

„Братската дружба между корейския и албанския народ укрепва и се развива на основата на принципите на марксизма-ленинизма и пролетарския интернационализъм във великото семейство на великия социалистически лагер.

Ние ценим скъпо дружбата и сплотеността между нашите два народа и сме уверени, че тези отношения на дружба и сътрудничество и занапред ще укрепват и ще се развиват все повече в общата борба за защита на мира и за делото на социализма и комунизма.“

„… Предлагам тост за процъфтяването на Народна република Албания… за здравето на др. Енвер Ходжа и другите ръководители на Албанската партия на труда…“

Зав. отдел „Външна политика и международни връзки“ на ЦК на БКП:
(Д.Димчев)

22. ЦДА на РБ, ф. 1Б, оп. 91, а. е. 379.

Информация

за условията на работа на нашето посолство в Пхенян

В отдела се получиха сведения от нашето посолство в Пхенян, в които се изнасят факти за стремежа на корейски съответни фактори да изолират гражданите на КНДР от нашето посолство в Пхенян.

На второ място, посочват се и редица случаи, свидетелстващи за ограниченията, при които са поставени сътрудниците на посолството ни в Пхенян. Така например на 26 януари група корейски младежи, живели 6 – 7 години в България и завърнали се през 1960 г. в Корея, пожелали да посетят нашето посолство, за да получат вестници и списания и да поговорят за България, към която пазят хубави чувства, са били върнати от дежурния милиционер. Те са били забелязани от сътрудниците на посолството и поканени да влязат вътре. След излизането им от посолството са били спрени от двама цивилни,които вероятно са ги следили, и са им били записани имената. Аналогичен случай е станал през същия ден и с младежи, посетили румънското посолство.

На 29 януари др. Коларов, аташето на посолството, е срещнал двама корейски младежи, единият от които е бил посетилите посолството на 26.I., а другият също е живял в България. Те са поканили др. Коларов да отиде с тях на кино. Преди да влязат в киното, са забелязали две цивилни лица, които неотлъчно са ги следвали.

От гореизложените факти ясно личи, че посещенията на корейски граждани в братските посолства са нежелани от корейските власти.

Също така на 26. I. т.г. нашето посолство е поискало от Министерството на външните работи на КНДР съгласие за посещение на 1 и 2 февруари т.г. на градовете

Сарнвон, Кесон, Панминджон и на някои предприятия, народни съвети, редакции на вестници в тези градове. На другарите им е било отговорено от протоколния департамент на Министерството на външните работи, че моментът за посещение на тези обекти не бил подходящ, тъй като всички предприятия, които са искали да посетят, се намирали в генерален ремонт. Фабриката за жен-шен не била за посещение от широк кръг хора. Що се отнася до посещението на народните комитети в градовете Саривон и Кесон също така в момента не било подходящо, защото всички другари от съветите били по предприятия, за да помагат в подготовката за изпълнение на плановете.

По въпроса на нашите другари кога ще завърши генералният ремонт и преустройството на предприятия в Саривон и Кесон и кога биха могли да ги посетят, им е отговорено, че не се знае. По въпроса дали могат да бъдат посетени поне редакциите на вестниците в тези градове, им е било отговорено, че сега моментът не е подходящ. При същия режим и условия работят и другите посолства на социалистическите страни в Пхенян.

Интересно е да се отбележи, че до XXII конгрес радио „Пхенян" ежедневно е предавало предаванията на радио „Москва" (чрез радио „Хаберовск") на корейски език. Тези предавания са били два пъти на ден: сутрин и вечер. След конгреса радио „Пхенян" започва постепенно ограничаване на предаванията – отначало само един път на ден, а по-късно два-три пъти в седмицата и от началото на януари предаванията напълно са прекратени.

Прекратяването е станало без предварително съгласуване или уведомение на съветската страна.

22 март 1962 г.

Зав. отдел „Външна политика и международни връзки" на ЦК на БКП

(Д. Дичев)

23. ЦДА на РБ, ф. 1Б, оп. 91, а. е. 380.

ДО

СЕКРЕТАРИАТА НА ЦК НА БКП

ДОКЛАДНА ЗАПИСКА

На 7 юни 1962 год. в отдела „Външна политика и междунаордни връзки" на ЦК на БКП се явиха двама корейски студенти Цой Дон Сен и Ли Син Зон и заявиха, че не са съгласни с позициите на ЦК на Корейската трудова партия по отношение на решенията на XX и XXII конгрес на КПСС. Те смятат, че Ким Ир Сен провежда националистическа политика, която води до изолиране и откъсване на Корея от СССР и целия социалистически лагер.

В доказателство на това те привеждат извадки от доклада на Ким Ир Сен на Мартенския пленум на ЦК на КТП. Информация за пленума пред корейските студенти е била изнесена от специален човек, пристигнал от Корея.

Те и двамата следват индустриална химия. Остава им само след няколко месеца да защитят дипломната си работа. Обаче в корейското посолство им е било съобщено, че всички студенти трябва да се завърнат в страната, като първата група замине на 28 юни т.г. Те смятат, че след завръщането си в страната ще бъдат веднага арестувани, както е станало с другите студенти, завърнали се от социалистическите страни. Ето защо поставят въпроса да им се даде политическо убежище в нашата страна, като твърдят, че такива случаи напоследък е имало в Съветския съюз. Отделът счита, че оставането им в страната би се отразило неблагоприятно върху взаимоотношенията между нашите две партии и страни.

Предлагаме на корейските студенти Цой Дон Сен и Ли Син Зон да се съобщи, че след като са повикани от своето правителство, те не бива да остават тук.

Прилага се тяхното изложение.

София, 9.VI.1962 год.

Зав. отд. „Външна политика
и международни връзки“ на ЦК на БКП:
(Д. Дичев)

РАПОРТУВАМ ПРЕД ЦК НА БКП

Тук написах нещата така, както са останали в паметта ми, понеже всеки път, когато партийният секретар на посолството ни информираше за курса на Корейската трудова партия, не разрешаваше да си водим бележки на лист, защото, както казваше той, това било партийна и държавна тайна (разбира се засега) и в Корея за тази тайна знаят само членовете на ЦК на Партията.

Какво е обсъждано на Мартенския пленум на Партията през тази година и по-специално за какво е говорил Ким Ир Сен?

1. Проекто-плана за народното стопанство за 1962 год.
2. Идеята за самостоятелност; против европейския начин на живот. (Тайната е именно точка 2.)

I. Отношението между КПСС и КТП

„Враговете ни мразят заради това, че сме комунисти – казваше Ким Ир Сен, а съвременните ревизионисти ни обвиняват, че сме националисти и догматици. Затова в настоящия момент съвременният ревизионизъм в международното работническо и комунистическо движение е по-опасен от враговете – империалистите.“

„За създадените отношения между КПСС и Албанската партия на труда е изцяло виновна КПСС, която нахално се намесваше във вътрешните работи на АПТ.

Ние, КПТ – казваше Ким Ир Сен – също изпитахме съдбоносен момент както Албания. През август 1956 год. ЦК на КПСС изпрати в Корея, без каквато и да е била покана др. Анастас Микоян, който най-подло се намеси във вътрешните работи на КТП – каза Ким Ир Сен. Но ние търпяхме, затова не стана разцепление между КПСС и КТП, както в случая с Албания."

Идеята за самостоятелност означава политическа и икономическа самостоятелност на страните. Макар и отношенията да са социалистически по-силната в икономическо отношение страна се стреми да подчини другата, по-слабата страна. Като пример се привежда България, която била икономически зависима от СССР и следователно – и политически.

Против европейския начин на живот

В един известен период КТП водеше борба против буржоазния начин на живот, а сега, след Мартенския пленум, води борба против начина на живот на европейските социалистически страни начело със СССР.

По времето на Сталин Съветският съюз ни помагаше, а сега не получаваме помощ. Съветският съюз води егоистична политика спрямо останалите социалистически страни и сам строи комунизма. За да печели авторитет на световната арена, СССР поощрява и дори вдъхновява империалистите, с което донесе голяма вреда на международното работническо движение.

След смъртта на Сталин КПСС върви не по ленински път, а по ревизионистичен път. В настоящия момент най-голям съвременен ревизионист е Тито, а най-голям на най-съвременния ревизионизъм е Хрушчов.

След XX конгрес КПСС води ревизионистична политика в областта на културата и изкуството. Сега в Корея, по-точно след Мартенския пленум, забраниха да се прожектират съветски филми, които са произведени след XX конгрес на КПСС. А тук, в България, ни забраняват да четем в. „Правда" и да гледаме съветски филми. Препоръчват ни да дружим с албанските студенти и да четем албански вестници.

Хрушчов действува спрямо Албания рамо до рамо с Тито. Албания върви съвсем по правилен път, а СССР, следвайки своята ревизионистична политика, изтегли от Албания своите инженери, флота и др., прекрати обещаната на албанците помощ и фактически подари албанския народ на империалистите. По такъв начин сега КПСС води предателска политика спрямо международното работническо движение.

В Корея след октомври 1961 год. не се пуска в продажба в. „Правда", а се дава само на членовете на ЦК.

Хрушчов обиколи света с ревизионистични мисли и се ръкува с империалистите само заради своя личен авторитет и по такъв начин донесе бедата в международното работническо движение.

Политиката на съветските ръководители причиниха трудности на страната на Корея и Китай и на съвещанието за примирие във Фанмун Дъм в Корея.

Съветският съюз обеща да ни даде бензин, а сега без никаква причина отложи доставянето на бензин за Корея и камионите и транспортните коли в Корея не се движат.

Съветският съюз ограби от Корея електрогенератор от вида „Суфунг" в 1945 година и сега обратно ни го изпраща като помощ, понеже в СССР този двигател не бил годен за използуване.

Кореспондентът на в. „Известия" посети Корея и в своя вестник критикува, че новостроените жилища в Пенхнян не са хигиенични и че производството на камиони и др. транспорт е много примитивно.

От преди един месец и сега в Корея се води кампания срещу политиката на КПСС под маската на т.н. борба против европейския начин на живот.

Радио „Пенхнян" вече прекрати предаването „Говори Москва" за гражданите на Корейската народна република.

Фактически от Корея се изгонват европейските граждани от социалистически страни (от тях повечето са съветски граждани)под най-различни замаскирани предлози.

От преди повече от месец и сега в Пенхнян в лагер са събрани всички инженери, техници и специалисти, следвали и завършили висше образование в европейските социалистически страни след XX конгрес на КПСС (т.е.след 1956 год.). Прави се идейна проверка на хората и едновременно се консултира ревизионистичен курс на КПСС и другите братски партии и по такъв начин водят кампания срещу СССР и другите социалистически европейски страни.

II. Тълкуването на КТП за съвременната международна обстановка и по-точно политиката на Ким Ир Сен

Сега най-главната задача на комунистите от цял свят е класовата борба срещу империализма, а не мирното съвместно съществуване между държавите с различни социални системи. Това е ревизионистичен лозунг.

По Алжирския въпрос

Ако съветските ръководители не водеха ревизионистична политика (посещението на Хрушчов във Франция), Алжир отдавна да е свободен и алжирският народ по-малко кръв щеше да пролее.

По Конгоанския въпрос

Ако не пречеше СССР, Конго щеше да бъде социалистически и Патрис Лумумба щеше да бъде жив. Фактически и този път СССР накара Антоан Гизенга да влезе във федералното правителство и за страданията на Антоан Гизенга отговорност носи преди всичко Съветският съюз.

По Лаоския въпрос

Ако не пречеше СССР, по-точно съветският посланик в Лаос под ръководстовото на Народната партия (т.н. марксическа партия), Лаос отдавна би бил свободен. Докато Виетнам и Китай помагат на Лаос с материали и с войски и се стремят да доведат до край борбата, посланиците на СССР и другите социалистически европейски страни, заедно със САЩ и Франция организират примирие в Лаос и вдъхновяват опортюнистическата политика на Сувана Фума.

Неотдавна съветски човек се срещнал с президента на САЩ Кенеди, който му казал, че през идущите 20 години (т.е. до 1980 год.) няма да ни закачат. Тогава съветският човек поклатил глава в знак на одобрение на думите на Кенеди. Това означава: „Можеш да поглъщаш другите социалистически страни (по-точно Корея, Китай и Виетнам) само че не ние пречи, т.е. не пипай СССР.“ Това е вече не позиция на комунист, а предателска позиция.

III. Политика на КПСС спрямо България

Много интересно е, че когато корейските партийни и правителствени ръководители говорят за независима икономика и политика на Корея, дават за пример България, която била икономически и политически зависима от СССР страна, от което следва, че сегашните български ръководители водят ревизионистична политика. От позициите на тази политика българските ръководители възпитават своя народ, особено младежите в дух на егоизъм и буржоазен морал (чрез кино, картини, танци и др.). Но целият български народ е на наша страна. Централният комитет на БКП е изолиран от българските комунисти и народ. Доказателство за това е, че когато посещаваме заводи, ТКЗС и др. места, не само обикновените хора, а и отговорни партийни ръководители казват, че политиката на Азия е мъдра и псуват политиката на своя Централен комитет – казват те.

Новият партиен секретар и другите членове на Посолството ни карат да събираме сведения за недоволство и псуване на български комунисти, работници, селяни и студенти по адрес на своите партийни и правителствени ръководители, по адрес на ЦК.

Посолството ни кара да крадем проекти, чертежи, изобретения и рационализаторски новости от българските предприятия, заводи, фабрики и научноизследователски институти.

Доколкото зная са изпратени много неща в ЦК на КТП със следното съдържание:

Българският народ е против новия ревизионистичен курс и против сегашния курс на своя ЦК на БКП и има голяма симпатия към политиката на азиатските народи и ръководители и особено към Ким Ир Сен. Особено българските студенти не са съгласни с ревизионистичния курс на ЦК. Речите на Хрушчов и Живков, изнесени по време на гостуването на съветската партийно-равителствена делегация в България, са ревизионистични, особено това, което се отнася за Югославия.

В училищата учителите са предупредили учениците да не хвърлят цветя към Н. С. Хрушчов, понеже може някой да хвърли заедно с цветята отрова или бомба. Това говори, че правителството няма доверие в своя народ, дори в учениците.

В Стара Загора, като пристигнал Хрушчов в града, някой организирал циганите, които започнали да свирят в знак на обида.

През време на пребиваването на съветския ансамбъл за песни и танци в България на концерта са били поканени и дипломати. Нашият партиен секретар също бил там. За това посещение той разказа, като окачестви като лош ансамбъла и добави, че даже унгарският посланик казал, че това е ревизионнистично изкуство.
(Тези сведения са събрани от членовете на посолството и от някои най-реакционни корейкси студенти, които следват в София).

Както се вижда от гореспоменатото, разбира се, че това е съвсем малка част от речите на Ким Ир Сен на Мартенския пленум и от решенията на пленума.

....

Ние не можем да се помирим с престъпната политика на Ким Ир Сен – това е нашето твърдо решение. Ние смятаме, че наш дълг е да информираме централните комитети на братските партии за престъпната политика на Ким Ир Сен. Няма да заминем за Корея, докато не се свали диктаторския режим на Ким Ир Сен. Заминаването ни за Корея сега е равносилно на самоубийство. Корейското посолство сега също чака с нетърпение датата на нашето заминаване – 25 или 28 юни.

За по-нататъшната наша дейност ние искаме убежище в НР България и това да бъде не по-късно от 15.VI.т.г.

24. ЦДА на РБ, ф. 1Б, оп. 91, а. е. 380.

Лично строго поверително!

До

другаря Тодор Живков, първи секретар на ЦК на БКП

ИЗЛОЖЕНИЕ

От ЛИ ЗАН ДИК – студент от ВЛТИ

ЛИ САН ДЖОН – студент от ХТИ

Другарю Живков,

Пишем Ви от името на четирима корейски студенти, които бяхме задържани в посолството на КНДР, от които двама успяхме да избягаме.

Ние следвахме шест години в България под непрекъснатите майчински грижи на БКП.

През това време ние успяхме напълно да се запознаем и изучим решенията на XX и XXII конгрес на КПСС, VII конгрес на БКП и Априлския пленум на ЦК на БКП. И напълно се убедихме, че пътят, поет от Вас, е единственият правилен, ленински път, който ще изведе народа към щастливо бъдеще на човечеството – към сяйните върхове на комунизма.

Някои ръководители на КТП начело с Ким Ир Сен не можаха да си извлекат поуки от решенията на XX и XXII конгрес на КПСС, а напротив, увеличиха репресиите срещу истински комунисти, които активно поддържат новия курс на КПСС.

Много истински комунисти бяха изключени от партията за това, че искаха ленинските норми в партийния живот.

Народът в Корея не е запознат с решенията на XX и XXII конгрес на КПСС по простата причина, че в пресата не е отразено нищо с изключение на някои заглавия от Програмата на партията.

Отдавна вече в Корея е прекъснато предаването на радио „Москва“ и е забранено да се четат съветски вестници и списания. На студентите, които се учат в братските страни, е забранено да пропагандират за XX и XXII конгрес на КПСС, а тези, които не направят това, биват преследвани, като „антипартийци“ и „съвременни ревизионисти“.

След Мартенския пленум на КТП те повече засилиха кампанията срещу европейските социалистически страни, с изключение на Албания.

Новодошлият партиен секретар – третия секретар – в посолството, започна да провежда антисъветска и антибългарска пропаганда, като подкрепя албанските ръководители. На нас ни беше препоръчано да четем позорната реч на Енвер Ходжа, насочена против СССР, а нашите ръководители подкрепиха репресиите на същия срещу честните комунисти, включително и убийството на бременната жена. Лично посланикът Лим Чун Чу се изказа, че критиката, която направихте Вие, другарю Живков, на Енвер Ходжа за отношението на АТП към КПСС е „международно сектантство“, и затова именно КТП не критикува Енвер Ходжа и неговите привърженици.

По отношение на външната политика на СССР се стигна до там, че той беше обвинен в това, че борбата на СССР за мирно съвместно съществуване на страните с различен обществен строй пречи на обединението на Корея и за освобождението на остров Тайван, че СССР не оказва помощ на националноосвободителното движение от Азия и Африка, а само на думи прави това, докато Китай оказва материална помощ.

Лично Ким Ир Сен се изказа, че „за да получи една машина от Съветския съюз, е необходимо да се поклони над 10 пъти на Хрушчов, ето защо ние сме принудени да развиваме самостоятелна национална икономика“.

Посещението на др. Микоян през 1956 г. в Корея създало условия да се създадат в КТП „антипартийни“ групи и че Съветският съюз по такъв начин се намесва във вътрешните работи на Корея (според думите на посланика Лим Чун Чу).

Отказването на Корея да членува в СИВ се оправдава с това, че тя не желае да бъде „зависима“ страна като другите.

Партийният секретар Сим Сан Ир, който беше на обиколка из Северна България в една беседа с местните партийни ръководители беше накарал неговия преводач, студента Ко Джън Хун, да преведе, че в България вече преминава ревизионизма от Югославия, но студентът вместо това превежда друго.

От 20.VII. т.г. на нас, студентите, беше възложена за задача да проучим автобиографиите на 17-те души, които бяха издигнати на ръководни постове след Априлския пленум на ЦК на БКП.

Всичките тези факти и доста други са свързани с личния режим на Ким Ир Сен, за което ние не сме съгласни с него и неговите привърженици.

Всички ние, студентите, които следвахме в България, с изключение на няколко, подкрепихме новия курс на БКП. Особено ние тримата, Чой Дон Сен, Ли Зан Дик и Ли Сан Джон, открито защитавахме политиката на КПСС начело с др. Н. С. Хрушчов и БКП начело с Вас, др. Т. Живков.

Др. Чай Дон Сен още след XX конгрес на КПСС единствен правилно се беше ориентирал и спомогнал на всички нас правилно да разберем новия курс, който трябваше да поемат всички комунистически партии след XX кнгрес на КПСС.

Др. Ли Зан Дик беше активен пропагандатор, др. Ли Сан Джон като младежки секретар и като политинформатор винаги правилно информираха за XX и XXII конгрес на КПСС.

Когато стана известно всичко това на посолството, те започнаха да ни обвиняват и преследват като „антипартийци“ и „ревизионисти“.

Другарю Живков, Чой Дон Сен изгуби своя баща в японски затвор още когато той се намираше в утробата на майка си. Др. Ли Зан Дик загубва баща си също в японски затвор, където е осъден да излежи доживотна присъда, а брат си изгубва през време на Отечествената война. Бащата на др. Ли Сан Джон е участвувал в Отечествената война.

Ние добре знаем с каква надежда нашите родители, братя и сестри ни чакат да се завърнем в родината, като добре подготвени специалисти от братска България. Ние също не сме забравили нито за миг родното място, там, където сме израсли. Но ние преди всичко мислим за справедливото ни дело и сме дълбоко убедени, че и в Корея рано или късно ще възтържествуват идеите на XX и XXII конгрес, както стана в България.

Другарю Живков, на 25.VII. т.г. корейското правителство отзова всичките студенти, следващи в братските социалистически страни, с обещания, че ще ги върнат обратно, за да завършат образованието си. Но ние знаехме целта на това отзоваване и какво ще направят те с нас в Корея.

Заради гореизложените политически причини ние твърдо решихме да откажем да се завърнем в Корея. В момента ние бяхме 13 души. Повечето от другарите нарочно удължиха срока на дипломните защити, като се колебаеха да поискат политическо убежище в България. Но в решителния момент лъжата, измамата, строгото преследване и заплашване от страна на посолството ги принудиха да заминат в Корея. Въпреки всичко това ние четиримата: Чой Дон Сен, Ли Сан Джон, Ли Зан Дик и Чой Дон Джун, категорично отказвахме да се завърнем в Корея.

На 28.VII. т.г. след обяд ние напуснахме София и заминахме за Витоша, където се укрихме.

За нашето отказване да се завърнем в Корея ние уведомихме лично Вас, другарю Живков, а също и председателя на Президиума на Народното събрание др. Д. Ганев, председателя на Министерския съвет на НРБ др. Антон Югов, министъра на външните работи др. Карло Луканов, министъра на вътрешните работи др. Дико Диков, др. Начо Папазов – министър на просветата и на културата, и др. Иван Абаджиев – първи секретар на ЦК на ДКМС.

Едновременно с това ние изпратихме писмо до партийния комитет в корейското посолство, с което уведомихме същите за причините, порати които отказваме да се завърнем в Корея.

През цялото едномесечно укриване в България с помощта на нашите приятели и колеги ние бяхме непрекъснато търсени от корейското посолство, за да бъдем върнати по насилствен начин в Корея.

На 27.VIII. т.г. в 4 ч. след обяд пред кино „Д. Благоев“ членовете на корейското посолство в състав от 7 души по указание на посланика Лим Чун Чу успяха да ни хванат четиримата по варварски и хулигански начин, нарушавайки грубо законността, суверинитета и общоприетите международни закони. Те ни представиха като „хулигани“ и „пияници“ и пред българските милиционерски органи и неосведомените за нас български граждани, използувайки своите дипломатически предимства, злоупотребявайки с доверието, което България им предоставя.

Ние бяхме откарани насила с коли в посолството, където ни вързаха с тел, а впоследствие с въже краката, ръцете и кръста. Арестувани бяхме в двете стаи, намиращи се на III етаж на посолството по двама. Всички членове на посолството се превърнаха в часовои. Специално за нас през Румъния бяха изпратени двама следователи, които пристигнаха три дни след нашето задържане. Начело с посланика Лим Чун Чу следователите Ким и Ли (които скриха имената си), третият секретар Сим Сан Ир, търговският съветник Пак Нин Хак, търговският служител Ким Ен Ир и др. непрекъснато ни разпитваха, без да се срамуват да използуват всякакви методи, включително изтезания и отнемане на сън.

Лично посланикът физически изтезаваше нашия др. Ли Зан Дик, който отказа да се завърне в Корея, а когато същият отговори на посланика, че той се бори за правилния, ленински курс в партията, посланикът заповяда да бъде преместен в клозета и да не му се дава храна. Той ни обвиняваше, че сме по-опасни от империалистическите агенти, с което ни заплашваше през цялото време. Казваха ни, че България ще ни приеме, за да ни използува против Корея, а след това ще бъдем изхвърлени като кучета на улицата, без да ни бъде дадена възможност да живеем като всички българи. След дълги изтезания ние бяхме принудени да подпишем „обещание за завръщане в родината“. Но подписвайки това обещание, ние смятахме да избягаме от техните ръце, тогава, когато бъдем откарани на гарата или аерогарата.

През последната седмица нас ни принуждаваха да признаем, че сме посещавали лично Вас, другарю Живков, и съветскияпосланик, и ни задължаваха да пишем, че Вие сте дали конкретни указания да не се върнем в Корея. По такъв начин чрез Вашето лице искаха да обвинят БКП. Ние обаче не признахме това, което не е вярно.

През цялото време на нашето арестуване не ни даваха български и съветски вестници и списания, въпреки нашето настояване, а ни даваха само съчиненията на Ким Ир Сен.

Тук още веднаж със собствените си очи видяхме къде е правдата. Ето защо от самото начало ние търсихме начин как да избягаме от техните ръце, за да можем с нови сили да продължим нашето справедливо дело.

Стаята, в която бяхме задържани ние двамата, се намираше на III етаж. В нея постоянно имаше следовател, съседната стая на нашата служеше за караулна, в която имаше шест човека от посолството, а в следващата стая имаше двама постоянни часовои. Всички врати и прозорци бяха заключени, дръжките извадени, за да не се вижда отвън, сложиха двойни пердета. През цялото време ние мислехме как да избягаме и да Ви съобщим какво вършат в корейското посолство.

На 27.IX. т.г. вечерта в 23 часа в момента, когато всички бяха на съвещание в съседната стая, ние, използувайки 2 стотинки (като отвертка) и бръснарско ножче (за рязане на чаршафи и пердета) и успяхме да избягаме през прозореца с помощта на въже от чаршафи и пердета.

Другарю Живков, с нашето бягство ние целяхме преди всичко:

– да докажем пред корейското посолство, че ръководителите на БКП не са ни увлекли, а ние сме действували по наше убеждение;
– да разобличим порочния метод, който приложиха срещу нас и който прилагат срещу милионите честни хора в Корея;
– да не дадем своя млад живот, преди да възтържествуват великите идеи на XX и XXII конгрес на КПСС в Корея.

Сега, когато вече ние сме свободни и се намираме под грижата на нашите приятели и колеги, погледите и мисълта ни са насочени в този момент към сградата на корейското посолство, където все още се намират задържани незаконно нашите другари и съидейници, които има опасност против тяхната воля да бъдат изпратени в Корея, където те без съд ще бъдат ликвидирани само за това, че искат нашият народ да живее щастливо както народите на Съветския съюз и НРБ.

Другарю Живков, единият другар Чой Дон Сен още преди да бъде задържан, имаше разклатено здраве, а след задържането и в следствие на тормоза и изтезанията в посолството неговото здравословно състояние още повече се влоши. Въпреки това посолството не взема абсолютно никакви медицински мерки, за да се поправи здравословното му състояние, а е оставен на произвола на съдбата. Ето защо ние Ви молим, др. Живков, а във Ваше лице молим и българското правителство да помогне по някакъв начин на нашия другар, който, ако бъде оставен при това положение, рискува не след дълго, а може би след месец, да изгуби своя млад живот, тъй необходим на всички нас.

И накрая, за да станем час по-скоро Димитровски комсомолци, ние Ви молим да ни бъде дадено политическо убежище и българско гражданство. Желаем да приложим своите сили като инжинери в изграждането на социализма на НРБ.

Ние скромно Ви обещаваме с честна комсомолска дума, че до края на нашия живот в България ще работим, ще се учим и ще живеем по комунистически и сме готови да бъдем изпратени там, където ни зове Българската комунистическа партия.

Ние дълбоко вярваме, че Централният комитет на Българската комунистическа партия начело с Вас, другарю Живков, ще ни разбере правилно и ще ни окаже бащинска помощ.

С комунистически поздрави,

Ли Зан Дик

Ли Сан Джон

4.Х.1962 г.

София

11.Х.1962 г.

25. ЦДА на РБ, ф. 1Б, оп. 91, а. е. 380.

Строго поверително

Пхенян, 15 септември 1962 г.

До

Министъра на външните работи

другаря Карло Луканов

ДОКЛАДНА ЗАПИСКА

от Любен Стоичков, временно управляващ посолството

на НР България в Пхенян

Другарю Министър,

На 6 септември т.г. зам.-министърът на външните работи на КНДР др. Лю Чан Сик информирал посланиците и временно управляващите посолствата в Пхенян за случая с четиримата корейски студенти и решението на правителството на КНДР да обяви др. Богданов като нежелан в КНДР.

От разговорите, които водих с другари от различни посолства, присъствували на информацията, Лю Чан Сик казал следното:

„В последно време отношенията между КНДР и НРБ сериозно са нарушени ... За това, че българското правителство провежда провокационни действия против КНДР, Министерството на външните работи реши да даде тази информация пред дипломатическите представители на братските страни ...

Това, което стана, е нещастен случай за всички социалистически страни ...

На 5.IX. т.г. правителството на НРБ без каквито и да било основания е изгонило посланика на КНДР в София ...

Това действие сериозно подрива дружеските отношения между КНДР и НРБ и социалистическите страни ...

Отношенията между КНДР и НРБ до последно време бяха братски ... Правителството на НРБ преднамерено предприе мерки, които нарушават отношенията между двете страни.

По решение на Министерството на висшето образование на КНДР студентите трябвало да се върнат в Родината ... Посолството научило, че тези студенти не желаят да се завърнат ... Правителството на КНДР е искало да се върнат студентите с оглед на тяхното възпитание ... За това, че НРБ е братска страна, посланикът на КНДР, мислейки, че българските власти ще му окажат съдействие, че това са отношения между комунисти, се обърнал с молба към правителството на НРБ за съдействие, но правителството на НРБ отклонило молбата му.

На 25/26 август министърът на външните работи на НРБ говорил с посланика на КНДР да се даде възможност на студентите да останат да се учат и работят в България.

Това е предизвикателство (вызов) спрямо нашата партия и нашето правителство. Как можем да си представим, че братска страна защитава студенти, които се обявяват против своята партия и правителство ...

Корейското посолство в София узнало къде се намират тези студенти и ги прибрало (довело) в посолството. Това е правилно, посолството е взело мерки за тяхното възпитание ...

За съжаление правителството на НРБ във връзка с тези правилни (справедливи) мерки на посолството, казало, че посолстовото нарушава законите на НРБ и превишава своята компетенция ...

Правителството на НРБ, вмесвайки се във вътрешните работи на посолството, излязло със заплашвания към посланика и го изгонило от страната ...

Това е провокационен акт, който не може да се случва между братски страни. Когато ние изпратихме студентите в България, ние напълно вярвахме на правителството на

НР България ... Ние не можем да разберем защо българските власти, вместо да помагат за възпитанието на студентите, сега проявяват подобна грижа за тях и защо заплашват посланика и жертвуват добрите отношения ...

Правителството на НРБ провъзгласило, че тези студенти искали убежище в България ...

Ние имаме общи цели, вървим към комунизма ... Друго би било положението, ако това се случи в страни с друга идеология, друг строй ...

Тези студенти са излезли с клевети и атаки против нашата партия и правителств ...

Днес стана ясно, че определени официални кръгове в НРБ са подстрекавали тези студенти да се обявят против партията и правителството ...

Определени български официални лица са давали възможност на студентите да се укриват и да се пренася техният багаж. Даже някой от тези лица написаха писма, атакуващи нашата партия и правителството и български граждани са носили тези писма в посолството ...

За да не бъдат разобличени, тези лица излезли с изказвания, че посолството на КНДР насилствено арестувало тези студенти и настоявали да бъдат освободени ... „Но шило в торба не стои“ ... Посолството на КНДР не разполага нито с войска, нито с полиция ... Наши сътрудници не са нарушили българските закони и не са превишили своята компетенция, а четирима милиционери и един сътрудник от Държавна сигурност са арестували студентите в Градския комитет в София и след това ги предали на посолството ...

Посолството на КНДР нищо лошо не е направило ...

На 1.IX. правителството на КНДР чрез посланика в Софияпоиска българските власти да му помогнат за възпитанието на студентите и да се отнесат със съответното уважение към него, но правителството на НРБ изгони посланика, който посвети всичките си сили за укрепване на дружбата между КНДР и НРБ. В резултат на това посолството на КНДР в София не може да работи нормално ...

Правителството на НРБ избра пътя на влошаване на отношенията ...

... Сътрудниците при посолството на КНДР в София само са приели студентите, арестувани от българските власти ...

Как могат да се вмесват в корейски работи? Не се касае за български студенти, а за корейски студенти, които са се обявили против партията и правителството ...

Видимо българските милиционерски власти, предавайки студентите на посолството са сторили това заради добрите отношения ...

... Нуждно ни е единство в общата борба против империализма и капитализма ...

... Българското правителство е излязло с обиди и оскърбления, нанасяйки вреда на единството на социалистическия лагер ...

... Цялата отговорност за това носи правителството на НР България. Правителството на КНДР счита, че подобна крайна мярка е провокационен акт, който не нарушава само очакванията, но и основните принципи на марксизма-ленинизма. Ние решително отричаме такъв подход ...

Посланици се разменят взаимно ... дружбата е двустранна проява. Не може да има едностранна дружба. Поради това правителството на КНДР счита, че пребиваването на посланика на НРБ в КНДР е нежелателно и той трябва да напусне страната.

Правителството на КНДР съжалява за случая ...

Не разбираме кому е нужна тази постъпка на правителството на НРБ и кому служи тя ...

Ние мислим, че вие добре ще разберете решението на правителството на КНДР.“

Това е, което можах да запиша, стараейки се да спазя по възможност поредността на мислите на Лю Чан Сик. Някои от другарите разбрали, че не български официални лица са писали писма до посолството на КНДР, а това са направили четиримата студенти, като български граждани са предавали писмата в посолството. (нещо, което е по-вероятно да е казано). Има противоречие в информацията на Лю Чан Сик. В началото се казва, че посолството прибрало студентите, а след това четирима милиицонери били арестували студентите и ги предали на посолството. Това забелязват и другарите, с които говорих.

Три часа преди изнасянето на тази информация аз посетих др. Лю Чан Сик по покана на Министерството на външните работи вместо др. Богданов, който не беше разположен и молеше срещата да се отложи за следващия ден.

Пред мен Лю Чан Сик, раздразнен, на крак, като не покани и мен да седна, прочете документа на Министерството на външните работи на корейски език с преводач на руски. Когато поисках най-напред аз да повторя нашата молба за отлагане на това съобщение за другия ден, той рязко ме прекъсна, като каза: „Сега само аз ще говоря."

В изложението на прочетения пред мен документ приблизително се казваше същото, което е съобщено на посланиците. В информацията пред посланиците се дават някои допълнения като това, че същия ден им е станало известно, че официални лица са помагали на студентите, подстрекавали са ги против партията и правителството, че органите на милицията са арестували студентите и ги предали на посолството.

Документът, който беше прочетен пред мен започваше с по-остри изрази, а именно: „На 5.IX. от правителството на НРБ са взети груби мерки спрямо посланика на КНДР в София ..." „Това събитие преднамерено е било изфабрикувано с фалшифицирани данни ..."

Някои от другарите си спомниха че същите изрази са били употребени и в информацията пред тях.

По време на размяната на телеграмите по този въпрос корейските органи се стараеха да забавят тяхното навременно предаване. Например телеграмата за разговора на посланика с Ким Чан Ман на 1.IX. ние бяхме готови да предадем на 3.IX. в 8 часа сутринта (корейско време), а под различни предлози телеграмата беше задържана до 11 часа от телеграфната централа. В разговора с началника на тази служба с участието на нашия преводач разбрах, че имат задача да се отложи предаването на телеграмата за 4.IX., но искат да получат моето съгласие. Също така този началник предвещаваше, че на 4.IX. е възможно да има смущения и да не успее да предаде телеграмата, нещо, което се случи. Телеграмта от 4.IX. с която Министерството ни съобщава, че на 5.IX. ще предупреди корейския посланик и ще го обяви за персона нон грата, ако не освободи студентите, получихме на 6.IX. в 9 часа заедно с други телеграми, т.е. в деня и часа, когато викаха посланика в Министерството, за да му съобщят решението на корейската страна.

Пхенян, 13 септември 1962 г.

Временно управляващ посолството

26. ЦДА на РБ, ф. 1Б, оп. 64, а. е. 298.

ПРОТОКОЛ „Б“ № 6
НА ПОЛИТБЮРО НА ЦК НА БКП ОТ 29.VIII.1962 г.

Присъстват другарите: Димитър Ганев, Иван Михайлов, Енчо Стайков, Станко Тодоров, Антон Югов, Георги Цанков, Тодор Прахов, Младен Стоянов, Борис Велчев и Тано Цолов.

Присъствува и др. Карло Луканов.

ВЪПРОСИ НА ДНЕВНИЯ РЕД:

Относно отвличането от корейкото посолство в София на корейските студенти, поискали политическо убежище в нашата страна.

Р Е Ш Е Н И Я:

1. Смята за целесъобразно др. Карло Луканов да извика още веднъж посланика на КНДР в нашата страна и да изрази решителния протест на българското правителство за безпрецедентното отвличане от сътрудници на корейското посолство на четиримата корейски студенти, поискали политическо убежище в нашата страна и да го предупреди незабавно да освободят студентите.
2. Нашият посланик в Пхенян да поиска среща с др. Ким Ир Сен, да изрази решителния протест на българското правителство за грубото нарушаване на суверенитета на нашата страна с отвличането на четиримата корейски студенти и да поиска незабавното им освобождаване.
3. Ако корейската страна не освободи задържаните студенти, посланикът на КНДР в София, военният аташе при посолството и съветникът, участвували в отвличането

на студентите, да бъдат обявени за персона нон грата и предупредени, че в срок от 24 часа трябва да напуснат страната.

27. ЦДА на РБ, ф. 1Б, оп. 64, а. е. 299.

ПРОТОКОЛ „Б“ № 7
НА ПОЛИТБЮРО НА ЦК НА БКП ОТ 3.IX.1962 Г.

Присъствуват другарите: Димитър Ганев, Митко Григоров, Тодор Живков, Иван Михайлов, Енчо Стайков, Станко Тодоров, Георги Цанков, Антон Югов, Димитър Димов, Тодор Прахов, Борис Велчев, Карло Луканов и Димо Дичев.

ВЪПРОСИ НА ДНЕВНИЯ РЕД:

I. Относно случая с корейските студенти.

Р Е Ш Е Н И Я:

Възлага на Министерстворо на външните работи да изпрати протестна нота до правителството на Корейската народнодемократична република във връзка с инцидента с корейските студенти.

28. ЦДА на РБ, ф. 1477, оп. 28, а. е. 1698.

И Н Ф О Р М А Ц И Я

за посещението на делегацията на
Министерството на външните работи
на Корейската народнодемократична
република в Народна република България
от 27 юни до 30 юни 1972 г.

От 27 до 30 юни т.г. в нашата страна пребивава делегация на Министерството на външните работи на Корейската народнодемократична република, ръководена от зам.-министъра на външните работи др. Чен Мен Су. Целта на посещението на делегацията бе разясняване на новата тактика, която корейските другари предлагат във връзка с обсъждането на въпроса за Корея на XXVII сесия на Общото събрание на ООН, провеждане на консултация по нея и по възможностите да им окажем съдействие за нейното успешно осъществяване.

Същността на предложената нова тактика се състои в следното:

Корейските другари са на мнение, че сега, когато обстановката в ООН се развива благоприятно за разрешаване на въпроса за мирното обединение на Корея, приемането и прилагането на нова по-гъвкава тактика би създало още по-благоприятни условия за ускоряване обединяването на страната.

1. Предлага се с цел да се създадат благоприятни условия за включване на въпроса за Корея в дневния ред на сесията да се свалят предложените миналата година въпроси за „Изтегляне на войските на САЩ и всички други чуждестранни войски, окупиращи Южна Корея под флага на ООН“ и „Разпускане на Комисията

на ООН за обединението и възстановяването на Корея". Да се предложи включването на нова точка на дневния ред – „За създаване на благоприятни условия за ускоряване на самостоятелното мирно обединение на Корея". Счита се, че в такъв случай може да се получи поддръжката на по-голям брой страни и да се противодейства на опитите за отсрочване разглеждането на въпроса за Корея.

Основната теза в предлаганата тактика се заключва в това, че при новата обстановка, когато в Корея се води диалог между Юга и Севера, „Организацията на обединените нации трябва под нов ъгъл на зрение да обсъди въпроса за Корея така, че още повече да вдъхновява и ускорява решението на въпроса за обединението от самите корейци по мирен път".

Корейските другари считат за целесъобразно автори на инициативата за включване на новата точка в дневния ред на сесията да бъдат Алжир или Монголия в съавторство със следните страни: Сирия, Гвинея, Мали, НДР Конго, Мавритания, Ирак, Судан, НДР Йемен, Сомалия, Замбия, Танзания, АР Йемен, Бурунди, Пакистан, Непал. Добре би било да се присъединят социалистическите и колкото се може повече афро-азиатски страни.

Информирани за позицията на КНДР, отнасяща се до обсъждането тази година в ООН на въпроса за Корея, Китай и Съветския съюз, са дали уверения, че подкрепят позицията, и по корейския въпрос няма да си противостоят. Вероятно е даже тези страни да излязат като съавтори.

За осигуряване на успеха на новата тактика и за проваляне на опитите отново да бъде отложено разглеждането на въпроса в ООН корейските другари изявиха молба за нашето съдействие, като обърнем внимание на следните въпроси и насочим усилията си по тях:

- да се извърши по възможност предварителна работа за избиране на Генерален комитет с подходящ състав; да се влияе на членовете му;
- да се стремим да въздействуваме на длъжностни лица на ООН, включително Генералния секретар;

- да оказваме влияние на всички страни, с които имаме връзки и да разобличаваме несправедливостта на всички опити да се отсрочи обсъждането в ООН на въпроса за Корея;
- нашият представител в ООН с активни контакти да въздейства на представителите на различни страни при ООН;
- нашата страна да стане съавтор на предложението за включване на новата точка в дневния ред на сесията.

2. Новите моменти в съдържанието на проекторезолюцията по корейския въпрос са в съответствие с предлаганата нова тактика.

При изработването на проекторезолюцията корейските другари са се стремили да се придържат към принципната позиция за изтегляне на всички чуждестранни войски от Южна Корея и за разпускането на Комисията на ООН по Корея, но същевременно да се създадат условия за маневреност и гъвкавост:

- по форма са обединени двата въпроса за изтегляне на чуждестранните войски от Южна Корея и за разпускането на Комисията на ООН по Корея;
- избегнати са всички изрази, пряко нападащи или осъждащи американския империализъм, Комисията на ООН по обединението и възстановяването на Корея, а също така и самата ООН;
- не се изисква незабавното разпускане на Комисията на ООН, а се предлага да се прекрати нейната дейност. Счита се, че това предложение ще бъде прието не само от страните на „третия свят", но и от такива страни като Пакистан, която е член на Комисията, но не взема участие в нейната дейност, и Турция;
- ако в предишните проекторезолюции се изискваше незабавното изтегляне на американските и други войски от Южна Корея, то в новата проекторезолюция се говори за „изпразване от съдържание на командването на войските на ООН в Южна Корея и за отменяне предоставеното му право да използува флага на ООН";

- за разлика от предишните проекторезолюции, които определиха 6-месечен срок за изтегляне на всички чуждестранни войски от Южна Корея, новата проекторезолюция препоръчва на Южна и Северна Корея да водят непосредствени политически преговори и да сключат мирно съглашение и след това да бъдат изтеглени войските.

  Предполага се, че при такава постановка ще се получи още по-голяма поддръжка по основния въпрос за изтегляне на чуждестранните войски.

  Нов момент по този въпрос представлява решението на Тайланд (по съобщения на информационните агенции) да евакуира остатъчния свой контингент войски до 23 август т.г., като при това положение в Южна Корея „под флага на ООН" ще останат само американски войски. Този факт ще затрудни САЩ да представят своите войски като войски на ООН;
- формулировката на член 3 на проекторезолюцията има за цел да обезсили резолюция 195/III/ от 12 декември 1948 г. на ООН, определяща марионетната власт на Южна Корея като „единствената законна власт". В тази точка с цел да не се създаде впечатление, че се приема съществуването на две Кореи, е добавен текстът – „за ускоряване самостоятелното мирно обединение на Корея";
- същността на член 4 се заключва в целта да се постигне невмешателство във вътрешните работи на страната под каквато и да било форма.

3. Относно участието на представител на КНДЕ в обсъждането на въпроса за Корея.

Разработената нова тактика предвижда представянето на нова проекторезолюция и по този въпрос, превръщащ се в най-важен, при условие че въпросът за Корея бъде включен в дневния ред на сесията.

Същността на новата проекторезолюция по този въпрос – „За едновременното поканване на представители на Южна и Северна Корея", се заключва в поставяне на първо място на факта, че „в последно време в Корея се водят контакти и диалог между Севера и Юга". Тази резолюция се отличава от предишните проекторезолюции и със значително по-умерения си тон. Предполага се, че при такава постановка на въпроса Общото събрание ще пожелае да изслуша становищата на двете Кореи.

Корейските другари приведоха следната информация и аргументи, отнасящи се до възможността да се преодолеят недостигащите на XXV сесия 13 гласа за приемането на проекторезолюцията по този въпрос:

- КНР е заела мястото на Тайван;
- установени са дипломатически отношения с Малта и Руанда. Вероятно е да ги привлекат на своя страна;
- делегация е посетила Чад и Нигер, които са заели благоприятна позиция. Ще им се въздействува да се въздържат при гласуването;
- установени са дипломатически отношения с Камерун, Сиера Лоне и Чили. Очаква се тези страни да гласуват със „за";
- имат дипломатически отношения с Малдивите, а консулски с Мавриций. Предстоящо е установяването на дипломатически отношения със Сенегал. Още обаче не е известно как ще гласуват тези страни;
- значително по-добре са настроени към КНДРв сравнение с миналото такива страни като: Кипър, Гана, Индонезия, Кувейт, Ливан, Гайана, Финландия, Горна Волта и Перу. Подобряват се и отношенията с новите членки на ООН Бахрейн, Катар, Арабските княжества. Не е известно обаче каква позиция ще заемат посочените страни;

От друга страна обаче:

- прекъснати са отношенията с Йордания, след като КНДР е осъдила йорданската реакция по време на събитията през септември 1970 г.;
- прекъснати са контактите с Уганда след преврата на тази страна;
- Кения винаги е гласувала със „за", но поради липса на контакти с тази страна не е известно каква позиция ще заеме на предстоящата сесия.

Корейските другари считат за целесъобразно да помолят Сирия и Замбия да станат автори на проекторезолюцията за едновременното поканване на представители на Южна и Северна Корея, а за съавтори страните съавтори на Алжир по проекторезолюцията по корейския въпрос, АРЕ и социалистическите страни.

Във връзка с този въпрос към нашата страна е отправена молба:

- да им съдействуваме с цел страните, които по-рано са гласували с „не“, въздържали са се или са отсъствували, на тази сесия да гласуват със „за“;
- да се опитаме да упражним влияние върху страните, с които КНДР не поддържа отношения и особено върху страните от Латинска Америка и северните европейски капиталистически страни.

4. Действия, които КНДР предвижда, в случай че корейският въпрос не бъде включен в дневния ред на XXVVI сесия на Общото събрание на ООН

Корейските другари са на мнение, че доколкото решението за изпращане „войски на ООН“ и за създаване „командуването на войските на ООН“ в Южна Корея е взето от Съвета за сигурност, да поискат правото на американските войски в Южна Корея да се представят като войски на ООН.

Предлага се освен това да се започне активна борба за изгонване на групата наблюдатели на Южна Корея от ООН.

Отправена към нашата страна е молба да им оказваме пълна подкрепа.

В заключение корейските другари помолиха да се увеличи обмена на информация и менения между двете Министерства на външните работи по всички повдигнати въпроси. Биха желали своевременно да ги информираме за позициите и тенденциите на различните страни в ООН, а по време на сесията – за развитието на обсъждането на въпросите за Корея.

От наша страна ръководителят на делегацията др. Р. Григоров увери корейските другари, че НР България напълно подкрепя позицията на КНДР и в съответствие с възможностите ще им бъде оказана пълна подкрепа по поставените въпроси.

София, 29 юни 1972 г.

29. ЦДА на РБ, ф. 1477, оп. 28, а. е. 1698.

ПРЕГОВОРИ МЕЖДУ ДЕЛЕГАЦИИТЕ НА МИНИСТЕРСТВАТА НА ВЪНШНИТЕ РАБОТИ НА КНДР И НРБ 27 – 30.VI.1972 г.

Предлаганата от корейските другари нова тактика за внасянето и обсъждането на въпроса за Корея на XXVII сесия на Общото събрание на ООН и подкрепата, която те биха желали да получат от нас.

1. Включване на корейския въпрос в денвния ред на сесията.

Нова тактика:

- свалят се от дневния ред на сесията т. 36 и 37, отнасящи се до изтеглянето на войските на САЩ и всички други чуждестранни войски, окупиращи Южна Корея под флага на ООН, и разпускането на Комисията на ООН за обединението и възстановяването на Корея;
- включване на нова точка в дневния ред на сесията – „Създаване на благоприятни условия за ускоряване самостоятелното мирно обединение на Корея“.

Очаквана от нас подкрепа:

- да бъдем съавтори на проекторезолюцията за снемане на т.. 36 и 37 от дневния ред на сесията;
- да съдействуваме активно за проваляне опитите да не бъде включена новата точка в дневния ред на сесията, като насочим усилията си в следните направления:
- да бъде избран Генерален комитет с подходящ състав. Да оказваме влияние върху членовете му;
- да се стремим да създействуваме на отговорни служители на ООН, включително

и на Генералния секретар;

- да оказваме влияние на всички страни, с които имаме връзки, и да разобличаваме опитите за отсрочване разглеждането на въпроса за Корея;
- нашите представители в ООН с активни контакти да оказват влияние на представителите на различни страни членки на ООН.

2. Едновременното поканване на представители на Южна Корея и Северна Корея при обсъждането на въпроса за Корея на 27-ата сесия на Общото събрание на ООН.

Нова тактика:

Същността ѝ се заключва в предлаганата нова проекторезолюция по този въпрос, отличаваща се от предишните със значително по-умерения тон и поставяне на първо място на факта, че „в последно време в Корея се водят контакти и диалог между Севера и Юга“. Предполага се, че при такава постановка на въпроса Общото събрание ще пожелае да изслуша становищата на двете Кореи.

Очаквана от нас подкрепа:

- да станем съавтори на предлаганата проекторезолюция;
- да съдействуваме за осигуряване гласуване със „за“ от онези страни, които преди са гласували с „против“. Усилията ни да бъдат насочени към страните, с които КНДР не поддържа отношения.

Поставен е въпросът на кои страни бихме могли да въздействуваме.

3. Действия, които се предвиждат, в случай че отново бъде отсрочено разглеждането на въпроса за Корея:

- да се поиска от Съвета за сигурност да отнеме правото на американските войски в Южна Корея да се представят за войски на ООН;
- да се започне борба за изгонване на групата наблюдатели на Южна Корея от ООН.

Очаквана от нас подкрепа:

- да им оказваме пълно съдействие в тази борба.

В заключение корейската страна изрази общата молба:

- да продължи обменът на информация и мнения между двете министерства по всички разгледани въпроси;
- своевременно да ги информираме за позициите на различните страни и за развитието на дискусията по въпроса за Корея в Общото събрание на ООН.

ПРЕГОВОРИ МЕЖДУ ДЕЛЕГАЦИИТЕ НА МИНИСТЕРСТВАТА НА ВЪНШНИТЕ РАБОТИ НА КНДР И НРБ 27 – 30.VI.1972 г.

Ръководител на делегацията на НРБ: др. Р. Григоров, зам.-министър на външните работи.

Ръководител на делегацията на КНДР: др. Чен Мен Су, зам.-министър на външните работи.

Основна тема: Корейският въпрос и неговото обсъждане на XXVII сесия на Общото събрание на ООН.

Изходните позиции на корейските другари по този въпрос се основават на предпоставката, че сега в ООН е създадена благоприятна обстановка и може да се приеме нова тактика, която да създаде още по-благоприятна ситуация за мирното обединение на Корея.

Основни моменти в предлаганата от корейските другари нова тактика:

1. Включване на корейския въпрос в дневния ред на сесията.

И тази година западните страни ще се опитат да отложат обсъждането на въпроса за Корея.

С цел да се създадат благоприятни условия за включването на въпроса в дневния ред на сесията корейските другари предлагат:

а) да се свалят от дневния ред на сесията т. 36 и 37, отнасящи се до изтегляне на войските на САЩ и всички други чуждестранни войски, окупиращи Южна Корея под флага на ООН, и разпускане на Комисията на ООН за обединението и възстановяването на Корея;

б) да се заместят тези точки с една:

„Създаване на благоприятни условия за ускоряване самостоятелното мирно обединение на Корея“.

Благодарение на това ще бъде получена поддръжката на повече страни и няма да се допусне изключването на въпроса за Корея от дневния ред.

Западните държави ще се опитат да отложат разглеждането на въпроса чрез досега използваните от тях аргументи:

- не е необходимо всяка година да се обсъжда един и същ въпрос, след като няма изменение в обстановката;
- да се изчака резултатът от водените между Северна и Южна Корея преговори.

Нашият контрааргумент трябва да бъде:

- при условие че се водят преговори между двете Кореи, ООН трябва да поощрява и вдъхновява преговорите за обединението на Корея от самите корейци.

Решено е:

- 60 дни преди сесията да бъде внесен въпросът за Корея в дневния ред;
- автор на резолюцията по тази точка от дневния ред – Алжир (съгласен) и съавтори: Сирия, Гвинея, Мали, НДР Конго, Мавритания, Ирак, Судан, НДР Йемен, Сомалия, Замбия, Танзания, АР Йемен, Бурунди, Пакистан и Непал.

С проекторезолюцията за снемане на т. 36 и 37 от дневния ред на сесията може да излезе Монголия със съавтори същите страни както миналата година. Така автори на тази резолюция ще бъдат 30 страни.

На място съобразно с обстановката да се избере времето за този демарш.

Хубаво е социалистическите страни да станат съавтори на резолюцията за включване на новата точка в дневния ред на сесията. Получени са уверения, че СССР и КНР няма да си противостоят по този въпрос, а ще станат съавтори.

Включването на новата точка в дневния ред на сесията предполага голяма борба в Генералния комитет и Общото събрание.

За проваляне опитите да не бъде включена новата точка в дневния ред е необходимо да се работи в следните направления:

- да се опитаме Генералният комитет да бъде в подходящ състав и да оказваме влияние на членовете му;
- да се „обработват" отрано отговорни служители на ООН включително и Генералния секретар;
- да се влияе на всички страни, с които имаме връзки, и да разобличаваме опитите за отсрочване разглеждането на въпроса за Корея;
- нашите представители с активни контакти да оказват влияние на представители на различни страни членки на ООН.

2. Относно новите моменти в съдържанието на резолюцията по предлаганата нова точка от дневния ред.

При разработването на проекторезолюцията корейските другари са се стремили да се придържат към принципна позиция и същевременно да се създадат условия за маневреност и гъвкавост.

<u>Различия между стария и нов проект на резолюцията</u>

а) В новата резолюция по форма са обединени двата въпроса – за изтегляне войските на САЩ и на всички други чуждестранни войски, окупиращи Южна

Корея под флага на ООН, и за разпускане на Комисията на ООН за обединението и възстановяването на Корея. По-рано се изготвяха два отделни проекта;

б) Съществени промени са направени в преамбюла на проекторезолюцията в сравнение със старите проекти. Предишните проекти рязко осъждаха присъствието на чуждестранните войски в Южна Корея, определяха ги като пречка за обединението на страната и като сериозна опасност за мира и заплаха за агресия в Азия;

в) В предишните резолюции Комисията на ООН за обединението и възстановяването на Корея се определяше като не само неспособствуваща, а даже създаваща пречки за обединяването на Корея.

По-рано се изискваше незабавно разпускане на Комисията, а сега се иска прекратяване на нейната дейност. Това създава възможност предложението да се приеме не само от страните от третия свят, но също така от Пакистан и Турция.

(Пакистан е член на Комисията, но не участвува в работата ѝ).

г) Ако в предишните проекти на резолюции се изискваше незабавното изтегляне на американските и други войски от Южна Корея, в новата проекторезолюция се говори за „изпразване от съдържание от „командването на войските на ООН" в Южна Корея и да се отмени предоставеното му право да използува флага на ООН".

д) Ако предишните резолюции определяха срок от 6 месеца за изтегляне на чуждестранните войски от Южна Корея, то новата проекторезолюция предвижда изтегляне на войските след воденето на преговори на равна основа и сключването на мирно съглашение между Юга и Севера.

Това изменение има за цел да обезпечи още по-голяма поддръжка по основния въпрос за изтеглянето на чуждестранните войски. Очаква се да бъдат малко страните, които ще се противопоставят.

Във връзка с въпроса за изтеглянето на чуждестранните войски от Южна Корея нов момент представлява решението на Тайланд (съгласно съобщенията на информационните агенции)да изтегли на 23 август т.г. своя контингент войски. (До сега Тайланд участвуваше символично във войските на ООН в Корея с контингент, състоящ се от една рота и няколко офицера за свръзка). В случай че това бъде направено, в Южна Корея „под флага на ООН“ ще останат само американски войски. Този факт ще (затрудни) лиши САЩ от възможността да представя своите войски като войски на ООН.

е) Точка 3 от предлаганата проекторезолюция има за цел да направи недействителна резолюцията на Общото събрание на ООН /195(III) от 12 декември 1948 г., определяща правителството на Южна Корея за единственото законно правителство на Корея.

В тази точка, за да не се създаде впечатление, че се касае за две Кореи, е включен текстът – „за ускоряване самостоятелното мирно обединение на страната“.

ж) Същността на точка 4 от проекторезолюцията се заключава в целта да се постигне разпускане на Комисията и да се премахне възможността американските войски да бъдат представяни като войски на ООН.

По този въпрос корейските другари предлагат да се гласува в пакет, съобразно условията на място.

3. Проблемът за едновременното поканване на представители на Южна и Северна Корея при обсъждането на корейския въпрос на 27-ата сесия на Общото събрание на ООН

Резултатът от гласуването на резолюцията по този въпрос на 25-ата сесия на Общото събрание е: 41 гласа „ЗА“, и 54 гласа „ПРОТИВ“. Само с 13 гласа превес бе отхвърлено предложението да бъде поканен представител на КНДР.

В случай на успех по този въпрос на предстоящата сесия самият факт от участието на представител на КНДР при обсъждането ще бъде удар срещу противниците на мирното обединение на Корея.

За разлика от предишните резолюции по този въпрос новата проекторезолюция е със значително по-умерен тон и от нея е премахнат изразът „безусловно поканване“. Предлаганата от корейските другари проекторезолюция включва ново положение, че „в последно време в Корея се водят контакти и диалог между Севера и Юга“. При такава постановка на въпроса може да се очаква, че Общото събрание ще пожелае да изслуша становищата на двете Кореи.

Предлага се този въпрос, както и преди, да бъде разгледан процедурно и по същество. Замбия и Сирия ще бъдат поканени да станат автори на проекторезолюцията, а социалистическите страни и да бъдат съавтори (общо 31 страни). Молят и нашата страна да стане съавтор, а също и да съдействуваме за осигуряване гласуването със „ЗА“ от онези страни, които преди са гласували „ПРОТИВ“.

Корейските другари са на мнение, че обстановката пред 27-ата сесия на Общото събрание е значително по-благоприятна от преди и дава основание да се очаква положително решение по този въпрос.

КНДР е установила дипломатически отношения с редица нови страни. Изменен е след 25-ата сесия и подходът на много страни към корейския въпрос. Сега, макар и в различна степен, може да се разчита на гласовете и на някои от 54-те страни, които преди гласуваха с „ПРОТИВ“. Мястото на Тайван е заето от КНР, а това означава два гласа. Ако бъдат привлечени Руанда и Малта, с които КНДР е установила дипломатически отношения – още 4 гласа. Посетилата Чад и Нигерия корейска дипломатическа делегация е констатирала положителната позиция на тези страни по корейския въпрос. Ако те се въздържат – още два гласа „ПРОТИВ“ по-малко. От въздържалите се преди гласуването (24) или отсъствувалите (8) страни е възможно да се осигурят гласовете на Камерун, Сиера Леоне и Чили, с които са установени дипломатически отношения. При условие че тези страни гласуват „ЗА“, не достига само един глас за приемане на резолюцията. КНДР е установила дипломатически отношения с Малдивските острови, а консулски отношения с Мавритания. Очаква се сключването на дипломатически отношения и със Сенегал. Не е известно обаче как ще гласуват тези страни.

Установените контакти показват, че сега по-положително отношение към корейския въпрос имат страни като: Кипър, Гана, Индонезия, Кувейт, Ливан, Гвинея, Финландия, Горна Волта и Перу. КНДР обменя поздравителни телеграми с новоприетите членове на ООН: Бахрейн, Катар, Арабските княжества, но не е известно каква позиция те ще заемат, въпреки че са били посетени от делегация на КНДР.

Какво е положението с някои страни, гласували по-рано със „ЗА" по резолюцията, постановяваща поканването на представител на КНДР да участвува в обсъждането на корейския въпрос в Общото събрание на ООН?

Йордания – престанала е да разменя с КНДР поздравителни телеграми по различни поводи, след като КНДР официално е изразила подкрепата си на палестинските партизани по време на стълкновенията в Йордания миналата година.

Уганда – прекъснати са всякакви контакти след преврата в тази страна.

Кения – винаги е гласувала „ЗА", но засега не са установени никакви контакти.

В крайна сметка е трудно да се предвиди как ще гласуват тези страни.

От направения анализ на сегашното положение непосредствено произтича изводът, че са необходими още по-големи усилия за привличане на нови страни в подкрепа на нашата кауза.

Корейските другари подчертаха факта, че не са малко страните, с които КНДР не поддържа отношения. От латиноамериканските страни само Куба е съавтор на миналата проекторезолюция. Действително от 1 юни т.г. са установили дипломатически отношения с Чили, но нейното положение е тежко и те разбирали това. При тези условия корейските другари изразиха молбата:

- НРБ да упражнява влияние върху страните, с които КНДР не поддържа отношения, с цел спечелването им за нашата кауза. На кои страни можем да въздействуваме?

4. Предвиждани действия, в случай че въпреки нашето желание новоформулираната точка по корейския въпрос не бъде включена в дневния ред на 27-ата сесия на Общото събрание:

а) Решено е да се обърнат към Съвета за сигурност с молба да отнеме правото на американските войски в Южна Корея да се представят за войски на ООН. Тази стъпка е съобразена с факта, че изпращането на американските войски в Корея и създаването на обединеното командуване е извършено по решение на Съвета за сигурност.

б) Да се започне борба за изгонване на групата наблюдатели на Южна Корея от ООН. Те нямат право едностранно да представят корейския народ. Тяхното оставане в ООН означава съществуването на две Кореи и представлява пречка за обединението на страната. От друга страна, този факт дискредитира ООН. По този въпрос корейските другари изразиха надеждата, че нашата страна наравно с другите социалистически страни ще води упорита борба за изгонване на южнокорейските наблюдатели от ООН.

Накрая от корейска страна бе изказана молба:

- да продължи обмена на информация и мнения между двете министерства по разгледаните въпроси;
- своевременно да ги информираме за позициите на различните страни и за развитието на обсъждането на корейския въпрос в Общото събрание на ООН.

30. ЦДА на РБ, ф. 1477, оп. 28, а. е. 1698.

СПРАВКА

Относно: Процедурата и възможностите за включване на въпроса за Корея в дневния ред на 27-ата сесия на Общото събрание на ООН съобразно новата тактика, предложена от КНДР

1. Предложението за включване на въпроса за Корея под новата му формулировка – „За създаване на благоприятни условия за ускоряване самостоятелното мирно обединение на Корея" – и изключване от дневния ред на 27-ата сесия на въпросите за: изтегляне на войските на САЩ и всички други чуждестранни войски, окупиращи Южна Корея под флага на ООН, и разпускане на Комисията на ООН за обединението и възстановяването на Корея, е целесъобразно да бъде направено от Монголия в съавторство със същите страни както през 1971 г. Добре би било към тях да се присъединят нови страни. Съгласно правила 13/е/, 14 и 20 предложението за включване на новата точка в дневния ред на сесията трябва да се представи на Генералния секретар не по-малко от 30 дни преди началото на сесията и да се придружава от обяснителна записка, а по възможност и от основните документи и проекторезолюцията по въпроса.

Съображения:

а) съгласно известното решение, взето на 26-ата сесия на Общото събрание, двете точки, отразяващи нашите позиции по корейския въпрос ще бъдат включени в предварителния дневен ред на 27-ата сесия;

б) логично е страните, направили предложението за включване на въпроса за

Корея в дневния ред на миналата сесия, да поискат замяната на двете предишни точки с нова.

2. Генералният комитет, където ще бъде първоначално обсъждано предложението, няма право да решава окончателно въпроса относно включването на дадената точка в дневния ред на сесията. Той само изготвя и предлага пред Общото събрание препоръка, решението по характер, на която се взема с обикновено мнозинство.

Единствено Общото събрание може да включва, изключва или изменя точки от дневния ред, като естествено е неговото окончателно решение да се влияе от препоръката на Генералния комитет. Решението си по такъв въпрос Общото събрание взема с обикновено мнозинство.

Следователно: необхотимо е да се осигури препоръката на Генералния комитет чрез въздействие върху членовете му по новата точка от проектодневния ред да бъде положителна.

По този проблем трябва да се има предвид, че западните страни никога открито не са се противопоставяли на включването на корейския въпрос в дневния ред на сесиите на Общото събрание. Те широко афишират принципа си да не се противопоставят на обсъждането на сесиите на Общото събрание на всички предложени въпроси, дори най-неудобните за тях. Това, че те успяха да отложат разглеждането на въпроса от 26-ата на 27-ата сесия на Общото събрание е в резултат на прокараната от тях теза, основаваща се на мнима загриженост за успеха на започнатите между дружествата на Червения кръст на КНДР и Южна Корея преговори.

Необходимо е следователно въз основа на новата тактика по корейския въпрос много щателно да бъде разработена нашата позиция на сесията, за да може с успех да се противодействува на всички опити за ново отсрочване обсъждането на корейския въпрос. Вероятно западните страни ще направят такъв опит, аргументирайки се с това, че все още няма съществени резултати от тези преговори и вследствие от това обстановката за обсъждане на въпроса за Корея в ООН продължава да бъде недостатъчно благоприятна.

3. На едно от началните заседания на Първи комитет, в който ще бъде внесен въпросът за обсъждане, трябва да бъде предложена проекторезолюцията за едновременното поканване на представители на Южна и Северна Корея. Целесъобразно е предложението на корейските другари за поканването на Сирия и Замбия като автори на тази резолюция.

По този въпрос трябва да се има предвид, че най-вероятният начин, по който западните страни ще се опитат да противодействуват, отново ще бъде постоянно предявяваното предварително условие КНДР да признае изрично компетенцията и правото на ООН да действува по въпроса за Корея.

Поради факта, че в новата тактика позицията на КНДР по този въпрос остава непреклонна, необходимо е поддържаната от нас теза да бъде много убедително разработена. Вероятно е тази проекторезолюция да бъде приета, като се има предвид резултатът от гласуването по този въпрос на 25-ата сесия и значително по-благоприятната обстановка преди тази сесия.

4. При започване обсъждането в Първи комитет на корейския въпрос по същество, целесъобразно е, както предлагат корейските другари, Алжир да бъде автор на проекторезолюцията „За създаване на благоприятни условия за ускоряване самостоятелното мирно обединение на Корея“. Необходимо е да се работи за присъединяване на колкото се може повече страни като съавтори.

Определено може да се каже, че тази резолюция не трябва да съдържа искания за анулиране или коригиране на резолюциите, приети от Общото събрание на минали сесии. Приемането на една резолюция, неотговаряща напълно на нашите позиции, но съдържаща макар и част от елементите на защитаваната от нас кауза, би била значителен успех и ще открие пътя за окончателно разрешаване на корейския въпрос.

Резюме

1. Представя се на Генералния секретар предложение и меморандум за включване в дневния ред на 27-ата сесия на новата точка по въпроса за Корея и същевременното изключване на предишните две.

   Срок – 19 август 1972 г. Автор – Монголия.

2. Защита на предложението в Генералния комитет и Общото събрание.
3. На едно от първите заседания на Първи комитет се внася проекторезолюцията за „Едновременно поканване на представители на Южна и Северна Корея". Автори на резолюцията – Сирия и Замбия.
4. При започване обсъждането на корейския въпрос по същество в Първи комитет се внася проекторезолюцията – „За създаване на благоприятни условия за ускоряване самостоятелното мирно обединение на Корея". Автор – Алжир.

29.6.1972 г.

31. ЦДА на РБ, ф. 1477, оп. 28, а. е. 1698.

С Т Е Н О Г Р А М А

на разговора на др. Любен Петров – зам.-министър на външните работи на НР България с ръководителя на правителствената делегация на КНДР, зам.-министъра на външните работи Чен Мен Су

София, 17 февруари 1973 год.

резиденция „Оборище"

Бих желал да изложа някои въпроси, по които желаем да получим съдействие от правителството на Вашата страна:

1. Ние желаем да включим непременно е дневния ред на предстоящата 28-ата сесия на Общото събрание на ООН въпроса за Корея и там да участвува представител на КНДР. Американските империалисти и южнокорейската марионетка и през тази година ще се опитат да не бъде обсъждан въпросът за Корея в Общото събрание на ООН под различни предлози. Този въпрос не е никак прост, тъй като не по-малко от 35 страни трябва да поддържат нашата позиция, имайки предвид резултатите от гласуването на миналогодишната сесия на ООН. Един пример: за да привлечем не по-малко от 35 страни към нас, то трябва да привлечем към нас не по-малко от 20 – 25 страни от 70-те, които гласуваха за проекторезолюцията за отлагане, внесена от враговете на 27-ата сесия на Общото събрание на ООН, и от тези страни трябва да бъдат против (или да се откажат да гласуват за тази проекторезолюция) или да осъществят болшинство от тези 26 страни, които миналата година отказаха да гласуват за тази проекторезолюция, да бъдат против и да гласуват за нашата проекторезолюция. Заедно с това ние мислим да представим един по-гъвкав план, като се откажем от някои високи лозунги, с цел да бъде включен непременно

въпросът за Корея. Миналогодишният проект за резолюцията на думи беше по-мек в сравнение с предишните проекти, но в същността си нямаше голяма разлика.

Следователно, с други думи, тази година на 28-ата сесия на Общото събрание на ООН в дневния ред трябва да бъде включен и корейският въпрос, а също така на сесията трябва да присъствува представител на КНДР. Затова мислим, че ще бъде по-благоприятно за нас поставянето на такъв гъвкав план, но желаем да изслушаме и Вашето мнение по това как да постъпим. Смятаме, че трябва да изработим един такъв усъвършенствуван конкретен тактически план, след като изслушаме и Вашето мнение, и мнението на другите другари.

Миналогодишният опит показва, че предварителното познаване състава на Генералния комитет по дневния ред на Общото събрание на ООН има голямо значение. Трябва да знаем кои са тези 25 държави (миналата година бяха толкова) и след добра работа с тях да се включи и нашият въпрос в дневния ред. Затова Ви молим да полагата активни усилия за благоприятното образуване на този комитет и едновременно с това да ни информирате предварително за състава му. Ние ще научим това предварително от Вас и ще работим със страните, които ще се включат в комитета.

2. Считаме, че е необходимо да се борим за приемането на такива мерки, с които „да се свали каската на войските на ООН“ от американските империалистически войски и да се разтури Комисията при ООН по възстановяване и обединяване на Корея. Ако бъде свалена каската на войските на ООН, то тогава ще бъде премахнат предлогът, с който американските агресивни войски се опитват да окупират принудително тази територия по резолюцията на ООН. С други думи американците сега окупират Южна Корея под предлог резолюцията на ООН. Сега те остават в Южна Корея не с „каски на американци“, а носят „каската на ООН“. Точно затова, ако се свали „каската на ООН“, ще се покаже, че тази „каска е американска“. Тогава те няма да имат повече основание да оставят в Южна Корея. Затова тази година „свалянето на каската“ е от голямо значение. По този въпрос именно ние сега мислим. Смятаме,

че е необходимо да се борим активно тази година да стане решителна година за разтурване на Комисията на ООН по възстановяване и обединяване на Корея, която се намира в разрушителен процес. Пакистан излезе от нея. В Австралия беше образувано правителство на социалистическата партия и то преразглежда политиката на предишното правителство. При такова положение, ако ние работим още по-добре, то тогава мислим, че не е изключено да бъде разтурена тази Комисия. Затова смятаме, че е необходимо да разгръщаме интензивна дейност с такива страни, които са още членки на тази комисия като Австралия, Холандия, Турция. Затова ние молим да провеждате активна работа със страните членки на тази комисия в тази насока.

3. Ние Ви молим също така да положите усилия за натиск, за международен здрав натиск, върху южнокорейските марионетки за това, че не може да не изпълняват принципите на съвместното заявление на Севера и Юга, да разобличавате широко развилата се пропаганда на южнокорейските марионетки, прилагащи двулична тактика, че уж полагат усилия за мирно обединение на страната. С това да се изолират още повече в международен мащаб. В частност да се обръща необходимото внимание на такив коварни машинации на южнокорейските марионетки, с които се опитват да установят контакти с така наречените „невраждебни социалистически държави". Много е важно да разобличавате истинскити лице на предателите на страната, на нацията, на антинародното фашистко терористко господство на групата на марионетната клика в качеството на верен проамерикански и прояпонски слуга. Едновременно с това да не поддържате под каквато и да е форма контакти и обмен с тях, да ги изолирате и блокирате последователно в международен мащаб във всички области – политика, икономика и т.н. С други думи, ако ги изолираме и блокираме вътре в страната и в международен мащаб, ако ги „вкараме в хаос", в противоречия, то тогава те по неволя ще излязат на пътя на сътрудничество с нас и ще протегнат ръка към нас. Няма как. Затова Ви молим да съдействувате. Ако осъществим сътрудничество между двете части, то има голямо значение за революционно влияние върху

южнокорейското население.

Заедно с работата за изолиране на южнокорейските марионетки е необходимо да се разваля машинката на враговете за машинации, за фабрикуване на две Кореи, за узаконяване разделеното положение на Севера и Юга. Корея е една по отношение на територия и нация. Корея не може да се раздели на две. Ние трябва да извършим успешно корейската революция и да обединим Корея под знамето на социализма. Ние с Вас сме приятели и затова най-искрено Ви казваме: това е благороден класов дълг на корейските комунисти пред световната революция. Ако изфабрикуват две Кореи, то ясно е, че американските империалисти ще използуват Южна Корея завинаги като агресивна база против социалистичеките страни. Американските империалисти, изхождайки от своите коварни цели за сфабрикуване на две Кореи, замислят въпроса за едновременно членуване в ООН на Северна и Южна Корея. Ако членуват в ООН като две Кореи, то тогава има опасност за вечно разделение на страната. В ООН трябва да членува обединена Корея. Мислим, че трябва да се провежда диалогът между Севера и Юга и така да се осъществи конфедерация между тях, да членува в ООН една Корея, в никакъв случай да не членуват две Кореи. Смятаме, че братските български приятели трябва да обръщат необходимото внимание на машинацията за сфабрикуване на две Кореи и да оказват всестранна подкрепа за осъществяване на идеята за обединяване, за единна социалистическа Корея. Ние молим българските приятели да разгръщат както и преди, така и занапред такава дейност за оказване на повече влияние на такива страни, които не разбират добре нашата действителност и нашето справедливо усилие за обединяване на родината и те да поддържат нашата принципна позиция. Именно затова искаме да разменим мнения с Вас на кои държави можете да повлияете да поддържат нашата политика. Какво смятате по този въпрос?

ДР. ЛЮБЕН ПЕТРОВ: Това ние сме го правили досега, ще го правим и в бъдеще.

ДР. ЧЕН МЕН СУ: Това ние знаем. Но всичко, изложено до тук, го казвам, защото сега ситуацията е малко изменена и при такава обстановка конкретно на кои държави Вие можете да влияете и да ги привличате на наша страна. Например: Турция, Кипър, Холандия, Италия. Това е нашата надежда. Ние сме уверени, че Вашето правителство ще се отнесе с добра воля към тези наши предложения и ще оказва активно съдействие.

Накрая бих искал да се спра с няколко думи на развитието на отношенията между нашите две страни. КНДР и НРБ, въпреки че са отдалечени по географско положение, са две страни, народите на които са свързани със здрава, братска, дружеска връзка и взаимно се поддържат и си сътрудничат поради еднаквата цел и стремеж в борбата против империализма за победата на делото на социализма. Нашият народ искрено се радва и горещо приветствува успехите, постигнати от трудолюбивия и талантлив български народ в строителството на социализма под ръководството на Българската комунистическа партия. Ние от все сърце пожелаваме на братския български народ нови големи успехи в борбата за изпълнение на задачите на 6-ата петилетка, на задачите, поставени от Х конгрес на БКП. Също така от сърце пожелаваме на братския български народ още по-големи успехи в претворяване в живо дело на решенията на Декемврийския пленум.

Ние сме благодарни на българския народ, който активно поддържа и подкрепя борбата на нашия народ за ускоряване на самостоятелното мирно обединение на нашата страна и социалистическото ни строителство. България изразява своята подкрепа на борбата на нашия народ за обединение на родината и в съвместните комюникета, които се публикуват, с другите държави. Българският представител заедно с много други представители на миролюбивите държави на 27-ата сесия на Общото събрание на ООН разгърна широка дейност и стана инициатор за нова наша точка в дневния ред – „за създаване на благоприятни условия за ускоряване на самостоятелното мирно обединение на Корея". Генералният секретар на нашата Партия много високо цени речта на др. Петър Младенов, изнесена миналата година на 27-ата сесия на ОС на ООН. Тя бе израз на подкрепата на нашия народ. България активно провежда дейност в подкрепа на нашия тактически курс, когато се обсъжда въпросът за Корея и в ООН, и в различни други международни съвещания и оказва влияние. Тази Ваша поддръжка и солидарност вдъхновява борбата на нашия народ.

Напоследък отношенията между нашите две страни се развиват добре във всички области. Бяха разменени много делегации, включително и посещение на партийно-правителствена делегация на нашата страна в България, взаимни посещения на парламентарни делегации. Посредством всичко това се задълбочават дружеските чувства на нашите два народа. Още повече предстоящото посещение на българската партийно-правителствена делегация, оглавявана от др. Тодор Живков, в нашата страна ще бъде благотворно събитите за още по-голямо разширяване на отношенията на дружба и сътрудничество между нашите две страни. Нашият народ ще приветствува горещо посещението на др. Тодор Живков в нашата страна. Нашият народ скъпо цени дружбата с братския български народ. Ние сме уверени, че и занапред ще се укрепват и развиват още повече отношенията на дружба и сътрудничество между двете страни във всички области върху основата на принципите на марскизма-ленинизма и пролетарския интернационализъм.

Това са моите бележки. Ако имате някакви въпроси, ще отговоря с удоволствие.

Благодаря за вниманието.

ДР. КОНСТАНТИН ГРИГОРОВ: Имате ли сведение дали южнокорейските марионетки по инициатива евентуално на САЩ са готови да поставят въпроса за членуване на Южна Корея (сама) в ООН? С колко държави поддържат дипломатически отношения? Има ли някои държави, които поддържат дипломатически отношения с тях, а са изявили желание да поддържат дипломатически отношения и с Вас? Ако някоя от тези капиталистически страни, която има вече такива с Южна Корея, пожелае да установи дипломатически отношения с КНДР, правителството на КНДР ще приеме ли установяването им?

ПОЧИВКА

ДР. ЧЕН МЕН СУ: Разрешете ми сега да отговоря на отделните въпроси:

1. Американските империалисти и южнокорейските марионетки се стремят да увековечат разделението на Корея. Те се стремят да станат две Кореи. Защо именно те толкова много мислят по този въпрос? Това има за цел увековечаване, както казах, разделението на две Кореи. По такъв начин те искат да използуват Южна Корея като военна база, именно затова те сега се стремят да членуват сами в ООН под покровителството на американските империалисти. Но всъщност самостоятелното членуване в ООН не е реално. Факт е, че не може това да стане. Затова те именно правят маневри за членуването на двете части едновременно. Както знаете, Южна Корея има вече наблюдател в ООН. Пак Ви казвам, стремят се сами да членуват, но това е неосъществимо. И затова измислят идеята и двете части да членуват заедно.

2. На този въпрос искам да се спра по-подробно. Сега, в момента, Южна Корея има дипломатически отношения с около 80 държави (така наречени дипломатически отношения). Това са повечето западни капиталистически страни и от Латинска Америка, някои от африканските страни. Като ги съберем – малки и големи – стават около 80. Тук обаче искам да подчертая, че тенденцията се обръща повече към нас. С други думи тенденцията е: повечето страни се стремят да установят дипломатически отношения с нас. Това е един нов момент. Това искам да го покажа с примери: само миналата година (за една година) 13 държави, които имат дипломатически отношения с марионетната клика, пожелаха да установят дипломатически отношения с нас. Ние установихме такива с тях. А тази година само през месец януари ние установихме дипломатически отношения с две държави. На 31 януари ние установихме дипломатически отношения с Того, а на 6 февруари – с Дахомей. Ние имаме вече дипломатически отношения със западните африкански страни членки на Антантата – Горна Волта, Нигер (френски говорещите). С една дума, през миналата година установихме дипломатически отношения с 5, а тази с 2

африкански страни. Остана Нигерия и Брегът на слоновата кост. Има перспективи за установяване на такива отношения с Нигерия. Смятаме, че тази година почти с всички държави на Африка ще можем да установим дипломатически отношения. Всичко това показва, че сегашната тенденция е към КНДР. Те дори установяват дипломатически отношения с нас, а от друга страна, изгонват представителите на марионетната клика от своята страна. Например: Конго, Заир, Горна Волта – също. Преди няколко дни беше на посещение у нас министърът на външните работи на Дахомей. Той също каза, че скоро ще прекъснат дипломатическите си отношения с марионетната клика и ще установят такива с нас. По такъв начин виждаме, че повечето африкански държави сега вървят по пътя на установяване на дипломатически отношения с нас, а прекъсват отношенията си с марионетната клика.

Освен това искам да подчертая и друго нещо: Миналата година, както казах, ние установихме дипломатически отношения с 13 държави, а в същото време марионетната клика не можа да установи с нито една държава. Разбира се, те се стремят доста много да установят дипломатически отношения с другите държави. Сега тези държави, които установят с нас дипломатически отношения, се гордеят, че самите те вървят към прогрес. Много държави в света смятат марионетната клика в Южна Корея като „Чан Кай-ши“ и като международен враг, като повечето искат да прекъснат отношенията си с тях и се насочат към нас.

В Латинска Америка още не сме така добре.

В Западна Европа е още неразработена целина.

А сега искам да се спра на позицията на нашето правителство. Уважаваният и любим вожд Ким Ир Сен ни учи така: ние ще се стремим да установяваме държавни отношения, политически, икономически, културни с всички страни, с капиталистическите държави, които провеждат еднаква политика спрямо Юга и Севера, на основата на принципите на мирното съвместно съществуване. Сега с някои от северните капиталистически страни развиваме добри отношения: например с Финландия, Норвегия, Дания, Швеция – имаме там информационни представители. Ние с Вас сме приятели и откровено мога да ви кажа, че Дания неотдавна изрази желание да установим дипломатически отношения с нея. С Норвегия и Финландия вече разменихме делегации на министерствата на външните работи. Неотдавна и Швеция изрази желание да изпрати делегация от Министерство на външните работи в нашата страна. Затова смятаме, че Северна Европа не е съвсем целина. Имаме основание да Ви го кажем.

Франция например досега беше против нас, а миналата година на сесията се въздържа. Това е едно събитие, на което трябва също така да обърнем внимание. Италия също постепенно захвърли миналите позиции по отношение на нашата страна и постепенно върви напред в това отношение.

Разбира се, едновременното установяване на дипломатически отношения може да стане. Всичко това си го обясняваме с факта, че международният авторитет на КНДР се повишава постепенно, а от друга страна и тези държави осъзнават, че има полза да се води борба с американците. Използувайки такава една благоприятна атмосфера, ние активно разгръщаме действия за установяване на дипломатически отношения с повече страни. По такъв начин изолирахме марионетната клика на международната арена, а това нещо има голямо значение и за обединяване на страната.

С това смятам, че отговорихме на вашите въпроси.

<u>**ДР. ЛЮБЕН ПЕТРОВ:**</u> Напълно задоволително. Благодарим.

Можем да продължим по-нататък.

Бих искал най-напред да направя един кратък отчет пред Вас за онова, което сме извършили след Вашето първо посещение у нас. Тогава Вие, както и сега, дойдохте с известно предложения за съдействие от наша страна. Ние положихме известни усилия за оказване на такова съдействие и бих искал накратко да Ви информирам за тях.

Непосредствено след Вашето посещение и разговорите, които имахме тогава с др. Раденко Григоров – първи зам.-министър на външните работи, ние изпратихме материали в редица наши посолства, с които ги запознахме с Вашата позиция и им поставихме задача да направят постъпки пред съответните министерства на външните работи в тези страни за благоприятно разглежане и подкрепа на Вашата кауза в ООН. По решение на ръководството на нашето Министерство всички делегации, които посетиха други страни и делегации, които дойдоха у нас, бяха информирани по този въпрос. Както отбелязахте, във всички комюникета, които публикувахме по повод на тези посещения, ние отбелязахме нашите общи позиции по въпроса за Корея. Ние специално информирахме нашия представител в ООН др. Геро Грозев за Вашите искания и му дадохме указание как да работи по време на 27-ата сесия на Общото събрание на ООН по този въпрос. По време на сесията др. Петър Младенов в своето изказване пред Общото събрание отдели място и зае позиция в подкрепа на Вашите искания пред ООН. През цялото време нашата делегация и нашето представителство в ООН провеждаше съгласувани действия с другите братски социалистически страни по този въпрос. Вероятно Ви е известно, че имаше две или три съвещания на нашите страни в ООН по въпроса как да се постъпи във връзка с Вашите предложения, как да се поставят те в дневния ред и в другите органи на самата сесия. Нашият представител др. Грозев говори специално по този въпрос на Общото събрание на ООН. По Ваше искане и по наши указания той се срещна и разговаря по този въпрос с генералния секретар на ООН Курт Валдхайм. Има срещи и разговори и с представители на различните страни в ООН. Знаете също така, че нашата страна стана съавтор на предложението на Алжир за включване на нова точка в дневния ред. По време на престоя на др. Младенов на сесията се осъществиха срещи между него и представители на около 30 страни. Като изключим социалистическите страни, с които вече имахме съгласувана позиция, той постави този въпрос почти пред всички представители и министри на външните работи, с които води разговори. Това е нашият кратък отчет за това, което сме извършили след нашата среща с Вас.

ДР. ЧЕН МЕН СУ: Много благодаря.

ДР. ЛЮБЕН ПЕТРОВ: То не е много, но все пак това са едни първи стъпки, които ще ни позволят сега пред новата сесия на ООН да поставим отново тези въпроси и не само пред тези страни, с които сме разговаряли, но и пред нови страни.

Не зная как Вие оценявате резултатите от сесията по този въпрос, но нашата делегация, в която беше включен и др. Константин Григоров, счита, че може да се отчете, че резултатите са положителни, в смисъл, че делегации на много страни разобличиха американския империализъм за неговата политика в Корея. Още повече, че изказванията и гласовете бяха против присъствието на американските войски под флага на ООН в Южна Корея. Има и увеличение на гласовете в полза на Корея в ООН. Дори показателен е фактът, и аз съм напълно съгласен с Вашата оценка, че една такава държава като Франция, макар че не гласува за Корея, но не гласува и против Корея.

Какво още ние можем да направим във връзка с подготовката на 28-ата сесия в изпълнение на тези предложения, които Вие правите пред нас. Преди всичко, др. Чен, искам да споделя с Вас оценката Ви, че международната обстановка сега е още по-благоприятна отколкото миналата година. Войната във Виетнам завърши с морално, политическо и военно поражение на американския империализъм. В Европа се подготвя европейска конференция за сигурност и сътрудничество. Редица от съюзниците на САЩ вече не ги поддържат така сляпо както доскоро. Порасна още повече авторитетът и влиянието на Съветския съюз и социалистическите страни. Тези и други фактори съдействуват за още по-голямото разведряване на международната обстановка и в това отношение се отразява благоприятно и на Вашата борба. Нашата делегация ще информира подробно ръководството на Министерството за проблемите, които поставяте и предложенията, които правите пред нашата страна. Ние ще обмислим много сериозно всички тези предложения. Ще набележим и конкретни мерки за действие за тяхното осъществяване. На някои от предложенията, които Вие направихте, аз мога още сега да отговоря положително, а някои други въпроси се нуждаят от подробно обмисляне и намиране на най-правилен подход за действие. Ако разрешите, ще мина към въпросите, които поставихте пред нас.

Безспорно нашата страна, нашето правителство ще положат всички усилия, ще използуват всички средства, с които разполага, за да съдействуват за включване на корейския въпрос в дневния ред на предстоящата сесия на ООН. Затова не бива да имате никакво съмнение. Вие поискахте от нас да изкажем мнение под каква най-сполучлива форма може да бъде поставен този въпрос пред ООН. Вие сам подчертахте, че това е сложен въпрос, че тук не се касае за лозунг, а за една гъвкава тактика. Този въпрос именно поради неговата сложност се нуждае от сериозно обсъждане. Ние ще го обсъдим и не сами, а заедно с представителите на другите социалистически страни. У нас през м. юни ще се състои съвещание на началниците на отделите за ООН на братските социалистически страни. Другарят Григоров е домакин на тази среща. Той вече се готви и по този въпрос. До тогава ние ще изработим нашето отношение към този въпрос и ще го поставим на съвещанието. По-късно ще стане съвещание на зам.-министрите на външните работи на социалистическите страни по въпросите на подготовката ни за ООН, за което вчера говори министърът на външните работи др. Младенов, на което ние също ще поставим този въпрос. Тук искам да уточня – не става въпрос за нищо друго освен за намиране на най-подходящата форма, в която да се постави въпросът, а че ние ще го поставим, в това пак казвам, няма съмнение. Разбира се, ние това ще извършим с Ваше съгласие и одобрение. Още тук искам да кажа и това, че за всички наши стъпки, които ще предприемем, и резултатите, които ще получим от тези стъпки, ще Ви информираме периодично било чрез нашето посолство в Пхенян, било чрез Вашето посолствов София. Няма да предприемем нищо, което не е съгласувано с Вас.

По въпроса за състава на Генералния комитет, който подготвя дневния ред на сесията. Ние ще направим това, което е в нашите възможности като членове на ООН, в това отношение. Веднага щом като узнаем какъв е съставът, ще Ви информираме, а самите ние ще водим разговори с някои страни, които влизат в него, за включване на корейския въпрос в дневния ред на сесията.

Относно „каската“. Това също е един въпрос, по мое мнение, а и на другарите от нашата делегация, който е много важен още повече, че има вече нови условия, които позволяват под някаква форма той да се постави пред ООН. Настроението на много държави вече е против това участие на американците под знамето на ООН в Корея. Безспорно, ако въпросът за Корея се включи в дневния ред, то и този за присъствието на американците под знамето на ООН също ще се разисква. Но сега, когато разискваме този проблем, след като се посъветвах с дугарите от нашата делегация, възникна у нас една такава идея, по която искам да зная и Вашето мнение, за да се поработи по нея след това, а именно: ако въпреки всички усилия корейският въпрос не влезе в дневния ред, не може ли да се намери подходяща форма да се постави този за присъствието на американците там, да се осъдят американците, които са там под флага на ООН. Например: Има един въпрос, който се обсъжда всяка година. Това е проблемът за международната сигурност. В една от точките в декларацията за международна сигурност, приета от ООН, се декларира, че всички чужди войски, намиращи се на чужда територия, трябва да бъдат изтеглени от там. Тъй като именно Южна Корея е единствената страна, в която американците се прикриват под знамето на ООН, тук те могат да бъдат осъдени от много страни. Или както ми подсказва началникът на нашия отдел Пети др. Николов, когато се постави въпросът, както на всяка сесия се поставя, за ролята на ООН за осигуряване на мира в света, може би това също е подходяща форма за атакуване (т.е. когато министрите на външните работи на отделните страни се изказват) на американците да не петнят знамето на ООН със своето присъствие в Корея. Разбира се, аз бих искал, ако е възможно, да чуя мнението на др. Чен по този въпрос, за да разберем дали е необходимо да се търсят възможности в тази насока.

Що се касае до другия въпрос – за международната изолация на марионетната клика в Южна Корея, то нашата страна, както и досега, ще поддържа една твърда линия по този въпрос и в това смятам, че Вие сте убедени.

Пред онези страни, с които имаме добри отношения, ще поставим въпроса, ако те сътрудничат икономически, културно и т.н. с Южна Корея, да прекратят това сътрудничество.

По въпроса за приемане на две Кореи в ООН. Вие знаете, че ние считаме, че има една Корея, един народ, една нация. И дотолкова, доколкото разбираме, че маневрите на кликата в Южна Корея са да влезе самостоятелно или да влязат двете Кореи в ООН, с всички сили ще противодействуваме това да не стане.

По въпроса за това ние като страна дали можем да повлияем за изменението на позицията на някои държави във Ваша полза. От тези страни, които вие примерно цитирахте – Кипър, Турция, Холандия, Италия, за нас не представлява никаква трудност да разговаряме с всички. Искам откровенно обаче като на приятели да Ви кажа, че не очакваме много от нашия разговор с Холандия. Както знаете, те са една от най-активните членки на НАТО. Генералният секретар на НАТО е холандец – бившият министър на външните работи. Тяхната делегация в ООН зае на последната сесия най-реакционни позиции по редица въпроси, включително и по корейския въпрос. Но независимо от всички тези трудности ние ще изложим нашата и Вашата (обща) позиция пред тяхното министерство и ще искаме от тях, така да се каже, да изложат своето съображение. Има обаче някои други страни, които Вие не споменахте, а пред които ние можем да направим известни постъпки. Само примерно сега бих могъл да посоча някои от тях. Ние ще обмислим много добре страна по страна – къде можем да поставим този въпрос и как, съобразно позицията на всяка една от тях в ООН.

Франция например. Там можем да разговаряме откровено. Имаме такива възможности. Например по въпроса за изтегляне на американските войски, скрили се под флага на ООН – можем да говорим откровено с тях. А и по другите въпроси.

С Кипър, с Турция, с Гърция, с които също имаме добри отношения, можем да говорим. С Индонезия също. С Нигерия имаме добри връзки с правителството. Президентът ген. Говон обеща да дойде у нас.

Смятаме, че нашите възможности са повече в страните от „третия свят", в развиващите се страни, не само в Африка, но да кажем – Близкия изток. Аз виждам, че Вие влагате усилията си в разясняване на Вашата позиция и печелене на приятели в Африка, изобщо в тези страни, които са болшинство сега в ООН и тези 30 страни, които искаме и ние и Вие да привлечем, ще дойдат по-лесно именно от третия свят, отколкото от НАТО. Тук ще трябва да помислим конкретно.

Ако Вие смятате, ние можем да помогнем в някои страни, в които Вие сега не можете да отидете и разговаряте по този въпрос. Бихте могли да ни подскажете и ние бихме могли да отидем на разговор, стига да имаме добри отношения с тях. Например с Брега на слоновата кост Вие имате известни трудности. Ние също имаме трудности. Ние с тях сме установили преди 2 – 3 години дипломатически отношения, но те не искат при тях да има наш посланик, а не искат и да акредитираме наш посланик от някоя друга съседна страна (да кажем от Мали или от друга страна например). Всъщност имаме само формални дипломатически отношения с тях. Търговски представител също не искат да пуснат. Така че с такава страна и да искате да Ви помогнем, не можем.

Но аз ще направя такова предложение пред нашето ръководство във връзка с Вашето посещение сега: ние да запознаем с Вашата позиция по отношение на Корея всички наши дипломатически мисии и там, където имат възможност, нашите посланици да установят контакти и то не само с представителите на тази страна, но и с другите дипломатически представители, акредитирани там, а нашите дипломатически работници тук в министерството да разговарят с представители – посланици, съветници и т.н. на дипломатическите мисии, които се намират у нас. Както казва др. Николовпреди всяка сесия, когато се обмисля дневният ред, е подходящ повод да разговаряме с дипломатическите представители, т.е. още на предварителния етап, когато се замисля проектът за дневен ред, ние можем и ще разговаряме, за да подскажем, че този въпрос трябва да фигурира в дневния ред. Това са накратко моите идеи и предложения във връзка с Вашето искане да окажем съдействие за включване на корейския въпрос в дневния ред на предстоящата 28-а сесия.

32. ЦДА на РБ, ф. 1Б, оп. 81, а. е. 37.

ИНФОРМАЦИЯ

За посещението на правителствената делегация на Корейската народнодемократична република в Народна република България от 6 до 10 март 1972 година

През месец февруари и март т.г. корейската страна предприе широка международна кампания, целяща разясняване и информиране на курса на Корейската трудова партия за мирно обединение на страната и обезпечаване на по-голяма поддръжка на тази политика. С такава цел делегации на КНДР на различно равнище посетиха редица страни от Европа, Азия и Африка (Чили, Перу, Куба, Мавритания, Полша, Судан, Сирия, Ирак, Египет, България, Унгария, Чехословакия, ГДР, СССР, Алжир, Монголия, Бирма, Индонезия, Сингапур, Йемен, Кувейт и др.).

Със същата задача от 6 до 10 март т.г. в нашата страна пребивава правителствена делегация на Корейската народнодемократична република начело с кандидат-члена на Политическия комитет на Корейската трудова партия и заместник-председател на кабинета на министрите на КНДР др. Тен Дюн Тхек.

С посещението си у нас тази корейска делегация имаше за цел да предаде послание на Ким Ир Сен до др. Тодор Живков и да информира нашето правителство и партия за вътрешното и международно положение на КНДР.

Делегацията освен София посети Русе, Велико Търново, заводи, агропромишлен комплекс и културни институти.

На срещата с др. Пенчо Кубадински, ръководителят на делегацията, Тен Дюн Тхек заяви, че корейският народ никога нямало да забрави материалната и морална помощ и подкрепа, която братският български народ му е оказвал по време на освободителната война срещу САЩ, а така също и за помощта за възстановяването на разрушена Корея. Изразена бе благодарност и за активната подкрепа на НР България в борбата на корейския народ и за мирно обединяване на страната и при обсъждането на корейския въпрос в ООН.

В тази връзка Тен Дюн Тхек изказа пожелание нашите дипломатически представителства да съдействуват страните, в които са акредитиран, да установяват дипломатически и междудържавни отношения с Корейската народнодемократична република (по-специално тези в Кипър, Либия, Горна Волта, Афганитан, Иран и Турция).

Подчертано бе, че корейската страна цени отношенията на братска дружба и сътрудничество с българския народ и че тя ще полага усилия за тяхното разширяване и развитие.

Говорейки за положението в КНДР, Тен Дюн Тхек отбелязва, че сегашното международно положение е благоприятно за борбата на корейския народ за самостоятелното мирно обединение на страната, решаващ фактор за което били успехите в социалистическото строителство.

Засягайки положението в Южна Корея, той каза, че сега тя се намирала в остра политическа и икономическа криза, която била причина за обявяването на „извънредно положение“. С този ход се целяло потушение на антиправителствените вълнения и стремежа на южнокорейския народ за мирно обединение, провалени контактите между Юга и Севера и превръщане на Южна Корея не само във военна база на американския империализъм, но и в такава за японския милитаризъм. Изтъкнато бе, че южнокорейската икономика се е превърнала в зависима икономика и Южна Корея дължала над пет милиарда долара на други страни. Тен Дн Тхек заяви, че това положение създавало благоприятна ситуация за решаването на корейския проблем и осъществяването на мирното обединение на страната.

По въпроса за обединението на страната по мирен начин делегацията изложи позицията на КНДР, която се свежда до следното:

- КНДР щяла да прояви инициативи и да предложи на Южна Корея сключването на споразумение за неизползуване на въоражени сили при обединението на страната.

- КНДР ще се стреми към провеждане на еднostранни и многостранни преговори между представители на Северна и Южна Корея.
- Правителството на КНДР щяло да продължи предприетата от него инициатива за разгръщане на международна кампания за изтегляне на американските окупационни войски от Южна Корея, и отменяне на всички незаконни резолюции по корейския въпрос, приети в ООН.

Корейските ръководители се сремели да не се допусне в никакъв случай членуването в ООН на двете Кореи, което щяло да узакони разделянето на страната. Бе изразена увереност, че са налице известни изменения в международната обстановка, които благоприятстват на предстоящатата 27-а сесия на ООН да бъде поставен въпросът за Корея.

Много накратко и общо Тен Дюн Тхек се спря на международното положение, като подчерта, че то се развивало в полза на борбата на народите за мир, демокрация, национална независимост и социализъм.

Той изрази солидарността на корейската страна с позициите и помощта, която социалистичеките страни оказват на Виетнам, Лаос, Камбоджа, но не се съгласи в съвместното съобщение да запише такава солидарност и с борбата на арабските народи срещу агресията на Израел, тъй като някои страни щели да се засегнат.

Бе изразена подкрепа на усилията на европейските социалистически страни начело със Съветския съюз за инициативите, които предприемат за укрепване, мира и сигурността в Европа.

За позициите на Корейската трудова партия по разногласията между Съветския съюз и Китай бе подчертано, че КНДР е съюзник както със СССР, така и с КНР, с всички братски страни, че е против задълбочаването на разногласията, настоява за единство и сплотеност с всички братски партии и че корейската страна и занапред ще полага усилия за развитието на отношенията на дружба и сътрудничество както със Съветския съюз, така и с Китай и другите социалистически страни.

Стремежът на ръководителите на КНДР да печелят приятели в различните страни и да получават официална публична подкрепа на техните позиции и политика, може да се обясни с геополитическото полижение на КНДР и с китайските аспирации и страха от японския милитаризъм.

По време на разговорите нищо не беше споменато за посещението на Никсън в Китай.

Като се има предвид вътрешното и международно положение на КНДР, необходимо е и занапред да продължи досегашният курс на нашата партия и правителство за разширяване на двустранните отношения с нея във всички области. Трябва да продължават нашите усилия за търсене контакти и оказване по-конретна помощ на корейското ръководство да заеме правилни позиции по международните проблеми.

Необходимо е да продължи линията на активна подкрепа позициите и инициативите на КНДР по въпросите, свързани с мирното обединение на страната, ООН и пр.

Трябва да продължат усилията за по-нататъшното разширяване на икономическото, научно-техническо и културно сътрудничество с КНДР.

Целесъобразно би било в близкото време да се осъществят следните мероприятия:

1. Да се обсъди въпросът за размяната на партийно-правителствени делегации на най-високо равнище.
2. Да се съдействува за осъществяване посещението на министъра на външните работи на КНДР в нашата страна.
3. Да се поднови поканата на Пак Сен Чер – втори заместник-председател на кабинета на министрите на КНДР и Пак Сек Кюн, завеждащ департамент при Министерството на външните работи на КНДР, да посетят нашата държава.
4. Да се реализира предложението на междуправителствената консултативна комисия по икономически и научно-технически въпроси за разширяване на стокообмена, който да надхвърли 100 хил. рубли за периода 1971 – 1975 година.
5. Да се обсъди въпросът дали е целесъобразно да се приеме допълнителното

предложение за културен обмен за 1972 г. от корейската страна.

6. Нашата страна и занапред активно да подкрепя борбата на корейския народ за изтегляне американските войски от Южна Корея и осъществяване мирното обединение на страната.

София, 15 март 1972 година.

33. ЦДА на РБ, ф. 1Б, оп. 81, а. е. 37.

ДО ПОЛИТБЮРО НА ЦК НА БКП

2 март 1973 г.

ДОКЛАД

за пребиваването на правителствена делегация на КНДР в НР България

Другари,

От 16 до 20 февруари т.г. на посещение у нас по инициатива от корейска страна бе правителствена делегация на КНДР, водена от зам.-министъра на външните работи Чен Мен Су.

Ръководителят на делегацията бе приет от първия секретар на ЦК на БКП и председател на Държавния съвет на НР България др. Тодор Живков, комуто предаде устно послание от Ким Ир Сен с молба да подпомогнем по-нататък успешното провеждане на курса на КНДР за мирно обединение на страната. Освен това той води разговори с мен и със зам.-министъра на външните работи Любен Петров.

По време на всички срещи и на обедите и вечерите, дадени в чест на делегацията, от корейска страна по същество бе разискван самият курса на КТП и на правителството на КНДР за мирно и самостоятелно обединение на Корея. Във връзка с това се искаше да обсъдим какво конкретно съдействие ние можем да окажем за засилване позициите на КНДР на международната арена.

Двустранните отношения бяха бегло засегнати от Чен Мен Су, който изтъкна успешното им развитие и изрази увереност, че предстоящето посещение на наша партийно-правителствена делегация начело с др. Тодор Живков ще даде тласък за тяхното по-нататъшно разширяване и задълбочаване. Същевременно изказа благодарност за оказаната от наша страна подкрепа на позициите на КНДР и пожелание за осъществяване посещението на постоянния представител на НР България в ООН Геро Грозев в КНДР.

В своето изложение зам.-министърът на вършните работи на КНДР не засегна отношеията на неговата страна със социалистическите и други държави и не изложи становища по основни международни проблеми. Той остави впечатление, че разглежда единството на социалистическите страни само в аспект на обединяване усилията на всички в подкрепа на позициите на КТП по корейския въпрос, подчертавайки, че КНДР отстоява позициите на социализма на източния фронт на борбата срещу американския империализъм.

В неофициални разговори Чен Мен Су заяви, че КНДР няма изработена позиция по въпроса за Европейското съвещание за сигурност и сътрудничество, че тя не желае да взема отношение „в спора между СССР и КНР". В частни беседи той нееднократно разясняваше правилността на тяхния курс за „опора на собствени сили".

По централния въпрос – обединяване на Корея – ръководителят на правителствената делегация на КНДР отново разясни същността на основните три принципа на подписаното през юли 1972 г. „Съвместно заявление на Севера и Юга", по силата на който обединението трябва да стане самостоятелно, по мирен път, независимо от различията в идеологията, идеалите и системите. Той се спря на двуличната политика на южнокорейския режим, който не е провел нито едно практическо мероприятие в духа на заявлението, а точно обратното – продължавал военната подготовка, модернизирал армията с американско оръжие, укрепвал фашисткия режим, като същевременно твърдял, че пребиваващите в Южна Корея под флага на ООН американски войски, не са чужди сили. По този начин се създавало тежко положение, поставящо под заплаха мира в този район на света и самия диалог между Севера и Юга.

КНДР желае разобличаването на тези действия на южнокорейските марионетки от социалистическите страни.

По преценка на правителството на КНДР САЩ полагали усилия да увековечат разкола на Корея, желаели да запазят своите войски в Южна Корея под флага на ООН и възнамерявали да действуват за едновременното приемане на Южна Корея и на КНДР за членове на ООН. Чен Мен Су помоли за нашето съдействие за демаскиране на тези маневри на САЩ, за смъкване на „каската на ООН“ от техните войски.

КНДР е против членуването на двете корейски държави в ООН. Трябвало да се осъществи поне конфедерация и тогава да се постави въпросът за нейното членство в тази организация. Във връзка с това ръководителят на делегацията говори за разликата на положението в Корея и в Германия, от където произтичала и нуждата от различен подход за решаването на двата проблема.

Въпреки всичко обаче според корейските другари борбата за обединението на Корея се развивала в полза на КНДР. Започнатият диалог и размяната на хора оказвали голямо революционизиращо въздействие върху южнокорейското население.

Възприетият от корейска страна курс на самостоятелно мирно обединение на страната се разглеждал като форма на класова борба срещу управляващата клика в Южна Корея.

Мирното настъпление срещу Юга щяло да продължава. КНДР и в бъдеще ще укрепва собствените революционни сили и солидарността си с международните революционни сили.

В своите изказвания ръководителят на правителствената делегация многократно подчертаваше, че КНДР изпълнява своя класов дълг пред международното революционно движение като се стреми да обедини страната под знамето на социализма. В противен случай Южна Корея щяла да се превърне в активна база против социалистическите страни.

Той помоли от името на правителството на КНДР за наше съдействие в следните направления:

1. Да се осигури разглеждането на корейския въпос на XXVIII на ОС на ООН и да се покани представител на КНДР да участвува в работата на сесията при неговото обсъждане.
2. Да се свали „каската на ООН“ от американските войски, намиращи се в Южна

Корея под флага на тази организания.

3. Да се разтури Комисията на ООН за обединяване и възстановяване на Корея.
4. Да се изолира още повече на международната сцена южнокорейският режим и да се окаже силен натиск върху него да изпълнява подписаното съвместно заявление между Севера и Юга.
5. Печатът, радиото и телевизията на НР България да разяснят курса на КНДР за мирно и самостоятелно обединение и да разобличат двуличието на южнокорейския режим.

От корейска страна се отправи също така молба за нашата помощ за изработване на по-гъвкава тактика и план за постигането на горните цели, като изрази готовност за отказване от някои „гръмки лозунги".

Зам.-министърът предложи от нашата страна да упражни влияние върху някои държави като Австралия, Холания и Турция да напуснат Комисията за обединяване и възстановяване на Корея така, както това са сторили вече Чили и Пакистан. Същевременно да се направи опит за спечелване правителствата на Кипър и Италия и някои други държави за каузата на КНДР.

Първият секретар на ЦК на БКП и председател на държавния съвет др. Тодор Живков изрази удоволетворение пред ръководителя на правителствената делегация на КНДР от успешно развиващите се отношения на дружба и сътрудничество между нашите две страни и изказа увереност, че в бъдеще те още повече ще се разширяват и укрепват в интерес на двата народа и на делото на социализма. Той подчерта, че нашата страна както до сега, така и в бъдеще ще оказва поддръжка на коструктивната политика на КНДР за мирно обединение на страната.

От наша страна при разговорите в Министерството на външните работи също бе изразена подкрепа на инициативите на КНДР относно обединението. Ние информирахме корейската правителствена делегация за отношенията на НР България със СССР, с останалите социалистически страни и със съседните балкански държави. Запознахме я също така с извършената от нас дейност в подкрепа на позициите на КНДР по въпроса за обединението на Корея и изложихме някои съображения за насоките на бъдещата работа в светлината на пожеланията на корейската делегация. Освен това поставихме въпроса за придаване регулярен характер на консултциите и взаимните информации между министерствата на външните работи на НР България и КНДР. Това предложение бе приветствувано от зам.-министъра на външните работи на КНДР, който заяви, че ще го докладва на своето правителство.

Във връзка с молбата на правителството на КНДР нашата страна да окаже активна помощ на борбата за мирното обединение на Корея предлагам Политбюро на ЦК на БКП да приеме следното

РЕШЕНИЕ:

1. Министерството на външните работи съгласувано с братските социалистически страни да положи усилия за осигуряване разглеждането на корейския въпрос на предстоящата XXVIII сесия на ООН и да набележи тактически ходове и инициативи с цел да улесни изпълнението на задачата за разпускане на Комисията на ООН за обединение и възстановяване на Корея и да се отнеме основанието на американските войски да пребивават в Южна Корея под флага на ООН.
2. Министерството на външните работи да съдействува активно за спечелване за каузата на КНДР на някои страни, върху които НР България има известни възможности да упражни влияние.
3. Средствата за масова информация периодически да осведомяват за провеждането на линията на КТП и на правителството на КНДР за мирно обединяване на страната и да разобличават реакционната политика на южнокорейския режим.
4. Постоянният председател на НР България при ООН Геро Грозев да посети КНДР в отговор на отправената му покана.

МИНИСТЪР:

21 март 1973 г.

34. ЦДА на РБ, ф. 1Б, оп. 35, а. е. 4459.

ПРОТОКОЛ „А" № 657
НА ЗАСЕДАНИЕТО НА ПОЛИТБЮРО НА ЦК НА БКП
ОТ 9.XI.1973 ГОД.

I. Присъствуват другарите: Тодор Живков, Живко Живков, Иван Михайлов, Иван Попов, Пенчо Кубадински, Станко Тодорв, Тано Цолов, Тодор Павлов, Цола Драгойчева, Венелин Коцев, Иван Абаджиев, Костадин Гяуров, Петко Таков, Иван Пръмов, Пеню Кирацов, Гриша Филипов, Александър Лилов, Сава Дълбоков и Иван Илиев.

Присъствуват също така завеждащите отдели на ЦК на БКП и министри.

II. За посещението на нашата партийно-правителствена делегация в КНДР, МНР и Съветския съюз

След като изслуша информацията за посещението на българската партийно-правителствена делегация начело с др. Тодор Живков в Корейската народнодемократична република, Монголската народна република и в Съветския съюз, Политбюро на ЦК на БКП

РЕШИ:

1. Дава висока оценка на разговорите, проведени в Москва между първия секретар на ЦК на БКП и председател на Държавния съвет на НРБ др. Тодор Живков и генералния секретар на ЦК на КПСС др. Леонид Илич Брежнев и други съветски партийни и държавни ръководители.
2. Високо оценява дейността на българската партийно-правителствена делегация,

водена от първия секретар на ЦК на БКП и председател на Държавния съвет на НРБ Тодор Живков, и постигнатите резултати в разговорите с партийно-правителствената делегация на КНДР, водена от генералния секретар на Корейската трудова партия и президент на КНДР др. Ким Ир Сен, и с партийно-правителствената делегация на МНР, водена от първия секретар на ЦК на Монголската народнореволюционна партия и председател на Министерския съвет на МНР др. Юмжагийн Цеденбал.

Материали за информиране членовете и кандидат-членовете на ЦК на БКП

1. За някои аспекти от разговорите с другаря Ким Ир Сен – записка на др. Тодор Живков до др. Л. И. Брежнев.
2. Информация на др. Петър Младенов за посещението на българската партийно-правителствена делегация в Корейската народнодемократична република, Монголската народна република и Съветския съюз, изнесена на заседанието на Политбюро на ЦК на БКП на 9.XI.1973 г.
3. Информация на др. Петър Младенов за посещението на подпредседателя на съюзния изпълнителен съвет и съюзен секретар на външните работи на СФРЮ Милош Минич в България, изнесена на заседанието на Политбюро на ЦК на БКП на 9.XI.1973 г.

35. ЦДА на РБ, ф. 1Б, оп. 35, а. е. 4459.

ЗА НЯКОИ АСПЕКТИ ОТ РАЗГОВОРИТЕ С ДРУГАРЯ КИМ ИР СЕН

Преди всичко искам да изтъкна, че на нашата делегация при посещението ѝ в Корейската народнодемократична републикабеше оказано изключително внимание и гостоприемство. Както подчертаха и самите корейски другари, а това потвърдиха и нашите другари от посолството в Пхенян, такова посрещане на делегация през последните години те не са устройвали. От по-нататъшното ни изложение ще стане ясно, че голямото гостоприемство и внимание, което беше оказано на нас, до голяма степен беше адресирано към Съветския съюз.

Ще изложа някои аспекти от разговорите с др. Ким Ир Сен на официалното заседание на двете делегации и преди всичко от разговорите между двама ни във влака, когато пътувахме от Пхенян до град Хамхън и обратно.

Разговорите предавам накратко и по памет. Разговорите между двама ни бяха продължителни: първият разговор във влака продължи 3 часа, а вторият – около 2 часа и половина.

Ще изложа въпросите, по които разговаряхме с др. Ким Ир Сен:

1. По въпроса за разведряване на международната обстановка, за преминаването от етапа на „студената война" към мирно съвместно съществуване на страните с различен социален строй.

На този въпрос аз се спрях и при официалните разговори между двете делегации, а след това и в личните беседи с др. Ким Ир Сен. Задачата, която си бях поставил, беше: да разясня, че линията на мирно съвместно съществуване, която ние, братските социалистически страни, провеждаме сега, е класова, интернационалистическа линия, която съвпада с коренните интереси и борбата за международното комунистическо и работническо движение: че линията за разведряване създава благоприятни условия за разгръщане на световния революционен процес, дава и все повече ще дава положителни резултати във всички континенти на нашата планета. Подчертах, че именно в тази обстановка се създава възможност да се прекрати войната във Виетнам, в Арабския изток и т.н. Посочих, че утвърждаването на тази война и нейните практически резултати са крупна победа на нашите социалистически страни, на прогресивното човечество, завоювани в десетилетни борби. Изтъкнах ролята на Съветския съюз, утвърдена от XXIV конгрес на КПСС, както и личните заслуги на др. Леонид Илич Брежнев.

Видимо моето изложение по този въпрос направи впечатление и на др. Ким Ир Сен. Накрая на официалните разговори той заяви, че те одобряват тази линия и че след тази беседа някои неща са му станали известни и ясни.

2. За отношението към Китай и китайското ръководство.

Вторият въпрос, по който беседвахме с др. Ким Ир Сен, беше за отношенията с Китайската народна република и китайското ръководство.

На официалното заседание на двете делегации аз засегнах накратко въпроса за нашите отношения с китайците. Спрях се само на дейността на тяхното посолство в София като подчертах, че те се опитаха да създадат прокитайски групи в България. Ние им предоставихме контингент от Държавна сигурност за такива групи и те бяха създадени. Но след известно време казахме на китайците, че не бива повече да си играем на криеница, че това не са никакви прокитайски групи, а служители на нашата Държавна сигурност и че трябва да се прекрати тази игра. Сега китайското посолство в София събира шпионски сведения и данни, разменя ги с американската и други дипломатически мисии в София и води политика на дискредитиране на България пред дипломатическите представителства.

В личната беседа с др. Ким Ир Сен обаче аз се спрях подробно на китайския въпрос, като изтъкнах:

- за неутралитета на корейските другари по разногласията с Китайската комунистическа партия и Китайската народна република посочих, че придържането към неутрални позиции в разногласията на китайците с комунистическото движение по същество означава поддръжка на политиката и разколническата дейност на китайците, фактическо одобрение на антисъветския курс на китайското ръководство. Това би могло да тласне китайците към най-опасни стъпки с непредвидими последствия за малките азиатски държави. Такава позиции означава да се напусне политиката на марксизма-ленинизма и пролетарския интернационализъм;
- за теорията на китайците относно така наречените „свръхдържави", за деленето на света не на социалистически и капиталистически държави, а на големи и малки държави, на бели и цветни посочих, че тази теория е антимарксистка и е взета от идеологическия арсенал на империализма, че китайците я използуват като средство за борба срещу Съветския съюз. Не могат да се поставят на една дъска Съветският съюз и САЩ;
- за тезиса на китайците относно социалимпериализма на Съветския съюз, за „заплахата от Север", за китайските провокации по съветско-китайската граница – Китай разобличава като „враг № 1" не империализма, а страната на Ленин, първата социалистическа държава в света.

  Това беше открито изразено и на Десетия конгрес на Китайската комунистическа партия. Никаква „заплаха от Север" не съществува. Факт е, че Китай употреби оръжие срещу Съветския съюз, че постоянно предприема провокации спрямо Съветския съюз. Приказките за „заплахата от Север" се демагогия. Те са нужни на китайците за вътрешна употреба и за заиграване с империалистите. Трудно е да се разбере защо Китай не прие нито едно от многото конкретни предложения на Съветския съюз за урегулиране и нормализиране на съветско-китайските отношения.

- за фактическия съюз на китайците с най-реакционните сили на международната арена – в подкрепа на това посочих редица факти – призивът, отправен от Чжоу Ен-лай към американците, да не изтеглят войските си от Далечния Изток; установените дипломатически отношения на Пекин с Франко; изгонването на посланика на Алиенде от Пекин и фактическата поддръжка на военната хунта в Чили; подкрепата, която китайците оказват на реакционните кръгове в много страни, когато те се разправят с комунистите и т.н.

В заключение по този въпрос обобщих, че става дума не за някакъв китайско-съветски спор, а за принципни идеологически и политически разногласия между ръководството на Китай, от една страна, и социалистическата общност и международното комунистическо движение като цяло, от друга страна, че политиката на китайското ръководство се противопоставя на колективно изработената от братските партии линия на сплотяване на антиимпериалистическите сили.

Какво отговори др. Ким Ир Сен по въпроса за отношенията с Китай?

„Ние – каза той – не сме съгласни с китайската политика. За нас тя е непонятна. Непонятно е за нас защо те говорят за съветския империализъм, че в Съветския съюз има социалимпериализъм. В Съветския съюз няма социалистически империализъм и въобще няма социалистически империализъм. Ние не споделяме тезата на китайците за двете свръхдържави. Ние не сме съгласни с техните теории, които разпространяваха и в миналото, за разцъфтяването на всички цветя, за противоречията в социалистическото общество, за селските комуни, за културната революция и т.н.

По време на културната революция китайците поставиха по нашата граница, което е 1300 км, високоговорители и денонощно предаваха пропаганда срещу нашата страна. Населението по границата не можеше да спи. Синът ми по онова време беше отишъл в едно гранично село. Когато се върна той ми каза: „Татко, не можах да спя нито една нощ."

„Когато китайците извършиха военна провокация на съветската граница – на

Амур и Усури, в същото време те направиха военна провокация и у нас." (той назова реката и селото, които не можах да запомня). Но случаят, който др. Ким Ир Сен разказа, беше следният: „В това наше село имало войници, и въоръжени селяни (по границата нашите хора са въоръжени) около 50 души; а китайците навлезли в нашата страна със 100 души въоръжени – войници с офицери. Тогава аз бях на село (обикновено събота и неделя ходя на село и чета) и ми съобщиха за това навлизане на китайски войници. Аз дадох указание нашите да ги пропуснат да влязат и да не стрелят веднага. Но ако те се опитат да напредват в наша територия и да извършват действия, нашите да им преградят пътя и да пленят от тях поне 5 души живи. Обаче китайските войници навлязоха в наша територия и след това се оттеглиха, без да предприемат нищо. Подобни инциденти имаше и на други места на границата.

Аз бях в Китай миналата година. Поводът за моето посещение беше срещата ми със Сианук. Но показаната беше и от страна на китайците. Те надълго ме обработваха против Съветския съюз. Накрая аз им казах, че за нас Съветският съюз, съветските хора са наши бойни другари, както и вие, китайците, са наши бойни другари. Китай е голяма страна и те смятат, че могат сами да съществуват и да се борят. Те не признават международното комунистическо движение. Ние имаме поговорка: „Планините имат и ниски, и високи върхове, а хората са еднакви." (не зная дали преводачът точно е предал поговорката - той беше кореец).

„За нас е непонятно отношението на китайците към събитието в Чили. Сега, след преврата на военната хунта, в Чили са се запазили три посолства на социалистически страни: китайското, румънското и албанското. Не знам как стои работата с виетнамското посолство. След посолството на Куба нашето посолство в Чили е второто, срещу което военната хунта извърши провокации и направи невъзможна по-нататъшната му работа там. На нас ни е непонятно и установяването на дипломатически отношения на Китай с франкистка Испания.

Ние не водим неутрална политика спрямо Китай, но поради нашето особено положение ние само сме си затворили устата. Срещу нас има фронт от юг. Ако си отворим устата, значи да си създадем втори фронт. Китай е обгърнал нашата страна със свои територии. Със Съветския съюз имаме малка граница. Вътре в нашата страна, в партията и сред народа, не разпространяваме техните теории и възгледи. Ние печатим някои техни речи, те печатат наши. Но това, което противоречи на нашата линия, ние не го публикуваме в печата, съкращаваме го."

На няколко пъти в нашата лична беседа др. Ким Ир Сен подчерта: „Ние нямаме неутрална позиция към Китай. Не смятаме и в бъдеще да имаме такава позиция. Ние не разпространяваме техните концепции вътре в нашата страна. Смятаме, че и вие правилно водите открита борба срещу китайците. Но разберете ни и нас и нашето положение тук, в този район на света."

Аз поставих въпроса: „Как, Вие, др. Ким Ир Сен, виждате перспективата? Няма ли опасност националистическият, шовинистичен, великодържавен и авантюристичен курс на китайското ръководство да доведе до най-непредвидени последствия – да бъдат ударени малките азиатски страни и народи; техните интереси да бъдат пренесени в жертви на великодържавните цели на Пекин? Няма ли опасност всичко, което е най-свято за Вас и за Вашия народ, утре да бъде ликвидирано и поругано?"

На този въпрос др. Ким Ир Сен ми отговори: „Никой не може да знае какво ще бъде утре. Това е възможно и ние държим сметка за него. Ето защо ние възпитаваме нашия народ против поклонничеството пред други страни. И това у нас е насочено не срещу Съветския съюз, а против Китай. Китай има влияние в нашата страна. В нашия език има много китайски думи."

Когато беседвахме по китайския въпрос, др. Ким Ир Сен подчерта: „Ето, такова е моето разбиране по този въпрос. Ето такава линия ние водим. И такова е не само моето разбиране. Вие, другарю Живков, виждате състава на нашата делегация – това са млади хора. Всички те също така мислят и от същото се ръководят в своята дейност."

3. За колективна сигурност в Азия

По този въпрос взех инициативата и нарочно се изказах пръв, като имах предвид, че др. Ким Ир Сен може да се увлече и да застъпи някои неправилни становища. Основното, което изтъкнах, беше следното:

- Какво означава на настоящия етап да се поставя въпросът за колективна сигурност в Азия? Засега това е само една идея, издигната от Съветския съюз. В никакъв случай не значи тази идея да се осъществи още утре. Това е задача перспективна, задача на бъдещето. За да се превърне в материална сила, идеята за азиатска колективна сигурност трябва да стане колективно дело на азиатските народи и да се конкретизира програма.
- И съветските другари, и другарят Брежнев, и Вие разбирате, че положението в Азия е много сложно – то е по-сложно, отколкото в Европа, че идеята за колективна сигурност в Азия няма да се реализира така бързо.
- Но ние като марксисти-ленинци сме заинтересовани от развитието на този процес, за да се ликвидира възможността от възникване на военни конфликти на най-големия континент на земята. Още повече, че след Втората световна война в Азия има най-много въоръжени конфликти и има опасност този континент да стане район на остро и постоянно напрежение, на сериозни конфликти и военни сблъсъци.
- Без такъв процес на изграждане на азиатската колективна сигурност, не виждам как ще стане и обединението на Северна и Южна Корея.
- Това развитие ще измени съотношението на силите в полза на демократичните сили, на социализма, ще даде възможност на азиатските народи да се дигнат на борба при по-благоприятни условия.

По въпроса за азиатската колективна сигурност др. Ким Ир Сен заяви, че досега те не са се изказали нито в подкрепа на тази идея, нито пък са се обявили против нея. В печата не сме публикували нищо по този проблем. Най-напред желаем да изясним какво по-конкретно съветските другари имат предвид и какво предлагат във връзка с тази идея, издигната от др. Брежнев. По този въпрос разговарях с др. Полянски преди няколко години, и с др. Новиков по време на честването

25-годишния юбилей на Корейската народнодемократична република. Но те ми казаха само общи неща, нищо по-конкретно не ми съобщиха. Затова искаме да изясним въпросите по-добре, преди да вземем отношение. Нека съветските другари ни изпратят писмо и да ни разяснят същността на идеята – по партийна или правителствена линия, или пък други някои материали.

Във връзка с това му казах, че ние, понеже сме на Балканите, се занимаваме повече с балканските и европейските проблеми, но очевидно в случая се касае за следното: Реализацията на тази идея, разработването на програма за нейното провеждане ще има няколко основни направления:

Първо, ще гарантира независимостта и суверенитета на всички – големи и малки – държави на азиатския континент, тяхното самостоятелно развитие, без външна намеса;

Второ, ще доведе до по-нататъшно укрепване и развитие на прогресивните и демократични режими в повечето азиатски страни;

Трето, ще доведе до ликвидирането на чуждите, империалистическите военни бази и до изтеглянето на чуждите войски на този континент; а известно е, че чуждите бази и войски – това са американски бази и войски;

Четвърто, в перспектива ще разкрива по-широки възможности да се ускори революционният процес на този континент, във всички азиатски империалистически страни;

Пето, ще се създаде, както вече подчертах, още по-благоприятни условия и за обединението на Северна и Южна Корея. Не бива да си правим илюзии, че обединението на Корея ще стане без ускоряване на процеса на азиатската сигурност.

Отбелязах, че китайците са против тази идея, понеже според тях тя била насочена срещу тях и имала за цел да ги обкръжи. Това обаче не е вярно, понеже Китай като една от най-големите държави в Азия трябва да участвува в системата за колективна сигурност.

Накрая др. Ким Ир Сен заяви, че, както изтъкна др. Живков, това е труден въпрос и се съгласи с казаното и констатацията, че той трябва да съзрява.

4. За координацията на нашите действия на международната арена.

В нашите разговори с др. Ким Ир Сен ние отделихме много време на въпроса за координацията на нашите действия на международната арена и в икономическото сътрудничество. Основното, което във връзка с това подчертах, е:

- Корея следва да не се изолира от нас, от социалистическите страни, от Съветския съюз, а по основните въпроси да се осигуряват координирани, съгласувани, единни действия на международната арена;
- Не е достатъчно само двустранното сътрудничество между страните. То е важно, но не може да ни осигури координиране и съгласуване на нашите действия и инициативи на международната арена. Изтъкнах, че разбирам, обстановката, в която се намира Корея. Но независимо от това Вие би следвало да намерите някои начини и форми за такава координация. Подчертах, че и за тях преди всичко е необходима координация със Съветския съюз и с КПСС, особено между него и др. Брежнев. В това отношение голяма роля в полза на социализма, в полза на нашето общо дело и специално за Корея би играло осъществяване на постоянни лични връзки консултации между др. Брежнев и Ким Ир Сен. Във връзка с това аз се впуснах по-подробно и му говорих обстойно за др. Л. И. Брежнев като комунист, като ръководител, като другар.

Ким Ир Сен по принцип не възрази срещу това, което казах. Обаче в обясненията му, които след това той даде, се виждат някои нюанси.

Какво по същество каза той по този повод? Примерно той каза следното: „Ние с др. Брежнев трябваше да се срещнем миналата година, но понеже той беше много зает, тази среща не се състоя. Тази година аз трябваше да отида в Москва да се срещна с др. Брежнев. Но поради срещите с представители на Юга и поради обстоятелството, че Политбюро ми забрани да пътувам със самолет (повод за това решение на Политбюро на Корейската трудова партия е станалата самолетна катастрофа, доколкото си спомням

Ил-18, при която загинали всички пътници, между които и видни корейски артисти), аз не се срещнах с др. Брежнев.“ Др. Ким Ир Сен подхвърли идеята евентуално срещата с др. Брежнев да стане някъде по средата на пътя между Пхенян и Москва.

По-нататък Ким Ир Сен обясни, че той споделя казаното от мене. Но при техните условия те трябвало да държат сметка за много фактори. „Ние трябва да демонстрираме самостоятелност и от гледна точка на Юга. Иначе ще дадем козове на южнокорейците да ни атакуват, да извършват спекулации по отношение на нашата страна.“

На два пъти в разговорите Ким Ир Сен изрази пред мен следната декларация: „Моля кажете на др. Брежнев, не съм ревизионист; че аз не съм се откъснал от Съветския съюз; че аз няма никога да стана опортюнист и предател. От 16-годишна възраст – повече от 45 години – аз съм в революционното движение, на мен ми остават за активна работа още около 5 години. В тези 5 годни аз няма да се орезиля, няма да изложа моята революционна дейност.“ На дълго той ми разказваше за своята революционна дейност и живот и че много пъти е бил изправен пред смъртта. „Съветският съюз ни е помагал и сега ни помага. И аз опортюнист, антисъветчик и предател няма да стана.“

Когато си тръгнахме от Пхенян,на път от резиденцията до летището той още два пъти ме помоли да предам неговите лични поздрави на др. Брежнов и да му заявя от негово име, че той не върви с китайците, че той държи за Съветския съюз и че ще остане верен на Съветския съюз.

5. За СИВ и икономическото сътрудничество с Корейската народнодемократична република

След обиколката из страната и посещението на някои заводи и обекти аз изтъкнах големите успехи, които има Северна Корея. Още един път се убедих в големите успехи, които са завоювали корейските другари, в трудолюбието на корейския народ. Подчертах, че ние, Съветският съюз и другите социалистически страни се отнасяме с голямо уважение към Корея, че Корея за нас е братска социалистическа страна.

Посочих, че ние в България също имаме успехи в развитието на икономиката. Но като отчитаме времето, в което живеем, мощното разгръщане на научно-техническата революция и обстоятелството, че при тия условия не могат нашите социалистически страни, особено малки страни като Корейската народнодемократична република и България, да развиват всички отрасли на икономиката. Това не може да се позволи дори в Съветския съюз. При тези условия трябва да отиваме решително към икономическата интеграция и внедряване на съвременни технологии в производството. Би следвало всяка от нашите страни да се специализира в ония отрасли, в които има най-благоприятни природни и трудови ресурси. Приведох му примера с България, а също така и с Куба, където с наша помощ, на страните-членки на СИВ, ще се изгражда мощна металургия за производство на никел, с каквито руди Куба е богата.

Една такава икономическа интеграция с нашите страни и особено със Съветския съюз, би позволила на Корея да развие своите производителни сили и в бъдеще да бъде на първо или на второ (след Япония) в развитието на икономиката и на първо място в подобряване на жизненото равнище на народа в Азия. Подчертах, че те имат доста природни ресурси – руди на черни и цветни метали, каменни и др.; водите, които мият бреговете на вашия полуостров и т.н. Икономическата интеграция би дала най-благоприятни възможности освен корабостроене да се развият и някои други отрасли на машиностроенето. Това би имало голямо икономическо значение за бъдещето на Корея.

Във връзка с това Ким Ир Сен заяви, че той разбира този въпрос. Подробно и няколко пъти говори какво са построили с помощта на Съветския съюз и някои други социалистически страни. Говори, че не желаят да се обвързват с Япония, която постоянно им прави предложения за експлоатация на корейските природни богатства.

Но на моето предложение Корейската народнодемократична република по-тясно да се обвърже със СИВ той не отговори категорично. Той подчерта, че имат наблюдател в СИВ и се обърна към члена на тяхната делегация – кандидат-члена на Политбюро и заместник-председател ма Министерския съвет Цой Че У, че трябва да обсъдят въпроса за допълнителни стъпки за съвместни действия със СИВ. Каза ми, че те мислят по въпроса.

Във връзка с това той подчерта, че икономическата интеграция, специализацията между социалистическите страни дава възможност на КНДР от своя страна и тя да извършва специализация и коопериране с нашите социалистически страни на двустранна основа.

Когато говорих по тези въпроси, възползувах се от случая да информирам Ким Ир Сен за основните насоки на задълбочаването на социалистическата икономическа интеграция и на усъвършенствуването работата на СИВ в светлината на нашата последна среща в Крим.

6. За обединяването на Корея и за конфедерацията между Северна и Южна Корея.

Когато др. Ким Ир Сен изложи пред мене въпроса за обединението на Корея, аз го помолих, ако може по-конкретно да разясни какво би представлявала една конфедерация, ако се осъществи в близко време? Защо Корейската народнодемократична република е социалистическа страна, а Южна Корея, независимо че няма крупни монополистически обединения, е капиталистическа страна. Очевидно първообраз на бъдещата обединена Корея няма да бъде Южна Корея, а Корейската народнодемократична република. Как ще изглежда конфедерацията между една капиталистическа и една социалистическа държава?

Във връзка с това Ким Ир Сен каза: „Въпросът е дали двете системи – социализъм и капитализъм, могат да съществуват в една държава. Тук има противоречие, от една страна, е социализмът, от друга, капитализмът. Въпросът се състои в това какво трябва да направим, за да не се превърне Южна Корея в колония на Япония и в постоянна база на американския империализъм. Целта е Южна Корея да бъде измъкната от тази опасност.

- Първата задача, която си поставяме, е да се измъкне Южна Корея от ръцете на Япония и да бъдат ликвидирани американските военни бази по пътя на конфедерацията.

- Ние не можем да се съгласим да се откажем от социализма. Заедно с издигането на въпроса за създаване на конфедерация, ние съзнателно изменяме названието на нашата конституция. Направихме я социалистическа, за да закрепим завоеванията на социализма в нашата страна.
- Конфедерацията, за създаването на която ние настояваме, това е запазването на двете форми – на тяхната самостоятелност във вътрешната политика и съвместна дейност във външната политика.

  Като пример мога да посоча наименованието и дейността на Корейската народнодемократична република като социалистическа страна ще се запази, ще се запази и наименованието на южнокорейската страна като Република Корея, над двете правителства ще се създаде един съвместен орган, който ще действува от името на конфедерацията само в областта на външната политика. Това обаче не се отнася до вътрешната политика – в това отношение и двете страни ще действуват самостоятелно. Смятам, че само това е правилният подход.
- Ако ни послушат и бъде създадена конфедерация, с Южна Корея ще бъде свършено. Южна Корея ще трябва да намали армията, ние също ще я намалим. Но това ще доведе до ликвидиране на реакционния режим в Южна Корея, като без армия самият народ ще се надигне. Затова в действителност южнокорейците въобще не приемат нашите предложения.
- Целите на този лозунг могат да бъдат достигнати, защото патриотите на Южна Корея, демократичните сили там, хората, които желаят обединението, ще разберат, че предателите са именно управляващата южнокорейска върхушка, а патриоти са комунистите в Северна Корея.
- Смятам, че няма да бъдем изиграни, няма да загубим. Нашите кооператори няма да позволят да се върнат на власт пак помешчиците. Много селяни от Южна Корея, виждайки как живеят нашите кооператори, ще поискат да създадат такива кооперативни стопанства и там.

Политическите цели, които преследваме с идеята за конфедерацията са: недопускане на японския империализъм в Южна Корея; ликвидиране на военните бази на САЩ в Южна Корея; и засилване на нашето влияние сред народа на Южна Корея. Разбира се, ако ние сме слаби, издигането на такъв лозунг би представлявало опасност за нас. В действителност обаче осъществяването на този политически лозунг е трудно дело, защото американските врагове не са глупави; японците също не са глупави.

Нашата идея и политическа борба, с която се цели да се докаже на населението на Южна Корея кой е предател и кой патриот.

Ако в Южна Корея бъде създадена по-демократична власт, тогава няма да вдигаме лозунг за тази конфедерация. Направо ще вдигнем революцията.“

7. За борбата с фракционната група в Корейската трудова партия

Един от въпросите, който Ким Ир Сен засегна неслучайно, се отнася, както той се изрази – за борбата срещу фракционната група в тяхната партия. Има се предвид периодът след Отечествената война на корейския народ.

Той обясни тази фракционна дейност на някои от ръководството на партията с това, че са се разделили по въпроса: как да използват помощта на социалистическите страни и главно на Съветския съюз, възлизаща общо на повече от 500 милиона сегашни рубли, дали за внос на стоки за широко потребление, за гладуващия тогава корейски народ, или за създаване на производствени мощности. Фракционерите са били на становището да се внасят продоволствени стоки, а Ким Ир Сен и другите – да се използуват за създаване на производствени мощности, на индустриални предприятия. Той говори подробно за дейността на фракционерите през онзи период. Подчерта, че след като са ги изгонили от ЦК и от партията, предполагали, че ще избягат в Южна Корея. Взели мерки да предотвратят това, но те избягали в Китай и досега се намират там. Навремето това влошило отношенията им с Китай и заради това те не пратили тяхна делегация на Осмия конгрес на Китайската комунистическа партия.

Съобщи, че по-късно и Хрушчов, и др. Брежнев заявили, че заетата позиция от Ким Ир Сен за индустриализацията на страната е правилна.

Такива са основните аспекти от разговорите ни с Ким Ир Сен. Още в началото на личната беседа той направи уговорката, разговаря с мен откровено, така, както досега с никого не е разговарял.

По негово настояване ние удължихме престоя на нашата делегация още един ден. Очевидно искаше да има възможност да води продължителен разговор. Още от първия ден до самото изпращане – и в провинцията, и в заводите, и в пионерския дворец и другаде – той беше постоянно в нас.

Що се касае до българско-корейските отношения смятам, че сега, след нашето посещение, се разкриват още по-добри възможности за тяхното развитие. Корейският посланик в София е заявил пред наши другари, че Ким Ир Сен го извикал преди нашето заминаване и му е казал, че с България трябва на широк фронт да се развиват икономическите и други отношения.

Ким Ир Сен заяви пред мен, че ще бъде целесъобразно освен смесена икономическа комисия за сътрудничество, да създадем и Комисия за обмяна на опит, че те желаят широко да изучат нашия опит и да го приложат в Корея.

Публичните прояви на нашата делегация, нейните срещи с трудещите се, посещения в заводи, предприятия и т.н. бяха широко отразени в техния печат и радио. Произнесените от мене речи на митингите в гр. Хамхън и в Пхенян, тостовете на двата приема бяха изцяло, без изменения публикувани. Митингите в Хамхън и Пхенян бяха излъчвани по корейската телевизия и радио.

Интересен беше тостът на Ким Ир Сен, произнесен на нашия прием непосредствено преди нашето заминаване. Той даде висока оценка за посещението на нашата партийно-правителствена делегация. По неговите думи посещението на партийно-правителствената делегация на Народна република България в Корея е историческо събитие, което открива нов етап в развитието на отношенията на дружба и сътрудничество между партиите, правителствата и народите на двете страни – Корея и България, основани върху принципите на марксизма-ленинизма и пролетарския интернационализъм.

Смятам, че посещението на нашата партийно-правителствена делегация в Корея е полезно.

30 октомври 1973 година

Улан Батор

Т. ЖИВКОВ

36. ЦДА на РБ, ф. 1Б, оп. 35, а. е. 4459.

ИНФОРМАЦИЯ
НА МИНИСТЪРА НА ВЪНШНИТЕ РАБОТИ ПЕТЪР МЛАДЕНОВ ЗА ПОСЕЩЕНИЕТО НА БЪЛГАРСКАТА ПАРТИЙНО-ПРАВИТЕЛСТВЕНА ДЕЛЕГАЦИЯ В КОРЕЙСКАТА НАРОДНО-ДЕМОКРАТИЧНА РЕПУБЛИКА, МОНГОЛСКАТА НАРОДНА РЕПУБЛИКА И СЪВЕТСКИЯ СЪЮЗ, ИЗНЕСЕНА НА ЗАСЕДАНИЕТО НА ПОЛИТБЮРО НА ЦК НА БКП

9 ноември 1973 г.

I. За посещението в Корейската народно-демократична република

[…]

Сега след като впечатленията улегнаха, след като отново прочетохме стенограмите и записките за водените разговори, биха могли да се направят някои оценки и изводи.

1. Посещението беше навременно и полезно. То ни даде възможност на място да се запознаем с развитието на КНДР, по-добре да опознаем и разберем условията, в които се извършва строителството на социализма.

2. Посещението и главно разговорите на др. Живков с Ким Ир Сен изиграха изключително важна роля, за да може Ким Ир Сен, а и другите ръководители да вникнат, да осъзнаят и разберат нещата, следователно и на СССР и другите братски страни позиция по въпросите на строителството на социализма и комунизма, по въпросите на комунистическото и работническо движение, по международното положение, по същността на политиката на китайското маоистко ръководство.

Оценявайки резултатите от посещението от тази гледна точка, смятам, че няма да бъде пресилено, ако се каже, че те са от изключителна историческа важност.

Наивно ще бъде да си мисли, че КНДР ще скъса автоматически с Китай или с порочната практика на култ към личността, или че ще ревизира веднага своите концепции за изграждането на мощности, където да се произвежда всичко необходимо за пълно задоволяване на нуждите, или че ще отиде на широко производствено коопериране в нашите страни, или че пък ще увеличи своето участие в СИВ. Това биха били нереалистични мисли и заключения. Но, че Ким Ир Сен е разтърсен в известна степен разколебан, че е получил много материал, върху който не може да не се замисли, това можем да бъдем убедени. За това говори и фактът, с над 90% от това, което каза др. Живков, той се съгласи.

3. С Корея следва да се работи. Колкото и на пръв поглед да са ограничени възможностите, поле за действие има. Няма да бъде пресилено, ако се каже, че от успешната наша работа в КНДР в голяма степен ще зависи по-нататъшното проникване и утвърждаване на нашето влияние - на СССР и братските социалистически страни, на идеите и практиката на социализма.

4. Нашата делегация имаше да изпълнява не само национални задачи. Нещо повече, същността на нейната работа беше изпълнение на интернационалния задачи - да се съдействува за приобщаването на КНДР към нашите парти и страни. Известно е, че съветските другари настояха тази визита да не се отлага. Оценявайки достигнатите резултати, може да се каже, че и този път нашата партия достойно изпълни интернационалния си комунистически дълг.

Ние като делегация работихме добросъвестно, но изключителната заслуга на достигнатите положителни резултати принадлежи на ръководителя на делегацията, на другаря Тодор Живков.

Не бива да се изненадваме, ако по-нататъшното развитие доведе до положение когато резултатите от тази визита ще станат съпоставими с резултатите от визитата на др. Живков на времето в Куба.

Разбира се, върху по-нататъшния ход на събитията ще оказват влияние много фактори, които са вън от контрола на нашата партия и страна.

II. За краткотрайната дружеска визита в СССР

В съгласие с предварително съществуващата договореност, нашата делегация на връщане от Корейската народнодемократична република и Монголската народна република спря в Москва. Както е известно, съветските другари настояваха да се посети Корея и естествено проявяваха жив интерес към резултатите от тази визита.

В Москва на др. Живков и на нашата делегация беше оказан изключително топъл, сърдечен, дружески прием. На летището ни посрещна др. др. Л.Брежнев, Н.Подгорни и други партийни и държавни ръководители. Няколкократно се извиняваха, че не присъствува др. Косигин, който по същото време беше зает с Фам Ван Донг.

На срещата в Кремъл състоя размяна на мнения. Др. Живков беше предварително, още на 28 октомври, изпратил на др. Брежнев записка за разговорите с Ким Ир Сен, а сега изложи някои свои впечатления, констатации и изводи от посещението в Корея. Единодушно беше констатацията и оценката, че за Корея трябва упорито да се работи, че посещението на нашата делегация е било навременно и полезно. С особено внимание и загриженост съветските другари изслушаха и информацията, констатациите, изводите и предложенията на др. Живков за Монголия.

Др. Брежнев по братски благодари на др. Живков за своевременната и пълна информация за Корея и Монголия и подчерта, че нашата делегация и извършила много добра работа. Твоето посещение в Корея - каза той, обръщайки се към др. Тодор Живков, - не е чисто българо-корейски факт. Ти изпълни една обща мисия в духа на нашата съгласувана политика, една полезна мисия на нашата братска социалистическа общност. Ти изпълни своя интернационален дълг - да укрепваме социализма. Особено важно е да откъсваме корейците от китайците, да приобщим Корея към нас. Всичко това има голямо значение, особено когато Чаушеску се опитва зад гърба ни да прокарва китайска политика, в това число и в Корея. Ние високо оценяваме работата на вашата делегация и особено твоята лична дейност.

[...]

София, 9 ноември 1973 г.

37. ЦДА на РБ, ф. 1Б, оп. 35, а. е. 4581.

ПРОТОКОЛ „А“ № 56
НА ЗАСЕДАНИЕТО НА ПОЛИТБЮРО НА ЦК НА БКП
ОТ 12.11.1974 ГОДИНА

Присъствуват другарите: Живко Живков, Иван Михайлов, Иван Попов, Пенчо Кубадински, Тано Цолов, Тодор Живков, Тодор Павлов, Венелин Коцев, Иван Абаджиев, Кръстю Тричков, Пеко Таков, Иван Пръмов, Пеню Кирацов, Гриша Филипов и Константин Теллалов.

Въпроси на дневния ред:

1. За развитието на отношенията на НРБ с КНДР

Решения:

Приема решение за развитието на отношенията на НРБ с Корейската народнодемократична република, което е неразделна част от протокола.

РЕШЕНИЕ
НА ПОЛИТБЮРО НА ЦК НА БКП ОТ 12 ФЕВРУАРИ 1974 Г. ЗА РАЗВИТИЕТО НА ОТНОШЕНИЯТА НА НРБ С КОРЕЙСКАТА НАРОДНОДЕМОКРАТИЧНА РЕПУБЛИКА

В изпълнения на решения № 272 от 28 април 1968 г. и 114 от 15 март 1969 г. на Политбюро на ЦК на БКП бяха предприети стъпки за нормализиране и развитие на отношенията между НРБ и КНДР, в резултат на което те се издигнаха на равнището на отношенията на останалите братски социалистически държави с КНДР.

Посещението на нашата партийно-правителствена делегация начело с първия секретар на ЦК на БКП и председател на Държавния съвет др. Тодор Живков, през м. октомври през м.г. в КНДР откри нов етап в развитието на дружбата и сътрудничеството между двете страни. По време на проведените разговори бяха изяснени позициите на КТП по редица вътрешни и международни проблеми. Корейската страна оцени високо миролюбивата и интернационалистическа политика на нашата партия, нейният авторитет и международното комунистическо и работническо движение, успехите в социалистическото строителство, КНДР прояви подчертана готовност за взаимно изучаване на опита, за разширяване и задълбочаване на междупартийното и междудържавното сътрудничество.

Тържественото и топло посрещане на партийно-правителствената делегация и резултатните разговори, свидетелствуват за новите възможности, които се разкриват пред нашата партия и правителство за провеждането на целенасочена и ползотворна работа за разширяване на връзките и сътрудничеството в политическата, икономическата, културната и други области, както и за по-нататъшното сближаване на КНДР със Съветския съюз и с другите социалистически страни. С оглед на това Политбюро на ЦК на БКП намира за необходимо:

I. По политическите взаимоотношения

1. Да се активизират контактите и връзките между централните комитети на Българската комунистическа пария и Корейската трудова партия. Да се предложи съгласуване и подписване на годишни планове за сътрудничество и обмяна на опит, периодическо провеждане на срещи между представители на централните комитети на двете партии и евентуално изграждане на съвместен орган за съдействие и взаимно изучаване на опита в партийното и държавното строителство.
2. Народното събрание да продължи връзките си и периодическата размяна на

парламентарни делегации с Върховното народно събрание на КНДР, да засили дейността си по взаимния обмен на опит.

3. Да се осъществяват по-активни контакти по линия на правителствата на двете страни. Да се премине по-широко към преки връзки и сътрудничество между наши и корейски министерства и комитети по въпроси от взаимен интерес.
4. Министерството на вътрешните работи:
   - да осигурява своевременно реагиране в подкрепа на курса и инициативите на КНДР по въпроса за мирното обединение на страната, за приемане на КНДР в международни организации и за установяване на дипломатически отношения с нови страни в Европа и в други части на света;
   - да работи да осигуряване подкрепа от страна на КНДР на нашите позиции и политика на Балканите, по европейската сигурност, по разоръжаването и други актуални международни проблеми;
   - да провежда ежегодна размяна на делегации, оглавявани от заместник-министри или началник-отдели на двете министерства за взаимна информация, координация, съгласуване и обмяна на опит;
   - да предложи подписването на консулска конвенция, а съвместно с Министерство на правосъдието – договор за правна помощ;
   - да подсили и укрепи личния състав на посолството в Пхенян и да вземе мерки за подготовка на необходимите кадри, владеещи корейски език;
   - да активизира връзките си с посолството на КНДР в София.
5. Институтът за съвременни социални теории и Институтът за външна политика „Иван Башев“ съвместно да изследват развитието на специфичните идеологически концепции на КТП и позициите на КНДР по актуални международни проблеми и да установят делови връзки с аналогични институти на КНДР.
6. Националният съвет на Отечествения фронт, ЦК на ДКМС, Комитетът на българските жени, Централният съвет на профсъюзите и Комитетът за солидарност с народите от Азия и Африка да активизират връзките си със своите партньори в КНДР.

7. Столичният градски народен съвет да засили контактите си с Пхенянския градски народен съвет. Да се направят постъпки за установяване на дружески връзки и пряк обмен на опит между градовете Бургас –Хамхън и Михайловград – Хесан.
8. Печатът, телевизията и радиото периодически да поместват материали и статии за успехите на КНДР в социалистическото строителство и своевременно да отразяват по-важните външнополитически мероприятия на правителството на КНДР. Посолството на НРБ и КНДР да полага усилия на основата на взаимността да се увеличи количеството на материалите за България в корейския печат.

II. Икономическо и научно-техническо сътрудничество и външнотърговски обмен

1. Комисията за икономическо и научно-техническо сътрудничество при Министерския съвет:
   - да допълни заедно със заинтересованите министерства основните насоки за икономическо и научно-техническо сътрудничество между НРБ и КНДР за периода до 1985 г., като се набележат някои главни производства за коопериране, специализация и изграждане на комплектни обекти;
   - на тази основа в рамките на Междуправителствената консултативна комисия по икономически и научно-технически въпроси да се проведат преговори за съгласуване и подписване на съвместна дългосрочна програма или спогодба за разширяване и задълбочаване на икономическото и научно-техническото сътрудничество; заинтересованите министерства и ведомства да подпишат конкретни договори за коопериране и специализация на производства между двете страни, като при това се имат предвид нашата заинтересованост от някои дефицитни суровини и възможностите за използване на пазара на някои азиатски държави;
   - да предлага в ежегодно подписваните от Междуправителствената консултативна комисия протоколи включването на повече мероприятия за взаимно изучаване на опита на двете страни в областта на икономиката, науката и техниката.

2. Министерството на външната търговия:

- да полага системни усилия за разширяване номенклатурата и обема на стокообмена ни с КНДР, за увеличаване на износа на машини, съоръжения и комплектни обекти;
- най-късно до първата половина на 1975 г. да подпише дългосрочна спогодба за стокообмен и плащания между НРБ и КНДР за периода 1976 – 1980 г.;
- да проучи възможностите за удовлетворяване на някои корейски искания в икономическата и търговската област като увеличаване на нашите доставки на калцинирана сода, сапун и др. в КНДР;
- съвместно с Министерството на машиностроенето, ДСО „Техноекспорт" и посолството на НРБ в Пхенян да направи преглед на работата по строежа на оранжерии и на консервния комбинат в КНДР и да набележи срочни мерки за отстраняване на допусканите слабости;
- съвместно с Българската промишлено-търговска палата и външнотърговските предприятия да разработи мероприятия за по-нататъшното подобряване и разширяване на рекламно-пропагандната дейност на нашите износни стоки и особено на машиностроителната продукция; да проучи възможностите за произвеждането на общопредставителна промишлена изложба и изложба на отделни износни изделия в град Пхенян.

3. Министерството на транспорта да установи редовна директна параходна линия между пристанищата на НРБ и КНДР с цел да бъдат преодолени трудностите по превозването на стоки на двете страни.

III. Културен обмен и научно сътрудничество

1. Министерство на външните работи, КИК, КИТИВО и Министерство на народната просвета да работят за разширяване на културния обмен, за изучаване опита на КНДР в областта на просветата, образованието, извънучилищното възпитание на децата, музейното дело, хореографията, спортно-масовите прояви и др.

2. Творческите съюзи да засилят връзките си със съответните съюзи в КНДР.
3. Българската академия на науките, Академията на селскостопанските науки, Българският съюз за физическа култура и спорт, Българската телеграфна агенция, Българската кинематография и Комитетът за телевизия и радио да активизират сътрудничеството си и обмяната на опит със своите корейски партньори.

38. ЦДА на РБ, ф. 1Б, оп. 35, а. е. 5322.

ЦЕНТРАЛЕН КОМИТЕТ НА БЪЛГАРСКАТА КОМУНИСТИЧЕСКА ПАРТИЯ
(ЦК НА БКП)
ПОЛИТБЮРО

РЕШЕНИЕ № 200 от 31 май 1975 г. и докладна записка за определяне състава на партийно-правителствена делегация на НРБ начело с Тодор Живков за разговори в София с партийно-правителствена делегация на КНДР начело с Ким Ир Сен; информация за разговорите.

Състав на партийно-правителствената делегация на КНДР начело с генералния секретар на ЦК на Корейската трудова партия и президент на КНДР др. Ким Ир Сен.

Ким Ир Сен – генерален секретар на ЦК на КТП, президент на КНДР, ръководител на делегацията

Ким Донг Гю – член на Политическия комитет и секретар на ЦК на КТП, вицепрезидент на КНДР

О Дин У – член на Политическия комитет и секретар на ЦК на КТП, началник на Генералния щаб на Корейската народна армия

Рю Чан Сик – кандидат-член на Политическия комитет и секретар на ЦК на КТП

Хо Дам – член на ЦК на КТП, зам.-председател на правителството на КНДР и министър на външните работи

Тен Сон Нам – член на ЦК на КТП, министър на външноикономическите връзки

Ли Зон Хван – посланик на КНДР в България.

За разговорите между другарите Тодор Живков и Ким Ир Сен по време на посещението на партийно-правителствената делегация на КНДР в България (2 – 5 юни 1975 г.)

В официалните преговори между партийно-правителствените делегации на Народна република България и Корейската народнодемократична република и в частните разговори между другарите Тодор Живков и Ким Ир Сен бяха разгледани широк кръг въпроси и изложени становищата на двете страни по тях.

I. Въпроси, обсъдени в официалните преговори на двете делегации

1. В изказването си на срещата на двете партийно-правителствени делегации другарят Ким Ир Сен разви следните мисли:

Още в самото начало той подчерта, че в този момент целта на политиката, която те провеждат, е националното обединение на Родината. Те са единна нация, която трябва да бъде обединена. Това е много сложна и трудна задача. Смятат, че трябва да вървят напред в изграждането на комунизма чрез решаване и на националния въпрос. За реализирането на тази цел работят в три главни направления.

Първо. За социалистическото строителство в КНДР.

Първата, основна и главна задача е по-нататъшното развитие на социалистическото строителство в Корейската народнодемократична република, нейното по-нататъшно укрепване в политическата, икономическата и културната област. Имат трудности в изграждането на социализма, но въпреки тях вървят успешно напред. Икономическото положение на страната е много добро.

- Стремят се, като използуват собствените суровини, да изградят самостоятелна независима промишлена база.
- Миналата година премахнали данъчната система.
- Най-трудният и напрегнат въпрос, който стои пред тях, е въпросът за

работната сила, тъй като голяма част от мъжете са в армията. В промишлеността и селското стопанство работят главно жени. Обръщат голямо внимание за подобряване на условията на работа на жените. Студентите и учениците 40 дни помагат в производството.

- Организират и изпращат специални групи на село и в промишлените предприятия за осъществяване на трите революции – идеологическата, техническата и културната.
- Направи критични бележки за местните ръководства. По-голяма част от ръководителите в предприятията и селата били добри другари, с партиен и революционен опит и производствен стаж, но изоставали при провеждането на някои задачи. Това било резултат на ниска подготовка, на известен консерватизъм и самонадеяност със собствен опит и сили да направят всичко. Специалните групи за осъществяване на трите революции оказват помощ и ръководство в промишлените предприятия и в селата.

Второ. За обединението на Корея.

Втората задача, за която работят, е укрепването на революционното движение в Южна Корея, борбата за изтегляне на чуждите войски от Южна Корея, за създаване на условия за мирно обединение на страната.

а) Движението за демократизиране на обществото и за обединение на родината в Южна Корея се разраства и е много активно. Недостатък е, че в него не участвуват активно работниците и селяните. Интелигенцията не можа да навлезе дълбоко в селото и сред работническата класа и да оказва въздействие. Това се обяснява и с големите репресии, които стават там. Борбата за демократизация на обществото в Южна Корея е на високо равнище. И миналата, и тази година студентите се надигнаха на масова борба. Учебните заведения бяха затворени, голяма част от студентите бяха повикани в армията, а друга част са в затворите. Такова е положението в Южна Корея.

б) Ние бяхме принудени да замразим мирния диалог с Южна Корея, защото те настояват за създаване на две Кореи. Това фактически означава да се увековечи разделението на Корея. То се извършва по указание на Съединените щати и Япония. Чрез искането за създаване на две Кореи те целят да прекъснат разговорите. Ние смятаме, че в разговорите с тях не могат да се получат никакви резултати. Освен това при положение че народът на Южна Корея се обявява активно против диктатора, каква ще бъде нашата полза от разговорите с него?

в) Ние сме против създаването на две Кореи. Съединените щати искат да превърнат Южна Корея в американска база. Но затова те настояват за увековечаване на разделението. Същите цели преследва и Япония. Японците се стремят да запазят територията на Южна Корея като пазар на своите стоки и наричат демаркационната линия по 38 паралел линия на борбата против комунизма. Говорят, че в резултат на изменилата се обстановка в Индокитай ние също ще атакуваме Юга. Във връзка с това продължават да шумят и да говорят против нас. В резултат напрежението в сравнение с това, което беше, е засилено. В Южна Корея се разгръща кампания против комунизма; с най-нови форми и много често говорят за война с Корейската народнодемократична република.

г) Кисинджър и министърът на отбраната на Съединените щати непрекъснато повтарят, че те няма да допуснат това, което стана в Индокитай, да стане в Южна Корея, че ще продължават да изпълняват своите задължения. В Южна Корея се стоварват и нови американски войски. Разбира се, американците не могат да постигнат нищо повече. Техните военни сили са разпръснати в много страни. Това дава основание да се смята, че те не биха могли да се сражават успешно. Но все пак те са империалисти.

д) Ние трябва да повишаваме нашата бдителност и затова ние поддържаме нашата бойна готовност. Ако те ни нападнат, ние сме готови да се бием с тях. Ние никога няма да започнем първи. Даже имаме намерение, в случай че там стане демократична промяна в ръководството, да водим разговори за мирно обединяване на страната. Ние не сме преставали да издигаме лозунга за мирно обединяване на родината. Продължаваме да настояваме за трите принципа, върху които следва да се извърши обединяването, а именно – самостоятелно, без чужда намеса, по мирен път, независимо от идеологическите различия.

е) Заедно със засилването на борбата на корейския народ за обединяване ние отчитаме, че е необходимо да се издига все повече гласът на народите от различни страни на света за изтегляне на американските войски от Южна Корея.

Трето. За връзките на КНДР със социалистическите страни, с необвързаните страни, с революционните сили в света.

Третата задача, по която корейските другари работят, е укрепването на техните революционни връзки със социалистическите страни, със страните от третия свят, с работническата класа и другите революционни сили в света.

а) Настояват и полагат усилия за сплотяване на социалистическите страни, за разширяване връзките между социалистическите страни като решаваща сила за оказване помощ на националноосвободителните движения и на развиващите се страни, които са наш съюзник.

б) Работят за укрепване на връзките с необвързаните страни и успехите им в тази насока не са малки. През тези години установили много контакти с тях, с държавните ръководители на тези страни и с демократични дейци. С това искат да увеличат редовете на страните, които ще поддържат Корейската народнодемократична република.

Преди две години на Конференцията на необвързаните страни беше гласувана декларация в подкрепа на Корейската народнодемократична република. Има много случаи, когато редица държавни ръководители на необвързаните страни са изпращали писма до Организацията на обединените нации в подкрепа на позицията на Корейската народна република по обединяването на страната. Този въпрос беше засегнат и по време на разговорите при посещението ни в Алжир. Алжирската страна е председател на блока на необвързаните страни. Те ми заявиха, че няма изменения в тяхната позиции и ще продължат да подкрепят тази позиция, като Алжир ще ни подпомага дейно в установяването на контакти и отношения със страни, с които ние не поддържаме такива.

в) Ние нямаме желание да поддържаме отношения с капиталистическите страни, защото тези страни искат да получат благоприятни условия за своята политика. Те казват, че ако социалистическите страни признаят Южна Корея, то и те ще ни признаят. Фактически с тази си дейност те работят за създаването на две Кореи. И затова ние не настояваме много за установяване на отношения с тези страни.

г) За двустранните отношения между нашите партии и страни: След посещението на българската партийно-правителствена делегация в Корея те се издигнаха на нов етап и продължават да се развиват. Изрази пълно задоволство от това положително развитие и благодарност за помощта и подкрепата, която България оказва и в областта на икономиката, и на международната арена.

2. В изложението си на официалните преговори между двете партийно-правителствени делегации другарят Тодор Живков се спря на следните въпроси:

Първо. За двустранните отношения. Присъедини се към оценката че те се развиват добре, приятелски. Заяви, че не вижда проблеми и причини, които да създават трудности в по-нататъшното благотворно развитие на тези отношения. Сложено е едно много добро начало и по-нататъшното развитие на икономическото и културното, на всестранното сътрудничество между двете партии и страни зависи от съответните компетентни органи на България и КНДР. Ако е необходимо, могат да се обсъдят допълнителни проблеми за развитието на двустранните отношения в бъдеще.

Второ. За обединението на Корея. Подчерта, че Народна република България винаги и при всички условия е била на страната на корейските другари в тяхната справедлива борба за национално обединение на тяхната родина. Увери ги, че и в бъдеще ще бъдем на тяхна страна, че в кръга на възможностите ни като партия и държава ще оказваме съдействие и на международната арена в борбата за обединение на Корея.

Четвърто. За външнополитическата дейност на партията и страната.

Посочи, че в кръга на нашите възможности работим с оглед да даваме принос в решаването на съвременните международни проблеми.

а) Специално внимание отдели на положението на Балканите и на политиката на България в този район. Изтъкна, че България се намира на Балканите и главните наши усилия са насочени именно тук. България е в центъра на Балканския полуостров и никакъв въпрос тук не може да се реши трайно без нея. Срещу нас обаче действуват големи и различни сили: Като почнете от американците и другите империалисти, а и нашите и вашите „китайски приятели“ активно работят, за да изолират България на Балканите; всичко това – от най-ляво до най-дясно – полага усилия да изолира България на Балканите. Обаче никой не може да стори това. Колкото повече се борят срещу Народна република България, толкова повече расте нейният авторитет. Защото тя е социалистическа държава, намира се в центъра на Балканския полуостров и няма как да я изолират освен да ни унищожат, а това не е така лесна работа.

Спря се на отношенията на България с балканските страни, като посочи, че почти с всички те се развиват добре:

- с Румъния – въпреки някои различия в известни области, двустранното сътрудничество се разширява; отбеляза посещението на Маня Манеску в България и предстоящото посещение на българската партийно-правителствена делегация в Румъния.
- с Югославия – независимо, че съществуват някои недоразумения по идеологически и други въпроси, икономическото сътрудничество и стокообменът се развиват много добре;
- нашите отношения с Гърция и Турция също се развиват добре. Те са капиталистически държави – членки на НАТО, а България е социалистическа страна, членка на Варшавския договор, но отношенията са добросъседски;

- отношенията с Албания се развиват главно в икономическата област. В България не се води отрицателна кампания срещу Албания, но напоследък те засилиха своята кампания и нападки срещу България, наричат ни „модерни ревизионисти“ и пр. След направения протест са спрели засега антибългарската кампания;
- важен въпрос сега на Балканите е кипърският;
- обстановката на Балканите е сложна, но общо взето върви към разведряване, а не към усложняване.

б) Спря се на отношенията със Съветския съюз и другите европейски социалистически страни, които са изключително добри.

в) Вечерта усилията на Българската комунистическа партия да дава своя принос за укрепване и сплотяване на международното комунистическо и работническо движение, да развива широки връзки с братските комунистически партии.

г) Специално внимание отдели на необвързаните страни. Изтъкна, че от наша страна също се поддържат връзки и се работи с така наречените необвързани, развиващи се държави с оглед да се укрепва антиимпериалистическата им насоченост, все повече да се превръщат те в наш резерв, в резерв на социализма, на световния революционен процес. Подчерта, че движението на необвързаните страни от класова гледна точка е един конгломерат, разнороден сбор, че между тях има и прогресивни режими, и десни режими.

д) В заключение посочи, че Народна република България има авторитет, че нея я уважават не защото нашата политика е колеблива и се нагажда ту на една, ту на друга страна. Нашата политика е принципна и последователна, тя не е конюнктурна. Затова именно уважават и Народна република България, и Българската комунистическа партия.

И приятелите, и империалистите знаят, че нашата партия и страна не заиграват с никого, че говорим откровено и ясно с всички, че те се стремят в кръга на нашите възможности да дават своя принос за справедливо решаване на международните проблеми, за укрепване на мира, за развитие на световния революционен процес.

II. Проблеми, разгледани в личните беседи на другаря Тодор Живков и другаря Ким Ир Сен

Другарите Тодор Живков и Ким Ир Сен разговаряха във Варна около три часа. По време на пътуването също разговаряха. В тези разговори бяха засегнати следните въпроси:

Първо. За положението в Европа и за конференцията за европейска сигурност.

В началото на разговорите др. Ким Ир Сен помоли др. Тодор Живков да го информира за положението в Европа, подчертавайки, че някои смятали, че имало известно намаляване на напрежението на континента.

В отговора си др. Тодор Живков подчерта ролята на Съветския съюз и братските социалистически страни за намаляване на напрежението в Европа, техните усилия за завършване на конференцията за сигурност и сътрудничество и успехите в тази насока.

Заяви, че след поражението си в Индокитай САЩ полагали усилия да противодействуват на тенденцията на намаляване на напрежението; засилвайки военното си присъствие на континента, искат да попречат на успешното завършване на конференцията за сигурност.

Насочи, че в тази дейност САЩ получават активна подкрепа от Китай, който не подбира начини и средства за засилването на напрежението в Европа.

Подчерта, че независимо от трудностите, които се създават от различни сили, ще се отиде към заключителния етап на конференцията за европейска сигурност, което ще бъде важна крачка за превръщането на международното разведряване в необратим процес. А намаляването на международното напрежение подпомага борбата на народите срещу империалистическата политика на агресия и намеса в Азия и другите континенти, съдействува за разрастване на класовата борба на трудещите се в капиталистическите държави, подпомага световния революционен процес.

Второ. За положението в Португалия.

В отговор на въпроса на др. Ким Ир Сен дали има възможност революция, подобна на тези в Португалия, да се осъществи и в други страни, например в Испания, др. Тодор Живков се спря подробно на положението в Португалия.

Той изтъкна активната роля на Португалската комунистическа партия и нейния генерален секретар Алвару Кунял в демократическите преобразувания в страната, за борбата, която те водят в настоящия момент против силите на реакцията, обединила се около Социалистическата партия.

Подчерта, че в своята контрареволюционна дейност реакцията на Португалия се подкрепя активно от САЩ и Китай. Китайците работят сред крайно левите сили в страната, подстрекават маоистките групи и крайно левите и десни елементи към провокации.

Опасявайки се, че успешното развитие на Португалия може да окаже огромно влияние за положителни промени и в други страни като Испания, Италия и други, империалистическите кръгове се стремят да задушат движението.

Политиката, която социалистическите страни следва да провеждат към това движение, трябва да бъде политика принципна и класова, политика на укрепване на неговата антиимпериалистическа основа и характер, за насочването му срещу главния враг на социализма, на международното комунистическо и работническо движение, на националноосвободителното движение, на народите – империализма и преди всичко американския империализъм. Подобна позиция в Движението на необвързаните заема Куба. Социалистическите страни трябва да сътрудничат с Движението на необвързаните и да му въздействуват в различни форми, а не по пътя на пряко влизане в него. Ако всички социалистически страни се присъединят към Движението на необвързаните, както разбира това и постъпва Югославия, това означава социалистическият опит да понесе големи политически и морални загуби, това означава разпад на общото социалистическо дело.

Говорейки за Югославия, др. Тодор Живков изтъкна както положителен фактът, че напоследък тя все повече отива на икономическо сътрудничество и разширява търговията си със Съветския съюз и другите социалистически страни. Разбира се, тя върши това и поради вътрешни икономически трудности, и поради кризисните сътресения в икономиката на империалистическите държави.

За отношенията с Румъния др. Тодор Живков имаше възможност и сподели редица мисли и по време на пътуването. Що се касае до двустранните българо-румънски отношения, те се развиват благоприятно. Той подчерта, че не можем да се съгласим с редица действия на румънското ръководство на международната арена и в международното комунистическо и работническо движение, където напускат класовите позиции и подход, позициите на пролетарския интернационализъм, изпадат на националистически позиции и обслужват не нашето общо социалистическо дело, а западните реакционни сили.

Посочи, че младежта и армията в Румъния не се възпитават за успешна борба срещу противника в една евентуална война. Румънската армия например е въоръжена с оръжие, произведено преди 20 години. Не се прави необходимото румънската армия да бъде една съвременна армия.

Характеризира като добри отношенията и с Гърция, и с Турция, които са капиталистически държави и членки на НАТО. Информира, че е предстоящо посещение на министър-председателя на Гърция в нашата страна и на министъра на външните работи на НР България и Турция.

Повторно се спря на факта, че на Балканите САЩ и Китай действуват в единен фронт за изолиране на България. Тяхната дейност обаче е безуспешна и обречена на провал.

След това другарят Тодор Живков помоли др. Ким Ир Сен да го информира за положението в Китай, за отношенията между КНДР и Китай и по въпроса за обединението на Корея.

Четвърто. За положението в Китай.

Правейки сравнение между личните впечатления, придобити по време на неотдавнашното си официално посещение, и тия от неофициалното си посещение в Китай преди няколко години във връзка с 50-ата годишнина на Суанук, Ким Ир Сен подчерта, че има известно успешно развитие.

Осигурен бил необходимият минимум за изхранването и обличането на народа. Нямало както в Индия гладни и окъсани. Обработването на земята обаче ставало главно с ръчен труд. В полята нямало трактори, въпреки че производството на трактори в Китай не било малко. Недостатъчно е производството на стомана. Китай добивал много нефт, работят за увеличаване на добива му и за изграждане на мощности за неговата преработка, Водела се борба за нормализиране на икономическото положение в страната, усложнено от културната революция.

Във връзка с вътрешнополитическото положение на Китай, заяви, че имали голяма възрастова разлика в ръководните кадри на страната. Едната група били много възрастни, а другата – много млади. От групата на възрастните само Дън Сяо Пин бил по-активен. За младите кадри не можел нищо да каже, защото не ги познавал, докато възрастните познавал много добре.

В разговорите на др. Ким Ир Сен с др. Чжоу Ен-лай, последният, имайки предвид списъка на избрания на Петия конгрес на Корейската трудова партия нов Централен комитет на Корейската трудова партия, казал, че завиждал на корейските другари в подготовката на ръководни кадри, че те са осигурили приемственост в издигането на ръководни кадри.

39. ЦДА на РБ, ф. 1Б, оп. 60, а. е. 178.

ОФИЦИАЛНИ РАЗГОВОРИ

между партийно-правителствена делегация на НРБ начело с др. Тодор Живков – първи секретар на ЦК на БКП и председател на Държавния съвет, и партийно-правителствена делегация на Корейската народнодемократична република начело с Ким Ир Сен – генерален секретар на ЦК на Корейската трудова партия и президент на КНДР

2 юни 1975 г. – резиденция „Бояна"
(19 часа)

От българска страна в разговорите участвуват: Станко Тодоров – член на Политбюро на ЦК на БКП и председател на Министерския съвет; Пенчо Кубадински – член на Политбюро на ЦК на БКП и председател на Националния съвет на Отечествения фронт; Иван Попов – член на Политбюро на ЦК на БКП и заместник-председател на Държавния съвет; Константин Теллалов – секретар на ЦК на БКП; Кирил Зарев – кандидат-член на ЦК на БКП; заместник-председател на Министерския съвет и председател на Държавния комитет за планиране; генерал-полковник Атанас Сермеджиев – член на ЦК на БКП, първи заместник-министър на народната отбрана и началник на Генералния щаб на БНА; Андон Трайков – кандидат-член на ЦК на БКП и първи заместник-министър на външните работи; Пантелей Зарев – член на ЦК на БКП и председател на Съюза на българските писатели; Христо Келчев – член на ЦК на БКП, извънреден и пълномощен посланик на България в КНДР.

От страна на КНДР в разговорите участвуват: Ким Дон Гю – член на Политическия комитет и секретар на ЦК на КТП, вицепрезидент на КНДР; армейски генерал О

Дин У – член на Политическия комитет и секретар на ЦК на КТП, началник на Генералния щаб на КНА; Лю Дян Сик – кандидат-член на Политическия комитет и секретар на ЦК на КТП; Хо Дам – член на ЦК на КТП, заместник-председател на Административния съвет на КНДР и министър на външните работи; Чонг Сонг Нам – член на ЦК на КТП и министър на външноикономическите връзки; Ли Зон Хван – извънреден и пълномощен посланик на КНДР в България.

Тодор Живков:

Уважаеми другарю Ким Ир Сен,

Уважаеми членове на партийно-правителствената делегация на братска Корея,

Разрешете ми от името на Централния комитет на Българската комунистическа партия, Държавния съвет и правителството, от името на нашата делегация и лично от свое име да изкажа най-сърдечна благодарност на другаря Ким Ир Сен за това, че се отзова на нашата покана и днес е скъп наш гост, да приветствувам всички Вас, корейски другари, и да изкажа нашата увереност, че това посещение на др. Ким Ир Сен у нас ще отбележи нови стъпки напред в развитието на българо-корейските отношения.

Що се касае до нас – Централния комитет, правителството, нашата страна, ние желаем да развиваме и по-нататък все по-плодотворно и по-плодотворно нашите отношения във всички направления – в областта и на икономиката, и на търговията, и на културата, и на идеологията.

Развитието на българо-корейската дружба е едно голямо постижение на нашите две партии, на нашите две страни. Искам тук да подчертая личния принос на другаря Ким Ир Сен за това благотворно развитие на нашите отношения.

Днес Вие сте скъп наш гост, другарю Ким Ир Сен, и съгласно нашите традиции и обичаи на гостоприемство най-напред на Вас предоставям думата за изказване.

Ким Ир Сен:

Благодаря.

Преди всичко разрешете от името на нашата партия и правителство, от свое име, от името на членовете на нашата делегация да изкажа най-голяма благодарност за поканата, която ми отправиха Централният комитет на Българската комунистическа партия, правителството на НРБ и Вие, другарю Тодор Живков.

Ние сме развълнувани от топлото посрещане, което ни бе оказано от гражданите на София, от Вас тук.

Много съм радостен, че нашите две партийни делегации отново се срещат около тази маса.

Най-напред искам да подчертая факта, че след посещението на др. Тодор Живков в Корейската народнодемократична република нашите партийни и държавни отношения се засилиха, корейският народ никога няма да забрави онова вдъхновение, което получи в резултат на Вашето посещение у нас. То ни вдъхна още по-големи сили.

Искам да подчертая и революционните традиции на др. Георги Димитров, революционните традиции на марксизма-ленинизма, онаследнени от българския народ.

Бих желал да изразя освен това нашата най-дълбока благодарност от материалната и моралната помощ, оказана ни от българския народ, от Българската комунистическа партия и от българското правителство по време на нашата борба срещи агресора, а и също и за подкрепата, която ни оказвате днес на международната арена в укрепването на нашите позиции по въпроса за обединяването на Корея. Във връзка с това още веднъж искам да изкажа на Българската комунистическа партия, на правителството на Народна република България и на целия български народ благодарността на Корейската трудова партия, на правителството на Корейската народнодемократична република и на корейския народ.

Не зная с какво време разполагаме, но бих желал да се спра главно на въпросите, свързани с развитието на нашата страна след Вашето посещение у нас.

В този момент целта на нашата политика е националното обединение на родината. Ние сме единна нация, която трябва да бъде обединена. Това, разбира се, е много трудна и сложна задача. Смятаме, че трябва да вървим напред в изграждането на комунизма чрез решаването и на националния въпрос.

За реализирането на тази цел работим по осъществяването на три главни задачи.

Първата от тях е по-нататъшното развитие на социалистическото строителство на Корейската народнодемократична република, нейното по-нататъшно укрепване в политическата, икономическата и културната област. Изобщо укрепването на страната във всички области е наша първа, основна, главна задача.

Втората задача, по която работим, е укрепването на революционното движение в Южна Корея, борбата за изтикване на чуждите войски от Южна Корея, създаването на условия за мирно обединение на страната. В тази връзка ние разгръщаме подкрепа на движението за демократизация на обществото в Южна Корея.

Третата задача е укрепване на нашите революционни връзки със социалистическите страни, със страните от третия свят, с работническата класа и другите революционни сили в света.

Ние работим и продължаваме да работим за осъществяването на тези три основни задачи.

Имаме трудности, но изграждането на социализма върви успешно. След Вашето посещение в нашата страна, другарю Живков, работим за предсрочното изпълнение на петгодишния народностопански план за развитието на народното стопанство.

В областта на промишлеността се стремим, използвайки нашите собствени суровини, да изграждаме самостоятелна, независима промишлена база. След Вашето посещение на базата на постигнатите успехи беше ликвидирана данъчната система. Разбира се, данъците в нашата страна ежегодно намаляваха. През миналата години този процес завърши.

Както беше предвидено по петгодишния план, материалните доходи на населението се увеличиха с около 30%. Мога да кажа, че икономическото положение у нас е много добро.

Най-трудният въпрос, който стои пред нас, е въпросът за работната сила – това, което казах и на Вас, другарю Тодор Живков, по време на разговорите ни. Както знаете, голяма част от нашата работна сила се намира в армията. В Южна Корея армията наброява около 700 хиляди – 1 000 000 души. Ние трябва да имаме поне половината от военните сили на Южна Корея. Така че голяма част от мъжете са в армията. Ето защо и въпросът за трудовите сили е много труден.

Ние имаме много природни богатства, но нямаме сили, които да ги извлекат. Ето защо се стремим да развиваме техническата революция с оглед допълване недостига от работна ръка. Във връзка с това развиваме добивната промишленост – каменни въглища, желязна руда. Развиваме лесодобива, селското стопанство и риболова. За да могат успешно да се развиват всички тези отрасли, трябва да развиваме и техническата революция.

Така стои въпросът в селското стопанство. Нашата обработваема земя не е голяма – възлиза на 2 000 000 хектара.

Тодор Живков:

Това е половината от обработваемата земя у нас. А ние все смятаме, че България е малка.

Ким Ир Сен:

От тях 300 000 хектара са за овощни градини. Освен това наклонените терени заемат около 250 – 300 000 хектара. Фактически могат да се използват рационално около 1 140 000 хектара, но както казах, повечето от младите са в армията. В селата са останали главно старци, жени, баби и деца. Ето защо няма друг път за селското стопанство освен развитието на техническата революция и обезпечаването с трактори и химически торове.

Освен това трябва да се обърне голямо внимание и на подобряването на условията за работа на жените, защото, ако в производствения процес в промишлеността и в селското стопанство не се включат главно жените, ще бъде много трудно. Затова изниква въпросът за възстановяване силите на жените след работа в производството и в семейството. Много е трудно за жените да готвят, да перат, да чистят вкъщи и след това да отиват на работа в производството.

Ето защо полагаме големи усилия за изграждането на детски домове и детски ясли. През този период бяха построени много детски градини и детски ясли и в града, и в селото. Децата, обхванати в детските домове и детските ясли, са около 3 500 000. В основното и среднообразователното училище, а също и в университетите се учат около 4 700 000 души.

Оттук може да направим извода, че фактически почти половина от населението са деца, ученици, студенти и младежи в армията. При това положение нямаше друг начин освен да установим система студентите и учениците ежегодно по 40 дни да помагат в производството. Това важи от III клас на средното производствено училище или от VIII клас нагоре. Поради това ваканциите са кратки.

Ето по този начин решаваме въпросите, свързани с преодоляване на недостига на работна ръка, така задоволяваме нуждите от работна сила.

Голямо внимание обръщаме на техническата революция. Но само с решения, спускани надолу, работата не вървеше. Затова Централният комитет на Корейската трудова партия създаде групи за осъществяване на трите революции. В тези групи влизат партийни членове, членове на Младежкия съюз, членове на профсъюзите, а също и добри работници. Заедно със завършващите студенти и други представители на интелигенцията тези групи заминават на село и в промишлените предприятия. Групата, отивайки например на село, работи по осъществяването на идеологическата, техническата и културната революция. Тези групи възникнаха през 1973 година.

Разбира се, ние знаем, че по-голяма част от ръководителите в предприятията и селата са добри другари, със стаж и опит. Това са хора, които са участвували в създаването на партията, в провеждането на аграрна реформа, изпълнението на социалистическата програма, хора, които са участвували в Отечествената война против американския агресор. Именно тези хора са в основата на народа. Те са предани на партията и на революцията, но изостават при провеждането на някои задачи. Това е резултат до известна степен на ниската подготовка. Разбира се, има у някои и известен консерватизъм и самонадеяност със собствен опит и сили да направят всичко. Отивайки в промишлените предприятия в селата, създадените групи оказват помощ и ръководство на място. Там, на място, те откриха много неща. Помогнаха за внедряването на нова техника, по-специално в областта на рудодобива и въгледобива.

Голяма част от завършилите в нашите институти оказват помощ на селата. Работейки в тази насока, те помагат, от една страна, за успешното осъществяване на партийната политика, а от друга страна, съдействуват за внедряването на нова техника в производството. Резултатите са много добри.

През миналата година бяха постигнати големи успехи.

Бяха решени редица въпроси в селото. Миналата година урожаят в селското стопанство беше значително увеличен. В миналото селяните у нас не знаеха как за използуват добре изкуствените и естествените торове. В резултат на помощта, която оказаха групите, се повиши равнището на работа и нараснаха възможностите на селското стопанство. Тези резултати бяга отчетени през пролетта на тази години в Централния комитет на партията по повод анализа на работата на групите и бяха констатирани големи успехи.

На базата на постигнатото в социалистическото строителство набелязахме перспективен план. Разбира се, опираме се на това, което сме постигнали досега, на нашите досегашни успехи.

В областта на културната революция също полагаме големи усилия. Преодолявайки всичко, вървим напред.

По въпросите за Южна Корея бих желал да се спра по-нашироко в личните разговори.

Движението за анексията на Южна Корея се разрасна и е много активно. Недостатък обаче на това движение е фактът, че в него не участват активно работниците и селяните. Това говори, че интелигенцията не иска да навлезе дълбоко в селото и сред работническата клас. Разбира се, това може да се обясни и с големите репресии там. Но интелигенцията не е свързана достатъчно с работническата класа и със селячеството, поради което не може да оказва въздействие.

Трябва да кажем обаче, че борбата за демократизация на обществото в Южна Корея е на високо равнище. Миналата година през април, а също така и през настоящата година студентите се надигнаха на масово движение, в резултат на което учебните заведения бяха закрити, голяма част от студентите беше призована в армията, а друга част попадна в затворите. Такова е положението в Южна Корея.

В резултат на това и ние бяхме принудени да замразим мирния диалог с Южна Корея. Те настояват за създаването на две Кореи, което фактически означава увековечаване разделянето на страната. Това се извършва по указание на Съединените щати и Япония. Те целяха по пътя на издигането на линия за създаване на две Кореи да прекъснат разговорите. Ние смятаме, че в разговорите с тях не могат да се получат никакви резултати. Освен това, при положение че народът на Южна Корея се обявява активно против диктатора, каква ще бъде нашата полза от разговорите с него?

Ние сме против създаването на две Кореи. Съединените щати искат да превърнат Южна Корея в американска база. Затова те настояват за увековечаване на разделянето. Същите цели преследва и Япония. Японците се стремят да запазят територията на Южна Корея като район за пласиране на своите стоки и наричат демаркационната линия по 38 паралел линия на борбата против комунизма, говорейки, че в резултат на изменилата се обстановка в Индокитай ние също ще атакуваме Юга. Във връзка с това продължават да шумят и да говорят против нас.

В резултат на това напрежението се засили. В Южна Корея се разгръща кампания против комунизма с най-нови форми. Много често говорят за война с Корейската народнодемократична република. Освен това Кисинджър и министърът на отбраната на Съединените щати непрекъснато повтарят, че те няма да допуснат в Южна Корея да стане това, което стана в Индокитай, че ще продължават да изпълняват своите задължения. Освен това изпращат там и нови американски войски.

Разбира се, американците не могат да постигнат нищо повече. Техните военни сили са разпръснати в много страни. Това дава основание да се смята, че те не биха могли да се сражават успешно. Но все пак са империалисти. Затова трябва да повишаваме нашата бдителност. Ние поддържаме нашата бойна готовност. Ако те ни нападнат, готови сме да се бием с тях. Ние никога няма да започваме първи. Даже имаме намерение, в случай че там се извърши демократична промяна в ръководството, да проведем разговори за мирно обединяване на страната. Ние не сме преставали да издигаме лозунга за мирно обединяване на родината. Продължаваме да настояваме за трите принципа, върху които следва да се извърши обединяването – самостоятелно, без вмешателство; по мирен път; независимо от идеологическите различия.

Смятаме, че едновременно със засилването на борбата на корейския народ за обединяване необходимо е да се издига все повече и гласът на народите от различни страни на света за изтегляне на американските войски от Южна Корея.

Както казах, по въпросите на вътрешното положение в Южна Корея ще разговаряме с Вас, другарю Тодор Живков. Исках сега само да Ви запозная накратко с положението там.

Третият важен въпрос, по който работим, е по-нататъшното сплотяване на силите на комунистическото и работническото движение в социалистическите страни. Кои са пътищата? Ние издигаме лозунга за единство на социалистическите страни. Полагаме усиля за тяхното сплотяване. Заедно с това работим за по-нататъшното развитие на съюза и връзките между социалистическите страни като важна, решаваща сила за оказване помощ на националноосвободителните движения на развиващите се страни, които са наш съюзник, на новоосвободените страни.

Работим и за укрепване на връзките с необвързаните страни. През тези години установихме много контакти с държавните ръководители на тези страни, с техни демократични дейци. С това искаме да увеличим редовете на страните, които ще поддържат Корейската народнодемократична република.

Както знаете, преди две години на Конференцията на необвързаните страни беше гласувана декларация в подкрепа на Корейската народнодемократична република. В много случаи редица държавни ръководители на необвързани страни са изпращали писма до Организацията на обединените нации в подкрепа на позицията на КНДР за обединяване на страната. Този въпрос беше засегнат и по време на разговорите при нашето посещение в Алжир. Алжирската страна е председател на блока на необвързаните страни. Те ми заявиха, че няма изменение в тяхната позиция и ще продължават да подкрепят нашата кауза. Алжир ще ни подпомага дейно в установяването на контакти със страни, с които нямаме отношения.

През този период установихме отношения с много страни. Нямаме желание да поддържаме отношения с капиталистическите страни, защото искат да създадат благоприятни условия за своята политика. Те казват, че ако социалистическите страни признаят Южна Корея, и те ще ни признаят. Фактически те работят за създаването на две Кореи. Затова ние не настояваме много за установяване на отношения с тях. Работим за разширяване на нашите отношения с необвързаните страни. В тази насока успехите ни не са малко.

Това е, което исках да Ви разкажа накратко за положението в нашата страна, за главните три въпроса, по които работим. Според нас работите засега вървят добре.

Ще се спра накратко и на отношенията между нашите две партии.

Както казахте преди малко, след посещението Ви у нас отношенията между двете партии се издигнаха на нов етап и продължават да се развиват. Бих искал да изравя своето пълно задоволство от това положително развитие.

Смятам, че в резултат на нашето посещение в България, в резултат на разговорите, които ще водим с Вас, отношенията между нас ще се издигнат на още по-високо стъпало.

Още веднъж искам да изразя благодарността ни за подкрепата, която оказахте на международната арена на нашите позиции в периода след Вашето посещение, а също и за помощта по линия на съвместната комисия за икономическо сътрудничество. Уведени сме, другари, че и за в бъдеще ще получаваме Вашата подкрепа на международната арена.

Благодаря Ви за вниманието, с което ме изслушахте.

Тодор Живков:

Благодарим за интересната информация, която ни изнесохте.

Напълно се присъединявам към оценките, които дадохте на развитието на отношенията между нашите две партии и страни. Нашите отношения се развиват добре, те са приятелски, братски. Аз не виждам проблеми и причини, които да създават трудности в по-нататъшното благотворно развитие на тези отношения.

Очевидно по-нататък зависи от съответните компетентни органи. Ние сме сложили много добро начало и в икономическото, и в културното сътрудничество, въобще във всестранното сътрудничество между нашите две партии и страни. Ако е необходимо на някои въпроси да се върнем допълнително, може Вашите и нашите сътрудници да обсъдят допълнителните въпроси във връзка с развитието на отношенията ни за в бъдеще. Готови сме да разширяваме всестранно нашето сътрудничество във всички области.

Що се касае до нашето отношение към борбата Ви за национално обединение, ние винаги при всички условия сме били на страната на Вашата справедлива кауза. Искам да Ви уверя, че и сега сме на Ваша страна. И в бъдеще ще бъдем на Ваша страна – до пълната победа. В кръга на нашите възможности като партия и държава ще оказваме съдействие и на международната арена във връзка със справедливата Ви борба за национално обединение.

Позволете ми накратко да Ви информирам по някои въпроси и проблеми, с които живеем и по които работи.

Очевидно по много въпроси ще имаме възможност да разговаряме с Вас по време на Вашето пребиваване у нас.

Настоящата година е последната година в изпълнението на нашата шеста петилетка. Независимо от някои трудности, които се явиха (особено миналата година) поради голямо засушаване у нас и поради конюнктурата на международните цени, ние успешно ще изпълним шестата петилетка и по количествените, и по качествените показатели. Това е …..

-20-

Ние отиваме към една голяма, гигантска за мащабите на нашата страна концентрация на селскостопанското производство. Проблемите на селското стопанство сега са механизацията, химизацията, автоматизацията и напояването.

Какво в края на краищата целим с всичко това, което сега сме замислили и провеждаме в областта на нашата икономика? През шестата петилетка, която сега се изпълнява, ежегодният прираст на националния доход е 905 млн. лв. При този подход в развитието на икономиката, за който говоря, през следващата петилетка ще осъществяваме ежегоден прираст кръгло около 1 млрд. и 800 млн. лв., или два пъти повече, отколкото през шестата петилетка. Това е по разработките на Държавния комитет за планиране. Трябва да се има предвид, че ДКП предвижда по-занижени показатели. Ние говорим например за коефициент на сменност 2 – 2,5, а те залагат 1,8.

Ето виждате, в областта на икономиката ние правим решителен поврат. Този поврат ще бъде тежък за ръководството и в центъра, и по места за нашите кадри. Но за народа той няма да бъде тежък, тъй като ние отиваме към всичко това не, както се казва, с притягане на каиша, а с отпускане на каиша.

Новият подход в развитието на нашата икономика през следващия етап ни дава възможност да увеличим, както вече казах, националния доход, а оттук и възможностите за развитието на културната революция, за по-доброто задоволяване на материалните и духовните потребности на народа. Той ни дава възможност да отделяме и повече средства за отбраната на нашата страна. България се намира на такова място, че въпросът за армията, за отбраната на страната е решаващ. У нас цялата младеж преминава през служба в армията. Главният проблем тук обаче е въоръжаването със съвременни оръжия. Ние произвеждаме достатъчно стрелково оръжие, даже изнасяме. Но самолети, танкове, ракети и т.н. внасяме. По-рано ги получавахме безвъзмездно, сега всичко си плащаме.

Така че тези въпроси ние разглеждаме не само от икономически аспект, но и от аспект на отбраната, в социален и културен аспект и т.н.

Що се касае до нашата външнополитическа дейност, в кръга на нашите възможности работим с оглед да даваме принос в решаването на международните проблеми.

Главните наши усилия са насочени на Балканите. България е в центъра на Балканския полуостров и никакъв въпрос в този район не може да се реши трайно без нея. Срещу нас са насочени големи сили, за да ни изолират на Балканите – на американците, на други империалисти. Нашите и Вашите китайски приятели също работят тук активно, за да ни изолират. Всички, от най-леви до най-десни сили, работят с цел да ни изолират на Балканите. Никой обаче не може да ни изолира. Колкото повече усилия се полагат, толкова повече расте и авторитетът на България. България е социалистическа държава в центъра на Балканския полуостров и няма друг начин да я изолират освен да я унищожат. А да ни унищожат не е лесна работа.

Нашето отношение с почти всички балкански страни се развиват добре.

С Румъния, знаете, имаме някои различия в известни области. Отношенията ни обаче се развиват добре. У нас беше на посещение първият министър др. Маня Манеску и води разговори с др. Станко Тодоров. Предстои наша партийно-правителствена делегация, ръководена от мен, да посети на 16 юли Румъния. През следващия етап отиваме на едно широко икономическо сътрудничество. До 1980 г. нашият стокообмен с Румъния ще достигне до един милиард рубли. Създаваме съвместни предприятия, ще строим съвместен хидровъзел на р. Дунав, в областта на металургията ще осъществяваме сътрудничество и т.н.

С Югославия, независимо че имаме известни недоразумения по някои идеологически и други въпроси, икономическото сътрудничество се развива много добре. Стигнахме над 200 милиона долара годишен стокообмен. Тази година той ще бъде 208 милиона долара. Стокообменът между нас постоянно се увеличава.

С Гърция нашите отношения напоследък се развиват много добре. С Турция – също. Гърция и Турция са страни-членки на НАТО, капиталистически държави. България е социалистическа държава, членка на Варшавския договор, но имаме добросъседски отношения.

С Албания нашите отношения се развиват главно в икономическата област. Ние в България не водим кампания срещу Албания. До преди няколко месеца и те не водеха кампания срещу нас. Напоследък обаче започнаха кампания срещу България. Заявихме им, че също можем да организираме такава кампания, че се учудвам защо те вършат това. Протестирахме. След този протест спряха кампанията срещу нас. Те ни наричат „модерни ревизионисти“ и т.н. Но това си е в кръга на тяхната терминология. Едно време с Енвер Ходжа бяхме лични приятели.

Може да се каже, че обстановката на Балканите е сложна, но общо взето върви към разведряване, а не към усложняване.

Важен сега е кипърският въпрос.

Отношенията ни с европейските социалистически страни са много добри, особено със Съветския съюз.

Стремим се в кръга нашите възможности да даваме своя принос за укрепването и сплотяването на международното комунистическо движение. Развиваме широки връзки с братските комунистически партии.

Работим също с така наречените необвързани, развиващи се страни. Знаете, че тези страни представляват един конгломерат, разнороден сбор – там има и прогресивни, и десни режими.

България поддържа активна международна дейност. Имаме дипломатически връзки с над 100 държави, а търговски връзки – с много повече.

България има авторитет. Нас ни уважават обаче не за това, че нашата политика е колеблива, че я нагаждаме. Политиката на нашата страна е принципиална, не е конюнктурна. Затова именно ни уважават. Всички знаят, че ние не заиграваме, че говорим откровено. Стремим се в кръга на нашите възможности да даваме своя принос.

Що се касае до морално-политическото състояние вътре в страната, Вие знаете, че нашата партия е стара пария, има огромно влияние сред трудещите се. Обстановката у нас е ведра. Хората са уверени, оптимистично настроени. Разбира се, има и критика по отношение на някои недостатъци. Но общо взето нашият народ, в това число и творческата интелигенция, е сплотен около партията. Ние почти нямаме вътрешни трудности, центробежни сили, както в някои други социалистически страни. Организирани вражески сили в България няма, даже няма и единични, дребни, отделни организации. Такива организации в България не могат и да съществуват. У нас няма условия да се размива, да се ерозира обществото. Партията е навсякъде. Тя е огромна сила – на всеки 10 души един е член на партията. 90% от активната част на населението членува или в Комсомола, или в профсъюзите, или в Отечествения фронт.

Това е накратко моята информация.

Благодаря за вниманието.

Ким Ир Сен:

Благодаря Ви за интересната информация.

Тодор Живков:

Ще имаме възможност пак да разговаряме.

40. ЦДА на РБ, ф. 1Б, оп. 60, а. е. 178.

Заключителна среща

Между партийно-правителствената делегация на НРБ и партийно-правителствената делегация на КНДР

5 юни 1975 г. – зала на Партийния дом

(10:00 часа)

Тодор Живков:

Другарю Ким Ир Сен,

Позволете ми на тази заключителна среща на двете партийно-правителствени делегации още един път да изкажа нашата голяма благодарност, че приехте поканата ни и дойдохте в България.

Ние сме изключително доволни от Вашето посещение у нас, от разговорите и преговорите, от постигнатата договореност по редица въпроси. Няма никакво съмнение, че това посещение и резултатите от него ще дадат нов тласък на развитието на отношенията между нашите две партии и страни.

Можем да съжаляваме само за едно – че сте в България за малко време. Ние разбираме, че сега повече не може да останете у нас. Надяваме се, обаче, че ще дойдете пак или официално, или полуофициално. Тогава ще имаме възможност да разговаряме повече, да Ви запознаем по-добре с някои и положителни, и отрицателни страни от нашата работа, да Ви покажем и нашите успехи, и нерешените проблеми – у нас имаме и нерешени проблеми, и трудности, и безобразия. Освен това някои отрицателни страни на нашата работа Вие сами можете да видите, тъй като ние сме се сраснали с тях и не ги виждаме. Сега всичко стана набързо.

За Ваше здраве! За нашето приятелство! За нашата дружба! Наздраве!

Ким Ир Сен:

Благодаря.

Другарю Живков, аз и членовете на нашата делегация сме много доволни от посещението в България. Още веднъж искам да изразя нашата благодарност за топлото и дружеско посрещане.

Ние научихме много от България. Още един път се убедихме, че можем да се поучим много от Вашите успехи в областта на селското стопанство, промишлеността, културата.

Искам да изразя нашето желание в бъдеще в отношенията между нашите правителства и партии да работим за по-тясно сътрудничество не само с оглед на развитието на дружбата между нас, но и за даване на принос в социалистическото изграждане на нашите две страни.

Ние осъществяваме добро сътрудничество, добър обмен, особено в областта на икономиката. Смятаме обаче за много полезна и необходима размяната на мнения и по политическите въпроси, изхождайки от факта, че ние, които се намираме на източния пост в далечна Азия, и Вие, които се намирате на Балканите, работим в напрегната обстановка. Може да се каже, че това са райони, в които империалистите не само на думи, но и с оръжие са против нас. Смятаме, че разширяването на нашето сътрудничество и размяната на мнения в политическата област е много благоприятно за двете страни. В официалните разговори между двете делегации, в личните разговори, в разговорите по време на пътуването ние разменихме мнения, които смятаме за много полезни.

Убеден съм, че в бъдеще отношенията между нашите две партии ще продължат да се развиват още по-успешно. Отчитайки успешното посещение във Вашата страна, искам да изразя увереност, че ще работим за издигане на отношенията между нашите две партии и страни на по-висок етап.

За дружбата между нашите две партии и страни!

Тодор Живков:

Можем да отидем вече на организирания в чест на Вашата партийно-правителствена делегация митинг на софийските трудещи се.

41. ЦДА на РБ, ф. 1Б, оп. 60, а. е. 178.

СЪВМЕСТНО КОМЮНИКЕ

за посещението на партийно-правителствената делегация на Корейската народнодемократична република в Народна република България

По покана на Централния комитет на Българската комунистическа партия, Държавния съвет и Министерския съвет на Народна република България от 2 до 5 юни 1975 година партийно-правителствена делегация на Корейската народнодемократична република, водена от генералния секретар на Централния комитет на Корейската трудова партия и президент на Корейската народнодемократична република др. Ким Ир Сен, направи официално приятелско посещение в Народна република България.

По време на пребиваването си партийно-правителствената делегация на КНДР посети промишлени предприятия, курортни комплекси, културни учреждения и има дружески срещи с трудещите се от София, Толбухински и Варненски окръг. Навсякъде на генералния секретар на Централния комитет на Корейската трудова партия и президент на Корейската народнодемократична република др. Ким Ир Сен и на делегацията бе оказан топъл сърдечен прием и гостоприемство. Срещите на делегацията с трудещите се на България се превърнаха в ярка манифестация на братската дружба между Народна република България и Корейската народнодемократична република.

По време на посещението се състояха разговори между първия секретар на Централния комитет на Българската комунистическа партия и председател на Държавния съвет на Народна република България др. Тодор Живков и генералния секретар на Централния комитет на Корейската трудова партия и президент на Корейската народнодемократична република др. Ким Ир Сен, в които взеха участие:

От страна на Народна република България: членът на Политбюро на ЦК на БКП и председател на Министерския съвет Станко Тодоров; членът на Политбюро на ЦК на БКП и председател на Националния съвет на Отечествения фронт Пенчо Кубадински; членът на Политбюро на ЦК на БКП и заместник-председател на Държавния съвет Иван Попов; секретарят на ЦК на БКП Константин Теллалов; кандидат-членът на ЦК на БКП, заместник-председател на Министерския съвет и председател на Държавния комитет за планиране Кирил Зарев; членът на ЦК на БКП, първи заместник-министър на народната отбрана и началник на Генералния щаб на БНР генерал-полковник Атанас Семерджиев; кандидат-членът на ЦК на БКП и първи заместник-министър на външните работи Андон Трайков; членът на ЦК на БКП и председател на Съюза на българските писатели Пантелей Зарев; членът на ЦК на БКП, извънреден и пълномощен посланик на България в КНДР Христо Келчев.

От страна на Корейската народнодемократична република: членът на Политическия комитет и секретар на ЦК на КТП, вицепрезидент на КНДР Ким Дон Гю; Членът на Политическия комитет и секретар на ЦК на КТП, началник на генералния щаб на Корейската народна армия армейски генерал О Дин У; кандидат-членът на Политическия комитет и секретар на ЦК на КТП Лю Дян Сик; членът на ЦК на КТП, заместник-председател на Административния съвет на КНДР и министър на външните работи Хо Дам; членът на ЦК на КТП и министър на външноикономическите връзки Чонг Сонг Нам и извънредният и пълномощен посланик на КНДР в НРБ Ли Зон Хван.

На преговорите, преминали в атмосфера на братска дружба и другарско доверие, делегациите се информираха за положението в своите страни и размениха мнения по въпросите на по-нататъшното развитие на отношенията на дружба и сътрудничество между Корейската трудова партия и Българската комунистическа партия, между Народна република България и Корейската народнодемократична република и народите на двете страни, по международни проблеми от общ интерес, както и по въпроси на международното комунистическо и работническо движение.

Двете страни отбелязаха с удовлетворение, че след състоялата се през октомври 1973 година среща между първия секретар на Централния комитет на Българската комунистическа партия и председател на Държавния съвет на Народна Република България другаря Тодор Живков и генералнияя секретар на Централния комитет на Корейската трудова партия и президент на Корейската народнодемократична република другаря Ким Ир Сен политическите, икономическите и културните отношения между двете страни все повече се разширяват на основата на принципите на марксизма-ленинизма и пролетарския интернационализъм.

Като отбелязват със задоволство укрепването на връзките между двете парти, страните изразяват готовност да развиват по-нататък тези връзки и сътрудничество.

Делегациите отбелязаха непрекъснатото развитие на икономическото сътрудничество между двете страни и приноса в това отношение на междуправителствената Българо-корейска консултативна комисия по икономическите и научно-техническите въпроси. Те подчертават важността на спогодбата между двете страни за развитие на икономическото сътрудничество до 1985 година.

Българската страна високо оцени постиженията на корейския народ, който под ръководството на Корейската трудова партия енергично разгръща социалистическата революция и социалистическото строителство и за кратък срок превърна своята изостанала в миналото страна в социалистическа държава със съвременна индустрия и развито селско стопанство, в една от най-развитите страни в Азия. Тя пожелава на корейския народ още по-големи успехи в предсрочното изпълнение на шестгодишния план, приет от Петия конгрес на Корейската трудова партия, за завоюване на нови висоти в построяването на социализма.

Корейската страна даде висока оценка на социално-икономическия и културен напредък, постигнат от българския народ под ръководството на Българската комунистическа партия, и му желае още по-големи успехи в изпълнението на приетата на Десетия конгрес на Българската комунистическа партия Програма за изграждане на развито социалистическо общество.

Българската страна отново потвърждава своята подкрепа на програмата за обединението на Корея от 5 точки, издигната от другаря Ким Ир Сен, и настоява решаването на въпроса за обединението на Корея да се извърши на тази база, без намеса на външни сили, на демократична основа и по мирен път. Българската делегация решително осъжда опитите на империалистите и на марионетната клика на Па Чжон Хи да увековечат разделението на страната чрез създаването на „две Кореи“ и настоява за незабавното изтегляне на всички чужди войски, прикриващи се под флага на ООН, от територията на Южна Корея. Делегацията се обявява за незабавното прекратяване на фашистките репресии на южнокорейските управници срещу народа и южната част на Корея и изразява своята пълна подкрепа на неговата справедлива борба за демократични преобразувания и мирно обединение на страната.

Корейската страна подкрепя миролюбивата политика на Народна република България, насочена към установяване на добросъседски отношения на Балканите, към укрепване на мира и сигурността в Европа и в целия свят, към развитието на отношенията със страните с различен социален строй на основата на принципите на мирното съвместно съществуване.

При обмяна на мнения по международни проблеми двете страни отбелязаха правилността на оценката за развитието на главните насоки на международното положение, направена в съвместното комюнике, публикувано след преговорите между другаря Тодор Живков и другаря Ким Ир Сен през октомври 1973 година. Страните констатираха, че обстановката в света продължава да се развива в полза на социализма и демокрацията, на световния революционен процес и неблагоприятно за империализма и реакционните сили. Позициите на империализма отслабват, капитализмът изживява дълбока криза. В същото време, като съзнават, че капитализмът не е изменил агресивната си природа, двете страни подчертаха необходимостта от още по-тясно сплотяване на всички антиимпериалистически сили в защита на завоеванията на народите и на мира в света.

Двете страни отбелязаха необходимостта да полагат и занапред усилия за укрепване единството на социалистическите страни – главната революционна сила на епохата, и на международното комунистическо и работническо движение на основата на марксизма-ленинизма и пролетарския интернационализъм.

Страните отбелязаха историческото значение на победата над германския фашизъм и японския милитаризъм, извоювана преди 30 години благодарение на Съветската армия и антифашистката борба на много народи в света.

Страните отбелязаха позитивните резултати на борбата за осигуряване на мира и сигурността в Европа, постигнати благодарение на настойчивите усилия на европейските народи и преди всичко на социалистическите държави.

Двете делегации изказаха своята подкрепа на прогресивните и демократичните сили в Португалия и Гърция, които свалиха фашистките диктатори и се борят за прогресивни социални преобразувания.

Двете страни горещо приветствуваха народите на Виетнам и Камбоджа, които извоюваха историческа победа над империалистите и вътрешната реакция и осъществиха пълно освобождение на своите страни. Делегациите изразиха пълна солидарност с народите на Индокитай в тяхната по-нататъшна борба за единство, независимост и процъфтяване.

Народна република България и Корейската народнодемократична република отново потвърдиха своята солидарност с борбата на арабските народи против империализма и ционизма. Те се обявяват за освобождението на всички окупирани от Израел арабски територии, за възстановяване националните права на арабския народ на Палестина.

Двете страни приветствуват голямата победа на народите на Ангола, Мозамбик и Гвинея-Бисау, островите Сао Том и Принсипи и Зелени нос, които след дълга самоотвержена борба се освободиха от колониалното господство. Те изразиха своята подкрепа на борбата на всички народи от Азия, Африка и Латинска Америка против империализма, колониализма и неоколониализма за национална независимост и социално освобождение.

Делегациите изразиха своята солидарност с борбата на работническата класа и трудещите се в капиталистическите страни против класовия гнет и експлоатация, за демокрация и социализъм.

Двете страни със задоволство констатираха, че сегашното посещение на партийно-правителствената делегация на Корейската народнодемократична република, водена от генералния секретар на Централния комитет на Корейската трудова партия и президент на Корейската народнодемократична република другаря Ким Ир Сен, представлява нов важен момент за по-нататъшното задълбочаване и развитие на отношенията на дружба и сътрудничество във всички области между партиите, правителствата и народите на двете страни и е голям принос за укрепване сплотеността на социалистическите страни и на международното комунистическо и работническо движение.

Корейската страна изрази своята признателност на Българската комунистическа партия, на правителството и на народа на Народна република България за горещия прием и гостоприемство на партийно-правителствената делегация на Корейската народнодемократична република.

42. ЦДА на РБ, ф. 1Б, оп. 81, а. е. 37.

ДО

ЦЕНТАЛНИЯ КОМИТЕТ НА БЪЛГАРСКАТА КОМУНИСТИЧЕСКА ПАРТИЯ ОТДЕЛ „ВЪНШНА ПОЛИТИКА И МЕЖДУНАРОДНИ ВРЪЗКИ"

Приложено, изпращаме информация за посещението в НР България на делегацията на Министерството на външните работи на КНДР с ръководител О Ман Сок – началник на първи департамент.

ЗАМ.-МИНИСТЪР:

София, 5 април 1982 година

ИНФОРМАЦИЯ

От 25 до 29 март 1982 година на посещение в нашата страна бе делегация на Министерството на външните работи на КНДР, водена от началника на първи департамент О Ман Сок. Посещението се осъществи по инициатива на корейската страна. В състава на делегацията бяха Тян Се Бок, завеждащ секция „България и Румъния" и Ли Чан Мук, завеждащ секция „Чехословакия и Унгария" при Министерството на външните работи на КНДР.

По време на пребиваването си делегацията беше приета от зам.-министъра на външните работи др. Марин Йотов. Делегацията посети гр. Плевен, където има среща със зам.-председателя на Окръжния народен съвет Ангел Борисов, разгледа забележителностите на града и машиностроителния комбинат „Н. Й. Вапцаров".

На срещата с др. Марин Йотов и в разговорите с началника на отдел „Пети"

Петър Вълканов, на които присъствува и посланикът на КНДР в София Зо Сан Мук, О Ман Сок даде висока оценка на българо-корейските отношения, характеризирайки ги като „образец на отношенията между две социалистически държави“. Той отбеляза, че двустранните отношения се развиват в съответствие с постигнатите договорености между другарите Тодор Живков и Ким Ир Сен на срещите в Пхенян и София, съответно през 1973 г. и 1975 г.

Като „изключително радостни моменти“ в задълбочаването на двустранните връзки в последно време О Ман Сок посочи размяната на новогодишни честитки между другарите Александър Лилов и Ким Чжон Ил и поздравленията, отправени от партийното и държавното ръководство на НР България до Ким Чжон Ил, по случай 40-годишнината от рождението му. Беше изтъкнато, че лично Ким Чжон Ил наблюдавал българо-корейските отношения и давал конкретни указания за по-нататъшното им развитие.

Подчертавайки готовността на корейската страна за по-нататъшно задълбочаване и разширяване на отношенията между НР България и КНДР, О Ман Сок предложи да се активизира размяната на посещенията между двете страни и помоли Мистерството на външните работи да съдействува за организиране на посещения в КНДР на другарите Добри Джуров и Станко Тодоров. В тази връзка той заяви, че през изтеклата година корейските делегации, посетили нашата страна, били повече и на по-високо равнище.

Във връзка с взаимно отправените покани между министрите на външните работи и двете страни изрази желанието на своята страна посещението на др. Петър Младенов в КНДР да се осъществи преди това на Хо Дам в НР България. Потвърди поканата за посещение в КНДР и на началника на отдел „Пети“.

Спирайки се на вътрешнополитическото и икономическото положение в КНДР, О Ман Сок заяви, че социалистическото строителство се осъществява много успешно, води се енергична борба за изпълнение на решенията на VI конгрес на КТП, за революционизирането на цялото общество и преобразуването му по подобие на работническата класа, в резултат на което се е повишил революционният ентусиазъм и доверието на трудещите се към Корейската трудова партия. Още повече укрепвала идейно-политическата сплотеност около Ким Ир Сен и Ким Чжон Ил.

О Ман Сок обстойно говори за „юбилейните годишнини", които корейският народ чествува през настоящата година, а именно:

- 70-годишнината на др. Ким Ир Сен;
- 40-годишнината на Ким Чжон Ил и
- 50-годишнината от създаването на Корейската народнореволюционна армия.

Той посочи, че 70-годишнината на др. Ким Ир Сен ще бъде честувана като „най-голям национален празник" на КНДР. Този празник щял да бъде отбелязван широко и от приятелите на корейския народ в чужбина. Подчертавайки, че всички мероприятия за 1300-годишнината на българската държава 90-годишнината на БКП и 70-годишнината на др. Тодор Живков са били проведени в КНДР под непосредственото ръководство на Ким Чжон Ил, О Ман Сок помоли за организиране у нас на тържествен митинг, издаване на марка и други мероприятия в чест на 70-годишнината на Ким Ир Сен. Това искане беше повторено неколкократно. Корейският посланик Зо Сан Мук, позовавайки се на водените разговори в ЦК на БКП, изрази твърдото си убеждение, че събрание за Ким Ир Сен ще бъде проведено.

О Ман Сок информира за положението на Корейския полуостров, като подчерта, че в резултат на усилената военно-провокационна политика, провеждана от САЩ и марионетъчния режим на Южна Корея, обстановката в района е крайно напрегната. САЩ съсредоточават много оръжие в района, в това число и ядрено. В настоящия момент в Южна Корея са разположени над 1000 ядрени бойни глави. Засилва се диктатурата на южнокорейския режим и подготовката за война. 40% от средствата на бюджета на Южна Корея се заделят за военни нужди. Ежегодно се провеждат съвместни американо-южнокорейски военни маневри „Тийм Спирит".

О Ман Сок обстойно говори по предложението за създаване на конфедеративна демократична република Корьо, което било основна цел на посещението. Той заяви, че главното съдържание на предложението е изгражадне на конфедерация, в която на базата на взаимно признаване от Севера и Юга на двете идеологии и системи се образува единно национално правителство от представители на двете части, при запазване на системата на самоуправление, с еднакви права и задължения. Изтеклият период доказал рационалността, правилността и справедливостта на това предложение, тъй като то отчитало действителното положение в страната и било съобразено с конкретните условия и интереси на двете части. „За съжаление някои от приятелите, каза О Ман Сок, гледат механично на предложението като на обединение на социалистическия строй с капиталистическия“. Беше заявено, че на настоящия етап няма друг начин за обединението на страната, освен създаването на конфедерация между Севера и Юга и че предлаганата „неутрална политика на конфедерацията не означава, че корейският народ ще е откаже от социалистическия строй, извоюван с кръвта на толкова жертви. Напротив тя ще засили социалистическия строй“.

Изрази съжаление, че въпреки нееднократните разяснения, до настоящия момент НР България не е изразила официална подкрепа на предложението.

Много от корейските приятели недоумявали защо при тези образцови братски отношения, съществуващи между двете страни, НР България не подкрепя ясно и конкретно инициативата на КНДР за конфедерация.

Като благодари за братската подкрепа и солидарност на българския народ с борбата на корейския народ за мирно и демократично обединение на Корея, И Ман Сок неколкократно отправи настоятелна молба НР България да изрази ясно и конкретно позициите си по предложението за изграждане на Конфедеративна република Корьо особено на страниците на печата. Посланикът и Тян Се Бок помолиха при поместването на други материали за Корея в печата, макар и само с едно изречение, да бъде подчертана подкрепата на нашата страна на предложението, като изрично се цитира „конфедерацията“.

О Ман Сок нарече фарс неотдавнашните инициативи на южнокорейската администрация. Целта на Сеул била излизане от международната изолация, увековечаване разделението на страната и създаване на „две Кореи“. В тази насока южнокорейският режим правел всичко възможно за проникване в братските социалистически страни с цел признаването на две Кореи. Тези предложения не съдържали нищо ново. „За съжаление, заяви О Ман Сок, някои приятели ни казват, че ако искаме обединение, трябва да приемем предложенията и да започнем разговори с Чон Ду Хван“. Той подчерта, че Чон Ду Хван не е лицето, с което трябва да се преговаря. С него могат да се водят разговори само ако той се извини пред корейската нация и се присъедини към народа. Ако на власт в Южна Корея дойдат демократични дейци, то тогава КНДР ще отиде на разговори с тях. КНДР предлага изграждането на консултативен орган за обединение на Корея, включващ 100 изтъкнати политически дейци от Севера и Юга, без представителите на режима на Чон Ду Хван, в който да се водят разговорите по изграждането на конфедерацията.

О Ман Сок помоли нашата страна, стояща на класови, позиции да осъжда политиката на Сеул и да парира всякакви намерения на военния режим за излизане от изолация и установяване на контакти с НР България.

По решението на Международния олимпийски конгрес за провеждането на XXIV олимпийски игри в Сеул О Ман Сок заяви, че режимът на Чон Ду Хван искал да използува олимпийските игри за достигането на своите неблаговидни цели – признаването на две Кореи. О Ман Сок помоли братските социалистически страни да направят всичко възможно за проваляне на олимпийските игри в Южна Корея.

По международните въпроси О Ман Сок се спря главно на агресивната политика на САЩ. Той подчерта необходимостта от единството на социалистическите страни за запазването на мира и сигурността в света. „За съжаление, заяви той, поради разцеплението на социалистическите страни и международното комунистическо и работническо движение, те не могат да играят ролята, която им е определена.“ Той заяви, че КНДР е за разпускането на всички военни блокове, за ликвидирането на всички военни бази на чужди територии и за изтеглянето на войските от териториите на други страни, за създаването на зони на мира и безядрени зони.

КНДР подкрепя предложението на НРБ за превръщането на Балканския полуостров в безядрена зона.

От наша страна беше споделена оценката за успешното развитие на българо-корейските отношения в духа на договореностите между първите партийни и държавни ръководители на двете страни. Беше подчертана нашата последователна политика на подкрепа и солидарност със справедливата борба на корейския народ за изтеглянето на американските войски от Южна Корея, за демократизация на южнокорейското общество, за мирно и демократично обединение на Корея. КТП и корейският народ са тези, които ще определят формите и методите на борбата за постигането на тези цели.

Гостите бяха информирани по някои въпроси на външната политика на нашата страна. Беше изразена надежда, че корейската страна ще изразява по-често и по-ясно своята подкрепа на политиката на НР България на Балканите и в Европа.

Бяха поставени следните конкретни въпроси:

1. В КНДР да бъде отбелязан 100-годишния юбилей на Георги Димитров. В отговор О Ман Сок заяви, че Георги Димитров е широко известен в Корея и се предвижда отбелязването на юбилея по подобаващ начин. Посочи, че по въпроса очакват предложенията на посолството ни в Пхенян.
2. Корейски представители да участуват в Детската асамблея „Знаме на мира“, международната среща на писателите „София-82“, Театъра на нациите и други международни прояви у нас.

София, 31 март 1982 година

43. ЦДА на РБ, ф. 1Б, оп. 60, а. е. 337.

ОФИЦИАЛНИ РАЗГОВОРИ

между партийно-държавната делегация на Народна република България, водена от генералния секретар на ЦК на БКП и председател на Държавния съвет ТОДОР ЖИВКОВ, и партийно-държавната делегация на КНДР, водена от генералния секретар на Корейската трудова партия и президент на КНДР КИМ ИР СЕН.

15 юни 1984 г. – резиденция „Бояна"

На разговорите присъствуват и другарите:

От българска страна – членът на Политбюро на ЦК на БКП и председател на Министерския съвет на НРБ Гриша Филипов, членът на Политбюро и секретар на ЦК на БКП и член на Държавния съвет Милко Балев, членът на Политбюро на ЦК на БКП, член на Държавния съвет и председател на Националния съвет на Отечествения фронт Пенчо Кубадински, членът на Политбюро на ЦК на БКП и министър на външните работи Петър Младенов, секретарят на ЦК на БКП Димитър Станишев, секретарят на ЦК на БКП и член на Държавния съвет Емил Христов, зам.-председателят на Министерския съвет и министър на производството и търговията с потребителски стоки Георги Караманев – председател на българската част на Консултативната комисия по икономически и научно-технически въпроси между правителствата на НРБ и КНДР и извънредният и пълномощен посланик на НРБ в КНДР Васил Хубчев.

От корейска страна – членът на Политбюро на ЦК на КТП и председател на Административния съвет на КНДР Кан Сен Сан, членът на Политбюро на ЦК на КТП и вицепрезидент на КНДР Ли Чжон Ок, членът на Политбюро на ЦК на КТП, зам.-председател на Административния съвет на КНДР и министър на външните работи на КНДР Ким Йон Нам, членът на Политбюро на ЦК на КТП Ен Хен Мук, кандидат-членът на Политбюро на ЦК на КТП и зам.-председател на Административния съвет на КНДР Кон Чжин Тхе и извънредният и пълномощен посланик на КНДР у нас Ха Дон Юн.

ТОДОР ЖИВКОВ:

Драги другарю Ким Ир Сен,

Драги колеги,

Другари,

За мен е голяма чест и удоволствие от името на Централния комитет на нашата партия, на Държавния съвет, на правителството, от името на нашия народ да Ви приветствувам най-сърдечно, да изразя благодарност за това, че Вие приехте нашата покана и сте скъп гост на Народна република България.

КИМ ИР СЕН:

Благодаря Ви.

ТОДОР ЖИВКОВ:

Дълбоко съм убеден, че това Ваше посещение и тези наши срещи ще дадат нови импулси в по-нататъшното развитие на отношенията между нашите две партии, нашите две страни, нашите два народа. Това се потвърждава от самия факт, че във връзка с разговорите, които ще водим тук, в България, ние ще подпишем два важни документа – договор за дружба и сътрудничество и перспективен план за икономическо сътрудничество. В това отношение Вашето посещение ще стане историческо. Разбира се, без да злоупотребяваме с тази историческа оценка. Но вярно е, че тя ще издигне на още по-високо стъпало нашето сътрудничество.

Искам още в самото начало да кажа, че ние сме доволни от приятелските дружески отношения между нашите две партии и нашите две страни. Аз съм дълбоко убеден, че докато ние с Вас сме на тези постове, тези отношения ще се развиват така и тези, които дойдат след нас, няма да могат да ги изменят, няма да могат да направят преврат, защото има сериозни темели в отношенията между нашите две страни, между нашите народи.

И сега как да процедираме на това заседание между двете делегации? Може би накратко да се информираме и след това да се договорим да започне работата.

КИМ ИР СЕН:

Да, добре.

ТОДОР ЖИВКОВ:

Тогава, ако няма възражения, Вие сте наш гост да предоставим думата на Вас. Разбира се, няма да възразим, ако Вие пожелаете да започнем ние с информацията.

КИМ ИР СЕН:

Аз ще започна пръв.

ТОДОР ЖИВКОВ:

Добре.

Но най-напред, наздраве!

Наздраве, другари!

КИМ ИР СЕН:

Уважаеми другарю Тодор Живков,

Уважаеми другари и отговорни ръководители от апарата на Българската комунистическа партия и правителството,

Най-напред аз искам сърдечно да Ви благодаря, другарю Живков, от името на Централния комитет на правителството на КНДР за любезната покана да посетим Вашата страна.

Аз искам сърдечно да Ви благодаря и да изразя нашия възторг и благодарност за чувството, с което бяхме посрещнати още от момента на първата ни крачка, направена на българска земя. Независимо че нашият влак пристигна късно вечерта, ние бяхме посрещнати много добре. Вчера прекарахме една много приятна вечер във Вашата страна. Беше ни предоставена възможността 4 дни да почиваме на приятно място, да бъдем посрещнати и приветствани от много граждани по различните гари, откъдето мина нашият влак, а също така от много граждани в София, за което искрено благодарим.

Всички членове на нашата делегация са трогнати от това посрещане. Ние считаме, че това говори много красноречиво за топлите чувства на българския народ към корейския народ. Това е също така ярка демонстрация не само пред народите на двете страни, но и пред всички прогресивни хора по света за дружбата, която съществува между нашите две страни.

Наред с всичко онова, което ни зарадва така много, беше и фактът, че нашето посрещане беше демонстрация на твърдата сплотеност на българския народ около Централния комитет начело с другаря Тодор Живков, което радва не само нас, но и всички прогресивни хора в света. Това е ярка демонстрация не само пред нашите народи, но и пред народите на останалите прогресивни страни.

Аз искам да изразя и нашето извинение за това, че изпреварих вече договореното посещение пред други в нашата страна. Разбира се, аз смятам, че не е лошо независимо от всичко, което беше договорено, че аз пръв дойдох отново във Вашата страна.

ТОДОР ЖИВКОВ:

Ние Ви приветствуваме за това посещение.

КИМ ИР СЕН:

Благодаря Ви.

Целта на нашето посещение във Вашата страна е, първо, по-нататъшното укрепване на дружбата между нашите два народа. Второ, да се запознаем и да обменим опит с Вашите успехи в изграждането на развито социалистическо общество и трето, да издигнем на нов, по-висок етап двустранните икономически отношения.

Вече, както беше казано, в резултат на успешното развитие на нашите политически отношения ние ще подпишем Договор за дружба и сътрудничество. Ние се запознахме с успехите, постигнати от Вашата страна, и сме готови да издигнем на по-висок етап нашите икономически отношения посредством подписването на дългосрочната спогодба.

С Ваше разрешение аз бих желал накратко да Ви запозная с политическото положение и обстановката в нашата страна, а също така и с положението в Южна Корея. И разбира се, ако има възможност и време, аз с удоволствие ще споделя нашето мнение за перспективите и бъдещото развитие на нашата страна, а също така и за съседните страни.

Аз искам да разкажа за обстановката в нашата страна. (Аз продължавам, защото, както вече се договорихме, ние ще продължим разговорите и утре.)

След Вашето посещение в КНДР през 1973 г., другарю Живков, ние имаме редица изменения, нашата страна отбеляза развитие. Както знаете, ние изграждаме социалистическо общество в КНДР и едновременно оказваме помощ и подкрепа на революцията в Южна Корея. С няколко думи аз мога да кажа, че социалистическото строителство в нашата страна се осъществява успешно.

През 1980 г. беше проведен Шестият конгрес на Корейската трудова партия. На Шестия конгрес бяха поставени новите перспективни задачи пред нашата страна. Фактически тези перспективни задачи ще способстват за по-нататъшно развитие на нашата страна и за достигане на най-високо равнище на развитие в края на 80-те години.

Перспективните задачи, които следва да изпълним до края на 80-те години, са огромни.

В края на 80-те години в нашата страна трябва да се произвежда годишно по 100 млрд. киловатчаса електроенергия, 120 млн. т каменни въглища, 15 млн. т стомана, 1,5 млн. т цветни метали, 20 млн. т цимент, 7 млн. т химически торове, 1,5 млрд. м тъкани, 5 млн. т морски продукти, 15 млн. т зърно и отвоюване на нови земи от крайбрежието около 300 хил. хектара.

Фактически това ще представлява в сравнение със сегашното производство увеличение 1 път, а в някои отрасли – увеличение с 30 – 40%.

В тази противоречива обстановка ние не може да не развиваме с такава скорост нашата икономика. И ние искаме и правим всичко възможно нашата икономическа база да бъде много по-добра от тази на Южна Корея.

За изпълнението на тези задачи ние сме принудени да осъществяваме трите основни революции: идеологическата революция, техническата революция и културната революция.

Условията за осъществяване на идеологическата революция са много добри. Самият факт, че ние противостоим на нашите врагове, създава благоприятни условия. Ние казваме, че това способствува за идеологическото възпитание. Ние правим това за победата на социалистическата над капиталистическата идеология. Ако ние осъществяваме успешно идеологическата революция, това ще даде възможност на нашите врагове да осъществяват своите антикомунистически и антисоциалистически действия.

Ние разглеждаме достигнатите успехи досега като много добри. Целият народ е въоръжен с комунистическите идеи. Всички живеят и работят по образец на работническата класа, а също така и целият народ се въоръжава с партийната политика. Това способствува за укрепване на дисциплината, на партийния живот, за укрепване организационния живот на профсъюзите, на селските организации, на младежката организация и на пионерската организация. Всичко това способствува за укрепване на организационния живот на целия наш народ.

Ето защо ние разглеждаме политическата обстановка в нашата страна в настоящия момент като много добра, всички са сплотени като един. Аз мога да Ви съобщя със задоволство, че сега няма никакви противоречия или фракционни борби в нашата партия, както имаше в миналото. Всички са мобилизирани и са готови за борба.

Както знаете, в миналото нашата страна беше изостанала икономически и технически. Пред нас стоеше огромната задача за техническото ни развитие. Ето защо една от главните цели за решаване на тези две перспективни задачи е осъществяването на техническата революция.

Както знаете, след войната ние започнахме възстановителните работи от пепелищата. Ние продължаваме да се борим за изграждането на социализма и с помощта на социалистическите страни беше изградена една солидна база, която ни дава възможност за по-нататъшно развитие. И ние считаме, че в настоящия момент с внедряването на нови технологии върху основата на съществуващата икономическа база ще можем да завоюваме нови върхове.

На Шестия конгрес на партията, анализирайки обстановката, беше посочено, че за завоюването на тези върхове в икономическото и техническото развитие ние трябва да завоюваме най-напред върхове за увеличаването на производството на цветни метали. На базата на местните суровини, капитални вложения и с изпълнението на перспективните задачи за увеличаване производството на цветни метали, ние можем да завоюваме нови върхове. Изпълнението на тези перспективни задачи ще способства за решаването на въпроса с чуждата валута.

На първо време трябва да увеличим производството на олово и цинк до 1 млн. т на базата на суровините, с които разполага нашата страна, и на мед – до 20 хил. тона.

[…]

Ние смятаме, че по време на нашето посещение между специалистите на двете страни трябва да бъдат уточнени също въпросите, които могат на базата на двустранното сътрудничество да способстват за изпълнение на задачите на техническата революция в нашата страна. И ние дойдохме с желанието да потърсим Вашето сътрудничество за решаване на част от тези въпроси.

Другата революция, това е културната революция.

Както знаете, нашата страна беше изостанала и не разполагахме с технически кадри. В резултат на проведената досега работа в тази насока можем да кажем, че вече имаме подготвени повече от 1 млн. специалисти. Ние считаме, че с цел повишаване техническото ниво на нашите кадри можем да сътрудничим със социалистическите страни, а също така да изпращаме кадри на специализация и в някои капиталистически страни. Смятаме, че нашите специалисти могат да идват във Вашата страна и да се учат, да специализират, както и Ваши специалисти да посещават нашата страна за изнасяне на лекции. Издигането на нивото на нашите специалисти, на техните знания ще способствува за по-бързо осъществяване на поставените от нас задачи.

Изразявайки нашата благодарност за онази техническа помощ със специалисти, която ни беше оказана във войната, а също така и във възстановителния период, ние се надяваме, че и в настоящия момент ще ни окажете помощ за повишаване нивото на нашите специалисти. Много от децата и студентите, които бяха приети от Вашата страна по време и след войната, сега работят като специалисти в различни предприятия на нашата страна. Ако Вие ни окажете още веднъж помощ, ние ще можем да решим задачите на нашата техническа революция.

Една от задачите, която беше поставена на Шестия конгрес на Корейската трудова партия, беше увеличаването на интелигенцията и възпитаването на нови кадри. Като цяло ние можем да кажем, че в това отношение положението в КНДР е добро. От политическа гледна точка целият народ е сплотен. От икономическа гледна точка положението също е добро, но за издигането на нашето икономическо развитие на нов етап е необходимо да се извърши значителна работа.

Използвайки случая, аз искам да изразя нашето мнение, че другарите министър-председатели и останалите специалисти трябва да се срещнат и да разговарят по основите на икономическото сътрудничество между нашите две страни. Става въпрос за онова, което е възможно за Вашата страна. Както виждате, заедно с мен в делегацията са включени другарят министър-председател, другарят вицепрезидент, секретари на Централния комитет на Корейската трудова партия. Ако вие не сте против, аз ще помоля да им се предостави време за обсъждане на този въпрос.

Накратко бих желал да Ви запозная с положението в Южна Корея. Понеже въпросът Ви е ясен още от миналото, аз ще бъда съвсем кратък.

Както знаете, положението в нашата страна е напрегнато. По времето на Картър от негова страна бяха направени изявления, че той е готов да изтегли половината от американския контингент, който се намира на територията на Южна Корея. След идването на Рейгън положението се измени и вместо намаляване на контингента, Рейгън започна да внася нови оръжия. Под формата на мнимата заплаха за нашествие на юг всяка година те провеждат големи военни маневри в Южна Корея. Нееднократно ние обяснявахме, че няма абсолютно никаква опасност за наше нашествие на юг, че ние нямаме абсолютно никакво намерение да нападаме. Ние нееднократно предлагахме на базата на запазването на обществения строй в двете части – в КНДР и в Южна Корея – в резултат на създаването на една национална федерация, възглавена от Национален комитет, председателствуван поред от двете страни, да се изгради една конфедеративна република, която да способствува за създаване на условия за обединението. Въпреки това обаче от тяхна страна беше отговорено, че това е лъжа и предложението беше отхвърлено. В действителност ние нямаме сили да нападнем Южна Корея. Нямаме сили, защото те имат по-съвременно оръжие от нас. Тяхната армия възлиза на 700 хиляди до 1 милион души. Заедно с резервната армия – имам предвид опълчението – стават около 3 милиона души. Освен това на територията на Южна Корея има контингент американски войски 40 – 44 хиляди души, които са въоръжени с атомно оръжие. Наред с това и населението на Южна Корея е много по-голямо от нашето. Населението на Южна Корея е около 30 милиона, докато нашето е 17 милиона.

Независимо от това американците с цел да измамят общественото мнение непрекъснато твърдят, че ние се готвим да нападнем Южна Корея и на базата на това непрекъснато внасят модерно ядрено оръжие в Корея и провеждат т.нар. маневри „Тийм Спирит“ – 1983 и 1984 г. В последните маневри участвуваха около 100 хиляди души американска войска. В действителност американците правят всичко възможно за поддържане напрежението на Корейския полуостров.

Ето защо на 13 януари т.г. ние предложихме на САЩ провеждането на тристранни преговори, по време на които договорът за примирието да бъде заменен с мирен договор. Също така да бъде подписана декларация между Южна Корея и КНДР за ненападение и за съкращаване на армиите на двете части до 150 хиляди души.

По времето на Картър в съвместно заявление с КНДР беше предложено провеждането на тристранни преговори по въпроса за обединението на Корея. Разбира се, съдържанието на предложението е различно от нашето. Но до настоящия момент не сме получили отговор от американска страна по нашето предложение. Не сме получили официален отговор, но по време на разговорите на Рейгън в Китай той е предложил провеждането на четиристранни разговори: Китай, САЩ, Южна Корея, КНДР. Китайците не са приели това предложение. Те са казали: „Ние нямаме армия в Корея, САЩ има своя армия в Южна Корея. Освен това съглашението за примирие беше подписано от страна на КНДР и САЩ.“ През 1953 г. китайците също подписаха споразумението, но в качеството си на наблюдатели. И поради това че няма вече доброволци в Корея, тяхното участие в разговорите според тяхната страна не е необходимо. Ние и досега не сме получили официален отговор от американската страна.

След това в настоящия момент предлагат да се водят разговори между Южна Корея и КНДР. Разбира се, ние можем да водим разговори с Южна Корея, но в настоящия момент Южна Корея няма никакви права. Тя няма право да подпише мирен договор. Дори и декларация за взаимно ненападение не може да бъде подписана, тъй като по силата на обединеното командване на армията на Южна Корея под ръководството на американски главнокомандващ, те нямат право да подпишат една такава декларация. Те могат само да получават указания, което фактически означава, че САЩ не искат да разговарят с нас и не желаят да подпишат мирен договор. Също така не може да се подпише и декларацията за взаимно ненападение.

С други думи, при това положение ние разбираме, че САЩ желаят да продължават да пребивават в Южна Корея, да я използват като своя колония. И ние считаме, че този въпрос ще продължава да стои и за в бъдеще. Дълги години въпросът ще стои нерешен, при положение че не се активизира революционна борба в Южна Корея и не се оказва натиск от общественото мнение в света.

Заедно с това има изменение и сред народа на Южна Корея. Навремето, след освобождението, населението на Южна Корея имаше проамериканско отношение. Сега обаче отношението на хората стана антиамериканско. С всеки изминат ден се увеличава борбата на населението в Южна Корея. Същевременно всички прогресивни и демократични сили в Южна Корея след идване на власт на Чун Ту Хуан бяха разгромени. Един от лидерите на демократичната опозиция беше изтеглен в САЩ с цел да не създава пречки на проамериканската администрация в Южна Корея. Друг е в затвора.

Независимо че в Южна Корея се води борба, ние считаме, че тя трябва да се засили още повече. По наши сведения американците имат намерение да отстранят Чун Ту Хуан. Ето защо при това положение независимо от усилията не може да се отиде на такива разговори.

Ползвам се от случая, за да изразя нашата благодарност за подкрепата, която ни оказва Вашата страна по отношение на всички наши предложения, в това число на предложението за провеждане на тристранни преговори.

Това е, което аз просто исках да споделя с Вас.

Що се отнася до въпроса за положението в района и съседните страни, аз бих желал да продължа друг път. С това бих желал да завърша.

Аз съм много благодарен за вниманието, с което Вие изслушахте моята информация.

Благодаря.

ТОДОР ЖИВКОВ:

Благодарим за информацията, другарю Ким Ир Сен. Беше много интересна. Радваме се на Вашите големи успехи, които сте завоювали под Ваше ръководство. Ние ги знаем. Сега ни информирахте за грандиозните задачи, които сте си поставили да решавате в по-близкото и по-далечно бъдеще. Готови сме да сътрудничим по-нататък и председателите на министерските съвети на нашите две страни и останалите Ваши и наши другари да обсъдят редица въпроси за стимулиране на нашето икономическо сътрудничество. Ние сме готови в кръга на нашите възможности да отидем на широко обсъждане.

Що се касае до Вашия Корейски полуостров, проблемът за обединението на Корея, Вие знаете, че ние винаги сме поддържали Вашата теза за обединение, поддържаме я сега и ще я поддържаме и в бъдеще.

Сега ми позволете накратко да Ви информирам за задачите, които ние решаваме.

Усилията на нашата страна, на нашия народ, на нашата работническа класа, на селскостопанските труженици и на нашата интелигенция са насочени към провеждане в живота решенията на XII конгрес на нашата партия.

Тази година е четвъртата година от изпълнението на решенията на конгреса. Трябва да кажем, че ние нямаме никакви особени трудности. Изпълняваме успешно социално-икономическата програма, която утвърди конгресът. Ние нямаме някакви особени трудности в развитието на икономиката, нямаме социални проблеми, нямаме и идеологически проблеми. У нас обстановката е стабилна и в партията, и сред народа. Нашите задължения са малко по-големи от Вашите.

[…]

В страната от няколко години, но най-вече през миналата година, ние ускорено провеждаме редица мероприятия за усъвършенствуване управлението на икономиката и на всички сфери на нашето развитие. Условно ние сме нарекли това нов икономически подход и нов икономически механизъм. Ние не сме го провели цялостно, но това, което сме провели досега, потвърждава правилността му и дава изключително добри резултати. Това е една наша широка и всестранна концепция. Аз няма да я развивам сега, но ако Вие се интересувате, Вашите специалисти могат да бъдат запознати с нея. За пръв път в нашата страна се провежда такъв подход в такава мащабност.

Що се касае до проблемите на културната революция, може да се каже, че у нас този процес е завършен. Навсякъде в България – сред работническата класа, селскостопанските труженици, интелигенцията – марксизмът-ленинизмът е господстващата идеология. Друга идеология няма в България. Тези проблеми у нас са решени.

Въпросите, отнасящи се до подготовката на кадри, също са решени. Сега правим голяма реорганизация на образователната система. Впрочем започнали сме нейното провеждане, тя не е завършила. Отиваме към идеята на Ленин, на Маркс – за единното политехническо училище. Постепенно ще отидем към единна образователна система за цялото младо поколение, а не както е сега – едни учат в гимназия, други в професионални училища, трети – в техникуми, и накрая реализацията в живота – получаване на професия.

Подобна реформа ще проведем и във висшето образование.

Така че това са главните проблеми, с които се занимаваме сега в България. Не мога да кажа, че всичко това върви идеално, но постоянно търсим нови начини, нови форми, нови подходи с оглед да се усъвършенствува ръководството и на икономиката, и на цялостното наше развитие. И трябва да кажем, че с оглед мащабите и възможностите на страната ние сме създали значителен и производствен, и научен потенциал от специалисти.

Засега в някои отношения в някои области на техническия прогрес ние сме водещи в социалистическите страни. Ето това също е важно за нашата страна.

Главното е, че у нас обстановката е спокойна, има увереност, оптимизъм в народа. Нямаме някакви трудности нито в партията, нито в работническата класа, нито в работата сред младежта. Разбира се, винаги има някои дребни явления, защото в България още има вражески контингент, но той все повече намалява и няма някакво влияние върху развитието на страната.

Що се отнася до Балканския полуостров, ние сме в центъра на Балканите – за щастие или за нещастие. Както знаете, ние провеждаме нашата външна политика съгласувано с останалите братски страни – членки на Варшавския договор.

Но ние сме в центъра на Балканския полуостров и в някои нюанси нашата линия не съвпада съвсем с линията на другите социалистически страни. Трябва да кажем, че нашите отношения с всички страни се развиват добре – и с Турция, и с Гърция, и с Румъния. С Румъния, с другаря Чаушеску се срещаме най-малко един път, а понякога и два пъти в годината. С Югославия нашите отношения се развиват добре, независимо от така наречения македонски въпрос. Няма причини да не бъдат добри нашите отношения. Идващия месец предстои посещението на министър-председателя на Югославия.

Както знаете, ние повдигнахме идеята за превръщане на Балканите в безядрена зона. Тази идея печели все повече и повече поддръжници. Но ние имаме сведения, че турците, под натиска на САЩ, са се съгласили в Турция да бъдат монтирани крилати ракети.

Така че ние сме реалисти в нашите подходи. Колкото и да бъдем оптимисти, трябва да си даваме сметка за реалните неща. В момента борбата е класова, тя не е друга. Това е борба между социализма и капитализма. Така че капитализмът действува и тук, на Балканите.

Но що се касае до другите страни, ние поддържаме добри отношения с всички социалистически страни – и с тези, които са във Варшавския договор, и с тези, които са извън Варшавския договор, в това число и с Албания, и с Китай. По някои особени аспекти ние с Вас ще разговаряме.

Ето това е накратко, за да не задържам повече Вашето внимание, а ние сме на Ваше разположение. Всичко, което Ви интересува от България, ще Ви предоставим да се запознаете. Това важи и за нашите слабости, доколкото можете да ги видите. Имаме успехи, но има не само положителни, има и слаби страни.

Аз смятам, че може да предоставим възможност на Вашите и нашите другари да организират подработването на двата документа, за които стана дума, както и да се договорят по всички останали въпроси и на заключителното заседание да ги доложим и да ги подпишем.

В 20:30 ч. Ви каним на прием във Ваша чест.

КИМ ИР СЕН:

Благодарим.

ТОДОР ЖИВКОВ:

Аз говорих кратко, защото времето напредна.

КИМ ИР СЕН:

Другарят министър каза, че ще Ви покани в нашата страна, но ние вече сме говорили по този въпрос.

ТОДОР ЖИВКОВ:

Идущата година ще посетя Вашата страна. Дори ако не ме поканите, ще дойда. Даже бяхме се договорили, че след Корея ще посетя Монголия. И сега на Цеденбал казах, че няма да бъда в Корея и ще отложим посещението за идущата година, и той се съгласи. Така че с др. Цеденбал се договорихме да отложим посещението тази година, а идущата година да го съчетаем – след Корея ще посетя Монголия.

КИМ ИР СЕН:

Ще Ви приветствуваме.

44. ЦДА на РБ, ф. 1Б, оп. 68, а. е. 590.

ПРОТОКОЛ „А“ № 590 НА ЗАСЕДАНИЕТО НА ПОЛИТБЮРО НА ЦК НА БКП ОТ 19 ЮНИ 1985 ГОДИНА

Присъствуват другарите:

Тодор Живков, Гриша Филипов, Добри Джуров, Йордан Йотов, Милко Балев, Огнян Дойнов, Станко Тодоров, Тодор Божинов, Чудомир Александров, Андрей Луканов, Георги Атанасов, Георги Йорданов, Григор Стоичков, Димитър Стоянов, Петър Дюлгеров, Станиш Бонев, Стоян Караджов, Димитър Станишев, Стоян Михайлов, Кирил Зарев и Емил Христов.

Присъствуват и другарите:

Петър Танчев, Георги Караманев, Ангел Балевски и Румен Сербезов.

ВЪПРОСИ НА ДНЕВНИЯ РЕД:

I. За посещенията на др.Тодор Живков в СССР и Япония и на ръководената от него делегация в КНДР и МНР.

РЕШЕНИЯ

Дава висока оценка на посещенията на др. Тодор Живков в Съветския съюз и Япония и на ръководената от него партийно-държавна делегация в Корейската народнодемократична република и Монголската народна република.

45. ЦДА на РБ, ф. 1Б, оп. 68, а. е. 590.

РЕЗЮМЕ

ОТ ИНФОРМАЦИЯТА НА ДРУГАРЯ ПЕТЪР МЛАДЕНОВ ОТНОСНО ОФИЦИАЛНОТО ПРИЯТЕЛСКО ПОСЕЩЕНИЕ В КНДР НА БЪЛГАРСКА ПАРТИЙНО-ДЪРЖАВНА ДЕЛЕГАЦИЯ, РЪКОВОДЕНА ОТ ДРУГАРЯ ТОДОР ЖИВКОВ (30 май – 2 юни 1985 г.)

На другаря Тодор Живков и на членовете на делегацията навсякъде бе оказан изключително топъл прием. Личните срещи между другарите Тодор Живков и Ким Ир Сен, както и двете пленарни заседания на делегациите протекоха в непринудена, приятелска атмосфера в дух на взаимно уважение и разбирателство.

Другарят Тодор Живков информира за проблемите, решавани от нашата страна през изминалия едногодишен период след последната среща в София. Той изрично подчерта участието на България в социалистическото международно разделение на труда, на широкомащабната интеграция и всестранното сътрудничество със социалистическите страни и преди всичко със Съветския съюз.

Другарят Ким Ир Сен информира, че приключилият през 1984 година втори седемгодишен план за социално-икономическо развитие като цяло е бил изпълнен в стойностно изражение, главно за сметка на увеличеното производство на цветни метали (1,1 млн. тона годишно) в някои отрасли обаче не са изпълнени плановете по отделни показатели, поради което третият седемгодишен план се предвижда да започне от 1 януари 1987 година. Той подчерта, че недостигът на електроенергия и липсата на достатъчно работна ръка са сериозни проблеми.

Следва да се отбележи, че нито в разговорите, нито в речта на митинга другарят

Ким Ир Сен не спомена за т.н. идеи „Чучхе“.

От срещите и разговорите се създава впечатление, че предвид на изчерпващите се възможности за екстензивно развитие на икономиката на Корейската народнодемократична република и значителното изоставане в сравнение с Южна Корея, в корейското партийно и държавно ръководство все повече започва да се утвърждава разбирането, че съществуващите икономически трудности и проблеми не могат да бъдат решени единствено при опората на собствените сили или със съдействието на Китайската народна република, капиталистически и развиващи се страни. След посещението на другаря Ким Ир Сен в СССР, НРБ и други социалистически страни през 1984 година се забелязва определена тенденция на изменения в политиката на КТП и КНДР, на обръщане с лице към братските социалистически страни и партии, на приближаване към техните позиции по основни международни проблеми.

Значително място в разговорите бе отделено на въпроса за по-нататъшното задълбочаване и разширяване на двустранните отношения. Изтъкната бе единодушната оценка, че понастоящем те се развиват плодотворно в различни области.

Подписана бе Спогодба за стокообмен и плащания за периода 1986 – 1990 година. Стокообменът трябва да нарастне на 509 милиона рубли. Съотношението на предвидената размяна на машиностроителна продукция е в наша полза.

При обсъждането на международното положение другарят Тодор Живков се спря на най-актуалните проблеми на нашето съвремие. Той даде израз на нашата неизменна подкрепа на конструктивните инициативи на Корейската народнодемократична република, насочени към създаване на климат на доверие на Корейския полуостров и на условия за обединяването на Корея по мирен път, на демократични начала.

Другарят Ким Ир Сен се спря подробно на положението в Южна Корея и разясни инициативите на Корейската народнодемократична република, свързани с проблема за обединяването на страната.

В своите речи корейският ръководител каза силни думи за БКП, за Георги Димитров, за другаря Тодор Живков. Той даде висока оценка на постигнатите от нашата страна успехи в социалистическото строителство, на борбата на българския народ против империализма и войната за превръщането на Балканския полуостров в зона, свободна от ядрено оръжие. Изрази подкрепа на усилията на партията и правителството на Народна република България заедно със страните членки на Варшавския договор за отстраняване на създалата се опасност от ядрена война и за запазване на мира и сигурността. Бе подчертана необходимостта от развитието на отношения на дружба и сътрудничество между социалистическите страни като важна гаранция за ускоряване на социалистическото строителство във всяка от тях и приближаване победата на делото на социализма и комунизма в световен мащаб.

Направи впечатление, че др. Ким Ир Сен никъде не спомена – нито в положителен, нито в отрицателен аспект – Китайската народна република.

* * *

Посещението на делегацията, разговорите между другарите Тодор Живков и Ким Ир Сен и подписаната Дългосрочна спогодба дават нов тласък за развитието на отношенията между двете страни върху основата на марксизма-ленинизма и социалистическия интернационализъм. Проведените от др. Тодор Живков разговори несъмнено представляват принос за укрепване, утвърждаване и развитие на редица позитивни тенденции в политиката на Корейската трудова партия, проявяващи се в последно време.

София, юни 1985 година

46. ЦДА на РБ, ф. 1Б, оп. 68, а. е. 590.

МИНИСТЕРСТВО НА ВЪНШНИТЕ РАБОТИ

ДО

ПОЛИТБЮРО НА ЦЕНТРАЛНИЯ КОМИТЕТ НА БЪЛГАРСКАТА КОМУНИСТИЧЕСКА ПАРТИЯ

Другари,

По покана на Централния комитет на Корейската трудова партия и Централния народен комитет на Корейската народнодемократична република от 30 май до 2 юни 1985 година на официално приятелско посещение в КНДР бе българска партийно-държавна делегация, ръководена от другаря Тодор Живков. То бе в отговор на визитата през 1984 година на делегацията, ръководена от другаря Ким Ир Сен.

На другаря Тодор Живков и на членовете на делегацията навсякъде бе оказан изключително топъл прием: на летището бяха дошли почти всички членове на партийното и държавното ръководство начело с Ким Ир Сен; десетки хиляди хора ентусиазирано приветствуваха гостите и в Пхенян, и при посещението в гр. Нампхо; сред лозунгите направиха впечатление и такива за всепобеждаващото знаме на марксизма-ленинизма, за сплотеността на социалистическите страни и на международното комунистическо движение и др.; въпреки общоприетото придържане към реципрочността корейската страна бе включила в състава на своята делегация пет члена и един кандидат-член на Политбюро; митингът на централния площад на Пхенян бе грандиозен; средствата за масова информация отбелязваха най-широко посещението.

Личните срещи между другарите Тодор Живков и Ким Ир Сен, както и двете пленарни заседания на делегациите протекоха в непринудена, приятелска атмосфера, в дух на взаимно уважение и разбирателство.

Другарят Тодор Живков информира за проблемите, решавани от нашата страна през изминалия едногодишен период след последната среща в София и по-конкретно – за Февруарския пленум по научно-техническия прогрес като ключов проблем на по-нататъшното развитие на социалистическото общество, който ще бъде в центъра на вниманието и на предстоящия XIII конгрес; за Мартенския пленум по важни въпроси на селското стопанство. Той подчерта, че нашата икономика е силна и разполага с реални възможности и резерви за намаляване на негативните последици от зимата и пролетното засушаване. Корейската страна бе информирана и за нашия опит в изграждането на малки и средни предприятия, представляващ интерес и за други социалистически страни. Говорейки за успехите, трудностите и перспективите в нашето икономическо развитие, другарят Тодор Живков изрично подчерта значението на участието на България в социалистическото международно разделение на труда, на широкомащабната интеграция и всестранното сътрудничество със социалистическите страни и преди всичко със Съветския съюз.

Другарят Тодор Живков изтъкна, че във вътрешнополитически план у нас няма проблеми, че народът е единен, партията – силна, настроението на трудещите се – ведро и оптимистично.

В своето изложение другарят Ким Ир Сен информира, че приключилият през 1984 година втори седемгодишен план за социално-икономическото развитие като цяло е бил изпълнен в стойностно изражение, главно за сметка на увеличеното производство на цветни метали (1,1 млн. тона годишно); в някои отрасли обаче не са изпълнени плановете по отделни показатели, поради което третият седемгодишен план се предвижда да започне от 1 януари 1987 година.

Успешно е решена задачата за достигане добив на десет милиона тона зърно годишно (главно ориз и царевица). В селското стопанство съществуват проблеми, произтичащи от недостатъчните площи на обработваемата земя (едва 1,5 млн. хектара) и от обстоятелството, че все още половината от ориза се засажда по примитивен начин. Поради това се работи усилено за усвояването от морето на 300 хиляди хектара земи и на 200 хиляди хектара от наклонени площи, а така също и за повишаване на механизацията, наторяването и химизацията.

Другарят Ким Ир Сен подчерта, че недостигът на електроенергия, свързан с липса на достатъчно мощности и с неизпълнението на плана за добива на каменни въглища, е сериозен проблем, стоящ за разрешение. Ориентацията е да бъдат изградени нови мощности (главно водни електроцентрали поради наличието на пълноводни реки) за производството на 70 милиарда киловатчаса електроенергия годишно. С помощта на ПНР се работи за преодоляване изоставането в добива на каменни въглища.

Изпитва недостиг и на работна ръка – във връзка с необходимостта да се поддържа най-малко 650-хилядна армия; освен това по време на ежегодните военни маневри в Южна Корея „Тийм спирит" КНДР е принудена да мобилизира значителна част от работоспособното население, да затваря редица заводи. Въпросите на научно-техническия прогрес също са обект на вниманието на ЦК на КТП и на тях ще бъде посветен специален пленум през ноември тази година.

Подчертано бе, че в икономическата област КНДР се опира на първо място на сътрудничеството със социалистическите страни и на второ – с корейците, живеещи в Япония (няколко стотин хиляди души). Другарят Ким Ир Сен счете за необходимо да посочи, че ориентацията да се използуват капитали на сънародниците в чужбина нямала нищо общо с провежданата от Китайската народна република стопанска политика.

Следва да се отбележи, че нито в разговорите, нито в речта на митинга др. Ким Ир Сен не спомена за т.н. идеи „Чучхе".

От срещите и разговорите се създава впечатление, че предвид на изчерпващите се възможности за екстензивното развитие на икономиката на Корейската народнодемократична република и значителното изоставане в сравнение с Южна Корея, в корейското партийно и държавно ръководство все повече започва да се утвърждава разбирането, че съществуващите икономически трудности и проблеми не могат да бъдат решени единствено при опората на собствени сили или със съдействието на Китайската народна република, капиталистически и развиващи се страни. По този път още по-малко могат да бъдат решени проблемите на отбранителната способност на страната в условията на фактически оформящия се военен триъгълник САЩ – Япония – Южна Корея и свързаното с това по-нататъшно изостряне на обстановката в Корейския полуостров. Политиката на Китайската народна република на сближаване със САЩ и Япония, представляващи основно препятствие по пътя на обединяването на Корея, създава нови трудности за решаването на този основен политически и национален проблем. По тези и други причини, особено след посещението на другаря Ким Ир Сен в СССР, НРБ и други социалистически страни през 1984 година, се забелязва определена тенденция на изменения в политиката на Корейската трудова партия и Корейската народнодемократична република, на обръщане с лице към братските социалистически страни и партии, на приближаване към техните позиции по основни международни проблеми.

Значително място в разговорите бе отделено на въпроса за по-нататъшното задълбочаване и разширяване на двустранните отношения. Изтъкната бе единодушната оценка, че понастоящем те се развиват плодотворно в различни области на основата на подписаните през 1984 година Договор за дружба и сътрудничество и други документи. Другарят Ким Ир Сен подчерта, че корейският народ ще върви навеки в общ строй с българския народ, ще полага всички усилия за бъдещото задълбочаване на дружбата и сътрудничеството между двете страни. В отговор на отправената покана до члена на Президиума на Политбюро и секретар на Централния комитет на Корейската трудова партия Ким Чжон Ил да посети (сам или начело на делегация) нашата страна др. Ким Ир Сен отговори, че ще я предаде и че е убеден в необходимостта той да посети европейските социалистически страни.

По време на посещението обстойно бе обсъдено икономическото сътрудничество. Подписана бе Спогодба за стокообмен и плащания за периода 1986 – 1990 година. Съгласно приложените към Спогодбата стокови листи се предвижда стокообменът през тези пет години да нарасне на 509 милиона рубли, което представлява увеличение 3,2 пъти в сравнение с миналата спогодба и 2,8 пъти в сравнение с реалното ѝ изпълнение. Съотношението на предвидената размяна на машиностроителна продукция е в наша полза (70% в българския износ и 40% в износа на КНДР). Спогодбата дава възможност нашата страна да получи важни суровини, включително цветни метали, различни детайли, отливки, корабна арматура и други, а корейската – крайно необходимите ѝ хранителни масла, сапун, окомплектовка за мотокари и други.

Следва да се отбележи, че откритата от другарите Тодор Живков и Ким Ир Сен българска търговско-промишлена изложба на образци на машиностроенето, електрониката, роботиката, приборостроенето, битовата техника и други бе посрещната с интерес от специалистите и населението и несъмнено ще допринесе за по-нататъшното разширяване на търговско-икономическото сътрудничество.

При обсъждането на международното положение другарят Тодор Живков се спря на най-актуалните проблеми на нашето съвремие, направи задълбочен анализ на причините, довели до сегашното сложно състояние на обстановката в света, изложи позициите на Народна република България и нейната миролюбива политика. Той подчерта решаващия принос на Съветския съюз за победата против хитлерофашизма и японския милитаризъм и неговата роля днес, заедно със страните членки на Варшавския договор, за отстояване на делото на мира и социализма в света. Другарят Тодор Живков даде израз на нашата неизменна подкрепа на конструктивните инициативи на Корейската народнодемократична република, насочени към създаване на климат на доверие на Корейския полуостров и на условия за обединяването на Корея по мирен път, на демократични начала.

Другарят Ким Ир Сен се спря подробно на положението в Южна Корея и разясни инициативите на Корейската народнодемократична република, свързани с проблема за обединяването на страната. Той изрази мнението, че даже да се стигне до въстание в Южна Корея, Съединените щати ще го потушат. Предложенията на КНДР давали възможност за ефективна пропагандно-политическа работа сред южнокорейското население и за доказване на необосноваността на американското военно присъствие на Юг. Другарят Ким Ир Сен изрази благодарността си на другаря Тодор Живков за оказаната подкрепа на политиката на КТП по тези проблеми и се изказа за необходимостта от по-нататъшни действия на социалистическите страни, насочени към изолирането на режима на Южна Корея и разобличаване на политиката на САЩ за увековечаване на разделението на страната.

В своите речи корейският ръководител каза силни думи за БКП, за Георги Димитров, за другаря Тодор Живков. Той даде висока оценка на постигнатите от нашата страна успехи в социалистическото строителство, на борбата на българския народ против империализма и войната, за превръщането на Балканския полуостров в зона, свободна от ядрено оръжие. Изрази подкрепа на усилията на партията и правителството на Народна република България, заедно със страните членки на Варшавския договор, за отстраняване на създалата се опасност от ядрена война и за запазване на мира и сигурността. Бе подчертана необходимостта от развитието на отношения на дружба и сътрудничество между социалистическите страни като важна гаранция за ускоряване на социалистическото строителство във всяка от тях и приближаване победата на делото на социализма и комунизма в световен мащаб.

Направи впечатление, че др. Ким Ир Сен никъде не спомена – нито в положителен, нито в отрицателен аспект – Китайската народна република.

* * *

Посещението на нашата партийно-държавна делегация в Корейската народнодемократична република, разговорите между другарите Тодор Живков и Ким Ир Сен и подписаната Дългосрочна спогодба за стокообмен и плащания дават нов тласък за развитието на отношенията между двете страни върху основата на марксизма-ленинизма и социалистическия интернационализъм. Проведените от др. Тодор Живков разговори несъмнено представляват принос за укрепване, утвърждаване и развитие на редица позитивни тенденции в политиката на Корейската трудова партия, проявяващи се в последно време.

Целесъобразно в Политбюро на Централния комитет на Българската комунистическа партия да възложи на партийните и държавните органи, на министерствата и на обществените масови организации да набележат конкретни мерки за последователно, системно и цялостно осъществяване на договореностите, постигнати по време на посещението.

София, юни 1985 година

С другарски поздрав:

Петър Младенов

Строго поверително!

47. ЦДА на РБ, ф. 1Б, оп. 68, а. е. 590.

ИНФОРМАЦИЯ

за посещенията на др. ТОДОР ЖИВКОВ в Съветския съюз и Япония и за официалните приятелски посещения на българската партийно-държавна делегация в Корейската народнодемократична република и Монголската народна република, направена на заседанието на Политбюро на 19 юни 1985 година

ТОДОР ЖИВКОВ:

Другари, позволете ми в информацията за посещението в Япония, Корея, Монголия и Съветския съюз да вървя последователно.

[…]

Минавам към Корея.

Трябва да кажем, че посещението и вниманието към нас, към нашата делегация беше изключително, много по-голямо отколкото при моето официално посещение преди 12 години. Беше устроено посрещане на 10 – 12 км. Това беше зрелище, организирано по техен маниер и техен стил. Това беше театър. Те са стигнали до голямо майсторство, до съвършенство да правят спектакли по улиците. Стана митинг, на който присъствуваха 250 000 души. Такъв голям митинг са правили на китайския ръководител, но са присъствували по-малко. Интересно е, че не се мръдна никой, строени като войници и никой не мръдна. У нас не могат да се задържат за толкова време. Но всичко това, другари, е и печално.

Огромно внимание се оказа на нашата делегация. Ким Ир Сен беше постоянно с нас и прояви изключително внимание.

В информацията, която той направи на срещата между двете делегации, изтъкна към какво са насочени техните усилия:

1. Ще продължат да изграждат водни електроцентрали. Те имат много води и възможности и си поставят задачата да продължат да изграждат водни електроцентрали.
2. Ще усвоят допълнително 300 хектара нови площи. За условията на Корея това е грандиозна задача. Това са площи, които се напояват и се отглежда ориз. А те имат около 20 млн. декара. Това за тях е голямо нещо.
3. Ще развиват цветната металургия, експлоатация на цветните руди. Те имат богати цветни руди.
4. Ще продължат ускорено развитие на хранителната промишленост.

Ето в тези направления главно са насочени техните усилия.

Тяхната икономика в основни линии се развива по екстензивен път. Те са далеч от проблемите, с които се занимаваме ние, европейските социалистически страни.

Следващият въпрос, който той засегна, е въпросът за Южна Корея. Надълго и нашироко говори за тяхната работа и тяхната оценка за развитието на Южна Корея и по-специално за тяхната постановка за мирно и демократично обединение на двете Кореи.

Какво може да се каже за тази постановка? Тя е нереалистична. Обединяване на двете Кореи е невъзможно да стане по мирен и демократичен път на сегашния етап: първо, защото има две Кореи, от които едната върви по капиталистически, другата по социалистически път, и второ, различията в икономиката между Южна Корея и Северна Корея е от небето до земята. Южна Корея в последно време се развива силно. Тя е втората в Азия след Япония по своето икономическо развитие и икономически потенциал. Южна Корея вече заплашва, конкурира Япония и много други страни в международната търговия. И най-важното, че провежда правилна политика. Те развиват наукоемки производства, особено в областта на електрониката. Изключително бързо се развиват.

Така че тази тяхна линия е нереалистична. Аз му зададох въпроса как той оценява, можем ли да кажем, че има военнополитически съюз, макар и необявен, между САЩ, Япония и Южна Корея. Той отговори: „Да, да, те заедно провеждат учения в Южна Корея.“

Изхождайки от тази постановка, че фактически е създаден военнополитически съюз между САЩ, Япония и Южна Корея, на този етап би следвало да поддържаме тази идея, която поначало е националистическа и нералистична, за да може да се оказва натиск срещу Китай. Защо? Защото западните страни и САЩ са се ориентирали към създаването на две Кореи, да се приемат в ООН двете Кореи. Китайците са също за това, но държейки за позициите на демократична Корея, те лавират. Самият Ким Ир Сен съобщи, че им обърнал внимание, че купуват южнокорейски стоки от Хонг Конг и от другите две страни.

След това насаме му казах, че бих желал да продължим нашия разговор за Китай. Попитах го: „Каква е Вашата оценка за сегашното положение в Китай?“ Какво ми каза той? Каза: „Мен ме тревожат няколко неща:

Първо, че са отворени към капитализма и отиват широко към капиталистическите страни, предоставят им територии, свободни зони. Икономическите резултати още не се виждат, обаче идеологическите резултати вече се чувстват в Китай.

Второ, че те са раздали земята в селата на частници и там се заражда капитализъм, буржоазия. Малките предприятия в градовете също са раздадени на частници, което създава условия за появяване на буржоазия, на капиталисти.

Трето, съдбата на старите кадри, на изпитаните кадри. Една част от тези кадри бяха ликвидирани, изгонени от партията, репресирани по време на културната революция. Но за тези, които са останали, те създават някакви общества и фактически ги извеждат от активна работа в партията, както създадоха в ЦК – обособиха старите кадри в обществото.“

Аз запитах кой е фактически първият ръководител. Той без колебание каза: „Това е Дън Сяо Пин.“ Той е разговарял с някои кадри. Те му казали: „Трудно е сега да си комунист в Китай.“

Цялата тази обстановка него го тревожи. Между впрочем с това трябва да се обясни и известният завой в отношението към Съветския съюз и другите социалистически страни.

Що се касае до нас, пак повтарям, те и лично той прояви изключително внимание, даже отиде на такъв жест: покани ме в квартирата си, където живее, заедно с моята внучка, което става за пръв път.

Трябва да кажем, че Корея е една страшно централизирана държава начело с Ким Ир Сен и неговия син. Неговият син дойде на посрещането. Казват, че това за първи път става в Корея.

Имайки предвид това, което заяви, че в бъдеще няма да може да направи посещение в Европа, аз поканих неговия син да дойде в България. Обаче той каза: „Аз ще дойда, този път обаче със самолет."

Въобще разкриват се огромни възможности за икономическо и друго настаняване в Корея. Разположението е изключително голямо и подчертано.

Разбира се, в разговорите аз засягах въпроса за комунистическото движение и въпроса за нашата социалистическа общност, че трябва да се укрепват и пр. Той не възрази по никакъв въпрос, слушаше и одобряваше.

Това е за Корея.

48. ЦДА на РБ, ф. 1Б, оп. 81, а. е. 37.

ИНФОРМАЦИЯ

ОТНОСНО: Посещението в НР България на парламентарна делегация от КНДР, водена от председателя на Върховното народно събрание Ян Хен Себ

От 16 до 21 март 1987 г. на официално посещение в нашата страна бе парламентарната делегаця от КНДР, водена от председателя на Върховното народно събрание Ян Хен Себ.

Делегацията бе приета от другаря Тодор Живков. На срещата другарят Живков приветствува сърдечно гостите и изрази увереност, че задълбочаването на парламентарното сътрудничество ще съдейстува за укрепване на дружбата между двата народа. Той запозна депутатите от КНДР с основните моменти от социално-икономическото развитие на страната, със започналия процес на качествено нов растеж във всички области.

Ръководителят на делегацията предаде на другаря Тодор Живков най-сърдечни поздрави от генералния секретар на ЦК на Корейската трудова партия и президент на КНДР Ким Ир Сен. Той информира за успехите на своя народ в осъществяване на третия седемгодишен план и отбеляза, че за тях представлява голям интерес опитът на България и нашите постижения в строителството на социализма.

Делегацията бе приета също така от другарите Петър Младенов и Георги Караманев, води разговори с делегация на Народното събрание, ръководена от Станко Тодоров, посети икономически и културни обекти в София, Пловдив, Смолян и Правец.

Др. Петър Младенов запозна парламентаристите от КНДР с основните принципи на външната политика на НР България, чиято главна цел е укрепването на мира, създаването на климат на доверие между държавите, разширяване на сътрудничеството.

Българският външен министър изтъкна, че страната ни отдава голямо значение на отношенията си с КНДР, показател за което е благотворното развитие на сътрудничеството във всички области. Той заяви, че България подкрепя усилията на КНДР за мирно обединяване на родината, включително и новите предложения за военнополитически преговори на високо равнище между Севера и Юга на Корея.

Ян Хен Себ инфромира за някои нови моменти в политиката на САЩ в този район на света. Той изтъкна, че напоследък американските дипломати се мъчат да създават впечатления, че САЩ имат интерес от решаването на корейския въпрос, като се правят стъпки за признаването на Южна Корея от някои социалистически страни. В интервю пред японски вестник на 30 април т.г. президентът Рейгън е заявил, че се полагат усилия от САЩ за решаването на корейския въпрос, а в същото време американският военен министър е излязъл с декларация, че САЩ и занапред ще помага на Южна Корея за модернизирането на нейната армия чрез доставка на нови военни съоръжения. Открито се поставя и въпросът за ежегодното провеждане на военни маневри „Тийм Спирит". Новият посланик на САЩ в Южна Корея, който е дългогодишен специалист от ЦРУ, е провел среща с ръководителите на опозиционните партии и е обещал да съдействува за освобождаването на лидера на опозицията на Южна Корея, в случай че те прекратят борбата за провеждането на реформа в конституцията за процедурата за избирането на президента. Всичко това говори, че САЩ имат интерес от сегашния режим и нямат никакви намерения да съдейстуват за решаването на корейския въпрос.

Председателят на българската част на Комисията за икономическо и научно-техническо сътрудничество Георги Караманев подчерта пред членовете на делегацията новите моменти в сътрудничество на НРБ с КНДР – промишлено коопериране между стопанските организации, мащабна програма за научно-техническо сътрудничество, подобряване на структурата на стокообмена. Подчертано бе, че на предстоящата сесия през есента на Комисията за икономическо и научно-техническо сътрудничество ще се решат някои нови проблеми в областта на сътрудничество и ще се вземат мерки за изпълнение на подписаните документи.

Ян Хен Себ заяви, че парламентите трябва да помагат при решаването на някои проблеми в двустранните отношения и обеща да информира председателя на корейската част на двустранната комисия за поставените конкретни въпроси по време на разговорите.

По време на разговорите в Народното събрание ръководителят на българската делегация Станко Тодоров запозна корейските парламентаристи с главните въпроси по изпълнение решенията на XIII партиен конгрес и с проблемите, които НРБ решава на сегашния етап. Подчертан бе новият стратегически курс на нашата партия и държава за дълбоко преустройство в икономиката и другите области на живота. В резултат на това са създадени необходимите предпоставки за осъществяване на качествени изменения в организационната структура на управленческите органи в нашата страна. Обърнато бе внимание върху развитието на социалистическата демокрация в икономиката и по-специално на Декларацията на Народното събрание за предоставяне на социалистическата собственост на трудовите колективи за стопанисване и управление.

Председателят на Народното събрание се спря и на по-нататъшното развитие на двустранните отношения на дружба и сътрудничество между нашите партии, страни и народи. Подчертани бяха големите перспективи в това отношение, както и някои възникнали трудности по изпълнението на Дългострочната търговска спогодба. Изразена бе увереност, че връзките между парламентите ще дадат нови импулси за по-нататъшното развитие на двустранните отношения между НРБ и КНДР.

Председателят на Постоянния комитет на Върховното народно събрание на КНДР информира българските парламентаристи за сегашното положение в КНДР и задачите, които се решават в момента. Той обърна особено внимание на работата на втората сесия на ВНС, на която е бил приет „Закон за развитието на народното стопанство“ – третият седемгодишен план за периода 1987 – 1993г. Главната задача, поставена от този план, е създаването на материално-техническата база на социализма чрез модернизация върху основата на идеите „Чучхе". През този период промишлената продукция трябва да нарасне с 1,9 пъти; селскостопанската продукция – 1,4 пъти, а националният доход – 1,7 пъти. С изпълнението на тези задачи КНДР трябва да се нареди в редовете на най-развитите страни. Ще бъдат решени въпросите с прехраната, облеклото и жилищния проблем.

Информира, че на първата сесия на Осмото народно събрание генералният секретар на Корейската трудова партия Ким Ир Сен е направил ново предложение за намаляване на напрежението на корейския полуостров и започването на военнополитически преговори на високо равнище. Южна Корея зае неконструктивна позиция, стараейки се да замени военно-политическия диалог с преговори по икономически въпроси, по линия на Червения кръст и за водните ресурси. Поставяйки въпроса за водните ресурси, Южна Корея издигна абсурдното твърдение, че строящия се в КНДР язовир „Кимгансан" застрашавал сигурността на Сеул. Ян Хен Себ информира и за проведените преди няколко дни разговори между военните министри на САЩ и Южна Корея, по време на които САЩ са обещали да помагат за модернизирането и превъоръжаването на южнокорейската армия. Всички тези действия показват нежеланието на управниците на Южна Корея да нормализират отношенията с КНДР. Изразена бе подкрепа на предложенията за премахване на ракетите със среден радиус на действие в Европа, което би намалило напрежението в този район, както и на инциативата на НРБ за превръщането на Балканите в зона, свободна от ядрено и химическо оръжие. Подчертано бе голямото значение на сътрудничеството между нашите два парламента както в двустранно отношение, така и по линия на Интерпарламетарния съюз.

В заключение може да се каже, че посещението на парламетарната делегация на Върховното народно събрание на КНДР бе навременно и много полезно. То ще активизира още повече взаимните преки връзки между двата парламента, ще спомогне да се активизира областта на двустранното сътрудничество, както и за развитие на дружбата между нашите страни и народи.

Отправена бе покана от страна на Постоянния комитет на Върховното народно събрание на КНДР за официално посещение на делегацията на Народното събрание в КНДР. Поканата бе приета със задоволство.

София, май 1987 година

49. ЦДА на РБ, ф. 1Б, оп. 81, а. е. 37.

ПАМЕТНА БЕЛЕЖКА

от Огнян Митев, зам.-началник на отдел „Пети“

ОТНОСНО: Среща на др. П. Младенов с др. Ким Йон Нам, член на ПБ на ЦК на КТП зам.-председател на Административния съвет и министър на външните работи на КНДР по двустранните отношения и положението в Ю. Корея.

На път от Африка за КНДР др. Ким Йон Нам бе на 21 и 22 декември в София. На 23 той бе приет от др. П. Младенов. По време на разговора корейският външен министър каза следните по-важни неща:

За неговото пътуване в пет африкански държави (Зимбабве, Уганда, Замбия, Танзания и Сейшелските острови), както и за пребиваването му в София е бил уведомен лично др. Ким Чен Ир. Преди отпътуването си е бил приет от великия вожд, който му е поръчал, в случай че се срещне с български ръководители, да предаде най-сърдечните му поздрави и пожелания на уважаемия другар Тодор Живков. Др. Ким Ир Сен често си спомнял за срещите си с другаря Тодор Живков.

Имал е щастието да се срещне и да разговаря с първия български партиен и държавен ръководител по време на празнуването на 70-годишнината от ВОСР в Москва. Изключително силно впечатление му е направило енергичното слово на другаря Тодор Живков. Искрено желаели да е все така здрав и бодър и да води към нови успехи българския народ.

Искрено благодари за гостоприемството, което му се оказва в България. То е израз и на общото желание за по-нататъшно укрепване на всестранните връзки.

Иска да напомни, че е поканил др. П. Младенов да посети КНДР и се надява догодина да се видят там.

В отговор на въпросите на др. Младенов каза следното:

В Южна Корея американците са сменили само главатаря, но се опитват да запазят военно-фашистката система. И бившият, и новият президент са американски възпитаници. И двамата са участвували във войната във Виетнам, както и в смазването на студентското въстание в гр. Куанджу през 1980 година.

САЩ са дирижирали „несъгласието“ между двамата кандидати на опозицията да постигнат споразумение. Впрочем те са били отгледани от САЩ. По този начин опозицията загубила реалната възможност да спечели президентското място, въпреки че набрала много повече гласове от правителствения кандидат. След изборите няма да има съществени изменения в характера на властта, което ще предизвика по-нататъшна борба на народа за сваляне на проамериканската клика.

От експозето на др. Младенов, за което изказва дълбока благодарност, е разбрал още веднъж, че и в бъдеще НРБ ще ги покрепя и няма да има никакви изменения в нейната принципна позиция. Напоследък в западните СМИ се появили съобщения, че СФРЮ и УНР щели да откриват бюра на Южна Корея (бележка: от превода не стана ясно дали бюра на Южна Корея в тези две страни или бюра на Югославия и Унгария ще бъдат окрити в Сеул. Останахме с впечатление, че се говореше за бюра на Южна Корея в Белград и Будапеща, докато имаше някои съобщения за откриването на такива бюра в Сеул.) Ако това се окаже вярно, то за КНДР това би означавало отказ от революцията (бележка: не стана ясно кой се отказва от революцията. Вероятно – СФРЮ и УНР).

Южнокорейските марионетки са свалили сами собствения си самолет, за да обвинят КНДР, както не веднъж били правили преди, за да повлияят на изборите. Не успели в това.

От своя страна също щели да се борят за осъществяване на договореностите, постигнати от първите ръководители на България и и КНДР. В икономическите връзки имало проблеми. Но той още веднъж си вземал бележка и като се върнел в Пхенян, щял да направи необходимото за преодоляването им.

Освен подробното експозе по международните проблеми и нашите двустранни отношения министър Петър Младенов каза, че през 1988 г. ще посети КНДР.

На срещата присъствуваха корейският посланик у нас Ха Дон Юн, помощник на министъра, Тян Се Бок, съветник при посолството на КНДР и Огнян Митев, зам.-началник на отдел „Пети“.

София, 24 декември 1987 година

Изготвил:

(О. Митев)

50. ЦДА на РБ, ф. 1Б, оп. 81, а. е. 37.

ИНФОРМАЦИЯ

ОТНОСНО: посещението на делегацията на Централния комитет на Корейската трудова партия, водена от секретаря на ЦК на КТП Хван Чжан Об

В изпълнение на плана за сътрудничество и обмяна на опит между Българската комунистическа партия и Корейската трудова партия от 12 до 17 октомври т.г. на посещение у нас беше делегация на ЦК на КТП, водена от секретаря по международните въпроси Хван Чжан Об.

По време на престоя си в нашата страна ръководителят и членовете на корейската делегация бяха приети от члена на Политбюро на ЦК на БКП Милко Балев и водиха разговори със секретаря на ЦК на БКП Димитър Станишев.

На срещата с др. Милко Балев и от двете страни беше подчертано, че всестранните отношения между НРБ и КНДР, които се основават на принципите на марксизма-ленинизма и пролетарския интернационализъм, се развиват успешно във всички области. Тяхната движеща сила са връзките и контактите между нашите две партии – БКП и КТП. Изтъкнато бе, че мощен импулс за по-нататъшното задълбочаване и разширяване на българо-корейските отношения дадоха срещите между първите партийни и държавни ръководители, другарите Тодор Живков и Ким Ир Сен, състояли се през 1984 и 1987 г. в НРБ и КНДР, а така също и подписаният договор за дружба и сътрудничество между двете страни (1975 г.).

Другарят Милко Балев отново изрази подкрепата, която нашата страна и българският народ са оказвали и оказват на борбата на корейския народ за мирно обединяване на тяхната родина.

От името на другаря Тодор Живков той предаде най-сърдечни поздрави и благопожелания на първия ръководител на КТП и КНДР др. Ким Ир Сен.

В проведените разговори с другарите М. Балев и Д. Станишев ръководителят на корейската делегация Хван Чжан Об недвусмислено даде да се разбере, че целта на неговото посещение в България (а преди това в СССР и Югославия) е да призове нашата страна да оказва по-осезателна подкрепа на политиката на КТП и КНДР за обединение на Корея и да се въздържа от установяването на официални икономически и политически отношения с Южна Корея, имайки предвид очерталата се в последно време тенденция за развитие на търговско-икономическите отношения на Южна Корея със социалистическите страни.

В изложението си Хван Чжан Об информира за вътрешната и външна политика на КТП и на правителството на КНДР, като се спря по-подробно на положението на Корейския полуостров. Той подчерта, че няма вътрешни причини за разделението на корейската нация. Според тях главната отговорност за това имат тези страни, които след Втората световна война излязоха като победители, защото Корея е била обект на агресия от страна на Япония, но макар и победена, Япония не е останала разединена.

СССР е изиграл важна освободителна мисия и е оказал огромна помощ за самостоятелното развитие на северната част на страната, но има морална отговорност до окончателното обединяване на Севера и Юга.

За сегашното положение на Корейския полуостров главният виновник са САЩ, които са окупирали южната част и всячески препятствуват обединението.

Хван Чжан Об заяви, че немалко хора имат неправилно мнение за положението в Южна Корея, без да разглеждат нещата исторически. Те оценяват развитието на Южна Корея като „чудо“ и считат че там е установена по-демократична власт, а не военно-фашистка диктатура, понеже сегашният президент Ро Де У е дошъл на власт чрез избори.

Всъщност „чудо“ няма. Икономиката на Южна Корея е немислима, откъсната от икономиката на САЩ и Япония. Само за периода 1982 – 1984 г. Южна Корея е използувала 48,8 милиарда щатски долара чуждестранни капитали, 80 на сто от които са американски и японски.

Южна Корея се развива икономически, но нейният народ продължава да се бори срещу сегашната власт. Южна Корея не може да се разглежда и като демократична самостоятелна държава. Тя е под господството на САЩ и Япония. Сега Южна Корея има две големи стратегически особености:

- тя е най-голямата военна база на САЩ на континенталната част на Азиатския континент;
- тя е най-голямата антикомунистическа база на САЩ в Далечния изток.

Оновната държавна политика на южнокорейското правителство е именно защитата на тези две бази на САЩ, затова Южна Корея не може да се счита за самостоятелна държава.

В тази връзка Хван Чжан Об изтъкна неправилното тълкуване от някои на казаното в речта на М. С. Горбачов в Красноярск, в която той заяви, че „в контекста на общото оздравяване на обстановката в Корейския полуостров могат да се открият възможности за установяване на икономически връзки с Южна Корея“. Според него М. С. Горбачов поставя условието „ако обстановката оздравее“, а под „оздравее“ корейските другари са разбрали:

- САЩ да се изтеглят от Южна Корея и да ликвидират военните си бази;
- Южна Корея да се освободи от господството на САЩ и Япония;
- в Южна Корея да се ликвидират антикомунистическите закони;
- да се сключи мирен договор между КНДР и САЩ, да се подпише споразумение за ненападение между Севера и Юга.

Предприетите от Унгария стъпки за откриване на политическо представителство в Южна Корея и предложението за провеждане на разговори за устанивяване на дипломатически отношения беше оценено от Хван Чжан Об като предателство спрямо социализма. Той неприкрито заплаши, че тяхната нелегална организация в

Южна Корея може да предприеме терористически действия спрямо унгарските представители (а и спрямо предтавителите на другите социалистически страни), ако те открият свои учреждения в Сеул.

Хван Чжан Об заяви, че КТП и КНДР се стремят да укрепват отношенията си със социалистическите страни, защото търсят международна помощ по най-важния, най-актуалния сега за тях въпрос – въпорса за обединението на страната. Те не възразяват против установяването на търговски връзки с Южна Корея, но ако социалистическите страни оставят впечатлението, че под някаква форма имат политически отношения с Южна Корея, то това те ще разглеждат като предателство.

Хван Чжан Об отправи молба, ако установяваме икономически връзки с Южна Корея, да не откриваме там официални търговски представителства с държавни функции, тъй като те вече биха имали политически характер.

От наша страна корейските другари бяха запознати с основните насоки на нашето вътрешнополитическо и икономическо развитие за изпълнение на решенията на XIII конгрес на партията и последвалите го пленуми на ЦК на БКП, както и с някои по-важни страни на външнополитическата дейност на БКП и НРБ. Специално внимание бе отделено на новите реалности и новото политическо мислене, на необходимостта от нови подходи във външната политика и в международното комунистическо и работническо движение. В тази връзка бе посочено, че са възможни търговско-икономически връзки с Южна Корея, но ние ще отделяме икономическите от политическите отношения.

По време на разговорите беше направен по-обширен преглед и на развитието на междупартийното и междудържавното сътрудничество. От двете страни бе дадена висока оценка на осъществяваното сътрудничество между БКП и КТП и подчертана необходимостта да се търсят по-ефективни форми за неговото обогатяване при новите условия.

Ще се отнася до двустраниите отношения, то има далеч по-големи възможности за решително подобряване на икономическото и научно-техническото сътрудничество, което може и трябва да бъде издигнато на ниво, съответсвуващо на равнището на нашите политически отношения.

По време на престоя си в нашата страна корейските другари посетиха община Враца, където имаха срещи и разговори с местни партийни и стопански ръководители, запознаха се с постиженията в икономическото развитие, с културните и исторически забележителности на общината.

******

По мнение на отдел „Външна политика и международни връзки“ на ЦК на БКП посещението на делегацията на ЦК на КТП у нас допринесе за изяснение на позициите на двете партии по някои от най-актуалните проблеми на съвременното международно положение и бе ползотворно от гледна точка на обмяната на опит в практическата дейност на БКП и КТП.

Едновременно с това смятаме, че е обяснима загрижеността и тревогата на корейските другари от установяването на политически и официални търговско-икономически отношения от някои социалистически страни с Южна Корея. Може би е по-целесъобразено при установяването на търговски връзки от наша страна с Южна Корея добре да се осмислят реалните потребности и възможности и се търсят подходящи форми на икономическо сътрудничество с нея, като предварително информираме другарите от КНДР. Предлагаме засега да се въздържаме от откриване на носещо политически характер официално търговско представителство на нашата страна в Сеул, а търговията ни да се осъществява чрез бюрата на различните български външнотърговски организации

24 октомври 1988 г.

Отдел „Външна политика и
международни връзки“ на ЦК на БКП

51. ЦДА на РБ, ф. 259, оп. 45, а. е. 688.

СПОРАЗУМЕНИЕ
ЗА СЪТРУДНИЧЕСТВО МЕЖДУ БЪЛГАРСКАТА ТЪРГОВСКО-ПРОМИШЛЕНА ПАЛАТА И КОРЕЙСКАТА КОРПОРАЦИЯ ЗА РАЗВИТИЕ НА ТЪРГОВИЯТА

Българската търговско-промишлена палата, София и Корейската корпорация за развитие на търговията, Сеул (тук по-долу наречени „страните"), водени от желанието да развиват преки търговско-икономически отношения между организации и фирми от НР България и Република Корея, се споразумяха следното:

ЧЛЕН 1

Страните ще обменят актуална информация за тенденциите в промишлеността и икономиката. Страните също така ще обменят търговски запитвания за техните вътрешни пазари и редовно ще обменят пазарна и стопанска информация и търговски новини чрез своите бюлетини, печатни материали и каталози. Страните ще организират взаимни посещения на търговски делегации в двете страни и ще осигуряват на тези делегации необходимото съдействие, като им предоставят съответна информация и ги представят на заинтересовани партньори от страната домакин – търговци и производители. Двете страни ще осигуряват всякаква възможна помощ и необходими улеснения на своите партньори с цел улесняване директното участие на едната страна или група компании, организирани от нея, в панаири и специализирани изложби, провеждани в другата страна.

ЧЛЕН 2

Страните ще открият търговски представителни бюра в София и Сеул и ще ги нарекат Корейски търговски център, София и Българско търговско представително бюро, Сеул. Българската търговско-промишлена палата ще представлява делови среди на България и Корейската корпорация за развитие на търговията ще представлява деловите среди на Корея.

ЧЛЕН 3

Всяко от представителните бюра ще бъде отворено в най-скоро възможно време и ще бъде ръководено от двама души, назначени от съответната страна. Броят на служителите може да бъде увеличен при взаимно съгласие. Представителят може да наема при необходимост и местни служители.

ЧЛЕН 4

Страните ще предоставят необходимото сътрудничество за разработване на различни стопански проекти в техните страни. Това включва сътрудничество за реализиране на такива проекти в трети страни.

ЧЛЕН 5

Двете страни могат да разменят специалисти за обучение и провеждане на пазарни проучвания.

ЧЛЕН 6

Страните ще създават всички необходими условия за осигуряване безопасността на своите представители и техните семейства, за да могат същите да изпълняват задълженията си ефикасно.

ЧЛЕН 7

Страните ще полагат усилия за предоставяне на реципрочна основа улеснения включително освобождаване от данъци на бюрата и служителите, възможност за безмитен внос на мостри, стоки за лични нужди на служителите в бюрата и др.

ЧЛЕН 8

Веднъж в годината страните ще провеждат съвместно събрание за отчитане на извършеното през годината и набелязване на новата програма. Годишното събрание ще се ръководи от членове на висшето ръководство и ще се провежда последователно в София и Сеул. Ако възникне необходимост от преговори, всяка от страните може да предложи на другататакова събрание да бъде свикано веднага.

ЧЛЕН 9

Страните ще предложат бюра и резиденции за представителството на другата страна безплатно на реципрочна основа и ще се подпомагат един друг за наемане на местен персонал.

ЧЛЕН 10

Страните ще бъдат юридически лица. Те ще имат пълномощията да договарят, придобиват и се освобождават от движимо иущество и да завеждат съдебни дела.

ЧЛЕН 11

Страните ще считат текста на това споразумение поверителен. Но съществуването на бюрата, за които са постигнали съгласие в това споразумение, ще бъде оповестено пред обществеността от всяка от страните в деня на подписване на споразумението.

ЧЛЕН 12

Това споразумение ще влезе в сила от датата на подписването му и ще остане в сила, докато една от страните не представи на другата писмено уведомление за прекратяването му.

Подписано в София на 29 ноември 1988, в два екземпляра на английски. Двата текста са автентични.

ПЕТЪР РУСЕВ　　　　　　　　ЛИЙ СУН-КИ

52. ЦДА на РБ, ф. 259, оп. 45, а. е. 689.

МИНИСТЕРСТВО НА ВЪНШНИТЕ РАБОТИ

София, 12.2.1990 г.

ДО

КАБИНЕТА НА МИНИСТЪРА НА ВЪНШНОИКОНОМИЧЕСКИТЕ ВРЪЗКИ ДР. ПЕТЪР БАШИКАРОВ

По поръчение на др. Б. Димитров Ви изпращаме докладната записка от др. Ф. Ишпеков, зам.-министър на външните работи, за проведените контакти с представители на Република Корея, както и паметна бележка за среща на др. Дончо Дончев с посланика на КНДР у нас Ким Пьон Ир по контактите ни с Южна Корея.

Приложение: съгласно текста

ПОСЛАНИК:

(Д. ДОНЧЕВ)

ДО

ДРУГАРЯ БОЙКО ДИМИТРОВ, МИНИСТЪР НА ВЪНШНИТЕ РАБОТИ

ДОКЛАДНА ЗАПИСКА

От Филип Ишпеков, заместник-министър на външните работи

Другарю министър,

В изпълнение на възложената от Вас задача от 19 до 22 януари т.г. в Токио бяха проведени разговори между представители на министерствата на външните работи на НРБ и Република Корея.

Съгласно предварително постигнатата договореност в тези разговори участвуваха и представители на ведомствата на двете страни, отговарящи за външноикономическите връзки. В нашата делегация бяха включени Дончо Дончев, посланик, началник на отдел „Пети" на МВнР, и Цветан Найденов, началник на отдела за азиатските страни в Управлението за Азия, Африка и Латинска Америка на МВИВ. Южнокорейската делегация беше оглавена от Хонг Сун Йон, посланик с особени поръчения в МВнР. В нея бяха включени началникът на отдела за Източна Европа в МВнР Тае Сук Вон и директорът на дирекцията за задгранично финансиране и капиталовложения в Министерството на финансите. В разговорите взеха участие и дипломати от мисиите на двете страни в Токио.

Разговорите протекоха в делова и конструктивна атмосфера.

В съответствие с дадените ни указания ние изложихме позицията и съображенията си относно възможностите за установяване на дипломатически отношения между НРБ и Република Южна Корея.

Предложихме този въпрос да се разглежда в пакет с програма за разширяване на икономическото сътрудничество между двете страни на взаимоизгодна основа и за развитие на връзките в областта на културата, науката, спорта и др. Подчертахме благоприятните условия, които нашата страна би могла да предостави на южнокорейския бизнес и финансови кръгове, и представихме наши конкретни виждания за сътрудничество в търговската, икономическата, финансово-кредитната и научно-техническата област. Особено внимание обърнахме на нашето желание да ни бъде предоставен правителствен заем от 500 млн. долара за срок от 10 години с начало на изплащането след петата година. По другите икономически въпроси – за инвестиционни и стокови кредити, за конкретни проекти на южнокорейски компании у нас, за смесени предприятия, използване на свободни зони, съвместна дейност в трети страни и пр. вече са водени разговори между икономически делегации на двете страни и има подписани протоколи за намерения в тези области. Предложихме това, както и готовността за ускорено създаване на договорно-правна база на отношенията ни също да намери отражение в меморандума за проведените между двете делегации разговори.

Ръководителят на южнокорейската делегация в своето изложение информира за преустройството, което се осъществява в неговата страна – преход от авторитарно към демократично общество; в икономическата област – либерализация и отваряне към света. Изтъкна, че следят с интерес процесите в източноевропейските страни, в т.ч. и в България, разбират и приветстват усилията ни за реформи. Нямат готови рецепти и могат да ни предложат само своя опит в политическото и икономическото развитие. С няколко социалистически страни – Унгария, Полша, Югославия, вече са установили дипломатически отношения. С ЧССР са парафирали съвместна декларация за установяване на дипломатически отношения, която ще бъде подписана от министрите на външните работи на двете страни през м. март в Прага. Със Съветския съюз са се договорили да открият консулски отдели към търговските си бюра в Москва и Сеул, в които ще работят старши дипломати. Южна Корея щяла да изпрати в Москва един от най-висшите си дипломатически служители. С КНР имали също обменени търговски бюра и търговията надхвърляла 3 млрд. долара.

Г-н Хонг изказа подкрепа на нашата позиция, че установяването на дипломатически отношения не бива да засяга нашите добри отношения с КНДР, трябва да служи на интересите на целия корейски народ и да съдейства за развитието на диалога между Севера и Юга, за установяването на условия за мирно, демократично обединение на Корея. Подчерта, че тяхната политика не била насочена нито към засилване на конфронтацията, нито към международна изолация на КНДР, а към мирно съвместно съществуване с нея.

Южнокорейската страна се съгласи с разглеждането в пакет и на развитието на икономическите отношения между НРБ и Република Корея, в т.ч. и предоставянето на кредити, но с изричната уговорка да не се създава впечатление, че те „купуват" своето дипломатическо признаване. Обясниха, че нямат практика да предоставят правителствени банкови кредити. Най-ценното, което според г-н Хонг могат да ни предложат, е активността и динамизма на своя частен сектор. Обещават благосклонно разглеждане и решаване на кредитирането на всякакви обекти, които корейските промишлени и търговски компании договарят с нашата страна.

В отделен разговор „на четири очи" между ръководителите на делегациите г-н Хонг съобщи какви кредити са предоставили на Унгария и Полша и какво са обещали на ЧССР и заяви, че ние няма да получим по-малко от това по линия на фонда за икономическо развитие към МВнР (единствения правителствен източник за кредитиране), експортно-импортната банка и др., при условие че нашата икономика предизвика интереса на южнокорейския частен бизнес.

Изразено беше съгласие за започване на преговори за подписване на спогодба за избягване на двойното данъчно облагане, за взаимно поощряване и защита на инвестициите и търговска спогодба.

В резултат на проведените разговори беше подписана Паметна записка и беше парафирана Съвместна декларация за установяване на дипломатически отношения (прилагаме документите). В паметната записка са включени следните главни договорености в икономическата област:

- насърчаване на южнокорейските фирми и корпорации за извършване на директни инвестиции у нас, за предпочитане под формата на смесени предприятия;
- насърчаване съвместната дейност на пазарите на трети страни;
- създаване възможност за използване на съществуващите у нас благоприятни условия като промишлени и търговски свободни зони, транзитни и складови улеснения;
- размяна на делови делегации за провеждане на семинари, симпозиуми, конференции на кръглата маса по въпросите на търговията и икономическото сътрудничество;

- обмяна на икономическа информация и опит;
- съгласие на южнокорейската страна да ни предостави следните инвестиционни кредити – по линия на „Фонда за развитие на икономическото сътрудничество" (по този фонд при установяване на дипломатически отношения със социалистически страни, предоставяли автоматически 50 млн. долара при изключително благоприятни условия за ползване за период от 4 – 5 години. Беше ни дадено уверение, че ако оползотворим тази сума за около 1 година, ще ни предоставят при същите условия още 100 млн. долара); по линия на южнокорейската Експортно-импортна банка – ще ни се предостави кредит за обекти от минимум 200 млн. щ. долара също така при благоприятни условия; кредити от търговски банки, експортни кредити и стокови кредити, които биха могли да възлязат на няколкостотин милиона щ. долара;
- приветства се откриването на банкови клонове на реципрочна основа, създаване на смесена банка във всяка от страните или трети страни за подпомагане на смесени проекти и други дейности;
- готовност за ускорено сключване на споразумение за взаимно насърчаване и защита на инвестициите; споразумение за избягване на двойното данъчно облагане; споразумение за икономическо и техническо сътрудничество.

Постигната беше договореност да се запази дискретност относно водените разговори и приетите документи до завършването на необходимите процедури по одобряването им във всяка от страните. Втора среща за финализиране на някои въпроси ще бъде проведена през м. февруари в София. Предполагаемо подписване на съвместна декларация и официално обявяване на установяването на дипломатически отношения – м. март 1990 година.

Считаме, че постигнатото е благоприятно за нашата страна. Създават се възможности за взаимоизгодно сътрудничество в икономическата област, в т.ч. и кредитни улеснения. Усилията ни би следвало да се насочат към осигуряване участие на южнокорейските фирми в реконструкцията и модернизацията на някои наши производства и към създаване на смесени предприятия с експортно ориентирано производство.

Обсъждайки въпроса за отпускане на финансови кредити, освен аргументът, че няма такава практика в Южна Корея, бе посочен и фактът, че съгласно статистиката на ООН България е причислена към развитите страни с национален доход на човек от населението значително по-висок от този на Южна Корея. Това още повече налага въпросът за реалната оценка на произведения национален доход и за статута на България в ООН и други международни организации да бъде обсъден от компетентните органи с оглед внасяне на необходимия реализъм.

Във връзка с гореизложеното предлагам:

1. Да бъде внесено от Ваше име за разглеждане и одобрение от Комисията по външна политика на Народното събрание предложение за установяване на дипломатически отношения с Република Корея, като бъдат приложени парафираната съвместна декларация и подписаният съвместен протокол.
2. Да се проведе в София през февруари втори кръг от разговори с делегацията на МВнР на Република Корея за уточняване на въпроса за официалното обявяване на установяването на дипломатически отношения, на сроковете за подготвяне и подписване на предвидените в Паметната записка споразумения, на въпросите, свързани с откриването на посолства на двете страни, както и за подготовката на посещението на южнокорейския външен министър у нас.
3. Да бъде отправена покана до министъра на външните работи на Република Корея за посещение у нас през м. март т.г., по време на което да бъде подписана съвместна декларация за установяване на дипломатически отношения.
4. МВИВ в най-скоро време да разработи програма за икономическо сътрудничество между НРБ и Република Корея, като особено внимание се обърне на усвояването на получените кредити, създаването на нови форми на сътрудничество, привличането на капитали от южнокорейски бизнес, съществено увеличаване на търговията и пр.
5. Под ръководството на МВИВ да бъде подготвен проект за споразумение за

взаимно насърчаване и защита на инвестициите, споразумение за икономическо и техническо сътрудничество и споразумение за избягване на двойното данъчно облагане с оглед тяхното подписване при посещението на корейския министър на външните работи у нас.

6. Да се предприемат стъпки за намаляване отрицателното въздействие от установяването на дипломатически отношения с Република Корея върху отношенията между НРБ и КНДР, като:
   - продължаваме да оказваме поддръжка, както и досега, на КНДР в нейната позиция за мирно и демократично обединение на Корея;
   - своевременно уведомим КНДР за развитието на въпроса за установяване на дипломатически отношения с Република Корея;
   - в дните около обявяването на установяване на дипломатически отношения да бъде увеличено публикуването на положителни материали за КНДР и по корейския въпрос в СМИ.
7. На базата на реалните икономически показатели да се преразгледа статутът на НРБ в ООН и други международни организации с оглед получаването на допълнителни възможности за търговско-икономическо сътрудничество с други страни, в т.ч. и с Република Корея.

1 февруари 1990 г.

53. ЦДА на РБ, ф. 259, оп. 45, а. е. 689.

Неофициален превод

СЪВМЕСТНА ДЕКЛАРАЦИЯ

за установяването на дипломатически отношения между
Народна република България и Република Корея

Народна република България и Република Корея,

Желаейки да развият взаимоизгодните отношения и сътрудничество между двете страни на основата на зачитането на принципите на международното право и устава на ООН, се договориха да установят дипломатически отношения на ниво посланик в сила от деня на подписването на настоящата съвместна декларация.

В свидетелство на което долуподписаните, упълномощени за това от съответни конституционни власти, подписаха настоящата съвместна декларация.

Извършено на ......

в два екземпляра на английски език.

за
НАРОДНА РЕПУБЛИКА БЪЛГАРИЯ

за
РЕПУБЛИКА КОРЕЯ

54. ЦДА на РБ, ф. 259, оп. 45, а. е. 689.

Неофициален превод

СЪВМЕСТЕН ПРОТОКОЛ

От 19 до 22 януари 1990 г. в Токио, Япония, правителствени делегации на Народна република България и Република Корея проведоха серия от разговори за обсъждане на въпросите за установяването на дипломатически отношения между двете страни.

Българската делегация бе водена от г-н Филип Ишпеков, заместник-министър на външните работи. Корейската делегация бе водена от посланик Сун Юнг Хонг, специален представител на министъра на външните работи.

В заключение на разговорите двете страни се договориха както следва:

1. Двете страни се договориха да установят дипломатически отношения между двете държави на ниво посланици. Те споделят възгледа, че дипломатическите отношения биха укрепили и стабилизирали цялостните отношения на базата на дружбата, взаимното уважение и сътрудничеството.
2. Двете страни отбелязаха със задоволство, че съществуващите контакти между деловите кръгове на двете страни доказаха взаимната изгода, и споделят възгледа, че тези контакти би трябвало да бъдат насърчавани да реализират възможностите за по-широко сътрудничество между двете страни в различни сфери.
3. Двете страни изразиха своята воля за по-нататъшно съдействие на взаимното сътрудничество в такива области като търговията, индустриалното развитие, научното и техническото сътрудничество, спортната и културната дейност.

4. С цел съдействието на икономическото сътрудничество в такива сфери като електроника, комуникационна техника, текстил, потребителски стоки и строителни работи, двете страни между другото се съгласиха:
   - да насърчават фирмите и корпорациите, да осъществяват директни инвестиции, преимуществено във формата на съвместни предприятия;
   - да насърчават директните контакти между компании, институции и отделни граждани и да способстват издаването на визи за граждани на другата страна;
   - да насърчават съвместната дейност на пазари в трети страни;
   - да използват съществуващите условия като свободни икономически и търговски зони, транзитни и складови облекчения и пр. в другата страна;
   - да разменят делови представителства и да провеждат семинари, симпозиуми, конференции на кръглата маса по търговското и икономическото сътрудничество;
   - да насърчават деловите кръгове да вземат участие в панаири и изложби, провеждащи се в другата страна;
   - да обменят информация и опит относно тенденциите в икономиката и индустрията, стратегията на икономическото развитие, техниката на маркетинга и мениджмънта, преустройството на икономиката и др.
5. С цел подпомагането на двустранната търговия и икономическото сътрудничество двете страни се съгласиха, че осигуряването на благоприятни финансови условия е от изключителна важност. За тази цел Република Корея ще подпомага създаването на финансови условия от фонда за развитие на икономическото сътрудничество, корейската „Ексимбанк“ и други финансови източници за корейските бизнес кръгове, имащи делови контакти с българските партньори, а също така и за финансирането и кредитирането от търговските банки, в съответствие със съществуващите правила във всяка от страните.

   За тази цел двете страни се съгласиха да насърчават откриването на банкови филиали на реципрочна основа, както и създаването на съвместни банки в трети страни с цел осигуряване на съвместни проекти и други дейности.

6. За защита на интересите на инвеститорите и за по-нататъшно подпомагане на икономическото сътрудничество, Народна република България и Република Корея се договориха да сключат двустранно Съглашение за взаимна защита на инвестициите, Съглашение за избягване на двойно данъчно облагане, Съглашение за икономическо и техническо сътрудничество. Съглашението за икономическо и техническо сътрудничество ще бъде обсъдено през м. февруари т.г. и ще бъде подписано при формалното установяване на дипломатическите отношения.
7. Двете страни се договориха, че формалното обявяване на установяването на дипломатически отношения ще бъде направено по съответния начин след съгласуване по дипломатическите канали. Следващите консултации трябва да се проведат в София през м. февруари 1990 г., като точната дата се съгласува.

Изготвено и подписано в Токио на 22 януари 1990 г. в два оригинални автентични екземпляра.

ЗА НАРОДНА РЕПУБЛИКА БЪЛГАРИЯ
ФИЛИП ИШПЕКОВ
ЗАМЕСТНИК-МИНИСТЪР
МИНИСТЕРСТВО НА ВЪНШНИТЕ РАБОТИ

ЗА РЕПУБЛИКА КОРЕЯ
СУН ЮНГ ХОНГ
ПОСЛАНИК ЗА СПЕЦИАЛНИ ПОРЪЧЕНИЯ
МИНИСТЕРСТВО НА ВЪНШНИТЕ РАБОТИ
РЕПУБЛИКА КОРЕЯ

55. ЦДА на РБ, ф. 259, оп. 45, а. е. 689.

ПАМЕТНА БЕЛЕЖКА

за среща на Дончо Дончев, посланик, началник отдел „Пети“ с Ким Пьон Ир, посланик на КНДР у нас

ОТНОСНО: Двустранните отношения и отношенията между НР България и Република Корея.

Срещата се състоя на 6 февруари т.г. по искане на корейската страна.

Посланикът предаде писмо от министъра на външните работи на КНДР Ким Йон Нам до др. Бойко Димитров и накратко разкри съдържанието на писмото – за стремежа на КНДР да постигне обединението на Корея през 90-те години, за предложението за разрушаване на железобетонната страна по демаркационната линия, за предложенията за среща между представителите на Севера и Юга. Подчерта, че в последно време на срещите двете страни проявяват толерантност и разбиране, което личи и от хода на преговорите. Повтори твърдата позиция на КНДР по влизането в ООН – това може да стане само след като страната бъде обединена. Предварителното едновременно или отделно влизане в ООН ще бъде пречка за обединението на страната, ще усложни положението в района и ще засили конфронтацията.

Освен това посланикът връчи декларация на МВнР на КНДР във връзка с провеждането на военните маневри Team spirit 90 и помоли за нашата подкрепа на тяхната позиция по този въпрос.

Др. Дончев увери посланика, че писмото до министър Димитров ще бъде предадено, както и че ние ще окажем, както и до сега, според възможностите си, подкрепа в СМИ на корейската позиция против корейско-американските военни маневри.

След това др. Дончев информира посланика за проведените в Токио консултации с представителите на МВнР на Република Корея и за решението да бъдат установени дипломатически отношения в ранг посланик в близко бъдеще. При това подчерта, че тази стъпка е продиктувана от качествените изменения в международните отношения, както и от новите вътрешнополитически условия в страната. Решението за установяване на дипломатически отношения е резултат от дълбок и всестранен анализ на всички възможни фактори, както и от съобразяване с мнението на нашите съюзници и на опозицията в страната. Необходимостта от такова решение се потвърждава и от подобни стъпки, предприети от другите социалистически страни.

В същото време нашата позиция в подкрепа на мирното и справедливо решаване на корейския въпрос и обединението на страната остава неизменна. И занапред ние ще оказваме всестранна поддръжка на КНДР и на нейните предложения по нормализирането на обстановката на полуострова. В същото време ние виждаме в установяването на дипломатически отношения с Република Корея още една възможност за оказване подкрепа на позицията на КНДР пред Южна Корея и за подпомагане на мира и сигурността в този район на Азия. Нашите контакти ще спомагат за по-реалистичната позиция на Република Корея по корейския въпрос.

Посланикът изрази огорчение от факта, че въпреки многократните уверения от наша страна, че няма да развиваме отношения с Южна Корея, ние вече сме предприели стъпки, което не съответства на принципните дружески договорености по този въпрос. Подчерта, че признаването на Република Корея от социалистическите страни в Европа ѝ дава нови „козове" при водене на преговорите със Севера. Отбеляза, че подобно решение не е приемливо за тях, и помоли да съобщим на правителството тяхното искане решението за установяване на дипломатически отношения с Република Корея да се анулира или неговото изпълнение да се отлага безсрочно.

Др. Дончев отбеляза, че ще предаде неговата молба на ръководството. Подчерта, че в същото време коренно се променя обстановката в света, нормализират се международните отношения, установява се нов политически климат. Променя се нашето вътрешнополитическо развитие, което засяга и нашата външна политика. Ние искаме все повече да се отваряме към света, да участваме в новите международни отношения. Това може да стане не чрез отричането на съществуващите реалности, а чрез отчитането им и съобразяването с тях. Подчерта, че ние не можем да отнемем правото на КНДР за преценка на тази наша стъпка, но в същото време се надяваме да проявят разбиране към мотивите, които ни движат, и помоли да отчетат нашето голямо желание да укрепваме и развиваме отношенията с КНДР.

На срещата присъстваха Ча Гьон Ир, III секретар в посолството на КНДР, и Чавдар Петков, III секретар в отдел „Пети“.

София, 7 февруари 1990 г.

56. ЦДА на РБ, ф. 259, оп. 45, а. е. 689.

БЪЛГАРСКА ТЪРГОВСКО-ПРОМИШЛЕНА ПАЛАТА

ДОКЛАД

от ВЛАДИМИР ЛАМБРЕВ – председател на Българската търговско-промишлена палата

ОТНОСНО: Посещение на българска икономическа делегация в Южна Корея през м. март 1990 г.

От 3 до 9 март т.г. Българската търговско-промишлена палата организира посещението на 12-членна икономическа делегация в Южна Корея. В състава на делегацията (съгласно приложения списък) бяха включени стопански ръководители на БАТО, Съюза за стопанска инициатива на гражданите, фирмите „Програмни продукти и системи", ИНКОМС, СИМЕ и търговските предприятия „Телеком", „Тератон", „Химимпорт", „Изотимпекс" и „Интеркомерс".

Посещението бе осъществено по взаимна договореност между БТПП и международния частен икономически съвет на Южна Корея (ИПЕК) в сътрудничество с Южнокорейската организация за стимулиране на търговията (КОТРА).

То имаше за цел установяване на делови контакти за разширяване и разнообразяване на търговията и икономическото сътрудничество между България и Република Корея, създаване на двустранен българо-корейски комитет за търговско икономическо сътрудничество и откриване на представителството на БТПП в гр. Сеул.

Програмата за посещението имаше подчертано делови характер.

Навсякъде делегацията бе приета много радушно с изразено желание от корейска страна да се търсят форми и начини за разширяване не само на търговския обмен, но и за сътрудничество в областта на технологиите, производственото коопериране и инвестиции.

В този смисъл бяха и водените разговори с президентите на ИПЕК, КОТРА, Корейския световен център. На срещите, които нашата делегация направи с президентите на тези организации, бе подчертано единодушното разбиране за ускоряване и развитие на сътрудничеството между нашите стопански организации и фирми. Изразена бе готовност за съдействие при воденето на преговори със съответни южнокорейски корпорации, асоциации, фирми, дружества, институти за съдействие на търговията и пр.

I. СЪЗДАВАНЕ НА ДВУСТРАНЕН КОМИТЕТ ЗА ТЪРГОВСКО И ИКОНОМИЧЕСКО СЪТРУДНИЧЕСТВО

В съответствие с подписаното през януари т.г. споразумение между БТПП и ИПЕК и под егидата на горните организации по време на посещението бе създаден Двустранен българско-корейски търговско-икономически комитет, в който от корейска страна влизат 50 фирми, банки и организации, заинтересовани от взаимно изгодно и дългосрочно развитие на двустранните отношения. За председател на корейската част на Съвета е избран С. В. Ким, президент на фирмата ИСУ „Кемикъл".

Проведен бе българско-корейски икономически семинар, на който от наша страна бе информиран относно законодателната уредба в България, възможностите за съвместна стопанска дейност и сътрудничество в банковото дело и финансите. Отбелязано бе, че радикалните промени в управлението на българската икономика и преминаването към пазарна икономика до голяма степен увеличават възможностите за търговско и инвестиционно сътрудничество и съвместни проекти и финансиране между фирми и банки от двете страни.

Обменена бе информация за потенциалните области за бъдещото сътрудничество в областта на леката промишленост, туризма, машиностроенето, електрониката и химическата промишленост. Конкретните възможности бяха обсъдени по-обстойно по време на индивидуалните срещи между представителите на българските и южнокорейските фирми.

От корейска страна бе изтъкнато, че търговията между Корея и България е много ограничена и представлява 1/3 от търговията им с всяка една от източноевропейските страни. Съвместни дружества не са създадени, а опитите на няколко фирми в тази насока са били възпрепятствани от КОКОМ. Същото се отнася и до финансовия сектор с изкл. на подписания кореспондентски договор между група банки за откриване на акредитиви.

Виждат възможностите за активизиране на икономическите отношения в следните няколко направления:

- взаимодопълващи се производствени структури на двете страни – силно развита индустрия на консумативни стоки в Корея срещу тежка промишленост и производство на средства за производство в България;
- стратегическо географско положение на двете страни и възможности за съвместно излизане на пазарите СССР, Югоизточна Азия, Китай и Средния зток;
- преходът към високо технологична производствена структура в Корея налага износът на досегашните производства поради протекционизма на развитите западни страни да се пренасочи към други региони, включително Източна Европа;
- от друга страна, преходът към пазарна икономика и частна собственост в България са добра предпоставка за предаване на опита им, натрупан в годините на индустриализация. Според тях перспективни области за сътрудничество са: туризмът и хотелиерството, съчетан с балнеолечение, селскостопанска продукция и износ за Източна и Западна Европа; разработка на черноморския шелф; развитие на телекомуникационната мрежа на базата на електронната промишленост и полупроводниците. Сътрудничество в сектора на услугите;

смесените дружества на територията на България и в трети страни.

Бе отбелязано, че основните пречки за сътрудничество са липсата на информация; досегашното различие в икономическата система и все още неразвитото законодателство по отношение на инвестиции и други съвместни инициативи.

II. ОТКРИВАНЕ НА ПРЕДСТАВИТЕЛСТВО НА БТПП В СЕУЛ

В присъствие на внушителен брой южнокорейски бизнесмени бе официално открито представителството на БТПП в Сеул, което заедно с представителството на Южнокорейската организация за стимулиране на търговията (КОТРА) в София ще съдейства за обмен на актуална информация в областта на икономическата и пазарната информация; организиране на делови посещения между двете страни, участия в панаири, изложби и други промоционни мероприятия.

III. ОФИЦИАЛНИ СРЕЩИ В Министерството на търговията и индустрията, „Ексимбанк", Южнокорейската търговско-промишлена палата, Южнокорейската асоциация по туризма, Министерство на икономиката и планирането, с някои от големите южнокорейски фирми като „Деу", „Самсунг" и „Голд Стар".

По време на тези разговори бяха дискутирани възможностите за чувствително увеличение на търговския обмен чрез смесени предприятия и съвместни дейности, насочени към трети страни като СССР, страните от Югоизточна Азия и някои западноевропейски страни; сътрудничество в областта на банковото дело и капиталовложенията, внос на стоки за широко потребление.

Изразено бе убеждението, че засилването на официалните и търговските контакти и установяването на дипломатически отношения ще изиграят плодотворна роля между НРБ и Република Корея за улесняване на търговското и икономическо сътрудничество чрез подписване на спогодби за търговско и научно-техническо сътрудничество и избягване на двойното данъчно облагане.

IV. ДЕЛОВИ КОНТАКТИ МЕЖДУ ЧЛЕНОВЕТЕ НА ДЕЛЕГАЦИЯТА И КОРЕЙСКИТЕ ФИРМИ

БАТО

Корейската национална туристическа корпорация и подведомствената ѝ организация за ръководство на туристическите борси в Корея.

Президентът на Корпорацията г-н Кил изрази готовност да посети България и да се запознае с възможностите за сътрудничество в отделни области на туризма включително и обмена на туристи, както и участие на България в корейската туристическа борса, организирана през м. май и м. септември. Г-н Кил препоръча някои фирми, с които да се проведат срещи относно нашите интереси в областта на инвестициите.

Корейска туристическа организация: изразено бе желание за по-тесни връзки за обмен на информация и туристи, както и за размяна на технологии за изделия на туристическата промишленост

„Деу“

Проведени бяха разговори за ангажиране на корпорацията „Деу“ за финансиране на проекти за туристическата индустрия на България. Разговорите ще продължат с представителя на „Деу“ в София и по време на посещението на президента на „Деу“ в началото на м. април т.г. При интерес от наша страна могат да доставят автобуси за туристическа дейност срещу плащане в брой, кредит, включително бартер.

Корпорация „Хюндай“

Бяха обсъдени аналогични въпроси, по които ще представят оферта.

Фирмите за проектиране и инвестиране и „Корея експлозив груп“

Разговори и проявен интерес относно инвестиране на хотелска база, шопинг центрове, голф игрища и др.

СЪЮЗ НА СТОПАНСКА ИНИЦИАТИВА НА ГРАЖДАНИТЕ

- С Конфедерацията на малкия бизнес бе подписан протокол за сътрудничество в областта на частните фирми и сдружения.
- Отправена бе покана за участие в конгреса на Съюза през м. май т.г. и за посещение на делегация на корейски фирми от малкия бизнес, организирана от Конфедерацията.

„ТЕЛЕКОМ“

- Корпорация „Деу“

1. На база на връченото задание за модернизация на българската съобщителна промишленост на базата на смесено дружество, както и стоков кредит за доставка на битова радиоелектроника, беше договорено да предоставят технико-икономическа оферта.
2. Поискана бе оферта за доставка през 1990 г. на:
   - 120 хил. броя на цветни телевизори;
   - 40 хил. броя видеомагнетофони и видео плеъри;
   - 3,2 хил. броя аудио системи.
3. Предадена бе спецификация за доставка на електронни компоненти, по която очакваме оферти до 30.III.1990 г.

Корпорация „Хюндай“

1. Фирмата произвежда комутационни системи и предлага само доставки при плащане кеш, но при изгодни цени.
2. Интерес за нас представлява евентуална покупка на факс апарати поради добрата цена, ако същите бъдат хомологирани от нашите пощи.

   Същевременно фирмата предложи много изгодни цени за доставка на конвертори, чието производство в България не е усвоено поради технически затруднения. Бе договорено до края на м. март фирмата да изпрати по два броя мостри по факс апарати и конвертора за изпитание в НРБ.

Фирма „Химимпорт“

Проведени бяха разговори с фирмите ИСУ „Кемикъл“, „Синкьонг“, „Осанг Йонг“, „Самсунг“, „Колон“, „Самуан“, които в най-общи линии се свеждат до следното:

1. В Южна Корея съществува пазар за 150 – 200 хил. тона насипна урея, но ще трябва да преодолеем конкуренцията на СССР и страните от Голфа, които доставят чрез трейдинг (предимно „Филип Брадърс“).
2. Съществуват възможности за продажба на 80 – 100 хил. тона тежка калцирана сода насипно за фирмите „Осанг Йонг“ и „Сангьонг“, както и за редица малки производители.
3. Нормални парафини ще изнасяме до пускане в действие на инсталацията на ИСУ „Кемикал“ през юни т.г.
4. Моноетиленгликол можем да изнасяме само ако нивото на цените е над 1000 д/т при конкуренция от С. Арабия и САЩ. Понастоящем това е невъзможност.
5. Фирмите „Деу“ и „Санг Йонг“ са постоянни вносители на ирански нефт.
6. Перспективи при стоки за реекспорт има за натриев бихромат, различни видове каучуци, триполифосфат, фталов анхидрид, капролактам и др.

„Изотимпекс“

Проведени бяха разговори с „Голд Стар“, „Самсунг“ и „Деу“ относно организиране в България на производство на битова техника. Продължават разговорите за създаване на коопериранo производство на цветни телевизори в Михайловград.

Подписан бе договор за видеокасетофони, проведоха се преговори за тристранно сътрудничество за производство на микровълнови печки в СССР.

ВТО „Интеркомерс“

1. „Самсунг“
   - Предложихме бетонно желязо.
   - Поискахме оферта за 100 хил. тона цимент.

   Проявяват интерес за доставка на антрацитни въглища.
   - Подписано бе глобално споразумение за съвместна търговия с посредничеството на „Мицубиши“.
2. „Лъки Голд Стар“
   - Интересуват се от доставка на цигари български марки, добро качество и бял филтър.

   Въпросът ще бъде предаден на „Булгартабак“ за отработване.
   - Изразиха голямо желание за създаване на съвместно предприятие за откриване на корейски ресторант у нас и в Москва.
3. „Ссангионг“
   - Фирмата е силна в строителството и прояви интерес от съвместно изграждане на обекти в трети страни;
   - Произвеждат цимент. Поискаха оферта на 100 хил. тона, но в момента нямат налични количества.
   - Поискахме представителство за нашата фирма в Аржентина на тяхна електроника.
4. „Сънгионг“
   - Проявиха голям интерес към съвместни обменни операции в СССР. Предадоха списък на стоките, които представляват интерес за тях и в двете посоки.
   - Оферираха по наше искане (за реекспорт) мъжки ризи. В момента операцията се обработва.

„ИНКОМС“

„Деу Кемикъл“

- Връчен бе проект за инвестиции в изграждането на мощни цифрово-комутационни системи.
- Направени бяха запитвания за внос на цветни телевизори и видеотехника по кредита на „Деу".

С други фирми бе разговаряно относно доставки за окомплектовка на телекомуникационни системи.

„Самсунг"

1. Поради това, че фирмата доставя изделия на битовата електроника на „Кореком" и „Launch", разговорите се съсредоточиха основно в получаване на техническа и ценова информация.
2. Тъй като „Самсунг" е краен производител на електронни компоненти, на фирмата беше връчена наша спецификация с молба за оферта.

ИЗВОДИ И ПРЕДЛОЖЕНИЯ

1. Република Корея притежава голям икономически потенциал, значителни вътрешни и външни резерви, които я утвърждават като динамичен и перспективен търговско-икономически партньор.
2. Съществува благоприятен политически климат за разширяване на търговско-икономическите отношения с България. Това бе изразено както по време на срещите с правителствените институции, така и при срещите с представители на частния бизнес.
3. Това създава благоприятни предпоставки за по-активно присъствие на нашите фирми и стопански обединения, което на настоящия етап е ограничено. Някои източноевропейски страни като Унгария и Чехословакия провеждат много по-дейна търговска дейност в тази страна.
4. Общо бе становището за недостатъчната информираност по отношение на нормативната уредба за съвместна стопанска дейност и по-специално условията

за инвестиции в България. Това налага в бъдеще чрез Двустранния комитет и представителството на БТПП в Корея да се засили обмена на периодична и специализирана информация.

5. Семинарът и проведените официални и делови срещи показаха, че корейските фирми имат желание да работят с българските си партньори не само в областта на търговията, но и в други форми на стопанско взаимодействие, включително и за инвестиране на капитали.
6. При проведените срещи общо бе мнението, че сегашното ниво на двустранния стокообмен не удовлетворява и не съответства на икономическия потенциал на двете страни.
7. Подписването на спогодбите за търговско и научно-техническо сътрудничество и избягване на двойното данъчно облагане ще даде импулс за развитие на двустранните икономически контакти между двете страни.
8. Посещението на българската икономическа делегация в Южна Корея не трябва да остане изолирана проява. Необходимо е да бъдат продължени установените делови контакти и започнатите конкретни разговори между българските фирми и техните южнокорейски партньори.

   В тази връзка следва да се предприемат конкретни мерки за изпълнение на поетите по време на посещението договорености за постигане на конкретни резултати по третираните въпроси.
9. Южнокорейският модел за индустриализация, съчетан с рационална връзка между вътрешната икономика и чуждия капитал и стратегията на относително силно централно ръководство към постепенна и пълна либерализация, може да бъде полезен в прехода към пазарна икономика.

   Посещението беше широко отразено в средствата за масова информация.

София, м. март 1990 год.

Вл. Ламбрев

СПИСЪК

на българската икономическа делегация, посетила Южна Корея, организирана от Българската търговско-промишлена палата (1 – 10 март 1990 г.)

1. ВЛАДИМИР ЛАМБРЕВ – председател на БТПП, ръководител на делегацията
2. ТОДОР ГУГИНСКИ – зам.-председател на Българската асоциация за туризъм и отдих
3. РАШКО АНГЕЛИНОВ – председател на фирма „Програмни продукти и системи“
4. ВАЛЕНТИН МОЛЛОВ – председател на Съюза за стопанска инициатива на гражданите
5. МЛАДЕН МУТАФЧИЙСКИ – генерален директор на ТП „Тератон“
6. МИХАИЛ БОЗАРОВ – генерален директор на форма „Симе“
7. НИКОЛА МОНОВ – генерален директор на ТД „Телеком“
8. ИВАН БОГОЕВ – зам. гененерален директор на фирма „ИНКОМС“
9. СТЕФАН ТОМОВ – директор на ВД „Химимпорт“
10. ВАСИЛ ЛАЗОВ – директор на ВТО „Изотимпекс“
11. РОСЕН КЕРЕМИДЧИЕВ – директор на ВТО „Интеркомерс“
12. МАРИЯ ПЕТРУНОВА – гл. специалист в БТПП

За служебно ползване

57. ЦДА на РБ, ф. 259, оп. 45, а. е. 689.

ДО

МИНИСТЪРА НА ВЪНШНОИКОНОМИЧЕСКИТЕ ВРЪЗКИ

ДРУГАРЯ АНДРЕЙ ЛУКАНОВ

ДОКЛАДНА ЗАПИСКА

ОТНОСНО: Търговско-икономически контакти с Южна Корея.

ДРУГАРЮ ЛУКАНОВ,

В последно време Южна Корея се стреми да установи и развие директни външноикономически връзки със социалистическите страни. Определена активност в това отношение проявяват и някои от европейските социалистически страни. От 1987 година Южнокорейската корпорация за развитие на търговията (КОТРА) откри официално представителство в Будапеща, а от март 1988 год. във Варшава. УНР е открила представителство в Сеул. Водят се разговори с ЧССР и ГДР. В Берлин има официално представителство южнокорейския промишлен гигант „Деу". За 1987 г. постигнатия стокообмен на Южна Корея с КНР надхвърля 3 млрд. долара, а Съветският съюз по индиректен път е закупил южнокорейски стоки за около 500 млн. долара.

Южна Корея многократно е правила опити да установи директни връзки с нашата страна чрез своя търговски център във Виена, дълги години отговарящ за търговията с европейските социалистически страни, чрез дипломатически контакти с нашите посолства в Япония и Сингапур, както и с посещение на различни представители на южнокорейския бизнес у нас за делови разговори, участие в панаири и т.н.

Засега реализираният стокообмен между България и Южна Корея се извършва с посредничеството на западноевропейски и сингапурски фирми. Внасяме електроника, ширпотребни стоки, спортни стоки, тютюн, бърлей и др. Българският износ включва метали, пластмаси, химикали, нискокачествени тютюни и др.

Има установени кореспондентски права между БВТБ и най-голямата южнокорейска външнотърговска банка.

Под различна форма южнокорейската страна е правила принципни предложения за започване на мащабно директно сътрудничество при най-изгодни условия, изтъквайки, че сега е най-благоприятният момент и че след година ситуацията може съществено да се промени. Някои от предложенията, правени досега, са:

- Установяване на директен стокообмен, включващ разнообразни форми, класически, бартер между външнотърговските организации на двете страни и др.
- Отпускане на кредит при много изгодни условия за покупка на южнокорейски стоки включително срещу изплащане с български стоки (Такъв кредит в размер на 100 млн. долара е предоставен на УНР).
- Създаване на смесени дружества в България за изграждане и модернизиране на предприятия от хранително-вкусовата и леката промишленост.
- Предоставяне на най-съвременни технологии и продажба на ноу-хау срещу заплащане с продукция и съвместен износ на трети пазари.
- Сътрудничество в риболова за разчупване монопола на Япония на южнокорейския пазар. Предлагат да предоставят модерни траулери с най-съвременно оборудване включително хеликоптер за насочване към пасажите. От наша страна да предоставим флаг и екипажи. Изплащане с готова продукция за около 2 години. Улов в зоната на Берингово море.

Другарю Луканов,

Очевидно е назрял моментът за най-правилно решаване въпроса на бъдещата ни работа в областта на външноикономическите връзки с Южна Корея, за преодоляване съществуващия случаен характер на контактите, ползването на посредници при износа и особено при вноса, което пряко се отразява на валутните резултати.

След взетото политическо решение за участие на олимпиадата в Сеул т.г. на всички социалистически страни и при наличието на вече установени директни търговско-икономически контакти на някои от социалистическите страни ще бъде целесъобразно да се реши въпросът за установяване на директни връзки на нашата страна с деловите среди от Южна Корея при най-строго разграничаване на политическите от чисто икономически контакти. Решението за това да бъде взето след едно добре организирано и задълбочено проучване на действителните възможности за икономическо сътрудничество с южнокорейската страна и реално преценени предимства за нашата страна. За целта предлагам:

1. Да бъде изпратена малка делова група по време на летните олимпийски игри в Сеул в състав: двама представители на МВВ, един представител на БВТП, представител на Асоциация „Електроника" или „Изотимпекс" и представител на БВБ със задача установяване на контакти, провеждане на разговори с официални представители на Министерство на външноикономическите връзки на Южна Корея, Търговската палата и Външнотърговска банка, както и с представители на деловите среди, заинтересовани в развитие на икономическото сътрудничество между двете страни.
2. Да се дадат указания на нашите представители във Виена, Токио или Сингапур да проведат разговори с ръководителите или търговските представители на Южна Корея в тези страни за подготовка на посещението и осигуряване на посочените срещи.
3. Да бъде възложено на нашите представители в УНР, ЧССР, Полша, ГДР, и КНР да информират след съответни консултации за състоянието на контактите и реализираното икономическо сътрудничество с Южна Корея.
4. След завръщането групата да изготви доклад за постигнатите резултати с предложения за формите и областите, в които бихме могли да установим изгодно сътрудничество с Южна Корея.
5. На тристранната среща, която организира при подходяща дискретност Асоциация

„Електроника“ през август т.г. в София с участието на съветски и южнокорейски фирми, водещи в областта на електрониката за посреднически покупки на стоки за СССР, да участва и представител на МВВ.

Моля за Вашите разпореждания.

София, 13 юли 1988 год.

58. ЦДА на РБ, ф. 259, оп. 45, а. е. 689.

ДО

МИНИСТЪРА НА ВЪНШНОИКОНОМИЧЕСКИТЕ ВРЪЗКИ

Другаря АНДРЕЙ ЛУКАНОВ

ДОКЛАД

от ПЕТЪР РУСЕВ – председател на Българска търговско-промишлена палата

ДРУГАРЮ ЛУКАНОВ,

Въз основа на Ваша заповед №1776 от 19.08.1988 година делегация в състав: Петър Русев, Асен Манолов – началник управление в МВиВ, Христо Попов – главен директор на „Кореком", и Георги Палазов – главен специалист в БТПП, посетихме Южна Корея от 7 до 19 септември т.г. Първите два дни делегацията взе участие в програмата, изготвена от Световния търговски център в Сеул, за чието откриване бяха поканени и взеха участие над 20 делегации от различни страни. За останалите дни домакин на делегацията бе КОТРА (Корейска корпорация за развитие на търговията). Освен разговори за обсъждане проект за споразумение между БТПП и КОТРА, програмата предвиждаше посещение на редица индустриални обекти на водещите корейски търговско-промишлени групировки в градовете Сеул, Пусан, Тегу и Понанг.

По време на посещението делегацията участва в обща среща на гостите за откриването на Световния търговски център в Сеул с министъра на търговията и индустрията Бионг Уа Ан, приети бяхме от първия зам.-министър на търговията и индустрията Ху Нам-Нун, срещнахме се с ръководителите на основните корейски търговско-промишлени групировки и проведохме разговори с различни представители на корейските делови среди.

За изтеклите 25 години Южна Корея е постигнала икономически успехи, които всеобщо се характеризират като „икономическо чудо на нашето столетие“. От 1962 година до сега южнокорейската икономика е най-динамично развиваща се в света. Съвкупният национален продукт (СНП) е нараснал от 2.3 млрд. долара през 1962 г. на 118 млрд. долара през 1987 г., а на глава от населението от 87 долара на 2813 долара. Делът на промишлената продукция в СНП за същия период е нараснал от 14,5% на 30%. Търговията със стоки от 480 млн. долара през 1962 г. е достигнала 82 млрд. долара. Износът съответно за този период е нараснал от 50 млн. долара на 47 млрд. долара. За първи път страната е реализирала положителен търговски баланс през 1980 г. в размер на 4,7 млн. долара. За 1987 г. активното салдо е достигнало 7,7 млрд. долара. 36% от СНП се реинвестира в икономиката на страната, което е с 5% по-високо от това на Япония.

През първото полугодие на т.г. ръстът на корейската икономика е 15%, в промишлеността – 19%, а на износа – 23%. Основно около 40% от корейския износ е насочен към САЩ и се състои предимно от продукция на електронната, автомобилната и текстилната промишленост. Активното салдо със САЩ надхвърля 10 млрд. долара. С Япония – вторият по значимост икономически партньор на Южна Корея, салдото е пасивно и надхвърля 4 млрд. долара.

Делът на вносната окомплектовка в електронната промишленост е 25%, в автомобилостроенето – 5%, а в атомната енергетика – 20%. Тенденцията е тези проценти непрекъснато да намаляват.

Относителният дял на промишлеността в икономиката е 30%, а на селското стопанство 20%. За нуждите на отбраната се отделят 6% от СНП.

Общият стокообмен на Южна Корея през 1988 г. се очаква да достигне 106 млрд. долара, от които 58 млрд. износ и 48 внос. Ръстът на износа за 1988 г. се очаква да бъде 23,3%.

Външният дълг на страната възлиза на 35 млрд. долара. За последните две години е намалял с 12 млрд. долара. Независимо от наличието на външен дълг Южна Корея изнася капитали и инвестира в чужбина, като строи заводи и комплектно обекти в САЩ, Близкия Изток и страните от ЕИО.

Докато в началния период Корея основно развива своята лека и особено текстилна промишленост, през последните години делът на тежката и химическата промишленост надхвърля 50%. През 1987 г. Южна Корея е на десето място в света по производство на стомана. Силно развити са тежкото машиностроене, корабостроенето, автомобилостроенето и електронната промишленост. Други главни промишлени произведения са цимент, хранителни стоки, дървен материал, химически торове, обувки, керамика и стъкло, цветни метали, селскостопански продукти и т.н.

За първите 15 години след 1962 година общата селскостопанска продукция е нараснала 2 пъти. Макар темповете на растежа след това да намаляват, страната е постигнала пълно самозадоволяване с ориз и основни храни. Голямо внимание се обръща на животновъдството, оранжерийното производство на зеленчуци и задоволяването на селскостопанските производители с пестициди и хербициди.

Бързо развитие е получила риболовната и рибопреработващата промишленост. Страната има сключени споразумения за риболов в икономическите зони на редица морски страни и има риболовни бази в Западна Самоа, Лос Палмас и Фолкландските острови.

Южнокорейското правителство провежда политика на непрекъснато увеличаване на чуждата конкуренция на вътрешния пазар както на стоки, така и на технологии. Процентът на стоките, за вноса на които не се иска предварително разрешение, се е увеличил от 68,8% през 1980 г. до 95,4% през 1988 г. Средната стойност на вносните мита е намаляла от 24,9% през 1980 г. на 18,1% през 1988 година. Непрекъснато се либерализира участието на чужди инвестиции на корейския пазар. Вносът на модерни технологии е освободен от предварителни вносни разрешения. В същото време се засилва протекцията на всички видове интелектуална собственост, включително технически патенти, компютърен софтуер, авторски права и търговски марки.

Разходите за научни изследвания и развитие в държавния бюджет за периода 1980 – 1986 г. са нараснали 5 пъти и са достигнали 2,6 млрд. долара. В частния сектор това увеличение за същия период е 9 пъти и възлиза на 84,4 млрд. долара. В проценти от СНП правителствените разходи за научни изследвания са нараснали от 0,57% през 1980 г. на 2% през 1985 г. и ще достигнат 3% през 1991 г.

Обликът на южнокорейската икономика основно се определя от 15 промишлено-търговски групировки, наричани „ЧЕБУЛ“, които не са специализирани по браншове, а са конгломерати. Българската делегация се запозна с част от основните производства на пет най-изтъкнати групировки.

„Самсунг“ – най-голямата групировка с 50 г. история. В момента обединява 30 компании със 150 хил. работници. Има 21 местни инкорпорирани фирми и 140 филиала в 43 държави. От 1986 г. групата е начело в списъка на южнокорейските групировки с обем на продажби от 16 млрд. дол. Износът надхвърля 50% от тази сума.

Предметът на дейност на групировката обхваща: електронна и полупроводникова техника; тежко машиностроене; химическа и биотехнологична промишленост; строителна техника; космическа техника; текстилна промишленост; хранителна промишленост; медицинска техника.

Върховите достижения на групировката са в областта на електрониката – един от трите производители в света на памети 4 М ДРАМ и 1 М ДРАМ. Доставчик е на двигатели за Боинг 747 и Боинг 767 и е един от най-големите производители в света на интерферон.

„Хюндай“ – групировката е един от най-големите икономически конгломерати в Южна Корея. Обединява 30 компании със 150 хил. души работници, заети в областите на тежкото машиностроене, корабостроене, автомобилостроене, строителна техника, инженеринг, електроника, електротехника, енергетика (в т.ч. атомна), роботика. „Хюндай“ има годишни продажби от 20 млрд. долара (13% от СНП на Южна Корея). Годишният износ възлиза на 6 млрд. долара. В областта на корабостроенето е водеща в света. Капацитетът на сухите ѝ докове възлиза на 1,3 млрд. Произвежда танкери с водоизместимост 1 млн. тона, платформи за изследване на шелфа и за добив на нефт.

„Деу" – създадена е през 1967 г. с 30 души работници като фирма за производство на шевни машини. Днес е една от най-големите групировки в Южна Корея. Предметът на дейността ѝ обхваща производство на автомобили, електроника, химия, инженеринг, военна техника, текстил, финансови операции. В заводите ѝ работят 120 хил. души работници. Общото производство възлиза на 20 млрд. долара, а износът за 1987 г. е 3,38 млрд. долара.

„Лъки Голд Стар" – четвърта по големина групировка в Южна Корея. Основни отрасли на производство са химията, нефтохимията, електрониката, полупроводници, телекомуникации, електрооборудване. Има изградени действащи заводи извън Корея във ФРГ, Тайланд, Индонезия, Испания и Турция.

Усилията на южнокорейското правителство и ръководствата на големите икономически групировки са насочени към преодоляване голямата зависимост на Южна Корея от САЩ и Япония. Активното салдо от 10 млрд. долара вече провокира протекционни мерки от САЩ. Ето защо се търсят всякакви възможности за навлизане на нови пазари. Особено агресивни са корейските фирми в усилията си да навлизат на японския пазар, за преодоляване на ежегодния дефицит от 5 млрд. долара. За Япония се насочват стоки от области, в които японските фирми не са в състояние да се конкурират поради изплащаните по-високи ставки като калкулатори, радиоапарати, вентилатори, видеомагнетофони и др. Особено внимание се отделя на социалистическите страни. През последните години контактите се извършват чрез трети страни като Хонконг, Япония, Сингапур и някои западноевропейски страни. От средата на 1987 г. и особено през настоящата година се осъществяват все повече директни контакти както на фирмени нива, така и на правителствени. Южна Корея отделя особено внимание на огромните пазари на Китай и СССР. Накратко състоянието на южнокорейските отношения с отделните социалистически страни е както следва:

КИТАЙСКА НАРОДНА РЕПУБЛИКА. Обемът на търговията за последните 5 години е достигнал 5,6 млрд. долара, като само за 1988 година се очаква да надхвърли 3 млрд. долара.

В икономическите отношения между двете страни определящи стават новите форми на сътрудничество – съвместни инвестиции, смесени предприятия и др. Така например фирмата „Деу" е построила завод за хладилници, който е в експлоатация от 4 месеца на база смесено предприятие в китайската провинция Фуджан. В процес на договаряне са редица други проекти в областта на електронната, тежката и химическата промишленост при подобни условия от „Лъки Голд Стар" и „Самсунг". За да се стимулира и ускорява този процес на сътрудничество, по време на посещението в Китай на зам.-председателя на МС на Южна Корея и министър на планирането Мун Хи Гап, съвместно с президента на икономическата групировка „Деу" е създаден Китайско-южнокорейски съвет за икономическо сътрудничество. В процес на откриване е консулско представителство на КНР в Сеул и на Южна Корея в Китай.

Южна Корея внася китайски нефт и въглища директно, а Китай е определил провинция Шандонг като свободна търговска зона за Южна Корея.

СССР – По южнокорейски източници стокообменът между двете страни за 1988 г. ще надхвърли 500 млн. долара. С фирмата „Деу" се обсъждат мащабни проекти за изграждане на заводи в различни области на Сибир и Сахалин в т.ч. за разработка на нефтени и рудни находища. Президентът на „Деу" Ким У Чонг няколкократно е посетил Съветския съюз за обсъждане и реализация на тези проекти. В процес на откриване са представителства на фирмата в Москва, Ленинград и Владивосток.

Подписано е и е в действие съглашение между „Аерофлот" и корейската авиокомпания за полети на корейски самолети над съветска територия по време на олимпийските игри. Съветското правителство е разрешило на южнокорейски фирми да транспортират стоки директно за Съветския съюз през Транссибирската жп линия. Подготвя се посещение през ноември т.г. на голяма съветска икономическа делегация и се очакват разговори за откриване на представителство на Съветската търговско-промишлена палата в Сеул.

УНГАРСКА НАРОДНА РЕПУБЛИКА – Най-напреднала в отношенията си с Южна Корея от социалистическите страни е УНР. Директните контакти между двете страни датират от 1979 г. През 1987 г. стокообменът е достигнал 18 млн. долара, от които 15 млн. долара корейски износ и 3 млн. дол. унгарски износ. Основни корейски позиции са били електрониката и текстилните произведения, а унгарски – алуминий, фармацевтика и синтетични влакна. Най-висок темп в корейския износ за Унгария има електрониката. Особено активна е групировката „Самсунг", която е открила свое бюро в Будапеща през 1987 г. Свое бюро от 1987 г. в Будапеща има и групировката „Деу". Обсъждат се редица проекти за трансфер на технологии и изграждане на съвместни предприятия. В напреднала фаза са проекти за сглобяване на коли с фирмата „Киа", за изграждане на завод за кинескопи за цветни телевизори с фирмата „Самсунг", за телефонни централи с фирмата „Деу", за печатни платки с фирмата „Сахен Електрик", за туризъм с „Глобъл Турс", за производство на микровълнови печки с „Лъки Голд Стар".

В началото на т.м. бе подписан договор за инвестиране от фирмата „Деу" на 50 млн. долара за изграждане на хотелиерски комплекс в Будапеща.

Икономическото сътрудничество е пряко следствие от напредналите политически отношения между двете страни. Първите официални контакти на политическо ниво датират от февруари 1987 г., когато Шандор Демян – президент на Унгарската национална банка, посещава Сеул, а през март 1987 г. корейският министър на спорта посещава Унгария. През януари 1988 г. Антал Понграц, зам.-министър на младежта и спорта, посещава Сеул.

В началото на юли 1988 г. Карой Грос е приел специален пратеник на президента Ро – Парк Чол Он, а на 13 септември външният министър на Южна Корея Чул

Куанг-Су е приел унгарския посланик със специални пълномощия Шандор Ентре. На 14 септември 1988 г. двете страни обявиха едновременно, че ще установят дипломатически отношения на ниво постоянни мисии.

Чехословакия и ГДР също предприемат действия за установяване на директни икономически отношения с Южна Корея. Групировката „Деу" е открила свои представителства в Берлин и Прага. Между търговските палати на двете страни и Котра се водят преговори за взаимно откриване на офиси в Сеул, Прага и Берлин. Предстоящо е подписване на договор за построяване на завод за микровълнови печки на база смесено предприятие и съвместни инвестиции в Берлин.

По време на своя престой в Южна Корея българската делегация проведе разговори и договори проект за споразумение между БТПП и КОТРА. Проектът предвижда увеличаване на информационния обмен между двете организации и фирми на двете страни и откриване на представителства в двете столици София и Сеул. Президентът на КОТРА изрази желание да посети България през октомври т.г. за подписване на споразумението. Пълният текст на споразумението е приложен към настоящия доклад. Договорено бе до края на 1988 г. икономическа делегация на Южна Корея да посети нашата страна за обсъждане на конкретни проекти за сътрудничество и директни контакти между българските и южнокорейските фирми и организации. Точната дата ще бъде договорена допълнително.

Успоредно с водените разговори по споразумението и посещенията в различни заводи от страната делегацията обсъди различни идеи с ръководителите на основните корейски икономически групировки.

„Самсунг" – Разговорите проведохме с вицепрезидента на групировката г-н Парк. Фирмата има договорени доставки на китове за видеомагнетофони и доставя лента за окомплектация на видеокасети за „Изотимпекс". За „Кореком" доставят чрез японски и сингапурски фирми битова електроника. Вицепрезидентът Парк изрази желание да се установят директни контакти с българските партньори, като се отиде и на други форми на сътрудничество. По време на посещението „Кореком" договори някои директни доставки при цени около 25% по-ниски от закупуваните чрез посредници.

Договорено бе представители на фирмата да посетят България за обсъждане на конкретни проекти за сътрудничество и съвместни инвестиции с нашата страна в областта на битовата електроника, в реконструкцията и модернизацията на някои наши заводи в областта на електрониката, химията и др.

Групировката „Хюндай" – делегацията проведе срещи с вицепрезидента, с генералния директори на отделни отрасли. Посетихме и заводите на „Хюндай Хеви Индъстрис" и „Хюндай Моторс" в гр. Улсан.

Групировката предлага да обсъдим сътрудничество в автомобилостроенето, корабостроенето и строителната техника.

Групировката „Деу" се явява като най-агресивна измежду корейските фирми на външните пазари, в т.ч. и спрямо социалистическите страни.

На среща с президента У Чонг Ким, който многократно е посещавал СССР, ГДР, Чехословакия и Унгария, същият предложи сътрудничество в областта на телекомуникациите, машини с ЦПУ, биотехнологията. Изяви желание да бъде открито представителство на „Деу" в София. Изрази интерес за покупка на български стоки, в т.ч. на вина. Постигната бе договореност президентът Ким да посети България през ноември т.г. за конкретни разговори. Същият проведе среща с ръководителя на българската олимпийска делегация др. Г. Йорданов.

С президента У Чонг Ким обсъдихме възможно сътрудничество при реализирането на либийска местна валута. Същият потвърди нуждата и интереса на „Деу" към такива средства, но постави като предварително условие съгласието на либийската страна.

Българската делегация се срещна и със зам. президента на групировката „Лъки Голд Стар". В разговорите бе предложено сътрудничество с нашата страна в областта на електрониката, електрооборудването и нефтохимията. Проведоха се и конкретни разговори с „Кореком" за директни доставки на цветни телевизори 14 и

16 инча, плеъри и видеомагнетофони.

От проведените срещи и разговори и разменените идеи може да се направи извод, че южнокорейската страна е готова да предложи изгодно сътрудничество в различни области. Особен интерес бе проявен към преустройството, извършено в нашата страна, промените в законодателството и откриването на безмитни зони.

Корейската страна определено намира географското разположение на България като извънредно благоприятно за развитие на производства, които могат да се насочват към Западна Европа, социалистическите страни и съседните страни. Интересът към България, въпреки ограничения вътрешен пазар, се дължи също на възможностите, които виждат корейските фирми за насочване на своите произведения към пазара на СССР.

В заключение считам, че посещението на българската делегация в Южна Корея бе навременно и полезно. Установени бяха множество контакти и бе събрана ценна информация за възможностите, които предоставя за сътрудничество нивото на изградената южнокорейска икономика.

Във връзка с предприемането на по-нататъшни стъпки за практическо използване на съществуващите възможности и изпълнение на постигнатите договорености предлагам:

- Да избегнем подхода на УНР за политически разговори на правителствени нива и установяване на дипломатически отношения с Южна Корея. Официалните контакти да се поддържат от БТПП и КОТРА.
- Да се даде принципно съгласие за участие на южнокорейски фирми в директни търговски операции между двете страни, в т.ч. участие в свободни митнически зони, инвестиране на южнокорейски капитали у нас, трансфер на технологии и съвместно излизане на пазари в трети страни.
- Да потвърдим съгласие президентът на КОТРА да пристигне през октомври в нашата страна за подписване на договореното споразумение за установяване на директни контакти и откриване на представителства на двете организации в

столиците на двете страни.

- Отчитайки интереса на водещите корейски икономически групировки, считам за целесъобразно асоциациите „Електроника“, „Биотехнологическа и химическа промишленост“, „Индустрия за човека“, „Тежко машиностроене“, „Транспортна, строителна и селскостопанска техника“ и БАТО да разработят приоритетни области за конкретно сътрудничество и насоки за разговори.

Моля, другарю Луканов, да утвърдите извършената командировка и предложените решения.

София, 04.10.1988 г.

59. ЦДА на РБ, ф. 259, оп. 45, а. е. 689.

ДО
МИНИСТЪРА НА ВЪНШНОИКОНОМИЧЕСКИТЕ ВРЪЗКИ
ДРУГАРЯ ПЕТЪР БАШИКАРОВ

ОТНОСНО: посещение на търговско-икономическа делегация в Република Корея

ДРУГАРЮ МИНИСТЪР,

През последните месеци търговско-икономическите ни отношения с Република Корея се развиват интензивно. В България бяха на посещение редица делегации на КОТРА, АЙПЕК и основните южнокорейски корпорации „Деу“, „Самсунг“, „Лъки Голд Стар“. В напреднал стадий са редица проекти за инвестиране в нашата икономика, както и разговори за отпускане на стокови и банкови заеми, за капитализиране на наши вземания от Либия.

Предвид необходимостта от финализирането на започнатите разговори както и с цел установяване на контакти на правителствено ниво с основните министерства и държавни ведомства в Република Корея предлагам наша търговско-икономическа делегация, водена от др. Стефан Полендаков, зам.-министър, да посети Сеул в близко време.

Моля, другарю Министър, за Вашето разпореждане.

София, 02.04.1990 г.

Н-К УПРАВЛЕНИЕ:

(В. Джуров)

ПОСЕЩЕНИЕ НА БЪЛГАРСКА ИКОНОМИЧЕСКА ДЕЛЕГАЦИЯ В ЮЖНА КОРЕЯ

Делегация на български стопански ръководители на асоциации, фирми, търговски предприятия, съюза на стопанската инициатива на гражданите и други организации, ръководена от председателя на БТПП Владимир Ламбрев, посети Южна Корея от 3 до 9 март т.г.

Посещението бе осъществено по взаимна договореност между БТПП и Международния частен икономически съвет на Южна Корея (ИПЕК) в сътрудничество с Южнокорейската организация за стимулиране на търговията (КОТРА). То имаше за цел разширяване и разнообразяване на търговско-икономическото сътрудничество между България и Република Корея както по линия на традиционния стокообмен, така и чрез различни форми на производствено, техническо и пазарно сътрудничество.

В съответствие с подписаното през м. януари т.г. споразумение между БТПП и ИПЕК по време на посещението бе създаден Двустранен комитет за търговско и икономическо сътрудничество, в който влизат български и южнокорейски фирми, банки и организации, заинтересовани от взаимноизгодно и дългосрочно развитие на двустранните отношения.

За председател на южнокорейската част на Съвета е избран С. В. Ким, президент на фирмата ИСУ „Кемикъл".

На учредителната конференция бяха обсъдени практически подходи и законодателната уредба в България относно възможностите за съвместна стопанска дейност и сътрудничество в банковото дело и финансите. Отбелязано бе, че радикалните промени в управлението на българската икономика и преминаването към пазарна икономика до голяма степен увеличават възможностите за търговско и инвестиционно сътрудничество и съвместни проекти и финансиране между фирми и банки от двете страни.

Обменена бе информация за потенциалните области за бъдещо сътрудничество в областта на леката промишленост, туризма, машиностроенето, електрониката и химическата промишленост. Конкретните възможности бяха обсъдени по-обстойно по време на индивидуалните срещи между представителите на българските и южнокорейските фирми.

В присъствието на внушителен брой южнокорейски бизнесмени бе официално открито представителството на БТПП в Сеул, което заедно с представителството на южнокорейската организация за стимулиране на търговията (КОТРА) в София, ще съдейства за обмен на актуална информация в областта на икономическата и пазарната информация; организиране на делови посещения между двете страни, участия в панаири, изложби и други промоционни мероприятия.

Ръководителят на делегацията Владимир Ламбрев има официални срещи в Министерство на търговията и индустрията, „Екзимбанк", Южнокорейската търговско-промишлена палата, Южнокорейската асоциация по туризма, с някои от големите южнокорейски фирми като „Деу", „Самсунг", „Лъки Голд Стар" и др.

По време на тези разговори бяха дискутирани възможностите за чувствително увеличение на търговския обмен чрез смесени предприятия и съвместни дейности, насочени към трети страни като СССР, страните от Югоизточна Азия и някои западноевропейски страни; сътрудничество в областта на банковото дело и капиталовложенията, внос на стоки за широко потребление и др.

Изразено бе убеждението, че засилването на официалните и търговски контакти и установяването на дипломатически отношения ще изиграят плодотворна роля между НРБ и Република Корея за улесняване на търговското и икономическо сътрудничество чрез подписване на спогодби за търговско и научно-техническо сътрудничество и избягване на двойното данъчно облагане.

В резултат на посещението бяха осъществени конкретни контакти и се очертаха възможности за сътрудничество във финансирането и строителство на хотели и туристически обекти в България и на по-късен етап – създаване на смесени предприятия, както и обмен на туристи; коопериране в производството на битовата електротехника, в областта на изчислителната и телекомуникационна техника; технологии и ноу-хау за производство на телевизори, машиностроителни технологии и внос на електроника, текстил, телевизори и други ширпотребни стоки. Подписано бе тристранно споразумение за обмен на стоки между „Интеркомерс", японската фирма „Мицубиши" и южнокорейската фирма „Самсунг".

М. Петрунова, БТПП

제4부 부록

사진자료

01. 1956년 김일성의 불가리아 공식 방문

Официално посещение на Ким Ир Сен в България, 1956 г.

02. 1959년 불가리아 국회부의장 벌코 체르벤코프를 대표로 한 불가리아 국회 사절단의 조선 민주주의인민공화국 공식 방문

Официално посещение в КНДР на делегация на Народното събрание начело със зам. министър председателя на България Вълко Червенков, 1959 г.

03. 1973년 2월 토도르 지프코프의 조선민주주의인민공화국 국빈 방문

Официално държавно посещение на Тодор Живков в КНДР, февруари 1973 г.

04. 1957년 김일성의 불가리아 공식 방문

Официално посещение на Ким Ир Сен в България през 1975 г.

RESTORANT

05. 1984년 김일성의 불가리아 공식 방문

Официално посещение на Ким Ир Сен в България през 1984 г.

06. 1985년 토도르 지프코프의 조선민주주의인민공화국 공식 방문

Официално посещение на Тодор Живков в КНДР през 1985 г.

조선민주주

편 자

김소영 | 어문학박사, 소피아대학교 한국학과 교수

에브게니 칸딜라로프 | 역사학박사, 소피아대학교 한국학과 교수

역 자

김소영 | 어문학박사, 소피아대학교 한국학과 교수

김세원 | 어문학박사, 소피아대학교 한국학과 강사

원종숙 | 어문학박사, 소피아대학교 한국학과 강사

야니짜 이바노바 | 어문학박사, 소피아대학교 한국학과 교수

그레타 케레미드치에바 | 영문학석사, 라코프스키 국방대학교 전임강사